劉茂恩口述
程玉鳳撰著

劉茂恩回憶錄（上）

吳大猷敬題

臺灣學生書局印行

劉茂恩將軍玉照

（任第十五軍軍長兼第六十五師師長）

劉母孫太夫人

封翁維永公

長兄劉鎮華出國考察，
攝於德國動物園。
（民國十九年攝）

長兄劉鎮華
（民國二十三年攝）

四兄鎮海夫婦合影

六弟茂寅夫婦合影

七弟茂修

幼妹智華與夫婿田夢嘉先生合影（民國三十七年攝）

任十五軍軍長時攝
（三十七歲）

七十一歲時攝

七十八歲時攝

八十歲時攝

將軍夫婦與次子運捷、女娥捷合影（七十歲）

將軍與蔣鼎文（中）、王和璞（右二）先生
合影於永和寓所

將軍與張金鑑（右一）、段劍岷（左一）先生合影

將軍攝於永和寓所庭院

將軍攝於新店寓所庭院

將軍與十四集團軍同仁合影

（民國五十五年四月二十日攝）

七十歲大壽與夫人合影（民國五十六年攝）

次子運捷結婚，與六弟三妹合影（民國六十三年攝）

將軍夫婦合影

將軍八十大壽與二嫂（左三）、六弟、三妹、家人及孫輩合影（民國六十六年攝）

長子興捷（民國八十二年攝，時年七十歲）

三子冀捷（左）

四子瀛捷結婚，與家人親友合影（民國六十四年攝）

將軍與王天從先生、程玉凰小姐合影
（民國六十三年三月十七日攝）

將軍與十五軍同仁合影（民國六十五年四月二十日）

將軍與著者口述往事（民國六十八年七月四日攝）

長嫂（中）、七弟妹（左）、與妹智華合影
（民國六十九年攝）

劉獻捷、葉元雙夫婦與三子家美、女夢珀
攝於美國柏克萊家中

由右至左：劉冀捷、王天從、程振東與作者合影
（民國八十三年一月十一日攝）

(一) 毛序

劉茂恩將軍，可以説是民國史中一位忠勇的戰士。生平除主持豫政，績效卓著外，凡北伐、討馮、剿共、抗日、戡亂等役，都躬親參與。他所口述的回憶錄，乃是中華民國初期歷史最重要的一件參考文獻。

筆記這個回憶錄的，爲程玉鳳女士。程女士既稔知劉將軍的品性，而對於其口述有疑難的地方，必從事搜集資料，加以補充。因她出身於史學研究所，且又服務於國史館，於史學方法的嫻習固不待言；而她的篤於求眞的志慮，使她上窮國家檔案，下及報章函電，不憚勤勞，以獲徵實，故能完成這個艱鉅的工作。

程女士既整理書稿，將以付印；囑我爲寫一序文。我素知她下筆謹慎，壹志於求眞的史法，故樂於見到她的成就而寫這序。

中華民國七十三年五月　　毛子水

(二) 王序

現代是一個動盪而多變的時代，史事紛紜錯綜，幾於令人難以究詰。學者欲對此一段歷史演變的歷程有所瞭解，固然要對當時的公私記載、政府檔案、報章雜誌等原始史料多加披閱，而於當代重要人物的回憶錄或口述史，尤不可忽略。本書由故總統府國策顧問劉茂恩將軍（一八九八－一九八一）口述，程玉鳳小姐整理筆記，可謂兼具回憶錄（Memoirs）及口述史（Oral History）的雙重性質。玉鳳小姐先後畢業於國立台灣師範大學歷史系與私立輔仁大學歷史研究所，受有良好的史學訓練，繼而又供職於國史館，獲有史料搜集上的許多方便，兼以其筆鋒流暢，富於文學素質。而於筆受之後，復不斷地考訂、補充與整理。同時，革命史學家王天從先生又從旁加以協助與指導，因之更使本書客觀公正，而具有高度地可讀性與可信性。

論及劉茂恩將軍的一生事各大軍系之間，實與「鎮嵩軍」具有極爲密切的關係。該軍爲其長兄劉鎮華先生（一八八三－一九五五）於民國元年所手創，初僅三千餘人，活動範圍大抵以豫西一帶爲限。劉鎮華曾一度兼署河陝汝道，其後以時局混亂，該軍載沉載浮，周旋於北洋人數逐漸擴充，勢力始可獨當一面。民國七年一月、「靖國軍」向陝督陳樹藩進逼，陳氏不得已求援於豫，劉鎮華遂乘機率其「鎮嵩軍」進入陝西，而與「靖國軍」相抗衡。是年三月二十三日，劉氏被任爲陝西省長；十一年夏、又代馮玉祥爲陝西督軍、仍兼省長。雖僅控制中部及東南部十數縣，但已儼然成爲西北的一大重鎮。十三年，直奉第二次大戰發生，劉鎮華受吳佩孚之命爲後防總司令，派軍東出北上支援。不虞、馮玉祥倒戈，直系大敗，而劉軍旋亦爲陝軍馮毓東部所攻擊，轉戰月餘，始將馮部擊退，不僅保全陝西大部，且其所部憨玉琨軍又攻下洛陽、鄭州等地，而使其勢力擴及於河南境內，計此時之鎮嵩軍共有三師、八混成旅、五萬三千餘眾，可謂達於全盛時期。唯以次年春，憨玉琨與胡景翼交惡，激戰於豫西，鎮嵩軍失利，而劉鎮華亦通電宣布下野，遂使其勢一蹶不振。不過，由於民國十六年北伐軍北上，馮玉祥與劉鎮華先後起而響應，於是鎮嵩軍又告壯大。時馮玉祥奉命爲國民革命軍第二集團軍總司令，劉鎮華則被任命爲第八方面軍總指揮，負責於豫東冀南各地北攻。十八年，馮玉祥背叛中央，鎮嵩軍則仍忠於政府，並改爲討逆軍第十一路，而以劉鎮華爲該路總指揮。十九年，中原大戰，該軍由其五弟劉茂恩統領，屢建奇功，深受最高當局所矚目。二十二年，劉鎮華出任安徽省政府主席，兼豫鄂皖邊區剿匪總司令。二十三年，又兼安徽省保安司令，直至民國二十六年四月，始因病辭職。

劉茂恩將軍於民國八年三月畢業於保定軍官學校之第六期輜重科，旋即參加鎮嵩軍。歷任連長、團長、第二集團軍第八方面軍第四軍軍長、中央第十五軍軍長，兼代第十一路軍總指揮，歷兼安徽第三區行政督察專員暨立煌縣長。抗日時期，迭任第十三軍團長、第五集團軍副司令、第十四集團總司令、第一戰區副司令長官、及河南省政府主席兼全省保安司令，並任豫省警備總司令等要職，舉凡北伐、討逆、剿匪、抗日、戡亂，幾於無役不與，並均有卓越的表現，洵可謂勳業彪炳，非同凡響。而其堅忍卓絕，忠勇奮發，始終站在國家民族的立場，宣力國策，服從中央，尤能樹立一近代偉大軍人之楷模，而爲後輩青年所景仰。相信此一自傳性的翔實之作，必能補充正史的不足，而堪供有志於研究民國軍事史或政治史者以良好的參考。

筆者生於皖北，少年時代即對劉茂恩將軍的大略各有所聞，惜以環境所限，無緣識荆。此次因女弟玉鳳之故，爰得一見本書之原稿，而能先睹爲快。故特略綴數語，聊誌所感。

中華民國七十三年七月一日　　王家儉書于師大歷史系研究室

㈢李　序

劉茂恩（書霖）將軍早期馳騁疆場，參加北伐、剿共、抗戰，無役不與；後期於抗戰中主持河南省政，參與復員重建工作與反共戡亂戰爭，晚年避秦來台，受聘為總統府戰略顧問，對國事仍有獻替。

余於民國三十九年，由鄉前輩故立法委員楊一峰先生之介紹，得識劉將軍，曾多次當面請益，予人親切之感。將軍氣宇軒昂，敦厚和煦，生活儉樸，待人寬厚，至今仍印象深刻。民國五十八年，余參與《中原文獻》之擘劃，因劉將軍患風濕症，行動不便，曾數度電話交談，並建議劉將軍將其經歷刊布於世，留作歷史見證。民國六十五年後，因「近代中國出版社」（黨史會創辦）編印《中華民國名人傳》，余忝列名編輯委員，其中由余執筆者數十人，多為豫籍先烈先進，劉將軍與其兄鎮華傳不滿萬字，同刊於第三冊中，惟限於篇幅，加以時間資料不足，無法表現劉將軍之勛業。

今年歲末，程玉鳳小姐以劉將軍回憶錄即將出版，請余代為作序。余觀其文字雅潔，敘事清晰，其中不乏軍政密聞，以及劉將軍兄弟之不平凡際遇。謹以豫籍鄉晚輩，感謝程氏姊妹之辛勞，賀其完成劉將軍回憶錄之撰述，並以為序。

李守孔　謹識

中華民國八十三年十二月

(四)王序

玉鳳女史撰著《劉茂恩回憶錄》一書，稿約五十萬字，文以足言，詳賅兼備，倏忽已逾十年矣。去歲劉氏哲嗣冀捷君由美來台，商請刊行，乃復檢理，三校竣功，將付梓，著者問序於余，謂余與劉氏有數十年之情誼，過從甚密，知之也詳，安能無一言以爲弁引。

玉鳳沈潛史學有年，師友稱譽，識見廣博，下筆謹嚴，一字不苟，所著允稱信史，必能取信於世。劉氏領軍則躬冒矢石，官兵效命；主政則民胞物與，政通人和。以是碩績偉功，有目共睹，自有其不可磨滅之價值在焉，實無須假譽於余，而余又不可無一辭記其事，並抒懷念之意。

劉氏之爲人也：剛正直率、有眞性情、富忠義氣、著節概、尚古人風，爲其可貴可愛之處。其予余印象最深者，厥爲延余入幕之初，情節宛如昨日之事。民國三十年夏，日軍進犯晉南中條山，劉氏任第十四集團軍總司令，指揮大軍轉戰，奉命渡河南岸，負責河防，堵敵南來，以屏障洛陝。時有好友王澤民調任該集團軍第十五軍之第六十五師少將參謀長，邀余陪往視察防務，道經洛陽北文公村劉總部，澤民晉謁劉氏請示，移時即出，謂「總司令請見」，余以無事干謁爲恥，辭謝。未料劉氏竟親至轅門外，高聲呼道：「汝乃豫東擊敗土肥原（師團）之王天縱乎？好朋友！速來茗敘。」快人快語，可謂道地北方軍人本色。奈余當時年輕任性，少不更事，仍不之應，後以劉氏強挽，盛情難卻，始入內，相談甚得，遂留幕備諮，借箸運籌，賓主極爲歡洽。因知其待人誠敬，與僚友之公私文書，率皆稱兄或曰某先生，雖末座如余，亦復若是，感人之深，永難忘懷。

至其箇人生活，無論公私，均能潔身自愛，以身作則，爲人表率，尤與官兵同甘苦、共患難，精誠感召，上下一體，是以所部軍百戰而不殆。主政更能用民，或戰鬥、或生產，政令貫徹，發揮碩大無比之潛力。日寇投降，還治開封，復員建設，悉力以赴。時余寓汴垣，任爲保安司令部參議，以備諮諏。其於禮賢下士，折節吐哺，廣納善言，紆降而拜，訪問遺老，不遺在遠，諸如尊崇時賢、革命耆宿、河南辛亥首義老黨人王北方先生，聘爲省府參議，進而收攬地方士紳，紓難鄉邦，戮力戡亂到底，其苦心孤詣，可以概見一斑。

劉氏旋隨中樞遷台，滯留既久，憂思益深，漸成心疾，積時日劇，竟於民國七十年四月含恨以歿。嗚乎！斯人已矣，撫稿校勘，悲難自抑，此余所以不忍卒讀而多言者也。爰書數語，以綴篇末云爾。

王天從　序於民國八十四年二月十七日

(五)自序

我承前河南省主席劉茂恩（書霖）將軍之囑託，爲之筆記其口述一生行事，因「敬其人」、「重其事」，不能以不文辭。於是本其意旨，凡所述之事實，有語意不足者，則加以補充說明，使之更爲完整；有言辭簡略者，則引用文獻檔案等史料，使之更爲詳盡；又爲歷史求眞起見，以免陷於一般傳記或書籍記載之錯誤，乃以戒懼之心，多方蒐羅資料，翻閱國史館典藏之國家檔案，加以考查證實，以獲得歷史之眞相，凡此皆一本忠實的態度，予以編纂整理。

本書係承命受記，故採用第一人稱方式，由傳主書霖將軍口述其生平事蹟經歷：由家世、求學、從軍，以至領軍、北伐、剿匪、抗日、主政、戡亂，使人讀之，如見其人，如臨其事，具有一種親切的感受，而能引起共鳴。爲力求保持其原貌，故平鋪直敘，不稍加修飾評論，使其事蹟自然客觀的呈現出來，有如「實錄」，俾使現代史家能了然於時代之背景，以及當事人錯綜複雜之心態因素，而獲得公正的歷史論斷，進一步完成一部較爲眞實完整的現代史。以是數年來執筆撰寫這部傳記，不厭其詳地爲之補充考證，不憚其煩地訪求搜集資料，期得眞詮，包括傳主之親戚、僚友、部屬之談話；國民政府、行政院之檔案；閻錫山之函電；以及其他公報、有關之方志和當時之報紙……等，凡此皆屬可靠之第一手史料（Primary Resources），故具有極大之可信度。

至於我和書霖將軍之關係，則是因從游痴老王天從先生之介識。痴老曩昔曾參贊其戎幕，故對其知之甚詳，而書霖將軍恆讚其智勇著於沙場，才華見於檄文，急難共赴，肝膽照人，許爲罕見之士，梁寒操（均默）先生亦曾譽之爲革命史家。由是相與過從，先後聽其口述往事，爲之筆錄補證，或撰文發表，達十餘年，故對將軍多所了解而有深刻之認識：知其待人以誠，處事以忠，性情直爽，毫無虛飾，是至性至情之人，正是論語所云：「望之儼然，即之也溫，聽其言也厲」的君子，以是他的口述內容極爲可信，再經各種資料之考證，亦確屬無誤，更足以證實並非信口之言；稿成，復經痴老加以校訂，益爲增加此稿之價值。

書霖將軍一生之事功，可謂績著旂常，其中最重要的，爲參加民國十九年之中原大戰。當時他孤軍懸隔北方，受制於晉閻，而仍與蔣（中正）先生信使往還，待命乘機，扣押敵將萬選才，出敵不意，反擊敵軍，挫其士氣，戢其妖氛，造成逆軍前線之崩潰，實爲中央軍於中原大戰中獲勝之重要關鍵，誠有功於國民革命之大業，故蔣先生特加禮遇，於次年曾邀其赴溪口小住一月，同桌共餐，相聚甚歡，書霖將軍常爲之感念不忘。爾後參加抗日、戡亂諸役，歷任第十四集團軍總司令、河南省主席、兼第一戰區副司令長官，無論領軍主政，皆有大功於國家地方，故其人足可立傳，其事足可傳世。昔宋濂有云：「文、不貴能言，而貴乎不能不言」，書霖將軍之口述，實有深意焉。此稿編成，爰贅數語，以爲序。

中華民國七十三年四月

程玉鳳　序於台北新店五峰山麓長相守齋

劉茂恩回憶錄

劉茂恩 口述
程玉鳳 撰著

上册 目錄

下册 目錄

第十四章　主持豫政

附　錄

一、祭　文

二、紀念文

三、開封城關損失調查報告

四、大事年表

第一章 緒言

自從我來到台灣以後，就有很多朋友勸我寫回憶錄，甚至於報社的記者、雜誌社的編輯、以及學者先生們，也曾多次前來舍間訪問，希望能提供或口述一些個人過去的事蹟和有關的史料，以爲我民國史留下一個參考紀錄。但是我總覺得自己太渺小了，幾十年的戎馬生活，都是在內亂外患交迭相乘之中度過，除了感覺到民國以來的時局，變遷得劇烈快速而且驚人以外，我個人的作爲，只不過是像大海裡的一個小小泡沫而已，更談不上什麼特殊的表現，所以也就覺得沒有什麼值得回憶和可以奉告的，就是有的話，亦將是一些片片段段的而無關什麼重要影響的。可是他們卻認爲若不留下點紀錄，是很遺憾的一件事。

說來本軍（陸軍第十五軍）同袍來到台灣的亦有不少人，像開封于起光（耀東）先生、是秀才出身，河南老武備學堂畢業，爲我軍老前輩，出道很早，在遜清宣統年間就做連長了，後來他一直輔助我，作我的參謀長，運籌帷幄，算敵無失，如果說我在軍中有一點成績的話，應該有一半要歸功於他，所以我始終敬重他，可謂亦師亦友，獲益不少，他已於民國四十八年六月八日病歿台北；至於另一半呢？自然是本軍官兵的忠勇效命功勞累積起來的，像羅山龔御衆（五修）先生，出身保定軍校一期；修武韓師馨（桂山）先生，保定軍校七期畢業，他們和我都有保定軍校前後期同學之誼，也是與先大兄鎭華雪亞先生共生死患難的得力助手，對我來說，是畏友、也是益友。他們和本軍的淵源很深，終始其役，其中經歷，知之最詳，都是最好的紀錄人，尤其是于先生保有完整的資料，可惜均已先後凋謝，舊日袍澤日稀，憶念及此，不禁老淚橫揮，遙想家國，首丘何處！海天西望，感慨無似！

我七十歲後，漸覺記憶力日差，因請程玉鳳、玉凰女士爲我筆記自己過去的行事，並代爲整理編撰，而作成完整的實錄，目的是要訴出時代歷史的心聲，同時也是對於自己過去的行爲所作的一種回顧，以爲歷史作見證、作註腳，也可凝鍊成歷史的新解釋，好爲現代的信史留下紀錄基礎，供人追索、探究與玩味，以裨益於瞭解歷史的眞相，進而省察歷史的得失，使後來的人不會再重演歷史的錯誤，才是我作口述歷史的深心用意。不過，由於時間已久，過去的老伙伴多已先後凋謝，而今憶往懷舊，可供諮詢的人不多，不禁感慨萬端！好在程氏姊妹供職史館，文筆曉暢，可以參考檔案及公私相關資料，相互參證，補正我的口述之不足。

世界大舞台，人生一齣戲，我當過演員，也是觀衆，台上台下，自然比較會清楚些，所以願以過來人的資格，口述過去的經過和經緯內幕，依據事實的演變，道出歷史的曲折微妙。莫道：「事如春夢了無痕」，一鱗半爪，也將是可貴的歷史資料吧！

第二章　故鄉家世

第一節　我的故鄉

俗話說：「樹有根，水有源。」，人也是一樣，不能忘記自己的根本。現在要敘述我的一生行事經歷，自然必須從我的出生、鄉里和家世談起，這樣才能清楚地明瞭一切脈絡根源，洞悉人事環境的發展以及演變的痕跡。

我姓劉名茂恩，初字書林，後字書霖，清代光緒二十四年歲次戊戌四月二十日（即中華民國紀元前十四年、西元一八九八年六月八日），出生在河南省鞏縣城北神堤村的劉家胡同。

河南省位於黃河流域中部，以大部份位於黃河以南而得名。這個流域的中原地區，自古以來就是中華民族文化的發祥地，爲古時候禹貢九州中的豫州，故簡稱豫省；又因位在九州之中，亦稱「中州」。東北與山東爲界，北鄰河北，南毗湖北，東連江蘇、安徽，西接陝西，西北臨山西等七省，處於我國本部的腹心。境內有崤函西拱，淮泗東流，大河帶其北，三關（武勝關、平靖關、九里關合稱義陽三關）扼其南，平漢鐵路縱貫南北，直通冀鄂；隴海鐵路橫穿東西，可達蘇陝，交通便利，脈絡靈活，兼顧東北與西南，並及東南和西北，而與各地形成輔車相依之勢。尤以鄭縣居全省的中央，據隴海、平漢兩鐵路的交點，可謂扼要中樞，足以鞭策四方，戰守皆宜，有舉足爲天下輕重之勢，自古逐鹿中原，便可據此掌握勝敗之局，是很有道理的。

鞏縣位在河南省中部偏西地方，黃河南岸，洛水下游地區，爲周代鞏伯的封國。秦代置鞏縣，漢代改屬河南郡；北齊時廢縣，隋代復設縣；明、清兩代皆屬於河南府。民國初年、屬豫西道河南府；民國五年、改屬河洛道，其後又改屬「河陝汝道」（註一）。縣城位在洛水東岸，隴海鐵路以北的鰲嶺岡阜之上，南距火車站約一里許，西北距舊縣城亦一里許。按舊縣城原在今縣城西洛水西岸之康店，自明、清兩代以來，每逢夏秋，洛水暴漲，往往灌進縣城，雖築有隄防，然積水無法向外宣洩，如同澤國，成爲難治的水患。民國十七年、乃將縣城東徙於高地，從此洛水不能爲患。縣城附近有不少名勝古蹟：如「石窟寺」位在舊縣城西洛水北岸的大力山斷崖，是北魏宣武帝時所建，鑿石爲窟，刻有千萬佛像，雕飾奇偉，爲洛下壯觀，也是中華文化古代藝術的代表作品。杜甫的故里就在舊縣城東二里許筆架山麓瑤灣村；北宋諸帝陵墓亦在縣西南堤東堡、孝義堡及東南的蔡家莊……，都是很值得遊覽的地方。

鞏縣的地理形勢險固，北臨黃河，洛水自西入境東流，在鞏縣東北二十五里的洛口注入黃河；南有著名的嵩山，東有虎牢關，西有黑石關，扼鞏、洛之中，古稱搤塞之區，十分險要，爲古今兵家必爭之地。民國四年、袁世凱當政，把湖北省漢陽兵工廠分廠設於本縣西南二十五里的孝義村，這裡有隴海鐵路經過，所製兵械子彈，頗爲精良；六年、修火車支道，工料可以直達廠内，並築馬路直達車站，電報、郵政均已俱備，日新月異，商業幾與鞏縣相等，使鞏縣地位更形重要。

神堤村就位在縣城東北六里許，因爲村北有一座年久日遠風吹沙積而漸漸隆起的黃沙土岡，成爲一道天然長堤，約莫有三里長，可以防堵河水氾濫，所以名之爲「神堤」，並命作村名。民國七年十月，曾在洛口一帶，加修堤防，這是人工堤，以防堵洛水氾濫。在神堤以北一里許，爲黃河渡口，叫做「神堤渡」，是兩岸往來要津。神堤村是一座大的村落，聚合著鄭圪落、馬圪落、井胡同、宋胡同、劉胡同、馬家溝、井溝、任家門……等幾條附村小街。我們家便住在劉胡同，是「劉家胡同」的省稱，劉氏在神堤村算是一個大家族。

全村人口，據我所知，在民國十八年曾作過一次統計，有六百二十五戶人家：男一千九百五十六人，女一千九百三十二人，和其他村莊比較起來，人口算是不少了。

鞏縣附近產棉甚多，但由於地境狹小，山嶺多，平原少，居民除從事耕種外，大多往外面各地經商，所以商多於農。至於讀書風氣，雖不甚盛，但都知道讀書可貴，尊崇孔孟之教，幼年讀四書、五經，稍長學習文藝，即知敦品勵行，束身名教，因此一般人家固然生活貧苦，仍願供其子弟入學讀書，大戶人家則多是世代耕讀傳家的。

第二節　我的先世

我劉氏先世出自漢室之後，因西漢諸帝分封子弟於各郡國，以是劉氏一族蕃衍很廣，偏於寰區。中原鞏縣神堤村的劉家，從我六世祖劉涵瀠川公之後，就是詩禮名閥之家，科第相望之族。

我的六世祖名涵，字瀠川，是清代乾隆年間的太學生，也就是國子監監生。為人節儉正直，以讀書養志，敦品勵行，風化鄉黨，學行著於一方。以孫淩漢中高科，故死後，獲貽贈「文林郎」（註二）。他有兩個兒子：長名天衢、字德平；次名天澤、字德遠，都能紹繼箕裘，敦守家風。天衢公就是我的五世祖，幼習儒業，好學不倦，為文有奇氣。因家境不甚寬裕，故出外經商，以事供養。生性慷慨豪爽，仗義疏財，樂於助人，凡是親族有窮困的，必定量力救濟，而自奉儉約，厭惡奢華；人有過失，不予面責，必乘間婉勸，俾使知所改進，有愛人之德，故人稱「大善人」。有子凌漢，高中科甲，父因子貴，也獲貤贈「文林郎」。五世叔祖天澤公，以兄出外經商，擔負起家中諸事務，雖是家計不佳，卻頗知善事雙親，每食必侍親側，務求鹹淡適宜。母老多病，必晨昏自奉湯藥，不許姪輩替代，很得其父灤川公之歡心。晚年雖境遇坎坷，仍處之淡然，以古人自勵。

高祖（四世祖）凌漢公，字星槎、號椿園，自幼穎悟，喜愛讀書，很早就入泮宮，人稱「秀才先生」而不名。平日事親至孝，居母喪盡哀，凡母生前所用之帷幕、几杖、茶鼎……等，擺設原處，未嘗移動，三年服喪期滿，仍視死如生，出入必稟命，有事必祭告，並謹嚴忌日，多年不敢怠忘。對於胞叔天澤，雖久已異居，仍迎來奉養，事之如生父，鄉里傳爲美談。時有嘉慶二十一年教諭馬時芳（字誠之，號平泉，禹州人，副貢生）聞而賢之，並將其事記載於所著之「芝田隨筆」中，期能化風成俗。嘉慶十三年，遊學洛陽，肄業於周南書院（周南即洛陽），應聘授徒於白姓之家，藉收教學相長之功效。二十三年秋，應戊寅科鄉試，中式「亞元」，也就是第二名舉人，名登賢書；嘗云：「修明聖學，行道天下，是乃儒爲人之所需。」足見其有志於倡行道學。又在道光六年（西元一八二六年），參加舉人「大挑」（註三），名列二等，被選任爲開封府陳留縣教諭，負責考課縣中生員。在教諭任內，曾經有一次黃河漲大水，潰決堤防，圍困陳留縣城，他親率生員，日夜登城梭巡，督導丁壯，急以沙包搶堵四門，阻擋洪水灌入城內，縣城始得以安然無事。

道光十二年、凌漢公北上參加禮部會考，考中黃榜「壬辰正科」進士，算是清朝第七十八科，他和後來做過兩江總督的李星沅（字子湘、號石梧，湖南湘陰人）、兩廣總督勞崇光（字辛階，湖南善化人）、四川總督駱秉章（名俊、以字行，號籲門，廣東花縣人）等，都是同科進士。有清一代，鞏縣先後出了六名進士，凌漢公算是第三位中黃榜的進士，可見高中巍科實在不容易啊！

道光二十二年初，凌漢公奉吏部檄補授湖南省永順府桑植縣知縣，到南方去作地方官。

按桑植縣地方土著多是苗人，風俗蠻悍，時服時叛，常起變亂，加上政治腐敗，官吏貪污，號稱爲難治之區。今之共酋賀龍就是該縣城北四十里洪家關人，打家劫舍，殺人越貨，曾受招撫，後投入共產黨，與妹賀香姑擾攘於豫、鄂、皖三省，我還率軍追剿過他呢！凌漢公到任後，知道地方時生變亂，於是深入民間，勤察民瘼，積極的革弊興利，懲暴安良，解除人民痛苦。數月後，果然立竿見效，政通人和，民心歙服，澤及土著，被稱譽爲地方官的楷模。

同年、調署衡州府安仁縣知縣。安仁縣在衡陽縣東南，群山四障，交通不便，也是一個難治的縣分。凌漢公蒞任後，嚴厲裁懲黑類，使群小斂跡，風氣爲之丕變；並開鑿水渠，教民墾植，增加生產，使人民足衣足食，地方太平，百姓謳歌載道。由於他性格高潔，既不願同流合污，又恥於結黨營私，且平日慎重刑獄，常覺判案難以完全公平，於是上書請辭，改派教職，獲選任爲河南省南陽府教授（註四），得以卸任北歸。凌漢公作官正直清廉，常將俸銀捐助公益興學，或救濟貧苦，以致宦囊空空如洗，連回家的盤纏都没有，還要由家人變賣田產，才把他迎接回來，這在當時不僅罕見，就是現在更是少有，說來好像笑話一樣。

由此可知我們劉家的家風，就是「清白」二字，願我們劉氏子孫永遠保守著它，不要辱没先人的美德。

凌漢公選任南陽府教授後，仍像作陳留教諭時一樣，訓導諸生，啓迪後學，以教育英才爲一大樂事，直到咸豐二年（西元一八五二年）春，才致仕歸里。前後服官二十餘年，清廉自矢，一介不取，自己生活非常節省，嘗說：「儉約可以培養廉潔」，正是「儉以養廉」的道理。當他辭官回家，所帶回來的只是幾箱圖書而已。他生平研究學問，以忠誠信實爲主，禮儀法度爲旨，濟人利物爲懷；至於其身體力行的修養，更是得力於孟子省察自反的功夫。臨終之前，特囑嫡長孫心原至床前，口授自撰之墓誌銘，由其筆記勿參入他人語，以存其實，因其素惡世俗所作之墓誌銘多屬阿諛恭維、稱譽不實的文章。這種特立殊行，方可算是一位眞正讀書人。他生平主張實踐才是有用的學問，不喜歡空言誤己誤人，因而歿世未留著作。門人弟子以親炙日久，隨筆鈔錄其警世言論，名爲「檢身輯語」。又輯其居鄉訓子戒俗所作的歌謠，並及與故舊所作的記敘、表銘……等文字，名爲「椿園文鈔」。又蒐輯詩稿，名爲「夢餘詩草」一卷。凌漢公並訂劉氏下代譜系之八字宗派，爲「萬心維德、傳家乃長」，意義甚美。但我們屬於「德」字輩的昆仲，多用「鎭」字或「茂」字；下一代「傳」字輩，都是以「捷」字代替。他有三子：長子名萬仞、字伯顯；次子名萬彬、字仲雅，有子名心黼、字黼臣，是光緒十三年的歲貢生；三子名萬尋、字季繹、號穉園，爲同治九年的舉人，有子名心濬、字見吾、號百拙，是縣學生員。

我的曾祖萬仞，少承庭訓，學有素養，爲文淳樸有古風，器識宏達，行端品方，爲人不苟言笑，重然諾，有聲於鄉里。有三子：長子心原、字濬齋，腦思敏捷，文氣充足，未弱冠即爲縣學生員，咸豐十一年中「拔萃」科（即拔貢），喜詩賦，精書法，人稱通儒，有二子：維典、維清。次子心畬、字經言，是河南府府學生，有四子：長維藩、也是河南府學生；次維寶、字幹臣，是鞏縣縣學生；三子維溫，是縣學增生；四子維安。

我祖父名心芝、字經川，排行第三，少隨其祖父凌漢公讀書於南陽府學署，後因凌漢公辭官，生計維艱，於是遠到南方廣東經商，以紓解家庭困境。爲人忠恕敦厚，崇尚禮讓，平易近人。祖母楊氏，淑德懿行，勤儉持家，使心芝公無内顧之憂。初以仲兄心畬子維溫爲嗣，後生二子：名維祥、維永。民國十八年，大哥鎭華爲追懷祖德，特別在家鄉鞏縣建立一座「經川圖書館」，以爲紀念。

第三節　我的家族

我父親名維永、字壽山，承接上代美德，以爲善最樂。他的同堂從兄弟八人，都是鑽研經史，多半是秀才出身，只有他繼承父親心芝公經營商業，兼掌理家政。生平樂善好施，經常助寒濟貧，熱心公益。民國後，雖長子鎭華，統領鎭嵩軍，而爲陝西省長，他的衣食習慣，仍然没有改變，曾經施給某守貞婦三百銀元以爲濟助。民國六年，捐一千銀元，築何溝村（在神堤村西）莊頭石橋，以利行人，由劉蓮青（字鏡湖、鞏縣西南八里大黃冶村人，光緒乙酉科舉人）撰文，勒石橋頭，以記始末。這年，他五十七歲，親友要爲他祝壽，他先期避開，並告訴我們說：「我祖父從來不過生日，我更不能作壽，你們應該節省費用，施濟窮困，積德爲上才對。」

記得在光緒末年，家中以人口漸多，房屋不夠居住，雇工開鑿窰洞。按此間居民多住窰洞，冬暖夏涼。我那時才十一歲，常去觀看工作情形，數日後，鑿土發出訇訇之聲，裡面好像是空虛的，工人都半開玩笑的說：「挖出寶來，我們要平分啦！」我也笑著說：「好哇！趕快挖吧！」於是繼續鑿進數尺，果然發現一個古洞遺址，內有一塊漢磚，長約一尺餘，寬約半尺，上面刻有「首必北斗，位列三台，壽山永遠，酉相人來」等十六個字，據推斷原是漢代陰陽家以陰陽消息與天人感應相結合，證以五行休咎之說，以趨福避禍，徵人事之得失，這都是雜家者流的說法，不過因爲發生在我們家，所以令人覺得十分玄奇。說來眞是個巧合：我父親的字叫壽山，又是辛酉年出生，所以屬相爲酉，似乎和後兩句「壽山永遠，酉相人來」相符合；而後來大哥鎮華參加辛亥革命，起義中州，民國成立後，歷官鎮嵩軍中將統領、陝西省長、督軍、加陸軍上將銜、授阜威將軍……，北伐後，屢任討逆軍第十一路軍總指揮、豫陝晉邊區綏靖督辦、鄂豫陝邊區剿匪督辦、豫鄂皖邊區剿匪總司令、安徽省政府委員兼主席、兼全省保安司令，任官陸軍二級上將，領軍主政，開府一方；就連我這塊樗材，也濫竽充任第十四集團軍總司令、河南省主席、兼全省警備總司令、保安總司令等職，因而附會有如北斗，衆星拱之，又把省長、督軍、總司令、主席比作古代的諸侯，說成位等三台，這是鄉里父老們的說法，覺得很奇異，所以一直傳說下來，其實只能當作飯後茶餘的趣談資料罷了。

我父親生於清代咸豐辛酉十一年十月十五日，換算陽曆是民國紀元前五十一年、西元一八六一年十一月十七日；病歿於民國八年五月四日（陰曆四月初五日），享年五十九歲。當時，大哥主持陝西省政，殯日、北京大總統徐世昌特派河洛道道尹楊葆元代表前來弔唁，其祭文云：

「維中華民國八年五月二十八日、

大總統特遣河洛道道尹楊葆元致祭於

壽山先生之靈曰：奉世遺經，希文傳業，伊島達人，淵源家法；於鑠先生，蘊道守眞，上軌伊洛，超群軼塵；篤生賢子，棟家幹國，惠流三輔，聲施九域；葛稱明志，劉昜自新，高門彝訓，矜式國人；養氣葆和，勞謙致福，冀望遐齡，優遊林麓；何期宿望，遽歎逝川，報歉於善，德逾於年；美蔭成林，靈源導水，有子亢宗，方興未已；高高少室，鬱鬱長雲，爰陳薄醴，庶耀清芬。」

我的母親是出自縣城東北七里舖孫氏望族，與神堤村東西相距五里，中隔洛河。生於清代同治癸亥二年二月初六日（民國前四十九年、西元一八六三年三月二十四日）。秉性醇厚賢淑，平實簡樸，謹守禮法，勤儉持家，教養兒女，皆能振揚家聲，賙恤貧困，照顧戚族，在鄉黨鄰里中，是一位仁慈祥和的老太太。歿於民國三十五年十二月五日（陰曆十一月十二日），享壽八十四歲。

我大伯維祥，熱心地方教育，與同村舉人宋經裕（字益亭），於光緒三十三年在神堤村公所創辦「更新小學校」，培育鄉里子弟。有二子：長茂宣，又名鎭通；次名茂燦、字鏡軒，早年曾任鎭嵩軍營長。

我有同胞兄弟姊妹共十人：七個兄弟、三個姊妹，可以說是多口之家。但我們都能受到父母良好的教養，恪守先規，以恭儉忠厚爲本，秉持著上代傳下來樸素謹厚的家風，由學有專長，進而經世致用，退而嚴肅家教，各能有所成就，而以大哥爲最。

提起大哥劉鎭華，是民國史上具有影響時局的人物之一。他原名茂業、字雪亞，生於清代光緒九年九月初七日（民國前二十九年、西元一八八三年十月七日）。由於受到家學的薰陶，二十歲就考入縣學，成爲秀才，受到教諭邢子美的稱讚，譽爲器宇不凡，績學能文。光緒三十一年、清廷停止科舉，設立新制學堂，獲保送進入保定北洋優級師範學堂，接受新式教育，後因加入同盟會，宣傳革命，被人密告而勒令退學，以是回到開封，與豫籍黨人楊源懋、劉純仁創辦中州公學。宣統元年、由河南提學使孔祥霖保送北京法政專門學堂（即國立北京法政大學前身）插班就讀，與楊永泰是同學。畢業後，受孔氏任爲省視學（督學），於是藉查學機會，掩飾革命活動，吸收會員，結納豪俠，發展組織。武昌起義，大哥到嵩縣聯絡王天同（起義後改名天從、亦作天縱）、柴雲陞、憨玉琨等人，組成民軍，舉兵響應，占領嵩縣，與陝西民軍張鈁會師潼關，中原震撼，卒至清廷被迫南北議和，清帝退位。

民國元年春，大哥所部民軍改編爲「陝西陸軍第一混成協」，任爲協統（旅長），駐防潼關、華陰一帶。十月、應河南都督張鎭芳（字馨菴、河南項城人）之邀，率部返旆豫西剿匪，改稱「鎭嵩軍」，任「統領」，兼署「河陜汝道」道尹，駐節洛陽，負責剿除豫西嵩縣、洛陽一帶的李永魁、閻世清、申心寬、蔡天保等四大股匪患，遂成爲河南地方所屬部隊，以便就地撥發餉糈。因爲這個部隊的成員多是嵩縣人，而土匪多以嵩縣四鄰山區爲淵藪，出擾豫西各縣，以這個嵩縣基幹部隊剿此一地區匪患，可以獲得天時地利人和的利便，故稱「鎭嵩軍」，絕不是一般人顧名思義說是取張鎭芳和大哥的名字而鎭壓嵩山匪患的意思，其實那也不過是巧合的雙關語罷了。新的部隊編制轄有步兵兩團、騎兵一團、砲兵一營、衛隊一連，人槍共約三千餘，既非中央軍，亦非省軍，形成豫西局部地區性的軍隊。

民國三年八月、大哥平「白狼」之亂有功，升陸軍中將。七年初、應陝督陳樹藩之請，率軍援陝，三月、署陝西省長。十一年五月、兼署「督軍」。十三年九月、直奉二次戰爭，任陝西後方籌備總司令。十四年一月、任陝西軍務督辦，二月、部將憨玉琨與胡景翼衝突（即憨胡之戰）失利，十月、吳佩孚再起，委大哥爲「討賊聯軍」陝甘軍總司令；十五年春、圍攻西安八個月，功敗垂成。十六年春，參加北伐，與馮玉祥合作，任「東路軍」總司令，嗣改任國民革命軍第二集團軍第八方面軍總指揮、兼「援魯軍」總司令，同時又兼任河南省政府委員。十七年一月、兼建設廳長，三月、並任國民政府軍事委員會委員。我有幸跟隨大哥北伐，他對我時加提攜，任我爲第四軍軍長，負弩前驅，歷經冀南諸戰役，克抵平津地區，終於完成北伐，統一全國。

十八年五月、馮玉祥異動，大哥反對他破壞國家統一局面，苦勸不聽，即接受中央委派爲討逆軍第十一路總指揮，十一月、所部軍參加豫西討馮之役；十九年初、出國考察，指示我以擁護中央爲原則，服從蔣總司令爲旨意，故能一本初衷，艱苦轉戰，討逆中原。十月、閻馮失敗，十一月、大哥返國，任豫陝晉邊區綏靖督辦；二十年七月、石友三在冀南叛變，受任「討赤軍南路集團軍」（總司令劉峙）第一軍團總指揮；二十一年五月、任豫鄂陝邊區剿匪督辦，剿平王泰、崔二旦等大股土匪；次年五月、任豫鄂皖邊區剿匪總司令，並兼任安徽省政府主席。二十三年九月、撤銷邊區剿匪總司令部，旋兼全省保安司令。二十四年四月三日、受國民政府任官爲「陸軍二級上將」。二十六年四月、因病辭去所有職務，在家休養；三十八年春、來台灣，至四十四年十一月十八日，病逝於台北市杭州南路一三一巷二十七號寓所，享年七十三歲。我和大哥年齡相差十五歲，在所有弟兄中，我跟隨他的時間最久，受到他的教誨愛護也最多，我後來之所以能稍有成就，可以說大多得自大哥，因此我對於大哥的懷念也最深。

大姊醒華，生於光緒丁亥十三年（民國前二十五年、西元一八八七年），畢業於河南女子師範學校，適同村宋胡同宋俊佑（字孚民）先生。孚民先生畢業於開封河南陸軍測量學校，及北京中央陸軍測量學校深造。

二哥鎭乾，原名茂森，生於光緒戊子十四年三月十六日（民國前二十四年、西元一八八八年四月二十六日）。既通曉義理之學，又精擅岐黃之術，在家鄉經營商業。

三哥茂松，字秀巖，生於光緒己丑十五年十一月二十一日（民國前二十三年、西元一八八九年十二月十三日）。民國九年四月、保定陸軍軍官學校第七期步兵科第十六連畢業。該期僅有步兵第十五、十六兩連。曾任國軍編遣委員會安置處調查科科長、旋升該處少將處長。

四哥鎭海、字澤普，生於光緒甲午二十年四月初五日（民國前十八年、西元一八九四年五月九日）。民國九年四月、保定陸軍軍官學校第七期騎兵科第三連畢業。該期僅有騎兵第三連。曾任陝西督軍署衛隊旅騎兵團團長。

二姊清華，生於光緒乙未二十一年（民國前十七年、西元一八九五年），畢業於河南女子師範學校，適本縣城東二里塢灣村張長庚（字曜西），爲北京大學畢業。

六弟茂寅、字春濃、後字春農，生於光緒庚子二十六年十一月十三日（民國前十一年、西元一九〇一年一月三日）。民國二年底、考入「河南留學歐美預備學校」德文班（註五），翌年春、開學，七年底、畢業，後赴德國漢堡（Hamburg，位於易北河下游，爲德國最大港口），入漢堡大學畢業，得化學博士學位。返國後、曾任軍政部兵工委員、兼兵工署技術師；來台灣後、任省立屛東農業專科學校教授。儕輩都讚譽他爲人平易謙和，有學者風度。妻藹莉（ERIKA），德國人，溫文賢淑，有中國傳統女性的美德。

七弟茂修，字竹庭、又字竹亭，生於光緒癸卯二十九年正月二十九日（民國前九年、西元一九〇三年二月二十六日）。民國十六年四月、入日本陸軍士官學校第二十期，習騎兵科，至十八年七月畢業，曾任國民政府軍事委員會少將參議。

三妹智華，一名淑慧，生於光緒三十四年六月初二日（民國前四年、西元一九〇八年六月三十日），畢業於天津中西中學，適田夢嘉（以字行，原名家瑚，新鄉縣人），曾任河南省田糧管理處處長。

註釋：

註一：民國五年，廢府存道，轄洛陽、孟津、偃師、鞏縣、新安、澠池、閿鄉、洛寧、盧氏、嵩縣、宜陽、登封、臨汝、魯山、寶豐、陜縣、伊陽等十九縣；嗣以內爭不息，道區更廢靡常，又改稱「河陝汝道」，道治則皆設於洛陽。

註二：清制：文武官員爲感德報恩，而以自己所受封應受封的爵位名號，呈請移授與親族尊長。其人存者，謂之貤封；其人已歿，則稱貤贈。清會典：「若貤封，各以其情請焉；得旨，則停其身與妻之封而予之。凡貤封，不踰制。」注：「八、九品官貤封父母；四、五、六、七品官貤封祖父母；一、二、三品官貤封曾祖父母。其本宗惟伯叔祖父母、兄嫂、及庶母，准其貤封。外姻惟外祖父母，准其貤封。」文林郎、係帝王時代的官名，南北朝時代北齊文宣帝天保年間，設置文林館，徵文學之士充之；隋代置「文林郎」，爲文散官，而後歷代因之；至明、清兩代，爲文職之正七品封階。

註三：清制：各省舉人集於京師，每經數科會試後，於下第舉人，挑選三科以上，分別予以錄用，一等任知縣，二等任教職，謂之「大挑」。

註四：按清制：教授為府學正教官，學正乃州學正教官，教諭是縣學正教官，並於各府、州、縣儒學，均置訓導一職，以為教授、學正、教諭之副手，俱屬學校官職，統稱教官、學官、校官，職掌文廟奉祀，管理教訓所屬儒學之文武士子，教人師法，訓說義理。

註五：按清代光緒二十三年，大理寺少卿盛宣懷奏設南洋公學於上海，而以上海五年制之南洋中學畢業生直接升入，成績斐然。民國後、屬交通部，稱南洋大學，十年、改稱上海交通大學。民國元年、河南省參議會建議於省公署（猶後之省政府），仿照南洋中學制度，成立「河南留學歐美預備學校」於開封城內東北隅鐵塔前貢院舊址，簡稱「預校」，分年分期招收英、德、法文各班，五年畢業，選派赴歐美各國留學，培養實科專門人才，首任校長為林伯襄，史地老師為前清「亞元」（第二名舉人）、同盟會黨人王北方先生，負譽於時。預校畢業生，人稱「鐵塔牌」，以其校址鄰近鐵塔的緣故。

河南省鞏縣劉氏世系表（一）

「萬心維德（鎮、茂）傳家（捷）乃長」

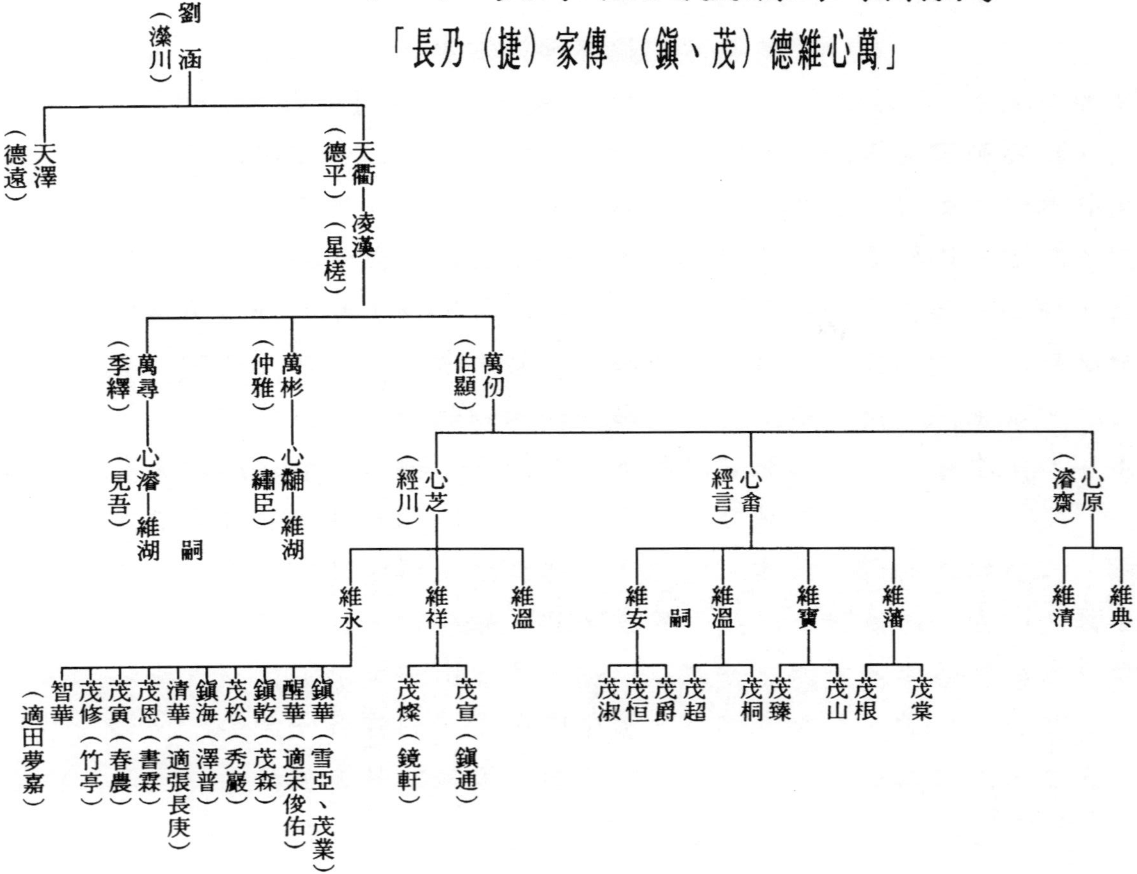

河南省鞏縣劉氏世系表（二）

- 劉鎮華
  - 劉獻捷
    - 劉家驥
    - 劉家麟
    - 劉家瑋
    - 劉家鎂
    - 劉夢蓮
    - 劉夢梅
    - 劉夢筠
    - 劉夢珀
  - 劉秦捷
    - 劉星揚
    - 劉星偉
    - 劉星臺（適朱嗣海）
      - 朱世筠
  - 劉敏捷（適田旭東）
    - 田連濤
    - 田連棟
    - 田連玉
- 劉鎮乾
  - 劉慶捷
    - 劉承遠
    - 劉家謙
    - 劉夢蕾
  - 劉順捷
    - 劉兆煒
    - 劉貞妍
    - 劉倩妤
  - 劉豫捷
    - 劉家放
  - 劉詢捷（適陳宗浩）
    - 陳衍萱
    - 陳衍錚
    - 陳衍茜
  - 劉喜捷
    - 黃恩梅
  - 劉翠捷（適高家彥）
    - 高峻峰
    - 高平
    - 高吉
  - 劉俊捷（適龔繼志）
    - 龔鍾泰
    - 龔載潤
  - 劉妹捷（適王肇昕）
    - 王興漢
    - 王興國

- 劉鎮海
  - 劉長捷
    - 劉家和
    - 劉家讓
    - 劉家駒
    - 劉夢莉（適張家聲）
    - 劉夢玲（適王英民）
    - 劉夢蕾
  - 劉銘捷
    - 劉家驊
    - 劉家凱
    - 劉夢珊
    - 劉夢萍
  - 劉鼎捷
    - 劉家鰲
    - 劉夢娜
    - 劉夢芙
  - 劉樂捷
    - 劉家康
    - 劉家翔
  - 劉開捷
  - 劉許捷
  - 劉錦捷（適杜元方）
    - 杜立嘉
    - 杜立婉
  - 劉柔捷（適劉肇斌）
    - 劉明波
    - 劉明皓
  - 劉月捷（適柳懷駿）
    - 柳錫璜
    - 柳錫婷

- 劉茂松
  - 劉軍捷
    - 劉家齊
    - 劉夢瑩（適唐龍印）
      - 唐懷中
      - 唐惠中
    - 劉夢鸞（適李廷瑞）
      - 李佩修
    - 劉夢環（適嚴達功）
    - 劉綿勻
    - 劉應琁
  - 劉桓捷
  - 劉世捷
  - 劉帥捷（適許光）
    - 許正仁
    - 許正國
    - 許正文（適王恩修）
    - 許正斌（適衛光棣）
    - 許正明

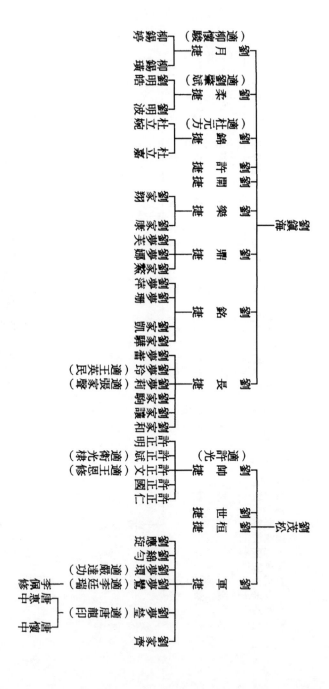

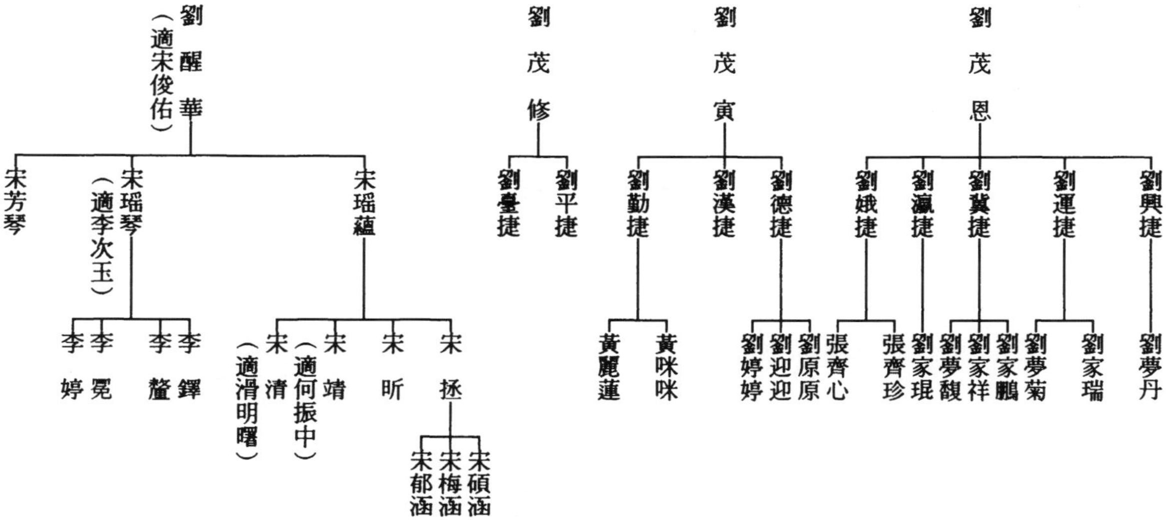

劉醒華
（適宋俊佑）
宋芳琴
宋瑤琴
（適李次玉）
李婷
李冕
李鼇
李鐸
宋瑤蘊
宋清
（適滑明曙）
宋靖
（適何振中）
宋昕
宋拯
宋郁涵
宋梅涵
宋碩涵
劉茂修
劉臺捷
劉平捷
劉茂寅
劉勤捷
黃麗蓮
黃咪咪
劉漢捷
劉德捷
劉婷婷
劉迎迎
劉原原
劉茂恩
劉娥捷
張齊心
張齊珍
劉瀛捷
劉家琨
劉冀捷
劉夢馥
劉家祥
劉家鵬
劉運捷
劉夢菊
劉家瑞
劉興捷
劉夢丹

- 劉清華（適張長庚）
  - 張宏毅
    - 張國維
    - 張曼玲
    - 張曼蓀
  - 張宏任
    - 張國威
  - 張宏勳
    - 張彤
  - 張宏中
    - 張濤
    - 張寧
  - 張宏遠
    - 張正維
    - 張世維
  - 張宏育（適黃青雲）
    - 黃德瑞
    - 黃德利

- 劉智華（淑慧）（適田夢嘉）
  - 田世娟（適蔣超望）
    - 蔣宗田
    - 蔣潤田
    - 蔣安妮
    - 蔣其嘉
  - 田世慰（適張廷璜）
    - 張紘田
    - 張繼田
    - 張敏祺

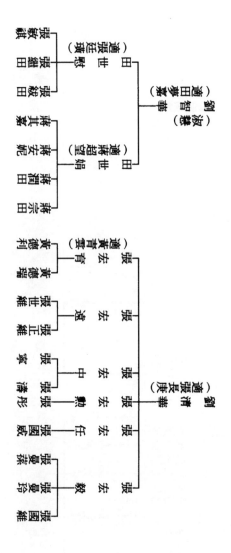

第三章　求學從軍

我在兄弟中，排行第五，也就是俗稱「老五」，但是一般人都稱呼我「五先生」，大哥、二哥、三哥依序則是稱「大先生」、「二先生」、「三先生」……。

當我出生的時候，正是清代光緒皇帝德宗下「定國是」詔，決心變法圖強的前三天，史稱「戊戌變法」或「百日維新」；而後慈禧太后和頑固的大臣痛恨改革，恢復臨朝聽政，幽帝於瀛臺，罷新政、復舊規，世稱「戊戌政變」，這是當年的大事。在此之前，中國已經遭受中法戰爭和中日甲午戰爭的慘敗，被迫割地、賠款，而後英、法、德、俄、日各國又分別租借威海衛、廣州灣、膠州灣、旅順等地，劃分勢力範圍，中國已面臨被瓜分的命運，實在是中國近代史上一段最危險的時代，幸而光緒二十五年，美國國務卿海約翰（John Hay）提出「門戶開放」政策的主張，即「利益均霑，機會均等」，這樣才使中國於列強矛盾中獲得苟全，避免了瓜分之禍。——這是我誕生時代的中國，可以說正處於一個風雨飄搖危難艱困的時代。

這時，清廷內政腐敗，外侮日亟，於是有志之士，蒿目時艱，爭相奮起，前仆後繼，拋頭顱、灑熱血、不惜犧牲，以革命手段，救我國家、保我民族，一次又一次的發難，終於爆發了辛亥大革命——武昌起義，全國響應，使我所處的時代又經歷了一次破天荒的大轉變——推翻滿清專制皇朝，建立中華民國，呈現出一個嶄新的時代，給人帶來了新的希望。

第一節　塾校教育

我開始啓蒙識字讀書，大約是七歲時。先在家裡的私塾上學，由一位孫老師（偃師人）教我讀百家姓、三字經、大學、中庸、論語、孟子等，還指導我由描紅模而臨摹字帖寫字。到八、九歲時，才進入本村的更新小學讀書，這是我大伯父維祥公和同村舉人宋經裕先生創辦的一所初級小學，校長仍是教我們的那位孫老師。宋舉人是光緒二十三年丁酉科中式，民國後，歷任陝西省米脂、清澗、長武等縣知事。

宣統二年，我十三歲，讀完四年制的初級小學，便升學至縣城內考院鞏縣縣立高等學堂，是二年制，八月入學，校長爲劉蓮清先生（本縣人，舉人出身，曾任淅川廳及陳留、河內二縣教諭）。三年辛亥、武昌黨人起義，引發大革命，尤其大哥策動嵩縣豪俠義士王天縱等發難響應，攻占縣城，與陝軍會攻潼關，轟轟烈烈，震撼中州，這在我少年的心靈裡卻留下了深刻而難忘的印象。

民國元年，因爲時局關係，我亦輟學在家自修，至二年六月、總算完成高小畢業；七月、至洛陽考取河南省立第八中學，校長郭蔭青是黃河北岸濟源縣人，八月、開學，住校讀書。這年底、我趁著假期同六弟茂寅、大胞姪獻捷，一起去開封報考「河南留學歐美預備學校」，試罷、自己核計答案分數，絕對超過錄取標準，詎料榜發竟然名落孫山外，非常氣忿，因爲我們叔姪三人平常都在一塊兒讀書，自己學業成績亦不差於他倆，況且這次考完，相對答案亦都一樣，他倆考取，何以惟我落榜呢？因此曾經請求家人去詢問原因，後來據校長林伯襄答稱：「茂恩考試的成績是很好的，主持考務人員看見他的身材太高了，像是二十歲的樣子，懷疑他年齡不實，恐怕他已超越錄取的學齡，因此没有錄取。……既然經家人證實他的年齡不虛，可惜學校已開學上課多天了，無法補救，歡迎下期來考……」原來如此，冤枉也哉！不過這一件事情，對我來說，具有關鍵性的影響，如果預校錄取了我，我可能就學土木工程這一專門學科，將來就當工程師去了，絕不會有後來當職業軍人的事情了。如今想來，甚覺好笑！於是我就回洛陽安心讀我的河南「八中」吧，再也不做這個留學外洋的美夢了。

民國四年五月九日，日本強迫袁世凱簽訂二十一條要求，其中以第五條最爲狠毒，企圖控制中國的內政、軍事、財政，已暴露出想要併吞中國，滅我民族的野心，眞是奇恥大辱！以是我全國上下都非常憤慨，因而有反日、排斥日貨等愛國運動，民氣激昂達於極點，遂定這天爲「五九國恥」紀念日，以示不忘。那時我正在洛陽第八中學（四年制）讀二年級，聽說日本任意欺凌我國，逼迫承認他們提出的二十一條款的消息，頓時義憤塡膺，大有「是可忍，孰不可忍」的情勢，於是認爲只有從軍，才是一條打日本、報宿仇，救國家、雪國恥的最直接途徑，便待機請纓從軍。正好這時北京政府準備擴增第十一、十二兩師，以張永成、陳光遠分任師長，於是陸軍部命陸軍中將李振麟（天津人）來河南省負責招募學兵事宜，駐在豫北安陽縣城設「總召募處」，畫分四個招募地區，以招募委員陸軍少將周槿昌駐洛陽，主持辦理豫西方面的招募工作。當我在大街口看見他們招募學兵的布告時，認爲是一個大好機會，急忙走告平日已有默契且志同道合的同學，共有二十九人，一起去招募處，秘密報名應募，並都約好不讓家裡人知道，避免受到阻攔。不料其中有個同學叫李金陽，家就住在洛陽城裡，竟然告訴家人，把消息洩露出去了，這一下子增加不少麻煩。首先他的家長到學校找郭校長，同往招募處，見到一位上校階級的招募委員，姓名已忘記，是河南郟縣人，向他交涉，退出報名之列。同時、郭校長也知道我是二十九人報名中的一個，即時便去告訴我的大哥。大哥這時以鎮嵩軍陸軍中將統領兼河陝汝道道尹，正駐在洛陽。那位上校委員知道我是劉統領的弟弟，連忙報告他的頂頭上司少將委員周槿昌，一同趕來拜謁大哥。大哥說：「他年幼，不許他去。」又把我叫去訓了一頓，說：「你還小，好好唸書，不准去當兵！」我很倔強的反駁道：「你不贊成當兵，還帶什麼兵？難道只叫人家去當兵，卻不准自個兒人當兵麼？何況國家情勢危急已到了朝不保夕的這樣地步，我們能不起來救把手嗎？我已決定了，非打日本帝國主義不可，還是要去當兵！」這是我一生中僅有的一次跟大哥頂嘴，可謂少不更事。大哥見我非常執拗，對我沒辦法，只好告訴母親。但母親很知道我的志向，更了解我的性情，便說：「讓他去吧！」頓時在我心中產生出兩種深刻的感受，那就是「愛我者大哥，知我者母親」。於是我們二十八個同學（當然除了李金陽以外），便由洛陽被送往豫北安陽「總招募處」去報到，那位少將委員周槿昌還把我們比作中興漢室的二十八宿（將）呢！這話眞是過獎了，實在不敢當。

「總招募處」處長李振麟中將，爲人很好，我的別號原來是書林，他給我改爲書霖，勉勵我「讀書立志，霖雨蒼生」，使我感動，永遠不忘。跟我們談話，知道我們都是中學生，大概覺得很可以造就吧，就不要我們當學兵了，又送我們到北京去考「模範團」，接受軍官養成教育，從此棄文習武，可以捍衛國家了，這是我一生中的轉捩點。在當時我中心滿以爲很快的就有機會打日本帝國主義了，因爲這是我投筆從戎的動機，沒想到一直等到二十二年後，日軍在盧溝橋挑釁的槍聲響了，才實現了我抗日的宿願。

第二節　模範團

民國成立後，南北議和統一，袁項城（袁世凱）當政，以大總統兼陸海軍大元帥，於三年五月九日成立「陸海軍大元帥統率辦事處」，以陸軍、海軍、參謀三部總長爲當然辦事員，及大元帥所派之高級軍官所組成。這時三總長爲陸軍總長段祺瑞（原名啓瑞、字芝泉、安徽合肥人，天津武備學堂砲科畢業）、海軍總長劉冠雄（字子英、福建閩侯人，英國格林威治海軍學校畢業）、參謀總長黎元洪（字宋卿、湖北黃陂人，北洋水師學堂機械科畢業，時以副總統兼領參謀部），第一批所派的辦事員爲廕昌（字午樓、滿洲正白旗人，亦袁氏侍從武官）、王士珍（字聘卿、河北正定人，天津武備學堂畢業)、薩鎭冰(字鼎銘、福建閩侯人,福建船政學堂及英國格林威次海軍大學畢業),總務廳廳長唐在禮(上海人、日本士官學校第一期砲兵科畢業)、第一所主任蔣廷梓(江蘇徐州人,日本士官第三期砲兵科畢業)、第二所主任田書年(天津人,與蔣廷梓同期同兵科同學)、第三所主任童煥文(安徽滁縣人,與蔣廷梓同隊同學)。自此袁氏將全國兵權掌握於自己手上,規定陸海軍大元帥的命令爲軍令,陸、海兩軍部遂成爲名存實亡的機構。

民國三年十月二十三日,袁世凱爲了進一步掌握軍權,藉口防止北洋軍官暮氣太深,特由其長子袁克定籌設「模範團」,全名應爲「陸軍混成模範團」,以王士珍爲籌備處處長,授陸軍上將,成立於北京皇城內北海西水西門之旃檀寺,爲團址辦事處,由辦事員董其事,團本部設在北海,由袁氏自任團長,以前熱河赤峰鎭守使陳光遠爲團附,並任王士珍、袁克定、張敬堯爲辦事員,直屬於「陸海軍大元帥統率辦事處」。按旃檀亦作旃檀,即檀香木,旃檀寺以有栴檀佛像,故名。

袁氏創辦這個模範團,相當於軍官教導團。顧名思義,稱人之足爲儀法者曰「模範」,故其目的在建立一支個人的標準武力,準備編練成「模範軍」,以改造北洋軍隊,使成爲全國軍隊的模範,尤其是一支具有朝氣的現代化軍隊。成立之初,由蔭昌挑選各師之中、上級軍官爲該團的下級軍官，並抽調保定陸軍軍官學校第一期各科畢業生中直隸（河北）、河南、吉林、山東各省籍的二百八十人，爲該團中、下士，士兵則由各省各師下級軍官中抽選充任。

而後擬定以訓練十個師的軍官爲目標，月餉從優加給，預定分五期訓練，原來規定每半年一期，視實施後情形酌予延長時間，畢業後分發任用，不歸陸軍部派令，誠然元首學生，套句陳語，也就是「天子門生」，無怪人皆視如天之驕子。模範團訂有團員誓願八條，其文爲：

「服從命令，盡忠報國，誠意衛民，尊敬長上，不惜性命，言行信實，習勤耐勞，不入會黨。誓願八條，甘心遵守，違反其一，天誅法譴。」

入團之初、全體團員整隊前往關岳廟宣誓，派蔭昌監誓，由團附陳光遠宣讀誓詞，每讀一句，團員循聲朗誦一遍。袁氏爲使所有到模範團受訓的官兵都能對他服從，因此一定要團員宣誓效忠，並且每週必到該團觀操一次，召集軍官訓話一次。第一期團員是在民國四年一月十三日宣誓，是年十月二十七日畢業，當即成立拱衛軍步兵四旅，砲、騎二兵團，機關槍及輜重各一營。袁氏死後，改編爲中央陸軍第十一、十二兩師，師長爲李奎元、陳光遠。

模範團到第二期才對外招考，對象是中等學校以上的學生，和北洋軍系中的軍士，我們就是這個機會考進來的。但是我們很感激那位總招募處處長陸軍中將李振麟先生的關愛照顧，使我們得以深造上進，充實自己的軍事學識和技能，令人永遠難忘。但後來北伐進軍至天津，我駐防楊村時，曾派人四下訪尋他的下落，迄無蹤影，引爲我人生中一件遺憾的事情。

我在民國四年十月十一日進入模範團第二期輜重兵科受訓。團長仍是袁氏，有一次來團觀操，因爲我的身材長得很高大，爲全團之冠，引起了他的特別注意，當衆詢問我的姓名、年齡、籍貫、與父兄的名字，知道我的大哥是劉鎭華，便給慰勉一番，叫我努力學習軍事技能，將來殺敵衛國，做一番轟烈事業。以後袁克定代理了一陣團長，袁死、副總統黎元洪繼任總統，也兼團長；我們的中校團附，乃是當時的參謀次長陸軍中將陸錦（字繡山、天津人，日本陸軍士官學校第一期砲兵科畢業，曾任航空署署長、陸軍總長、天津鎭守使），後來是陸軍部軍學司長魏宗瀚（字海樓、安徽人，後任陸軍第九師師長）。由於當初袁氏到模範團觀操，便是戴的上校軍階，所以團附便成了中校階級，各省督軍來團，都是以上尉副官的身分。全團共有十二連，步、騎、砲、工、輜各兵科俱有，其編制爲一連三排，每排三班，每班十人。畢業期限延長爲一年零八個月。

我學習的是輜重兵科，所以編入輜重連接受訓練，成爲本連第一排第一班的排頭，每逢出操，大家都笑我是個大個子。連長是梁彥章、字雲空，河南省鹿邑縣人，原是袁項城的上校侍從武官，後來升爲陸軍少將軍階。記得我們的第一班副班長叫李世儒，以後改名式如，字裕寬，河北省滄縣北三十五里衛河東岸興濟鎮王辛莊人，與我相處很好，大我三歲，以後和我一起進入保定陸軍軍官學校第六期輜重兵科第一連同學，爾後跟我在部隊中共事多年，當過我第十四集團軍總司令部副官處處長；他的岳父姓簡，當過河南省商丘縣縣長，太太名簡文漪，很賢慧，抗日戰爭時，他把家眷安頓在河南宜陽縣西五十里趙堡（韓城鎮）前鎮嵩軍師長何夢庚的家裡。我們洛陽八中二十八個同學，都考進模範團，後來也有進入保定軍校六期的，其中後來有的在軍中當團長，有的做行政當縣長……這些往事回憶起來，覺得很是有趣。

有一次、梁連長帶著我們全連同學走出北京外城永定門（即外南門）外去打靶，當時我的步槍射擊技術還算不錯，一下子打中了三十九環，適巧有一位在辛亥革命時期，和大哥一同起義嵩縣的王天縱在旁參觀，此人身高五尺餘，眉宇爽朗，英姿豪邁，聲音洪亮，目光銳利，夜能辨物，射擊術極精確，百發百中，人稱「神砲」，民國元年、袁項城任總統，調他到北京，賜名建忠，授官「陸軍中將」，給予「京畿一帶總稽察」、或說是京畿「稽察長」，這我記不清楚了，聽說屬下不過五六人，實一空官，藉以羈縻而已。袁歿、黎元洪繼任總統，待他以殊禮，兩人頗爲契合。這時他竟然爲我叫起「好」來，給我鼓勵不少，但彼此並不認識，他就問我姓名、家鄉，因此提到大哥，他就連稱我「五弟」，我很詫異，他說他叫王天縱，我倒是常聽說過他的名字，只是没有見過面，他住家在北京東城某胡同，叫我去玩，滿客氣的，還具有一種親切感。我大姊夫宋俊佑孚民先生說，民國六年七月一日復辟變作，安徽督軍張勳擁清朝廢帝溥儀再做皇帝，二日、黎元洪偕侍衛武官唐仲寅、秘書劉鍾秀出公府，倉皇走避東交民巷日本公使館武官齋藤少將官舍，三日、王天縱乘洋馬車逕往南河沿張勳住宅，途經東華門警衛盤詰，答稱「總稽察」，經調查眞相後，乃獲通行，飛颺而去，警卒甚感突兀，說「那個人究竟是幹什麼的？我們如此輕易放過，待他轉回來時必定要看他個明白才是。」移時，他果然回來又經其地，警卒持槍向前攔阻馬車，驗明身分，方知是空官總稽察王天縱，檢視車中，瞥見一隻古董銅器，知其來路不明，遂給王臀一記槍托，說道「賊心未退」，即讓他離去。如此留下一則笑話，那時宋先生在北京，確有這種傳說，故事不一定就是實情，但頗能動人聽聞。因爲王天縱在辛亥革命時期，是一位頗爲轟動的傳奇人物，有「中州大俠」之稱，其行蹤飄忽，有如神龍之現首不見尾的神秘性，所以名聲驚人，以致袁項城、黎黃陂，都對他另眼相看，禮遇有加，只是沒有重用他罷了。

黎元洪、字宋卿、湖北黃陂人，天津北洋水師學堂畢業，但充任的卻是陸軍二十一混成協協統，辛亥武昌起義，被擁爲都督，爲人好好，有「黎菩薩」之稱。因此又使我聯想到親耳聽說的有關辛亥年大革命期間的兩個重要關鍵的故事，順便夾敘一下。

我在模範團受訓時，有一天、黎總統團長來到團本部，傳知連上召見我，原來是他知道我的大哥是劉鎮華，大概是王天縱告訴他的，所以一見面黎總統就問我是劉統領的弟弟嗎？又稱許大哥領導中原起義，牽制清軍南下，使武漢方面的革命軍減少壓力，這對辛亥革命來說，貢獻是很大的。然後說王天縱與他怎樣、怎樣！無非在強調他與河南人的關係。於是扯出新鄉人田芸生與他的一段辛亥軼事：田芸生字香圃、新鄉城內西街人。父名松林字秀嶺。兄弟六人：長名蓂生字瑞甫，次爲芸生，三名芳生，四名芝生，五名芭生（早逝），六名蔭生，附貢生，湖南候補知縣。芸生是光緒壬午八年中舉人，戊戌二十四年大挑一等，分發湖北試用知縣，歷署應城、巴東、鍾祥等縣知縣，署安陸府知府、記名道員。辛亥武昌新軍起事，當時情況紊亂，黎急走避田家一宵才得無事，翌晨（陰曆八月二十日）、又易地至黃土坡一位參謀劉元吉家中，行蹤始被發覺，革命軍總指揮吳兆麟即派人迎至楚望台，轉至諮議局，時已中午，大家高呼黎協統（清軍第二十一協）到了，遂擁之爲軍政府都督。民國成立後，他對於田家很好，大概就是這個緣故。芸生有二子：長子名文荃、北京陸軍大學畢業，黎總統任之爲步兵上校侍從武官；次子名文藻、湖北陸軍測繪學堂畢業，曾任江蘇督軍公署步兵上校參謀。這是黎氏自己透露出來的，後來田芸生的孫兒田夢嘉就是我的妹夫，詢之他家亦證實有這麼一回事，只是當時黎、田兩家都不願說出來就是了，以致一般史書都沒有記載，及至事過境遷多年，田家也就不再當成秘密了。

另一個有關辛亥革命的秘辛，這是我們輜重連長梁彥章先生說的，有關清軍新軍第六鎮統制吳祿貞被刺的情形。第六鎮所轄爲兩協：第十一協、協統爲李純，第十二協、協統是周符麟。清廷風聞吳祿貞私通革命黨，認爲是心腹大患，遂由軍諮大臣（猶今之參謀總長）載濤（清帝宗室）以二萬元收買周符麟，於九月十六日夜晚布置妥當，至十七日凌晨一時，周謁吳於石家莊，在正太鐵路車站站長辦公室略談片刻後告辭，當吳送周出門後，騎兵營管帶（猶今之營長）馬蕙田（安徽人），率領隊官

（猶今之連長）梁彥章、及排長楊福魁、正目（班長）蘇守魯、王澤宣等查哨，乘之衝入室內，以手槍刺殺吳，並同時擊斃其副官周維楨、參謀張世膺，立即切下吳之頭顱，投擲牆外，並喊捉拿刺客，追到滹沱河，人頭已被接應而去。梁在第二天乘京漢鐵路火車到北京報功，後來充任袁氏上校侍從武官。至於幕後指使周符麟的，除載濤（姓愛新覺羅，字野雲，滿洲正黃旗人，辛亥革命軍興，督禁衛軍守北京）以外，有的說袁世凱主謀，甚至說廕昌決定的，更有說軍諮府和他們合謀，眞是衆說紛紜，莫衷一是，其中原因固甚複雜，但我想總和袁項城有關連吧！

民國六年六月一日，我從模範團第二期畢業，歷時一年零八個月，除部份優秀者直接送進保定軍校以外，都分發到部隊練習，至十月十九日期滿，陸軍部編成陸軍第五混成旅，以團附魏宗瀚爲旅長。但是這個由袁項城手創的模範團也在他死後到第二期畢業後，就告結束了。原來還計畫成立拱衛軍步兵兩旅，袁死，改編爲中央陸軍第九師，師長爲陸錦。後來於民國二十五年晉升陸軍中將的魯大昌，以及晉升陸軍少將的馮恩普、馬吉第，都是出身於模範團。

當我們畢業前後兩三個月裡，北京政局一直在吵吵鬧鬧，擾攘不休。先是總統黎元洪、國務總理段祺瑞，發生衝突，成爲意氣之爭；繼而有督軍團干政，宣告脫離中央；終則皖督張勳率兵入京，要求解散國會、並醞釀實行復辟，上演了許多鬧劇，如同兒戲，弄得京畿烏煙瘴氣，國幾不國，亦幾乎影響了我們這一期畢業同學到保定去報到升學，幸而很快的把張勳打垮了，使段祺瑞立了個「再造共和」的大功。

第三節　保定軍校

民國六年七月八日、我進入保定陸軍軍官學校第六期輜重兵科第一連，再度接受軍事教育訓練。

陸軍軍官學校在今河北省清苑縣（舊保定府治所在地）東關郊外，距城五里，為前「通國陸軍速成學堂」的舊址，地方人都慣稱該處為「大學堂」，校舍是中國舊式平房建築，形式若坤卦六斷形，原為保定入伍生隊的舊營房，其後再增建了好多房舍，面積較以前大得多了，僅大圍牆內的校區就占地五百多畝。校舍左側建有「演武廳」的大操場，面積約有一千餘畝，入校門後，即為校本部，是學校的行政中心。在校本部之後，有內操場，正長方形，約占全校面積四分之一，再後為「尚武堂」，等於會議室，常在這裡開會。尚武堂大門兩楹漆書袁項城所撰寫的對聯：「尚父陰符、簡練揣摩傳一脈；武侯經略、鞠躬盡瘁法千秋」。按尚父即呂尚、佐周武王滅殷，而有天下，被尊爲「師尚父」；武侯指諸葛亮，佐劉備成蜀漢，官封武鄉侯。

「尚武堂」後面是大飯廳和廚房，都很方便。大飯廳可以容納二千多人同時會餐，可以說是名副其實的大飯廳了。飯廳前面隔一道圍牆和一條陰溝，陰溝之前有四棟並排的兩列馬廄、一馬術場、及一砲廠。校本部兩旁空地，各建兩排長官宿舍。「尚武堂」內操場正前方古柏樹下掛有一個大鐘，聲音極爲洪亮。

講堂和宿舍，都在內操場的兩側，每一連一個講堂，講堂與宿舍相連接，取其便利，易於往返。在講堂、宿舍之後，建有庫房、廁所、劈刺場……等。

這所學校因爲設在保定這個地方，所以世人稱之爲「保定軍校」。民國元年九月二十一日、陸軍部公布「陸軍軍官學校條例」，於十月五日任命校長，是爲創辦之始，以培養優秀軍官人才爲主旨，遂成爲民國初年訓練軍事人才的中心。分步、騎、砲、工、輜重五種兵科，課程分爲學科和術科兩部份，而以軍事學科爲主，包括如戰術學、兵器學、築壘學、軍制學……等，教學認眞，管理嚴格，設備都很齊全，生活方面特別注重營養衛生。首任校長是趙理泰（安徽合肥人），而後爲蔣方震、曲同豐、王汝賢，到我們第六期，是由前教育長楊祖德（山東掖縣人）升任的，教育長是程長發（字其祥、豫東人），民國三十六秋，我在河南省主席任內曾接他到主席官邸招待所居住，照顧其生活，有女兒及副官各一人，開封淪陷後，不知下落。楊校長是日本陸軍士官學校第三期輜重兵科畢業，校務辦得蒸蒸日上，成爲保定軍校的黃金時期，人才輩出，多成南北名將，人人皆以增強國勢，作國家棟樑爲職志。以後校長爲賈德耀、孫樹林，迄保定軍校結束而止。該校除了民國二年與八年因時局關係外，每年都有新生入學，至民國十一年十二月第九期畢業後，以國內政局不安，無法繼續維持，始告結束。

我第六期同學進校時約一千五百人，多來自武昌南湖之陸軍第二預備學校第二期畢業及模範團第二期畢業學員。入學後一律住校，每月支給學生每人銀圓二元，伙食費每月四元五角，另有筆墨紙張、衣履等雜費每年約三十五元，待遇很好。學校行政單位共分四處：校本處（軍需、軍醫等業務）、教授處、訓育處、馬術處。其上爲校長、教育長、各兵科科長。我們這一期各兵科俱全：計步科九連、騎科兩連、砲科一連、工科一連、輜重科一連，共十四連。至民國八年三月九日畢業，徐世昌總統於八年一月六日命令，派廕昌至保定軍校監臨第六期畢業考試。畢業同學爲一千三百十七人，我連同學爲八十二人。在各期畢業人數最多的要算我們這一期了，最少的是第七期，只有步、騎兩兵科，僅一百九十一人，其次是第四期，僅有步兵科兩連，二百零九人。我第六期河南省籍者有一百零七人，占全期籍貫之第三位，直隸（河北）第一、湖北第二。我在模範團的副班長李世儒和同學湯文彥（字怡風、後字季植，河南安陽人，住城內渠口街西頭路南宅院）等，都是同班；而和江蘇江陰的胡祖舜、廣東李揚敬同連；另外與江蘇的顧祝同、錢大鈞、沈時中、韓德勤；山東的上官雲相、呂濟、李杏村、曲岳、曲崢；河北的郝夢齡、高汝桐、孔繁瀛；北平的王蓮；安徽的阮玄武；廣西的何柱國、呂競存、呂演新、陳公俠；廣東的余漢謀、歐陽駒、韓漢英、鄧龍光、鄧定遠、繆培南、吳奇偉、李漢魂、黃其祥（後名琪翔）、鄧演達、葉挺、黃振球（後名鎮球），雲南的趙錦雯；浙江的樊崧甫、郭懺；江西的胡祖玉、周輝元；湖北的葉蓬、熊斌等人，都是同期同學。

保定軍校自創辦以來，迄至民國九年，除二年和八年外，每年都有新生入學，第五、六、七期新生分別於六年三月、七月、十二月入學，是爲了便利在同年二月、六月、十一月畢業的陸軍第一、二預備學校學生得以接續升學的緣故。我三哥茂松和四哥鎭海，就在這（六）年十二月進入第七期受訓，一爲步兵科，一爲騎兵科；另有河南修武縣西焦作鎭人韓師馨（字桂山），亦在七期和三哥同學，後來一直跟大哥和我在本軍共事到底，是全始全終的一位道德典型的人物。七期是在八年四月畢業。

保定軍校學生將屆畢業時，照例由陸軍部呈請總統派高級軍官來校舉行考試，然後參酌平時成績以排定名次，並請總統親臨或派代表頒發畢業證書，而後由陸軍部分發部隊作見習軍官，特殊者例外。在見習期間，一律支給上士軍階薪餉待遇，每月銀圓十元多，見習六個月期滿後，始可派任少尉排長軍官職務。綜觀各期畢業同學之出路與發展，因其遭逢際遇各有差別，以致所成就之業績亦不盡相同，然其於時代中叱咤風雲，出類拔萃、大顯身手者，可謂大有人焉。

第四章　陝西督署

民國七年五月，南方廣東軍政府改組爲總裁制，以孫中山、唐紹儀、伍廷芳、唐繼堯、林葆懌、陸榮廷、岑春煊七人爲總裁，並推岑爲主席總裁，中山先生即行離開廣東，回上海去了。這時軍政府構成的分子非常複雜，包括國民黨、政學系、桂系、滇系、粤系，以及名流派如唐紹儀等，當然內部意見不會一致，亦無向北發展的能力。北方北京政府亦發生直、皖二系的政潮，彼此掣肘，徐世昌總統不能有所作爲，皖系操縱政局，直系頗爲不平。徐世昌老於世故，工於心計，因處於兩大之間，爲圖保持自己的地位，乃發表和平主張，岑春煊亦表示同意，南北代表於民國八年二月二十日在上海舊德國總會進行議和，徐、岑於和議期間表現頗爲友好，徐任岑爲北京政府高等顧問，月領伕馬費大洋三千圓，眞也怪事。說來南北立場，本爲互不相容之敵對者，兩人此舉直若兒戲。同時、南方代表以北京政府畫陝西爲剿匪區城，非屬停戰範圍，一方面議和，一方面進兵，非常不滿，指責北方無和平誠意，北方亦指責南方別具用心，以致談談停停，無補時艱。——南方議和總代表是七總裁之一的唐紹儀，曾任北京政府首任國務總理；北方議和總代表是安福國會參議院副議長的朱啓鈐，曾任第二至六屆之交通或內務總長。

南北紛擾，國內局勢如斯！

第一節　軍事幹部教育團

民國八年三月九日，我從保定軍校第六期畢業，陸軍部（總長爲靳雲鵬）分發命令派我去湖北省宜昌縣中央陸軍第二十一混成旅；先見習六個月，而後才能接任排長。該旅是民國七年六月由湖北省邊防軍兩團改編而成，旅長是孫傳芳，原任中央陸軍第二師（師長王占元任鄂督）的團長，後升任旅長，駐防長江上游。當時我因腦後生瘡，接著又丁父憂，所以沒去報到，在家守喪。

那時，大哥當陝西省長、兼鎮嵩軍總司令。

先是七年一月十六日，陝西督軍兼省長陳樹藩（字伯生，原字柏森，陝西安康人，保定通國陸軍速成學堂第一班砲兵科畢業）所部陝西第一混成旅之第二團團長胡景翼及營長張義安獨立於三原，曹士英獨立於渭南，郭堅獨立於鳳翔，樊鍾秀獨立於乾縣……，民軍紛起，西安至潼關間交通斷絕，省城亦危急，陳樹藩求援於大哥，並電懇北京政府與豫督趙倜，請派豫西之鎮嵩軍就近馳援。大哥與陳督私交很厚，因爲在辛亥革命時，他頓兵於澠池縣西英豪鎮（舊名土壕舖），勢不能支，遂從陝州（今陝縣）渡黃河至山西運城鎮（在安邑縣西南十五里），請陳援兵，途中夜宿民家，中煤氣毒深將死，幸經陳發現，多方急救，才甦醒過來，從此兩人結下深厚的友誼，現在陳來告急，自應赴援，乃是義不容辭的事。二月十一日、大哥統軍西進，越潼關、至渭南，民軍驚退，遂解西安困局。北京政府以形勢所趨，於是徐世昌總統特任大哥爲陝西省長，陳專任陝西督軍。民國八年三月三日、北京政府以南北在滬議和，遂下停戰畫防之令，但陝省爲剿匪地區，故調駐豫之奉軍黑龍江陸軍第一師（師長許蘭洲、字芝田）、及中央陸軍第四混成旅（旅長張錫元、字嘏民，屬直系），以剿匪爲名，赴陝助戰，因之陝戰復起。

八年四月，三哥、四哥亦在保定軍校七期畢業。隨後大哥叫我們於秋天奉母入陝就養，並幫忙軍務。我在鎮嵩軍總司令部當上尉參謀。這時保定軍校同學投效鎮嵩軍的先後有一期的龔御衆，六期的我和李世儒、湯文彥，七期的三哥、四哥，和韓師馨……等人。

當大哥入陝之初，有衆不過三千餘人，共分三路：柴雲陞爲第一路統領，張治公爲第二路統領，憨玉琨爲第三路統領。柴、憨是嵩縣人，張是洛陽南二十五里龍門街附近南衙人，都是大哥辛亥起義時的老幹部。後來又收編陝西靖國軍豫籍第二路樊鍾秀屬下之馬河清及郭金榜二部，編爲第四路，以馬河清爲統領。馬河清、字鶴青，乳名瑞娃，是鞏縣西南五十里迴郭鎭人。鎭嵩軍勢力漸漸擴充，衆約五千人。

民國九年，我升任少校參謀。

這年五月六日，靖國軍之盧占魁、郭堅，和雲南入陝之葉荃部聯合，先後攻占栒邑、麟遊、鳳翔、岐山、鳳縣，俘陝南鎭守使、第十五混成旅旅長管金聚於鳳縣（旋被釋放），其殘部嚴際明率衆來歸，編爲鎭嵩軍第五路。

大哥以部衆大增，內中組成分子複雜，官兵出身程度參差不齊，有的目不識丁，也有受過良好教育的青年學生，因爲激於國事日非，憤而投軍的，故亟需改良部隊素質，訓練優秀幹部，拔擢英才，增強戰力，特成立「軍事幹部教育團」，命我擔任該團的中校教官、團附，後升任團長，還邀來幾位砲兵科的同學來幫忙教練，於是負責籌備創辦，策畫進行，並將部隊整理一番，甄別裁汰，量材編科，分級施教，按期輪調訓練，以提高官兵武德，刷新精神，增進團結力，使熟諳於戰技與戰術之應用，也頗費了一番心思；同時，亦調訓了一部省會警察幹部，使大哥所部之軍警，不論在思想上、精神上、行動上，都和以前截然不同，是一個有節制而統屬分明、層次不亂的團體，表現出煥然一新的氣象。記得那時大哥兼主省政，所屬的政務廳長祝鴻元、財政廳長高杞、教育廳長覃壽堃、實業廳長陳幹（後爲王訥）、全省警務處長兼省會警察廳長王樾、高等審判廳長賈晉、高等檢察廳檢察長先後爲易思侯、尹朝楨、安永昌、特派交涉員兼關中道尹賈濟川、漢中道尹楚緯經（字子襄、河南滎陽人，係劉茂松之內兄，旋楚復介紹其妻耿氏之妹與劉鎭華爲妻，係開封人）、榆林道尹王健等首長，都常到教育團講解有關法令常識。

此時，大哥苦心經營省政，整訓軍隊，亟謀南北議和，期望國家早日和平，使人民免於天災戰禍的劫難。曾於民國九年十二月十一日，和曹錕、張作霖等北方將領，致電雲南之唐繼堯、貴州之劉顯世，磋商統一。其署名次序如下：曹錕、張作霖、王占元、孫振家、盧永祥、沈金鑑、陳光遠、戚揚、齊燮元、齊耀琳、田中玉、趙倜、張鳳台、張文生、聶憲藩、閻錫山、陳樹藩、劉鎭華、李厚基、鮑貴卿、孫烈臣、張廣建、楊增新、曹銳、姜桂題、張景惠、蔡成勳、馬福祥、吳佩孚、何豐林等三十人，略謂：「**法律問題，重在精神，今奉明令，依據舊法選舉國會。法律之精神已復，國際條約、借款合同，本無秘密性質，自宜公諸與論。至於滬上和會，南方總代表係**

受命於軍政府，現既事實紛歧，此後祇有意見之商榷，不必更拘形式，善後之事，自宜使國人共見共聞。……」云云，因此我自當本諸大哥這種愛國愛民的意旨，來教育幹部，訓練軍隊。

民國九年七月，直皖兩軍戰起，奉軍許蘭洲離陝回援直軍。直軍戰勝後，其陸軍第二混成旅旅長閻相文升陸軍第二十師師長，直魯豫巡閱使曹錕透過陸軍部，大事擴充軍隊。翌（十）年四月二十五日、北京政府國務總理靳雲鵬以磋商大局名義邀東三省巡閱使張作霖、直魯豫巡閱使曹錕、兩湖巡閱使王占元、及有關閣員，在天津曹家花園開會，至五月四日結束，歷時十天，三使畫分轄區：內、外蒙古、及熱、察、綏三區歸張作霖；直、魯、豫、陝、甘、新六省歸曹錕；長江流域及川、滇、黔三省歸王占元。據此會議，以陝督陳樹藩出身保定通國陸軍速成學堂，與段祺瑞有師生之誼，屬於皖系，必須將其免職，北京政府乃於五月二十五日明令調京改任將軍府「漢威將軍」，並特任駐防湖北之閻相文師長署陝西督軍。閻以駐紮豫南信陽之陸軍第十六混成旅（馮玉祥）為先鋒，經京漢鐵路北上轉隴海鐵路西進，於六月九日抵潼關，與陳樹藩部黨仲昭接觸。十八日、陳通電抗拒閻馮入陝，敗馮於華陰。

先是陳樹藩被免職後，曾指使陝西團長以上軍官聯名電請北京政府收回成命；同時，還派出大批代表分赴西南各省接洽，準備宣布陝西自治，加入西南的「聯治派」；另又藉口改編軍隊，延不交卸，並提出六項要求條件：如北京政府發清軍餉，將所部改編為四個師、三個混成旅，作為下台的台階。只是這時陝西情勢對陳非常不利，北有靖國軍各部，南有郭堅等部民軍，西安陷於兩面夾攻之中，直系為防陳之抗拒，已與靖國軍成立合作驅陳的協定，何況直系於七月初即命中央陸軍第七師自湖北襄陽駐地北上，經老河口（今光化縣），取道荊紫關，入陝省，進占富水關、商南、武關、龍駒寨、商縣，並圖陝南安康（舊興安府），協進策應。迨馮旅進至渭南，陝北鎮守使井岳秀、西路游擊司令郭金標，陣前叛變，陳勢益為孤寒。七月七日、閻相文亦率所部第二十師推進至臨潼西二十五里灞橋，離西安城僅二十里，陳猶準備背城，決一死戰。大哥不願西安遭糜爛，苦心勸他應愛護地方，珍惜民命。陳乃聽從大哥相勸，即日率其部份「漢武軍」（以陳原任「漢武將軍」故名）退出西安，西經咸陽、興平等地，退往南鄭，與川軍劉存厚聯合，先後自稱「陝西護法軍」總司令和「西北自治後援軍」總司令，企圖保守陝省最後一隅之地。支撐到十一月十六日，又被迫退往東南陝、鄂、川三省邊境的平利、鎮坪兩縣，與川省東北城口縣一帶地方。

大哥勸走了陳樹藩，即於當天（七日）迎閻相文入城接任督軍。西安城得免於砲火兵燹，老百姓非常感激大哥；而閻督對於大哥片言勸陳離去，使他能和平進入西安，印象不凡，彼此自然相談頗爲契合。西安雖說沒有戰爭，但易督這回事後所發生的事故，對陝西全省來說，卻是一大變局。

陳樹藩走後，漢武軍劉世傑、緱保傑二部來歸，大哥改編爲鎭嵩軍第六、七兩路，約三千人。

這（十）年八月五日、馮玉祥所部第十六混成旅擴編爲第十一師，馮升任師長。直軍勢力伸入陝省，號召陝西民軍接受改編，於是在陝南的郭堅、及靖國軍的胡景翼、曹士英……等部，均受編爲陝西陸軍，成爲省防軍，由督署發出命令，召集全省高級將領會議，詳商防地和餉械分配問題，各師長均須親自出席。因此胡景翼先期來省垣，拜見閻督與馮玉祥，後見大哥，相談很是融洽。大哥對胡說：「你來省多天，該回防地了，明天馮師長的宴會，不吃也罷！」胡悟「宴無好會」之意，即於當晚離開西安城。郭堅帶一連衛隊由鳳翔來開會，馮玉祥於十三日午設宴請郭於西關講武堂（舊陸軍測量局），伏兵殺害。二十三日、閻爲馮偪，自戕身死，出人意外，馮乃於二十五日繼署「督軍」。他的官位升得很快，二十天前還是旅長，如此罕見，其中自然有一種曲折隱蔽的內幕。

馮任督軍後，以大哥尚能與他配合行事，兩人相處契合，即和大哥交換金蘭譜，結爲異姓兄弟。

郭堅遺部麻振武願歸大哥節制，編爲鎮嵩軍游擊支隊，受任爲司令。大哥感於所部兵力雖然大爲增加，但是派別複雜，想法不同，因此交代我「軍事幹部教育團」積極於短期內輪流抽調各級幹部，施以精神與戰技之教育與訓練，期以統一思想、團結力量，嚴明紀律，努力奮鬥，並以保國衛民，愛護地方，爲我官兵的神聖責任。

第二節 機關槍營砲兵營

直皖戰爭後，直勝皖敗，直系勢力向南方各省發展，曹錕以直魯豫巡閱使坐鎮保定，北京政府因受其挾制，乃引奉系張作霖爲援，奉系勢力也隨之擴大，徐世昌總統採張作霖的建議，任命梁士詒組內閣爲國務總理，梁氏秉承張的意旨，拉攏皖系，抑制直系，乃引起直系吳佩孚的不滿，奉直遂成水火之勢。

民國十一年三月三十一日，東三省巡閱使張作霖首先發動軍事攻勢，通電北京政府參謀部及陸軍部，決定增派第二十七師入關，以維護近畿治安。兩湖巡閱使兼直魯豫巡閱副使吳佩孚亦分軍三路應戰，並調陝督馮玉祥率其所部第十一師、及陝西暫編第一師（胡景翼）、中央陸軍第七師（吳新田）、中央陸軍第四混成旅（張錫元），東出潼關，進入洛陽，雙方關係緊張，勢將開戰。

四月十九日、馮通電反對奉軍入關，並聲明由大哥以陝西省長代理督軍。二十八日、直奉戰爭正式爆發，至五月五日停止，直勝奉敗。五月十日、北京政府正式明令大哥兼署陝西督軍，安定後方，使直軍無回顧之憂。

此時鎮嵩軍占有陝西中部及東南部十數縣富庶之區，其他陝西境內各軍，則是：中央陸軍第二十師（閻治堂）駐潼關、華陰一帶；第七師（吳新田）駐陝南等地；陝軍暫編陸軍第一師胡景翼遺留殘部田玉潔駐三原，馮毓東駐富平；陝北榆林、神木等縣則爲陝軍騎兵旅長兼陝北鎮守使井岳秀及陝軍第一混成團楊虎城的駐地……等等。大致大哥所部軍事、政令，皆能統一，以是省境安謐，民心大定。由於大哥望治心切，在主政期間，特別禮賢下士，延攬人才，建設地方，開發西北，因此不論精神建設與物質建設，可以說得上政通人和，百廢俱興。如愼選品學兼優的人士辦理縣政，像藍田縣知事張仲友、山陽縣知事劉錫鼎、米脂縣知事宋經裕、盩厔縣歷任知事蔣峨、李庶瑛、熊飛、龐文中、王炎武等等，多屬飽學之士，所以大哥一有機會就叫我到各縣去觀風聽政，學習不少經驗，也可以說是他有意給我的機會教育吧！最值得一提的是，民國十一年秋，大哥特請水利專家李協（字儀祉，陝西蒲城縣人）出任陝西省水利局長兼「渭北水利工程局」總工程師，開築渠道，灌溉田畝，以增收農產，改善人民生活，使農村經濟欣欣向榮，無災害飢寒之苦。後又派任教育廳長、西北大學校長。此外，他特別注意提倡地方教育，普遍設立中、小學，尤其能突破財政困難，創辦西北大學（註一），以造就西北地方人才，這是大哥與當時各省主政者不同之處。

在這段期間，我除了擔任「軍事幹部教育團」團長以外，大哥又命我兼任督軍公署新成立的機關槍連連長，而後擴充兩連成營。在當時來講，重機關槍俗稱「機關炮」，是一種很厲害的武器，在戰場上運用起來，殺傷敵人的威力極大，而且火力旺盛，足以制敵死命，可以決定戰爭的勝負。因此我從教育團裡選拔優秀的兵科兵器教官、隊官，充當我的營附、及連、排長、教練官、班長，把初級幹部健全起來，充實基層，使之發揮種能作用，於是我便交卸教育團的職務，不作「團頭」做「營頭」，專責充當營長帶兵，以身作則，親自督練，對於射擊、操作、築壘、戰鬥特性、戰術運用、武器性能等等，都給予詳熟的教練，由個別、班、排、連、營，反覆教之練之，使能知之行之，奠定良好基本教練基礎，期之於既能獨立作戰，又能統合作戰，靈活運轉，顯出神奇妙用。遂按照進度計程實施，因而蔚成勁旅，成為全軍模範。當民國十二年，豫西洛寧匪首衛老十（名鳳岐）、任老二、鄭復禮、鄭福誠等，各股有衆千餘人，擾掠陝縣、靈寶一帶，其勢復熾，大哥應吳佩孚之命，令所部陝軍第二師（張治公）回豫剿匪，所轄第三（楊子明）、第四（張治公兼）兩旅，共有槍六千枝，分區防堵與進剿。我亦率領機槍營配合剿堵，牛刀小試，初露鋒芒，使大哥視我機槍營為本軍瓌寶。

大哥有感於軍隊作戰，亟需砲兵協同支應，方能奏奇效，即又成立砲兵營，仍然命我負責督導訓練，於是我便邀約當年在保定軍校砲兵科出身的同期同學前來共事，幫忙操演，經過三個月訓練後，舉行閱兵典禮，以及試砲演習（砲兵射擊）。全營官兵精神抖擻，士氣昂揚，步法整齊，動作一致，變換隊形，秩序井然，軍容壯盛，為西安前此所未見，果然像是一支有節制有素養的正規部隊。在進行實彈射擊時，官兵行動迅速，操作純熟，瞄準測距，都很敏捷確實，所以射擊出去的砲彈，幾乎是百發百中。大哥是大閱官，經此校閱後，才知道一個有組織有訓練的軍隊是應該這樣的，更認定砲兵營已為「鎮嵩軍」注入新血輪，使之蛻變成一支現代化部隊，為西北國防效力，因此要求全軍要向這個方向努力訓練。至於陪閱官和所有參觀的人，莫不同聲稱讚佩服，譽爲神武部隊。當時我聽了這樣的話，反而覺得很不好意思。總之，這是對我的能力又一次小試，使大哥覺得我這個作弟弟的還可以成塊料子吧！若對我來說，不論是軍事幹部教育團、機關槍營、或砲兵營，我與學員官兵的精神感情，關係密切得如兄如弟，如手如足；尤其我能一直跟隨著大哥左右閱歷，學習磨練，更是難得，這些對於我日後統軍帶兵，觀民問政的生活，確實有很大的幫助，這不能不感激大哥對我的教導、栽培與提攜。

民國十三年一月，大哥將督軍公署衛隊團擴編爲旅，以韓鳳樓任西安衛戍司令、兼衛隊旅旅長。

韓鳳樓、字五峰，是河南省滎陽縣人，日本陸軍士官學校第六期工兵科畢業，與雲南唐繼堯、江西李烈鈞、陝西張鳳翽、山西閻錫山、溫壽泉、山東孫傳芳等人，都是同期同學。曾任雲南新軍第十九鎮工程營管帶；辛亥革命後，任雲南軍政府參謀部第二部部長、雲南省會警察廳廳長、雲南講武堂堂長、貴州陸軍旅長兼衛戍司令；討袁之役，任雲南護國軍第三軍總參議兼第二梯團司令官等職。

大哥以鄉誼邀請他來共事。衛隊團擴編，乃以四哥鎮海出身保定軍校七期騎兵科，任爲該旅騎兵團長，堂兄茂燦及鞏縣邵溝村人宋經藩、南河渡人王鴻恩（字錫三）等分任營長。

三哥茂松是保定軍校七期步兵科畢業，和我同樣被調在大哥身邊參與戎幕，以備諮詢差遣，獻替密勿，實際上分心效勞而已。只是我仍兼帶著該旅砲兵營長的名義。

九月、二次直奉戰事復起，「討逆軍」總司令、直魯豫巡閱使吳佩孚任大哥爲「後防總司令」，乃遣所部陝軍第二師（張治公）北赴山海關助攻，胡景翼部亦出陝參戰，由是鎮嵩軍各路擴充成爲七個混成旅，並以田玉潔任陝軍第三師師長，馮毓東任陝軍第四混成旅旅長、李奪任第五混成旅旅長，命之東出援吳，我鎮嵩軍遂接防進駐渭河兩岸地區。十月、馮毓東旅未及出潼關，而吳被馮玉祥倒戈失敗，馮旅即反戈進攻我軍，於十一月十二日圍華縣，十四日襲華陰，將犯潼關。大哥亟派我馳赴渭南督調第一混成旅（馬河清）急援華縣，另檄憨玉琨自洛陽回師夾擊，馮毓東大敗退回富平。馮旅十二營損失九營，餘部盡降。

此時，鎮嵩軍駐防陝省及豫西地區，聲勢盛大，防區分布如下：

中央陸軍第三十五師（憨玉琨）—駐洛陽

第六十九旅（梅發魁）—駐防豫西

第七十旅（楊景榮）－駐防豫西
以上兩旅有槍九千枝
陝西陸軍第二師（張治公）－駐豫西
第三旅（楊子明）－駐防豫西，有槍四千枝。
第四旅（張治公兼）－駐防豫西，就地新招兵員，有槍二千枝。其後旅長爲
張宗汾（字慕通、鞏縣西南六十里乾溝寨人）
鎮嵩軍第一師（柴雲陞）－駐鳳翔城內
第一旅（張振甲）－駐防鳳翔
第二旅（武紹周）－駐防鳳翔
共有槍七千枝。
第一混成旅（馬河清）－駐防華縣、華陰、渭南，原係靖國軍樊鍾秀舊部，有
槍二千枝，半係舊式。
第二混成旅（嚴際明）－駐防咸陽、醴泉，原係管金聚舊部，有槍二千五百枝。
第三混成旅（麻振武）－駐防郃陽、韓城，原係郭堅舊部，有槍三千枝。
第四混成旅（賈濟川）－駐防大荔，有槍三千枝。原屬馮毓東，馮叛，改派賈

任。

第五混成旅（李奪）—駐防興平，原係郭堅舊部，有槍二千枝。
第六混成旅（緱保傑）—駐防蒲城，原係陳樹藩舊部，有槍三千枝。
第七混成旅（鄧全發）—駐防藍田，原係羅玉田舊部，有槍二千五百枝。
第八混成旅（趙樹勳）—駐防豫西陝縣，有槍三千枝。
陝西衛戍司令、兼督軍署衛隊旅長韓鳳樓—駐防西安，有槍四千枝。

以上合計兵力共為五萬五千人。

此外、則為中央第七師（吳新田），師部所屬騎兵團、砲兵團、補充團、及工兵營、輜重兵營，均駐陝南漢中（南鄭縣），實力多於一個普通師。其第十三旅（張繼樞）駐防川陝交界地方；第十四旅（顧琢塘）駐防南鄭。中央第二十二旅（王鴻恩、亦字錫三，非鞏縣之王鴻恩）駐防川鄂交界地方。舊陝軍亦即前靖國軍，為陝軍第三師田玉潔，駐防三原，原屬胡景翼部，有五千人；陝軍獨立旅馮毓東，駐防富平，在華陰被解決，餘衆一千五百人；原陝軍第五混成旅衛定一部駐防興平、武功一帶；陝北鎮守使、陝軍騎兵旅井岳秀部駐防榆林；陝軍第一混成團楊忠（字虎臣）部駐防洛川、綏德，原有一千多人，後招散兵，民軍擴充，約有一旅之衆。以上各部共計約二萬五千餘人。其中以吳新田部衆萬人，較爲統一，餘皆前靖國軍系，故極複雜，各自爲謀，而北洋軍和陝軍更是派系各別，不相連屬，故亦不足爲患。

在這一段期間，我經常代表大哥去各部駐地視察，協調各部意見，慰問官兵剿匪保民之辛勞，藉此深入基層，瞭解其中內情，返回督署後，作成詳細報告，提供大哥明瞭全般狀況。

平心而論，這個時候，大哥在陝西主持軍政，不論文治武功，確能樹立規模，已爲關中人民放射出輝煌燦爛的曙光，達成一種小康局面，農歌於畎畝，商歡於市廛，安居樂業，盜匪收斂，允爲鼎盛時期。

第三節　憨胡之戰

憨玉琨和胡景翼的戰爭，發生於民國十四年二、三月間，因爲憨是大哥的部將，所以大哥也被牽扯到裡面。這一次的衝突，其實也就是雙方的地盤爭奪戰，結果憨玉琨失敗了，這對於大哥的影響當然很大，我當時跟隨大哥也在軍中，還參與其中戰役，因而對於發生的原因經過，瞭解較深，以是把我所知道的敘說出來，也可以做爲研究這段歷史的參考。

一　導火線

先是民國十三年九月二十三日，二次直奉戰起，直魯豫巡閱使吳佩孚受曹錕總統任命爲討逆軍總司令，分三路出兵迎擊，而第三軍總司令馮玉祥因對吳不滿，且別有用心，決意倒吳驅曹，暗中與張作霖取得妥協，索得奉票一百萬元，遂與直系援軍第二路司令胡景翼（陝軍第一師師長）、京畿警備司令孫岳（第十五混成旅長），回師倒戈，即所謂「首都革命」。結果曹錕被囚，吳佩孚泛海南走，馮乃自稱「國民軍」總司令兼第一軍軍長，胡、孫分任副司令，各兼第二、第三軍軍長，並擁段祺瑞出任「臨時執政」，成立「中華民國臨時執政府」，胡受任爲河南督辦，孫爲河南省長，將沿著京漢鐵路南下，以遏阻吳佩孚由鄂復起北上。

當吳佩孚敗後，中央陸軍第三十五師憨玉琨即率師自潼關乘虛入據洛陽。未幾，吳由海道轉經漢口溯京漢鐵路北入豫省，派丁炳年旅（河南補充旅）扼守漳河，拒胡景翼南下。段執政恐胡不能制吳，密令大哥派兵向洛陽逐吳。

十二月一日，憨玉琨、張治公自豫西進兵，憨得段約，許以逐吳督豫，乃限吳即日離境，吳被迫奔鄭州，南避信陽之雞公山，吳在豫之勢力始完全消滅。胡景翼即占安陽，憨玉琨亦進據鄭州、開封，沒收吳部豫軍槍械，並將鄭州北之黃河鐵橋拆毀一部份，拒胡過河，胡乃逗留安陽，駐於城內南門西街路北李宅（舊南察院）西花園。

胡知前路受阻，即於七日致電憨玉琨、張治公，以彼此肝膽相照，應無猜疑，請先修復黃河鐵橋，恢復交通，再派專使從長商議。電文如下：

「火急。鄭州憨師長潤卿（即玉琨字）如兄（係結盟之交）、張師長幹岑（治公字）仁兄鑒：紘先（馬彥翀字）兄來，備悉尊意，貴軍之來，由弟竭誠奉請閻伯帥（錫山字伯川、後作百川）斡旋其間，往來各電，儘可覆案，肝膽相照，何嫌何疑？此時吳氏（佩孚）雖去，猶踞鄂疆。我輩志在澄清，當不令有死灰復燃之日。兄能貫徹主張，甚願一致進行，會師武漢。否則論功行賞，大河以南，任擇何地，均可畫區駐轄。當務之急，宜先恢復交通，庶凡百隔閡，一經良覿，無不疏解。生民塗炭久矣！頓兵一日，損失幾何？兄為豫人，寧不痛疚？區區愚誠，於此數言已盡，斷不自失（食？），如何採納，祈即賜覆，並將橋工修復。至時再由弟復派專使從長磋議，亦無不可。不然同一旨趣，玩時廢日，重苦吾民，無益也。如弟胡景翼叩。虞印。」

詎料孫岳部何遂（字敘甫、福建人）率其暫編第四師於九日渡河逕抵開封，憨部只好撤出，集中鄭州，並回師洛陽，讓胡南下督豫，何欲自居省長，爲胡所逐。

十二月十二日、北京臨時執政府軍務廳致憨電云：

「鄭州憨師長鑒：奉執政諭：佳（九日）電悉，該師長等將鄭州交由胡督辦駐紮，所部軍隊，移防京漢鐵路以西，辦法極爲妥洽，仍希查照迭次電令切實施行等因，特達，希查照爲荷！臨時執政府軍務廳長張樹元。文印。」

按以上兩電後來於十四年三月十八日復由「陝西督辦駐京辦公處」公布，並發表胡景翼當時口頭承認的三條件，可作爲研究憨胡之戰原因的參考，原文如下：

「一、京漢道以西，歸我軍駐紮。

二、京漢道以西正雜各款，歸我軍提用。

三、京漢、汴洛兩路各要站，合設辦公處。

以上三款，係在鄭州時，胡督辦笠生（景翼）在新鄉由電話承認，及胡督辦代表馬彥翀口頭承認之條件。」

然而胡渡河後卻驟食前言，即欲逐憨離豫。

胡景翼督豫後，自握軍政大權，乘勢收降河南第三混成旅馬燦林部潰兵、第二十四師王為蔚、鄭州第十四師陳文釗、及臨汝第二十六旅田維勤等殘部，改編為國民軍第二軍，兵額激增到十幾萬，至少有十個師，十八個混成旅，騎兵兩旅一團，砲兵四團，步兵六團，補充兵十二團。此外又濫派縣長，勒索人民，苛捐雜稅，攤派奇重，以致民怨沸騰。

至於憨玉琨因逐走吳佩孚，厥功至大，按照段執政默契，應予憨督豫，不料段事後變卦，且於十四年一月十七日派孫岳為豫陝甘剿匪總司令，以豫陝交境為其給養之地，而憨僅被任為副司令，自然心懷怨望，亦據豫西廣招散兵游勇、失意軍人、雜亂部隊、土匪、鄉團、……等，極力擴充軍隊。初以王振（字榮軒、綽號王老五）為第一補充旅、李有才（字振亞、魯山人）為第二補充旅、張崇勳為第三補充旅，繼復收委孫殿英、袁英、馬文德、詹老末等為旅長，分布河、洛一帶。其中惟張崇勳部為吳佩孚的學兵改編，其餘都是豫西、南陽一帶的舊軍和綠林出身的。段執政指定在河南之鎮嵩軍防地為平漢路以西，憨玉琨部駐隴海路西段；張治公部駐臨汝、魯山、寶豐；趙樹勳部駐郟縣、馬河清部駐鞏縣、王振部駐登封、李有才部駐偃師、張崇勳部駐孟津、孫殿英部駐密縣、袁英部駐確山、馬文德部及詹老末部駐南陽一帶，共有六、七萬人，擴大防區占四十餘縣。

由於國民二軍多就食於各縣，予取予奪，民不聊生，憨玉琨以桑梓關係，不忍坐視，乃對胡督婉勸，希能約束軍隊，以蘇民困。詎料胡不採納，懷恨在心，對憨之擴充軍隊，更加仇視，限其撤出洛陽，並以國民三軍孫岳部接防，於是憨胡交惡，而且胡認爲憨部割據豫西，圖占南陽，更是嫉惡，因此兩軍磨擦日甚，相互衝突亦漸激烈。迨至十四年一月二十三日（陰曆十三年十二月二十九日除夕），發生禹縣事件，竟成爲憨胡之戰的導火線。

先是陝軍補充旅（即胡部陝軍第二混成旅曹士英部）團長王祥生（註二）從長葛招土匪五十多人，分駐禹縣城東留侯洞及舊清穎驛，與其營長王子文謀奪縣城武裝警察及商團槍械，曹士英復以奉票迫商會易現金二萬元，又迫鄉鎭易票，並收鄉團槍械，由是人心大憤，而曹士英部駐禹縣，需索騾馬大車，甚爲頻繁，民怨更深，於是商會會長樊海瀛、公款局局長陶成章、神垕鎭鄉團董張書信、張湧泉，武裝警察隊長趙青雲，商團隊長王鴻業等，合四鄉紅槍會，先發制人，於是夜除夕，由張書信率神垕鄉團自北門入，先至清潁驛收王祥生槍，祥生跳免，王子文不能抵禦，祥生奔八十里至許昌電報局告變，胡督疑是軍民交訌，而電報局長某云，爲樊、梁、陶、張等謀叛，禍遂愈演愈烈。

胡景翼接報禹縣反抗陝軍，即於一月二十四日派所部第二師第一旅蔣世傑（字蘭亭）率團長張迺威、劉致棟來禹屠城，分進東、北二門，焚殺三晝夜，由大年初一燒至初三日，市區半爲灰燼，死五千餘人，殺戮甚慘。商團隊長王鴻業戰死，商會會長樊海瀛、公款局長陶成章、武裝警察隊長趙青雲、神垕鄉團張書信等人，出西門走神垕，張湧泉中彈而死，陝軍大肆搶掠五日始止。民戶率貼曹士英、王祥生之保護條示，每條示收費一百元或數十元不等。

憨玉琨駐洛陽，聞悉禹縣人民慘遭屠殺，激於義憤，乃責胡督不應以豫民爲仇，亟應查明原因，懲辦禍首，以謝地方。胡於十二日調走曹士英，將城內車馬財貨，飽掠而去，另以國民二軍第二師第四旅（旅長田春生、字華亭）、團長宋繼祖接防。但胡卻疑禹縣民團係受憨指使，由是雙方益爲猜忌，積不相能，各逞意氣，相互衝突，兩軍遂相持於滎陽、汜水之間。事後、胡亦感到事態嚴重，乃撤銷曹旅番號，通緝曹士英，並槍斃王祥生於開封，傳像於禹縣，以平民憤，安撫地方人心。

二　調停無效

憨胡兩軍自因禹縣事件發生戰爭以來，段執政即電令雙方軍隊各自向後撤退，以免戰事擴大持久，增加損害，胡未遵命辦理，致戰爭轉趨劇烈，且因不滿段執政不贊成他派兵攻擊憨部，憤而電請辭職。段執政以胡不遵命令，乃密令大哥率部出潼關東進指揮作戰，以制胡之驕兵悍將，並令第七師吳新田部留守西安。

二月九日、馮玉祥分電西安給大哥，開封給胡景翼，洛陽給憨玉琨，鄭州給岳維峻，調解憨胡之爭，然而骨子裡卻在袒胡。十三日、孫岳被直隸督辦李景林迫交保定、大名兩道轄區，移師南下入豫，駐鄭州、新鄉間。

憨玉琨於二月十九日致電北京段執政，說明與胡爭執之原委及人不犯我，我不犯人之立場。電文如下：

「執政鈞鑒：頃閱報載，胡督辦景翼蒸（十日）上執政電，不勝詫異！玉琨率隊出（潼）關，係迭奉執政電令肅清中原；並以胡督辦奉有中央命令，收束河南軍隊，半月之久，逡巡而不敢前，商請我軍援助，論公論私，均不容辭，始竭其精銳星夜東來取洛（陽）下鄭（州），安撫汴省，軍事完全收束。適胡督辦拜督辦河南軍務善後之命，迭派信使到鄭（州）磋商，語極切摯；並有虞（七日）電謂大河以南，任擇地方駐紮。玉琨仰體執政安撫豫人之意，兼以胡督謙退之誠，即日退駐京漢鐵路以西，駐節洛陽。執政來電慰勉有加，玉琨悚惶無已，忝領國軍，為國宣勤，不敢言功，差幸無過。乃胡督極端仇視，必欲去而甘心，搜括民財，輦之省會，屬軍餉項，不發分厘，又復巧取民團槍枝，擴張勢力，致使軍隊譁變，殺戮禹縣。兩軍居間之地，日日增兵，處處挑釁，甚至擅行民政職權，更易廳、道。玉琨伏處洛下，恐吳（佩孚）、張（福來、中央第二十四師師長、河南督軍）、李（倬章字濟臣、河南省長）殘部散而擾民，收撫改編，力求安輯，過蒙畀倚，派為豫陝甘剿匪副司令，乃益中其陰恨，遂造作流言，郾（城）、禹（縣）、鄭（州）、許（昌），日增大隊，西侵有據，反誣我軍東移。以聲言辭職，聳主座之聽聞；以無故稱兵，起人民之驚恐，亂機已兆，橫暴昭彰。玉琨分屬軍人，確守範圍，人不我犯，決不犯人，倘彼遇事侵偪，先行挑戰，應如何應付之處？伏乞明示祇遵。憨玉琨叩。效印。」

嗣因情況緊張，憨於二月廿一日亟令李有才部守白沙鎮（禹縣西北四十里）；胡景翼則別遣其旅長蔣世傑、李雲龍部，集步砲重兵攻白沙鎮，以眾取勝，有才退走，傷亡甚重。憨另遣部眾千餘，於黃河南岸霸王莊附近挖築戰壕，企圖控扼黃河鐵橋，損害其交通。胡部駐守黃河附近岳維峻師之一連，以兵力不敷而告急，胡親率其第一師、第十混成旅等，猛攻滎陽，以鄧瑜及蔣世傑之兩師攻禹縣，另遣一支襲神垕鎮，並約建國豫軍樊鍾秀助攻郟縣，期會師於偃師，以斷憨之後路。胡之兵多，故能發動全面攻勢。胡於發動軍事行動後，搶先於二月二十三日致電北京，敘說受憨軍之攻擊，憨亦於同日電告北京，請明令制止胡軍前進。

豫民處此兵燹危厄之中，奔走呼籲弭兵停戰，張鈁（字伯英、新安縣鐵門鎮人）曾任陝西靖國軍副司令，與雙方均有袍澤舊誼，時爲民生煤礦公司創辦人，身分超然，出而調停，並擬定雙方讓步辦法，胡無表示，未獲實行。馮玉祥主張憨部讓出豫西四十縣，回駐陝西，胡將遺留渭北數縣各部調來豫省。胡覺得有利，予以贊同，憨認爲不公平，置之不理。西北各省如甘肅以及山西之代表，均反對馮之辦法，因胡的野心很大，不以督豫爲滿足，即長江上游、西北各省，甚至山西、山東、江蘇、安徽，亦視爲有擴充勢力之餘地，已顯示出國民軍將和西北各省相爭的跡象。也有人提出退一步的辦法：即爲憨退據原駐之河洛道十九縣，讓出之縣，由孫岳率部駐紮，隔絕雙方，以免衝突。這種辦法，實是慷一方之慨，憨胡兩方均不接受，且互告對方進行挑釁，情勢更加緊迫。

北京段執政亦無切實處理辦法，於二月二十二日電令兩軍各退三十里，以免前哨接觸，可惜時間已遲，雙方已在禹縣以西開起仗來。二十四日、復下令各退五十里，並命孫岳馳往調解，孫竟助胡作戰，何異以薪抑火，使情勢益趨複雜。胡景翼於是日發出通電，自述豫局之經過，冀以博取時人之諒解。

再說大哥爲恐河南地方糜爛，人民遭殃，力求息事寧人，曾屢電憨玉琨一再忍讓，以換取和平，保存桑梓元氣，地方幸甚。詎料胡景翼蓄有野心，一再進逼，馮孫祖之，氣燄更盛，戰機觸發，不可遏止，所作之努力皆白費心血，段執政亦屢電大哥東出，安定危局。大哥乃命吳新田自漢中移駐西安，將所有「陝西省長」、「督辦陝西軍務善後事宜」等職務，皆交由吳暫行代理，於二月二十五日，自率衛隊旅第一、二兩團，及鎮嵩軍第二混成旅（嚴際明），東出潼關，親赴洛陽，而正面戰爭已在滎陽展開攻守大戰，激烈異常。

我跟大哥到洛陽，聽取憨玉琨與各方面的報告、及地方人士的反應，先行瞭解對方的意圖和前線戰事的情況，然後表示仍願盡力忍讓遷就胡督，以全公誼私交，俾得補救時局，但是事與願違，胡督決心付之戰爭解決，憨被迫繼續起而抗戰到底。

大哥派我連日進出滎陽戰線，觀察戰況，胡部因每日增調重兵加入作戰，憨部即顯得兵力薄弱，大哥不欲戰爭擴大，未即時調軍增援，以免增加調停困難，以致憨軍抵死抗拒，而死傷慘重，民舍砲燬爲墟，至二十八日，胡軍攻入滎陽，大肆焚掠，又是一次浩劫！

三月三日，孫岳仍以調人資格，電邀兩方於五日派遣代表至偃師磋商解決辦法；次日，派其參謀長楊杰赴前方請雙方停戰。三、四兩日，連發二電報告調停豫局經過情形，俱爲袒胡，自是意料中事。三日電：

「北京執政鈞鑒：豫西糾紛，日來調解頗有端倪，預定於微（五）日正午雙方實行各自退兵，憨軍第一步退至新安、澠池一帶，胡軍第一步退至汜水一帶，會議地點在偃師，由雙方高級長官派全權代表與會協商解決辦法。特此電聞。孫岳叩。江印。」

四日電：

「執政鈞鑒：江（三）電計達。前派楊（杰）參謀長赴前方，請胡、憨兩方遵照明令停戰，惟雙方軍隊正在接觸，不易遽停。茲特於本（四）日派衛隊一連，手執白旗，冒彈前進，令雙方休戰半日，以待磋商解決。惟該連兵士冒死爲國排難，尚有死傷，應請優加撫恤。至停戰後之結果如何，續陳。孫岳叩。豪印。」

大哥亦先於四日發出通電，表明和平忍讓之心；五日、向北京報告孫岳部加入豫戰之情形。胡景翼則於四日發表通電辯駁，眞可謂爲「電報戰」。

三 黑石關

大哥具有悲天憫人的心腸，只是太仁慈了，就是對於敵人亦常存有一種與人爲善的奢望，無異緣木求魚。諸如此次憨胡糾紛，自始至終，總是希望公平調停，偏偏調停人袒胡，甚至參與助戰，而大哥又不願隨便放棄和平，令憨部堅忍退守，遂使憨處於被動作戰的態勢，因而胡部攻勢得以凌厲而進，破滎陽後，連陷汜水、虎牢關、鞏縣。當時我年輕氣盛，少不更事，便對大哥說：「兵凶戰危，打仗是軍國大事，豈可忍忍讓讓，希望敵方省悟，恢復和平，須認清敵人的野心是無休止的。你眞有點像春秋時代的宋襄公，對敵人寬厚而失去了主動戰機。」大哥卻說：「我寧可作宋襄公的仁慈而失敗，也不願做殘民以逞而獲勝的蟊賊大王。」在鞏縣激戰中，胡部得孫岳砲兵團助戰，憨部戰將李清標團長受重傷，憨欲放棄洛陽，向西引敵深入，使戰線拉長，則胡部補給困難，備多力分，不難消滅。怎奈大哥不同意，認爲戰爭時間延長，人民痛苦相對增加，乃退守黑石關，並派鎭嵩軍第二混成旅長嚴際明援助。

三月一日、胡軍入鞏縣，次日、進迫黑石關，開始攻擊，爲黑石關之役。黑石關在鞏縣西南二十八里，亦稱黑石渡，爲洛河津渡處，夙昔爲汴洛驛路咽喉，扼鞏洛之中，歷代視爲險要，隴海鐵路由此架設鐵橋跨渡洛河。此次憨胡在關之兩岸壘兵，胡東憨西，相持七日之久，胡以孫岳部砲兵團助戰，兼團長楊杰（字耿光、雲南大理人），係日本陸軍士官學校第十期砲兵科畢業，算是砲兵專家，故攻來甚爲得手。

此役、憨分兵三路，自居中路，而以嚴際明旅任左翼，袁英旅任右翼，戰事進行順利，惟遭敵砲制阻行動，憨向大哥請求砲兵支援，大哥命我帶領砲兵營及機關槍營增上前去，至黑石關，即在邙山山頭高地及沿洛河西岸選擇砲兵陣地，占領後，觀測對岸敵陣，迅予反砲戰，制壓敵之砲火，損毀敵砲，傷斃砲手，一團砲兵無以爲用，楊杰羞赧，脫離國民三軍，旋投效國民二軍，在開封任河南軍官教育團教育長，二軍失敗後，始南走粵中。我砲兵營初試戰場，果然一鳴驚敵，胡被大創，臂負彈傷，賴李鴻翥來援得免。

黑石關戰爭進行非常順利，楊杰棄守陣地，行方不明，孫岳部兩團無人指揮，軍心大亂，胡部士氣頗受影響，欲撤軍後退，喘息避戰，不意六日夜，憨部發生邙山高地左翼嚴際明旅陣前叛變，以致黑石關附近孫家灣發現敵人，切斷電話線，毀後方鐵路，以斷我軍後路。玉琨大驚，決棄關退卻。我即以機關槍營掩護砲兵營撤退，復以砲兵大力制壓胡軍追擊，以掩護我軍及機關槍營安全轉進，總算兩營全隊而返，大哥對我嘉獎兩句，認爲我還能臨陣作戰，有事尚可排上用場，頂擋一下。

嚴際明之叛，可謂變生肘腋，猝不及防，致我黑石關之役，轉勝爲敗，胡部轉敗爲勝，士氣復振，此爲兩軍形勢轉移的最大關鍵。

憨軍經黑石關之役失敗後，即向西不斷退卻，經偃師、洛陽，而至新安，收合餘部，與岳維峻部戰於鐵門鎮西，歷四晝夜，然後向澠池轉進，柴雲陞遣武紹周旅來援，因兵力不敷，令張治公自洛陽西南就近來援，張則擅攻洛陽，與樊鍾秀部及國民三軍第二師葉荃部鏖戰於宜陽、伊川，雖有小勝，不能補益於全軍戰局。

三月十七日、胡軍攻澠池，袁英旅兵力過少，寡不敵衆，全軍西走，退出觀音堂。大哥不忍再延戰禍，糜爛地方，寧願犧牲個人，遂決定於二十一日辭職。先安排柴雲陞、張治公爲鎭嵩軍總、副司令，飭將部隊撤回陝中整理。於是散入洛陽以南地區之鎭嵩軍，與張治公部合，輾轉經宜陽、洛寧、盧氏、龍駒寨，而入陝省，與柴雲陞會於安康，據有陝省東南十餘縣。

憨玉琨敗後，率其所部三十五師沿洛河向西南撤退，經宜陽而走回嵩縣，旋集合部衆，一手端著一碗大煙（鴉片）膏，一手持著手鎗，不許左右人等近前攔阻，乃向衆人說明此次戰敗，損兵折將，丟槍棄砲，失地辱職，禍延豫西，對不起河南地方人民，更無顏見家鄉父老昆仲，說完即仰面將煙膏一飲而盡，人莫能救，救亦不及，悲壯自戕而死。中庸有云：「知恥近乎勇」，憨可算是一條漢子，不愧軍人本色。所遺部隊，由梅發魁統領，其弟憨玉珍屬之。

憨死後不久，胡景翼亦以右臂（曾被砲彈片擊傷）患疔毒於四月十日死於開封。當時河南流傳一首民謠：「古月不久明，六爻林中行，敢把心腸見，洛陽血染紅。」一若讖語，證之首句爲胡之死，次句爲樊鍾秀訪少林寺，三句是憨之自殺，四句乃洛陽之血戰。人間浩劫，豈亦天意之安排？

三月二十二日、大哥偕四哥和我，率衛隊一團自陝縣北由茅津渡黃河至晉省，經平陸北走運城，逕赴太原見閻錫山，並於是日通電下野。大隊則因被吳新田拒於潼關，乃退集靈寶、盧氏一帶，另支由晉南渡河突走陝北平民、大荔、朝邑等縣。

北京段執政知大哥走運城，電請辭職，並保吳新田繼督陝西，乃據電於四月十二日特電令即速回陝西任所。而在陝西之吳新田、孔錦繁，亦以國民軍侵入陝西東部，無法抵制，亦電請段執政飭令其退出潼關，俾使在豫之鎮嵩軍得以回陝駐紮，以厚其兵防，解其威脅，自古以來，政治是最講現實主義的。大哥接段電後，經閻錫山商請回陝，於十七日離太原、下蒲州（永濟縣），我隨其入陝至朝邑，一看國民軍鬧得陝局更加混亂，大哥乃止其行，回晉赴天津，省親於英租界馬廠道三十號寓所，暫時息影，韜光養晦，靜觀天下。五月一日、段執政令准大哥辭職，以吳新田繼任，劉治洲爲陝西省長。

由於大哥北去，我便留在軍中陝南柴雲陞總部，負責與各部聯絡及整理補充等工作，並爲各師旅排除困難，解決糾紛與問題，周旋於各師長之間，調停意見，促進感情，互相砥礪道義，共渡難關，以維繫軍心，保存實力，等待大哥回來再繼續領導我們，好爲國事共同奮鬥，這也算是我爲團體盡了一點棉薄之力。

四 結語

這次的憨胡之戰，對大哥而言，是一次不小的打擊。從他成軍統率以來，鎮嵩軍的建制史前後已有十四年之久了。到民國十三年底，亦就是憨胡之戰前，全軍兵力已達六萬之衆，可算是全盛時期，卻不料在這一次戰爭中，敗給胡孫，也就是國民軍勢力抬頭。說來這次戰爭，原是段祺瑞所擺就的鷸蚌之爭的局勢，俾以從中獲得漁利，甚或坐山觀虎鬥，造成兩敗俱傷的局面，從而收拾殘局，或兩雄相峙，成爲制衡的術略。所以我曾經對大哥說：不能以河南地方爲戰場，要愛護桑梓，珍惜民命。大哥初亦無意入豫與胡景翼爭執，徒逞一時意氣，禍及地方，事前曾派劉盥訓（字芙若、山西猗氏人）爲代表，北上保定（清苑）商請孫岳出面調和，表明態度，爲地方人民相互忍讓，爲秦豫兩軍相互友善，不要喪失和氣，騰笑全國。只是胡驕氣很大，孫亦偏袒，憨不能忍，以致戰事擴大，大哥爲了團體，爲了憨，於公誼私義，於友情公理，又不能不出而助憨，卒致騎虎難下之勢，一任戰火發展，無法遏止。我方雖有洛陽、黑石關兩役之大捷，但胡有孫岳、樊鍾秀之助戰，復得湖北蕭耀南予以大量槍械彈藥，增強火力，我鎮嵩軍卻是孤軍奮鬥，後繼乏力，已居於不利之劣勢，只好作罷，以收束戰事，等待日後遇機會再起了。

註釋：

註一：民國十三年一月五日，北京政府國務院會議通過由劉鎮華所提於陝甘設西北大學之議，並規定校長由地方官聘任。二月二日，北京教育部核准將陝西法政專門學校併入西北大學。五月八日，由曹錕總統明令傅銅為西北大學校長。傅銅字佩青，河南蘭封人，英國伯明罕大學畢業，曾任國立師範大學、北京女子大學、中國大學等校哲學教授。

註二：王祥生名崇瑞，陝西咸陽呂村人，陝西陸軍小學、西安陸軍第二中學、清河鎮陸軍第一預備學校畢業，同盟會員，與曹士英及胡景翼為靖國軍同僚。因禹縣事件為胡景翼派人暗殺於開封旅館。

第五章　大哥再起

民國十四、五年間，國內局勢是最混亂又動盪不安的時代。北方奉系張作霖和馮玉祥於二次直奉戰爭中合作推倒直系以來，因權勢衝突，彼此猜忌日深，馮組國民軍，與奉張反目，雙方漸呈劍拔弩張之勢；而直系新派浙督孫傳芳，已感受到奉系勢力南伸蘇滬的威脅，於十四年十月十五日通電自稱為「浙閩蘇皖贛五省聯軍總司令」，首先發難討奉，客觀形勢已促成吳佩孚再起的機會。

吳佩孚被馮玉祥等倒戈失敗後，泛海南走，輾轉抵達岳州，託庇於湖南省長趙恒惕，賴之聯絡各方，圖謀再起。及至奉孫戰起，川、黔、桂、粵、湘、鄂、浙、閩、蘇、皖、贛、豫、晉、陝等十四省區，組成聯防同盟，於十月二十日，由鄂督蕭耀南等通電擁吳氏為「十四省討賊聯軍總司令」，吳即乘決川、濬蜀兩艦啓航，順江而下，直抵漢口，設立總司令部於查家墩，自此全國視線都集中於武漢，以吳為各路諸侯之長，一片擁吳之聲，咸呼「我帥」，表示效忠，服從領導，吳儼然成為身繫天下蒼生之望的大盟主。

這個聯盟的性質原是討奉，然而卻以「討奉始，討馮終」。——此因吳痛惡馮之倒戈，舊恨未息，誓不與之兩立；張作霖對馮之勾結郭松齡（奉軍）倒奉，新仇難忘，兩人經過相互諒解後，決意聯合報復，共同對付馮軍。吳遂於十二月三十一日通電聲明結束討奉戰爭，而於次年（十五年）一月十九日，在漢口召集軍事會議，決定討伐馮玉祥，向國民軍發動攻勢。

再說大哥於憨胡之戰後下野，暫時息影天津，靜觀時局變化。及至討奉聯軍起，吳佩孚亦派代表來邀請，參加討馮，委大哥爲「豫陝聯軍總司令」，由陝東打擊豫西的國民二軍，在此形勢之下，大哥又東山再起。

第一節　打二軍

一　豫陝聯軍

大哥下野後，暫時息影天津，靜觀時局，預知國內將發生大的變化。

未幾，先是晉督閻錫山曾派謝連、傅少雲、楊近仁等代表，先後到天津敦促大哥出來，共濟時艱；同時，駐留在湖南洞庭湖上避難的吳佩孚，亦派蘇蔭森代表至天津，邀請大哥往岳陽會晤。此時，直隸部份地方爲國民二軍（岳維峻）占據，大哥不便從京漢鐵路南下，乃由天津經上泗溯長江西上，經漢口進抵岳陽，與吳相見於「決川號」軍艦上，商籌整頓大局辦法。於是我立即將這項本軍渴望已久的好消息，傳達給屯紮豫陝各地的鎮嵩軍舊部，官兵同感興奮，紛紛派人向大哥報告軍中情形，並請示如何制應當前險惡多變的環境，以保存本軍實力，尤其企望大哥早日返節領導，整軍振旅，收拾亂局。眞是各方信使往還，絡繹不絕，大哥頗有應接不暇之概。

吳佩孚請大哥擔任「豫陝聯軍總司令」，吳新田任副司令，大哥乃經四川奉節而溯漢水西北潛入陝南，於十四年十一月杪抵安康，十二月初集合所部，誓師討賊，分三路出兵：

東路軍總司令　張治公（師長兼）
　副司令　王　振（師長兼）
　　旅長　梅發魁
　　　　　姜明玉
　　　　　袁秉道
　　　　　張治公（兼旅長）

分由荊紫關、商南、盧氏等地出兵北進，以占領靈寶、陝縣、洛陽爲目的地。

中路軍總司令　柴雲陞（師長兼）

副司令　麻振武（師長兼）

師　長　憨玉珍

旅長　何夢庚

萬選才

武贊同

由商雒及華陰東北三河口鎮、臨渭等處出兵，夾擊潼關、華陰、華縣。俟潼關、二華得手，再分向東西進展。

西路軍總司令　顧琢塘（師長兼）

陝南鎮守使　張耀樞（師長兼）

旅長　劉世傑

分由留壩、寶雞、子午谷、藍田等處出兵，以進占西安爲目的地。

當時各路移動情形：東路軍王振師之郝團由盧氏北杜關，進駐虢略鎮（今靈寶縣治）；姜旅由商南進駐官道口（在虢略鎮南）：張治公旅由盧氏東北三十里范蠡鎮移駐盧氏城內，其石團、及袁旅，分由商縣、龍駒寨、商南、富水關等處，北向盧氏集中；中路軍之武旅由盧氏蘭草進駐朱陽關，其餘各部亦均秘密移動，集中陝縣、靈寶之交界地帶；安康、白河各部前鋒，已進抵柞水縣，距西安城僅一百二十里。

駐留山西南部運城鎮之鎮嵩軍第四混成旅旅長賈濟川（字巨卿）於民國十五年一月五日來電報告：

「……頃李國柱由任應岐處來云：『任常念職在陝對彼有再生之恩，無以為報，特為表示其部三團決不助樊（名鍾秀、建國豫軍總司令），李振亞與任最密，任與樊離心，李亦當不助樊。現任由西平回駐光州（潢川）本部』等語。刻李在此，或令進謁親稟，抑令仍返任部切實聯合？特此飛稟，乞示祇遵。川叩。微印。」

按任應岐、字瑞周，魯山縣西北大口子人，事母至孝。民國初年，原在鎮嵩軍司令部秘書處作勤務兵，處長邢潤齋命其送公文給標統張宗汾（字慕通、鞏縣西南六十一里乾溝寨人，後曾任陝西陸軍第二師旅長，南陽鎮守使等職），因當眾呼曰：「報告慕通！」邢乃叱之：「慕通，是你喊的嗎？……」蓋任時聞張之僚友咸呼慕通，以為是軍制上之協統、標統等名號，同是官稱，故亦呼之慕通，至是方知不妙，懼而逃去，旋投樊部，後來於役陝西靖國軍，戰敗被賈濟川擒執不殺，感恩不忘。今聞大哥再起，乃派其心腹李國柱前來通款輸誠，時任為建國豫軍第一旅旅長；李振亞為其魯山同鄉，任第三旅旅長，亦曾被憨玉琨編為旅長，諸此淵源，故願響應大哥討賊。

民國十五年一月中旬，吳佩孚、張作霖合作，一齊對付馮玉祥的國民軍集團。吳分三路出兵進攻河南：一路命靳雲鶚由魯西打豫東，一路請大哥由陝東打豫西，一路令寇英傑由鄂北打豫南。豫省國民二軍成為衆矢之的，該軍本係陝軍，常與河南地方紅槍會發生衝突，於是我方乘機派人聯絡該會，令以「河南自衛軍」名義動作，給以布告一千張，且和各處軍警民團接洽妥當，時機至時，同時並舉，運用彼等力量，以造成裡應外合，一齊驅逐國民軍的形勢，尤以國民二軍的處境，弄得天怒人怨，離心離德，此種徵兆，不待戰爭，便可以占卜出誰勝誰敗了。——人心向背，關係最大，治軍問政，不可不愼！水能載舟，亦能覆舟，就是這個道理。況河南處於四戰之地，因而自開仗以來，國民二軍累戰皆敗，已至力盡精疲，此種情形演成兵敗如山倒，鬥志全無，一片崩潰現象。

馮玉祥出身行伍，為人詭譎善變，因緣際會，翻雲覆雨，投機取巧，心狠手辣，尤善於作僞，欺騙世人，遂以一步卒而得洊膺疆寄，自二次直奉戰爭起後，倒戈北京，改組政府，囚禁總統曹錕，自任為「國民軍」總司令，以胡景翼、孫岳為其羽翼，與風作浪，惟恐天下不亂，更與張作霖共擁段祺瑞爲臨時執政，以遂其挾天下令諸侯的陰謀，眞是包藏禍心，好亂成性，曾幾何時？反目張作霖，教唆郭松齡倒戈失敗；尋復挑起直魯聯軍之戰，國民二、三軍出陝作戰，以二軍第十師師長陝西幫辦李雲龍攻入山東；二軍第七師師長鄧瑜和三軍軍長孫岳、協同一軍馮部圍攻天津。十一月二十二日、占領天津市，馮保荐孫岳得任爲督辦直隸（河北省）軍務、兼署省長，鄧瑜爲幫辦，所遺陝西督辦，北京段執政於翌年一月九日明令李雲龍繼任，以井岳秀爲幫辦，仍兼陝北鎮守使，李因在豫作戰，未能回省就職（劉治洲爲省長）。未幾，鄧瑜離直回豫，歸還國民二軍建制，共渡難關。

我這時在大哥身邊，蒐閱各方情報，研判敵情，注意時局演變，分析利害，諸如樊鍾秀前之攻打山西，所以閻錫山對國民軍之第一、二、三軍，反感很深，因此建議大哥須與閻要密切聯繫，於是大哥派賈濟川（鎭嵩軍第四混成旅旅長）爲駐運城代表，馬凌甫爲駐太原代表，藉以獲取閻軍事上之幫助，好合作先解決豫西方面的國民軍。復又建議大哥研訂戰略，必須配合政略，以適應目前與將來形勢之發展，方能有勝算的把握，所以大哥命我作成計畫與程序的進行，甚至對各部戰術的應用，亦給予指導，使之配合無間，協同進戰。並秘密將豫西各處之陳榮堂、陳鐵山、鄭鳴樹、葛鎔青、田西岐等部紅槍會，命之挑選精壯子弟出鄉助戰，予以番號編成勁旅；另組「手擲彈隊」五個團，每團十五隊，每隊一百人，派定教練官前往教練手擲彈之投擲法。手擲彈即今之軍語「手榴彈」，乃以手投擲之小型炸彈。此項手擲彈皆由山西太原兵工廠大批撥運過來，以打擊國民二軍。

甘肅隴南鎮守使孔繁錦派其參謀長湛鉞於十五年一月下旬來陝南興安謁見大哥，代孔聲明「目前礙於別方情勢，不便明白表示，但至必要時，絕對相機援應」，並商定具體辦法，確實合作，東西進行，夾擊關中之國民二軍及三軍之第三師楊虎（駐渭北之興平、耀縣，另部駐韓城、郃陽一帶）。

大哥積極布置一切，充分準備妥當後，即下令發動，惟在軍行之先，絕對保守秘密，俾得以迅雷不及掩耳之手段，加諸敵人，使之無備，以遂我戰爭之目的。

二 圍攻靈寶

民國十五年一月，時局日急，河南督辦、國民二軍軍長岳維峻於十七日曾在鄭州召開軍事緊急會議：除命其第十一師師長蔣世傑在信陽遏阻鄂軍北上，並將駐洛陽之第十師師長、陝督李雲龍派爲豫南總指揮；調第三師師長田玉潔由洛陽移駐鄭州，以爲四應之師。嗣以岳慮將來勢窮，預備退返陝西，故改令李率隊回關中。我接閱情報後，告知大哥，李雲龍如果歸陝，後患仍多，應令本軍在豫西特加布置，以重兵扼守潼關通道，一部分兵力埋伏在靈寶（舊靈寶）一帶南山，並請晉軍在黃河北岸架設砲兵陣地，予以三面堵擊，當可徹底殲滅。

一月二十三日，商定以三十一日（陰曆爲民國十四年十二月十八日）爲發動日期，攻取計畫如左：

一、各部同時並舉，分段消除駐豫西之國民軍。

二、由鞏縣以西至潼關以東之各處紅槍會，就地剿滅敵軍，東守虎牢關，南據鵜嶺。

三、鞏縣西孝義兵工廠駐軍一團，即由該廠之參加紅槍會數百名工伕，聯合附近紅槍會占領工廠，收繳敵軍武器。

四、洛陽由林永清、王振、及葛團，聯合嵩縣、宜陽、永寧（即今洛寧）三縣紅槍會，策應洛陽城內外紅槍會，由憨瑩齋（名玉珍）占領洛陽。

五、新安駐軍兩營，由田西岐、陳鐵山聯合新安紅槍會，進占新安。

六、澠池駐軍一營，由陳榮堂聯合澠池紅槍會首領李耀唐，進攻澠池而占領之。

七、陝縣、靈寶、閿鄉三縣，駐有李雲龍部第二十旅（潘占魁）、及國民二軍之第七混成旅（康振邦），兵力稍厚，擬佚洛陽、鞏縣發動，敵兵驚惶，由楊（景榮）、梅（發魁）、武（庭麟）、李（清標）、徐（鵬雲）、屈（？）等，聯合陝縣靈寶紅槍會而進占之。

八、俟朝邑之麻振武、大荔之何夢庚，於是日占領潼關後，即分兵東取開封，西進關中。

二十五日，據報岳維峻急電調駐關中渭河北興平、武功、扶風之留陝國民二軍第十二混成旅（衛定一）出潼關來豫省；又令其第十二混成旅（麻振武，有約反國民軍）派兵兩團，增塡洛陽防務。且聞衛帶兩團已由扶風出動，大哥命陝人馬凌甫派人接洽；麻業將作戰部隊集中渭水北岸韋林鎭東西沿岸一帶，相機動作。

二十六日，大哥偕我至南鄭參加二十七日至二十八日兩天的軍事秘密會議，有吳新田、孔繁錦、張兆鉀、及渭北麻振武之代表，商議合作討伐國民軍的計畫與步驟，議定：吳新田軍由南鄭出兵，入子午谷、進占秦嶺（西安南面的南山，亦曰秦山）；孔繁錦軍由鳳縣出草坪山，趨向郿縣；張兆鉀軍取鳳翔、下岐山，與孔軍合攻郿縣；

本軍則由武關西進；厤振武軍則由朝邑，和駐蒲州（今山西西南隅之永濟縣）之晉軍，奪取華陰，阻斷豫陝國民軍之聯絡，然後大軍四集，圍攻西安，剷除國民軍勢力。

豫省各地之反抗國民軍者，以豫西地方爲最厲害，醞釀成熟，至期（臘月十八日，陽曆爲一月三十一日），各縣城鄉紅槍會，群起攻擊國民二軍，小者殲之，大者圍之，使國民二軍驟然陷於遍地皆敵，四面楚歌的困絕境界，如陷泥淖之中，愈陷愈深，無法自拔。豫南寇英傑直向北偪進，豫東靳雲鶚向西壓迫，我軍亦正動手扼其潼關退路，準備東下洛陽，西取關中。弄得豫督岳維峻，陝督李雲龍二人在豫有如難兄難弟，感到時局日非，好像四處失火，灌救無及，周遭皆敵，莫能解脫此一厄運，內心頗爲懷怨馮玉祥性子不常，到處樹立敵人，導致反國民軍勢力大團結，一齊喊打，無處可走，結果國民二軍垮了，國民三軍亦完了，國民一軍在南口挨揍不輕，馮則三十六計，走爲上策，到俄國躲避了一下，再來投機取巧一次，餘部一再求憐於人，這都是他惹下來的禍根。

吳佩孚先是討奉，對馮不理，後來張作霖向吳求得諒解，進而聯合打擊馮玉祥，其合作條件：一、張作霖以山海關爲界限，東三省及熱河、察哈爾、綏遠三特別區歸之；二、直、魯、豫三省歸吳佩孚，以李景林督直或魯；三、張宗昌調至一特別區；

四、張打馮玉祥、吳打岳維峻。

二月三日、大哥致電漢口，向吳佩孚報告軍情云：

「……頃接職部王副司令振江（三日）電稱：『陝州敵人現有胡景銓（字玉衡、景翼三弟，通呼胡老三，為國民二軍代第一師師長，兼第一旅旅長）、潘景泉（名占魁、為國民二軍第十師第二十旅旅長）、並康（振邦、國民二軍第七混成旅旅長）、丁（增華、第十師第十九旅旅長）等旅，對我軍戒備極嚴，職已派隊駐川口（在靈寶東十五里）、虢州（在靈寶南四十里），嚴加防範。適來紅槍會紛起，心甚恐慄。麻（振武）、何（夢庚）兩旅派員來盧（氏縣），約定（十四年）陰臘（十二月）十八日（陽曆為十五年一月三十一日）出發，職已下動員令，乞我帥派兵一師，先取商（縣）、雒（南），得則潼關立下』等情。除令王、麻各部，同時協攻陝（縣）、靈（寶）、潼（關）、華（陰），勿使敵人西竄外，華於明（四）日率隊出發，即向商、雒進攻，謹電稟聞。劉鎮華。江印。」

四日上午，大哥偕副官長鄭鳴澍和我，親率柴雲陞、憨玉珍等部，由陝南安康經鎮安、山陽、商縣、雒南出山，至閿鄉南鄉，駐節太要街，即派姜明玉（原作鳴玉）

由虢略鎭（今靈寶縣治）一路向西北取閿鄉及閿底鎭，會師攻潼關。閻錫山派駐運城之晉軍第八旅（豐羽鵬）第十六團（關福安）南渡黃河，協助我軍作戰。同日，武庭麟旅攻擊閿鄉；王振、梅發魁二旅追擊靈寶之敵至王業莊一帶，將敵之黃青山營全部繳械，俘敵團附趙廷玉一員，並在靈寶城東南與敵激戰，關福安團前來援應，槍砲之聲隆隆不絕，敵不支，追至孟村、王拂莊一帶，斃敵團長孫孝先一員（屍體由前線抬回靈寶），攻至距城不過數里之遙。陝縣以南二十里之張村、卞村、賈村……一帶地方，聚集紅槍會四千餘人，擬攻陝縣，敵軍旅長康振邦派機關槍營軍需長張以謙，及副官李某等前往接洽，商議合作，即被拒絕，康旅極爲恐慌，竭力鞏固其南七八里高處一帶陣地，以防紅槍會攻擊。是日，陝縣紅槍會夜赴會興鎭（在陝縣東二十里），襲擊國民二軍，巷戰徹宵，得槍十餘枝，黎明、不支退去。我軍派人與之聯絡，將所有人員予以編組成隊，發給手擲彈，命之擇要防守，相機援應我軍作戰。

五日、姜明玉、武庭麟二旅，攻靈寶東官莊原、北坡崚、卻母屯等莊，斃敵三百餘人，俘一百餘人，得槍五六百枝；過王村，奪占函谷關，敵乘夜西退，又被我軍截回，蓋激戰數日夜，敵已不支，即鞏洛戰爭亦無此激烈。六日，柴雲陞部再得二華——華陰、華縣，西路可以無虞；李雲龍率步兵兩營抵靈寶，後續尚有其第十師之一旅，有一團已到陝縣，一團還在陝縣東五十里張茅鎮。

七日，閻錫山給大哥密電云：

「茅津劉雪亞大哥勛鑒：守密。大函誦悉，東、皓兩電，迄未奉到。各項械彈已酌發南運。現在鄂軍已抵明港（在豫南信陽北九十里，京漢鐵路經之）；靳薦青（名雲鶚）已分二路由（山東）濟寧西攻；李芳宸（名景林）反攻天津，甚爲得手。連下東光、連鎮、泊頭等處。弟意攻下靈、陝之後，我軍應乘勝進攻洛、鄭，洛、鄭一下，敵軍無立足地矣。蓋豫省底定，則西安可傳檄而下；若敵力尚存，雖奄有全秦，後顧恐尚多也。特電奉復，仍盼教言。小弟閻錫山。陽印。」

按此電係由我軍駐茅津之賈濟川旅長轉來。

我軍攻擊靈寶，連日苦戰，官兵血肉相搏，進攻益烈，王振、梅發魁，晝夜督陣，於五日已將稠桑驛（在靈寶西三十里）、函谷關（在靈寶西南約十五里）等處占領；九日、進占南陽村一帶，敵軍大部皆退靈寶正南三里之南嶺一帶，仍取守勢；踞函谷關最高點之一營，則頑強抵抗；其踞函谷關以南三四里之孟村寨，正在包圍攻擊中；我軍一部於十日由列莊猝攻至城南二里之南山，奪得大砲二門，敵復增加預備隊約一營反攻，我軍退回原線；東路我軍亦進迫城東約五六里，漸取壓縮包圍圈形勢，數日來，我軍傷亡頗重，陣亡團長二員、傷一員，陣亡營長六員。敵軍旅長鄧全發率兵一團進駐城內。惟靈寶城西有澗河，河旁有原，原下有寨，欲佔靈寶城，須先得此原此寨，否則一近城下，被敵夾擊，實難立足，是以官兵肉搏寨下，因無大砲，只得用槍彈轟擊，而迫擊砲不及原頂，手擲彈不及寨垣，步槍則絕對無效，我軍竭力猛撲，則敵之大砲、機關槍、一齊轟射，彈如雨下，以致日夜攻擊，徒招損害，而此次興師，原為規洛陽，搗鄭州，若靈寶不下，則東進有後顧之憂，如長久圈圍，不僅攻勢㞕怯，亦恐有誤大局。因此請閻錫山轉飭關福安團令砲兵全部渡河、或一部渡河，由我秘密代接代送，以免洩漏晉軍參戰。於是閻飭豐羽鵬旅長撥砲二尊渡河援助，歸王振指揮，架設在金雞嶺，以期早日攻克靈寶城。

何夢庚部進攻潼關方面於六日渡渭水，已進占三河口（在華陰東北、潼關西北，當洛水、渭水入黃河之口）、全店、運莊……等處，麻振武部觀望不前，致後援不繼，兼以晉閻所接濟之子彈及迫擊砲……等，悉經麻部轉發，全被扣留，不僅援絕，而且缺彈，孤軍深入，不敢再進。

十一日，漢口吳佩孚致太原閻錫山電云：

「太原閻督辦鑒：迪密。佳（九日）亥（夜九時至十一時）電奉悉。承示王、麻師，何旅等部戰情，及柴、張各部進兵狀況，極慰。並承派兩支隊由運城南開援應，復接濟各部彈械，至爲感佩！寇部前鋒已過明港，信陽於昨午攻下，俘匪獲械數千，頃已電聞，希即轉知王、麻、何、柴、張各部，飭其努力占領潼關，絕陝匪西逃之路。開封毅軍（總司令米振標、兼河南軍務幫辦，轄四混成旅，一獨立團，共有步兵五團，騎兵四團，分駐開封、尉氏、禹縣）已向靳薦青通款，計旬日內必可下也。潼、陝軍情，仍望續示，爲幸。吳佩孚。眞印。」

由此電可以看出豫局之變化概況。

十四日，閻錫山來電云：

「運城轉劉督辦雪亞大哥勛鑒：董軍需官轉到冬（二日）電誦悉。貴軍分路出發，潼（關）、靈（寶）各城，不日當下。昨因榮軒（王振字）攻靈需砲，已酌撥砲隊渡河，作爲貴軍，歸榮軒指揮，並在金雞嶺架砲援助，以期靈城早日克復；至接濟麻、何、王、梅各部械彈，屬在袍澤，分所當爲，乃承齒及，彌增顏汗！此間與巨卿（賈濟川字）旅長文電往還，幾無虛日，如有所見，自當盡力相告。玉帥（吳佩孚字子玉）來電：信陽於蒸（十）日攻下；寇（英傑）帥已過明港，直搗許昌，開封內外均布置妥貼，旬日內當可攻克。張幹臣（名治公）所部，未稔近日已抵何處？盼切示知。小弟閻錫山。寒印。」

此時，靈寶戰事緊急，大哥派我在火線督導官兵作戰，敵軍占盡地利，我軍常常被迫從事仰攻，犧牲很大，自從晉軍砲兵支應，才以制壓敵人火力，掩護我軍進攻。而陝北之井岳秀派來二營兵力應援彼等。潼關、華陰尚駐有楊彪（虎臣）部一團，井岳秀等急電李雲龍兼程回省計畫軍事。

我軍已於七日占領陝縣東之觀音堂、梯子嶺等要隘，不日當攻洛陽；王振偪攻靈寶城；何夢庚於九月克復華陰，東進三十里至弔橋鋪，與敵相持，將進攻潼關，連日均在激戰中，已進抵潼關十里地方；陝西方面：孔繁錦進占汧陽、隴縣；吳光新於六日已占寶雞，顧琢塘於九日占盩厔。

三　紅槍會助戰

我隨大哥率部於十一日進抵潼關西南九十里之蒿草峪口附近，將督攻潼關。

近日奉天召開會議，大哥亦派紅槍會助戰代表參加。長江各省如湖北、湖南、江西、安徽、江蘇、浙江、福建、以及山東張宗昌、直隸李景林、陝南吳新田等均派代表，至奉天有所接洽。聞孫傳芳亦派其親信同學湘人童錫梁（字梅岑，長沙籍，日本陸軍士官學校第六期砲兵科畢業），偕同各代表至大連，由梁鴻志招待，乘南滿鐵路專車赴奉天（瀋陽市），參與各省代表會議，吳佩孚、張作霖爲聯合孫傳芳起見，均願將蘇、浙、閩三省軍務總監，允許給孫，請其合作，但孫尚要求皖、贛二省加入，頻頻交涉，討價還價，眞是政治行情，早晚時價不同。

二月十四日，我將本軍連日戰況，綜合通報晉軍：

一、王振等將校均駐靈寶西南五里之王垛村寨內。

二、王部已於十二日占領靈寶西南三里許之沙坡、南孟、北孟三村；國民三軍（屬楊虎部援隊）反攻至隕村時，經我王部郝團長帶兵一連，由南山抄襲敵後，獲敵手槍六枝、步槍六枝、擄敵七名，敵於十三日仍退回靈寶。

三、國民二軍駐靈寶城內有一團，在大營鎮（在陝縣南偏西三十里，西接靈寶縣界）、曲武集等處，紮有兩旅之衆，現均被我軍四面包圍，該敵近因糧彈缺乏，於十三日派兵三連欲往陝縣借糧，行至橋子溝以西，忽被紅槍會截擊，死亡約有一排人，獲槍一百餘枝，其餘仍逃回大營鎮等處。

四、國民二軍旅長康振邦現仍在陝縣城內，約有一團兵力；在南原設有帳棚二十餘架，並在南關外及上河頭各要口，亦設有帳棚多架。

五、張師長治公部已占據洛陽南二十里之牛王廟，將進攻洛陽。

六、現洛陽城內駐有國民二軍第五混成旅旅長馮毓東一團，知張師進攻洛陽，非常驚恐，擬俟我軍攻至，即將所有槍械繳給洛陽道尹，求保生命。聞該道尹已應允，並囑仍守洛陽。

七、此刻鄭州至陝縣一帶，火車均已不通，國民二軍接濟斷絕。

八、會興鎮以東交口西面鐵路，被紅槍會炸燬一段，並炸壞車頭一個及車輛等，至今尚未修成。

九、二月十日、有火車二輛裝載國民二軍軍用布疋，行至張茅鎮（陝縣東五十里），被紅槍會盡數搶奪，並打死押車兵二名。

十、觀音堂鎮（在張茅鎮以東）駐有國民二軍第七混成旅（康振邦）武術連，連長陳景祥帶兵十餘名，在該鎮並英豪街（位鎮之東），及各村演說，禁止紅槍會赴山西領取子彈、反對國民二軍……。

十一、聞鞏縣南二十五里南山口（一作南川）人王明喜，前曾充本軍（鎮嵩軍）營長，現帶南川一帶紅槍會二千餘人，有槍五六十枝，與會興鎮以南各處紅槍會約會，擬攻打會興鎮國民二軍。

十二、二月十日，有河南督署差遣連士兵約三百餘人，帶手槍二百餘枝，乘車至觀音堂，因西面鐵路被毀，不能通行，遂又返回洛陽。

十三、現在澠池、新安、無有駐軍。惟各處均有紅槍會等情。

十八日（陰曆正月初六日）、國民二軍康振邦旅駐陝縣城，派兵一團，往屠溫塘村，後防駐紮新店、石橋鎮，搜掠無遺，兵至溫塘村，與紅槍會對打，不支，越山而奔，二軍逢人便殺，焚燒房屋二百餘間，村民老幼死三十餘人，百姓何辜？卻因不肯逃避，竟罹慘死之禍，二軍殘暴如此，民與偕亡。二十一日，我軍梅發魁應地方之請命，率兵東來弔民伐罪，駐紮陝縣第三區之五原和大營鎮，與康旅對峙，間有小接觸。

二十一日，姜明玉旅長率部攻克閿鄉城，及盤豆、閿底二鎮，西偪潼關。

第二節　打潼關

二月二十二日，大哥致電閻錫山，請其策應，補給彈藥進擊潼關。電云：

「太原閻伯帥勛鑒：助密。董軍需官轉到尊處寒（十四日）電，敬悉。吾弟已酌撥砲隊渡河，並於金雞嶺架設砲位，援助進攻，莫銘欽感。華本日已抵太峪街。潼關南原，僅有陶家莊、李家莊兩處，未曾攻克，刻正督隊進擊潼城，可望速下。惟查陝匪據守寨堡，頑強抵抗，必用猛烈砲火，方可迅速奏功，萬懇吾弟多派部隊渡河助攻，如最不得已，無論如何，亦請出一支隊，附野砲一連、山砲二連、迫擊砲數十尊、機關槍數十架，迅由風陵渡過河援助進擊，以期速破敵壘，早靖匪氛，無任感盼之至！此次戰事，東西兩方均甚激烈，子彈消耗甚夥，前函懇求接濟砲彈、槍彈各項，仍請時續賜撥，以應急需。至玉帥方面，此間去電甚形遲緩，並懇對此間情形隨時轉電。再作戰計畫，擬先肅清靈、閿、潼、華後，再體察情形，酌向東西發展。吾弟韜鈐望重，尚乞詳爲指示，以資遵循。　如小兄劉鎮華叩。養印。」

二十三日，閻錫山覆電云：

「趙村轉雪帥勛鑒：助密。養電誦悉。大旆瞬抵潼關，快慰飢渴。山野砲均在省垣，急切不能南運，此間造有一種曲射砲，於攻擊寨堡最爲適用，已飭豐旅長就近編配渡河，聽候指揮，各項子彈亦飭火速南運，以便接濟。靈、閿、潼、華肅清，再酌向東西發展，卓見甚佩，鄙見乘勝直擣洛、鄭，亦上策也，未諳兄意以爲何如？小弟閻錫山。漾印。」

我同大哥停留漫川關數日，布置妥當，即行北上，自商、雒出山，和柴師長、張旅長（振甲），於二十二日正午抵閿鄉西南太峪口，距潼關東南三十餘里。孫旅長（猛）率全旅由潼峪口北進，萬（選才）旅仍占據潼關南五里之原上，李（清標）旅在商縣，厤師在耿莊團於二十一日已全部開駐渭北蒼頭一帶，準備渡河攻打潼關。

二十三日，大哥和柴雲陞派馬少波副官往趙村接運子彈，並寫信給晉軍營長劉逢春云：

「……刻弟等（大哥同柴具名）二十二日住太峪街，現潼關南原，已爲我軍占領，二十三日拂曉，即向潼關總攻擊，所需子彈，刻派馬副官少波前往接運，請即照撥七米九彈十萬粒、七五山砲彈二百顆，並希於風陵渡架設砲隊，同於二十三日拂曉，向潼城射擊。再請將弟等到潼關情形，報告貴督辦，及各師旅長，速飭所派隊伍渡河，冀收雙方夾擊，一舉廓清之效，尤所感盼！……」

潼城連日無大戰事，蓋以守敵鄧全發旅一部在城謀接洽，現已允爲內應，近日內當可成事。大哥曾命王振於二十二日晚八時，由閿底鎮西十里鋪過河至對岸澗西村，與晉軍旅長豐羽鵬晤商，請晉軍隔河以砲火援應，並假設疑兵布置北岸，以示恫嚇而便牽制敵軍。議畢即時南返。

二十三日，大哥再電閻錫山，經由趙村晉方電局轉致太原，傳告捷音，振奮人心。電云：

「太原閻伯帥勛鑒：助密。頃據王副司令振報稱：『職於皓（十九）日派姜旅長明玉率隊進攻閿鄉，期與中路各部連絡一氣，該部隨即分兵三路進擊閿邑；哿（二十）日與敵接觸，激戰一晝夜，斃傷敵人五六百名、俘虜百餘名、獲槍六百餘枝，敵勢不支，漸向西退，遂於馬（二十一）日早，將閿邑完全克復，並派第十五團向西追剿，復將盤豆鎮、閿底鎮繼續克復』等語。現令該部仍速跟蹤追剿，以期撲滅。至潼、華之匪，經中路各部痛剿，數日傷亡過半，刻正督隊圍剿。惟陝匪慣守寨堡，非有猛烈砲火，難遽奏效，所請賜撥大砲、迫擊砲、及手擲彈二千顆等類，務懇照撥，潼城指日可望肅清，謹此電陳。劉鎮華。漾印。」

前投我鎮嵩軍之國民二軍第十師（李雲龍）第二十旅（潘占魁）曲三省團長於二十二日下午，率領該團由靈寶西南四十里弘農河西北虢略鎮（今靈寶縣）繞道南渡，占據曲武店，阻斷靈寶、陝縣間之交通，並於二十三日晨七時，協同我軍攻擊各處之國民二軍。曲三省、原名三星，係靈寶著匪，於十四年九月為潘占魁收撫，初任營長，潘時任團長。我軍王鳴九部二千餘人，駐紮會興鎮南十餘里南園上一帶，待西邊國民二軍敗退時，即行進攻陝縣。

紫雲陞師長奉大哥之命，於二十三日將師部自太峪街向北推進十里駐紮息馬村，俾便督攻潼關。

潼關本名衝關，以黃河自龍門南流，衝激華山，故以為名，亦即古之桃林塞。位於陝西省東境，黃河南岸，與豫晉二省交界，為入關正道，南負秦嶺，北望風陵，東扼函谷、西蔽西安，既為陝省東部之咽喉，亦屬豫陝晉三省交通之樞紐。關城斜建山坡，下臨大河，形勢甚壯，歷代視為要地，位在南原北麓，東南接近東原，西南接近西原，東、西、南三原緊相銜接，屏蔽城南。欲奪該城，非先占該原不可，此次敵軍所以固守該原，因其高度有十至百五十公尺不等。南原之上有乾寨，東西陶家莊，東原之上有李家莊；縣城之西城牆和北城牆，均高二丈、厚一丈，東城牆高一丈六尺，南城牆高一丈二尺，但東西兩面城牆，皆係就原有之斜坡築起，故裏面形成斜坡，伸至城內東、西、北三方，敵亦頗能固守。若用一四式砲架設於南岸鳳凰台附近，射擊潼關門內一帶，尚可發生效力。

大哥深知潼關城牆堅固，非砲擊城守，不克奏功，因於二十三日電運城豐羽鵬旅長云：

「……兄同春庭（柴雲陞字）本日抵太峪街，萬、孫兩旅正在圍攻陶家莊、李家莊、東、南兩原各堡，完全占領，潼關即日可下，已由潼派隊東進，與榮軒雙方夾擊。此次戰爭純係爲民請命，祈弟速電伯帥完全主持一切，以期速掃匪氛，再請多派部隊渡河夾擊，早結束一日，即生民早獲一日安全。連日鏖戰，子彈消耗甚多，並電伯帥迅撥七九彈數十萬，七五山砲彈四百粒，以應急需，俯如所請，無任盼禱之至！……」

查東原上李家莊、及南原上乾寨、東西二陶家莊，其中土堡，獨乾寨最爲堅固，寨牆根厚九尺、頂厚四尺五寸、高一丈五尺，牆內設有踏跺三層，每層構有槍眼；至東西二陶家莊，其堡牆根厚九尺、頂厚一尺九寸、高一丈五尺，間有破損部分，該寨莊之南，敵構築二線式東西連貫工事，係有掩蓋站溝，並築有交通壕，以資與該寨莊交通，其第一線距堡牆二百公尺，第二線距第一線僅五十公尺，該線東西長約一千公尺，至李家莊無有堡牆，因三面臨溝，敵利用此溝防禦，構築二線式工事，環繞該莊；第二線距該莊一百五十公尺，距第一線五十公尺，亦係有掩蓋站溝，並設交通壕，壕長約五百公尺。此次爲孫旅圍攻李家莊、萬旅圍攻乾寨及西陶家莊，均與敵兵相距僅百餘公尺，此役攻克東、南二原各堡之功，兩旅官兵爲最。

大哥以東原、南原各堡既克，僅餘陶家莊、李家莊，潼關氣蹙，屏蔽盡失，即下令決定二十八日拂曉向潼關城施行總攻擊。計畫先由李家莊開始攻擊，俟曲射砲一到，即行猛攻陶家莊，直下逼攻南門，打破潼城。

二十六日、靈寶城內之國民二軍士氣低沈已至極點，其傷患官兵，及自換便衣潛逃之官兵並眷屬，約三百餘人，乘三艘大船順流東下，又索民間大車四五十輛，亦滿載東走陝縣，人心惶惶，敗象已呈。

駐蒲城之陝軍獨立旅旅長緱保傑，原爲陳樹藩舊部，有槍二千枝，一向與陝北接近，此次以時機關係，轉而與我軍合作，如此表明態度，與陝局收束不無好處。

東路梅發魁旅長於二十六日夜十二時派出少數兵力，向郃陽縣南八十里之靈井鎮（南通朝邑縣之要路）以北之國民三軍第三師楊　部孫任先團挑戰，孫輕視梅部所來兵力甚單，傾團猛撲，梅部節節退卻，誘敵深入，進至山嶺陣地，即以手擲彈猛力阻擊，孫團官兵傷亡一百餘人，倉皇潰退。

二十八日拂曉，我軍對潼關發動總攻擊，因晉軍曲射砲尚未渡河，先調四尊迫擊砲向李家莊猛烈攻擊，雖戰事尚稱得手，惟迫擊砲彈甚爲缺乏，以是相持不下，大哥乃電閻迅撥迫擊砲彈二千顆，俾得速下潼城。再者，連日激戰甚烈，敵軍傷亡甚衆，我軍亦受傷百餘人，急需醫治，並請閻錫山飭令野戰病院剋期渡河，收容療養。張治公已將豫省南陽李鎮守使所部隊伍收編完畢，刻正向臨汝、洛陽進發中。

大哥請援，閻錫山指示駐運城之豐羽鵬旅長接應，豐即電報編配情形。電云：

「太原督辦鈞鑒：元密。沁（二十七日）二電、敬悉。遵查鈞座規定援攻東原一帶之各堡寨辦法，極爲周至，確屬能行。旅長當以二十九團手擲彈一營，並撥十六團三營步兵一連，暨配三十團楊連長編制之砲兵一隊，並甲輕砲四門、砲彈一百二十顆、手擲彈一百八十顆，又由職旅撥迫擊砲四門、砲彈二百顆，歸梁營長帶領指揮渡河援助攻擊，除電飭各營連隊星夜集合趙村渡河外，理合電覆鑒核。旅長豐羽鵬。儉（二十八日）。」

閻錫山接閱豐旅長電報，三月一日即再電指示：

「運城豐旅長鑒：元密。儉電悉。將來應用迫擊砲，隨時補充，並將攻法用電話詳細告知該營長，渡河後全聽雪帥命令。督辦閻。東印。」

三月二日、敵軍田玉潔、馮毓東、李雲龍等部，自汴、洛西退南原，陝縣紅槍會邀擊於磨山麓，大戰移時，地方死數人，敵軍夜宿黃村、原店一帶，由人民供給，不堪其擾。次晨，我軍擬南嶺與戰，敵軍自下對擊，微有死傷，無心應戰，急向西退去。三日、岳維峻兵潰，狼狽西奔至新安，鄧瑜、馮毓東、田玉潔等師繼至，飢兵數萬，衣履多遺失，不成部伍，沿途委棄軍火，紛紛向民家索食，騷擾不堪；七日、聞吳佩孚軍追至，遂夜遁。敵師長李紀才（字乾三，原籍湖北、寄籍陝西），隻身逃往北京。

大哥駐太峪街，命我和柴雲陞駐潼關東原李家莊南二里萬家嶺，於三日編成兩組「奮勇隊」，故白晝無戰事。晚間，以一組襲擊李家莊，一組襲擊乾寨，至四日上午八時，連潼關一併克復。敵向西南沿山潰退，我軍跟蹤追擊。並飭麻振武、何夢庚兩部相機堵擊，復將潼關以西交麻振武、緱保傑兩部，擔任攔截敵軍西竄任務。其餘部隊除留守潼關外，由大哥率領向靈寶城前進，嚴防敵之西竄。

同時，四日拂曉，廝部段、姜、耿三支隊各營官兵猛攻華陰，敵軍憑高頑抗，至九時許，激勵官兵奮勇先登，敵勢不支，棄城西遁，追躡敵蹤，進至華縣城附近，敵氣甚餒，不堪一擊，唾手而得華縣。此役，共獲大砲三尊，機關槍六架、步槍千餘支、馬匹、子彈、軍用品等無算，斃敵五百餘名，我軍僅傷亡二十餘名。陝東大道指日肅清，進取臨潼，直搗西安，拭目可待。

岳維峻、李雲龍等部潰退集陝縣一帶，衝打無人，西走不能，岳與鄧瑜等一同由陝縣北茅津過河入晉，鄧偕其旅長鄭庠（字思成）及二師旅長史宗法（字可軒）及團長商培德等殘部沿河北退走陝北榆林；岳想走正太鐵路，扮一商人，只因個子高大，不像經商的樣子，一路被人跟蹤，至榆次（同蒲鐵路與正太鐵路交會處）車站，即被逮捕，押解太原，岳未露眞姓名，閻錫山即亦以假姓名命羈之於憲兵司令部，數月後，經由晉將孫楚緩頰，始被釋放；李雲龍雜於亂兵中混過潼關逃回陝省，收合餘衆，與井岳秀、楊虎結合，共同抗拒我軍，擬守西安。

第三節　打西安

國民二軍在河南慘遭潰敗，少數部隊於民國十五年三月二日向北退往豫北安陽、冀南邢台，企圖進入直隸。我軍既下潼關，國民軍已瀕覆亡命運，晉督閻錫山於五日致電討賊聯軍統帥吳佩孚，聲明合作對付國民軍，並表示已助大哥攻取潼關，即日命晉軍第一師師長商震，率部自太原鐵運（正太鐵路）東出娘子關，攻取直隸石家莊，以阻國民二軍由京漢鐵路北退，同時、致電國民軍首領，藉口爲防止國民二軍樊鍾秀等再行侵入山西；至十日、晉軍一支由石家莊北向正定、清苑移動，另一支在晉北大同集結，有進擊綏遠東境豐鎮縣，截斷國民一軍後路之勢，國民一軍將領電懇閻氏勿變其保境安民之宗旨。

一　肅清靈寶陝縣

閻錫山對我軍之支援已化暗爲明，凡事自助人助，形勢使然。八月、閻致電由晉南黃河北岸芮城縣電局轉給大哥，文云：

「芮城轉劉雪帥勛鑒：助密。虞（七日）電誦悉。梁（名銀山、字俊玉）營隨節，應請我兄切實指教，幸勿客氣。該營所持兵器，於決戰時極有用處，希我兄於決戰前控置手中，決戰時勿惜犧牲也。小弟閻錫山。齊印。」

大哥接電後，即將晉軍團長關福安（字居仁）委為豫陝聯軍前敵總指揮，營長梁銀山為豫陝聯軍衛隊團團長等名義，俾資借助我軍作戰，並於十二日覆電閻氏，由茅津轉云：

「太原閻伯帥勛鑒：助密。關支隊長居仁、梁營長銀山，自率隊渡河以來，日夜指揮部伍作戰攻敵，勤勞卓著，良深感佩！茲委關支隊長為豫陝聯軍前敵總指揮，梁營長暫為豫陝聯軍衛隊團長，以資借重，俾使助臂，謹電奉聞，敬祈鑒察。如小兄劉鎮華。文印。」

十四日、閻覆電云：

「茅津轉劉雪帥勛鑒：助密。文電誦悉。關支隊長等承委重任，愛屋及烏，良深心感。但恐輇材，有負倚畀耳。小弟閻錫山。寒印。」

先是十二日，田玉潔等麕集靈寶函谷關與我軍對擊，糾合全力衝圍，欲繞朱陽關（在靈寶縣西南五十里弘農河西岸）小道歸陝西，至虢略鎮一帶，又被我軍截堵，不能前進，竄駐五原村，越三日潰返陝縣，大哥親督大軍追來，天晚停進，駐紮第三區之南面各村一宵，即又續追。十三日、分數路攻入陝縣城中，俘虜甚夥，奪獲槍砲不可勝計。敵軍北渡黃河不得，多由河南岸赤手西奔，狀極狼狽。

我軍既勝，占有陝縣城，即大部西進關中，以陝縣爲後方重地，供給餉糧，支應軍需。

洛陽方面紅槍會處處策應我軍打擊敵軍，終於四日占領洛陽。大哥於九日發電傳捷各方，文云：

「盛京張雨帥（作霖）、太原閻伯帥、南京孫馨帥（傳芳）、漢口齊撫帥（燮元）、劉（佐龍、駐漢口查家墩）師長（湖北第二師）、鄭州寇（英傑）總司令、靳（雲鶚）總司令、天津李芳帥（景林）、濟南張效帥（宗昌）、武昌陳（嘉謨）督理、杜（錫鈞、原漢口鎮鎮守使）幫辦、宜昌盧（金山）總司令、劉（建章）師長（中央第八師）、襄陽張（聯陞）師長（中央暫編第五師）、沙市王（都慶）師長（中央暫編第七師）、杭州盧（香亭）總司令、南昌方（本仁）督辦、福州周（蔭人）督辦、長沙趙（恒惕）省長、蚌埠陳（調元）總司令、天水孔督辦、南鄭吳（新田）督辦、鄭州王（爲蔚）師長（原吳佩孚之中央第二十五師）、田（維勤）師長（原吳佩孚之中央第二十六混成旅旅長）、各師、旅長、各司令均鑒：據前敵總指揮賈濟川報稱：三月二日拂曉、由洛河南三山村進攻西工，林旅（即林永清旅長）攻左，史旅（即史錫青旅長）攻右，敵軍竭力死抗，鏖戰八小時之久，匪始不支，向金谷園潰退。馮（毓東、國民二軍第八師師長）部死守洛城，我軍愈接愈厲，會天大雨，乘勢猛攻，激戰兩晝夜，於四日上午將洛陽占領。是役也，斃敵官兵五百餘名，生擒三百餘名，得敵五生七大砲十數門，迫擊砲二十餘尊，機關槍十數架，子彈、輜重無算。現正在追擊中，當飭併力向西追擊，以靖餘孽。又新（安）、澠（池）一帶義勇軍紛紛報稱在途迭次痛擊，無日不戰，無戰不利，獲械殺敵，不計其數。又西路報稱麻（振武）、緱（保傑）兩司令由渭南向西進攻，至新豐鎮（在陝西省臨潼縣東北）激戰一晝夜，匪勢不支，向西奔竄，現正在關河進攻，直趨長安；另分兵渭北，廓清富平、涇陽、三原、耀縣各匪，由右翼掩護前進，以便會師西安各等語。謹此電陳。劉鎮華。佳印。」

我軍林永清、林裕祖、史錫青、趙稽良、賈濟川、及張治公派之武庭麟、賈垣等旅，均駐紮洛陽城內外。新安駐有歸降吳佩孚之建國豫軍師長李振亞所部之高旅。

我曾接到我鎭嵩軍原任第四混成旅旅長賈濟川報告洛陽戰役情形：岳維峻、李雲龍、馮毓東諸逆殘部數萬餘人，據守洛陽，希圖死灰復燃，當經我林永清、史錫青兩旅攻取洛陽，王旅暗中由城南龍門會合進擊，自三月二日拂曉開始攻擊，至四日下午六時止，血戰三晝夜，各民團亦皆互爲聲援，敵勢不支，岳、李、馮諸逆於四日夜率部西竄，一面由田、楊各部跟蹤追擊，一面林、史、王各部兵駐城關，維持秩序，異常安謐。又據確報洛陽紅槍會聖中道一部，就得有敵軍大砲六尊、鋼砲二尊、迫擊砲十六尊、步槍三千餘枝、機關槍六架、馬二十餘匹，流落民間更多，成爲易滋匪患之一原因。惟孟津尚有敵軍一團，我手擲彈隊聯絡紅槍會前往攻擊，不難消滅。火車已通至觀音堂，東路近日當可肅清敵氛。

三月十四日、吳佩孚委大哥爲「討賊聯軍陝甘軍」總司令；二十日、大哥復電知閻錫山，略開：

「……頃接吳帥寒電開：『茲委老弟爲討賊聯軍陝甘軍總司令，除另發委任狀，刊發關防外，特先電達，即希查照就職，爲幸。潼、洛交通恢復後，陝、潼一帶防務，責成幹丞擔任，應請老弟率隊入甘，以堵截馮（玉祥）賊退路。現直魯軍連日大捷，聞馮賊已將退守南口，我軍亦集合北上，保（定）

、大（名），指日可下。若使馮賊向西北逃遁，殲除不易，爲患陝、甘，當過同、光（即清代同治、光緒年代）之匪，不得不早爲防堵，據以全力應付之，功在西陲，當不下左季高（即左宗棠）也。井岳秀、高志清已與本部接洽，表示服從，業經去電給以名義，請其與我合作，即以奉聞。吳佩孚。寒亥印』等因。查此問題，關係至大，刻下彈餉兩缺，即此潼、靈一隅，吾弟盡量籌畫接濟，尚不能完全結束，勞師襲遠，非子彈千萬，不能奏功，至少亦須六七百萬，關中連年困苦，款項尤難，究應如何辦理？吾弟迅予籌撥，指授機宜，以便答復，無任盼禱。如小兄劉鎮華。哿（二十日）亥印。」

敵軍岳維峻、李雲龍、鄧瑜等殘衆在陝縣、靈寶約有兩師以上兵力，仍圖作困獸之鬥。大哥偕我於三月十日至靈寶附近，暫駐店頭村，親赴前線巡視，審察敵情後，我即建議大哥應以主力迅速攻擊靈寶，以西面虎頭山及南面天神廟爲出擊點，另預備活動隊數部，爲堵截及追擊之用。因爲敵歸陝省心切，故此番戰事，必甚激烈，若不聚而殲之，將貽無窮後患。於是大哥就在戰地鼓舞士氣，奮勇殺敵，早了戰局；並再請晉軍在對岸金雞嶺及祖師廟兩處架設砲位，分向陝、靈兩城射擊敵人。復以函谷關爲咽喉要害，即電令關支隊長於本（十日）晚七點鐘協同我軍王振師開始猛襲函谷關，鏖戰終夜，非常猛烈，關福安支隊長身先士卒指揮官兵勇敢攻入敵人陣地內三次，卒被敵人偪出。計斃敵二百餘人，我軍傷亡甚衆，關支隊受傷排長鄭元疏、張青杰二員、士兵十三名，陣亡士兵十人。敵我兩軍仍在原線對峙。

晉軍團長關福安於三月十三日電報閻錫山配合我軍參加作戰情形。文云：

「太原督辦鈞鑒：元密。今日我東路柴師進攻露井一帶之敵，稍占勝利，職部奉令佯攻西路，據柴師長電話通知，敵之大部由露井、東窯店一帶向西南方面潰竄。據確報，十二日晚，職部攻擊老虎頭之際，敵軍李虎臣親上戰線指揮，因被我軍擊傷腿部，已赴陜州。謹電奉聞。團長關福安。覃印。」

閻於十四日復電云：

「……能擊傷虎臣甚好，雪帥青眼待汝，應竭力圖報，並轉梁營長知之。督辦閻。寒印。」

敵軍踞守靈寶，亟圖西竄，我軍本期迅速殲滅，以斷根株，惟彼等陸續增來部隊，已突過我軍人數一倍，兵力驟厚，抗拒益烈，且分東西兩股拼死奪路西去，連日激戰五晝夜，敵勢未見稍衰，直至十五、十六兩日，由王振、關福安在西路向虎頭原衝鋒猛攻，再接再厲，敵始不支，向東潰退，斃敵百餘名，傷數百名，俘百餘名，獲槍共七十餘枝；柴雲陞、梁銀山在爺底、楊店、南陽村、官莊原一帶，與敵激戰，血肉相搏，敵踞爺嶺堡、佈張村、楊家村……等處，頑強抵抗。柴雲陞率領官兵奮不顧身，勇往進攻。同時、我隨大哥在陣地指揮，督攻敵陣，用槍砲及迫擊砲，猛烈射擊，並以手擲彈投擲敵人，接近格殺，遂將爺嶺堡、佈張村、楊家村……等地克復，敵衆始退，計斃敵四百餘名、傷千餘名、俘三百餘名、獲步槍九百餘枝、機關槍二架、山砲兩尊；我軍亦傷亡三百餘人。此次東股之敵爲馮毓東部、西股爲胡景銓部；我軍關福安部在王振右翼、梁團長在柴雲陞右翼，所有戰鬥經過，得力於該部之手擲彈、迫擊砲、甲輕砲、甲重砲、及七五山砲等殺傷力，頗爲奏效，而手擲彈之效力，尤覺奇大。按山西太原兵工廠所造之甲種重砲，彈重七十二斤，口徑十八厘米（公分），長約四十二厘米，其攻堅性能很大，破壞力很厲害。

三月十八日、大哥委駐洛陽賈濟川司令爲豫陝聯軍先遣軍總司令，以林永清、史錫鑿（青）各旅歸其節制，西進攻陝。

我軍於二十一日上午十時，攻擊老虎原及函谷關一帶敵人陣地，激戰數小時之久，敵不支敗潰，遂占領該陣地；同日、靈寶城內敵軍以老虎原、函谷關失守，甚爲驚恐，不堪一擊，便行潰走，鄧全發旅李團、及投誠之機關槍連陶連長向敵射擊，截留輜重無算，李雲龍及第二混成旅旅長赤亞武（字炳文）等，狼狽東竄，下午即將靈寶城完全克復。二十四日、我軍又將陝縣攻下，楊呈祥團長首先攻入城中，奪獲步槍三萬多枝、手槍五千多枝、山砲、野砲十六尊、彈械、軍用品無算、俘虜兩萬多人，大哥分別予以給資遣散，豫西已告肅清。敵軍軍頭均化裝潛逃，乃通告各地查緝。

二　進取關中計畫

大哥偕我於三月二十九日凌晨由陝縣渡河入晉，至運城豐羽鵬旅部稍憩；上午七時、並同馬凌甫監督一起自運城起程北上抵太原，會晤閻錫山，面商一切重要事項，並決定進行取西安、入甘肅之安定西北大計。

三月三十日、楊虎臣由三原發出通電，文曰：

「北京段執政鈞鑒、各部、院、署、局轉各法團、各省軍民長官、轉各報館均鑒：天禍中國，同種相殘，循環戰爭，愈演愈烈。此次國（民軍）、聯（討賊聯軍）兩方，兵連不解，師出無名，民受實禍，國家有滅亡之日，軍國無覺悟之時，興言及此，憂心如搗，虎臣等無術分解，安忍效尤？茲爲維持一省和平計，公推陝西軍務幫辦兼陝北鎮守使井岳秀維持全省治安，並守中立，實行保境安民主義，所有在陝各軍隊，自通電之日起，一律歸井幫辦節制，除對擾亂陝局，侵犯陝境者，立時討伐外，決不參加任何方面軍事行動，特電聲明，尚希諒察，佇候明教。師長楊虎臣、衛定一、田玉潔，旅長姜鴻謨、何毓斌、甄士仁、王建勳、于巍俊、姚震乾、黨毓崑（綽號「黨跛子」）、陳發榮（綽號「陳瘋子」）、黨海樓、劉一敬、高雙成、高世俊、李德升、馮欣哲、姬匯伯、王保民仝叩。陷印。」

此電係井岳秀派駐三原代表劉某運動發出。查井岳秀一面派人向討賊聯軍統帥吳佩孚、及晉督閻錫山接洽歸順，一面又聯絡岳維峻、李雲龍等殘部，希圖頑抗；並聯絡馮玉祥，以謀聯軍，吳佩孚亦有所聞，閻錫山且面告井岳秀之來使，不可為楊虎臣（彪）、衛定一諸人所惑，然此種警告未曾發生效用。

大哥以降人曲三省仍與敵通消息，謀叛，下令殺之。

三十一日、離太原南下渡河返防。

四月一日、大哥致電漢口吳佩孚，略云：

「……卅（三十日）電奉悉。掃盪賊巢，除惡務盡，仰見為國為民，永保邦基之至意，進兵計畫，至詳且盡，極為欽仰。華已飭各部西進，擬俟關中肅清，即行遵命入甘，截其竄擾。……」

二日、大哥通電就任「討賊聯軍陝甘軍總司令」，文云：

「盛京張雨帥、南京孫馨帥、太原閻百帥、天津李芳帥、濟南張效帥、武昌陳督辦、杜幫辦、漢口劉總司令、馬總司令、開封寇督理、靳省長、米總司令、吉林孫督辦、齊齊哈爾吳督辦、福州周督辦、薩省長、咸陽張總司令、蚌埠陳總司令、宜昌盧總司令、上海杜總司令、海州白軍長、杭州盧總司令、夏省長、寶雞吳總司令、天水孔督辦、袁督辦、王督辦、成都鄧督辦、東川田幫辦、沙市王副司令、南昌鄧督理、長沙唐省長、貴州彭（漢章）省長、保定田總司令、洛陽王總司令、各省督理、督辦、省長、各護軍使、各鎮守使、各師、旅長、各報館均鑒：奉吳大帥令，任鎮華爲討賊聯軍陝甘軍總司令等因，並頒發關防一顆到防。伏念烽煙甫靖於崤函，責任又寄以關隴，材輇任重，深懼弗勝，惟職分所在，義無可辭，遂即啓用關防，剋日就職，尚祈各省列帥，海內明達，箴言時賜，韋佩借資，謹電肅陳，伏乞垂察。劉鎮華叩。冬印。」

大哥鑒於歷年陝省之亂，均由渭北不清，養癰貽患，此次奠定三秦地方，打算肅清渭北亂源，以爲一勞永逸之計，乃命柴雲陞師長率所部由大道西進，另以數部由商縣、雒南出兵藍田，協取西安，而以主力專注重於渭北方面。於是我承命依據大哥的意旨，當於四月二日擬定進兵作戰計畫如下：

一、令緱師長保傑率所部由蒲城攻取耀縣、同官（今銅川縣）。

二、令麻師長振武率所部肅清故市鎭（在渭南縣北、渭水以北）、關山鎭（在臨潼縣東北七十五里，舊名寨），攻取三原。

三、令王師長振率所部由華縣、渭南一帶渡河，沿渭河北岸，攻取高陵、涇陽。

四、大哥親率數旅兵力，由蒲城進向西南，以抄襲涇陽、高陵之側背。

五、電請吳督辦芭蓀（新田字）派隊由盩厔一帶渡河，攻取興平、咸陽、醴泉。

六、請孔督辦華清（繁錦字）派隊由岐山進攻扶風、武功。

七、以賈師長濟川爲後方總司令，以專責成。

如此部署，分路並進，期以一鼓盪平渭北，孤立西安。大哥率部西進，期能戢止紛爭，戡定陝亂，以便安撫西北地方。四月十日，柴、麻兩師長，各分兵向西攻擊以來，已進占臨潼待命，一俟各部齊集會師，即行人據西安。大哥以在豫境的國民二軍已全部解決，則西向陝省亦勿須再以干戈相向，況省城各將領均派人歡迎大哥，請求收編部隊，和平進城。當然，大哥希望能夠不戰而屈人之兵，以愛惜軍民生命，保全地方元氣，是爲上策。

柴雲陞一路之憨玉珍師長，已率師由商縣出發，於十四日進抵藍田，敵軍姚震乾據城抗拒，經數小時之痛擊，不支潰竄，遂將縣城占領。藍田爲西安東南門戶，大哥決定趁此破竹之勢，以收探囊之功，即飭會攻西安，並限即日收復。

國民一軍聞知我軍已迫近西安，漸感西北後路形勢緊蹙，甚覺大局不利，即於十五日退出北京，撤向南口方面，臨時執政段祺瑞亦於二十日離開北京出走天津，時局變化瞬息難測。

麻振武師長自臨潼來電報告，省城（西安）敵人因大軍包圍，度勢不支，已派人誠意求和，約我軍於十六日下午入城。大哥當即通知李雲龍和平讓城，不得騷擾百姓。

原來李雲龍自知力難敵禦，即慫恿部下大肆搶掠商民，而後棄城西遁。全城父老近年受盡這些類似寇賊的軍隊搜括壓迫之害，無處告苦，今聞老督軍（大哥）重來治理陝省，無不歡欣鼓舞，翹首企望，慶幸從此又以得安居樂業過太平日子，於是扶老攜幼成群結隊相率出郭恭迎。

十六日下午、大哥統領柴榮陞、憨玉珍諸將，即自藍田督率大隊進至西安東郊韓森塚（在東關外五里，俗誤爲韓信墓，按信墓在城東北三十里龍王廟堡），接見紳董，云李雲龍讓城求和，大哥聞訊大喜過望，認爲將可化干戈爲玉帛，變戾氣爲祥和，即時整飭軍容，安輯地方，撫慰人民，並下令前哨官兵不得零散入城，嚴守紀律，秋毫無犯，若有違者，必以格殺勿論治罪。這原是爲了收服民心，避免驚擾閭里的安寧，不料卻耽誤些時間。我軍遂以四路縱隊排得整齊嚴肅，旗鼓前導，軍容盛壯，浩浩蕩蕩，逕向東門進發，百姓夾道歡呼，聲徹雲霄，大哥督隊立於大汽車（即敞篷車）之上，滿面笑容，頻頻向民衆頷首答禮，揮手致意，情緒輕鬆，狀極愉快，歡迎人群之熱烈盛況，爲西安前此未有。我在大哥身旁提醒大哥說：「此次和平讓城，並無切實具體之辦法，故軍行仍應戒備，謹愼將事爲重要。」話猶未了，報道前軍已抵城外，見城門已緊緊關閉，且遭受城上槍擊，才知城敵有詐，發生變故，深悔韓森塚前爲了約束軍隊而坐失時機，只好急行退軍十里舖，重行部署圍勢，再圖攻城之計。

此次進城未遂，可謂變生不測。原來是李雲龍狡黠無信，陽囑地方紳董出而求和，陰引渭北楊虎臣部開來西安協力拒守，久待不至，即棄城逃走，詎料楊虎臣適於此時潛入北門，即刻關閉東門，並在西門外把逃竄中的李雲龍，強制截持回來，約與合力死守。大哥開誠勸導，不蒙採納，不得已，乃有圍城之舉。

十七日中午，大哥赴臨潼麻振武部督師，並下令各部會攻西安。柴雲陞督隊攻城，正在東關巷戰；各部均集中城東滻河西岸滻橋以西地區；麻師長右翼沿渭河南岸光天廟進至草樹，憨師長左翼由野湖鎮向省城南關前進。大哥偕王（振）師長於本日下午抵華縣，隨員有馬凌甫（名蓮樵、一作廉樵）和我，準備明早赴前線督師。

十八日上午十時，我們隨大哥自華縣到渭南縣巡視，接柴副司令篠電云：

「篠（十七）日拂曉，在西安城東十里舖劇戰四小時，敵軍不支，紛紛潰逃，當經跟蹤追至東關，正在鏖戰中。」

麻師長所派之第一、三兩支隊由右翼推展前進，敵軍石冷燦部踞馬家寨、耿家集一帶死守，激戰三小時，始竄退渭河北岸，渡河溺斃的有數百人，遂趕速西進占領草灘鎮（在渭河南、西安城北），向北關進擊中。旋我軍已將東北南三關占領。另派有力部隊由渭南渡河，對涇陽、三原、富平、耀縣、高陵等縣敵巢作根本肅清。惟渭北各處堡寨甚多，堅而且固，仰攻不易，曾電閻錫山速派「扒城隊」前來支應，俾便奠定陝局。按李雲龍於四月十一日逃回陝西，即與陝北井岳秀、渭北楊虎臣等勾結，謀抗我軍，且派代表多人，分向吳佩孚、閻錫山、及我軍……各方求和，希圖緩兵待時，暗中與馮玉祥私通。

先是陝西省長劉治洲（字定五）曾於二月二十四日致電閻錫山求救，電云：

「太原閻兼督百川兄勛鑒：晉密。自豫南戰事發生，豫西匪徒四起，折毀鐵軌電線，以致豫陝交通多日隔絕，陝南吳（新田）、劉（指大哥）各部各復乘機分途進偪，占我寶雞，窺我商、雒，人民惶恐，地方騷然，陝局前途已呈危象。治洲數月以來，惟以保境安民爲心，毫無黨派異同，乃見刻下四郊多壘，憂心爲焚，秦晉一家，誼同休戚，尚希主持正論，鼎力援助，以紓陝禍，而安西北，無任感禱，佇盼福音。弟劉治洲叩。銑印。」

閻覆電云：

「西安劉省長惠鑒：晉密。銑電悉。大局俶擾，波及棠疆，屬在比鄰，誼當援助，但恐力薄言輕，無裨萬一耳。閻錫山。巧印。」

劉治洲再電求援云：

「太原閻兼督百川兄勛鑒：晉密。巧電敬悉。秦晉唇齒，關係密切，我兄擁護中央，毫無黨見，勵精圖治，境睦鄰修，多與鄙見脗合，是以屢呼將伯，冀邀鼎助。刻下劉前督、吳護軍使，均奉鄂吳命令，侵擾陝疆，竇、郿、商、雒，先後失守，人民惶恐，地方騷擾，違政府之命，興無名之師，度亦為我兄所不取，敬祈特賜援助，電勸劉吳退兵，倘彼方不覺悟，陝軍將領忍無可忍，自不能不作正當防禦。陝軍部份雖複雜，然對兄均極欽佩，保境睦鄰宗旨，與洲均屬一致，惟軍實缺乏，剿匪禦侮，恐不敷用，擬請尊處代購子彈若干，以濟急需，如蒙慨允，當派專員前來接洽。再京陝郵電久阻，此後寄京電報，並煩飭晉局代轉，為荷。諸費鼎力，容圖後報，弁門翹首，鵠候福音。弟劉治洲。敬（二十四日）印。」

其次是吳佩孚雖是東山再起，性情仍是剛愎自視，先是強調張治公與我軍關係是二非一，影響指揮，已是大錯；此刻軍臨西安城下，以柴雲陞功勞最大，有功不賞，將士灰心，頓兵氣衰，又犯大誤，實乃兵家大忌，無形中影響了西安城的攻勢，終未能收復，鑄成大恨，追溯根源，不能不說係種因於此。且看大哥四月十三日電即可明瞭：

「太原閻伯帥勛鑒：親譯建密。前以柴師長雲陞功勞懋著，又值關內軍事孔亟，派令督隊進取西安，曾保該師長為陝西督理，以資策勵。茲接駐漢代表等來電，奉吳帥諭已發表該師長爲渭北護軍使，隨後再爲設法等語。竊念有功不賞，將士灰心，我軍劇戰靈陝，殲滅國民二軍全部，陝督一席，吳帥仍持最初主張，留以畀吳，現時吳芑蓀部省南隊伍已退回子午谷内，終南鎮之師復退至盩厔以西，刻芑蓀正輦金在漢，四出運動，倘或我軍攻下長安，陝督發表他人，則全軍解體，華則無以作其氣，切懇吾弟迅電吳帥，速將柴師長督理發表，以酬勞勛而策進行，無任感禱，至華個人兼任首長一節，可否一并提及，並請酌奪，仍祈轉致子襄。如小兄劉鎮華。元申印。」

三　兵偪西安城下

大哥督隊圍攻西安，業經多日，敵守城頑抗，相持不下，特於二十一日變更作戰計畫，以麻師長對於渭北敵情地理熟悉，乃加派姜、張兩旅，並附曲射砲四尊，巴符若所帶手擲彈隊一團，歸麻指揮，即日渡河肅清渭北。省城方面兵力亦甚雄厚，俟各種砲隊齊集前方，即施行總攻擊。二十五日上午十時，姜旅已將上漲鎮完全占領，敵向交口潰退，隨即圍攻故市。上漲鎮依近渭河，爲由渭南赴渭北之要點，故克復上漲鎮，則進攻交口、高陵、涇陽……等處，大爲便利。

我軍進至西安城下，已將東、南、北三方包圍，惟敵人據城死守，亟應四面兜剿，原約吳新田部由西來進攻盩厔及省城西關，迭派偵探，迄無消息，不知該部究在何處，大哥電吳佩孚轉電吳新田迅速進攻盩厔，與省城附近部隊聯絡，一致進行打擊敵人。

五月一日、我軍攻擊西安，以城高牆厚，用普通槍砲攻破，實非易事，雖激戰多時，屢攻不下。故幾次募集敢死隊，使用雲梯趁夜爬城，犧牲很大，都無成效。晉軍豐羽鵬旅長撥助砲隊，大哥指示麻師長派員赴潼關候接，而由渭南縣渡河，協同肅清渭北敵軍據點，再加入圍攻西安陣勢，西安既已三面包圍，一面繞擊其西，城內惶恐已極。

三日、麻振武告捷，攻下故市鎮，已得渭北中心，續分三路西進，涇陽、三原敵軍聞知砲隊助攻，專破堡寨，大爲震動。

同日、西安攻城及掃蕩渭北之我軍各將領致電太原閻錫山，請轉電吳佩孚任大哥爲陝西督長，以資號召，而振士氣。文云：

「……我軍此次入關，仰荷鴻威，頗稱順利，惟西安包圍多日，未能即下，推原其故：一則城堅池深，易於防守；一則雪帥未有督長名義，難資號召。

近日敵人方面，揑造黑白，以堅其頑抗之心，即曾經表示就撫者，亦多爲其所惑，意存觀望。鈞座統籌西北，兼顧陝局，對於雪帥名義一層，務懇鼎力主持，如能及早發表，不惟減殺敵人反抗之心，並可使觀望者堅其輸誠之志。謹電奉陳，伏乞垂察。師長柴雲陞、麻振武、緱保傑、王振、梅發魁、賈濟川、武衍周、憨玉珍仝叩。江印。」

九日、閻轉電漢口吳佩孚云：

「……據鎮嵩軍師長柴雲陞、麻振武、緱保傑、王振、梅發魁、賈濟川、武衍周、憨玉珍等，電稱『敝軍此次入關，仰託吳聯帥聲威暨鈞座指示，所向克捷，現時包圍西安，正在吃緊之際，督長兩職，軍民所望，號召攸關。近日敵人方面，揑造黑白，以堅其頑抗之心，即曾經表示就撫者亦多爲其所惑，意存觀望。若遲遲不定，恐予敵以可乘之機，鈞座輔助聯帥，統籌西北，兼顧陝局，欲安全國，先定西陲，務懇轉請聯帥早日發表雪帥兼任陝西督長兩職，則名器既有所歸，觀聽自可立易，既破反間之謀，且堅歸來之志，謹電奉陳，伏乞垂察』等語。查雪亞此次肅清豫西，進規關輔，厥功極偉，現正圍攻西安，功在垂成，督長兩職，於統率號召，關係甚重，該師長柴雲陞等所稱各節，不爲無見，擬懇我公俯如所請，以定陝局，而慰喁望。閻錫山。青印。」

十二日、吳佩孚覆閻電云：

「……青電誦悉。雪帥此次苦戰半載，勳勞卓著。現正派王敬芳（字搏沙，鞏縣城東興仁溝人，留學日本）赴陝宣慰軍民事宜，督長事，俟王使到陝後，再行商辦可也。特復。吳佩孚。文印。」

從這兩通電文可以看出吳氏聰明一世，糊塗一時，昧於時勢，以致貽誤戎機，莫此爲甚！

渭北戰事節節勝利：五月四日、攻克田市鎭（在渭水北岸，隔河與渭南縣接界），繼之克復相橋鎭；五日拂曉，對關山鎭總攻擊，激戰一晝夜，至夜十二時、占領之，此爲渭北要鎭，三原門戶，此後進兵更較順利，復乘勝攻克康沌，敵向西北逃遁，斬獲甚夥，即向三原進展。

我奉大哥命經常奔走渭北各部隊間，代表他宣慰地方，犒勞官兵，並轉達攻擊命令，隨部隊行動，效命前驅。

吳佩孚所派之代表王敬芳，以宣慰使名義於五月十六日自漢口入潼關，與大哥妥商督長軍民政務善後處理事宜。王使到陝後，察悉關中情形，亦以陝局非大哥負責維持，不易底定，已據情電告吳佩孚速予發表督長名義（按豫督寇英傑後於十月一日亦電吳委大哥爲省長兼督理，吳答以靳雲鶚正往前線作戰，未便另行委人，故迄未發表），而後於六月二日，由我軍參議馬凌甫陪同東行潼關，宣慰軍民，事竣即返漢口，並代大哥請准撥派飛機前來協攻，我軍參謀劉順則專差赴保定與「討賊聯軍航空司令部」敖景文接洽，臨時編組「援陝航空支隊」，即將機庫裏所藏的一架「愛弗婁」號教練機推出來，並令駐鄭州之航空第一隊抽調出一架「維梅」號戰鬥機撥歸差用。支隊長鄒慶雲（字景星、南苑中央航空學校第二期優秀畢業生），支隊附崔滄石（朝鮮人，後於我國抗日勝利返國，易名崔用德，歷任韓國政府要職，曾充駐華大使），餘爲李逸儕、蕭祥蛟、劉俊傑、姚中、張明舜等飛行員。按崔等六人均爲保定中央航空教練所（保定航校前身）畢業同學，所以他們公推崔爲副領事。其中劉、姚、張三員，是大哥當年所選拔軍中之十位優秀幹部，保送接受飛行訓練，今來效力，未曾枉費昔日保送學飛之苦心。兩機飛來西安，在城廂上盤旋示威，只見城內軍民嚇得呼號奔逃，狀況非常混亂，散發傳單完畢，然後降落西安城東二十五里灞橋臨時機場。

五月十七日、大哥偕我進至西安城郊，觀察地形，測度城垣險隘，調集軍隊作適切之部署，除以晉軍援來之砲兵部隊、及飛機支應攻城作戰。並令我帶領前在豫西攔收國民二軍之一團砲兵（十數門大砲，還有野砲），占領東郊陣地。但一再告訴我他在西安領長軍政多年，與地方相處甚好，不必多用砲攻，怕傷百姓。如此布置圍勢，原是張大陸空優勢，企圖發動大規模之全面攻擊，以期一鼓而破之。

嗣後「維梅」號戰鬥機出動轟炸西安城，一次掛帶四枚小型炸彈，爆破城堡陣地，給予敵人不少殺傷，使得我軍士氣大為振奮，認為西安指日可克，豈知日夜圍攻，久不能下，大感事與願違。

先是圍城陣線於西北二面配備兵力不多，原冀李、楊待到不能支持時容易出走，這是網開一面的用意，惟其如此，給城內留下一條補給路線，因為三原一帶尚有一部分楊的殘部，仍與西安城內互通聲息，偷運糧食送進城去。況且楊手段毒狠，不惜殘民以逞，願民與之偕亡，共守西安城，這樣一來，大哥感到攻心已失時效，則唯有攻城之一著了。乃有十七日陸空聯合總攻擊之舉，及抽調數千精銳由城北渡過渭河，與麻部會攻三原，絕敵補給。數日以來，城敵糧斷，搜刮全城，民怨沸騰，李、楊猶欺騙民衆，偽稱順從民意，詐派代表，向我軍進行洽商開城事項，同時派人暗地游說人民，謂商談開城尚無把握，砲彈和炸彈很危險，不如早日逃生才是上策。又說西、北兩門守軍，都已祕密商妥，願意幫助人民逃出城去。楊更指使西、北二門守軍，把中年男子強行截留補充兵員，老弱婦孺強迫攆出城去，幾天內達數千人，以減輕城內糧食消耗。相反地，大哥以愛民之心予以收容救濟，成爲一項負擔。

說到攻城戰術，若無內應，堅城實是難攻，城牆無法爆破，只有冒死扒城搶登與敵搏擊，雖有飛機、大砲掩護，仍難免重大犧牲，還須繼續跟登，制壓守敵，方克有濟。不幸我軍連遭數次功敗垂成，官兵犧牲很大，都感到灰心。而守敵經過數次激戰，得地利之幸，對飛機之轟炸，亦獲致相當經驗，如在城根掘防空洞多處，及掩蔽之交通壕、使飛機無法偵察其活動情形。

四 圍困西安孤城

大哥又變更策略，實行嚴密封鎖西安城垣，徹底絕其糧源，長期圍困，以待其糧盡援無，自然就會不戰而降，此項必操勝券的謀略絕對正確，只是時間問題而已。大哥頗具信心，乃令各部輪流抽調兵力配合民伕挖掘長壕，環繞周圍約四十五里之城垣內外兩里，深約一丈、寬八尺。城敵被困，有時冒死突出，或乘黑夜、或趁雨天，至城外搶奪糧食衣物，發生局部槍戰，但每次時間很短便縮回城內。而我方飛機後以晚秋淫雨連綿，機場地面泥濘，起飛不便，出動次數受到限制，須趁天氣與場地許可時，才能飛往城區散發傳單招降，或相機對城堡陣地施行象徵式的轟炸而已。

在圍城初期，城內有商民外逃，我軍爲防敵人詐出，多予射殺，而敵軍爲安定民心士氣，亦改禁外逃。至是我軍毀城郊農田、絕糧道、斷樵汲、阻塞內外交通，期盼城內糧盡，敵必非降即走，於是圍攻益急。城中李、楊二師，及衛（定一）旅，已飢疲不支，犬馬殺盡，居民飢餓之狀，至走仆立死，甚且煙火無舉，喬木亦絕，僅餘文廟古柏，全城軍民俱以油坊宿存之油渣爲珍品，本作肥料用的，竟至得方寸以充飢，且兼金不易，可見城中已窮困至極。

大哥知城中情形危急，數次遣使入城勸降，楊虎臣即殺招待我使者之家，以是城內居民雖怨恨楊之不顧民命而不敢有所異動，而城中軍民死者數萬，餓殍載途，李楊仍不肯降，楊謂李曰：「咱們死守到城破的那一天，我在這邊鐘樓，你在那邊鼓樓，一人一條繩子上吊。」亦足見其決心。

六月一日、敵姚鎮乾（一作震乾）、黨毓崑等部，由咸陽渡河，占據西安西二十里三橋鎮以西十餘村堡，希圖與城敵勾通，擾亂我方，經予進剿，紛向河北潰退，渭河南岸完全肅清，省敵勢孤力蹙，糧彈將盡，連日向外潰逃。按姚鎮乾原係國民二軍補充第四團團長。

敵井岳秀運動蒲城緱保傑部叛變，嗾使侯太相、賀全昇等戕殺緱師長後，即令易井部旗幟，宣告獨立。蒲城與大荔相距數十里，不先取之，恐擾後方，大哥乃命痲振武師長於六日督攻蒲城，擊平叛逆。近日來西安城內敵人時由西門向外猛撲，意在西竄，自經我軍大挫之後，傷亡過多，日來又無動靜，據聞糧將告罄，想難久抗。楊虎城及省長劉治洲，道尹毛昌傑（字俊臣）等託天主教堂丁神父（係外國人）向大哥要求讓開一面，便於伊等逃出省外，大哥未允，並命部隊將城東西兩門外，挖掘地洞，預備用炸藥爆破，以便大舉攻擊。張治公所部之彭旅駐耿家集一帶，崔旅駐華陰一帶。我軍已經統一渭河以南地區。

此時，痲振武改編所部爲四個混成旅、兩個步兵旅、一個補充旅，以姜清海、范德正、耿莊、段懋功、姜勝、任子美、王玉根，分任旅長。

七日、痲振武調晉軍所配屬該部之砲兵連李連長、及王排長，由譚家堡調回關山鎮（在臨潼東北七十五里，一名上寨，地當臨潼、渭南、富平、蒲城四縣之交界）。八日、開赴蒲城，協助耿莊旅攻擊緱部叛變之鄭旅；以段懋功旅進攻澄城，所遺韓城防務交由姜清海旅接替。

二十五日、城敵李雲龍等與省城以西各敵暗為援應，旋於是日晚率部二千餘人，由城牆鑿洞潛出，竄據城西北張村、及東西火燒壁等堡，勢極凶猛，冀與渡河之敵等部會合，當經葉夢齡、李萬如、徐鵬雲各旅協同圍剿，激戰五晝夜，肉搏猛攻，敵勢不支，遂於二十九日晚間潰退，我軍將火燒壁等村堡完全奪回，計是役擊斃二百餘名，團營長數人，俘虜二百餘人，獲槍一百多枝，城敵經此痛創，不敢出城。

大哥以井岳秀陽示服從，陰結敵黨，西路之役，井部加入者為王寶民旅，雖其實力有限，但其暗助聲勢，已破壞陝局，逆跡昭然，於七月十三日致電與井，曉以大義，文曰：

「磧口（鎮名、在山西省臨泉西南邊境，當臨水入黃河之口，西接晗北綏德縣界）送榆林（在晗北）井總司令、毛道尹鑒：榆密。陳代表來，接奉瑤函，思深言痛，極佩鍼砭。惟弟奉命西征，督師陝甘，仗義討赤，志在伐罪，撫慰猶恐不及，仇殺豈容成見？況忝領關中多歷年所，無異故鄉，尤為愴懷！奸人蜚語，實亂聽聞，目可共睹，指詎能蔽？頃接玉（吳佩孚字子玉）、伯（閻錫山字伯川）兩帥電知，奮戈北揮，振旅蒙疆，膚功克奏，曷勝翹首。至何、鄭兩團，戕賊長官，行同梟獍，天理人情，都無可恕，但既承收容，請即西赴包（包頭）、綏（歸綏），倘能俯首，胥聽尊命，自當徐觀後效。洞識高誼，諒有同心。再此間麥早收場，甘霖又降，及時秋種，流散已集，知關併聞。陳代表當另有詳電奉達，特此先復。劉鎮華。元印。」

我方由郵局檢查郵件，發現北京寄三原信函，各稱井岳秀與馮玉祥部暗行結合，與馮密約以陝北爲根據地，由榆林出兵，乘隙偷襲晉北，以一部兵力占據蒲城、白水、繞攻晉南，……等語。大哥當於七月二十五日電知閻錫山，云井將牽動晉省，破壞大局，已證明其非誠意合作，務請格外注意。

我軍圍攻西安，雖無強大砲兵攻破堅城，卻時以間歇性之零星砲火轟擊城內，擾亂民心，動搖敵志。七月六日半夜，我親自指揮砲兵發砲，隆隆之聲甚盛，城敵以步槍還擊，黑夜盲射，自是因爲心虛，怕我軍攻城之故，我軍瞭望城內西北隅只見一片大火，……。翌日、南院門西之市場，已焚燬一空。城內難民越來越多，李、楊無力處理，民間亦自救不遑，問題頗爲嚴重。

七月二十二日、我軍對西安城復行總攻擊。我奉大哥命令督戰火線，並於城外東北隅添築寨台一座，俾使瞰射城上之敵，以掩護我敢死隊官兵奮勇扒城，與敵肉搏猛攻，前仆後繼，攀登城垣，爭先恐後，城高五丈有奇，惜以雲梯係用楊木結構，質軟易折，未獲奏效。此役斃敵甚夥，我軍傷亡亦衆。嗣復添築多座砲台，逼城虎視，並趕製堅固長梯，預備再次猛攻。

三原爲敵黨老巢，我建議大哥派遣重兵渡河，先行肅清渭北，乃令麻振武師長抽調勁旅，協同梅發魁師，及崔鳳岐、王尌林二旅，乘敵不備，進攻三原，一面派沿河部隊之武、史、林三旅同時渡河，相機攻剿沿河北岸各村莊，及咸陽之敵，以聲援三原之攻勢，期能一鼓盪平。

梅發魁師於八月四日拂曉，向三原進戰，沿路敵匪潰退。五日上午八時，姜旅占領三原城西二里許之申家堡，九時三十分，張旅占領城東南四里許之黃馬寨，王旅進至王窯村（在申家堡、黃馬寨之間）。下午，梅師長督帶三旅長總攻三原縣城南關。麻振武師於四、五兩日，攻向中路各旅，分途進占二十餘村堡，敵退守福音村、黑水橋、大程鎮等處，七日，麻振武親自督隊將敵擊走占領之。

八月六日，整天大雨，至夜不止，西安城內萬餘難民，幾無處容身，彌增困苦。同時因爲缺糧、缺兵，即將監獄中的囚犯一律釋放，中年丁壯則撥充兵源。

城內敵軍向居民派糧，任何人皆不例外，即其關中道尹毛昌傑，雖在家無儲藏情形之下，亦被攤派軍糧，除硬性攤派之外，還挨戶搜查糧食，並派兵到民家院內砍伐樹木，以作燃料，連道尹公館的樹木也不能免，可見情形混亂之極。飢餓情形日益嚴重，難民也日漸增多，傳染病發生，西安郵政局長陳伯韜於八月二十一日早晨因霍亂病（即虎烈拉病）死，可以想像其嚴重，在難民中更易流行。

九月五日，我軍攻下咸陽。

大哥之所以對西安城採取圍攻態勢，挖深長壕，構長圩、築高壘，使其內外隔絕，無法得到補給，不攻自破，這固然是西安城池高深，攻堅不易，實在是由於他在陝西主持軍務政事有七年多之久，與地方人民有深厚的感情，希望避免戰禍，和平解決，使軍民減少損傷，藉以保存地方元氣。只緣楊虎臣好亂成性，不顧人民死活，獸性發作，寧可與城偕亡，也不肯開城投降，豈人性所能理喻？因此我軍雖兵臨城下，卻未能乘其布置未就之際，攻入城中，已是失其始機；繼之頓兵堅城之下，以致師老兵疲，莫能爲力，卒至曠日持久，時不我予，戎機已逝，回天無力，自然令人嘆氣！因爲兵爭之事，最好是能乘其時，御其勢，斷然以臨之，無往而不利；況乎作戰，亟宜一鼓作氣，再而衰，三而竭，可不畏歟？至於部衆分子複雜，不能協同，因迭受挫折，咸視攻城爲畏途，僅能圍困，倘敵援一來，必遭內外夾攻之勢，士氣不振，難能爲戰？加上柴雲陞、王振兩師長要求對官兵宣布攻下西安城後，准許隨便三天。大哥說

：「這違背我愛民的初衷，怎麼可以？」當然未允。所以王振託病，柴雲陞亦不甚願打。於是攻志懈怠，圍勢鬆弛。間有人言：大哥有不忍人之心，也就是說打仗不能爭取主動之勢。而大哥則云：「寧教光榮失敗，不爲殘民以逞的暴君式英雄偉人。」此外高級將領作戰目標迷惑，盲目自私，以麻振武最爲不馴，先曾在大荔一帶與何夢庚相衝突，近日又與梅發魁發生地盤爭執，竟激戰兩晝夜，攻擊友軍，自相殘殺，此種軍隊成何體統？諸此原因導致我軍圍攻一座糧盡援絕之孤城，數月而不能下，慨乎言之，其志已懈。

此時城內敵軍，計有李雲龍部兩三千人、楊虎臣部五六千人、衛定一部一二千人，槍械共約六七千枝、楊部主力馮欽哉防守最重要之東關，曾建議派張亞雄（山西安邑人）出城謀和，無成。大哥駐節城東十里舖，日日進至東關，指揮督戰，渴望早日克拔西安城，救陜民於飢餓困苦之中，尤其入冬以後，天氣日寒一日，城內又送出一批難民，各個都是衣著單薄，面帶菜色，厥狀至慘，知道城內已到無雀可羅、無鼠可掘的景況，乃命飛機向城裡散發傳單，內容是說：「……還固執什麼？這裡已爲你們籌集了大批棉衣、糧食，不分軍民，一律救濟……。」大哥確亦在計畫，一旦開城，應當如何辦理善後事宜，從那時起，就不再攻城了。

然大哥對西安圍城之舉，仍是申誡部屬，嚴守紀律，未嘗一日有忽，且嚴飭部屬不得以猛力進攻，期得和平解決，以致相持延至八閱月之久，兵連禍結，殊非大哥始料所及，亦極違大哥之本意。

五　奈何形勢轉移

西安城內涕飢號寒，不降何待？詎料形勢逆轉，功敗垂成。

馮玉祥於九月十五日自俄國返回西北，十八日、至綏遠五原誓師，就任國民聯軍總司令，響應南方國民革命軍北伐。適西安李雲龍、楊虎臣速電求援，乃率軍乘勢推進甘肅，經蘭州前來援陜，準備東出潼關，會師中原，遂任孫良誠爲援陜軍總指揮，方振武爲副，編成七路，由方振武、弓富魁、孫良誠、馬鴻逵、石友三、韓復榘、陳希聖等分領之，陸續出發，孫自平涼援進，率部由邠縣大道指向西安。我西路友軍孔繁錦、張兆鉀、吳新田紛紛退走，孫良誠遂於十一月二十三日克占咸陽，陜軍各部聞風響應，到處搗亂，城敵亦數數突圍，希圖與西來之敵裡應外合，夾擊我軍，連日晝夜激戰，僅成對峙之局，如此情勢，對於我軍十分不利，倘西來之敵再來援隊，則我久戰疲憊之軍，實無力應付，事急勢迫，莫過此時。

十一月二十五日、大哥分電張作霖、閻錫山告急：

「天津張雨帥鈞鑒：　密。此次甘敵（指馮玉祥部）竄援省西，經我軍竭力堵剿，血戰十餘晝夜，敵燄稍熄。節將戰況詳塵鈞聽：連日敵人由西路增援甚多，適於今早有敵約三團之眾，由我軍左翼沿西安南山根東竄，希圖擾我後路，勢甚洶洶，當即抽隊夾擊，正在激戰中。鎮華追隨討賊，誓徹始終，惟甘敵節節進擾，我軍久戰討賊，前請百帥（閻錫山）就近派援，迄無具體辦法，且各種子彈同時告罄，兵持空械，危急萬分，誠虞陝局不支，影響大局，殊非淺鮮！我帥眷念西陲，休戚相關，扶危戡亂，端賴庇蔭，伏祈命將出師，趕掃綏疆馮逆，根本撲滅，則陝省戰事自易解決，並懇俯賜續撥大批子彈，交楊代表星夜運陝，以濟急需，而支危局，尤所感禱，時機迫切，敬候核示。劉鎮華叩。有印。」

閻錫山復電，已意味著時局將有轉變，其援助情形自亦與前之積極態度有所不同。文云：

「……接奉有電，心急如焦，子彈缺乏，抱愧萬分，現正在津收購，到手即運，惟近來密察大勢及敵方情形，我輩似宜從政略及戰略上設法緩開時日，較有把握，此事已特請（馬）凌甫、（楚）子襄兩兄來署，與敝署同人研究良久，已托詳達裁奪矣。特先奉復。小弟山。沁印。」

由此兩電可知我軍官兵作戰之困苦，手持空械，前後拚敵，第以閻電觀之，形勢已非前可比，徒令人長歎「力拔山兮氣蓋世，時不利兮騅不逝」之項羽，非不能戰也，時也、運也。又想到吳佩孚之於陝西督長名義，久久不能發表，導致官兵士氣不振，頓兵堅城，影響大局，設若當時發表大哥爲督長，有人領導，鼓舞士氣，迅下堅城，大哥坐鎭西安，收復全省，進規甘省，遏堵馮軍後路，必能奠定大局；即令中原萬一不保，吳可退守關中，以八百里秦川之饒富，兵源之充沛，亦必大有可爲，豈意一著之失，導致馮玉祥再起，輕騎入陝，東出潼關，形成洛鄭四面楚歌之局，使吳一世之雄亦無用武之地了。

近數月來，大局瞬息萬變。閻錫山觀望時局，肆應各方，老謀深算，令人莫知其玄，以是對我軍之援助補給有如牆上畫餅，未能兌現，頻呼將伯，託詞應付，只聽樓梯響，不見人下來，直令我軍望眼欲穿，坐至彈罄援絕，攻不能攻，退不能退，當初什麼成議諾言，合作陣線，又是一番說法了。——政治心術不講道義，只論利害，若與吳較，二人恰成對比，閻喜用術，恒使人墜入其中而不自知，實非尋常人物。

先是逆敵姜鴻謀、陳瘋子於十月八日由興平渡渭水南抵鄠縣，而前歸附我軍駐鄠之歐緯部亦不穩，大哥深恐省城圍攻受其影響，即派柴雲陞率同張得勝、徐鵬雲兩旅，分路往剿，迭獲勝利：徐旅將姜鴻謨部困在杜城、安居坊等處；而張旅在渭河附近擊潰陳瘋子。西路敵軍約一旅已由興平渡河，有增援姜逆之勢。

十一月二十三日、馮玉祥部孫良誠軍，乘虛進據咸陽。我軍久經苦戰，精力疲困，大哥屢電閻錫山應遵照當初與吳佩孚、張作霖會商討賊合作成議，適時予我支援，然皆成相應不理之現象，目前情況發生變化，只有變更戰略，縮短戰線，並親赴渭南布置後方防務。

二十六日（陰曆十月二十二日）、馮軍孫良誠以方振武部及陝軍一部爲左路、甘軍馬鴻逵部爲右路，自居中路，直攻西安，而方、馬皆不願作戰，虛張聲勢而已。我軍集中兵力猛攻中路敵軍，戰況激烈，怎奈孫連仲、劉汝明兩師趕來，分途加入左右兩翼作迂迴包抄我軍後路。這天下午一時，西安東南二十五里三兆鎭姜宏謨步騎兵三千餘人，擾我軍第三十五師（憨玉琨）後方，大哥急派兩混成旅抵禦；二十七日拂曉、受敵騎砲衝擊，死傷很大。同時，劉汝明師亦於拂曉繞至三兆鎭，由其第十師第二十八旅（馬玉田）攻城南八里慈恩寺（大雁塔）和南門外二里薦福寺（小雁塔）；第十二師高樹勛旅攻城東十里鋪我鎮嵩軍總司令部；馬鴻逵師之騎兵團，和第十師（劉汝明）騎兵營在滻橋上游渡河，去截斷西安至臨潼之公路，及破壞電話線路。當高旅進至十里鋪，大哥始知敵人從側背迂迴過來，感到意外，自然引起我軍一陣混亂，於是派出部隊抵禦，發生激戰，接著反攻，非常猛烈，短兵相接，高旅不支，一個團已潰退下去，我軍士兵以子彈已罄，槍都裝上刺刀，高旅敗退，劉汝明師趕到接陣，高旅獲得喘息，乃又回頭合力攻擊我軍，並以重機關槍掃射，使我軍官兵死傷很多。

二十七日晚，敵馬玉田旅攻慈恩寺，我三十五師之兩連守軍被敵重重圍困，終以寡不敵衆，成了俘虜，都是空槍，沒有子彈，亦眞難爲我們的官兵手持空槍與敵死拚。於是敵人得以乘機由慈恩寺連接薦福寺，與南門外一帶守敵，高聲大叫說：「我們是國民軍，前來解圍，援救你們的，快開城門出來夾擊鎮嵩軍吧！」停了個把小時，城敵才敢開城門，跑出來塡外壕，援敵亦動手塡最外面的一條溝，塡出一條路，內敵突出，外敵合擊，我軍第三十五師赤手空拳亦無法支持，第七師依然苦撐到底，不惜犧牲；同時，我軍萬選才之火線，被北楊莊之敵衝破，數度拚刺，殺敵衆多。十里鋪方面，大哥坐鎮司令部裡，敵軍屢進屢退，陸續增援，我軍官兵子彈打完，又無後援，仍然冒著敵人的砲火衝擊上去，堵住敵人攻勢，犧牲慘重。這時大哥性子非常倔強，仍然堅持不退，要和敵人決一死戰，也没人敢向他講說一句收兵的話，我看到如此情形，再打下去，勢必全軍犧牲，於是再三向他懇勸說：「現在大局形勢已在轉變，新的時機將要來臨，目前情況不利於我們，常道大丈夫不爭一時之氣，要爭立千秋偉業，如今天時、地利、人和，已非昔比，豈可吃此眼前之虧，若能保存一些實力，留待將來有機會再爲時局效力，或捲土重來，也未可知？何必孤注一擲，徒爲無謂犧牲呢？」由是本軍老人常說我軍之能得到保存實力，留待後來參與北伐，完成統一全國的盛舉，應是我一言九鼎的大功勞，那實在不敢當，該是大哥明智的決定才對。大哥乃決定向東撤走，即於二十八日午下令撤圍退卻，第一師東退灞橋掩護全軍轉進，總司令部迅即移轉臨潼，敵人愕視，莫敢追擊，當我軍甫退之際，將灞橋占據，幾經衝突，臨潼方面，晝夜後退，秩序顯得紊亂。

二十八日晚間，渭南之紅槍會乘機蠭起，與國民二軍聯合擾亂我軍側背，奪取槍械，是夜，華縣、潼關南山各處之敵衝出，交通斷絕。各部分別向潼關、大荔、武關……一帶退轉。三十日上午十一時、麻振武倒戈，卻未投敵，形同獨行盜，派兵在三河口、吊橋一帶，與何夢庚師交戰，槍聲甚烈。我隨大哥及隨員、衛士多人，乘一輛敞蓬大汽車東駛，經華陰縣與西嶽廟（俗稱華嶽廟，或華陰廟，在縣城東五里）之間，集聚著很多軍人和眷屬，情形較亂，聽取幾位軍官的戰報後，就下令眷屬車輛按順序向東先行，部隊暫停待命。此時，晉軍砲兵隊已退至此地。忽然跑來一位滿頭大汗未戴帽子的連長，向大哥報告：「叛軍痲振武部耿莊旅過渭河南來了，我全連都被繳了械，連我的大衣也被扒走了……。」話猶未了，北面槍聲由遠而近傳來，東行車停滯在街頭道路上，顯然阻礙交通，即命某營長率以機槍兩挺向東開路，打通東退要道，并制壓兩翼側擊，又令砲兵營向左右村堡開砲轟擊，鎮壓反側，只是沒有砲彈，弄得大哥連說「這仗怎麼打呀？」於是大哥命改騎馬匹，我們就轉向南山，繞道至潼關。

晉軍援陜的砲兵營（梁銀山）於二十八日在胡家廟被敵衝散，退至華陰廟被包圍繳械，梁營長只帶二十餘人退至潼關，準備北渡回晉。

六　艱難最是此時

最初大哥對於西安城已被圍困八個月，認爲城中居民薪糧皆無，李、楊等敵子彈亦罄，希望斷絕，最多再過旬天，就不能守了，城中亦曾與我軍洽降，約定十一月二十五日舉城歸附，詎料馮軍援來，情勢大變，機失一著，影響全局，豈抑天意乎？非人謀之不臧也。若西安城下，西北情勢必將全部改觀。

此役我軍失利，檢點起來，亦係因麻振武部耿莊旅通敵所致，故我軍退卻時，屢被截擊，其狀至窘。麻後亦因抗馮軍，守大荔戰死。

十二月二日上午六時大哥離潼關，十時，抵靈寶。擬將各部集結於陝縣、靈寶、閿鄉等縣。三日、帶衛隊三百名乘火車，於下午二時至陝縣，招集各部重整旗鼓，餉糈暫由地方負擔；同日、電閻錫山云：

「太原閻伯帥勛鑒：盛密。此間圍困西安部隊因彈絕退下情形，業經電達。連日前線陸續撤退：左翼西安南山退駐商（縣）、雒（南），與興安所屬原駐部隊相聯絡；右翼由臨（潼）、渭（南）、二華（華縣、華陰）東退，分駐靈（寶）、閿（鄉）、盧氏一帶，並在潼關妥為布防，惟彈絕槍空，萬難久支。頃接吳大帥（佩孚）電轉示尊處電開：『刻即接濟子彈三十萬粒、炸彈一萬粒、砲彈千餘顆』等情，具見般般援助至意，即祈賜將各項砲彈撥交陝州總司令部梁師長海亭查收，以挽危局，無任企禱。華於日內出外接洽事件，所有總司令職務，委副司令柴雲陞暫行代理，合併奉聞。再此間密電本遺失，賜電請豐師長譯轉，並另送協密電本，即希查收。小兄劉鎮華。江印。」

大哥以此次戰爭多不應手，非常灰心，於是安排軍務，托詞引退，各師旅長均力懇留軍領導，我見這種情形，正是「千古艱難惟此時」，又勸大哥以團體爲重，不論在道義上、責任上，均不宜於此危急之時離軍，置身事外，應該和官兵風雨同舟，共渡難關，衝出困境才是，這是自己的神聖責任，不能叫團體失去向心力，如此團體才能存在，才有前途。如此總算打動了大哥的心，繼續與團體同生死、共存亡。

我鎮嵩軍第六師師長何夢庚、討賊第一師師長萬選才電告布防潼關、華陰一帶。閻錫山未能適時援陝，補給彈藥，致我軍手持空械，於陝事危急時，遭受重大犧牲；奉方將領張學良、韓麟春等，亦於四日電責閻錫山云「**援陝已有成約在先，應請從速出動，以重信守，而維大局。**」

在三日那天拂曉，我軍與敵劉汝明師在潼關極力劇戰，柴雲陞軍長及何夢庚、萬選才等各師旅長，率部仍堅守潼關，待援甚急。五日、梅發魁師及崔旅，已由高陵退朝邑一帶，因受敵人追迫，未能即時渡河。

七日、柴雲陞、王振、何夢庚等部，以敵援大增，衆寡懸殊，我軍久缺子彈，無法支持，即於九日撤潼關，移駐靈寶縣西三十里之稠桑驛。十日、豫西護軍使到陝縣里）一帶布防，構築工事，深溝高壘，北依大河，南據高山，嚴陣以待敵之進犯。

，與柴、王、何……各部六萬餘人，於稠桑驛、虢略鎮、朱陽鎮（在靈寶縣西南一百

大哥帶隨從三十餘人，六日東去鄭州晤吳佩孚，告以全師而退，防堵潼關，已早爲妥定，惟子彈缺少，甚是可慮；當夜一時、開車北上，於七日下午抵石家莊，豫省督理寇英傑派代表錢崇凱隨同前往晉省，請閻錫山飭正太鐵路局備兩輛專車，接至太原，與閻面談要計。

七日那天，柴雲陞等各軍師長致電吳佩孚，請大哥回軍中。電云：

「……雪帥此次赴鄭，全體官兵一再挽留，迄無效果。現軍心搖動，閿鄉防務異常吃緊，非待雪帥回防鎮懾布置，統籌抵禦，斷難支持。敬乞大帥設法阻止，務請雪帥剋日入軍，勉任艱鉅。否則敵軍長驅大進，關城盡失，深慮危及西北全局，赤禍蔓延，何堪設想？一面並盼大帥從速賜撥大批子彈，積極增援，大局幸甚！……軍長柴雲陞、師長王振、賈濟川、梅發魁、何夢庚、武庭麟叩。魚印。」

吳閱電後，即轉電閻錫山，務請商洽後，促大哥早回軍中主持，以慰全軍之望。閻派駐鄭州代表梁汝舟（字巨川）亦於七日電閻云：

「太原督帥鈞鑒：相密。魚酉電敬悉。今日柴、王、梅各師長電稱：雪帥離防，軍心必有動搖，雲陞等再三挽留，卒未應允，請玉帥勸慰雪帥早日回防，以固軍心等語。聞雪帥在陝時，確有下野意，但在鄭概未提及；又柴師長力辭代行總司令職權，業委幹丞（張治公）擔任，惟幹丞今日電玉帥謂職部實無兵力向西開拔。……謹陳。舟叩。陽印。」

八日，大哥抵太原與閻晤面，商談大計。閻勸大哥回軍支撐危局，以待時勢變化，並囑其駐北京代表田應璜（字子琮）陪見張作霖。田深得奉方信任，時兼代國務總理顧維鈞欲任爲內務總長，田以時局變化無常，閻之態度不定，故辭。大哥於九日夜離太原，轉往天津，十日，抵津電閻云：

「太原閻伯帥勛鑒：宏密。日昨謁談，渥承明教，隆情厚眷，感佩交縈。別後於本日早六鐘旋抵石莊，隨轉車北上，午後十二鐘安抵津門，容即晉謁雨帥，籌商辦法，續行電聞，惟聞閿鄉有不守之說。赤氛節節東進，焦慮良深，承撥子彈十萬粒，砲彈壹千顆，手擲彈壹萬粒，連同奉彈三十萬，誠虞稍延時日，我軍靈陝各部彈絕難支，道途或生阻隔，接濟懼感困難，即祈俯念事機危迫，迅序撥運，並電平陸駐軍就近照料，交陝州總部接收，以濟眉急，無任企禱。小兄劉鎮華。蒸印。」

十一日接閻復電云：

「天津英租界馬廠道三十號劉雪帥勛鑒：宏密。蒸電誦悉，各種槍彈遵飭運城由平陸撥運陝州矣，惟手擲彈一項，運城所存無多，已飭查明，如不足數，即由省迅速南運，特復。小弟閻錫山。眞印。」

旋振武於十日曾電閻解釋誤會，說明兵變原委。文云：

「太原伯帥鈞鑒：守密。雪帥東退，陝局陡生變化，敵氣囂張萬惡，前於武部又有搗亂奸人孫維棟等，煽惑武部各旅，餌之以利，故有朝邑耿旅渡渭截擊之事，梅師崔旅由高陵退卻，方振武及（國民）二軍殘部躡其後，沿途故市一帶我軍受其威逼，已非我有，武勢蹙無法，爲掩飾人耳目計，商諸雪苑（梅發魁）、鳴山（崔旅長），即將所餘部屬槍械暫爲沒收，官兵仍行保留，乃方部及其他二軍各部既惡其增加軍實，又欲藉機佔有地盤，率彼醜類，群集大荔境內，節節近逼，氣燄愈熾，武一面作堅守計，一面抽調部隊，擬將與之周旋。至武部各旅長，事後覺悟，復經武曉以利害，痛陳大勢，現已團結一致，以禦外侮；而維棟以事破露，知不見容，近聞潛逃入晉，敢請通緝查拿，毋任倖免。豐（羽鵬）師砲連本擬令其開回，因交通不便，敵且逼近，臂助極多，一俟戰事稍定，即飭回晉，五生七砲彈亦存無幾，懇再補充若干，以資應戰。大局情形，綏事進行如何？陝局如此，關於援救之方，當有計畫，武始終抱定宗旨，無論名義若何，要惟鈞命是從，如肯不棄，凌甫、逸泉在晉，請常示機宜，以便轉達，藉資遵循爲禱。軍長麻振武叩。蒸印。」

十二月三十日、大哥應張作霖電邀至北京面談後，以豫事緊急，促駕回防。大哥即於翌（十六）年一月三日返天津告別母親，六日、起程回豫，乘京漢鐵路火車下，官兵聞訊，全軍歡欣。

事後，我回想圍攻西安之役，本來我軍是穩操勝劵的，結果不幸轉勝爲敗，這完全在於大哥存心仁慈之一念所致，造成戰略上的錯誤，以致貽誤戎機。殊不知兵家作戰是以求勝爲目的，所以在戰場上不能講仁義、說道德，因爲對敵人慈悲，就是對自己殘忍，反而使城中百姓受累，傷亡很多，實在違背自己救國救民的初衷。諸如春秋時代之宋襄公與楚軍戰於泓水，不忍擊之半渡，遂遭敗績，自隳霸業，就是明顯的例子，前事不忘，後事之師，這眞是一個痛苦的經驗啊！

第六章　北伐之役

大哥之參加革命同盟會，歷經辛亥革命之役，首義中原，其宏願厥在救國救民，矢志不渝。嗣以民國後，連年戰爭，不忍令生民塗炭，迫不得已，乃以武止戈，怎奈力不遂心，事與願違。前之息影津門，久已厭戰，今之保存實力，更非好戰。蓋以此時國民革命軍興師北伐，蔣（中正）總司令進軍兩湖，移師贛浙，奠定滬寧；一路正向京漢鐵路北進。大哥默察時局，心中有數，永遠站在黨人的革命立場，明白自己對於南方革命軍的壯舉，應當有所策應，況乎我軍原係辛亥起義部隊，是一支有革命歷史的武力，十餘年來，在北方軍閥勢力之下，相與周旋，堅忍以待時機，當茲革命勢力伸張之際，自應適時加入國民革命陣線與國民革命軍行列，方能達到自己心願。

我瞭解大哥的心情，當然亦期望著早日實現夙願——打倒列強，剷除軍閥，這也是我當年從軍的動機。所以我深切渴望能有一個統一強大的國家，抵禦列強帝國主義者的侵侮，取消不平等條約，使國民都能過著和平幸福的日子。大哥常說：三民主義就是救國主義，只有擁護革命政府，完成國家統一，發憤圖強，早日實現三民主義，才是救國救民的唯一任務。此外，他常告訴我，民國成立以來十有餘年，內亂外患年年不斷，這一方面固然是由於帝國主義者之侵略野心，謀我太急；可是我們國家中央和地方意見分歧，官吏貪污無能，南北各自爲政，從來沒有眞正統一過，當政者私心自用，領軍者割踞稱雄，實在是肇亂的根源。因此我很知道大哥的苦心，所以他素來主張沒有統一的中央政府，就沒有力量建設國家，怎能保衛國家的獨立，維護民族的尊嚴。

第一節　醞釀合作經過

西安圍城之役失敗後，我軍東退，河東、洛西同時牽動，至於大局的變化，更是日形緊張。

國民革命軍占有東南，京漢鐵路線僅有奉軍單獨作戰，吳佩孚侷蹙南陽，其勢甚孤，而奉軍又爲衆矢之的，恐難得良好的結果。值此大局杌棿大哥對於時局之應付以及關於軍事之進行，心中早有具體籌應之計畫，深知中原有事，我軍頗有舉足輕重之勢，各方必然俱來爭取合作。而大哥與閻錫山有金蘭之交，彼此主張相同，見解一致，立場也一樣，對於應付時局，自應採取同一步驟。

民國十六年二月十一日、馮玉祥至潼關，在其所部第十師（劉汝明）師部住了兩天，曾派李鳴鐘（字曉東、河南沈邱縣，清末陸軍第一混成協「隨營學校」畢業）代表來陝縣，與大哥商洽合作辦法。大哥提出的重要條件爲停止攻擊大荔，並編麻振武爲一路，以維護麻部存在。馮表示大哥所提條件極好，願與麻振武疏通，希望轉告麻照此辦理。閻錫山接馮電報，知馮到潼關，亦於十五日電派其河東道（道署設運城）尹兼河東鹽運使崔廷獻（字文徵、山西壽陽人，日本東京法政大學畢業）就近赴潼關見馮。同日、閻並派其警務處長兼省會警察廳長南桂馨（字佩蘭、山西寧武縣人，山西大學堂畢業，曾任山西巡警道）南下渡河至陝縣，轉達閻錫山對時局的看法和參加北伐的時機，並交換意見，然後經潼關入陝省見馮，馮云已與大哥接洽妥協；二十四日、起程東來陝縣見大哥，轉達馮誠意接納合作辦法，即返晉省。

二月二十六日、安國軍總司令張作霖於天津蔡園總部來電，任命大哥爲「安國軍陝甘總司令」。次日、大哥即電閻錫山，徵詢其意見云：

「閻伯帥勛鑒：宏密。頃接張雨帥宥（二十六日）電，任華以『安國軍陝甘總司令』名義。此間對時局之應付，及決定主義之趨向，節經商承台端一致進行。惟大局尚在混沌，我方態度未至表明時機，對於各方不得不虛與委蛇。此次雨帥發表名義，可否承受？及如何應付之處？希速裁示，以便復電表示，爲盼！小兄劉鎮華。感印。」

三月一日、閻錫山復電表示，可暫時接受奉方名義：

「陝州劉雪帥勛鑒：宏密。感電誦悉。我方態度未表明時，對各方不得不虛與委蛇，卓見極佩！在此時機，對陝甘總司令名義，似非承受不可，但鄙意承受時，對馮（玉祥）及玉帥（吳佩孚）應切實說明，以免馮藉口東進，想尊見亦以爲然也。小弟閻錫山。東三印。」

二日、大哥以奉軍西進，應如何應付，再電詢閻氏云：

「閻伯帥勛鑒：宏密。頃據報：『豫北奉軍業經調回五旅，增加東路，僅留四旅，分駐懷慶（沁陽）、新鄉、彰德（安陽）等處，以河北（黃河）取守勢，東路取攻勢，汴鄭形勢，日趨緊張』等語。查汜水以西，均爲我軍防地，距鄭密邇，若奉軍進攻鄭州，即與我軍接近，究應如何應付？似宜預籌辦法。華意如居時出兵計畫均已籌妥，自可一致應付，倘在軍事籌備未完以前，對於奉軍西進，應持如何態度？統祈卓裁示復爲幸。劉鎮華。冬印。」

閻氏對於時局，主張採避害主義，於四日復電云：

「陝州劉雪帥勛鑒：宏密。冬電誦悉。鄙意嵩軍以『避害主義』應付時局，決不先他軍接觸，如無逼迫我者，對各方仍以取緩和爲宜。特復，仍請卓裁。小弟閻錫山。支印。」

閻錫山爲人老謀深算，確有一套應付時局的辦法，那就是「避害趨利主義」。爲了滿足需要，爲了爭取存在，巧妙肆應，周旋於北方各大勢力派系之間，其胸懷變化，莫測高深，然於一動一靜之間，頗能發生重大影響，以是他常說：「需要就是眞理，存在就是價值」，因此他對於各方之分合，完全以利害爲依歸，利害衝突則分開，是一個最講現實的人。如此次支電內有「決不先他軍接觸」一語，不先表明態度，意義很深。又如他表面上仰視張作霖的顏色，暗地裡卻和武漢、南昌、西安各方面，互通聲息，然後隨著北伐軍事的進展，態度逐漸轉變，化暗爲明；對於響應國民革命軍北伐實際行動之時機，曾與南昌、武漢兩方，約定兩個原則：一是閻部參加，可使整個北伐軍事提前成功之時；二是若無閻部參加，可能整個北伐軍事將要失敗之時。說穿了，還是以本身存在之利害，作爲表明出兵態度，響應北伐的先決條件。實在的說，在勢逼處此的情況下，亦只有如此應付各方以待時變，以求自存了。

按當此我軍新退入豫之時，東有奉軍，西有馮軍，雙方皆競相來爭取合作，而大哥與閻錫山均有加入北伐軍之意，在尚未確定軍事行動之前，若輕易表明態度，必然遭到任何一方的攻擊而被消滅。

這時、大哥派王鴻恩（字錫三、鞏縣城北四里南河渡人，陸軍模範營畢業，曾任本軍營長、副官、交際員等職）、王履階（字升庭、河南沁陽城內西門街人，保定軍校二期步兵科畢業）爲代表，先後赴西安與馮玉祥接洽；齊眞如（字性一、河南睢縣人）參議爲駐武漢代表，與國民政府商談要務；鄭鳴鎭（震）處長爲駐南昌代表，與國民革命軍蔣總司令保持聯絡；至於派在太原的代表爲李伯良、楚緯經，常川駐在太原新民街四十二號；駐運城代表爲馬凌甫；派駐鄭州的代表爲梁巨川（字汝舟）、田逸民，以與吳佩孚、靳雲鶚接洽；駐天津與張作霖聯繫的爲楊（不詳）代表；而閻錫山則派馬駿（字君圖、山西晉城人，山西大學堂、英國專門理科大學畢業，歷任河東觀察使、河東道尹……等職）爲駐陝州代表。各方往來，接觸頻繁，大哥日日分別與各代表接談，研商問題。同時亦與我談到當前所處地位，應付各方諸形困難，以後惟有與晉閻步趨一致，密切配合行動，謹慎將事，冀免隕越。

在此值得順便一提的是，當時有三個同姓名的王鴻恩，皆字錫三，眞是巧合，使人容易混淆：一位是馮軍的軍長；一位是陝縣人、曾任該縣公款局局長；一位就是本軍的王鴻恩。後來馮在西安，竟委本軍的王鴻恩爲他的獨立師師長，意圖分化離間本軍，使本軍自行瓦解，眞是不懷好心！因此王鴻恩回來，大家都取笑他，去時是代表本軍，回來是代表馮軍。由此可見馮玉祥自始對本軍即心存不善。

大哥採納閻的意思，表面上接受張作霖的任命。張於三月三日召見我駐京楊代表，謂可接濟餉彈，並詢由何路輸送，以及將以十萬元交楊代表轉付大哥助餉云云。但事實上大哥並沒有得到張所接濟的餉彈與款項。

三月七日、大哥於陝州本軍總部致電閻錫山云：

「閻伯帥鈞鑒：宏密。迭接馮帥來電催華迅速就職等語。華與煥帥合作，久具決心，所以不即宣佈就職者，特以時機未至耳。現在奉軍進抵中牟，並未西攻，南軍北伐尚無定期，且我軍發之太促，單獨動作，絕難濟事，且鄭州各部內容複雜，戰端一開，勢必瓦解，似不可依賴作戰，致誤時機。華意此爲主義之奮鬥時期，革命之成功，我軍須與鄂、贛黨軍商定出兵計畫，協同動作，方爲上策；其次須晉、陝、嵩三方面同時發動，分途並進，方可以收效，且餉彈糧秣均屬缺乏，尤須早籌補充，方能應敵，故華宣佈就職之日，即軍隊發動之時，若輕於挑戰，使戰禍暫移於西路，抑或奉軍擇要變攻爲守，釀成相持之局，均非計之得也，除逕電外，懇請加電煥帥，力爲主持，並候示復。小兄劉鎭華。陽印。」

按大哥最初派王鴻恩爲代表與馮玉祥接洽合作，馮即以大哥自兼一路，爲「國民聯軍駐豫軍總司令」，張治公、柴雲陞、王振各任一路，其關於編制狀況、動作時期，以及所負任務及接濟情形等，亦大致約定，惟大哥仍採取審愼態度。

至於馮玉祥表面極力拉攏大哥，表示不忘西安同僚之誼，渴望合作；背後則百般離間本軍，其陰謀頗爲狠毒，以致影響本軍之團結力，而使幹部分裂，發生出走現象。先是馮玉祥謂東進後，力量薄弱，尤其本軍與豫西地方人民，得天時、地利、人和之宜，故亟望大哥與之合作，裨益進軍順利，對於北伐軍事頗爲重要。然本軍官兵咸知馮氏之爲人權詐陰險，嚴峻褊狹，不易相處，不願與之爲伍，各將領多主張聯合奉軍，俾可獲撥助大批款彈，故紛起反對與馮合作。大哥認爲此時應該是加入革命軍陣線的時機，祇是蔣總司令方面相距尚遠，仍屬意配合馮軍北伐，早日會師中原；閻錫山亦應馮之請託，建議大哥可以就近和馮合作，以後再說。大哥開了好幾次會議商討，竟無人同意與馮合作；柴雲陞、王振、賈濟川……等將領，亦私下開會討論，批評馮玉祥是我們的敵人，怎能和他合作？當時我亦是反對馮玉祥的，開會完了，我回去向大哥說，大家都反對和敵人合作這件事。大哥就告訴我說：爲了轉變政治環境，我們的著眼點必須是遠大的，要知道在政治活動上，一向是只計利害，不計其他，論到是非，更要犧牲小我，完成大我，在大前提之下，參加北伐，總是對的。大哥叫我把這個意思轉告他們。我向他們說，大哥當年任省長，馮任督軍，過去算是僚友，現在未嘗不能合作。然而在此刻合作之前雙方還是敵對的，如今一旦合作，彼此將成同志，這在局外人看來似乎很不可思議，當然我們亦感到尷尬，其實這是當時的時勢所使然，往往今天是敵人，明天可能就變成朋友，這種現象無足爲怪。大家聽我講完話，都說「五老壞」，又變卦了，不要理我！我又向他們說明，我們這個團體原是一個革命團體，自從辛亥革命以來，立場不曾有變更，只是策略不同，有時直道前進，有時迂迴行之，但目標始終是確定的，自家性命都不怕犧牲，豈能放棄革命責任而漠然無動於革命的呼喚？因此我雖反對馮之爲人，但不能反對革命北伐，也就是只求革命成功，其他什麼都不計較了。總算姜明玉、張得勝……等認爲我說的有道理，不再堅持己見，因爲我常在姜明玉那裡借箸畫策，所以他很能接受我的意見。

大哥因內部發生意見，曾表示要自動下野赴晉，於四月八日致電閻錫山云：

「閻伯帥勛鑒：宏密。華擬赴晉面領教益，庚（八）日由陝（州）起程，蒸（十）日抵運（城），祈飭汽車至運一迎，為盼！小兄劉鎮華。庚印。」

大哥扮充商民即日離陝縣自萬錦渡暗渡入晉，經由汽車路赴運城，夜宿杜村。九日、閻復電云「騶從枉顧，至所歡迎，已派車候接矣」；並電崔廷獻道尹、關福安師長，說大哥到運城時，要妥爲招待。

柴雲陞軍長、第三師師長梅發魁、第五師師長武衍周、及第六師師長何夢庚等，聽說大哥離軍赴晉，即於十日帶領馬弁人員，隨後追尋至杜村，連日雖經柴雲陞等極力挽留，但大哥概不輕允，示意各部仍照前情，若不服從命令，絕不返回陝縣，以免自己爲難。故柴等邀集重要將領各師、旅長，齊集杜村召開軍事會議，最後一致決議服從命令。大哥乃命柴雲陞、何夢庚由平陸、運城，北上太原代表見閻，洽商接濟糧彈事宜，自己即於十四日下午六時，帶同各師旅旅長等，由平陸南二里之太陽渡過河回陝州。十六日、大哥電閻云：

「閻伯帥勛鑒：宏密。佳電敬悉。承派汽車迎接，感甚！華青（九日）馳抵平陸，各將領均以離防後，軍民惶惑，懇請返防，旋即折返陝州，當派柴軍長晉謁台麾，代陳微悃，準於明日啓行，除另電崔道尹轉知汽車在運（城）

稍候外，謹電復聞。小兄劉鎭華。銑印。」

柴雲陞、何夢庚由河東道尹崔廷獻陪同至太原晉見閻錫山，代表大哥交換對時局之意見，並告以馮軍東開，勢難中止，我軍處此東西要衝，萬難坐視，值此戰機緊迫之際，子彈缺乏，殊深焦慮，請先酌撥子彈若干，以濟眉急；對於目前局勢，究應如何應付？統希迅示機宜，俾有遵循。閻之爲人城府雖深，但外表絕不露絲毫痕跡，因此答覆極爲圓滿。柴、何二人即於四月三十日離太原返防。

而後、柴雲陞等人由於厭惡與馮合作，加上受到閻之駐北京代表李芬圃主張與奉張密切合作之影響，仍然鬧意見。當大哥於五月七日正式易幟，與馮軍配合，加入革命軍北伐陣線時，柴雲陞即於八日託病渡河赴運城療養，張宗汾、王振、賈濟川（字巨卿）、武衍周……等人，亦忿而棄軍渡河入晉，經運城北走，加入張作霖的安國軍。柴尋任直魯聯軍張宗昌部第八軍軍長（奉方委爲第二十五軍軍長）、王任第二十一軍軍長（奉方委爲二十六軍軍長）、武爲第三十一軍軍長、賈任獨立第一師師長、張任參議。另外張治公首先率部單獨隨吳佩孚而張作霖行動，將家眷送往鄭州後，竟自洛陽南走嵩縣。以上諸人都是本軍重要將領，他們的離去，對本軍自是一大損失，而本軍因馮而造成內部之分裂，亦非大哥始料所及，由此也可看出馮人緣不佳之一般。

第二節　參加北伐盛舉

民國十六年四月，豫局形勢大爲變化。東路奉軍于珍部得援反攻，復占開封，毅軍米振標被俘解北京；北路奉軍張學良、韓麟春，衝過黃河鐵橋，在鄭州與靳雲鶚激戰；靳反戈與吳佩孚衝突，靳向南敗退，吳向西退；張作霖令前敵將領勸吳回鄭州，以保持合作局面。靳於四月十四日反攻許昌失敗，與武漢國民政府秘密聯絡，屯兵於郾城一帶，及奉軍南下攻武漢，以靳軍阻路，擬徹底解決之，靳在信陽已無法支持，乃發急電，派代表請武漢援救。武漢方面開始進行援靳，並促閻錫山、馮玉祥分向冀、豫出兵，夾擊奉軍。四月十六日、閻通令所部全體服從三民主義，並命南路各軍向娘子關進展；武漢方面革命軍唐生智、張發奎，亦率部自漢口北上應戰。

當此之時，馮軍已開始東進，但對本軍尚未撥付款彈，而各方情況尚不十分明確，故大哥仍採審慎態度，不敢輕易表明動向，虛與委蛇，應付各方，以免遭致攻擊，徒損實力，處此艱難時刻，大哥確是用心良苦。

四月十七日、大哥電閻，告以此時之立場云：

「閻伯帥勛鑒：宏密。頃接馮總司令佳電略開：『此間大軍即日東進，先派駐軍劉旅進駐靈寶，大隊繼續東進』等語。鎮華貫徹主義，久具決心，馮軍東進，如至必要時機，自當協力動作。惟自靳部失利，奉軍直搗許昌，又以大部擬往鄭、汴，徘徊瞻顧，對於豫西尤爲注意，宛、鄧等處均爲于學忠、徐壽椿佔領，豫、鄂交通頓生阻隔，信（陽）、羅（山）、固始一帶，又爲紅槍會攻破，魏益三、梁壽愷各部亦被圍困，黨軍北伐之說，恐無定期，若早樹目標，必致立引戰禍，業已電陳煥帥轉飭劉旅駐閿，暫緩東進。竊以此次動作必須與國、晋兩軍同時並進，方可一舉成功，此間部隊早經整裝待發，第以餉彈兩缺，亟待補充，煥帥允撥款彈尚未撥付，尊處接濟亦未運來，值此戰事緊迫，一髮千鈞，懇祈我弟迅賜接濟，以資應付，並煥帥處究能撥濟款彈若干，並望轉催煥帥立即頒發，無任企禱。如小兄劉鎮華。篠印。」

再說武漢政府先是於四月六日任命蔣中正先生爲「國民革命軍第一集團軍」總司令，將「國民聯軍」所部一律改編爲「第二集團軍」；及至四月十八日、南京方面成立國民政府，武漢政府即於次日在武昌舉行誓師北伐典禮，是爲「武漢政權二次北伐」，企圖打破孤立，力謀政治軍事形勢之擴展，並於二十二日以武漢「軍事委員會」

名義，特任閻錫山爲第三集團軍總司令，希望閻能配合唐生智、馮玉祥兩軍的軍事行動，出兵京漢路，以截斷奉軍歸路。

四月二十四日、馮玉祥致電大哥，以大哥爲第二集團軍「東路軍」總司令。二十七日、大哥即將所得情況電知閻錫山，並徵詢其意見：

「……頃接馮煥帥敬（二十四）電開：此間於日前接漢口來電稱：中央國民政府已下討伐張作霖之命令，區分全部軍隊爲二集團軍，特任蔣介石爲第一集團軍總司令，祥爲第二集團軍總司令。第一集團（軍）統四方面軍：第一方面軍總指揮爲何應欽，第二方面軍總指揮爲程潛，第三方面軍總指揮爲李宗仁，第四方面軍總指揮爲唐生智，每方面軍兵力五軍至七軍，總預備隊總指揮爲朱培德，第一方面軍前敵總指揮爲白崇禧，第二方面軍前敵總指揮爲陳調元，第三方面軍前敵總指揮爲□□（原電文不詳），第四方面軍前敵總指揮爲靳雲鶚，並令唐生智部於本（四）月十五號以前，集中汝寧（汝南縣）、駐馬店一帶，第二方面軍已達蚌埠（安徽北部），第一、第二正在銅山由津浦線北進，囑我軍即日出（潼）關會師；並令閻伯帥同時出兵，剿敵後路等語。祥即於昨（二十三）日遵令就第二集團軍總司令職，並經分別呈報，並通告在案。茲將本集團軍編組及作戰使用方面部署如下：㈠中央軍直轄六路及三師、騎兵四旅、砲兵一旅，由祥親率經靈、陝、洛陽向鄭州前進。㈡我弟爲東路軍總司令，直轄四路，擬請由孟津渡河繞向京漢路鄭州之後方。㈢南路軍總司令岳維峻直轄兩路，又兩師及五旅集中雒南，經盧氏、洛寧，已令開始動作前進。㈣右路軍總司令孫連仲直轄東路及三旅，又漢中張耀樞師集中龍駒寨、荊紫關一帶，經南陽向鄭州前進。㈤右路軍總司令徐永昌直轄東路及第九路之一部，由陝北假道晉境出娘子關，攻敵後路，大部現已過河。㈥北路軍總司令宋哲元直轄第七路及三獨立師，集中寧夏、石咀子待命前發。以上六條爲我集團軍出動部隊部署情形，至於閻同志方面早有協議，我方兵至洛陽以東，伊即在後方發動，意志堅定，決無變更，中央軍各部隊均已分路出發，我弟應從速佈置作戰』等語。此種計畫是否與吾弟會商妥善？現馮軍東進，日形緊迫，我軍究應如何應付？懇祈迅賜機宜，俾有遵循，至我軍款彈兩缺，前已迭經電陳，敬祈迅賜接濟，尤所企禱。如小兄劉鎮華。感印。」

在接馮電之前，武漢政府及蔣總司令已屢派代表前來約請大哥響應北伐，打擊強敵，會師中原，馮玉祥更是迭派代表來爭取合作；至是、大哥認爲會師中原，才能打敗張作霖，否則北伐軍將在河南遭遇很大阻力，武漢亦必受到嚴重威脅，於是決定遵從蔣總司令的意思，力排衆議，不畏艱險，擎起「國民革命軍」旗幟，配合馮軍，加入其戰鬥序列，策應北伐軍事，貫徹革命初衷，乃允就「國民革命軍第二集團軍東路軍總司令」職務。自此以後，舊勢力日就没落而迅速結束，新勢力逐漸擴張而無往不利。

大哥將本軍臨時改敘建制，編爲三個軍，以龔御衆爲「東路軍」參謀長，「鎮嵩軍」的名義從此結束，本軍又邁入一個新的時代，是爲參加北伐行列之始。

按龔御衆字五修、河南羅山縣人，河南陸軍小學、北京陸軍第一中學畢業。辛亥革命，大哥策動嵩縣起義，轉戰潼關時，即前來投效，參與戎幕；後入保定軍校一期及陸軍大學。

十六年五月六日、馮玉祥率部進駐潼關，準備東開。大哥爲表示合作誠意，避免雙方衝突起見，乃於七日發出通電，誓師東進。大哥指揮本軍向東進擊開路，可以說是得天時、地利、人和之便。因爲軍中成員多是河南人，又駐防豫、陝很久，所以進展迅速，由陝縣而澠池、新安、洛陽所過之處，軍民都說「鎮嵩軍回來了！」洛陽附近孟津、新安、偃師、鞏縣、登封、密縣、禹縣、汜水、滎陽……等縣團隊，都來通款約應，尤以張治公部官兵個個爭說「我們劉老總來了！這仗不能打了，我們都是自家人！……」因此經過各地，可以說沒有什麼接觸，彼此僅作了個架勢表演一下而已，使馮占盡天下的便宜，一路順利進軍，然而功勞簿上卻沒有我們的功績，或許因爲我們和岳維峻兩軍，算是他們客軍的緣故。

本軍至洛陽，於五月二十七日另遣一支部隊轉鋒孟津，北渡黃河，掩護馮軍側翼安全，掃蕩北岸道清鐵路沿線清化鎮（今博愛縣）至輝縣一帶地方的反動勢力，俾使大軍迅速推進。尤以本軍之東進，豫西多所響應，以致在鞏縣之吳佩孚被迫於五月十五日由嵩山、方城而奔南陽，依于學忠部。武漢方面的北伐軍以第一集團軍第四方面軍總指揮唐生智率軍北上入豫作戰，沿平漢鐵路銳猛前進，至五月二十九日，已攻克許昌，亟向鄭州追逐，馮聞訊急於三十一日下午搶先進入鄭州，而唐部亦同時趕到，遂完成會師中原的任務，並分兵由張發奎、靳雲鶚於六月一日攻占開封。

六月十日，武漢方面中央政治委員會主席團：汪兆銘、徐謙、譚延闓、顧孟餘、孫科等人，與馮玉祥舉行鄭州會議，對馮作最大限度之讓步，所有西北軍政大權，交馮獨攬，主要決定有成立豫、陝、甘三省政府，以馮及于右任、劉郁芬（馮之部將）

分任主席；組織「開封政治分會」，以馮玉祥、于右任、徐謙、顧孟餘、王法勤、于樹德、鹿鍾麟、劉伯堅、薛篤弼、郭春濤、楊明軒等十一人爲委員，俄共烏桂曼諾夫爲顧問，馮任主席，指導豫、陝、甘三省政務；第二集團軍擴編爲七個方面軍，以孫良誠、靳雲鶚、方振武、宋哲元、岳維峻、于右任、劉郁芬，分任總指揮。武漢方面之所以忍受極大犧牲，作最大之讓步，目的在換取馮之支持，以抽唐生智、張發奎軍班師回武漢，鎭壓該地區之反共運動，並策畫「東征」軍事。馮在此次會議中，充分表現出他那種投機主義的手段，對汪說有很多人勸他與蔣某合作，他都「一笑置之」；但又對人表示，南京方面蔣某邀他於二十日赴徐州晤商大計。十二日、汪等離鄭州返漢口。于右任與馮同來鄭州參加會議，但察覺馮野心很大，極力擴充勢力，蓄意排除異己，知將不利，乃乘歡送汪等，於火車將開動時，急行跳上火車，同往漢口去了。

由於大哥是反對共產黨的，不屑於武漢方面的作爲，所以没有參加鄭州會議，故而在這次會議中有關人事安排方面，都没有大哥的份。事後、馮對大哥說：「他們都說你是親蔣某的。……」這話實際上並没有錯。不過從此次以後，大哥對馮更加深刻認識。至於當年他們在西安換帖，結成異姓兄弟，我想，在馮意中那只是屬於政治性質的「把兄弟」罷了！

第三節　任第四軍軍長

自北伐軍鄭州會師，東占開封後，奉軍悉退黃河北岸，本軍大部開駐臨汝。此時、馮玉祥電邀大哥赴開封晤商整編軍務事宜，故舊僚屬咸以馮陰騺狠毒，險詐難測，多勸阻大哥勿去，大哥以革命軍事及所部編組諸事，必須親與磋商，仍力排衆議，隻身自鄭州前往見馮，對於時局及維護桑梓，多有建議。馮對大哥敬禮有加，謂為非常人，因囑大哥擴編所部軍為第八方面軍，並由臨汝東經十里鋪、紙坊街、神垕街、禹縣城、石固街（長葛縣西南三十里）、和尚橋街（長葛縣西南十里），而長葛、洧川、尉氏、通許，向豫東杞縣、楊堌集、蘭封之線開拔，集結待命。

大哥受命後，即將第八方面軍總指揮部駐於杞縣，所部則擴編為五個軍，而我就是在這個時會中，被推任為第四軍軍長的。

說來我多年在大哥跟前，只是聽差使喚，幫忙些雜務而已，希望能多得到學習的機會，多閱歷，多磨練，以增加自己的見識，充實自己的能力，作夢也沒有想到要下部隊去當什麼官、什麼長，事實上也不敢存有這種想法，因為我很知道大哥的性格，他是不會允許的。可是在這兵屯蘭封，從事休息整頓及補充的期間，由於敵人的潰敗，俘虜了很多敵軍官兵和大批槍砲彈藥等戰利品，爲了妥善的安置和利用，乃大事擴充軍隊，因而本軍便由原來的三個軍——第一軍萬選才，第二軍張得勝、第三軍姜明玉，發展成爲五個軍，在人事安排上，第一、二、三軍軍長照舊，第五軍軍長內定爲梅發魁，而第四軍軍長人選，一時仍未決定。於是該軍第七師師長阮勛、第八師師長武庭麟以及部衆等，都來向大哥請命，擁護我擔任；還有一些和大哥多年共患難的老朋友、老同僚，也都向大哥推舉我，尤其是本方面軍的參謀長龔御衆，是我的先期學長，也要保舉我出來當軍長。他們素來是愛護我的，我很感激他們對我的這番心意，但是我深知自己年紀輕，經驗少，不能勝任，因此並不願答應擔當此項重任。當他們去見大哥推舉我，請求任命時，大哥便說我年事尚輕，且係至親，驟膺重任，恐有隕越，到那時愛之害之就不好了。當時有馮玉祥派駐本方面軍的代表丁鵬九、王桐生二人，名義上是擔任聯絡任務，是馮的老人，他們也講話了，說：「他的學生部下（指阮勛）都當師長了，他當軍長，怎麼不成！難道還要我倆請示『馬二』先生才可以麼？」按「馬二」指馮玉祥，馮之故舊，多喜拆其姓而稱呼之。同時、軍中將領如于起光、崔鏡吾、王席珍、杜安東、王賡彤、邢延緒……等人，都像毛遂自薦一樣表示願意分別擔任參謀長、參謀處長、副官處長、軍需處長……等職務輔助，以表示擁護的誠意。至是，大哥始勉從衆意，俯允任命我為第四軍軍長，大家隨即都來對我說：「五弟！總指揮派你為軍長了，今後要看你的啦！」我一聽要派我當軍長，實在不敢當，便搖頭說：「不行，我不能幹！……」他們就笑著激動我，說：「你怕死呀！」就這樣對我連推帶哄的，使我無話可說，於是把我逼到軍前效命，便在六月十六日就任軍長職位，這時我剛好滿三十歲，正是孔子所說的「而立之年」，這對於我也是個很大的歷練與考驗。從此以後，我兩肩上的責任越來越重，再也放不下來了。

這時、第二集團軍一共擴編為九個方面軍：

總司令　馮玉祥

總參謀長　曹浩森（名明魏、以字行，江西都昌人，畢業於日本振武學堂、陸軍大學，曾任西北邊防督辦公署參謀長）

第一方面軍總指揮　孫良誠

第三軍軍長　孫良誠（兼）

第四軍軍長　馬鴻逵

第五軍軍長　石友三

　騎兵第二軍軍長　席液池
第二方面軍總指揮　孫連仲
　第一軍軍長　韓占元
　第十四軍軍長　秦德純（原爲孫連仲）
　第二十二軍軍長　馮治安
　獨立第十七師師長　張子厚
　獨立第六混成旅旅長　芮寶樹
　獨立騎兵第一旅旅長　李福麟
第三方面軍總指揮　韓復榘
　第六軍軍長　韓復榘（兼）、下轄三師
第四方面軍總指揮　宋哲元
　所轄暫編第一、二師，及第二十二師、騎兵第五師
第五方面軍總指揮　岳維峻（原國民二軍）
　所轄第一師（蔣世傑）、第二師（衛定一）、獨立第一（康保傑）、二（何金昇）、三（張德樞）、四（丑彥傑）、五（胡景銓）等旅。

第六方面軍總指揮　石敬亭
指揮在陝西之李雲龍、第十軍（楊虎臣）及第五十四（馮欽哉）、五十五（姬惠伯）兩師。
第七方面軍總指揮　劉郁芬
指揮在甘肅省各軍
第八方面軍總指揮　劉鎭華
第一軍軍長　萬選才（字得英，嵩縣北二十五里閻莊鎭人）
第二軍軍長　張得勝（字建功，臨汝人）
第三軍軍長　姜明玉（字秀亭，盧氏縣人）
第四軍軍長　劉茂恩
第五軍軍長　梅發魁（字雪園、一字雪苑，洛寧縣西五里王范街人）
第九方面軍總指揮　鹿鍾麟
第十八軍軍長　鹿鍾麟（兼）
第二十軍軍長　龐炳勳
第二十一軍軍長　呂秀文

第二十七軍軍長　王鴻恩
第二軍軍長　劉汝明
第三十軍軍長　劉　驥
騎兵第一軍軍長　鄭大章
鐵甲車集團司令　劉自珍

關於我第八方面軍的編制和番號，一般官方的記載、戰史和有關的近代史書籍，多是這樣的寫法：

第八方面軍總指揮　劉鎮華
第二十三軍軍長　劉鎮華（兼）
第七十六師師長　徐鵬雲（字仙峰、嵩縣城裏牌路巷人）
第八混成旅旅長　賀月德（綽號賀二蛋、宜陽人）
第九混成旅旅長　李桂清
第十混成旅旅長　姚北辰（字少卿、洛陽北七十里姚樓莊人，日本陸軍士官學校第十三期砲兵科畢業）
第二十八軍軍長　萬選才

第七十二師師長　石振清（綽號石老婆）
第七十三師師長　薛傳峰
補充旅旅長　萬殿尊（字品一、萬選才之叔父）
第二十九軍軍長　劉茂恩（也有寫成二十六軍）
第七十四師師長　武庭麟
第七十五師師長　劉茂恩（兼）

實際上，大哥與馮玉祥合作時，「東路軍」編成第一、二、三軍，只有三個軍，迨至擴編成「第八方面軍」時，則是五個軍，我被推任為第四軍軍長，在此以前，我從未擔任過軍長職務，在我的記憶中，從來沒有過第二十六軍或第二十九軍的番號，對於這種差誤，我一直百思不解，想來，可能是馮玉祥自己在他的戰鬥序列中如此編排的，同時在呈報中央的公文或戰役報告內，亦是這樣抄寫，後人不明眞相，輾轉抄錄，以致以訛傳訛，造成與事實不符的記載，治史者豈可不愼？按我第八方面軍編制的番號，確實是依第一、第二、第三、第四、第五軍的番號順序排列的，這可以從大哥在第二次考城之役後，向全國通電告捷的電文中獲得證明：「……頃接第一軍軍長萬選才報告：……」。至於我軍從五個軍再縮編成三個軍，則是在十六年十月底，第一次考城大捷後，因姜明玉和梅發魁叛投張宗昌，而且第五軍傷亡慘重，於是將第五軍歸併第四軍，重新改編成三個軍，由萬選才和我分任第一、第三軍軍長職務，大哥兼領第二軍，而馮玉祥卻仍按照他第二集團軍的戰鬥序列編制番號，大概是想藉以混淆是聽，以呑噬本軍在北伐戰役上的戰績吧！

我第四軍的編制是這樣的：

第四軍軍長　劉茂恩

參謀長　于起光

第七師師長　阮　勛

第八師師長　武庭麟

于起光、字耀東，河南開封人，出身秀才，住城內南羊市街路南四十三號，開封中學堂、河南武備學堂第一名畢業。民國十四年任國民二軍第二師步兵第三旅上校參謀長，而後即至本軍任鎭嵩軍總參議兼總司令部訓練處少將處長及教育團團長；北伐後，即一直跟隨輔佐我，歷任第八方面軍第四軍參謀長及暫編陸軍第二十師、暫編陸軍第四師、陸軍第六十六師、討逆軍第十一路軍第十五軍、第十三軍團、第十四集團軍參謀長等職；民國三十三年九月，我奉派爲河南省主席，他亦隨著調任河南全省保安司令部保安處長，次年十月，始以陸軍少將退役，轉任河南省政府參議、開封縣參議會、縣議會議長等職。三十八年大陸淪陷，渡海來台灣，仍時相過從，於四十八年六月七日（陰曆五月初二日），因病去世，享年七十二歲。于先生輔佐我，歷經北伐、討逆、剿赤，以及抗日諸戰役，參與戎幕，運籌帷幄，相處三十二年，情如兄弟，誼若師友，如果說我為國家有些貢獻的地方，應該分給他一半才是。

阮勛、字晉卿，嵩縣寺莊鎮人，最初入鎮嵩軍，跟騎兵連長李忠光（字子亮、鞏縣清易鎮人，後任鎮嵩軍司令部騎兵營長）當勤務兵，大哥任陝西督軍時，選拔為馬弁，繼入「督軍署軍事幹部教育團」（通稱軍官訓練團）受訓，成為我的學生。畢業後，調任衛隊旅機槍營第三連連長，那時我是營長，又成為我的老幹部；以後新成立步兵營，又升營長，隸屬西安衛戍司令韓鳳樓。至民國十二年，累積戰功，擢升為旅長。十五年、打潼關時，升師長；抗日時期，留在河南任第一戰區自衛軍第二路司令，游擊日軍，捍衛地方。

武庭麟、字奇峰，伊川東白沙鄉王莊人，原在張治公部，因不直張之自行分裂，單獨行動，仍留在本軍，繼續為大哥效力，參加北伐軍事，始終不變立場，與本軍袍澤轉戰南北，討逆抗日，艱苦備嘗，卓著勛勞，功在國家。

至於新任第五軍軍長梅發魁，本是綠林出身，往來於陝縣、靈寶、閿鄉、……等地。當民國元年六月，大哥自潼關率所部陝西陸軍第一混成協回豫省，改稱「鎭嵩軍」，任統領兼署河陝汝道尹，駐陝縣道公署積極剿匪時，收編梅爲騎兵連長。四年，升爲營長。是年冬，土匪蠭起，大哥將司令部進駐閿鄉縣城，梅帶隊入山搜剿，至年底，平靖此間土匪。五年八月，大哥重來閿鄉，駐城南之陽平關，此時，梅已升任團長，又督隊痛剿土匪，擊殺洛寧匪首韋老十等。十一年六月、梅並追擊著名巨匪「老洋人」張慶至靈寶岸底村，與吳佩孚之第三師夾擊，奪獲肉票千餘人，大挫之，頗具功勞，以是被任爲軍長之職。

記得我和馮玉祥第一次見面，是在這年（十六年）六月二十一日。當時馮應蔣總司令之邀，由開封赴徐州城東門內大同路花園飯店會商軍事歸來，經過蘭封本軍防地，大哥帶我到蘭封車站月台上歡迎，火車進站，大哥上前迎去，只見馮從一輛鐵皮棚車中急忙下來握手，

然後聽到他拉大嗓門喊道：「五弟呢？」我知道這是在叫我的，便趕快過去見面，他很親熱的抱著我的肩膀，說道：「五弟！今天見到你，很高興！人家都說你個子很高（在一百九十公分以上），果眞是員虎將！來、咱哥倆比比誰的個子高？」、

「哦！還比哥哥高呢！我倆算是有名的大個兒了。」在場的幕僚們看了不禁發笑，使我覺得很不好意思，……。當時、馮只顧和大哥及我講話，對於其他的人好像視若無睹，而後又登車返開封。他給我第一次的印象是粗獷爽快，至於內心如何，只有相處日久才能知道。

第四節　豫東考城大捷

民國十六年夏秋之間，我第八方面軍分駐在豫東蘭封、考城、和魯西曹縣一帶地方。

八月、馮玉祥爲肅清豫境的心腹大患，先對付在後方的李振亞和靳雲鶚兩人。馮派軍圍攻禹縣，先將李振亞於八月三十日擊敗，隨後於九月七日四面包圍靳雲鶚之郾城總部一帶。十一日、靳部潰敗，逃往皖北，而後隻身轉走上海。當此之時，馮命大哥爲援魯軍總司令，進攻山東省西南部的濟寧縣。而此時款彈兩缺，進軍殊非易事，實則馮對大哥有所疑忌，別具陰謀，來電責問爲何遲遲不進？大有「欲加之罪，何患無詞」之勢。大哥覆馮，大意是「願以信我者信部下」，並派我赴開封見馮，說明情況。我和馮見面後，先互相寒喧，然後坐下談話，我向他開誠痛陳，糧彈不濟，是兵家進軍大忌，並對有關諸事，建議多端，均經馮同意採擇，雙方疑慮一時因以消釋，這對北方軍事裨益甚大。

說起來大哥與馮之合作，實在是很勉強的。只因大哥鑒於民國成立以來，時局動亂，政局不穩，南北分裂，內戰頻仍，國幾不國，人各自私，實爲啓亂之階，因而招致列強帝國主義者之謀我日亟。蒿目時艱，憂懷無已，是以居常主張有統一之中央政府，才能保國家衛民族；迨至北伐軍興，適馮投機歸順國民政府，爲了革命，爲了完成大我，乃就近與馮配合，率所部響應，參加國民革命軍序列，進軍北伐，願爲前敵先鋒。

大概是這年九月十日（陰曆八月十五日）前後，我第二軍軍長張得勝由防地到開封探望老母，乘便晉謁馮玉祥，突然被馮殺害，並且還要繳械，解散他的第二軍，消息傳出，全軍譁然，將領們人人自危，都對馮深具戒心，知道馮之私心重、野心大，無時不想著謀害他人，滅奪人槍，的確不好相處。張得勝被殺消息，馮在封鎖多天後，始揑詞宣布。

十月五日、馮玉祥決定新的戰略，按照所擬計畫完成部署，區分爲三路出兵：

第一路總指揮為第九方面軍總指揮鹿鍾麟，指揮第十八、二十（龐炳勳）、二十一、二十七等四個軍，共五萬人，由隴海路正面從商丘以東之馬牧集，經碭山向徐州進攻，與第一集團軍第一路總指揮何應欽渡江北伐之師相呼應。

第二路總指揮是大哥，率領所部第八方面軍，全部兵力共八萬人，從豫東考城東向魯西進攻濟寧、兗州，以切斷津浦鐵路濟南與徐州間之連絡，威脅濟南，以策應何應欽之第一路軍攻略徐州。

第三路總指揮為第三方面軍總指揮孫連仲，指揮第十四、第一、及梁壽愷……等軍，共四萬多人，渡黃河從冀南大名向魯省西北部之德縣進攻，以切斷津浦路天津、濟南奉軍與魯軍之聯絡。

總預備隊總指揮為第一方面軍總指揮孫良誠，率第三、四、五等軍，及騎兵第一軍與第三方面軍一部，共九萬多人，集結於開封、鄭州一帶地區，機動策應。

十月十日、「直魯聯軍」副司令褚玉璞，指揮第十五、第四、第五、第六、及袁家驥、潘鴻鈞……等軍，約十萬人，突然分從魯西菏澤、定陶，進攻豫東，對我考城壓力最大，聲勢亦甚盛，以致形成敵我相對峙之勢。

這時、第一路軍（鹿鍾麟）進至隴海路馬牧集和楊集（碭山縣西二十里）中間之劉堤圈一帶，遭到敵軍猛烈攻擊，只好回頭向商丘撤退。正在這個緊急關頭，馮玉祥忽然要將我第三軍（姜明玉）撥歸鹿鍾麟指揮，並派其心腹鄭金聲為我第八方面軍副總指揮，暗行監軍。按鄭為山東歷城人，辛亥年與馮同在清軍第二十鎮第四協第八十標任第二、三營管帶（營長），駐防灤縣西南之海陽集，兩人關係十分密切。

姜明玉等鑒於張得勝被害，對馮早存有戒心，至此更是激起反感，以馮用人而不信任，心胸褊淺，恐怕將來難免被其排除。當時姜明玉部已進駐於山東曹縣，直魯聯軍第十三軍劉志陸部（廣東人，為前兩廣巡閱使陸榮廷的舊部），經菏澤、定陶，進攻考城，張宗昌乘機命其第二十一軍軍長王振、第八軍軍長柴雲陞、第三十一軍軍長武衍周等遣人前來遊說。王、柴二人都是大哥的舊部，和姜明玉、梅發魁、憨玉珍等在鎮嵩軍原是同僚，又是最早一批厭惡馮之為人而脫離本軍的。按憨玉珍為憨玉琨之弟，嵩縣西巒峪街人；姜是民國十一年大哥在閿鄉縣收編的土匪；梅是較早前收服的；武衍周亦是嵩縣人。於是姜明玉、憨玉珍、梅發魁等在曹縣裹執鄭金聲作為禮物，相率投奔敵方而去，張宗昌乃殺鄭於濟南，以姜明玉任第十九軍軍長、憨玉珍任第二十二軍軍長、梅發魁任第二十五軍軍長（旋改為挺進軍司令），會同劉志陸及潘鴻鈞（第九）軍，占據柳河集（在河南寧陵縣北三十里）、李壩集（在睢縣東北六十里，即民權縣治）兩車站，截斷鹿軍後路，使第一路軍腹背受敵，情況非常危急，幾經轉折，至十月十六日，才突圍南走，向柘城、太康方面退去。

我第八方面軍堅守考城，敵軍劉志陸、潘鴻鈞等部圍攻多天，勢甚兇猛，都未能攻破，尤以本軍（第四軍）陣面，數經激戰，雖敵勢猛烈，幸賴大哥激勵部屬，士卒效命，在彈藥缺乏，糧餉支絀的情形下，指揮若定，官兵英勇應戰，從十月二十六日至十一月五日，終於將頑敵擊退，我軍乘勢向菏澤、定陶方面追擊，潰兵慌不擇路，紛紛亂竄，斃敵無數，擄獲不計，造成第一次考城大捷。

按此次出師之初，遇到很大挫折，其所以遭此失利，實由於馮玉祥逼人太甚，因而激起軍變，足爲史鑑。幸而大哥下令我第一、四兩軍，堅守考城以東陣線，切實堵住敵軍右路攻勢，這才遏止了戰況的惡化，而得以奠定豫東戰役勝利的基礎。

此時、我第五軍殘部以傷亡慘重，併歸我第四軍，我第八方面軍遂將所部改編爲三個軍，成爲第一、第二、第四軍，由大哥兼領第二軍，萬選才和我則分別擔任第一及第四軍軍長職務。

詎料馮玉祥忽然變更戰略，擬誘敵深入，聚而殲之，乃令各軍於大捷之中放棄所得各地，悉退蘭封附近地區待命，我軍仍結集於考城一帶。

再說直魯軍退到魯西南城武、單縣及豫東虞城、夏邑、永城、商丘以東等地，忽見追軍驟然撤退，直魯聯軍副司令褚玉璞以爲是我內部發生變化，於是乘機轉取攻勢，復調集軍隊，重行部署，仍分三路西進：褚玉璞自任前敵總司令，中路軍由徐源泉指揮，揚言五萬餘人，由隴海路線正面向西進犯；右路軍由劉志陸指揮，約六萬餘人，從單縣、城武，進窺考城，直指開封；左路軍是由張敬堯指揮，約三萬餘人，從夏邑經商丘、寧陵、睢縣，進向杞縣；目標都是要奪取開封，來勢洶洶，氣燄復張。至於那時的兵力、番號，多是眞眞假假，虛虛實實，很難確信，少的報多，以張大其聲勢；多的報少，以誘敵之輕心，都是作戰時兵不厭詐的道理。此爲蘭封附近地區第二次會戰之醞釀。

十一月十六日、敵軍右路劉志陸等部已在考城以東地區，和我第八方面軍發生接觸，晝夜激戰搏鬥，十分劇烈，進進退退，形成拉鋸戰；十七日、一度失利，考城陷落，我軍退守考城西南二十里之爪營寨及紅廟寨之線。敵軍乘勝進逼，勢極猛烈。二十二日、戰況迭呈高潮；至二十四日拂曉三時、大哥督令全軍猛攻，以挫折當面之敵人，迅速將考城包圍，奮勇撲擊，守敵氣餒，不能支持。二十五日、敵將潘鴻鈞指揮所部軍之金瀚東（開封人）、喬明禮（字節之，河北獲鹿縣東南郗馬鎮人，保定軍校第五期步兵科第六連畢業）兩旅長，及張宗昌之衛隊旅旅長史承恩（山東人），併力突圍，護衛其乘坐敞篷汽車衝出東門，向魯西退走，被我第四軍第七師師長阮勛截堵，予以包圍而攻擊之，經過一番惡戰，當將潘鴻鈞擊斃，擒執金、喬、史三旅長，俘虜一萬多人，殪敵無算，繳獲槍械數千枝，奪得汽車一部，不禁回想到當初我坐的第一部汽車，便是得自潘鴻鈞的戰利品，在那個時候是蠻神氣的。這就是第二次考城大捷。

按潘鴻鈞是山東濟寧人，在民國十三年時，已被北京政府任命為中央第一混成旅旅長，約有二千多人槍，駐紮於山東濟寧一帶，是屬直系的軍隊，然非嫡派。

第二次考城大捷，全線士氣大振，各路轉敗為勝，因而得以乘勝東進，使豫東戰局轉危為安，且與第一集團軍會師占領徐州；我第四軍更是分路猛追，直入魯西，圍攻姜明玉於曹縣，一路於十二月六日克定陶，八日、占菏澤。九日、大哥通電全國告捷云：

「各報館均鑒：敝軍克復考城，將敵逆殲滅後，即飭第一軍全部向菏澤前進。頃接第一軍軍長萬選才報告：『職軍到達菏澤，殘敵四散奔潰，已於齊（八）日將菏澤完全占領』等語；除督率所部乘機速進，以期速掃逆氛，會師齊魯外，謹電奉聞。第二集團軍第八方面軍總指揮劉鎮華叩。佳。」

十二月十一日、大哥將此次魯西戰役經過詳情，呈報中央及第二集團軍。翌年（十七）一月二十六日、國民政府復電云：

「無線電台送馮總司令（玉祥）轉劉總指揮鎮華鑒：眞亥電悉。力破堅城，並多俘獲，將領指揮若定，士卒奮勇可知，戮力同心，收功至鉅，幽燕在望，是盼！勉之！國民政府。宥印。」

叛將姜明玉與柴雲陞、王振、賈濟川等，以四千餘人，死守曹縣城，我軍圍攻至十七年一月二十九日，始克破城，俘獲人槍三千餘，擒執姜明玉，予以槍斃，馮乃索其屍體，運往鄭州示衆以洩其恨，這也是倒戈的下場。不過馮向南京中央方面所作的報告，卻謂姜匿於地窖自戕而死，予以篡改，想要掩蓋事實的眞象。

在這次考城戰役中，還有一段小的波折：就是當我軍與直魯軍對陣之時，大哥曾派四哥（劉鎮海）就近前往勸說王振、柴雲陞、賈濟川等人歸來效順本軍，不料他們不僅毫無念舊之情，反而把四哥扣留起來，帶到濟南，交給張宗昌，以要脅大哥。怎奈大哥不理，等到考城戰役，他們失敗，三個旅長被我們俘虜了，就派代表王聰復來我軍，對大哥說：「你們有力量打我們直魯軍，打敗我們，都是你們的，要是打不勝的話，那就不見得了。……」我在旁邊聽著這些話，很不順耳，便插嘴直截了當地對他講：「……不必拿我四哥來要脅，張宗昌有種，敢這樣做的話，沒關係！我們兄弟七個，去了一個，還有六個，拚吧！」結果，大哥站在人道的立場，而且兩軍對壘，自古從不殺俘，而且由於史承恩做人不錯，所以先把他釋放了。王聽復返報張宗昌，張對四哥很客氣的說：「恐怕伯母惦念，請你回去吧！並替我問候她老人家好！」四哥回來，大哥也把金瀚東、喬明禮兩個俘虜旅長，一起放走，他們對大哥都非常感激。

總之、此次考城大捷，若非大哥指揮若定，力挽危局，則敵人將乘勝與隴海路正面敵軍協力，擾及開封、鄭州，其影響我革命軍之北伐軍事，必然大而且鉅。

第五節　魯西冀南之役

我第八方面軍乘第二次考城大捷後，圍攻曹縣，並分兵連克定陶、菏澤，而後西入冀南，占領東明縣城，時為民國十六年十二月十二日。

本軍既占東明，迅即擴展至黃河南岸一帶，準備命師渡河北伐。大哥於十二月二十七日在考城致電閻錫山云：

「太原閻總司令百川老棣勛鑒：宏密。頃接馬電敬悉。推愛關垂，情同手足，纓冠之義，易地皆然。貴處平型、龍泉兩關之敵，三次猛攻，均被擊退，賊膽破寒。我軍（革命軍）自徐州克復後，即變更戰略，移師北向，敝部已定於本月二十九日由東明渡河前進，不日會師河朔，直搗幽燕，誓掃逆氛，共作同仇之志，而完革命之功。特電肅謝，諸維垂照。如小兄劉鎮華。沁印。」

我第八方面軍前後方部隊在積極完成動員準備後，大哥且命後方各隊陸續由銅瓦廂（在考城西南三十五里）渡口渡河；我第四軍則於十二月二十九日在東明縣拔營，出北門，經五里鋪、八里店、蘇店，西折至高村集（在東明縣西北四十里）渡口，橫渡黃河，至西北對岸壩頭集登陸，並展開攻擊態勢。

十七年一月二日，本方面軍已占有冀南之長垣，我第四軍亦進占濮陽，北距大名一百餘里。

大哥即下令分軍三路出兵：東路東經小濮州（濮陽東六十里），略取魯境之濮縣，然後北折經古雲集（濮縣北二十五里），進取觀城；中路是本軍（第四軍），北上經永固集（濮陽北三十里），直占清豐；西路向西北取豫北之內黃縣，而後會師南樂。一路勢如破竹，捷報頻傳。

我第八方面軍渡河北伐，本軍（第四軍）效命前驅，遙遙領先，不見大敵。安國軍第七方面軍團第十四軍軍長、兼大名鎮守使孫殿英部三萬餘人，自濮陽一戰挫失，連戰連敗，聞風大潰，直向北奔，以致追軍大有望塵莫及之慨！然而由於後隊不繼，我方面軍所克城池無人接防，後方空虛，影響前進，不能乘勝追擊，因此給予敵人退守大名喘息整頓的機會，我軍非但不能指日攻下大名重鎮，反而面臨敵軍從容集結衆兵向我反攻的危險，只好在南樂、清豐、濮陽、內黃……等一帶地方布置防線，向大名方面的敵人警戒，並以一部分兵力留置在觀城、濮縣一帶，監視聊城方面的敵軍。

三月六日、敵軍第七方面軍團第六軍（徐源泉、轄一師八旅）、第十四軍（孫殿英、轄一師五旅）、第十八軍（袁振清、轄一師三旅）、及第二方面軍團（張宗昌第十二軍（寇英傑、轄兩師）、和直隸陸軍第二師（于世銘代），共約四萬多人，集結於西起冀南之大名、向東歷魯西之冠縣、堂邑、迄聊城之線，準備向我南樂、清豐、及豫北之內黃、和魯西之觀城、濮縣……等地，大舉反攻，情勢十分緊張。這時，我第八方面軍僅有三個軍，共有兵力二萬餘人，與敵一直在持續對峙中。

至四月九日、敵軍徐源泉、孫殿英、袁振清、寇英傑、于世銘等部，果然分由冀南大名，及魯西冠縣、堂邑、聊城方面，數路出兵進犯我濮縣、觀城、清豐、南樂、內黃之線，來勢甚是凶猛，我軍立即起而迎戰，與之作生死之搏鬥，連日野戰，情況非常劇烈，爭城池、奪陣地，爭先恐後，各奮其勇，以扼殺敵之攻勢。

十一日、大哥命由道口電台發電太原，通報戰況：

「太原閻總司令百川弟勛鑒：宏密。支（四日）電誦悉。貴軍中路獲勝，忻慰無似！兄奉令進攻大名，應援尊處，於七日進駐清豐督戰，敵方孫魁元（字殿英）、于世銘、張冠五（直隸第六旅）、張遜庭（第三師師長）等逆，率萬餘人，現與敝部在南樂附近激戰數晝夜，正在猛烈激戰中，擬將衛河南岸掃清，攻下大名，使彰德友軍可向順德（即邢台縣）前進。尊處戰況，續示，以慰懸系。小兄劉鎭華叩。眞印。」

敵我兩軍對戰，持續至四月十七日，敵軍復由大名、聊城等處調集大隊援兵前來，加諸我第四軍陣前，企圖以優勢兵力壓迫我軍，並施行火海戰術，攻勢更加厲害，我軍官兵喋血對抗，艱苦支撐，以待馮之來援，終以敵衆我寡，而又無援，觀城被攻破，濮縣亦勢孤，我即決定以深溝爲壘，堅以固守，並提集精銳，隨時覓機反擊。詎料敵之一部，協同白俄軍（司令聶嘉夫），擬繞擊濮陽，欲截斷我軍後路，孤立我軍，情勢十分危險，於是我急行放棄濮縣，向西轉移，在清豐、內黃以北占領陣地，利用楚旺鎮（在內黃西北三十里）、北代村（清豐西二十里）、六塔集（清豐東南三十里）等村寨碉堡，構築堅強陣地，憑壘固守。

十八日、敵軍徐源泉、孫殿英、袁振清、于世銘等部，乘我軍正在整頓防線之際，併力進攻我軍陣地，砲火熾烈，進撲不已；嗣有敵軍孫朝棟部（不詳）由大名南下繞攻內黃，我第四軍當於六塔集至南樂之線，與敵激戰，敵雖猛撲數十次，均被我軍擊退，並策應第一軍（萬選才）夾擊敵軍。我軍連日奮戰，至二十二日晨，戰況獲利，連克王堡寨等處。二十三日拂曉、敵又增加兩旅援兵，一自大名南下，一由魯西朝城西來，向我南樂施行三面圍攻，敵衆我寡，不得已暫行退出南樂，轉移至西南十五里之吉村集、及東南三十里之馬村集之線，占領陣地。

四月二十五日、敵軍復以優勢兵力，自南樂前來進攻，迫我清豐馬村集、張莊一帶陣地，先後被敵突破，並遭受猛烈砲火，工事摧毀，因而本軍右翼受敵包圍；二十八日、敵軍主將褚玉璞及孫殿英親率所部主力，瘋狂猛攻我清豐東大屯寨，施行火海戰術，硝煙迷漫，彈光映空，我躬冒矢石，督率本軍浴血抗鬥，以抵禦敵之攻勢，戰況十分慘烈，終以不怕犧牲之革命精神，將強敵擊潰，褚玉璞、孫殿英於倉皇中單騎逃脫，僅以身免。大哥知道後，特別對我第四軍官兵大加獎賞，並勉勵我要更加努力，馮玉祥亦來電嘉獎，從此敵人氣勢才削弱；二十九日、我軍乘勝轉守爲攻，迅即出隊追擊；三十日晨、向楚旺鎮及南樂縣城反攻，敵軍已呈現動搖跡象。

五月一日、我軍全線反攻，敵軍整個退卻，敵將徐源泉率其衛隊混成旅（陳永田）爲後衛殿後，被本軍追及，迫其全部繳械，並斃其團長、營長各一員，士兵百餘名，徐源泉在混亂中脫去軍服，狼狽逸去。二日、我軍乘勝追擊，前驅不見大敵，足見敗軍退去之快速，後顧亦不見第二集團軍大隊前來接應，唯我第八方面軍孤軍銳進。三日上午十時許，遂進克冀南重鎮大名名城。

大名縣城即清代大名府治，位於河北省南端，扼魯、豫之衝要，形勢強固，地位重要，上屏京津，下控兩河（衛河、漳河），不僅爲冀省南部之門戶，亦爲燕趙之根本，自古以來，兵家無不視爲冀南軍事重鎮，與黃河以北必爭之地。此城一克，京津易下，北伐竣功，則指日可待。

大名既克，大哥報捷中央，電云：

「南京國民政府鈞鑒：華自上月五號（即五日）奉令北伐，出兵冀南，直魯（聯軍）群醜——褚玉璞、徐源泉、于世銘、張冠五（直隸陸軍第六旅旅長）、孫殿英、袁振鐸（不詳）……等，糾合數萬之眾，傾巢南犯。華進駐清豐督師，血戰二十餘日，異常激烈，冬（二）日始將逆敵擊潰，當即督飭所部星夜追出，於江（三）日上午十時，完全占領大名，俘獲無算，正在搜查。敵逆循衛河東竄，刻正在跟蹤追擊中。餘容續聞。劉鎮華叩。江印。」

大名克復後，敵將孫殿英等部竄入山東，沿冀魯兩省邊境地區，經冠縣、館陶、臨清、夏津、武城、故城等縣，向德縣方面潰退，本軍跟蹤追到臨清。五月八日、我第一軍萬選才部追至夏津，九日中午，占領武城，敵軍紛紛向德縣、故城、棗強一帶逃去。十日、我軍仍繼續向前猛追，然而每收復一個地方，常常需要歇軍一兩天，以等待馮的大隊前來接收，因此戰果多被其吞没，據爲己有，大做他投機取巧的買賣。十三日、萬選才軍追向景縣，張宗昌、褚玉璞北走。至十八日，本軍已進占武邑、武強各地；十九日、佔獻縣，並在棗強、武強一帶停止待命。

第六節　會師京津地區

京津是北京和天津的合稱，乃是北洋軍閥的心臟地區。

北京位於河北省的北部，舊稱燕京，古代遼、金、元、明、清五朝、及民國後十六、七年間，都奠都在這裏。城分內、外兩重，內城爲行政各機關所在地，外城爲商業區。在內城東城崇文門內東交民巷，爲各國使館駐在地方，築城堡、置軍警，儼然特別之區。京奉鐵路（今北寧鐵路）、京漢鐵路（今平漢鐵路）兩路車站，均設於正陽門（內城正南門）外。城內學校林立，有北京大學、清華大學……等，是華北的文化區城，亦是北洋政府的政治舞台。

天津位於河北省東部，在白河、永定河、大清河、滹沱河、運河五大河下游會流之沽河兩岸地區，爲河北省會，扼北洋航路之中樞，京奉、津浦兩鐵路在這裏交會，成爲水陸要衝，爲華北商業中心，與上海、漢口、廣州，合稱爲我國四大商埠，工業發達，爲冀省之冠。外國租界地在沽河兩岸：右（南）岸有英、法、德、日四國租界，左（北）岸有奧、義、俄、比四國租界。不僅是華北的經濟市場，亦是北洋政府的對外大門。

國民革命軍北伐軍事，早在民國十七年四月間，已決定會師京津計畫的方案。迨至我第八方面軍傳捷冀南，克復大名，向北追逐敗敵，直至冀中之武強、獻縣後，蔣總司令爲謀畫北伐軍迅速收復北京、天津的策略起見，特於五月中旬電令馮玉祥轉致第二集團軍各部隊，統限於五月中旬到達京津地區前線集結，並嚴格規定各軍部署，大哥亦奉到指示：

「……第八方面軍劉鎮華總指揮所部，由棗強、肅寧之線以西地區前進，線上屬之。」

此時，我第八方面軍爲第二集團軍之「北路軍」。「北路軍」總司令是第九方面軍總指揮鹿鍾麟兼任，大哥是兼任副司令。

五月二十五日、國民革命軍總司令蔣中正先生又規定「北路軍」在京漢線上，限於五月二十八日前進至肅寧、蠡縣、望都之線，由衡水、饒陽至肅寧、雄縣線上屬之。

大哥當即遵照指示，很快的完成部署，並按照規定，分配攻擊部署：

一、余（大哥自稱）自率一軍，由饒陽、肅寧以西地區前進，繞攻高陽之後，向雄縣攻擊前進。右翼與第九方面軍（鹿鍾麟）第三十軍（劉驥）連絡，協同擾亂敵軍後方。

二、第一軍萬選才在武強一帶集結，向饒陽、肅寧方面攻擊前進，擊破肅寧之敵後，如高陽未下，即協同第三方面軍（韓復榘）解決高陽之敵。

三、第四軍劉茂恩在獻縣之西集結，向河間、肅寧中間地區攻擊前進，右翼須與第一方面軍（孫良誠）第二十一軍（呂秀文）、左翼與萬選才軍，切實連絡。

五月二十八日、全線出動攻擊，大哥率軍由安平縣攻擊前進，渡過滹沱河，經由中佐集（在安平和饒陽中間對岸）、呂漢集（在饒陽東北十二里）、張岡集、李岡集（在肅寧縣西二十五里）、大百尺集（在高陽縣西南三十里），出敵不意，繞襲高陽敵軍的後方，協助正面攻擊的韓復榘軍，以使其容易克奏功效；萬選才軍逕向饒陽前進，到達滹沱河南岸，與敵軍孫傳芳部第一軍（孫兼）、及奉軍第三方面軍團（張學良）第二十軍（于學忠）之一部，相遇對峙。

二十九日、我和萬選才各率所部，協同進擊，將南岸的敵人逐走北岸，萬軍佔領饒陽，然後乘勝渡河北追，向肅寧攻擊前進。

當時有敵人騎兵約五百人，配置在韓村（在肅寧縣東南二十里）、龍泉村，向本軍警戒；另三百多名騎兵在策城集（在肅寧縣東南二十里）、杏園村（在肅寧縣南十五里）一帶活動；敵軍主力，在北岸南渡口一帶村落，利用各莊碉堡，築成堅強防禦工事，想挽回頹勢，怎奈敵人屢次遭受挫敗，已經潰不成軍，官兵都無戰志，陷於一片混亂狀態，當然不能作戰，聞風驚走，向霸縣、永清一帶退去，而我第八方面軍此時繞到高陽以東地區，與奉軍第四方面軍團（楊宇霆）第二十九軍（戢翼翹）接觸中。

三十日、我萬選才軍已繞出高陽的側背，敵軍第二十九軍及騎兵第二軍，扼守堅固陣地，頑強抗拒，經我軍以猛烈炮火轟擊，繼以步兵衝突，血戰一晝夜，紛紛向霸縣潰退；高陽縣的守敵，以後路將要斷絕，軍心動搖，於次日放棄高陽，向雄縣方面退卻。而肅寧方面的敵人，憑恃滹沱河北岸的村堡，構成堅固的防禦陣地，負隅抵抗，相持兩天，經本軍和萬軍集中火力，摧毀碉堡多處，而後掩護步兵奮勇進擊，敵終於不支，於六月一日紛紛逃竄。我軍收復肅寧，繼續向霸縣追擊。

大哥率軍於五月三十日繞出高陽東側地區，迅急捕捉敵人主力，六月一日、追到雄縣。二日、抵達縣北白洓河。三日、到雄縣北偏西二十里的白溝集。四日、東進霸縣。五日占領安次縣。

萬選才軍於六月二日到達任邱縣南十五里的石門橋鎮。三日、該軍石振清師抵文安縣。四日、肅清子牙鎮一帶殘敵，並相機策應第一方面軍的騎兵第二軍（席液池）

的作戰，於是石振清師在文安縣和席液池的騎兵部隊，合攻靜海縣城，下午萬軍的先頭部隊也趕來協同攻擊，將附近的太平街、彭各莊、鄧家務、邢家林一帶的敵人擊潰，跟蹤追到王吉鎮（在靜海縣西偏北三十里），俘敵一百餘人。

六日、我第四軍屯紮安次縣一帶。大哥駐節任邱，同日、致電閻錫山約其飭隊星夜馳往北京，電云：

「太原閻伯帥鈞鑒：敵似全部退卻，望飭隊星夜入都（北部），弟亦乘汽車前往維持一切。鄭大章（騎兵第一軍軍長）軍，歌（五日）午過固安，韓向方（名復榘、第三方面軍總指揮）軍，歌日向永清追敵。華蒸（十）日約宿固安，擬向通州前進，並聞。如小兄劉鎮華叩。魚丑印。」

奉軍節節敗退，其主力集結於琉璃河集、固安縣、及唐官屯（靜海縣南五十里）之線；安國軍第一方面軍團長孫傳芳及第三方面軍團（張學良）之第二十軍軍長于學忠等各部隊，原本控制霸縣，第二方面軍團長張宗昌、第七方面軍團長褚玉璞，據守天津以南之大流標、馬廠、惠豐橋之線，仍冀保全京津地盤，企圖作最後之掙扎。但因我第八方面軍之進迫，霸縣孫傳芳陣地，先行動搖，紛紛退去。正是中央突破，全線不支，張作霖見大勢已去，北伐軍各路已進至京津外圍地區，呈扇面包圍形勢，幾度召開幹部會議，知京津不能再守，乃決計全線撤兵，於六月二日下達總退卻令，奉軍遂陸續出山海關，回師東北，即日退出北京，革命軍得以和平接收京津。

二十八日、國民政府明令，將直隸省改稱河北省，北京改稱北平特別市，天津亦畫爲特別市。

北伐軍占領平津地區後，直魯軍張宗昌、褚玉璞勢力已窮，退集灤河方面，負固不服，蔣總司令乃於七月十五日下達討伐令，並任命第四集團軍前敵總指揮白崇禧爲討伐直魯軍之前敵總指揮，兼右路軍總指揮，方振武爲左路軍總指揮，陳調元爲總預備隊總指揮。本方面軍與陳調元軍（第三十七軍）及第三集團軍第六軍（豐玉璽），同被編成總預備隊，分別駐在三河、寶坻、順義一帶。嗣因天津附近地區積水，有礙軍事行動，以致各軍不能依照限期集中，乃展期至八月五日。

七月二十五日、我奉大哥之命，率軍進至寶坻，主力在楊村。直魯軍節節退向灤河，我（第四）軍推進至寧河待命。至九月二十三日，直魯軍殘部由於奉軍出動，感受夾擊，不能支持，潰散殆盡，可謂完全肅清。

至是，北伐軍爲使人民免於戰禍，及謀求國家之統一起見，軍事暫告結束，期待東北地方早日歸附，以減少戰爭之痛苦，這也是全國人民所渴望的。迨至十七年十二月二十九日，張學良等終於排除了日本帝國主義者的阻撓，毅然決然聯名通電，宣布遵奉三民主義，服從國民政府領導，通令東北四省——奉天、吉林、黑龍江、熱河，實行易幟，改懸青天白日滿地紅國旗，以表示舉地方政權還給中央，貫徹和平，而完成全國眞正的統一，北伐任務，於焉竣功。

我第八方面軍於此役之後，乃進出於廊房鎭（即郎坊鎭、在安次縣北三十五里）及通縣一帶地方。大哥命我和他的總指揮部並第四軍，都駐在天津、楊村（在天津西北六十里、屬武清縣）一帶，第一軍萬選才部，則駐紮在霸縣至保定（即清苑縣）一帶，息軍整訓。

第七章　反對馮氏叛逆

蔣總司令（中正）領導國民革命軍，完成北伐軍事，統一全國後，膺任國民政府主席，主持國政，亟欲結束軍政，實施訓政，以早日開始憲政，建設三民主義的新中國，只是當時尚有少數野心份子，仍然存有舊時代軍閥割據自雄的思想，稍不遂意，就要稱兵作亂，以國家人民作賭注，因而有十八、九年的討逆之戰，這對於後來剿匪、抗戰、戡亂的影響，可以說是鉅大而深遠的。我因爲親身經歷各個時期的戰役，深深感到當年的討逆之戰，乃是中共之所以能發展坐大的遠因，理由有二：

一、當時叛亂的都是方面大員，並各擁有強大的武力，他們對中央在宣傳上和政治上所做的各種「離心」活動，影響到全國上下的和諧、團結和進步。而討逆後，他們的殘餘潛在力量，依然没有消失，在對日抗戰時，雖多已效命中央，但不明瞭共匪險惡陰謀，而受其宣傳利用的，仍然不少。

二、十八、九年的「討逆」之戰，是中國近代史上最大的一次內戰，所消耗的人力、財力、物力之大，可說是國家莫大的損失！雙方都精疲力竭，不僅損傷國家元氣，而且破壞國家的整體力量，共匪因而得以乘機發展勢力，抗戰時又藉機壯大，雖經剿匪、戡亂，仍無法消滅。

所以，我認爲「討逆」之役，乃是我國家民族的大不幸，而竟無法避免，實在令人非常痛心！我生當其時，又身歷其事，了解更深，因此將我參加「討逆」的經過，做眞誠詳實的敘述，一方面可以看出此一內戰的殘酷和犧牲的慘烈，以做爲殷鑑，並做治史者的參考。

第一節　寢電七不可

國民革命軍北伐完成，全國統一，確是一個可喜的現象。國民政府以戰爭結束，當然要整理軍隊，裁減過多的兵額，以減少財政上軍費的支出，與民休養生息，恢復國家元氣，積極從事各種建設，以實現三民主義理想富強安樂的國家。但是當時國民政府所建立的中央政權並未穩固，因而一般軍頭仍然沿襲著據地自雄的思想，對中央表面上只是一種分治合作的型態而已。

民國十七年七月十一日、北伐軍蔣總司令邀集馮玉祥、閻錫山、李宗仁、白崇禧、朱培德、鹿鍾麟、商震、及吳敬恒、張群……等，於北平以北四十里的湯山舉行會議，商討軍事善後問題，著重於軍事整理方案與軍隊裁減方法，成立「國民革命軍編遣委員會」，負責辦理編遣事宜，準備展開編遣軍隊的籌備工作。

當時我第八方面軍第一軍萬選才部駐紮保定、霸縣一帶，我所率領的第四軍跟著大哥的總指揮部，駐紮在天津以北的楊村和武清以西的廊房、北寧鐵路沿線地區，集結整訓。不久、「國民革命軍編遣委員會」根據整軍方案和編遣原則，將本方面軍所屬的第一軍和第四軍，以及總部直轄的教導團、獨立旅、騎兵旅、衛隊旅等，縮編成兩個師和一個騎兵旅。十一月一日，改編完竣，任命萬選才爲第二集團軍陸軍暫編第十九師師長，我任暫編第二十師師長，范滋澤爲總指揮部參謀長、龔御衆爲騎兵旅旅長，負責當地的綏靖任務，我師還分駐武清縣東北的河西務一帶。

民國十八年一月一日，編遣會議在南京舉行，由蔣主席主持開幕典禮，發表了一篇「關於國軍編遣委員會之希望」的言詞，引說日本明治維新，諸藩歸政，改革軍制，以及美、德兩個聯邦國家統一軍權與財政，組成聯邦政府，統一國家的史例，來期勉各軍事領袖要開誠心，布公道，以國家人民爲重，使編遣工作順利成功。後來聽大哥說這篇文詞大意，是出自政學系楊永泰的手筆。楊最初是經其政友黃郛介紹給蔣先生而提出的建議「削藩論」，以樹立中央集權的基礎，甚且還有以「經濟瓦解馮部，政治分化晉閻，軍事解決桂粤，外交困擾奉張等策略」，這是楊永泰向大哥透露的。

按楊永泰是廣東茂名縣人，出身秀才，先入廣東高等學堂，而後改讀北京法政專門學堂，與大哥是同學，因爲有這層關係，故無所不言。不過就當時情況而論，實在是有整理軍隊的必要。這時全國軍隊有二百二十多萬人，爲民國以來兵額的最高峰，每年中央的收入，常常成爲軍隊的經費支出，負擔很沈重，因而造成國家財政的困窘，更遑論國家諸般建設了。當時各軍事領袖也都贊同裁兵，公認唯有裁兵，才能蘇活財政，建設國家，改善民生，達到救國救民的目的。但是在會議中，由於各大軍頭仍然存有封建自私的思想，且其間有許多利害上的衝突，和各種複雜微妙的關係，竟引發了很大的爭論問題。原計畫將全國軍隊縮編成六十五個師、八個騎兵旅、十八個砲兵團、八個工兵團，陸軍共約八十萬人，不幸在編遣會議中，弄得支離破碎，結果不能實現。馮、閻、李等擁有龐大勢力的軍頭，感到不滿意，便紛紛起來反抗中央，首先是桂系李宗仁於（十八）年二月十九日，以「武漢政治分會」名義，改組湖南省政府，撤換主席魯滌平，改以何鍵代理，同時派遣所部第四集團軍總參謀長葉琪（字翠微、廣西容縣人）率部由湖北進占湖南省會長沙，終於引發一連串全面性的動亂，從此國家又陷入不斷的內戰中了。

這時馮玉祥以第二集團軍總司令兼行政院副院長、軍政部長等要職，在編遣會議中，由於所提出的許多議案，大多未獲通過，不如所願，因此心懷怨望，於是在二月五日下午三時，向國民政府蔣（中正）主席及行政院長譚延闓，以病爲由，面請短假回開封休養，晚六時三十分，偕眷渡江，即乘火車北上，離開南京，返回開封；擅自下令扣留津浦、平漢及隴海等鐵路之車輛，商旅爲之裹足；又攜眷屬及衛隊一團，於十五日至豫北輝縣的百泉（在縣城西北五里馬橋鎮），佯稱養病，實則暗中聯絡桂系，反抗中央，電召所部在京人員及將校團回河南，徵集民伕，修築輝縣至新鄉的汽車道，而且大量徵兵募糧，運到陝西、中原各地，並向信陽一帶調集軍隊，伺襲武漢，企圖與桂系軍隊會師，一時謠言紛起，人心惶惶。

大哥在得知馮玉祥的這些陰謀背叛行動後，非常憂慮，經幾度思考後，決定以友誼關係，勸阻馮氏。因爲在民國十年時，大哥任陝西省長兼鎮嵩軍總司令，馮任督軍，兩人在軍政上的配合還算不錯，而且訂爲金蘭之交，北伐時又和他再度合作，不管怎麼說，在公私兩方面，他都不能坐視馮氏一意孤行。於是就在二月二十二日，召集師、旅長以上幹部說話，表示對於馮氏的行動，很不以爲然，並說：

「北伐告成，全國統一，正是我們勵精圖治，給無辜人民休養生息，建立富強康樂國家的時候，不料一些軍人不這樣想，處心積慮，企圖發展個人實力，造成永久分裂的局勢，長此下去，國家的前途還堪設想嗎？馮總司令這次行動，實在是我意想不到的。他現在既然和中央發生隔閡，我為國家著想，也為他已往光榮的歷史設想，決定立即前去勸他暫卸仔肩，出洋考察，我也將辭去現職，陪同馮先生出國。」

這時，總指揮部參謀長范滋澤立刻表示反對，說：「當部下的勸長官下野，恐將為輿論所不許，而且將會遭人物議……。」大哥又說：

「假使我們的長官或者我們的朋友，要走入歧途，即將陷入溝壑中，當部下的或是朋友，難道不應該在後面拉他一把，以他保全他的性命嗎？如果聽任他一意孤行，陷於萬劫不復的地步，這算好朋友好部下嗎？」

當時在座的各將領聽他這番正義凜然的話，覺得頗有道理，也就不再諫阻了。但是在座的總指揮部參議孟廣彭先生（與馮及大哥同為好友）亦很不贊成的說：「煥章（馮氏別字）的為人以及他的個性，都是你我所深知的，我總認為你去見他是多跑一趟，你對他再誠懇，甚至把心掏出來給他看，他也不會採納你的意見，你又當如何呢？」大哥卻表示說：「無論如何我一定要去，以盡個人最後的努力，倘若馮氏仍是固執己見，那只有各行其是了。」大家眼看總指揮要勸馮氏醒悟的意志這樣堅決，只有隱痛在心而不敢再加阻止。可是在一旁的將領們卻仍然都不贊成，認爲馮氏氣度編淺，不能容人，而且殘酷成性，尤其爲一般人所深知。如今去當面勸告，在我們來說，固然是出於至誠，須知忠言逆耳，假使不爲馮氏所諒解，後果恐怕不堪設想。但是大哥的決心絲毫不動搖，並說：「我爲國家的安危和馮總司令的公誼私交著想，不能不去。如果馮氏對我眞有誤解，而將我置之死地，在我是死得其所，這也就是馮氏把我成全了！」

這時我暫編第二十師阮勛旅長竟情不自禁地向大哥哭訴說：「我們自從軍以來，都是在總座的領導下，一切都仰仗您的教導和愛護，才能免於隕越，現在中途要離棄我們而去，出洋考察，使我們無所適從，將來如何得了！」大哥就勸慰他們說：「你們都是三十歲以上的人了，應當知善惡，明是非，更應當知道身爲革命軍人，只有一條路，那就是跟著中央走，只有一顆心，就是保國衛民的赤心，只要大家能夠始終本著這種作法，相信你們都會有光明前途的，否則不但沒有事業可言，甚至死無葬身之地！」

大家基於以往對大哥的敬仰，以及看到大哥的的意志這樣堅定，無形中都受到很大的感動，而不再疑慮。

大哥在多方面安慰部屬後，就在當天（二月二十二日）晚偕同秘書陳士凱（字次元、又字慈園，盧氏縣人，遜清拔貢）、騎兵旅長龔御衆，由北平乘平漢鐵路特快車南下，翌晨抵新鄉下車，換乘汽車到達百泉。上午十一時，晤馮探問病情，與語，馮氏一肚牢騷，說什麼南京政府對新收編各軍，甚至敵方降軍，調動駐防江蘇、安徽各地，當成心腹嫡系；而對曾經參加革命，汗馬轉征，百戰功高的各路總指揮，有的竟投閒置散，不問不聞，如此措置乖異，令人心中不平！

馮氏對大哥優禮有加，兩人在很愉快的氣氛下，暢談兩天多，會談的要點多是分析國內外情勢，及請馮氏放下兵甲，由他陪同出洋考察。但馮氏對於出洋考察一事，很不以爲然，並說：「現在三民主義尚未成功，我們怎能放棄職責自行出國呢？」馮又說：「將來三民主義的完成，責任是在我們弟兄身上，而不是現在這個無能的政府！」大哥鑒於馮氏的觀念偏激，不可理喻，就正色對馮氏說：「你想要負國家的重責大任，完成三民主義，那就必須完成你的三人主義。」馮問說：「什麼三人主義？」大哥答說：「就是延攬人才、體諒人情、收拾人心。」馮氏聽了就說：「你倒是說來我聽聽！」大哥於是侃侃說出一番大道理來，他說：

「所謂延攬人才——假設由你來負國家的重責大任，試想，以一國之大，人口之多，事務之繁，以及應付國際間的險惡局勢……等等，一切的一切，都需要學有專長和經驗豐富的優秀人才來策劃處理，如以軍事方面來講，國家的軍隊是對外而不是對內，現在世界列強對於軍事的建設，無不日新月異，日趨機械化、現代化了！回觀我們的軍隊仍然是破步槍、大刀片，這樣就能夠對付帝國主義嗎？為了抵抗帝國主義者的侵略，我們極應多方面延用專門人才，急起直追，迎頭趕上，以成為現代化的軍隊。再就經濟財政方面來說，更是關係著國計民生，絕對不是我們隨便派一個軍需人員所能勝任的；尤其外交方面，各國都有他們深長的歷史，都有他們不同的國情，國際間素無道義可言，弱肉強食，互相吞併，我們的外交人員必須具有專門的學識和豐富的經驗，這更不是像軍隊之間隨便派遣一名連絡官就可以勝任的。這些部門固然需要專門人員來領導策畫，其他各部門也不例外。依你說中央政府人員無能，恐怕我們連這種你認為無能的人員也不多。我說要負國家的重責大任，來完成三民主義，必須延攬人才。就是這個意思。

其次所謂體諒人情——就是氣度要恢宏，能夠容納萬象。以往我希望吾兄能事業成功，曾一再向你奉勸，千萬不可氣量狹小褊淺，不能容物，不能容人，視部下如同奴隷，將會使人敬而遠之，這多麼可怕呢！現在我說的體諒人情，仍然還是這個意思。

所謂收攬人心——是爲政、治軍以及持身處世應具有的先決條件。古語說：『得人者昌，失人者亡』，由此更可以知道收攬人心的重要了！至於如何收攬人心，做起來並不困難，也就是意念之間的轉變而已。如果能體諒人情，使人敬仰，人心自然歸附，尤其在這大戰之後，人民望治心切，吾兄因爲與中央小有不洽，不加容忍，擅自行動，再啓戰端，而釁由我開，使人民再度陷於水深火熱之中，人心對我們的向背，也就可想而知了！我之所以急著想來和您見面，就是爲您以往對國家的貢獻，爲您以往光榮的歷史著想，唯恐您一念之差而毀於一旦。現在事情已經這樣，爲兄著想，最好藉這個機會，來個功成身退，出洋考察，藉以免除和中央之間的小誤會，而言歸於好，我想社會人士對於吾兄的偉大作風，一定會欽敬萬分，這就是收攬人心的最好時刻，請不要錯過。現在江南一些省區，還沒有納入正軌，變亂迭起，中央爲謀取國家的統一和安定，不久的將來，可能會延請吾兄回國，共謀國是。

」

馮氏說：「你說的很好！可是我們出國以後，那些曾和我們同甘共苦的袍澤，將會隨時聽人宰割了！」大哥向他剖釋說：「這個是你多餘的想法！試想，當你功成身退，政府對你的部屬，愛護都來不及，怎麼會以不合理的手段來摧殘他們呢？退一步說，假使中央在你出國以後，運用不合理的手段編裁這些軍隊，不但被編裁的軍隊不會接受，而且也是輿論所不容許的。剛才聽兄所談，打算放棄魯、豫兩省，而將第二集團軍所屬各部，進駐陝甘地區，這樣作法，不僅是自由行動，而且有背叛中央之嫌，實在是自取滅亡！因爲豫魯兩省地區地多平坦，人民雖不富有，但是供養這些『飢軍』，或者不會成爲嚴重問題，況且中央負有絕對的責任，對於軍需問題，能置之不管嗎？至於陝甘兩省，地瘠民貧，雖是豐收之年，人民尚且吃不飽、穿不暖，何況現在西北地區，天久不雨，旱災嚴重，人民鬻子女而食的，比比皆是，這種耳不忍聞，目不忍睹的慘況，早在吾兄憂念之中，救濟他們都還來不及，怎麼還忍心把數十萬『飢軍』開到那裡，造成軍民爭食，結果不是同歸於盡嗎？」馮氏聽到這裡，以非常激動的語氣說道：「雪亞（大哥別字）！你眞是我的好朋友、好弟兄！你替我設想的實在太周詳而無微不至了！我聽你的，你先回去準備一切，等我把要務處理以後，就通知你，咱們再偕同出洋好了！」大哥見馮氏已經採納他的意見，認爲一場大戰禍將消彌於無形，內心歡欣無比，就返回楊村軍次等候馮氏來電，以陪同他一起出洋。

誰知事與願違，一直都沒有得到馮氏的片語隻字，這才確信馮氏早已決心反抗中央，爲了個人的權利慾望，甘願做國家的罪人。而前次和馮氏見面所談的一切，純粹是馮氏虛予敷衍安撫之詞，好使他早些離開，可以預料到的一場大戰亂，不久將要引燃了。因此大哥不斷的對這件事加以研判分析，是否馮氏對我發生誤會，曲解了自己對國家對朋友的一片赤誠？因此整天繞室踱步，苦思弭亂息爭的好計策，幾乎到了廢寢忘食的地步。於是大哥決心拍發電報給馮忠告，以盡個人最後的努力，勸馮氏醒悟，倘若馮氏仍是固執己見，那只有各行其是了。

二月二十六日，大哥向馮氏發出義正辭嚴的「七不可」之寢電，電文內容如下：

「邇來平津阻車，軍調頻繁，人心惶惶，不可終日，而謠諑方興，謂兄將不利中央，聞之深爲疑懼。

憶自北伐告成，未及一載，變亂迭乘，國家危險，已達極點，民命絕續堪虞，狂瀾亟待匡挽，此不可再啓戰端者一也！

國家多難，非息兵不足以圖存，建國方殷，非和衷不足以共濟，而以政見異途，各執其是，內亂不止，遑論謀國安邦，此不可再啓戰端者二也！俄寇倭奴，環伺邊陲，虎視眈眈，待機侵犯，亡國滅種之慘局能不懍然，弭亂禦侮，不容卸責，此不可再啓戰端者三也！馬列份子，四下潛伏，利用失意軍人，無聊政客，挑撥勾結，煽惑離間，期變亂擴大，以遂攫取政權之陰謀，國是民生，永無寧日，此不可再啓戰端者四也！民元以來，兵革頻仍，災害侵擾，工商凋蔽，交通阻梗，盜寇遍地，田園荒蕪，民命倒懸，此不可再啓戰端者五也！政見不同，應開誠以相見，萬勿因政爭而兵爭，連年戰禍，官兵傷亡慘重，民為邦本，本固邦寧，應凜於兄弟鬩牆，煮豆燃萁之明訓，此不可再啓戰端者六也！吾兄治軍持政，國人欽仰，倡導革命，厥功至偉，而今統一之局方成，人心望治心切之際，倘再起戰禍，人心向背，遑待龜筮。竊以為名正理直則事必成，反之則殆，一念興仁，國社是賴，意氣用事，智者不取，此不可再啓戰端者七也！

擬懇吾兄暫卸仔肩，放洋遊歷，弟亦辭去兵柄，以隨兄後。鎮華。寢卯。

」

這封通電發出以後，一直沒有接到馮氏的答覆。大哥知他不能懸崖勒馬，乃有脫離馮氏之心，以免隨之成爲國家的罪人。

三月十二日、接到馮電，調本軍所部全數開駐山東的兗州（今滋陽縣），以塡中央軍繆培南（第一集團軍第四軍軍長）部之防務，大哥因知馮將有異謀，一面藉故拖延未開，一面密向蔣總司令請示辦法，希望能緩開，或開駐德州馬廠一帶塡任應岐之防務。但後來蔣總司令改令方振武、范熙績兩部向德州駐紮，大哥惟恐仍須開拔，乃以尙未籌備妥當爲辭，再拖延些時日。

不久，馮以百泉來往人士太過於頻繁，動靜惹人注目，乃於三月二十八日移居華山。二十九日、忽然接到馮電，改調本軍到平漢路南段之明港驛（在信陽縣北九十里）一帶駐紮；三十日、馮又電召大哥赴華山會議。此時大哥處境進退維谷，因爲馮氏採投機主義，分向豫西、豫南集結兵力，謀與桂系聯合，若中央失利，則可代而組織政府，若桂系失利，則可接防武漢，大哥不値馮氏所爲，心向中央，但又不能不聽命於馮氏，眞是左右爲難，只好以車輛無著拖延，一面商請我中央政府派駐北平的行營主任何成濬先生（參軍長兼），轉請蔣總司令下令准許本軍不須南開。這段期間，馮氏一再來電頻催本軍南開甚急，馮氏甚至令派兩列車前來裝運，大哥焦灼異常，更不願到華山見馮請求勿將軍隊南開。直到四月十六日接獲蔣總司令銑電，准本軍「暫時不必南開」，這才算鬆了一口氣，立刻回覆蔣總司令一電，表示：「馮氏雖催南開甚急，但官兵心理皆願隨從主席，決不開動」，總算及時挽回本軍被陷入不義之名，轉而加入討逆的行列。

第二節　討逆第十一路軍

民國十八年四月中，馮玉祥反抗中央的異圖更加明顯。四月二十四日、馮氏秘密召集重要將領在開封舉行緊急會議。根據二十六日接到開封方面的情報獲知，這次會議所做的決定，主要有六點：

(1)開封、鄭州兩地即於當日施行戒嚴。

(2)在河南地區（尤其接近交通的縣份），應儘量加速徵集糧秣，以火車運往潼關以西。倘車輛不敷應用時，可在陝州徵集船隻，由黃河轉渭河，運往渭南、臨潼一帶。

(3)孫良誠部應從速撤出山東，經泰安、濟寧向開封以東之蘭封集結後，即以火車輸送至潼關。

(4)豫東南之部隊，亦即日向許昌、鄭州移動，並自許、鄭以火車輸送，集結潼關以西。

(5)石友三部仍在南陽及其以西地區，防阻中央軍之西侵，以確保陝省東南之安全。

(6)韓復榘部集中於信陽、漯河、許昌一帶；龐炳勳部自豫北之彰德移駐封邱、蘭封地區。韓、龐兩部之任務爲掩護大軍撤退之安全，爾後之行動，另以電令指示。

馮氏在主持會議後，於當天晚上率同孫良誠乘車西去陝州。

大哥在獲悉上述情況後，非常震驚，深深感到馮玉祥身爲國家要員，竟然輕諾言，背信義，不明是非，又如此狂妄，不納忠言，將來身敗名裂，固是咎由自取，但對國家安定所產生不利的影響，卻是無法估計的，將不知如何善後？想到這裏，自覺人微言輕，對大局無補，因此想辭去現職，出洋考察，然而部屬們卻堅決挽留，不肯放行。這時，蔣主席派駐北平的行營主任兼國民政府參軍長何成濬（字雪竹，湖北隨縣人，日本陸軍士官學校第五期步兵科畢業）先生聞知大哥弭兵苦心，欲引退浮海出洋，即趕來楊村軍次，多方勸解大哥，勉以國事爲重，且將本軍狀況電呈中央。蔣總司令獲悉大哥擁護中央，謀國忠誠，亟欲重用，大哥乃建議由他率本軍自綏遠入陝，出奇兵以制敵，使馮四面受敵而致勝，這時第三集團軍參謀長朱綬光卻認爲本軍作戰力有限，不適合擔此重任。於是閻錫山向蔣建議，以唐生智的第五路軍由津浦路轉入隴海路，平漢路空虛，可將本軍移調平漢線。

五月十八日、大哥奉到蔣總司令電令，將我原第八方面軍番號取消，改爲「討逆軍第十一路」，並任大哥爲第十一路軍總指揮。大哥即於二十一日電報南京就職，文云：

「南京中央黨部各委員、國民政府蔣主席、各院長鈞鑒：頃奉陸海空軍總司令巧（十八）電開：『茲任命劉鎮華爲討逆軍第十一路總指揮』等因。猥以輇材，謬膺重任，爲黨爲國，義不容辭，謹於本（五）月二十一日在楊村軍次，遵令就職，伏祈時賜指導，俾有遵循，無任企禱！討逆軍第十一路總指揮劉鎮華叩。馬印。」

不久，我第八方面軍原所屬之暫編第十九師、暫編第二十師，奉命改編爲國民革命軍陸軍暫編第三師和暫編第四師兩師，仍以萬選才和我爲師長。至同年九月下旬，始再正式改編爲國民革命軍陸軍第六十五師和第六十六師，師長仍是萬選才和我兩人，前參謀長范滋澤改任參議，而由騎兵旅長龔御衆兼任參謀長。這是本軍直屬中央，改編爲討逆軍的經過，從此即加入討逆的戰爭中。

再說馮玉祥於五月上旬已將其所部主力集結在陝州以西至潼關之地區。十五日、唆使劉郁芬、孫良誠、宋哲元、韓復榘、石友三……等人，聯合通電，反對中央，推馮爲「護黨救國軍西北軍總司令」（註一），所部軍隊即向豫西集中，韓部首將平漢鐵路南段武勝關及雙河鐵橋（信陽縣南二十五里）、長臺關南之鐵橋，予以破壞，向北退兵；孫部扣留隴海鐵路機車六十多輛、車皮二千多輛，運兵西行至洛陽、潼關各站，並炸燬平漢鐵路鄭縣北之黃河鐵橋，及商邱東西一帶之鐵橋；龐炳勳（暫編第十四師）部炸燬平漢鐵路冀、豫交界之漳河鐵橋及附近的三座鐵橋，並將沿途電線剪斷，自安陽南撤；所駐鐵路沿線的軍隊，破壞交通，電訊設備，並且把枕木、鐵軌，全數撤往陝西，以遏阻中央軍的進擊。馮之諸此行動，護黨乎？救國乎？豫省首先被禍害，豈止中央難以寬容，豫人亦難以諒解。

我中央政府以馮氏背叛黨國，逆跡彰著，於五月二十三日開除馮氏黨籍，次日、下令褫去本兼各職，通令全國文武機關一體協緝拿辦，以安黨國，而彰法紀。

五月二十五日、蔣總司令電令我第十一路軍，以火車輸送，務須在五月底前集結河南鄭州，聽候待命。本軍奉命後，由我率暫編第四師爲先頭部隊，於五月二十七日從楊村乘平漢鐵路南下，第三天到達豫北新鄉。未料這時又奉到總指揮部轉知蔣總司令電令，令本師停止在新鄉和黃河北岸待命。原來馮氏這次的叛亂行動，並未能獲得他的部屬一致支持，像其主將河南省主席韓復榘，以用兵意見不合，被馮摑耳光，忿然脫離馮之團體，亦仿馮當年背叛吳佩孚之行爲，於五月廿二日偕石友三通電南京，聲明未參與破壞和平，率部十萬人投歸中央，他們可以說是馮軍的主力，作戰最力，也最優秀，對馮氏的影響很大。蔣主席覆電嘉獎，並任石友三爲討逆軍第十三路總指揮，這實在大大出乎馮意料之外，也是造成馮部失敗的主因，這也可以說是天道好還吧！。而中央政府鑒於馮氏內部解體，爲避免內戰的發生，決定採取和平的策略，電促馮氏離開部隊，將部隊交由鹿鍾麟暫時領導，聽候中央編遣會議的整編。

至於馮氏也感到自己的叛國行爲，不容於親信的部屬，內部分裂，衆叛親離，形勢險惡，前途茫茫，戰事已無把握，爲避免中央的討伐及保存剩餘部隊的實力起見，於是在五月二十七日通電下野，前往山西，以爲緩兵之計，有「**自本月二十七日起，所有各處文電，一概謝絕，從此入山讀書，遂我初服，但得爲太平之民，於願足矣**」之語。此電一出，各方咸認若馮氏能隱忍退讓，則從此可太平無事，其實馮氏雄心未息，只是靜以待動，另謀再圖大舉罷了。

閻錫山觀察國內形勢，知馮難以堅持下去，於是發出勘（廿八日）電，勸馮下野，並邀其共同出洋，以早息糾紛，而鞏固國基，電文中有云「**只要我二人與介公（蔣主席）一德一心，則國事必有可爲。……爲我三人歷史計，亦當合作到底。……然手握兵符，建言朝政，幾近劫持，天下人誰復相諒？側聞中央有用兵之意，倘不幸成爲事實，無論誰負誰屬，而整個之黨變成破碎，統一之國形成分裂。……**」說來頭頭是道。

大哥接閱閻之勘電勸馮下野，亦決心實踐以前諾言，與閻、馮相偕出洋，乃於次日電閻與之面商此事。六月一日、大哥抵太原，而閻已南下運城迎馮入晉開會，由其參謀長辜仁發招待留數日，即返北平。馮也覺得形勢已無可挽救，於六月二十一日偕帶隨從人員王瑚、鄧哲熙等二十餘人，由潼關渡河至風陵渡，再乘汽車到運城，於廿四日午前抵太原，與閻見面商量共同出國之事。而其所醞釀與戎的「護黨救國」反動行為，遂如曇花一現，暫告結束，從此聽任閻的擺佈，成為奇貨可居的人物。

事實上，馮應閻的邀約入晉，名義上是與閻攜手下野出洋，以息紛爭，而主要目的是要爭取閻的合作；閻則是乘機以馮要脅中央，挾其自重，以索求山西、熱河、察哈爾、綏遠四省的稅收，更假名馮之要求，與中央達成協議，替馮爭取三百萬元軍費，閻即以開會共商國是為名，邀馮入晉。所以馮一入山西，就被軟禁於太原西南十里的晉祠，而後又移於閻的故鄉河邊村以北的建安村，以便「朝夕請教」。

大哥聽說馮到太原，非常高興，認為他留在山西，行動受到限制，將使一場大戰消滅於無形，不僅是人民之幸，也是國家的大幸，即於六月二十六日電閻云：

「閻總司令鈞鑒：則密。有（二十五日）電敬悉。煥公抵并，和平可達。鈞座斡旋匡濟，苦衷不負，吉耗傳來，忻忭無似！華於號（二十）赴（南）京，有日下午四時隨主座（蔣主席）回平，知關錦注，謹以附陳。職劉鎮華。有印。」

而後大哥為實踐前此出洋諾言，乃於七月十二日致電閻錫山轉請蔣主席准許他辭去本兼各職，還軍國家。電文如下：

「太原閻總司令鈞鑒：則密。職願切出洋，久蒙垂察。現在大局底定，編遣實施，所有戰時委任名義，自應一律取消，實現和平，擬請鈞座電陳主座（蔣主席），准予開去討逆軍第十一路總指揮，本兼各職，俾得早遂初服，藉酬表志，無任感禱！職劉鎮華叩。文印。」

閻復電云：

「北平劉總指揮雪亞大哥勛鑒：則密。文電本日誦悉。我兄擔任各職，事關通案，軍事停止，編遣實施時，中央對兄必有相當辦法，此時請勿言辭也。特復。小弟閻錫山。巧印。」

如此大哥才打消辭意，暫不出洋，總指揮部和萬選才的暫編第三師仍奉命駐在楊村、保定一帶，我率領的暫編第四師仍暫駐在豫北新鄉、安陽一帶，擔任地方綏靖工作。

第三節　駐防成問題

當討馮軍事緩和下來，大哥辭職出洋未成後，本軍卻發生駐地問題。

按本軍自北伐完成後，原歸屬馮的第二集團軍，分駐於河北楊村及保定一帶。及至馮玉祥叛跡顯著，大哥即思脫離馮的控制，不聽命南調，而受中央委任爲「討逆軍第十一路」總指揮，我奉命先開到豫北新鄉一帶，待命而動。然此時閻錫山仍存有封建意識與地盤觀念，把冀、晉、察、綏各省視作他的勢力範圍，所謂「臥榻之側，豈容他人鼾睡？」。以是當馮氏入晉後，蔣先生擬調本師回駐河北訓練，閻即請將本軍全部調離河北，開往河南剿匪。蔣先生以河南剿匪部隊很多，不須再調本軍入豫，又主調駐開灤，閻則藉口拖延，或未置可否。如此幾經電文往返商討，最後還是蔣先生決定本師仍駐彰德，總部及萬選才師移駐順德，閻始無法推託，凡此皆可看出閻的用心。由往返的電文中即可瞭解一斑。

先是蔣總司令於七月二十二日致電閻錫山云：

「太原閻總司令百川兄勛鑒：靜密。查現駐新鄉、衛輝（汲縣）之暫編第四師劉茂恩部，擬令開赴河北駐紮訓練，至應調駐何處爲宜，希即電覆，以便核辦。蔣中正。養巳參印。」

七月二十五日、閻復電云：

「南京蔣總司令鈞鑒：靜密。養巳參電敬悉。豫中匪氛正熾，昨准雪竹兄電已轉請鈞座將劉鎮華所部，悉數開往河南剿匪，始蒙允准，則暫緩調動，可省往返之勞也。閻錫山叩。有印。」

七月二十六日、何成濬電閻轉知蔣先生電云：

「太原閻總令鈞鑒：史密。頃奉主座（蔣主席）有（二十五日）電開：『漾（二十三日）二電悉。劉雪亞部應留河北，不必再調入豫，因河南劉匪部隊已多，不必更增加也。中意以劉部調在大名（冀省南部）、或仍駐楊村（冀省北部武清縣東南五十里）為妥。蔣中正。有印』等因特陳。公意如何？贊同、希即轉行知照。弟何成濬叩。宥印。」

八月五日、河北省主席兼河北剿匪總司令、平津衛戍總司令商震電閻表示意見云：

「太原閻總司令鈞鑒：成密。勘（二十八日）參電敬悉。查軍隊駐地似以單獨集結為宜。現在我軍正在整理，若北平地方插駐多數劉軍，於維持軍紀上殊感不便，該軍如需北移，令其駐紮保定較為便利，屆時我駐保（定）軍隊，除留一部維持交通線外，餘均調駐北平，是否可行？仍祈鈞裁示遵。震叩。歌參印。」

大哥於八月十九日電閻請示：

「太原閻總司令鈞鑒：則密。頃奉蔣司令電令，飭將職部駐新鄉部隊移駐河北等因。查職部零星分紮各處，均感不便。前者在平請將職部集中保定或南苑兩處，曾經電塵鈞聰。此次蔣總司令飭令開回河北，其意亦在保定、南苑，祇以電何參軍長轉商鈞座，迄未接復，因暫指明大名、順德（邢台縣）、正定一帶，俾早準備開動，懇乞鈞座核奪，於保定、南苑指定一處，以便遵循，無任企禱！職劉鎮華叩。效印。」

後來蔣總司令又擬改調本軍移駐開灤，但未獲閻之肯定答覆。大哥又於八月二十六日電閻云：

「太原閻總司令鈞鑒：則密。職部移防事宜，中央擬令移駐南苑、保定一帶，嗣擬改定開灤，均經何雪竹先後電商鈞處。近因鐵路損壞，連日不能通車，復以未奉鈞處電示，以致未能開拔。現下鐵路不日修復，開拔事宜亦經準備，關於所移地點，尚乞迅予賜示，俾有遵循，不勝感盼！劉鎮華叩。宥印。」

按河北地區在當時是閻錫山的勢力範圍，所以有關移防事宜必須經過他的同意方可，閻當然不願本軍插駐其中，但是礙於蔣總司令之意，自不得不虛與應付一番。因此復電說是已電河北省政府查察情形後再電聞。大哥因部隊分散，訓練不便，十分焦急，於八月二十九日再電閻氏：

「太原閻總司令鈞鑒：則密。職由京返平，沿途檢閱各師部隊，本日抵保，不日即可到平。職部移防地點，中央雖有令駐南苑、保定或開灤之電，但察其意旨，似無成見。職部近來駐地分散太甚，訓練整頓，不便實多，只期便於集合整頓，對於所駐地點，亦屬無所不可，惟望鈞座主持，酌予指定，即遵照辦理，敬候示復。職劉鎮華叩。豔印。」

八月三十日、大哥返抵北平，再電閻云：

「太原閻總司令鈞鑒：則密。勘電計塵鈞聽，當即派員與孫（楚）師長接洽。茲據電稱，順德地方狹小，房屋不好尋覓，我部與孫師同住，勢必容納不下等語。又接邢台孫師長來電，略同前情。該處即屬狹小，職與孫師同駐不好容納，擬請鈞座將孫師另調他處，以免擁擠，俾便職部早日開往，是所企禱，佇盼示復。職劉鎮華叩。卅印。」

九月一日、大哥接閻電：

「北平、劉總指揮雪亞大哥勛鑒：則密。豔電誦悉。台從吉旋，無任忭慰！

貴部移駐一節，前電河北省府，尚未得復；（馬）凌甫先生不日赴平，已囑面達一切矣。特先電復。小弟閻錫山。東印。」

嗣經齊眞如參議代表大哥前赴太原與閻面商，閻意仍希望本師留在豫北，至於萬選才師或可移駐順德，大哥乃於九月九日電閻：

「太原閻總司令鈞鑒：則密。齊參議眞如回平，傳述鈞座關垂盛意，彌殷感激。職部劉師防地既以豫北所屬衛輝、彰德一帶爲宜，自應遵辦，而職部萬師爲集中整理訓練計，似以移駐順德一帶較爲便利，如荷俯允，祈先電示。職劉鎭華叩。佳印。」

同日，何成濬也致電閻氏云：

「太原閻總司令百公鈞鑒：史密。奉主席青電開：『雪亞部以調開灤使其心安爲宜，請轉告百兄，彼在河南恐與各部必起糾紛』等因，特達，公意如何？祈復。何成濬叩。青參印。」

大哥因久未奉閻答覆，於九月十二日又致電太原：

「急。太原閻總司令鈞鑒：則密。眞（十一日）電奉悉。萬師移防事，仰蒙電陳中央，曷勝感激！惟所擬該師防地是否順德？未蒙示及，至深企念！懇乞賜電示知，以便轉飭，預爲準備，是所企禱！職劉鎮華叩。文印。」

十四日、閻復電仍是未置可否，文云：

「北平劉總指揮雪亞大哥勛鑒：則密。文電誦悉。貴部萬師移防事，俟奉到中央復電，即行奉達。特先電復。弟閻錫山。寒印。」

直到九月十六日，閻錫山奉到中央電令，指示本師防地在衛輝以北，彰德以南，萬選才師在保定或順德。大哥獲知後，即向閻電請求將萬師移駐順德，如此兩師防地接近，較便於指揮訓練。電文如下：

「太原閻總司令鈞鑒：則密。頃接馬參議凌甫電稱，鈞座奉中央電，職部劉（茂恩）師防地，指定衛輝以北、彰德以南，至萬師集中順德、或保定，刻正與河北省府電商等語。查職部劉師防地既經規定在衛、彰一帶，萬師及總指揮部與直屬各部隊防地，似宜接近彰、衛，俾指揮訓練，均得便利。保定相隔太遠，諸多困難，伏乞指定順德、或石家莊以南，爲職部萬師防地，以免隔閡，而資連繫，至爲盼禱！並乞電復。職劉鎮華叩。銑印。」

對於萬師駐順德之事，閻錫山並不表示意見，要大哥直接和何參軍長商洽辦理，同意備案即可。大哥遵令與何參軍長商妥萬師已可移駐順德後，即於九月二十五日電知閻氏，並問如何辦理：

「急。太原閻總司令鈞鑒：則密。敬電奉悉，遵即與何參軍長商洽妥協，業經電呈中央備案，並何參軍長分飭路局籌辦車輛，以備應用。惟查職部此次開赴順德方面有萬師全部，並騎兵一旅、暨總指揮部所屬各處，均須開動，將來恐形擁擠，是否與原駐該處隊伍同行分駐？懇乞示遵，以便派員前往相查地點，無任企禱！職劉鎮華叩。有印。」

九月二十八日、閻復電如下，仍不表示意見：

「北平劉總指揮雪亞大哥勛鑒：則密。有電誦悉，貴部萬師開赴順德後，如何好，如何辦，由萬師長與孫師長（楚）接頭可也。除電孫師長查照外，特電奉復。弟閻錫山。儉二印。」

同日、大哥接到蔣總司令電，指示本軍分駐順德，乃電告閻氏云：

「急。太原閻總司令鈞鑒：則密。儉二電敬悉，頃奉蔣總司令感酉電開：『茲著該總指揮部及第三師移駐順德，四師移駐彰德，希遵照並飭剋日移駐具報爲要』等因，除電復遵照外，懇乞鈞座賜飭孫師長照料一切，是所企禱！職劉鎮華叩。勘印。」

這是本軍正式奉到移駐的確實電令，至此已成定案。但事實上問題並沒有完全解決。此因原駐順德的閻部孫楚師（第三十三師），以當地房舍擁擠狹隘，與地方易生糾紛，認爲無法再容納萬師，況值編遣之時，駐軍複雜，恐發生不良影響，希望於編遣後再移防，一再向閻錫山及本軍表示此意，欲阻擋萬師移駐順德，閻則答覆孫楚「斟酌辦理可也」。這樣拖拖延延、敷敷衍衍，直到十月二日，閻始明白肯定移防，但附帶聲明冀省財政支絀，對本軍之協餉朝不保夕，請大哥逕電中央，另行籌撥餉款協濟；並於次日電知河北省主席徐永昌，以中央命令不得不遵，希知照辦理；轉飭邢台縣長孫榮彬、孫師長照料一切；同時通知總參議周玳、參謀長辜仁發云：「**劉雪亞部萬師可分駐磁縣、邯鄲一帶，其總指揮部可在順德尋覓地址居駐，順德城內並可任其駐小部分隊伍，希速電孫師長遵辦**。」，如此兩個月來的駐防問題至此總算塵埃落定。

回憶這段辛酸的駐防經過，由於本軍遠隔中央，寄人籬下，處此板蕩時局，直如天涯遊子，無怪大哥撫躬顧影，繞室徬徨，頓生孤孽之感，幾不知涕淚之何從！至於本師在這段電文往返約兩個月的期間，一直駐防在彰德、衛輝、新鄉一帶地區，擔任剿匪綏靖地方的工作。

這時的豫北地區，土匪蠡起，尤以安陽的王某（人稱「老驢頭」而不名），聚衆約三、四千人，竄擾於安陽、臨漳、內黃、湯陰、淇縣及河北磁縣一帶，搶劫擄掠，無所不爲。本師駐防期間，爲期徹底消滅匪患，立即電請河南省主席韓復榘急派遣部隊接替道清鐵路沿線的防務，而將本師集中在安陽、湯陰、淇縣地區，令阮勛擔任各要點的守備，我親自率領武庭麟、徐鵬雲兩旅向王兜剿。經一個多月的窮追猛打，終於八月中旬，將土匪殘餘八百七十多人，在安陽、內黃兩縣交界地區，全部擒獲。當時爲應地方人士所請，且鑒於匪性難改，並顧念爾後地方的安寧，決定採取「治亂世用重典」、「以殺止殺」的古訓，於八月二十日、將所擒匪酋，梟首於安陽車站東北的空野，人民前往觀看的人山人海，道路爲之阻塞，行刑時，群衆更是歡呼雷動，許久不絕。若不是匪徒平素作惡多端，群衆怎會如此興奮？此後安陽、湯陰、淇縣等地得以安定，和這次徹底剿匪行動，有很大的關係。

豫省因連年蒙受戰禍，以致散兵游勇，充斥城鄉，槍械隨之流落民間，因而到處土匪擾害地方，人民不得安居樂業，大哥乃於九月二十六日電閻錫山，建議切實剿辦，方能撲滅。文云：

「太原閻總司令鈞鑒：則密。竊查豫省土匪，業經中央明令分區剿辦，迄未撲滅，推其原因，在主剿者其名，主撫者其實。近聞駐豫各部多派員赴各處與匪接洽，希圖收撫，長此以往，必致如火燎原，滋蔓難圖，不惟地方受其糜爛，且恐大局受其影響，鈞座衛國衛民，神謨默運，乞電陳中央嚴加制止，並一面電知第二編遣區駐豫將領協力剿辦，無任企禱。職劉鎮華叩。宥印。」

註釋：

註一：當時凡是反中央的人，都是以「護黨救國」爲號召，這個口號淵源於「改組派」反對蔣主席。即民國十七年十一月，汪兆銘派在上海成立「中國國民黨黨務改組同志會」，以恢復十三年國民黨改組的精神爲號召，被稱爲「改組派」。自十八年編遣會議後，各軍頭相互疑忌，咸恐不利於己，甚且勾結連合，遂打出「護黨救國」的旗號，反抗中央。十八年五月五日，桂系李宗仁首先在廣西通電稱「護黨救國」總司令，出兵入侵廣東。

第八章　參與討馮之役

民國十八年六月二十一日，馮玉祥應閻錫山之邀，渡河入晉，馮軍異動事件本可了結，詎料事實的發展並不如此。

馮雖被閻羈縻於山西，實際上，其部屬仍然和他保持連繫，所有軍事行動，還是由他暗中指使。如我中央「國軍編遣委員會」派員前往西安進行點編時，所有西北軍都拒絕接受點編，這就是馮爲確保他的實力而指示他部下的軌外行動。而中央亦獲知馮軍在陝西以揭示「護黨救國軍」的名義，與「改組派」連絡，招兵扣車如故，依然從事反中央的活動。馮曾於渡河入晉之前，在華陰召集其重要幹部，說明其通電下野，僅是用爲對外策略，入晉可爭取與閻合作，俾資合謀反蔣，當更爲有利；並吩咐內部仍應積極準備軍事行動，以待時機到來。馮部將領亦派人四出活動，陰謀顚覆中央政府。

第一節　發表討逆電

十月初、馮部第二方面軍（孫連仲）之第一軍軍長韓占元派代表韓瑤琴來彰德見我，希望我軍加入其反中央之行動，當即予以婉言拒絕。馮軍將領受馮之影響，對中央向存有成見，說中央不發給軍餉，不能和中央軍平等待遇，藉以鼓動官兵的反抗情緒；況且西北地區連年荒旱，民生飢饉，兵多餉絀，無法維持，形成軍民爭食的現象，異常困苦，遂迭向閻錫山質問中央如何接濟？有無辦法？閻則一味支吾其詞，馮軍乃表示要自尋活路，並請原諒其自由行動。或謂馮軍之亂，是出於閻的煽動，但閻知道馮軍發動戰爭卻是無疑的。

此時適有粵軍第四師師長張發奎駐軍鄂西宜昌，中央調其移駐江蘇海州（東海縣）一帶，擔任隴海鐵路東段防務，張懷疑中央有意解決該部，拒不受命，乃於九月十七日發表通電，反抗中央，情勢為之緊張。而馮之第七方面軍總指揮劉郁芬等赴南京向中央要求未能盡遂目的，忿而歸來，乃夥同鹿鍾麟、孫良誠、宋哲元、石敬亭、孫連仲、龐炳勳……等二十七名將領，乘著中央忙於出兵討伐粵桂叛軍之時，突然於十月十日聯名發表蒸電，反抗中央，二次出兵，一路沿隴海鐵路東進，企圖進襲開封；

一路出荆紫關，向襄陽、樊城進展，企圖直撲武漢。

國民政府於十月十一日下令討伐。我討逆軍第十一路奉檄討逆，即於十五日發表「不可者三、不能者三」的通電：

「（銜略）頃閱宋哲元等佳（九日）、蒸（十日）各電，莫名駭異！當復一電，文曰：『頃讀上閻總司令佳、蒸各電，感慨同深！

鎮華等內審國情，外觀世變，竊以值國危民困之時，作興兵黷武之舉，有不可者三，不能者三，硜硜之愚，謹為諸兄垂涕言之：

民國成立已十八年，軍閥割據，儼若鴻溝。自國民政府以黨建國，統一告成，幸經兩稔。然欲確定國權之統一，當自軍權統一始，統一之道無他，化私人軍為黨國軍，化地方軍為中央軍而已。諸兄效忠黨國，惟有實行公軍主義，祛歷年軍閥擁兵風習，樹國家永久統一之宏基。尊電喋喋以四十萬武裝同志相炫，視國軍為私產，置政府如弈棋，勢不至使青天白日之版圖重陷於四分五裂不止。若欲以一隅之力，重造統一之局，猶南轅與北轍也。是為妨害統一，其不可者一也。

革命工作有兩階段：曰破壞、曰建設。比者、軍政告終，訓政開始，是由破壞而入建設時期，凡我同志，亟宜偃武修文，努力於建設一途，兄等縱以中央措施或不愜意，亦當開誠建議，俾政府收集思廣益之成效，政治趨循序漸進之正軌，庶六年訓政乃能實施，三民主義可底於成，否則裂冠毀冕，狐搰狐埋，恐尊電所謂定國本、安人心者，結果適得其反。而（孫）總理以黨訓政，所創制之心理建設，物質建設、社會建設，種種偉大計畫，蕩然盡失。是爲障礙建設，其不可者二也。

此次編遣會議，爲本黨救國重大政策，實爲人民生存惟一要求。伏讀閻總司令復兄等蒸電，諄諄以先行切實編遣爲警，誠屬洞見癥結。乃編遣正待實施，而西北忽傳動員，非第不編遣也，反從而招兵收匪，變本加厲，民不聊生，國將破產，滅亡之禍，奚待著龜？來電猶以救國救民自詡，試質諸良心之制裁，是非眞僞，當有能行之者。是爲破壞編遣，其不可者三也。

或謂兄等悍然出此者，但求便其私圖，固知其不可爲而爲之者耳！鎮華等則反期期以爲大誤也。天下事，有理之所不可，而勢之所在，或能行者矣，未有並勢之所不能，而不即於敗者也。請再就事實言之：

年來、西北各省災民數近二十萬，哀鴻遍野，岌岌可危，若兵連禍結，民食既絕，軍食亦匱，語云：「兵無糧自潰」，此受天災之影響，不能戰者一。

共黨利用階級鬥爭，惹起社會反感，自本黨清共以後，該黨乃假下層工作之手段，行聚匪殃民之慘劇，幾於無地無匪，無匪不共，燒殺擄掠，乘機思逞，戰禍一開，共黨蠢起，必致軍事生絕大之危險，社會受莫大之犧牲，誤國誤民，害黨害身，其禍有不可勝言者，此因內亂之牽動，不能戰者二。

革命目的，在打倒帝國主義。我國受赤白兩種帝國主義之壓迫，咄咄逼人！邇者、蘇俄以激烈手段派兵犯境，是正協力對外之時，詎有同室操戈之地？倘因內變而引外侮，議者必有西北軍與赤俄勾結之說，此無稽謠傳，雖無足辯，然兄等直接爲赤俄作聲援，即間接爲各帝國主義者造機會，何以執讒慝之口，而安國人之心？語云：「眾怒難犯」，又曰：「千夫所指，無疾而死」，因此外交之牽掣，不能戰者三。

以上數端，揆諸正義，既爲不可，按之事實，亦屬不能。鎮華等本良心之主張，爲苦口之忠告，順逆之數，存亡之機，在此一舉，若仍執迷不悟，甘犯和平，惟有本尊電大義爲重，私交爲輕之旨，疆場相見，執鞭以周旋耳！敢布腹心，佇候明教。』等語。尚祈一致申討，以除兇頑，而奠黨國，是所企禱，諸維垂察。劉鎮華、萬選才、劉茂恩、萬殿尊、李廣隆、宋天才、阮勛、武庭麟、徐鵬雲、龔御眾率全體官兵同叩。刪印。」

西北軍動員計畫，共分八路：

第一路總指揮石敬亭，轄直轄第二師、另一旅，兵力約一萬餘人，位置於西安至華陰之間，總指揮部駐西安。

第二路總指揮孫良誠，轄第一（梁冠英）、二（程心明）兩軍，兵力約二萬人，位置於偃師附近及黃河北岸，總指揮部駐洛陽。

第三路總指揮劉郁芬，轄第三十軍、趙席聘軍、騎兵第一軍，嗣改爲後方警備隊；後由龐炳勳繼任，轄第四（張凌雲）、六（龐炳勛兼）兩軍，兵力約三萬人。

第四路總指揮宋哲元，轄第三（魏鳳樓）、十（馬鴻賓）、十四（陳毓耀）三軍，兵力約五萬人，分駐臨汝、朝邑、郿縣各地。

第五路總指揮劉汝明，轄第十二軍（劉汝明兼）兵力約一萬人，駐在陝西龍駒寨及淅川縣一帶。

第六路總指揮馮治安，轄第十一軍（馮治安兼），兵力約二萬人，位置於偃師以南地區。

第七路總指揮孫連仲，轄第八軍（孫連仲兼），兵力約二萬人，位置於蘭州及西寧。

第八路總指揮張維璽，轄第七軍（張維璽兼）及直轄第一師（過之綱），兵力約三萬人，分駐白河縣及天水等地。

嗣又增編第九路，總指揮是田金凱，轄第五軍，兵力約一萬人，位置於陝西安康、平利一帶。

中央政府爲肅清叛亂，解決內政上的糾紛，以求完成國家眞正統一的目的，下令討伐，分兵三路：

第一路軍總指揮　方鼎英（字伯雄、湖南新化人）

參謀長　賀國光（字元靖、湖北蒲圻人）

所轄各部隊分由上海、南京開至開封，南經郾城，西轉舞陽、葉縣集中。

第二路軍總指揮　劉峙（字經扶、江西吉安人）

參謀長　劉耀揚（字師尚、河南孟縣人）

所轄各部隊集中鄂北襄陽、樊城。

第五路軍總指揮　唐生智（字孟瀟、湖南東安縣人）

所轄各部分向河南鄭州集中，一部屯結滎陽、汜水，及鞏縣以西二十里之孝義村、西南四十里之芝田鎮。

討逆軍之作戰計畫：由第一、第五兩路軍主攻豫西方面，以殲滅逆軍之主力為目的；第二路軍由襄陽、樊城佯攻鄂西，牽制逆軍一部兵力，以策應豫西作戰。派何應欽為陸海空軍總司令開封行營主任，指揮討逆軍事。

十月中旬、西北軍主力在洛陽集結完成，隨即分為三路開始向前進犯：一路是石敬亭（第一路）、龐炳勳（第三路）、馮治安（第六路）等路，沿隴海路東下，被我軍唐生智部阻止於鞏縣以西二十五里黑石關及其南北之線；另一路孫良誠部（第二路）經偃師縣進犯登封，被我軍楊杰阻止於登封以東的唐莊、蘆店、三官廟之線；又一路以宋哲元部（第四路）向洛陽以南前進，企圖經臨汝進佔平漢線之許昌，但為何成濬部阻止於臨汝縣西北之臨汝鎮附近。從十月二十日以後，我中央軍和叛軍雙方都不斷增援，形成對峙的局面。

蔣總司令亦調派我第十一路軍參加豫西討逆，並於十月十六日兩電大哥催令部隊迅向黃河北岸地區集中。大哥即電閻請示：

「太原閻總司令鈞鑒：則密。昨電計塵鈞聽。頃奉蔣總司令銑電開：『貴部何日可以集中黃河北岸？盼復！』又奉銑巳電開：『請兄所部集中新鄉附近，俾便前進。』各等因。職託隸帡幪，惟命是聽，究竟鈞座如何主張？懇乞迅電示遵，俾有遵循，無任企禱！職劉鎮華叩。銑印。」

十月十七日、大哥於楊村總指揮部接閻復電，即令所部由冀入豫，並於十九日電閻報告：

「太原閻總司令鈞鑒：則密。篠電奉悉。遵即督飭部隊迅向豫北集中，謹電復陳。職劉鎮華叩。效印。」

大哥率總指揮部及直屬騎兵旅，於十月二十二日進駐新鄉，就近指揮各部向指定地點前進，並限三天內統統到達。二十六日、又奉到蔣總司令電令我軍限於三十日以前向新鄉和黃河北岸一帶集中完畢。

十月二十七日、本路軍第六十五師萬選才部第七旅（李廣隆）到達衛輝（汲縣）；第九旅（萬殿尊）到新鄉，駐紮沿平漢鐵路至黃河北岸一帶。我第六十六師即由彰德以火車輸送至道清線之焦作，而以第十旅（阮勛）到達清化鎮（博愛縣治）、懷慶（沁陽）；第十二旅（徐鵬雲）到濟源、孟縣；機砲團置焦作鎮，騎兵旅之一部游弋於北岸，以防逆軍北渡。

中華民國陸海空軍蔣總司令督師討逆，於十月二十八日發表通電：

「南京中央執行委員會、中央監察委員會鈞鑒：各院、部、會、各省政府、各特別市政府、各路討逆軍總指揮、各衛戍司令、各警備司令、各師長、各報館均鑒：馮逆玉祥所部宋哲元、石敬亭等，當暴俄入寇之時，竟敢悍然作亂於西北，自古未有國賊在內不先去之，而能外禦其侮者？中正謹於本日赴漢督師，奉黨國之威靈，爲主義而奮鬥，討賊戡亂，安內攘外，皆繫於今日之役。在中正奉辭伐罪，誓翦姦凶，尤望我國人併力一心，同仇敵愾，掃除建設之障礙，造成永久之和平，雖有狡焉思逞之強鄰，我亦不難于撙俎之間，以制勝萬里外也。兵行在即，敢貢所懷，惟我國人共鑒之。蔣中正。儉印。」

十月二十九日、我率領第六十六師師部、及第十一旅（武庭麟），進駐焦作鎮、清化鎮；萬選才亦率其師部及第八旅（旅長宋天才、字首三，嵩縣東北三十里伊河北岸田湖鎮人），進駐新鄉及黃河北岸，積極展開進攻狀態。三十日、本師占孟縣；次日、攻克野戍鎮，黃河北岸已無敵蹤。

按我軍連日根據偵探報告，逆軍將領仍然以擁護閻錫山爲號召，擬以北京爲國都，先成南北對峙之局。軍事計畫分爲四路：一出荊紫關，一出鄖陽（鄖縣），目的在武漢；一由洛陽取鄭州，一由臨汝向許昌，注視隴海路，控扼平漢路，所有隊伍大都出動，並對豫西土匪收納甚多。十月二十二日、據我六十四師劉鳳台參謀報告：逆軍孫良誠爲洛陽方面總指揮，石敬亭爲荊紫關方面總指揮；逆部第二十五師師長張自忠已撤去，改調張凌雲充任；逆軍後方甚爲空虛，洛陽以東約一師，偃師約一團，城東孫家灣、邙山嶺、李窯、牙莊一帶，約騎兵一旅，其砲兵陣地似在黑石關西石莊附近；鞏縣站街各糧行，往西運陝州之麥，均被孫良誠部扣去四百餘車；孫逆勒民捐款輸糧，地方人恨之入骨。本師徐旅長進駐濟源後，曾於二十八日發現西北風門口（封門口）、毛田村一帶，有逆軍曲受謙部之「便衣隊」二千餘人，意圖擾襲我軍後方，當經徐旅派隊前往剿除。另據官長（軍官）偵探孔參謀電話報告：逆軍在黃河南岸之王莊一帶佈置防務，徐旅派一營兵力在濟源南約五十里黃河北岸之坡頭鎮，與敵對峙中。逆軍宋哲元自二十六日起總攻擊，次日晚圍攻登封，二十八日晨七時陷縣城，向許昌進擊。

十月三十日這天，我陸海空軍總司令部「許昌指揮所」派參謀陳昭圖前來新鄉，擔任與我第十一路軍總指揮部之連絡工作，大哥爲期能達到及早結束戰爭的目的，又建議由本路軍從山西省南部茅津渡（在平陸縣東二十五里傅岩前黃河北岸，本名沙澗渡，渡西有茅津堡），渡黃河登南岸，占領陝縣東二十里之會興鎭（隴海鐵路經過），腰擊逆軍，俾能切斷其後路，東向進攻洛陽，如此不僅可以促使逆軍崩潰，而且可以將逆軍合圍聚殲，此之謂「出奇制勝」之道。不過，茅津渡地屬山西省，閻錫山是否允許假道出兵，尚難意料。大哥聞知蔣總司令將前來許昌、鄭州，即請陳參謀速返許昌指揮所，建議上峰卓裁。

連絡參謀陳昭圖返回許昌指揮所，轉陳何成濬主任，即電呈蔣總司令，立蒙採納，於三十日致電閻錫山云：

「太原閻總司令百川兄勛鑒：樹密。弟刻抵漢（口），睹前方戰況甚激，逆軍向登封突進，而臨汝與孝義（村）左右翼進占甚速，故逆軍停頓在登封，不敢捷進，預定今晨攻登封。弟即赴許（昌）、鄭（州）督戰，請兄從速派隊攻陝，並准劉雪亞部由清化（鎭）通過晉南茅津，或風陵渡渡河，請兄直接電令雪亞，催其速進，何如？盼復。敬之（何應欽）、耀庭二兄明後日當可到幷（太原）也。弟中正。卅辰印。」

蔣總司令的意思是希望我軍由茅津或風陵渡過河擊敵，而由閻錫山直接指揮爲最佳，故於同日戌時再電告閻云：

「中意雪亞所部可由風陵渡過河擊敵，仍由兄指揮。……弟中正。卅戌印」。

次日、閻復電同意：

「鄭州蔣總司令鈞鑒：樹密。……雪亞部繞晉南，趨茅津渡或風陵渡一節，自當遵辦。惟道路稍形崎嶇耳！請鈞座逕電該部知照爲禱！山叩。世戌印。」

嗣因駐鄭州之第五路軍總指揮唐生智，以豫西地方複雜，一再懇請大哥移軍豫西擔負左翼任務，並已電陳蔣總司令核示。而本路軍係屬北路範圍，第五路軍係屬南路範圍，北路總司令爲閻錫山，南路總司令爲蔣總司令兼，並且黃河北岸一帶，本軍亦已布妥防務，如再移動，不但多所變更，而北岸防地空虛，亦屬可慮，以是晉南奇襲之議，無形中即停頓下來。

十月三十一日、我接獲本師偵探報告：有逆軍鹿鍾麟舊部豫籍熟悉地形的「便衣隊」三百餘人，從新安縣北七十里狂口鎮（亦名匡口，民國十九年改稱挽瀾鄉）東一里渡口北渡黃河，至對岸之關陽村，向韓彥（在黃河北岸約三十里）、沙腰（在濟源縣西南）一帶滋擾，當即飭令駐孟縣的第十二旅姚北辰團前往堵剿。

十一月一日晨、姚團長令第一營由封門口（在濟源縣西五十里，對岸即狂口）向韓彥進剿；第二營由三官殿鎮（在濟源縣西四十里，俗名三官店）經槐樹店向韓彥圍擊；第三營由大峪鎮（在濟源縣西南六十里）向沙腰進剿，該便衣隊頑強抵抗，與我軍激戰數小時，不支，退至三腰、元頭，我軍乘勝痛擊，遂占領該處，圍之於北岸槐樹莊，斃敵一百七、八十人，俘執數十名，殘餘乘夜渡河逃竄。據俘敵供稱：他們的任務是以游擊方式破壞黃河鐵橋，並乘機偷渡黃河以南，破壞鄭州地區的隴海線交通設施，和鄭州以南的平漢路鐵橋，以影響我中央軍後方的補給困難。

第二節　打登封洛陽

討逆軍事開始之時，戰況不利，我方連失登封、密縣，逆氛囂張，形勢吃緊。蔣總司令於十一月一日夜間，自漢口進駐許昌，指揮各軍作戰，前線官兵聞訊，士氣爲之大振。大哥在次日晨前往晉謁，報告敵情，並請示機宜。這時敵我之間戰鬥已經展開，而且被逆軍新近收編的游擊師師長張仁山，原係以前我鎭嵩軍舊部，竟以所部數千人，立刻攻占密縣縣城，氣勢偪人，隨時有襲擊第五路軍唐生智左側背的可能。蔣總司令基於戰況的變化，爲扭轉我軍形勢，收復密縣、登封，包圍洛陽，以斷絕逆軍歸路，並加強我方戰力，即面諭大哥將所部酌留一部於新鄉，以維持豫北秩序及擔任黃河北岸地區之濟源、孟縣沿河防務外，主力迅速南調，集中鄭州待命。大哥受命後，即返新鄉總指揮部，飭令萬選才師率部於二日由鐵路輸送鄭州，本師除了派徐鵬雲旅長率邢清忠團留駐新鄉擔任豫北河岸防務外，主力也於四日集中鄭州，並就車站發餉（官兵餉銀），開往豫西配備工事，支援前線戰事。

大哥曾於十一月二日電閻報告云：

「太原閻總司令鈞鑒：則密。先（一日）未、東（亦一日）亥兩電，均祇悉。頃奉蔣總司令電飭職路『大部集中鄭州，準備參加主力軍之決戰』等因。職遵率萬師本日先集中鄭州，並留有力之一部擔任河北及濟源、孟、溫各縣沿河防務，俟洛陽會師後，再渡河西進剿敵側背。刻查敵軍內部已呈分裂，我大軍已次第展開，預料戰局不日當解決也。謹復並聞。職劉鎮華叩。冬印。」

十一月三日、大哥奉蔣總司令命令，於四日晨派萬選才師由鄭州南五十里之郭店鎮，向西南進展三十里至密縣以東的觀音堂鎮附近，將逆軍擊退，並轉向西北二十里之岳村進襲密縣縣城，受唐生智指揮。下午二時、萬師先頭部隊李廣隆旅到達岳村，師部亦於當晚進駐三李莊，一部兵力到達方溝、官夫橋（密縣東二十五里、東距觀音堂鎮三十五里）等地之線。六日、全部抵達岳村、官夫橋，騎兵已至七里岡、韓莊、梁溝，一部已占領城西之打虎亭，對密縣已成三面包圍之勢。七日下午五時、已將密縣之敵壓迫退守城內。大哥命我派出一旅於八日進至觀音堂鎮，以爲策應。九日上午九時、密縣張仁山部因係我鎮嵩軍舊部，向大哥要求來歸，即開城迎萬師宋天才旅入城，有二千餘人接受收編，大哥將之調至岳村附近整理後，仍開前線會同出擊逆軍；九日下午四時、萬師李廣隆旅由密縣南渡雙洎河經平柏西南走大冶鎮（在登封東南五十里、東北距密縣二十五里），與第一師（劉峙兼）左翼協同前進；宋天才旅駐守密縣城；萬殿尊旅在密縣與官夫橋之間，正向縣城前進。

大哥鑒於時局混沌，意欲閻錫山表明態度，以澄清謠言，乃於六日在鄭州電閻云

「大原閻總司令鈞鑒：則密。日間軍事情形，節經電陳鈞聽。

竊念鈞座繫黨國柱石之重，值大局阢隉之時，全國安危繫於一身，管見所及，何敢緘默？溯自民國擾攘，十有餘年，幸國府成統一之局，邦基甫奠，民困待蘇，乃西北悍然發難，破壞統一，非僅局部勝敗問題，實爲國家存亡問題。

邇來南北袍澤，同伸聲討，衆望所歸，惟鈞座舉足輕重，登高一呼，萬山響應；況國民恐逆軍之橫暴，企戰禍之早熄，奔走呼號，僉以能出水火而衽席者，尤非鈞座莫屬，當千載一時之會，收統一全國之功，且使窮而無告之孑遺，稍延殘喘，無量功德，在反掌間耳。即就北方大局言之：馮部割據西北，叛心思逞，其視大河以北爲几上肉，欲得而甘心久矣！迴憶南口之役（民國十五年秋），馮部一敗塗地，賴鈞座曲予保全，幸燃死灰，曾幾何時？乃有馮軍動員入晉之陰謀，得恩反噬，前車可鑒。

矧馮寄跡晉祠，久困樊籠，該部對鈞座陽示尊崇，陰實痛恨。此次宋（哲元）、石（敬亭）等誓師西安，實揭馮幟，通電則佯稱閻總而馮副，其心已可概見，若不根本剷除；不惟晉綏臥榻之側任人鼾睡，復虞華北文物之區為赤化蹂躪之地，永沈慘禍，尤為寒心！

職與鈞座義同休戚，為公為私，無不可言之隱，近與孟瀟（唐生智字）諸公接談，察各方離合之勢，覘人向背之機，擬請鈞座當機立斷，毅然聲討，事半功倍此時矣！

至豫中戰況，自總攻擊令下，士氣甚壯，勝算可操，俟我軍逼至洛陽，或向西直進，或繞北渡，悉惟鈞命是從，伏望俯鑒愚誠，迅示機宜，用資遵循，尤所感禱！職劉鎮華叩。魚印。」

此時我十一路軍接獲探報：㈠登封以東二十五里之盧店（亦作蘆店），駐逆軍約一團。㈡告成鎮（在登封東南約三十里，北距盧店十里）有逆軍二千餘人。㈢小金店（登封南偏西約三十五里）一帶約有逆軍一旅；馬石橋有逆軍砲兵一營。㈣登封城北庄嵩陽書院有逆軍二千餘人。

萬選才師收復密縣，逆軍士氣大受打擊，全線動搖，先後被我軍擊潰及俘虜的約占三分之一以上，殘逆指日當可肅清。十日晚、分路追抵西月台、東月台、劉子溝、塔廟一帶。十二日晨、攻下盧店後，即占領韓村及其以南高地，旋將中嶽廟、新莊、十里鋪之逆軍肅清，劉峙之第一師亦協同跟進，會攻登封。

我奉命於十一月八日上午率本師自鄭州乘十三輛兵車開抵許昌集中，即晉見蔣總司令，報告軍中狀況，並請示機宜。當時、蔣總司令對我備多垂詢，慰勉有加，無微不至，尤其稱讚我具有革命軍人的崇高情操，公忠體國，眞是令我感動萬分，至今回想起來，仍歷歷如同昨日，也令我折服蔣先生的偉大精神。蔣總司令在指示本師的任務時，除我在旁觀看軍用地圖外，尚有第五師師長熊式輝（字天翼、江西安義人，保定軍校第二期步兵科第二連、日本陸軍大學畢業）在旁講述敵我兩軍形勢。這時第五師是屬於陳調元的總預備隊。蔣總司令由於何（成濬）主任、熊師長的報告，對於唐生智之不進攻逆軍，曾深表不滿。最後、命本師於到達臨汝後，即歸楊杰總指揮，目標向臨汝以北經宋窯進攻登封東南之小金店（距城二十五里）、西南之大金店（距城二十里），得手後立即進攻登封，以夾擊登封以東之逆軍。

大哥坐鎮鄭州，聯絡各方，互通聲氣，並指揮我軍前進。

本師於十一月九日午後自許昌火車站整隊出發，向西行進，由五里鋪（距許昌西五里）張店街（距許昌十五里）、椹澗街（距許昌西三十里，一名椹店）、越穎河，歷襄城縣之穎橋街（在城東北四十里穎河南岸）、王洛街（在縣城北三十五里）、郭店街（在縣城西北四十里），入郟縣境，而塚頭鎮（在郟縣東偏北三十里，東距郭店街十里，道通禹縣）、郟縣城，向西北之薛店街（在郟縣城西北三十里）、韓店（東南距薛店街二十里）、長阜街（在郟縣東南四十五里）、入臨汝縣境之趙洛（在縣城東南三十里）。十二日晚、第十旅（阮勛）開抵紙坊街（一作紙房街、在臨汝縣東二十里），第十一旅（武庭麟）和第十二旅徐鵬雲抵塚王鎮（東南距郟縣城四十五里），師部及直屬部隊到右大博寨，當即往見第十軍軍長楊杰（兼洛陽行營主任）總指揮，請示此番迂迴進攻登封之機宜，爲接蔡口防務，以對大小金店之逆軍，嚴行監視，右翼與第七師（第三軍軍長王均兼）聯絡。我即率領本師於十三日北向登封前進，次日下午一時、到達大金店以南地區。由於對當前逆軍之情勢尚不十分明瞭，乃命武庭麟旅長帶第十一旅進駐大金店以東之安廟，監視小金店和以北袁窯方面之逆軍，以掩護本師之右側背，而令阮勛旅長帶第十旅全力進攻大金店之逆軍。

踞守大金店之逆軍，憑藉高壘深壑之堅固寨垣，頑強抵抗，激戰至十五日拂曉，適巧有寨內正紳王順則，係舊日同袍，在民國十四年以前，與我同爲鎮嵩軍營長，如今聽說我率師前來攻打該寨逆軍，就秘密召集寨內精壯，起來內應，突襲逆軍指揮部，逆軍發現寨內有變，便倉促由北寨門退出，急忙占領登封西南之文村及其兩側高地之既設陣地，企圖阻止我軍前進。本師除仍以第十一旅之一部監視小金店方面以外，主力則進擊大金店東北之袁窯，並以第十旅附姚北辰團向文村和兩側高地猛攻。逆軍憑藉優勢地形和堅強陣地，竭力抵抗，自十六日晨激戰至下午四時，逆軍又增強兵力，並以熾盛之炮火，尤其是大量之迫擊砲，向我不斷猛烈轟擊，我官兵奮不顧身，向前猛撲，節節衝進，壓迫逆軍於晚上八時，放棄陣地，急向西北二十里之參駕店（在偃師東南五十里）方面逃竄。本師遂向太湖前進，以防逆軍反攻。

我萬選才師在登封城外東關以南之線，與敵激戰，至七日晨，已完全占領登封縣城，逆軍紛向後撤。第十一路軍既占登封，捷訊傳出，當天上午八時、接到第九軍軍長兼主任何成濬自禹縣通來電話，對本師迂迴夾擊逆軍，直擣心臟之戰略成功，極為嘉獎，云可促使逆軍提前崩潰。

先是中央為促使閻錫山參加討逆，國民政府於十月二十八日明令任閻為「陸海空軍副司令」，閻雖坐收漁人之利，猶復作態，延遲不予就職，大哥因於十一月一日致電促其早日就職：

「太原閻總司令鈞鑒：則密。閱報載國府任命鈞座為陸海空軍副司令，逖聽佳音，莫名歡忭！竊念鈞座黨國柱石，鏡仰萬流，此次大命榮膺，軍符崇綰，孚人民雲霓之望，措國家磐石之安，崇德豐功，袍澤同慶，懇乞早日就職，以順輿情，而振士氣，無任企禱！肅申賀悃，伏維垂察。職劉鎮華叩。東印。」

蔣主席於十一月三日召開前敵軍事會議；次日、並電賀閻錫山即日就任新職。文云：

「太原閻總司令伯川兄勛鑒：樹密。頃接敬之兄來電，知兄聞前方軍事吃緊（密縣失守），即於江（三）日趕速就陸海空軍副司令之職，聲威所及，逆膽爲寒，黨國利賴，無任欽佩！此間各方部署周妥，即日進擊，必可將敵人主力殲滅。雪亞兄所部，一俟登封攻下，即當飭其仍照前定計畫，聽候尊令前進，仍盼貴部會師出發，直搗逆巢也。弟中正。支戌印。」

十一月五日、閻錫山終於通電就陸海空軍副司令職。十五日、閻以我軍進兵以來，連戰皆捷，特電致慰。文云：

「鄭州劉總指揮雪亞大哥勛鑒：則密。元電誦悉。兄部自參戰以來，攻城略地，迭挫強敵，捷音頻傳，無任欣慰！弟閻錫山。刪印。」

十七日、大哥以收復登封，電捷閻錫山文云：

「太原陸海空軍副司令鈞鑒：據萬（選才）副總指揮報告如下：『㈠新莊之敵於昨晚撤退，職師（第六十五師）已進占新莊。㈡登封之敵紛向後撤，我軍（第六十五師和第十四師、師長劉春榮）今晨已進占登封』等語。謹電稟聞。職劉鎭華叩。篠印。」

閻復電云：

「鄭州劉總指揮雪亞大哥勛鑒：頃奉篠電，藉悉我軍克復登封，遴聽之餘，至深忭慰！查登封為敵軍陣地要點，故以重兵頑強扼守，我軍進攻，未及旬日，即行陷落，兄部及各軍之勇敢善戰，從此聲震遐邇矣！敵勢已摧，聞風膽落，直搗洛陽，功成指顧，特電奉賀。閻錫山。皓印。」

再說何成濬於十七日上午電話嘉獎本師達成任務，並命本師經由洛陽以南跟蹤追擊逆軍。本師第十旅於十七日晨進占大金店後，即向大口鎭（在偃師西南、南連登封、西接洛陽縣界）前進；十一旅於十八日晚進澤餘溝（在登封西五十五里）；我率十二旅於十八日中午由登封出發，經參駕店（在偃師東南五十五里，與登封、鞏縣西境接界）、府店街（在偃師南三十五里）、扒頭及洛陽東南的李村，和敵人的後衛部隊小有接觸。

十九日午後，攻佔洛陽的西車站，堵截逆軍車輛十餘列，俘獲無算。夜晚、殘敵倉皇西竄，向新安、澠池退卻。這時友軍第四十七師（王金鈺）、第五十四師（魏益三）、第七師（王均）各師，也在當天晚上先後到達洛陽會師。

我第十一路軍在初次討逆階段中，首先迂迴進軍，因得天時、地利、人和之便，不戰而收復密縣、大金店，繼之攻克登封，進占洛陽，士氣如虹，迫使逆軍狼狽向西退卻，卒能達成蔣總司令所付予的軍令任務。

至於逆軍敗退的原因，據知亦有多種因素促成：

一、馮玉祥之前任參謀長曹浩森，此時任職南京軍政部陸軍署署長，盡將馮軍軍情洩露。語云：知己知彼，百戰百勝，逆軍殆矣！

二、敵將孫良誠在登封遭遇我軍進擊，民衆多協助我軍，尤其前鎮嵩軍舊部，響應我軍，紛起反擊，使之作戰不利，亟欲變更戰略，退守黑石關、轘轅關（在登封西北二十里、位於轘轅山，路形若轅而又轘曲，有將去復還之勢，故名轘轅），擬踞二關以掩護洛陽，待討逆軍深入，再取攻勢。詎料宋哲元對孫師此舉大起疑心，誤爲叛變，深恐洛陽發生問題，慌忙撤軍西退，而孫在前方驟失後方總部之聯絡，亦恐孤軍陷入重圍，有被消滅的危險，遂急行撤軍退走，以致弄巧成拙，適得其反，逆軍全部退卻。這是孫、宋二人平日意見積不相下，戰時又各行其是，彼此情況不明，焉得不敗？正是內部不和，團體不固，他山之石，可以攻錯，我說這段話，意在藉以啓發吾人之深省。

三、閻部駐晉南運城之旅長劉添貴亦曾於十一月二十二日電報中道及逆軍退卻原因，又云：「限即刻到。太原行營總司令閻鈞鑒：成密。據報告：『㈠馮軍此次退卻，係因收編之鎮嵩軍舊部（指張仁山）倒戈所致。㈡孫良誠之部隊，現在尚多被中央軍包圍，不能退出』等情。謹電奉聞。旅長劉添貴、養參。」由此電可看出張仁山之來歸與收復密縣之影響，頗具重大意義。

四、閻部駐冀南邢台第三十三師師長孫楚於十一月二十三日電閻云：「……㈣探聞西北軍西退之後，於二十日又放棄洛陽，向澠池、陝州撤退。有謂西北軍放棄洛陽，係因樊鍾秀（建國豫軍總司令）、王老五（即王振，亦鎮嵩軍舊部，響應我軍討逆行動，起而追擊逆軍），率領民團、土匪，由後方抄襲之故。孫楚叩。梗印。」

可知鎮嵩軍舊部的響應，也是此役成功的因素之一。

第三節　追到閿鄉縣

洛陽既克，指揮官楊杰即於十一月二十日上午九時在洛陽火車站召集各將領談話，得知蔣總司令於隴海線之逆軍向西潰退後，已在十八日由許昌經鄭州轉至鞏縣以西，視察孝義村（兵工廠）、黑石關諸地，慰問部隊，並和第五路軍總指揮唐生智在孝義村晤面，指示追擊機宜。

蔣總司令鑒於馮軍之撤退，有如兵敗山倒一般，已成強弩之末，而另一方面粵軍張發奎又和桂軍結合，在廣西叛變，其勢頗盛，銳不可當，乃將豫西軍事善後事宜，交付唐生智負責指揮，命為「陸海空軍代總司令」，以責成之。唐生智受任之後，其追擊計畫，把西進部隊分為左、右兩個縱隊：「左縱隊」以何成濬為指揮官，轄第四十八師（涂源泉）、新編第四師（劉桂堂）、第六十五師（萬選才）等師，經宜陽、洛寧、向盧氏攻擊前進；「右縱隊」以楊杰（第十軍軍長兼洛陽行營主任）為指揮官，轄第七師（王均）、第四十七師（王金鈺）、第五十四師（魏益三）、及本師（第六十六）各師，沿隴海路正面西進。規定兩路同時並進，以收夾擊之效，使逆軍無所逃竄。

本師被列入右縱隊，歸楊杰指揮。當右縱隊在研商前進序列時，楊指揮官特別指著我說：「貴師挺進登封敵後，促成敵人總崩潰，功勞很大，貴師官兵太辛苦了！這次西向追擊，你們充作預備隊，在總指揮部後方跟進，藉以休養士兵的體力。」我聽到指揮官稱讚本師的光榮戰果，內心的愉快，眞是無法形容！但是身為軍人，以身許國，區區辛苦算得什麼？只盼能早日掃平逆軍，使國家統一，大家得以安居樂業，所以聽指揮官將本師列為預備隊，實在是老大不願，立刻提出異議，仍願擔任先頭追擊。楊指揮官以戰鬥序列已經確定，不宜再事變更，希望本師仍擔任預備隊，並藉以休養，補充糧食彈藥，既然這樣，我也就不再堅持。

十一月二十日晚，唐生智總指揮抵達洛陽，就在所乘的火車上召開軍事會議。首先宣達蔣總司令賦予的任務，接著審閱楊指揮官所呈的追擊部署。看完後就問我說：「你是否可以擔任先頭追擊任務？」聽總指揮這麼一問，套句成語來說，我是「固所願也，未敢請也！」，一股年輕好勝的心理獲得鼓舞，立刻不假思索表示願意。因為當時軍中盛行著一句：「銅頭、鐵尾、草包肚」的諺語，是形容攻擊前進的先頭部隊，必須戰力堅強、勇敢、善戰，而一旦戰爭不利，部隊轉進時，擔任掩護的部隊也必須戰力堅強，才能勝任。唐又問說：「你能不能在十一月底，攻抵潼關？」我立即回答說：「洛陽離潼關約五百多里，現在距離月底還有十天，如果沒有敵人強大阻力，應當可以如期抵達。」唐聽完我的報告後，就命參加會議的運輸司令賀耀祖撥給本師火車兩列，以便往返運送部隊。我聽了這項指示後，認爲敵人是在昨（十九日）夜逃離洛陽，按他們大部隊混亂擁擠的情形判斷，先頭部隊可能已到達新安以西的鐵門鎮和千秋鎮地區，離洛陽只有一百多里，如果本師以火車輸送，每次只可輸送一個步兵團，這樣將使本師各團沿途分散，不能集中形成堅強的戰力，遇到敵人反攻，將陷於被各個擊破的命運，反而不如採取徒步追擊較爲穩妥，於是立刻向唐氏報告，他認爲很對而採納了。本師遂在十一月二十一日出發，沿隴海路西進，追擊殘敵。沿途曾和逆軍龐炳勳、梁冠英、周永勝、及騎兵鄭大章……各部，先後在鐵門、義馬（村名、本名驛馬村，俗叫益馬村）、千秋（鎮有千秋亭）、澠池、觀音堂、張茅、會興鎮……各地，發生大小戰鬥七次之多！

　　十一月二十一日、我率本師赴金谷園（洛陽西八里）、南王溝（洛陽西三十五里）、進逼慈澗鎮（在新安縣東三十里，東距洛陽三十五里），萬師一支隨後跟進。此間連年荒歉，民窮財盡，逆軍各部紛向新安城廂搜刮食糧，並截用省發賑糧三百包、麵粉二千袋，又因天氣冱寒，民間薪柴已空，乃拆寶雲寺、西關帝廟、東玄帝廟之木材燃火，兵祲交災，野多餓殍，弄得地方一片淒涼，民怨沸騰。

二十二日、本師抵新安城，停軍一日，撫輯百姓。二十四日、進駐鐵門鎭（在新安西三十里、本名闕門，因青龍、鳳凰兩山相對如闕，故名），探知逆軍騎兵（鄭大章）軍劉鳳岐部在狄溝、義昌堡（在澠池縣東四十里）一帶盤踞，當令第十旅（阮勛）派隊進擊，予以猛攻，劉逆不支，西向千秋鎭（在澠池縣東二十里、東南五里爲義馬鎭）、澠池方面逃竄，阮旅即進駐義昌保、狄溝一帶；第十一旅（武庭麟）進駐石鼓、程村一帶；師部及第十二旅（徐鵬雲）仍駐鐵門鎭及其附近一帶。二十五日、繼續以威力向逆軍搜索進擊，迫其放棄澠池，向西潰退，而以兩軍兵力扼守觀音堂鎭（陝縣東八十里、澠池西四十里），拒阻我軍追擊，掩護逆軍退卻。我師前進雖速，士氣亦極爲旺盛，只是後續部隊行進不甚急速，致未能迅濟事功。至二十六日下午、第四十七師上官雲相旅（兩團兵力）、第七師（王均、有六團兵力），相繼來到，協同本師第十旅進攻，激戰數小時，將敵主力完全擊破，俘獲無算。二十七日、阮旅將曹圩山、十里舖山、歪頭山等處之敵擊退，馬其臻（字康侯、偃師人）團占領張茅鎭

（陝縣東五十里），在觀音堂鎭以西之廟溝鎭、及張茅鎭附近，俘獲逆軍官兵數百名、步槍數百枝及彈藥軍用品甚多。據俘虜告稱：逆軍以騎兵第一軍軍長鄭大章爲「後方掩護隊」司令，陸軍第十九軍第三十八師師長周永勝爲副司令，率步、騎各一師兵力在廟溝鎭、張茅鎭一帶，掩護撤退。又據張茅火車站站長告稱：逆軍孫良誠於其撤退之前，命其鋼甲車集團司令劉自珍，將觀音堂鎭以西各隧道、橋樑，徹底破壞，非三個月後不能修復。但因本師追擊迅速，未能達其目的，僅將廟溝橋樑炸毀，狼狽逃去。薄暮、阮旅已占領磁鐘鎭。

十一月二十八日晨，我率本師追擊逆軍，攻打陝縣。時駐陝縣之逆軍爲吉鴻昌、龐炳勳兩部。吉鴻昌字世五、原名恆立，河南扶溝縣東北十八里賈魯河東岸呂潭鎭人，十九歲投軍當兵，後累擢至馮部第三十軍軍長兼寧夏省主席，其所部來自寧夏，官兵頭戴長毛皮帽，人民見輒畏避，謂之「毛毛隊」。龐炳勳字更忱，一字更陳，河北新河縣人，早年入第三鎭當兵，後隨孫岳，漸升官弁，任馮部暫編第十四師師長兼第三路總指揮。兩軍皆毫無紀律，天天四出搜刮糧食，大拆廟宇，住民房、奪民食、焚燒器俱什物，百姓大起反感，民心已失。本師猛攻陝縣，戰至下午，守敵已無鬥志，未經大力抵抗，即乘薄暮倉皇西向靈寶、潼關竄去。至晚間七時，本師完全占領縣城，亟命阮旅附姚北辰團由南山迂迴向靈寶跟蹤追擊，並命武旅圍繳逆軍鋼甲車六輛－「民生」、「民政」、「山東」、「泰山」、「北平」、「河南」等號，車上配備之槍砲，仍然完整無缺，可見敵人倉皇撤退之一般。另獲有列車千輛，步槍數千支，機關槍百餘挺、砲數十門、彈藥及軍用物品等等，敵死傷甚多。經檢點後，將鋼甲車全數移交我軍之鐵甲車隊司令蔣鋤歐（字訴心、湖南東安縣瓦屋蔣家村人，廣西陸軍幹部學堂畢業，原湘軍葉開鑫部，隨葉歸順中央），火車則派軍隊押到洛陽呈繳「右縱隊」指揮部。

根據最初的判斷，陝州一戰，因敵人駐有很多部隊，勢必會發生極慘烈的戰鬥，誰知敵人以數萬之衆，竟很快的潰不成軍，若不是事實證明，實在令人難以相信！敵人潰散西逃，一路上遺棄槍砲械彈，不計其數，連他們高級將領所乘坐的汽車和六輪大卡車，丟棄在路上的竟多達一百零四輛，戰車有三輛。以民國十八年機動車輛缺乏，如非萬不得已，怎肯隨意拋棄？後來根據俘敵駕駛兵供稱，原來因為大軍潰退，軍紀蕩然，敗兵感到終日過著牛馬不如的艱苦生活，還要日夜疲於奔命，看到長官們還有汽車可坐，在這種怨恨的情況下，於是群起攔阻汽車，甚至有以槍向長官射擊，藉以發洩憤懣的情緒，而乘坐汽車的將領們也只有棄車隨衆步行了。

默察當時情勢，實在是我軍消滅敵人收復西北的最好時機，但是我右縱隊的各友軍，還遠在洛陽、新安集結，若只靠本師兵力，恐怕孤掌難鳴，無法奏功。因此立即以電話向洛陽楊指揮官報告當前形勢，並建議速率大軍前進，以期一鼓消滅敵軍，楊杰指示：「在右縱隊主力未到達陝縣、靈寶以前，該師就在原地監視敵人，等車輛調配妥當，後方籌備補給有了結果，本隊的主力，即行前進。」

至於我萬選才師，亦於十一月二十一日午前，以迅捷之行動，從洛陽開拔，向西南斜趨，經七里河鋪（洛陽西十里，澗河西岸）、辛店街（洛陽西南二十里）、延秋鎮（洛陽西南四十里）、尋村鎮（宜陽東北十二里），取道宜陽、南劉街（宜陽西南十五里）、柳泉鎮（宜陽西南三十里）、韓城鎮（宜陽西南五十里）、三鄉鎮（宜陽西南八十里）、厥山鎮（洛寧東二十里）、辛店灣，至余莊、王協莊；二十二日、另支李萬如司令所部葉旅趙團，在義馬村（澠池東三十里）地方，截擊敵人，獲槍甚多等處之敵接觸，約有四時之久，獲敵步槍一千三百餘枝，迫擊砲十五門、機關槍六架；二十三日下午三時、李香村師長所部已進至洛寧、王范鎮（洛寧西五里）、馬店鎮（挺）、子彈甚多，逆軍師長王金奎率潰兵向盧氏縣逃竄，當即跟蹤追擊，進抵盧氏，迂迴北向靈寶右側背抄襲逆軍後路。三十日晚、進抵靈寶西南四十里之虢略鎮，予逆軍以極大之威脅，有被我和萬師南北夾擊之危險，勢將放棄而向潼關撤退，以爲苟延殘喘之地。另李萬如部喬旅曾於二十六日在澠池西四十里之英豪鎮北槐樹灣（窪）一帶，發現逆軍鐵甲車行至該處，當即破壞鐵道，斷其歸路，予以圍攻而解決之，鐵甲車交送洛陽。

大哥曾於十一月二十二日赴太原與閻錫山晤商徹底解決逆軍的方案，二十四上午返回鄭州。次日、即致電蔣總司令云：

「南京蔣總司令鈞鑒：密。職到幷後，即將接洽情形電陳鈞聽。昨午由幷啓行時，復蒙閻副司令切實表示，西進一層，極爲贊同，並主張用迅速之手腕爲通盤之籌劃，所有兵力軍餉，均須充分準備，晉軍準出六師，再由中央出兵七、八師，協同西進，即可將陝、甘餘孽，根本肅清。軍實一節，晉軍由本省籌備，至中央所派部隊，即由中央籌足，以符軍機。對馮玉祥個人問題，業經實行監視，禁絕往來，並請中央酌定處置辦法。敬之想已面呈鈞座籌定辦法，早爲發表，並賫親筆手書及密諭，各事統囑面呈。職本日午刻抵鄭（州），當與唐（生智）總指揮晤商前方部隊可擔九師以上，與閻副司令原議兵力，足可敷用。職日內馳謁鈞座，面稟一切，謹先電陳，伏乞鈞裁。職劉鎮華叩。有印。」

十一月二十六日、大哥再赴太原。次日、即轉往南京晉見蔣主席，報告徹底解決西北問題之辦法。當日曾電閻錫山云：

「太原總司令閻鈞鑒：則密。昨日在并，承示軍事進行計畫，當即電呈主座。頃奉漾（二十三日）電內開：『養（二十二日）電欣悉，此間追擊部署已定，與百川兄所擬全同，請催百兄各部前進，為盼！』等因，謹轉稟聞。職本日辰刻抵京，容晉謁主座後，再電詳陳。職劉鎮華叩。感印。」

同日、大哥再電閻氏：

「太原陸海空軍副司令閻鈞鑒：則密。職本日到京，曾上感電，諒塵鈞聽。頃晉謁總座，備述鈞旨，極表同情，對於鈞座擁護中央維持統一至意，佩慰尤深！至徹底解決西北一層，十分贊同，約計前方部隊在十師以上，再由鈞座出兵六師，分路西進，自可根本廓清，切盼剋日發動，迅赴事機。關於全部指揮事宜，鈞座就近主持，曾有明令發表，所有西北各省主席人選，仍請負責主持遴員簡任等因。職竊以西北問題，關係國家前途，至為重要，鈞座繫中央及軍民倚望之殷，為一勞永逸之計，關於軍務民政各端，擬請毅然主持，不必過爲推讓，且出兵一層，宜先規定具體辦法，早日實施，當晤商次隴（趙戴文）先生，亦以爲然。謹先稟聞，伏乞鈞裁，詳情容再續陳。職劉鎮華叩。感二印。」

二十八日、閻覆電云：

「特急。南京劉指揮雪亞大哥勛鑒：則密。感、感二電均誦悉。承示晉謁主座陳述各節，至感！此間部隊正積極推進在途，至宜先規定具體辦法，自當遵囑，以圖實施也。特復。弟閻錫山。勘印。」

二十九日、大哥在南京連發二電，豔電勸閻宣誓就副司令職（按閻始終未宣誓正式就職，行使副司令職權，直到十二月五日、始答應中央派吳鐵城來補行監誓就職）；豔二電爲告以財政部駐北平特派員，由閻派任。三十日、電閻請宣誓就職，以便指揮西北軍事，主張對西北軍先用兵，而後分化，可先收破竹之功而免養癰之患。

大哥爲國奔忙，以謀迅速解決西北軍事，備極辛勞。在離軍期間，曾由萬選才以副指揮代總指揮職務，然實際上是由駐守鄭州之本路軍總指揮部參謀長兼騎兵旅旅長龔御衆代拆代行總指揮職權。

再說我軍既克復陝縣，我即於十一月二十八日暫派劉藝舟（修武人）爲陝縣縣長，主持該縣政務，以支應戰事，至十二月十四日，交宋國良（林縣人）接任。

十一月二十九日晨，本師先頭部隊—第十旅乘勝即行追擊，當即進占靈寶縣城，逆軍張凌雲、鄭大章部則在靈寶城西關南一里許之函谷關佈防。

我除派師部直轄之輜重營留守陝縣，維持地方秩序，以及保護俘獲之戰利品外，即率師部暨各直屬部隊、和第十一旅向前推進，駐紮靈寶縣城。到達靈寶後，當即召開團長以上幹部軍事會議，研討敵人當前態勢，以及選擇本師進攻的路線。此時敵人所佔領的陣地，左依黃河，右依函谷關的虎頭原、槐樹原、官庄原之線，形勢天險，進攻不易。對於這一帶地形，我還有深刻的記憶，就是在民國十五年春，吳佩孚再起，任「十四省討賊聯軍總司令」，以大哥為「陝甘聯軍總司令」，壓迫國民軍第二軍總司令兼河南督理岳維峻率其數萬部隊，沿隴海路西退，走到靈寶，受到我陝甘聯軍以少數兵力利用函谷關天險，也就是敵現在所佔陣地，阻止岳軍前進，另外以主力經官庄原以南迂迴敵人的左側背，將敵全部包圍繳械，僅有岳維峻和陝西督理李雲龍（肩負褡褳袋）和少數將領，化裝渡河，岳受閻錫山掩護，亡命平津，李則由山西渡河，返回西安。

現在敵人也利用函谷天險，企圖阻止我軍西進，和當年我軍阻止岳維峻軍的情形一樣，不過是主客態勢相反罷了。此時所必須顧慮的是，敵人是否在右側翼後方集有重兵？爲徹底明瞭情況，決定選派多數幹探，由官庄垣以南深入敵後偵察。

十一月二十九日中午，派往敵後的諜報參謀耿福祥回來報告，計有下列幾項要點：

一、據守官庄原的敵軍是第二十八師周永勝的步兵兩個營，約有六百多人，分駐官庄原、峭嶺和峭底。

二、梁冠英以一部佔領函谷關的虎頭原和槐樹原，主力和周永勝部駐在稠桑。

三、根據由潼關來的土民稱：潼關和以東的閿底鎮、盤頭、閿鄉縣都有重兵，看來似乎很混亂。

四、倘若敵人不撤退，仍堅守要隘時，我軍將來進攻路線，似可經靈寶以南的天齊廟、靈井、下衛轉向西北，再經夏村、夏庄進佔布張向東進攻官庄原，而後進攻稠桑的梁冠英部，這樣虎頭原等地的敵軍就可不攻自破。

根據耿參謀以上的報告分析，此時正是我軍進攻的良機，若再拖延時日，給予敵人休養補充的機會，士氣恢復以後，必定成爲我軍勁敵，日後必陷於艱苦作戰的狀況，因此又以電話向洛陽楊指揮官報告，並請他把握時機，迅速前進，另外再派部隊接替本師當前和敵人對峙的任務，而使本師達成迂迴敵後的使命。當時奉到指示，「右縱隊」指揮部決定在今夜（二十九日）率領第七、第十、第四十七師，分乘列車西進，預計明晨（三十日）可在陝縣、靈寶集合，並令本師斟酌情形，於三十日相機向敵後迂迴攻擊。如此，我後方大軍明天就可到達靈寶，本師已無後顧之憂，應當把握時機，迂迴敵後，以完成唐總指揮所付予月底攻到潼關附近的使命。爲避免敵人發現我軍行蹤，在二十九日薄暮以後，以師直屬部隊的特務營、工兵營、砲兵營接替阮旅陣地，並實施佯攻，牽制敵人。我於當天晚上十時，率主力經靈寶以南的天齊廟、露井、下衛、夏庄、夏村，向敵後迂迴攻擊。三十日晨，我先頭部隊武庭麟旅進佔官庄原以西的布張，又命該旅附姚北辰團，分三路向官庄原、峭嶺、峭底進攻，而以阮旅進佔布張西北的高地，掩護本師的左側背，以防範稠桑鎮方面梁冠英部來攻。上午十時，守官庄原的周永勝部，經我軍猛烈攻擊，終因彈盡援絕，無路遁逃，向我繳械投誠。

本師官兵於徹夜翻山越嶺之後，還能鼓起餘勇，克服頑敵，充份發揮冒險犯難的精神，實在令人十分感佩，然而一想起我忠勇官兵和死難的將士，至今仍然爲之悼念不已！

官庄原攻克後，我官兵已經疲憊，爲應付以後更多的戰鬥，便下令原地休息。不久，獲知楊指揮官已進駐陝縣，於是以電話報告佔嶺官庄原的經過，並請主力軍速行前進，以接替本師與敵人對峙的任務。楊指揮官對於本師堅苦卓絕的戰鬥精神，十分嘉許，並命攻打稠桑鎮之敵。稠桑鎮在靈寶縣西三十里，舊名稠桑驛。

十一月三十日晨、本師第十旅向靈寶西三十里之稠桑鎮攻擊前進，逆軍梁壽愷之第一師在該處防守，當將其擊退，繼續西追，至滹沱營、南營、北營（在靈寶與閿鄉交界處）等地，逆軍憑藉優勢地形，頑強抵抗，堅守不退，我即令第十一旅楊天民（字衡岑，伊川人）團，繞至敵後之大字營（在閿鄉縣東、滹沱營西）東南，予以側背（西南面）之攻擊，激戰數小時，敵以後方頗受威脅，即行退走，我軍跟蹤追至大字營，敵復據寨堅守，我官兵奮勇猛撲，肉搏數次，未能攻破，即飭蒲團長率兵兩營由米家營繞至大字營以西，拚命衝鋒，冒死扒登寨牆，戰鬥異常激烈，數小時後，守敵不支，亟向西北潰逃，我軍加速追擊，沿途俘敵達三個團之多，槍數百枝，殪斃敵人甚夥，我軍傷亡數十人，當晚在大字營之東谷驛宿營。

當本師向稠桑鎮以西進擊時，擔任師預備隊的我阮旅馬其臻團，因感到其他各團戰績輝煌，俘獲豐碩，而該團卻一無表現，引以爲憾，堅請單獨繼續追擊。我因顧慮官兵的疲累，本不答應，但馬團長力請，而我也想明瞭敵人的情況，就命該團於十二月一日凌晨一時，施行突襲，進抵閿鄉縣東關，被梁冠英部所阻，經全力猛攻，終於衝進東門，和敵人發生巷戰，敵人在深夜不明我方虛實，竟倉皇退出，向潼關西竄，馬團當於清晨六時占領閿鄉縣城，俘敵五百多名，擄獲迫擊砲二門、重機關槍三挺，步槍三百多枝，斬獲甚豐。

十二月一日中午、我接獲右縱隊指揮官楊杰電令本師在現地停止，占領陣地，掩護後方友軍集中。我奉命後，即飭各部在十里鋪（閿底鎮以西）以東高地及北領、南陽等村之線，構築堅固工事，嚴加警戒，並令騎兵旅在閿鄉縣城南二十里之陽平鎮向前方搜索，不使逆敵覓隙得逞。

據俘虜云，孫良誠、宋哲元曾下命令死守閿鄉縣東之大字營及縣城，因本師進攻猛烈，逆軍氣餒，而被奪占，可見我官兵作戰英勇和不怕犧牲之精神。

第四節　奉命轉習境

當此黨國紛擾之際，豫西討逆軍事行將消滅殘敵，直搗其陝甘根據地，指日即可竣功，詎意安徽省主席兼第十三路軍總指揮石友三，忽於十二月三日挾其奉命援粵討桂之師，在浦口叛變，通電自稱「護黨救國軍第五路總司令」；討逆軍第五路軍總指揮唐生智受石友三的煽惑，亦以爲有機可乘，相與勾結，繼之於五日在鄭州叛變，自稱「護黨救國軍第四路總司令」，影響我豫西討逆軍事之解決西北問題，至大且深。

本師自十一月九日由許昌出發，於十二月一日占領閿鄉縣，一路爲大軍領先開路，乘勢追擊，逆軍紛紛向西潰竄，正待會合各路軍，進攻潼關，一舉殲滅敵人，收復陝西、甘肅，肅清其亂源，不料我討逆軍之內部卻發生巨大的變化，以致功敗垂成。

一　後方變亂

十二月二日午前十時，後方發生變亂，我右縱隊指揮官楊杰，派曾萬鍾、馬崇六和一位廖科長三人乘火車來到閿鄉縣東之大字營前線見我，傳達命令云：「即著第六十六師停止前進。」並說我軍兵力單薄，必須閻錫山協同出兵，才有收復陝西的把握。我認爲他們的想法過於天眞，就說：「想要閻氏出兵，除非太陽由西邊出來！」曾萬鍾問道：「爲什麼？」

我說：

「閻氏自民國元年以來，所以能穩居山西，不受動搖：第一、山西在地形上表裏山河，易於防守；第二、他擅於運用政治手腕，在國家內憂外患，彼此爭奪的混亂情況時，他能置身事外。現在冀南、豫北、豫西，都在中央控制之下，如果陝西也歸我中央控制，山西就形同孤立，他如何能幫我們攻打陝西？何況我近日接獲逆軍內部高級人員透露的情報顯示，馮玉祥自晉省發有電報，指示所部將領：『閻以集中部隊援蔣爲名，故將所部向晉南運城一帶輸送，一俟集中完畢，西南（指粵桂方面）軍事整個發動後，仍協同我（馮）軍出擊，故我軍此時不得不退潼關、荊紫關……』由此可以想到閻是在耍把戲、捉弄人呢！而此時馮軍已經潰退，軍心渙散，呈現土崩瓦解之勢，以我們現有的兵力，乘勝追擊，一定可以消滅其主力，一舉收復西北，請你們回去代爲建議楊指揮官卓裁。」

馬崇六則表示說：「如果你再前進，就是不聽命令！」

我聽了這句話，深感軍人只有服從命令，於是便要求說：

「本師現在占領的位置閿鄉縣，是一個低窪的地區，一旦發生情況，是很危

險的！可否准予進占閿底鎮（在閿鄉縣西四十里、潼關東二十里）**以西十三里之七里河店高地？以便進可以戰，退可以守。」**

曾萬鍾表示：「這樣很好！」

於是他們三人即行東返洛陽覆命。我立即令武庭麟旅及姚北辰團，於二日晚進占七里河（店）以東、閿底鎮以西之南北高地，構築工事，與逆軍對峙。

按此時我中央軍對於潼關方面的部署分為二路：右路沿隴海線以本師駐閿鄉，守靈寶、稠桑、虢略之線，而第四十四師（楊勝治）、十四師（劉春榮）、及第七師（王均），四十七師（王金鈺），皆一部駐靈寶、一部駐陝州，楊杰（指揮官）駐陝州；左路自洛寧至盧氏，由萬選才、任應岐、孫殿英駐棨，相機向雒南挺進，徐源泉、阮玄武部為預備隊，繼續向西進攻，殲滅馮軍。

十二月三日午時、先後接到陝縣縣長劉藝舟、和本師留守靈寶人員的電話報稱：「楊（杰）指揮官及陝、靈兩縣所駐軍隊，全部秘密乘火車急急東去，甚形張皇。……」我聽到這個消息，對於他們這種事出非常的突然行動，竟未告知本師，感到萬分驚異，但因當時電訊中斷，無法向各方探問情況，使我整個晚上繞室徬徨，不知應當如何進退？

四日早晨，我留守鄭州人員楚緯經先生前來報稱：「閻錫山、馮玉祥、唐生智、石友三等，聯合背叛中央，我第十一路軍總指揮部參謀長兼騎兵旅旅長、代總指揮龔御衆，因拒絕唐生智叛變通電的簽署，被唐扣押，並將本路軍留存鄭州的武器、彈藥、糧秣、被服、裝具等，俱行搶掠一空；總指揮部特務團、教導團、騎兵旅、……等直屬部隊，因不甘接受唐逆節制，突出鄭州，向密縣、登封方面集中待命去了。」

此時，我才恍然明白後方出了如此大亂子，而使本師孤懸敵前，遠隔中央，情況萬分危險，大哥則爲國事奔忙，迄今未回，一時令我感到茫然，若有所失，但我永遠記著大哥交代的一句話：「一顆心、擁護中央；一條路、跟著中央走。」有了這個正確的指示，有如航海船上的羅盤針，使我絕對不會迷失方向。

四日這天，敵方吉鴻昌派遣代表凌勉之（河南人）前來見我，接談之下才知道在潼關和我軍對峙的敵人，就是吉鴻昌部。說來在北伐時期，我們都是並肩作戰的友軍，是革命同志、是軍中同僚、是河南同鄉，又同是有名的大個子，曾經換過金蘭譜，可以說是好朋友，如今立場不同，而致兩軍對陣。凌勉之亦是熟朋友，見面就以鄭重的口氣向我警告說：「現在閻、馮、唐及石友三聯合倒蔣，石友三可能已在浦口渡江，佔領南京了，你怎麼還敢在此停留？」

我當時不能把我軍困難處境向他洩露，以免遭他輕視而向我展開攻擊，於是佯裝不知有這回事，也以鄭重的態度向他宣稱：「你這話從何說起？現在中央軍已在陝州、靈寶集結大軍二十餘萬（爲證明我所說不假，曾以友軍假番號說出十幾個），明天就要向你們總攻擊！」凌聽後臉上似有驚惶之色。我又強調說：「你如果不信，可以前往陝州、洛陽、鄭州看看！」

我之所以敢揑詞嚇騙他，因爲他也是前方作戰部隊，對於局外政情，和我一樣未必明瞭。

我又以開玩笑的口吻說：「你的臭消息從那裏傳來的？」

凌答說：「是薛子良、鄧痲子從山西傳來的！」

薛子良是薛篤弼的字，山西解縣人，山西法政學校畢業，曾任山西河津縣地方審判廳審判官、臨汾縣地方審判廳廳長，民國三年，跟馮玉祥任陸軍第十六混成旅秘書長兼軍法處處長，而後成爲馮的高級文官幹部。

鄧痲子是鄧哲熙，是個痲臉，所以綽號叫「鄧痲子」，河北大城縣人，直隸法政專門學校畢業，歷任陸軍檢閱使公署軍法處處長、綏遠財政廳廳長、河南民政廳廳長、高等法院院長等職，曾到蘇俄考察政治，其地位之重要性，在馮軍中是僅次於薛篤弼一號的人物。

我聽了故作輕鬆的說：「當然了！那些穿大褂的朋友們，如果不製造一個驚天動地的謠言，怎能鼓起你們的士氣而堅守潼關呢？假若潼關不守，試問他們還有家可歸嗎？」他聽了以後說：「也可能是這個樣子。」我馬上對他說：「請你馬上回去對世五（吉鴻昌別號）兄說，趕快轉回寧夏，並速派代表晉京，向蔣總司令請示機宜。我明天如奉到總攻擊令，可托辭『準備未周』而延緩一日，給你們撤退機會，否則可不要說我對不起朋友啊！」

他果然被愚，趕回潼關，我卻不禁感慨萬分！對這些不明大義，枉顧國家大計，只知為一己之利害而喪心病狂的作法，雖然痛恨，也只有徒呼奈何！眼看即將到手的勝利，竟弄到這種局面，豈所謂國運乎？至於環顧我師當前情勢，前有逆敵（馮軍），後有叛軍（唐生部），孤師遠懸，眞是危機四伏，吉凶莫卜，如何脫離險境，以保存我國民革命軍的這份力量，決不容許草率從事，幾經思考，最後決定撤防東進，在新安縣以北的狂口渡過黃河，以與在新鄉留守的本師邢清忠團會合，等渡河和我中央取得連繫後，再報告這次撤守的始末。

五日清晨，我軍撤退行抵靈寶時，忽然有駐晉南運城的閻部第四十師師長關福安派其少校參謀王蓮過河送來陸海空軍副司令閻錫山的電令云：

「劉師長茂恩：著該師死守靈寶，固守靈寶，阻止西北軍（逆軍）東進，切斷其與鄭州唐（生智）部之聯合。陸海空軍副司令閻錫山。微子印。」

王蓮、字青士，河北大興縣東七十里采育鎮（舊名采育營）太平街人，保定陸軍官校第六期步兵科第十三連畢業，我倆還是同期同學，他年齡較我小一歲，人很不錯。

由此電看來，閻氏似未背叛中央，內心暗喜，總認爲國家的危難，或可化險爲夷。但是閻副司令所賦予的任務，至爲艱鉅，以本師只有五個團的兵力，倘若馮軍來犯，衆寡懸殊，如何能阻止其東進？何況地方上連年荒旱五穀歉收，糧秣補給，無法籌措，尤其各種彈藥缺乏，難以和敵軍對抗，若拒不接受，是爲抗命；接受而不能勝任，必將貽誤大局。不得已只好派本師參謀長于起光北渡黃河，以長途電話報告閻副司令有關本師種種困難情形。閻指示：「糧彈補給不成問題，如有需要，可在黃河北岸的葛趙鎮（在平陸縣西南三十里）和平陸縣兩處，隨時補給。至於兵力單薄，必要時，令關師長率三個師、四個旅，渡河支援。」我得到這項圓滿的答覆後，才稍感放心。於是爲拒止馮軍東進，決定本師仍在稠桑鎮、虢略鎮、靈寶縣一帶佈防，將第一九

七、一九八兩旅，置於稠桑鎮以東，利用優勢地形，右依黃河，向左經賀溝、張莊、小李疙瘩、大東溝、官莊原之線，占領陣地：張莊以右，歸第一九八旅（徐鵬雲旅、缺邢清忠團）；張莊以左，歸第一九七旅（武庭麟旅），以遏阻逆軍東進，並派第一九六旅（阮勛旅）在胡家原、露井莊，擔任翼側之掩護，師部駐閿鄉。

十二月六日、楊杰以我討逆軍「右縱隊」各將領聯合署名，通電聲討唐生智，電文如下：

「……杰等奉命追擊逆敵，已將潼關以東殘敵肅清，正督師窮追，直趨長安，乃唐逆生智忽於支（四日）起，盤踞鄭州，對各部國軍作軍事行動，且揚言回師武漢，並列杰等名義通電附逆，其背叛黨國，逆跡已著，尤欲污衊我前方苦戰將士之名譽與人格，且同陷於死地而後快，此可忍，孰不可忍？現宋（哲元）、石（友三）諸逆已無反攻能力，杰等除派隊在潼關嚴密扼守外，決先以全力掃蕩此反覆無恥之叛徒，刻已統率各部集中洛陽，即日向逆部進攻，應請中央明令將唐逆生智褫職緝拿，並冀各同志一致聲討，共除叛逆，黨國幸甚！楊杰、方鼎英、王均、王金鈺、徐源泉、劉春榮、魏益三、萬選才、劉茂恩、劉桂堂、孫殿英、蔣鋤歐、馬騰蛟叩。魚印。」

此電正可以表明我的討逆態度，始終不變，以正視聽。同日上午、我發出一電給閻，表示服從他的命令：

「太原馬凌甫兄鑒：順密。譯呈閻總司令鈞鑒：（楚）子襄兄昨到大字營，談悉尊意，職部現駐大字營、閿鄉一帶，一切聽從鈞座命令，尚乞時加訓示，俾有遵循。謹陳。職劉茂恩叩。麻辰印。」

這天下午六時、我又發出一電，由晉南太陽渡（平陸縣南）轉拍，促閻早做指示，以免延誤軍機：

「機急。（太原）北門裏東二道巷十七號、馬凌甫兄譯呈總司令閻鈞鑒：順密。麻辰電計呈鈞閱。頃接南京來電，敝總指揮於江（三）日由海道北上，職部現在如何處置？將來任務，伏乞迅速示遵，並懇轉飭西北方面，毋滋誤會，為禱！職劉茂恩。麻酉印。」

十二月七日、我再經晉南芮城發電，請閻氏早頒命令，也好及時做準備行動：

「太原總司令閻鈞鑒：順密。頃關（福安）師長轉到微酉電，謹已領悉。仰蒙垂注，無任銜感。職部現駐大字營、閿鄉一帶，伏乞命令早頒，俾便遵行，臨電不勝迫切待命之至。職劉茂恩叩。陽午印。」

次日、接閻復電，命我退至陝縣以東，緊急時可渡河入晉：

> 「提前特急。閿鄉劉師長書林鑒：順密。陽午電悉。所部迅速退陝縣以東，所遺閿鄉防務，由此間派兵一團前往，駐於兩軍之間，以避免衝突，除電明宋（哲元）主席外，特復。再如緊急時，可渡河過晉，免受損失。閻錫山。庚印。」

由此電可以看出閻氏居於兩者之間，猶如兩頭蛇。

八日晚上、吉鴻昌又派凌勉之代表前來遊說洽商，希望我能借道讓他們東進。凌和我一見面，就氣勢兇兇的說：「在大字營受騙以後，大受吉鴻昌申誡，現在你還有什麼話說？」我即時曉以情義說：「我們都是河南人，連年以來，內戰迭起，都以中原爲戰場，以致田園荒蕪，農村凋敝，地方慘狀，目不忍睹，爲你們著想，應當整頓內部，開發西北，繁榮地方，充實邊防，功在黨國，人民稱頌，豈不勝於叛亂嗎？再說以閻、馮、唐、石幾人，那個配當領導中心？他們以個人利益相結合，對中央稱兵作亂，無異以卵擊石，後果不卜可知。」凌說：「我們已經推選閻先生爲領導人。」我說：「以閻先生的爲人和作風，馮先生能向他俯首聽命麼？」他說：「既是一個組織，大家自然應當服從組織，這還有什麼問題？」我於是向他表示說：「倘眞如此，那麼我阻止你們東進是服從命令，而你們東進是違抗命令！」並拿出閻的電令給他看，說：「這個命令是關福安的參謀王蓮送來的！」

同時，我把王蓮請出來，當面介紹給他認識。凌看了電文後破口大罵說：「閻錫山不是東西！」我於是向他調侃說：「你們剛剛選出的領導人物尚未就職，他就成爲不是東西，你想這個仗還能打嗎？」凌應聲回答說：「這個仗我們絕對不打了！但是陝縣、靈寶是我們陝西的咽喉，我們講私交，請你們讓給我們，如果你願意返回西北系統，我們一致歡迎你，不願意回來，願到那裏聽你自便。」我也乘機向他疏導說：「潼關是我們入陝的唯一要道，咱們講私交，請你們把潼關讓出來，你們願意回歸中央，我相信中央對你們不但不究既往，而且會對你們慰勉有加，如果你們不願回歸中央，愛到那裏，聽從自便，但是絕對沒有好結果。同時，要知道我之不能將陝縣、靈寶讓給你們，正如你們不能將潼關讓給我們一樣，你我都沒有這種權力，我們都是受命者，希望你回去代我向世五、賡臣（龐炳勳）、子超（梁冠英）諸兄多多致意，更要代我多盡忠告，請他們痛下決心，本著已往愛護黨國的熱誠，擁護中央，倘若一時受環境限制，應速返寧夏和西北，休養生息，鞏固邊陲，建立不朽之功。如果意氣用事，背叛中央，後果必然不堪設想。他們都是我已往最尊敬最親愛的好友，站在友誼的立場，我不能不出於至誠向他們進忠言，尤其你們之間的友誼更勝於我，能忍心看他們跳火坑而不拉他們一把嗎？」凌說：「我回去以後，一定把你對他們的這種勸告，切實轉達。」

二　奉命渡河

九日中午，據報逆軍由宋哲元主持開軍事會議，決議乘機東進，響應唐、石之亂，以吉鴻昌爲前敵總指揮，其所部及鄭大章部之騎兵，編爲第一線，吉部副師長劉子遠爲游擊司令，由右翼盧氏東進；龐炳勳部率第六軍爲第二線；孫良誠爲第三線；馮治安之第十一軍爲第四線；張凌雲之第四軍爲第五線。自九日起，敵軍即以優勢兵力向我陣地猛攻，但因我方地形良好，故敵未能得逞。敵因爭持不下，乃以鄭大章的騎兵軍和魏鳳樓、葛雲龍等部軍隊，大批出動，圍聚於我師之左翼虢略鎮地區，迂迴移動，對我形成包圍態勢，企圖以十倍於我之兵力，以屈我之兵。本師深感防地廣闊，兵力單薄，情勢異常危急，亟於十一日由晉南太陽渡發電，向閻副司令報告當前敵情，請迅速派兵渡河支援。電云：

「總司令閻鈞鑒：頃據職屬報告，西北軍部隊於本日下午三時進至東谷驛，距職屬駐稠桑部隊僅五里，該軍節節前進密邇。職師究當如何應付？伏乞電示祇遵。鈞座庚電云派兵一團開駐閿鄉，懇乞速令開動，俾免雙方誤會，致負我憲維持之盛意，臨電不勝待命之至！職萬選才、劉茂恩叩。眞印。」

閻即日復電，要我軍仍固守稠桑、虢略鎮之線，電云：

「限即刻到太陽渡駐軍，飛送陝州、靈寶，探投萬師長、劉師長鑒：伍密、眞電悉。該兩師希仍在稠桑、虢略鎮之線，努力固守。至開駐靈寶、陝州之兩團，已電關（福安）師長轉飭迅速渡河矣。特復。閻錫山。眞亥印。」

十二日上午八時，我以情勢岌岌可危，乃再電閻報告：

「總司令閻鈞鑒：伍密。眞電奉悉。仰蒙派隊開駐稠桑、靈寶一帶，凡我官兵同深感激。惟吉鴻昌昨由閿鄉來函，以奉汪（兆銘）、唐（生智）電令東進，援助韓（復榘）、石（友三），並因給養困難，復行前進靈、陝，且派代表，日必數人，讓防緊急萬分，敬祈速電制止，避免誤會，並速示機宜，以便遵行。迫切上陳，立候鈞示。職劉茂恩叩。文辰印。」

午間、又奉閻文午電指示：

「如不能抵禦，可即渡河，集結於葛趙、平陸。」

當此援兵無望，而敵又對我全線猛攻之際，並發現敵人的迂迴部隊，逐漸逼近，火力集中，猛烈空前，這時我軍陣地已被摧毀殆盡，倘不撤防，必陷絕境，然而陝縣以東情況混亂，敵友莫分，中央連繫中斷，何處可以撤防？苦思焦慮，眞不知何所適從？適閻總司令於傍晚令關師長派員前來，指定本師之渡河地點，乃決定渡河入晉。本來敵前渡河本已不易，而黃河水急幅廣，再加上船隻稀少，更加困難，因而又電閻氏請派關部來增援，又奉指示：

「已令關部隔河以火力支援，掩護該師安全北渡。」

夜十時、當即報告閻氏，擬於十三日薄暮後撤防，請預作準備事項。電文云：

「總司令閻鈞鑒：伍密。頃關師長派員前來，指定葛趙、沙窩、太陽渡、茅津渡等處爲渡河點，關護周詳，至深銘感！茲定於元（十三日）下午五時開始由指定地點渡河，約次早可以完全渡過，擬請鈞座轉飭從速預備麩料、柴草等項，以備急需，是所企禱！再萬師長赴洛（陽）未歸，該師如何處理，容後電稟。師長劉茂恩。文亥印。」

十三日晨、接閻電促本師迅速渡河：

「萬師長、劉師長鑒：伍密。文辰電悉，貴部應渡河入晉，已由文午電奉知，諒已達覽，希即迅速渡河，以免意外；渡河後，並希協同關師長沿河布防，以資警備，除已電關師長遵照外，特電知照。閻。元印。」

同日晚、又接閻復前電：

「劉師長鑒：文亥電悉。已飭關師長從速準備草料等物，並妥爲關照矣。特復。閻錫山。元酉印。」

十三日拂曉、本師正準備渡河事項，不料敵軍突又向我防地猛撲，激戰一日，我軍傷亡官兵七十名，俘獲敵人團附、連長各一員，兵士數十名，擊斃甚多。延到午後三時，接前方指揮官武庭麟電話：「頃發現由潼關東下民船八十四隻，逐波東流，勢如奔馬，以其靠北岸行駛，未能截獲，恐係馮部圖襲陝縣，請予注意。」我急派特務營和砲兵一連，以火力迫其南來。等靠岸後，竟是空船，而且都是鞏縣、偃師、孟津的船隻，問船長何以結幫冒險東下？據告：「一恐河水結冰，二要趕回家過年，三怕大戰爆發，遭受砲火損害。」我軍獲得船隻以後，當即報告閻副司令，在下午八時，遵閻令按照計畫分由葛趙（靈寶對岸，屬山西平陸縣）、太陽渡（陝縣對岸、在平陸縣西南二里、舊名茅津）、茅津渡（陝縣會興鎭對岸，在平陸縣東二十五里，本名沙澗渡，爲由晉入豫必經之處）三處渡河，至十四日上午始完全渡完，安全轉進到黃河北岸，分駐在平陸、葛趙，擔任協同守備河防的任務。

至於萬選才部，因萬師長赴洛陽開會，該師在靈寶以南及以東一帶，無人主持，並未渡河，而後萬和西北軍接洽，與之合作，竟加入民國十九年閻、馮的中原大叛亂，這也是大哥和我所始料不及的。

十四日凌晨約一時，我於太陽渡電閻報告渡河經過情形云：

「總司令閻鈞鑒：伍密。時間甚迫，準備不及，未得渡河，不意西北軍於元日拂曉，突向我防地猛撲，激戰終日，我軍傷亡官兵共七十名，俘獲敵人團附、連長各一員，兵士數十名，擊斃尤多。至下午八時始遵令撤退，分由葛趙、沙窩、太陽渡、茅津等處渡河，指定師部及第十旅、騎二團、特務營、暫駐平陸，十一旅及姚團駐葛趙，機砲團、工兵營、騎兵連駐茅津。刻接報告，各部已渡河大半，業飭船隻從速輸送，容俟明日調查清楚即行稟聞。再者六十四師馬騎兵旅長（騰蛟）協同作戰多日，此次請求隨同渡河，情意甚切，已令其由茅津渡河。又日昨萬師長赴洛未歸，當令該部退至茅津渡河，現已否照辦，抑另行他往，尚未接到報告，謹此附聞。職劉茂恩叩。寒子印。」

同日下午六時、再電閻報告情況：

「總司令閻鈞鑒：伍密。寒子電、計呈鈞閱。六十四師騎兵旅長馬騰蛟前在靈寶時請求隨同渡河，當飭該旅由茅津渡來晉。頃據報告：昨夜該旅行抵會興鎮，未曾渡河，不知開往何處。又據駐茅津之李團長柑蔚報告：西北軍騎兵於今晚十時（十三日）到陝州，其先頭騎兵於十一時半到會興鎮，時我軍部隊馬匹均已渡畢，惟車輛騾馬正在半渡之際，該騎兵即向我猛烈射擊，至車輛騾馬未得渡完；俟檢點清楚，再爲報告各等語。職擬俟防務布置妥協，即前往晉謁，面聆訓誨，謹先稟聞。職劉茂恩叩。鹽酉印。」

十五日、閻復電云：

「太陽渡劉師長鑒：伍密。鹽酉電悉。希與關師長協商佈防辦法，並將防務佈妥後，即可來省。閻。合印。」

同日上午八時、我電告閻氏，已與關師長商妥接防事宜：

「太原、總司令閻鈞鑒：伍密。職師奉令擔任警戒，由茅津至沙窩之線，業與關師長商妥於今日接防：計阮（勛）旅駐茅津，武（庭麟）旅駐陌南鎮（應爲陌底渡，在山西芮城縣東南四十里）、沙窩，姚北辰團駐葛趙，師部及直屬部隊並騎一團駐平陸、太陽渡，佈防情形另有詳細報告。惟徐（鵬雲）旅駐紮新鄉，相距遼遠，且職部行李均在新鄉，擬請鈞座電請韓主席轉飭徐旅帶同職部行李，迅速調赴濟源、垣曲一帶，是所企禱！職劉茂恩叩。刪辰印。」

閻復電：

「太陽渡劉師長：伍密。刪辰電悉。新鄉一帶，韓主席所部均已開往河南，貴部徐旅調濟源一節，已由雪帥逕電徐旅長照辦矣！閻錫山。銑機印。」

十六日，獲悉唐生智授意萬選才，以我的名義捏造發表我就任僞職的通電，十分憤慨。因爲當時曾謠傳唐逆以我第十一路軍爲第三縱隊，任萬選才和我爲正、副總指揮，至是始知果有其事。爲免混淆視聽，當即電閻，勿爲謠傳所誤，電文云：

「特急太原總司令閻鈞鑒：頃見由洛陽電局發出元日通電，內有職奉唐逆委任，並於元日在洛就副總指揮僞職一事，不勝駭異。查近日以來謠言百出，前日職處已略有所聞，當經電呈劉總指揮請予陳明鈞座，方謂事出傳聞，未必眞實，不圖竟有前項僞電發見，鬼蜮技倆，誣捏愈深，遠道風傳，混淆視聽。職矢志討逆，終始不渝，既未前往洛陽，安有在洛就職之事，謹再據實電呈，伏乞俯鑒眞僞，藉杜詭詐，曷勝企禱！師長劉茂恩叩。銑印。」

次日、接到閻之復電：

「……迭接來電，得悉所部矢志討逆，擁護中央，至慰！洛陽發出之通電，顯係僞造，希圖挑撥，絕不至淆惑國人聽聞也。……」

我率部渡河入晉之後，即遵照閻副司令的命令，擔負河防的警戒任務，沿著黃河北岸佈置防線，右起葛趙、沙窩，左至茅津渡，自西迄東，防面廣闊約八十里，包含芮城縣界和垣曲縣界，而與關福安師長連防，注視南岸，嚴密警戒河面。玆將部署情形述之如下：

一、第一九六旅（阮勛）——駐於茅津、高店一帶。
二、第一九七旅（武庭麟）——駐於陌南鎭（在芮城縣）東北、沙窩一帶。
三、武旅第三九六團（姚北辰）——駐於葛趙、車村一帶。
四、騎兵第一團（劉惠心）——駐於沙口。
五、騎兵第二團（張添后）——駐於張店。
六、機砲團（李榀靖）——駐於後灣。
七、砲兵團（邢圃光）——駐於西灣。

八、工兵團（姚雲亭）——駐於太陽渡。
九、騎兵連（郭英傑）——駐於平陸。
十、補充第二營（許金壽）——駐於平陸。
十一、特務營（吳達）——駐於平陸。
十二、師部（附其餘直屬部隊）——駐於平陸。
綜計本師渡晉兵力，共有官兵爲一萬四千九百三十三人。未幾、留駐新鄉之第一九八旅之第三九五團（邢清忠）、師直屬補充第一、三兩營、及我第十一路軍總指揮部、騎兵旅第二團（張振亞）……各部，先後經由濟源西入晉省垣曲、而至平陸，與本師會合，共有一萬八千九百四十五人，其駐紮之防地如下：
一、騎兵旅（龔御衆）旅部——駐於平陸。
二、阮旅第三九二團（馬其臻）——駐於張峪鎮。
三、武旅第三九五團（邢清忠）——駐於坑南村（在陌南（底）鎮東，接平陸縣界）。
世人皆說「閻老西」很厲害，的確不錯。就在十二月十四日、本師渡河完畢，晉軍師長關福安轉來閻副司令的命令，派他的參謀王蓮、華克格（河北天津東門内大街人，保定陸軍軍官學校第八期砲兵科畢業）、孫振瀛（字翼五、河北清苑人，保定陸軍軍官學校第六期工兵科畢業）到我師部服務，於是我任命王蓮爲本師參謀處上校處長，以華克格、孫振瀛爲中校參謀，當然我亦知道他們是奉命來「監軍」的；同時，閻還另派一位譯電員，攜帶著和閻副司令、及與晉軍通訊用的密電碼本多種前來，並將本師原用之電碼密本全部没收，不准對外通訊連繫，從此與中央訊息中斷，被迫羈留於閻之轄區內，不得隨意活動，每日都在凍餒之中，寒天冰地，戍守河防，有如斷線風箏，不知己身將伊於胡底？

再說我率部進駐晉南平陸一帶以後，大哥曾派隨從副官孫新居前來防地探視，據他告知：石友三於十二月二日夜在浦口叛變，五日、唐生智在鄭州通電響應，當時謠諑紛起，多以爲這是馮玉祥、閻錫山、唐生智、汪兆銘等人，早有預謀，將掀起大的動亂，因此人心惶惶，時局混沌已極！中央方面，蔣總司令對於這個突起的事變，希望能消弭禍患於無形，所以請大哥和趙戴文至山西，懇切勸閻應以國事爲重，迅速制止西北軍和唐生智、石友三等部的叛亂行動，毋使戰事擴大。大哥乃先於三日至南京謁蔣總司令，商談有關事宜。四日晨、偕監察院長趙戴文（字次隴、山西五台人，日本東京宏文書院畢業，歷任閻部重要職務及內政部長等職）離京抵滬。由於津浦鐵路徐州以南至浦口一段已被石友三部叛軍占踞，交通阻絕，乃改從海道乘日輪「大連丸」北上，至青島上岸，循膠濟鐵路至濟南。七日上午九時，專車轉津浦鐵路北段經天津，而北寧鐵路過北平。

八日午、大哥離平乘平漢鐵路南下至石家莊，沿正太鐵路至太原，一路上風塵僕僕，並承山東省主席陳調元、河北省主席徐永昌等，預爲準備專車，日夜兼程，於九日下午抵達太原，住山西大飯店，閻氏特於總部設宴洗塵。次日、與閻作長日談，申述中樞憂念國事的苦衷，以及蔣主席希望閻能共謀國是的赤誠，以安定大局，使國家人民倖免一大浩劫，將是功德無量，並協商西北軍事善後辦法。閻聽後，頗爲感動，慨允肩負此一艱鉅使命，立即去電西北軍及唐生智、石友三等人，制止其軍事行動，又唯恐叛軍不聽勸導，又立即給我來電，命我固守靈寶、稠桑一帶，阻止西北軍東進，切斷和唐生智的聯合……。我聽了孫副官的報告，這才明白吉鴻昌的代表凌勉之所說的閻、馮、唐、汪大聯合，以及閻之電令的由來。

我把防務佈置妥當後，即於十二月二十六日至運城，承閻派車來接往太原，當晚謁閻請示機宜，並晤大哥，大哥以「堅忍待命應時」六字囑我牢牢記住，以便打開困局。次年（民國十九年）一月二日，我回晉南防地，道經運城，與關福安師長協商防務，關師長告以防務嚴密，敵無隙可乘。盤桓數日，於八日返抵平陸師部。次日、即電鄭州，向閻報告返防云：

「總司令閻鈞鑒：成密。前在省垣，面聆訓誨，五中欽感，莫罄言宣。我總司令為國宣勞，督師蒞鄭，勳威所播，萬分欽仰，唐逆削平，指顧間事耳！遂仰鈞麾，欣頌無量。職自恭送憲節後，遵即南下，道經運城，與關師長協商防務，當於庚（八）日回抵平陸，詢悉沿河水橋雖多處，惟三門尖、坪南溝一帶，已派教團長帶領該團分駐防範，頗為嚴密，堪紓廑注，伏乞時加訓示，俾資遵循，是所盼禱！職劉茂恩叩。佳酉印。」

豫西討馮之役，本師孤軍懸隔，被迫轉往晉省，以致未能犁庭掃穴，滅此叛逆，固令我心中憤憤不已，但中央沒有責我師勞無功，反而體念我有汗馬微績，特於民國十九年元旦，頒給我一座「三等寶鼎章」，使我於領受之餘，大感汗顏，大哥亦得了一座「二等寶鼎章」，曲突徙薪，名副其實，他是受之無愧的！並附明令如下：

「國民政府令　十九年一月一日

國家丕宏黨治，匡贊多賢，稟總理之垂謨，慶邦基之永奠，安內攘外，各著勛勤，首祚令辰，宜頒懋獎。張作相、萬福麟、湯玉麟、沈鴻烈、王樹常、胡毓坤、于學忠、鄒作華、榮臻、何成濬、陳濟棠、周玳、孫楚、趙承綬、傅作義、楊杰、劉鎮華、陳調元、劉峙、何鍵、朱紹良、徐源泉、王均、王金鈺、顧祝同、蔣鼎文、方本仁、陳紹寬、陳銘樞、張惠長、張治中、賀耀組、葛敬恩、馮軼裴、賀國光等，著給予『二等寶鼎章』；王樹常、胡毓坤、于學忠、鄒作華等，幷給予『青天白日章』；丁超、吳泰來、于芷山、熙洽、蘇炳文、張海鵬、張煥相、臧式毅、蔣光鼐、蔡廷鍇、李揚敬、余翰謀、香翰屏、陳策、陳慶雲、馬鴻逵、夏斗寅、陳繼承、熊式輝、毛炳文、楊效歐、楊虎城、陳誠、譚道源、李生達、王靖國、李服膺、楊耀芳、關福安、張會詔、馮鵬翥、劉茂恩、劉建緒、韋仁發、陳季良、黃秉衡等，著給予『三等寶鼎章』。周濂、陳新亞、李韞珩、陳訓泳、曾以鼎等，著給予『四等寶鼎章』，以示酬庸錫羨之至意。此令！」

第五節　結　語

回想這次豫西討逆戰役，本師自許昌迂迴臨汝，進佔登封、洛陽，首獲大捷，又奉命爲討逆軍先頭部隊，一路追擊馮軍，發揮勇敢善戰的精神，連克新安、澠池、陝縣、靈寶等縣，尤其在函谷關南北之線陣地，和敵軍苦戰，終於將此險要陣地攻破，迫使敵人繼續向潼關西竄，進而與敵軍對峙於閿鄉、潼關之間，前後交戰達十九天，共計俘敵七、八千名，擄獲鐵甲車六列，步槍四千餘枝，戰車三輛，大小汽車百輛，彈藥輜重極多，而我官兵傷亡僅兩百餘名，戰果豐碩，正是一舉消滅馮軍的最佳時機。

不料正當此時，情況發生變化，形勢爲之逆轉。先是駐軍在安徽的省主席石友三在浦口叛變，自稱「護黨救國軍第五路總司令」，接著「陸海空軍代總司令」唐生智也在鄭州響應，自稱「護黨救國軍第四路總司令」，而本師以孤軍深入敵前，竟陷於腹背受敵進退兩難的困境，眞是始料所不及！爲了保存這支國民革命軍的武力，使不被叛軍消滅，以便日後再爲革命效力，於是決定向東撤退，渡河與留守新鄉的邢清忠團會合。這時在山西的閻錫山表面上尚未和馮、唐明顯的聯合，仍以「陸海空軍副司令」的名義，命我固守靈寶，阻止西北軍東進，幾經抵抗後，終因我師兵力單薄，敵軍對我形成包圍，只得遵從閻之命令，渡河進入山西，擔任河防守備任務，接受閻的指揮。事實上，閻早有「反蔣」之心，對本師視同眼中釘，派人駐在本師，名爲服務，實則形同監視，並收去電碼本，不許和中央連繫，本師迫於環境，只好暫時隱忍，受其節制，以致於日後閻、馮、汪聯合擴大叛亂時，本師相機扣押叛軍將領萬選才，回到中央，參加討逆行列，竟被誤爲「投誠」、「反正」，實爲最大的遺憾！至於本師在此次豫西戰役中堅苦卓絕的奮戰經過，由於音訊隔絕，雖曾呈報閻副司令，但他必不會轉呈中央，此亦本師官兵一大損失！然而由於本師在豫西的奮戰，切斷馮軍與唐生智的會合，使唐生智在鄭州孤立無援，被迫南下，結果在平漢路的駐馬店（在豫南遂平、確山之間）南北地區，被我中央軍完全解決，否則馮唐會合，聲勢壯大，附和的份子必聞風響應，叛亂擴大，內戰的局勢將更不堪設想！這是本師將士所可欣慰的。

第九章　中原大戰

提起中原大戰，可說是我民國史上的一大創傷，我是參與這個戰役中的一個角色，至今回憶起來，仍然印象清晰，永遠難以忘懷，如果說起它的曲折經過情形，更是令我言之痛心！

第一節　豫東寧陵之役

民國十九年一月，我仍率領第六十六師駐在晉南之平陸和芮城一帶，擔任黃河北岸河防的守備任務。

我討逆軍第十一路軍「總指揮部」，自去年十二月二日，在鄭州被唐生智解決後，所有直屬部隊，包括騎兵旅、特務團、砲兵團、教導團等，突圍向登封挺進，幾經叛軍追迫，終於在十九年元月在澠池以北的南村渡河，集中在山西省的垣曲縣境，經我向閻副司令請求安置，准許將各部集中於平陸縣待命。這時，閻氏對中央的態度舉棋不定，對本師採取極爲嚴厲的監視，所有部隊的一切補給等等，都受到控制，在嚴寒的冬天冰雪載地之下，官兵仍是一襲單衣，每天所吃的，更是難得一飽，眞是飢寒交迫，困難萬狀，幸而我全體官兵都能深體當時不得已的情況，很少叫苦的。每當午夜酷寒難耐時，由官長率領各部士兵，繞場跑步，藉以取暖，久而久之，體力消耗過鉅，營養又極爲缺乏，大多數官兵都羸弱不堪，疾病橫生，再加上醫藥缺乏，每天總有數人死亡，令人痛心，雖然曾將本師困難情形報請閻氏改善，然而都如石沈大海，杳無回音。

再說大哥於民國十八年十二月初旬，曾親至太原，對閻錫山朝夕諍勸，冀望他能夠眞誠的擁護中央，使國家內亂早日敉平，無奈當時一般投機政客、失意軍人、貳心黨員、以及不忠於中央的游離省份，都紛紛派有代表，群集太原，對閻游說，極盡挑撥離間的技倆，以擁他爲首領，誘其反對中央，尤其是馮玉祥所部將領對中央成見很深，還有那些好亂成性，毫無中心思想的軍隊，也派有很多代表常駐太原，竭力表示對閻效忠之能事，終於把他哄上懸崖，掀起中原大戰，墜入無底的深淵裏，斲傷了國家民族的元氣。

在中原大戰形成之前的二月十日，閻錫山答覆國民政府蔣主席的「蒸電」，即以

「禮讓爲國」、「在野負責」爲詞，要脅蔣主席下野，公然向政府挑釁；李宗仁、白崇禧等繼於二月二十一日通電擁護閻爲「陸海空軍總司令」，馮玉祥、張學良爲副總司令，並以「促成整個的黨、統一的國」爲口號，高唱「反蔣」，張大其變亂聲勢。二月二十三日、閻氏更聯合馮玉祥、李宗仁、白崇禧、鹿鍾麟等四十五位將領發表「梗電」，正式反對政府，向中央啓釁，終於造成中國近代史上空前的內戰。由於一念之差，導致生靈塗炭，橫屍遍野，操權者能不謹愼戒懼麼？及至大錯鑄成，挽救無術，個人榮譽損失事小，而影響國家元氣事大，事後捫心自思，當亦有所感愧。大哥在這段期間內，原希望閻氏能有所作爲，後來眼看他受群小包圍，知道他已不能自拔，遂憤而返京，面謁蔣主席，並請早作軍事上應變的準備，以免臨時措手不及，而大哥以前此入晉勸閻之行無功，有虧蔣主席託付，且不忍再見鬩牆之爭，乃請求出洋考察，行至日本即派我三哥茂松攜帶手書回國面交與我，密告閻心懷叵測，不可信賴，凡事務向中央請示機宜。而後遍歷日本、美國、英國、德國、法國、瑞典、挪威、丹麥、荷蘭、埃及等十多個國家，直到這次大戰結束後的十月才返國。

一　進軍寧陵縣

正當本師陷入絕望之際，蔣總司令於三月初密派其總部少將參議劉茂修（即我七弟）攜密函自南京繞道天津謁候母親後前來防地，慰問有加，並詳詢軍中情況，以及部隊能不能東調離開山西等等，我把本軍被閻監視情形告訴他，並說此時勢難東調，但是無論如何艱難困苦，都要盡量忍受，以保存這一份革命實力，倘閻果眞叛國，我總司令對本部有所驅策，請立即來令，我如發現有機會，也必隨時向總司令請示機宜，七弟遂在當天晚上返回南京復命。

三月十四日、馮玉祥的部將鹿鍾麟等五十七人，發表通電推擁閻錫山爲「中華民國陸海空軍總司令」，並以李宗仁、馮玉祥、張學良爲「副司令」，分兵兩路發動軍事攻勢，企圖相互呼應，南北夾擊中央。

二十三日、我接到閻的「梗（二十三日）電」召見，即於次日由平陸起身。二十六日、抵達太原，至總部晉謁，當時在座的有他的秘書長賈景德（字煜如、山西沁水人，清代光緒三十年甲辰科進士出身）。閻首先問我：「二月間我發出的『蒸（十日）電』，以及同馮玉祥、李宗仁、白崇禧、鹿鍾麟……等四十五位將領聯名的『梗電』，你是否已經見到？」我答說：「没有見到。」其實我在報紙上已看到兩電，只不過因爲不贊成他們的行爲，而不做任何表示罷了。閻又問：「報紙上都已登過，你怎會没看到呢？」我說：「近來根本没有看過報！」閻問：「爲什麼連報紙都不看？」我向閻申述說：「報告副總司令！我不敢欺騙你，可以說我每天都是過著醉生夢死的生活！」閻很驚異地問：「你爲什麼這麼消極？」我說：「因爲我所帶的這批『飢軍』太可憐了！去年十一月，本軍在鄭州奉蔣總司令之命出發時，棉軍衣尚未運到，官兵穿的全是單衣，中央於十一月中旬發給的棉衣運到鄭州後，被唐生智部又搶掠一空。十二月十三日夜渡河後，大雪紛飛，士兵一夜之間凍死三十七人，當時本軍各將領一致要求將軍隊苦況向副總司令報告，懇請補發棉衣濟急，我當時對他們說：『政府所發的服裝，是按軍隊的編制每人一份而發的，閻副司令怎能有剩餘的衣服呢？』他們說姑且一試，我在無可奈何中只好申請補發，然而得到的復電是：『庫無存儲，無衣可發』。我爲避免士兵凍斃，就令營連幹部負責，不論晝夜，只要感到冷凍難耐時，隨時集合跑步，以抵禦寒冷，維持現狀，所以早晚到處可以聽到跑步、唱歌和喊一、二、三、四之聲；至於伙食方面，除了每個士兵每天給小米一斤半，燃煤兩斤，食鹽少許以外，幾個月來，未見葷素，即使有青菜也無錢可買，現在全部官兵無一不是面黃飢瘦。報告副總司令，所謂耳不忍聞，目不忍睹，就是這種慘狀！因此我日夜不能成眠，平陸縣長和商會會長他們看到我這種情形，就勸我每天喝酒以代替安眠藥。

」閻聽到這裏就問說：「南京發給你們的月餉作什麼用了？」我答說：「自從渡河以後，中央方面就把本部經費停發（實因受閻監視，不敢直接請領）。當時曾呈請副總司令代向中央請領，奉批交周參謀長（名玳、字子梁，山西代縣西二十里陽明堡人，保定軍校第一期砲兵科畢業）核辦，幾經派員交涉，至今尚無眉目。」閻說：「這些情形我根本不知道，以後自當設法。」接著就露出眞面目說：「介石對我太無誠意！我要同他周旋周旋，你是否可以對四十五將領的通電，發個響應電？」我聽到閻對我提出這項要求，逆謀已昭然若揭，若遽然拒絕，後果將可以想見，爲待機配合蔣總司令的決策起見，決計虛與委蛇，當即答說：「副司令如認爲有此需要，就請賈秘書代我擬發。」閻不以爲然的說：「那怎麼可以！必須你自己擬發。」我以不善提筆爲辭，閻最後仍囑請別人代擬。於是我辭出找到老友宮逸泉（名瀑）代爲捉筆，宮問我如何寫法？我說：「就我的立場，絕對不能攻擊中央，只要能應付過去就行了。」宮氏於是代我草擬了一份不痛不癢的電稿，我隨即送呈閻氏審閱，並說：「這電稿如有不妥之處，請交秘書長加以修改。」閻看後交給賈秘書長，賈說：「就這樣發了吧！」我即請閻批發，閻說：「這個電不要在這兒發出，一定要回防上去發！」我說防上沒有電信局，閻突然說：「你的部隊快要出發了，帶到有電報局的地方再發也可以。」

我聽到本軍快要出發了，確實感到驚異，出發到那裏？目的何在？身爲部隊主管，事先一點也不知道，眞有啼笑皆非之感！然而在當時情況下，也只有任人擺佈了，不過我還是向閻問說：「我的部隊向那裏出發？」閻就召周參謀長來說：「他的部隊什麼時候出發？」周答說：「命令早已下達，恐怕現在已在途中！」我向周詢問本軍所經路線，他說：「經運城、安邑、絳縣、陽城、晉城，到河南焦作一帶集中。」閻接著就說：「這封電報你就帶到焦作去發好了！」我隨即向閻氏告辭，往晉城出發，以便在那裏等候部隊，隨同東進。

四月上旬，本軍齊集焦作，此時我頓時感到海闊天空，內心的愉快，眞是難以形容！因爲本軍現在隨時可以脫離晉軍監視，還我自由，重歸中央懷抱，尤其是那份被迫所擬的電報，決定不予拍發，雖然內容並無關痛癢，終非本意，既然鉗制已失，就可以按照個人良知去做，只是時機未到，仍必須暫時忍耐，以期配合中央決策，徹底消滅叛逆，早日解決戰禍，因此即派本軍政訓處長韋品方（河南杞縣人，北京法政大學畢業），間道赴京，晉謁蔣總司令，報告本軍現況，並請示爾後行動方針。同時，閻又以陸海空軍副司令的名義，將本師原屬的六個步兵團和總指揮部直屬部隊，合併編爲九個團，組成一個軍——「十五軍」，區分爲第六十五、六十六、六十七等三個師，每師三個團，以我任軍長，分任阮勛、徐鵬雲、武庭麟為師長，劃歸閻部序列。四月二十五日，閻命本軍由焦作開往豫東杞縣至蘭封之線集結，擔任東向工事的構築。

五月一日、中央以閻馮的背叛已無可挽回，決定訴諸武力裁決，乃下達討伐令。十一日、開始總攻擊。

五月十四日、閻命本軍歸隸駐寧陵晉軍第三方面軍（總司令徐永昌）第三路總指揮兼第二軍軍長楊效歐（原第十二師）指揮。楊令本軍星夜到寧陵集中，本軍遂於十七日下午進駐寧陵，我為明瞭晉軍部署實力，以及中央軍的狀況，即赴劉花樓和楊會晤，楊說：「敵我雙方目前在魯西到商邱南北之線激戰中。我方在魯西參戰的是石友三、劉春榮兩部，對方陳調元、馬鴻逵兩部，隴海線兩側和商邱地區是我萬選才部，對方已發現的番號有一、二、三及十一等四個師，關於貴軍的任務等研定後再行通知。」我回到本軍後，非常焦急，因為韋品方赴京請示任務，已有一個月沒有消息，就目前情勢來看，擊潰萬選才部可說易如反掌，但無關大局部隊的崩潰，對閻、馮主力並無何影響，何適何從，十分痛苦，也只有等待韋品方歸來，才能做適當的決定。當晚，接楊效歐電話，囑本軍軍部於十八日晨進駐寧陵西北的八里井，而以寧陵為右翼據點，並在寧陵以北向左延伸，以啣接該軍右翼（正面約八里），構築第二線預備陣地。我奉命後，除令六十五師阮勛部擔任陣地構築外，另以六十六師徐鵬雲擔任寧陵的守備，六十七師則於十八日到達後，進駐寧陵西北的喬大莊和柿門為預備隊。

二 扣押萬選才

十八日拂曉，正當本軍軍部在寧陵集合向西北八里井出發時，得報偽河南省主席萬選才來訪，感到十分驚異，心想，萬氏何以這樣早來訪？從那裏來？為了何事？除了派于參謀長起光率隊仍向八里井出發以外，我立即前往迎接，並一面考慮，我和萬氏私交甚好，他以環境所迫，誤入歧途，論朋友之道，應該救他脫離火坑，如能勸他聽命中央，不僅成全我倆多年友誼，並可增加中央實力，是為上策，否則應當如何來處理萬某，此時，不覺產生惻隱之心。但是繼而一想，他已加入叛逆集團，闔改其第六十五師為第六路，並於三月廿四日任為總指揮，三十日命兼河南省主席，以後仍不免兵戎相見，到時將不知有多少人流血犧牲，所謂「小不忍則亂大謀」，不能以一己之私而影響革命前途，如果不能勸服他，也只有一本「大義滅親」的精神，斷然予以扣留，以促使叛軍前線崩潰，俾我中央軍得以順利推進壓迫晉軍，而本師亦能就近派員晉謁總司令，請示消滅閻馮大計。

我和萬選才在寧陵西關晤面後，首先問他從那裏來？爲什麼這樣早？萬說：「我是昨天下午乘火車回開封處理公務，以前方戰事突然激烈，又連夜前來督戰，因和你半年沒有見面，所以順道來看你。」人孰無情，聽他這樣篤念友情，想到萬一將來對他有不幸的處置，內心反而覺得不忍。但終以順逆有別，不能以私害公，而又堅定信心。不過內心仍希望他能幡然悔悟，共同爲革命大業而效力，於是就對他說：「我還不是同樣的想念你，過去因爲職務的關係，也不能常去看你，請你原諒。」進入室內後，因他有鴉片煙癖，於是乘他吞雲吐霧之時，相機進言，以溫和婉轉的口氣，先從他四月間返里奔喪談起，逐漸說到當前時局，以窺知他的傾向，並問他這次閻馮二氏和中央對抗，未來誰勝誰負？萬說：「勝敗的因素太多，一時不易確定，若是按一般情形而論，勝利應屬閻、馮。」我立刻追問他說：「什麼原因？」萬說：「在兵力比較上，閻馮部隊總在百萬以上，而中央軍最多不會超過五十萬，在實力上已相差懸殊，從這一點已可斷定閻馮必勝，其他不必再論！」我說：「老兄是否把閻馮兵力估計太高！而又將中央軍隊估計偏低？」萬說：「不然！按閻的孫殿英、劉春榮和我的第六路，也在二十萬上下，豈不是百萬以上？而蔣的部隊在名義上雖然很多，但是很多省份都反對他，不但不會出兵打仗，甚至還會牽制他很多軍隊，尤其四川、雲南、貴州等邊遠省份，不出兵打他已是很好的了！那還會出兵幫他呢？」我又問他：「除此之外，還有沒有其他勝利的因素？」萬接著說：「閻馮部隊一向受中央歧視，待遇不平等，官兵吃不飽，穿不暖，軍中怨聲沸騰；相反的，中央軍隊待遇優厚，士兵生活安逸，而又以正統自居，因而產生一種驕氣，所謂『驕兵必敗，哀兵必勝』，由此推斷，誰勝誰敗不是已經確定了嗎？」說完又反問我：「你對這場戰爭勝負的看法怎樣？」由於當時本軍部隊都已出發，我身邊只有隨從張天河（字浩然、鞏縣西三十里張嶺人，曾任排長，比我小三歲）一人，而萬氏所帶衛隊約五、六十人，都在院內和大門外佇候，假如我說的意見他不贊同的話，恐怕會遭他疑慮而對我不利，所以遲疑很久沒有回答，而萬氏又不斷催促，我只好說：「如果你一定要我講，對或是不對，請你不要笑！」萬以極爽朗的聲調答說：「咱們弟兄多少年來都是無話不說的，你說的對不對，我還會笑你嗎？」於是我說：「依我不成熟的看法，和你有點不同。因爲戰爭勝敗的因素很多，但最主要的還是在於：第一、立場要堅定，也就是所謂『名正言順』，名不正則言不順，言不順則事難成。現以中央和閻、馮作戰立場而論，中央軍出兵是爲討伐叛逆，以維護國家的統一，名正言也順，而閻、馮的舉動，輿論責以

『背叛黨國，動搖國本，稱兵作亂，危害人民』，這樣還能談得上名正言順嗎？最後結果還會勝利嗎？第二、勝敗的關鍵在於精神，中央軍所遵奉的是一個主義，所服從的是一個領袖，指揮統一，行動一致，萬衆一心；而閻馮方面是以利害結合，互相利用，形同散沙，組織既談不上堅強，指揮也不能統一，兩相權衡，閻馮不是以卵擊石嗎？最後還要看天意誰歸。」萬笑說：「你還迷信嗎？」我說：「這並不是迷信，所謂『天意』，就是民心，人民的共同願望就是天意。試想，近年以來，變亂迭起，戰火遍地，人民望治之心就如大旱之望雲霓！閻馮一味憑恃武力，不以人民的喜惡爲依歸，就是違背民心！古語說：『得民者昌，逆民則亡』，閻馮不能體察這點，一味迷信武力，我不相信他們能夠成功！」萬聽完後，好像在考慮我說的話，一會兒點頭，一會兒摸他的煙槍，很久都沒有回答，於是我又繼續向他說：「去年春末，總指揮（指大哥）在天津致電馮先生勸他下野時，曾對你我說過幾句話，不知你是否還記得？那就是『四集團之事剛了，二集團之變又接踵而來，長此以往，國家的前途何堪設想？能不亡國嗎？你們記著：我們永遠只有一條路，就是跟著中央走！只有一條心，就是保國衛民的心！這也就是做人的道理。』……」我正想繼續對他點說時，他忽然截住說道：「你不要再向下說！你的意思我已明白，是不是想叫我到中央去？」我說

：「是的！」他接著說：「你想的太天眞了！我已同老蔣打了這麼多天，現在就是我過去，他會饒我嗎？而且閻馮對我不薄，給我河南省主席，這個時候如果背棄他們，不僅人家會說我不義，就是我個人內心也感到對不起他們！」這時，我很激動的對他解說道：「這次的動亂罪在他們二人，其餘多是被動，中央絕對會曲諒！如果能率隊起義，相信中央只有歡迎，怎會加以罪責？至於你說他們給你高官做，背棄他們是不義的說法，我也不敢苟同，甚至可以說，就是因爲他們給你主席才要揍他！你不想想，他們的部下文武人才有的是，爲什麼要派孫殿英當安徽省主席，石友三爲山東省主席，而以你爲河南省主席？這就是對你們三人不相信，恐怕你們在後方搗亂，所以用高官來籠絡你們，進而叫你們知恩圖報，爲他們在前線賣命，和中央對拚，以消耗你們雙方的實力，坐收漁翁之利，如果中央軍敗退，你們的部隊就得跟著前進，主席的位置還有你們的份嗎？萬一你們敗了，你們就成了作戰不力或擅自撤退，解除武裝以後，還要軍法處置，這個主席的位置自然隨著丟掉，我這種淺陋的看法，提供老兄參考，如認爲不錯，就請當機立斷，即速和中央連繫，並且請求你答應我一件事！」萬催我快說：「什麼事？」這時我認爲和他談這件事，猶如與虎謀皮，萬一讓他知道我的立場突然反目，豈不是自討苦吃？於是並不告訴他我和蔣總司令經常連絡的事情，反而帶著祈求的口氣說：「你到中央去的時候，千萬要把我一齊帶過去，並請中央把我們編在一起，使我可以永遠追隨大哥！」他說：「老弟！你的看法也很有道理，不過絕不是那樣的簡單，你不知道，我和石友三、孫殿英三人早有密約，只要閻馮危害我們三人中任何一人時，大家就一致對付他們！」這時我已看出萬某貪戀眼前富貴，甘心爲閻、馮效命，決無歸服中央的意思，爲避免他識破我的立場，對我不利，就說：「你們的秘密結合，不早點說，害我替你瞎擔心。」此時我決定本著大義滅親的古訓，不再有所顧慮！但是當時我身旁只有張天河一人，而周圍又都是萬的手鎗衛隊，不要說是扣押，就連一句「硬留」的話（硬話）都不能說，而機會又是一瞬即逝，實在感到棘手！於是一面和他閒談，一面苦思良策，最後對萬假說要如廁，在廁所寫好給阮師長的名片：「萬逆選才帶鎗兵五十餘，刻在軍部舊址與余話舊，半小時後將乘汽車赴前方督戰，必經西關外三里處土地廟，著該師長酌予派隊，在廟附近僞裝歡送，待到時即將之扣解八里井軍部爲要。」然後叫張天河送手紙來，密囑他將名片飛送阮師長並索回信，回來後假裝咳嗽，在我入廁時呈閱回信。張去後約二十分鐘返回，我又說要如廁，萬奇怪的問說：「你剛解手回來，怎麼又去？」我假說是肚瀉，在廁所內閱讀阮的回信：「遵命辦理。」這才安心。回到屋內，萬就要離去，我恐怕阮師長未準備妥當，於是以鴉片煙可以治腹瀉爲由，把萬所攜帶的鴉片拿來吸食，藉以拖延時間。約五時許，萬才乘汽車離去。没多久，阮師長就把他捉住解送軍部扣押了。

開封方面，即由萬之第六路總參議、省政府委員兼秘書長李筱蘭（字純如，綽號李痲子）代理僞河南省主席；以萬部第三十八師師長石振清（綽號石老婆）代理僞第六路總指揮。當時中央方面是以前河南省政府建設廳廳長張鈁代理河南省主席，臨時駐節豫東商邱設署辦公，支應中央討逆戰事。

萬選才被我軍扣押後，因而造成叛軍第一線的崩潰，這是不爭的事實！然而對閻主力仍無太大的影響，因此我迫切需要將扣押萬某經過向蔣總司令陳報，以便獲得指示如何協同友軍解決閻之主力。然而當時和中央的電訊連繫中斷，還未恢復，必須直接派人至歸德晉謁蔣總司令面報。這時萬部防線還在固守，所派人員無法從正面通過，正在焦灼無計時，下午四時，聽說萬部放棄歸德南北之線，全線向柳河以西潰退，然而兵荒馬亂，路途仍是不便。下午七時，又獲悉我中央軍跟蹤追擊，已到達寧陵以東約三十里的觀音堂附近，我認爲這時正是裏應外合解決晉閻逆軍的良機，就在十九日早晨派總參議范滋澤（前十一路軍參謀長，保定軍校第一期肄業，字世昌、江蘇江寧縣人，曾任安徽督軍署參議，及安徽省政府委員）和參議張宗汾（爲前十一路軍參謀處長）通過當面我中央軍陣地（即第十一師），前往歸德晉謁請示。

三　奇襲楊效歐

五月十九日晚，忽然接到閻的電令云：「馮總司令所部抵杞縣、蘭封地區集結，預計馮（二十一）日可參加第一線之作戰，仰該軍長等鼓勵士氣，在馮部未到達前務將當前之敵擊潰而殲滅之。」看完閻氏電令後，我環察當前態勢，中央軍和閻、石（友三）叛軍兵力不相上下，可能成爲對峙之局，倘若二十一日馮部二十餘萬之衆參加戰鬥，我中央軍的兵力，顯然必遠遜於叛軍而處於劣勢，萬一中央軍失利，那麼本軍消滅閻、馮的計畫便成爲泡影。爲爭取時機，於是決定如果范、張二人請示未歸，將斷然採取行動，於二十日晚發動攻擊，先擊破晉軍在寧陵的楊效歐部，即使不能將楊部全部消滅，最低限度也可以促使晉軍第一線的崩潰，並使馮部不敢東進，而有利於中央軍開闢勝利的契機！

五月二十日上午，范、張二人仍未回來，因此決定就在當晚十二時採取行動，於是區分各師的任務如下：

1. 第六十五師在寧陵以北的陣地，抽調兩個團執行夜間攻擊劉花樓的楊效歐司

令部，以一個團維持原地的防守。

2.第六十六師主力攻擊楊驛鋪（在寧陵以西，睢縣以東二十餘里）晉軍預備隊的步兵旅（旅長楊近仁、嵩縣人）。

3.第六十七師解決金香寺晉軍的砲兵團（團長姓仝）。

中午，我第六十五師即抽調兩個團以擔任夜間攻擊任務，這時原陣地的兵力立現薄弱，不料竟遭受我中央當面部隊（第十一師）的猛攻，而將阮師長陣地突破，我聞報驚異非常，心想當面部隊何以有這樣不光明的行爲？按本軍曾於前一天（十九日）派范、張二人赴歸德晉謁蔣總司令，於通過該部防區時，勢必和該軍高級將領晤談，應該明瞭本軍的來歷和扣押萬選才的事實，是敵是友當不難清楚，竟而出此下策，實在令人百思不解！於是命令阮師予以反撲，將來犯的部隊擊退，又重新鞏固原有的陣地，但爲免對方重施故技，影響我軍行動，乃於午後正式通報該部，以免再發生類似的行爲。這一段事情的內中經過情形，我於後來前往晉謁蔣總司令，見到范、張二人時，才獲知詳情：原來范、張二人於十九日從寧陵出發，二十日晚上才到達總部，我問他們何以這樣遲緩？他們倆人隨即露出憤憤的臉色說：「我們在十九日那天出發到達十一師防地，所經過的連、營、團、旅各級指揮官都詳加詢問，如同審問奸細一般。到他們師部，已經過了中午，承陳師長（誠）接見面談，當他聽到本軍已在昨天（十八日）晨將萬選才扣押時，就要求把萬逆解送他們師部，我們以爲這事絕對不可能這樣做，於是委婉拒絕，而陳師長仍堅持要求，形成僵局，最後我們才說：「萬選才雖被扣押，但他的部隊還在，等解決他的部隊後，即刻解交總部。」他聽後以很不爲然的語氣說：「如果你們不把萬逆交出來，那麼必須代劉軍長發個討伐閻、馮的通電，不然怎能表達你們的眞誠呢？」我們聽了立刻拒絕說：「我們的行動應該保持絕對機密，前往歸德晉謁總司令，除了報告扣押萬選才經過，還要請示如何裏應外合解決晉軍的計策，假如代發通電，不僅洩露機密，而使閻、馮有所準備，何況劉軍長還不知情，我們的軍隊豈不隨時都可以被別人消滅嗎？」陳師長以兩項要求都被拒絕，非常不高興，一直到深夜，才命我們到民家投宿。次（二十）日早晨，徒步出發，一路上没有交通工具，以致兩腿腫脹受傷，步履維艱，所以晚上才到達總部，侍從室主任林蔚（字蔚文，浙江黃岩人）說：「已經接到陳師長電話，准劉軍長通報，知道貴軍將在今晚進攻晉軍，總司令已派員和韋品方去寧陵，現在總司令太忙，你們明天再晉謁好了！」我聽了他們的敘述之後，才明白十一師之所以攻擊本軍的原因，大概是兩項要求都被拒絕，所以才誤「以友爲敵」，假使當時十一師能給予充分協助，使所派人員能儘早抵達，使蔣總司令能充分計畫部署各軍與本軍配合，徹底消滅晉軍，然後移擊西北軍，將叛逆各個擊破，那麼必定可以早些結束戰爭，豈知一念之私，足以影響全局，實爲可惜！

再說本軍按照原定計畫進行，於二十日夜十二時展開攻擊行動，第六十六師主力於二十一日晨二時，先解決楊效歐步兵旅，接著六十七師解決金香寺的砲兵團，六十五師攻佔楊效歐司令部，至凌晨四時，各師先後報捷，完成所賦予的使命，隨即向右席捲石橋、萬集，威脅晉軍側背，迫使楊效歐、關福安、孫楚各部，紛紛向西星夜逃逸。

二十一日、我前派往南京晉見蔣總司令的本部政訓處處長韋品方返回軍部，並偕同蔣總司令所派的人員前來慰問。當韋品方和我見面，還怪我行動太早，如果能再等一天，和我中央軍相互配合，必可一舉消滅晉軍。我以韋品方從四月初去南京，到現在才回來，一切情況都不清楚，反而滿口風涼話，眞是氣人！我很不高興的說了他一句：「你不配說話！」韋品方問道：「我爲什麼不配說話？」我說：「你去了一個多月，一點消息都沒有，我還以爲你死了哪！」韋笑著說：「軍長原來是爲這生氣。記得當初在焦作臨出發時，您曾鄭重當面告示過我：『我們消滅閻馮的計畫，只能向蔣總司令報告，其他任何人都不能洩露，以免遭到不利。』我奉指示後，就專赴南京，到時才知蔣總司令去了徐州，趕到徐州，才知又飛漢口，我想這樣跑來跑去，倒不如在京恭候，等我到了南京，又聽說蔣總司令到徐州以西，等我去了，蔣總司令又回南京，這樣像捉迷藏似的往返，才在幾天前見到總司令，不料您竟在昨夜發動攻擊，未能把晉軍主力消滅，豈不可惜？」我於是把閻的電令拿給他看，並敘述昨天以前的情況後說：「假如昨晚不發動攻擊，那麼馮部於今日加入戰鬥，試想中央軍如何得了！」這時，韋和同來人員才恍然了解我所採取的行動，並稱讚處理得當。同時韋亦面告晉謁蔣總司令情形，並說蔣總司令曾問到本軍的番號，韋答稱：「本軍原爲國民革命軍第六十六師，由山西出發，四月上旬行抵河南焦作時，閻錫山將本師一萬六千人改爲第十五軍，轄六十五、六十六、六十七三個師，每師三團，另外直屬軍部的有騎兵一團，砲兵、輜重、特務各一營，但據我所知，劉軍長爲人，只重作事，並不爲官，總司令不論給什麼名義，都沒問題。」蔣總司令聽後就說：「仍然維持這個番號就好，我重予加委，以正視聽。」蔣總司令又說：「現在第十一路總指揮劉鎭華在國外，就委劉軍長代理好了。」這是本軍正式再度納入我中央討逆軍的經過。

自民國十九年五月二十一日起，我以討逆軍第十一路軍代總指揮兼第十五軍軍長，畫歸第二軍團（原討逆軍第二路軍）序列，受總指揮劉峙指揮，這時我是三十三歲。

這次寧陵戰役：共計俘獲敵人官兵約六千人、山砲三十六門、八二迫擊砲十八門、晉造重機關槍三十六挺、步槍、手槍、約四千枝、騾馬三百餘匹。

四　晉謁總司令

五月二十二日晨、我和派來人員同往歸德晉謁蔣總司令，並參加他在第二軍團總指揮部召開的軍事會議。我因車輛在中途發生故障，抵達會場時，會議已經快要終了，於是立刻向總司令報告遲到原因，並請示本軍任務。總司令指示說：「此次進攻，你擔任預備隊。」我又請示今天攻擊重點在何處？蔣總司令告以在杞縣、蘭封之間的楊堌集（蘭封以南約五十公里）和柿園集。對於這一帶地區的地形，我頗為熟悉，因此認為我軍所選的攻擊重點，顯然是避弱攻強，乃向總司令建議說：「叛軍的陣地，左起黃河，經蘭封、楊堌、柿園以至杞縣地區，土質鬆軟，工事不易構築，而且不堅固，惟獨楊堌、柿園兩點較為良好，並且有圍砦可資防守，以我之意，不如選中間較薄弱部份，施以強攻，則易收功，將敵迅速擊潰後，楊堌、柿園兩點，就可不攻自破了。」總司令聽後覺得我說的不無道理，又飭與會將領再加以研討。當時有位高級將領發言說：「我們既已確定目標，不應再事更動！我們革命軍攻擊精神旺盛，只要將此兩點擊破，其他自可迎刃而解！」總司令見有人堅持已定的決策，遂命按原定計畫進行。我聽到那位將領發言後，不禁面紅耳赤，深覺汗顏。自思同為革命軍人，何以就無別人那樣的旺盛精神，相形之下，豈不是顯得個人太過於懦弱？在當天參加會議的將領中，我只認識陳調元（字雪暄、一作雪軒，時任總預備軍團總指揮）、馬鴻逵（字少雲、任第十五路總指揮兼十一軍軍長）、曹浩森等三人，曹浩森正好在我鄰座，便問他說：「剛才發言的那位將領是誰？」他說是第十一師師長陳誠，這時我總算看到在十九、二十兩日和本軍對峙的陳師長面目，不禁對他多看了幾眼，覺得陳師長短小精悍而有堅強的毅力，深為讚佩，並不因前日發生的誤會（以我為敵）而減少對他的欽敬。不過，人總是有好勝之心，眼見自己的意見被別人認為是「懦夫」行為，多少都有點窘態，於是又輕聲向曹浩森請教說：「你是軍事家，古人用兵以『不戰而屈人之兵』為上策；如必須用兵，都是『出敵不意，攻其不備』、『避實擊虛，避強攻弱』，我們卻反其道而行，不是大悖戰術原則嗎？」曹笑了笑，囑我少說話，看他們去做。

會議結束後，總司令就在朱集火車站前一家飯店招待午餐。我首先向他報告本軍因唐生智叛變被迫奉閻命退入山西，備受監視及艱苦情形，一切以遵奉中央爲準則；其次說明看到閻、馮調兵遣將，遂派韋品方入京請示機宜；接著報告扣押萬選才經過；最後談到昨夜（二十一日凌晨）採取攻擊楊效歐部的行動，是緊急應變處置，促成晉軍第一線崩潰和使馮軍不敢東進等等，說到這裏，就將閻氏電報呈給蔣總司令看。當時總司令十分嘉許，認爲這次行動能在迫切中完成，非常難能可貴，特別犒賞全軍官兵銀洋二十萬元，並指示本軍加入討逆軍第二軍團序列，以一部進駐睢縣南二十里河陽集，警戒大軍左側翼，軍主力在睢縣集結，並在寧陵、睢縣之間搜剿潰敵及招降萬選才之殘部。這時我的心情猶如遊子歸來，愉悅之情，眞是筆墨難以形容！現在回想起來，雖然隔了將近五十個年頭，仍然爲之雀躍不已！

當年五月二十三日的上海「申報」曾報導過奇襲楊效歐的消息云：

「（南京）三條巷第二軍團駐京通訊處主任楊萃文接前方二十一日電：『……我十一路軍劉總指揮茂恩響應我軍，哿（二十日）夜由寧陵西北襲敵側後，奪獲楊效歐部槍二千餘枝。萬逆選才已被劉總指揮擒獲，俟該逆殘部繳械，即行解京。』」

但同日「申報」還載有這樣一個離奇的消息：

「南京：十一師長陳誠二十一日電京，報告劉茂恩投誠經過云：本師十八日進逼寧陵，致書寧陵守城之劉茂恩，勸其脫離逆軍，歸順中央，劉即派其參謀長來部，表示輸誠，往返磋商，結果甚爲圓滿，總座已委劉爲討逆軍第十一路總指揮，並即通電回師討逆，孫楚、楊效歐、關福安聞之膽落，已由陣地向後崩潰，我軍立即跟蹤猛追，殲敵之期，不出旬日。（二十二日專電）」

當時我看了眞是啼笑皆非。事後我才恍然大悟，始知一切錯誤記載，謊言揑造，皆由陳誠師長謬報而來，使我非常生氣！後來我再見到蔣總司令時，曾特別說明此中經過情形，以我大哥和七弟均在中央，去年討逆，我奉令歸閻節制，而今得便歸來，豈可信口胡說爲「致書勸降，歸順中央」，一派讕言，官兵均極憤慨！蔣總司令急忙安慰我說：「你的立場，我很知道，我一直是惦記著你這支部隊，是自家人嘛！……兵家之事，原不厭詐，但這回事情確是目標說錯了，我知道、我知道，這是一件遺憾的事，毋須介意。」

五月二十五日、我派副官史德海從睢縣防地押解萬選才及萬的參謀長楊鴻偉（係孫楚部參謀，派駐萬部爲監軍），並由劉峙總指揮派營副魏某一同送到商邱車站，當時有河南省政府代主席張鈁之秘書長龔學濬（字哲甫，湖北襄陽人）在站協辦軍運，瞥見萬身穿學生裝，已加腳鐐，乘火車東去，當天晚上就在徐州第二軍團總部留守處看管。當時的上海「申報」報導如下：

「徐州：萬選才二十五晚解徐後，當看管於陸軍監獄，仍由魏營副看守，記者二十六晨訪魏晤萬，萬居守衛室中，著藍布學生裝，灰布軍褲，黑直貢呢鞋，足部加鐐，惟起居飲食，均甚優待。萬體格魁梧，態度尚自然，頻以捲煙餉記者，聞萬頗嗜煙。萬年三十八歲，嵩縣人，現萬正擬上主席書，報告願效順中央，令在豫餘部作前鋒攻敵，本人留徐，候部下之效力，以贖前愆。（二十六日專電）」

二十七日晚，萬被押至南京三元巷陸海空軍總司令部，第二天早上，移送到羊皮巷軍法司訊辦。萬後來因其部屬石振清、李筱蘭等不聽中央勸從，遂被槍斃於南京。

二十八日、接到第三軍團總指揮何成濬來電，對我慰勉有加，內云：

「……執事毅然歸來，效命中央，來日方長，黨國對弟之倚重，將有不可量者，願勉之。……萬選才狐猾成性，反覆無常，兩湖（河）人民備受荼毒，既已扣留，中央當依法懲辦。……」

五 結語

說來當年我之所以扣押萬選才，奇襲晉軍，並乘機回到中央，繼續參加討伐閻馮的大戰，完全是站在中央立場，不忍見國家之分裂而出此策，結果造成叛軍第一線的崩潰，我中央軍始得以向前推進而占優勢。未料此舉卻使我蒙受不白的冤枉，使我始終耿耿於懷，不安於心。

從民國十八年十月下旬西北軍稱兵作亂開始，陸海空軍蔣總司令許昌督師，本師奉命集結許昌，參加討逆，從那時起，一直到十九年五月二十一日晨到歸德晉謁，又回到蔣總司令身邊，前後歷時六個月又十二天，這段期間，本師孤懸在外，轉戰數千里，經歷西北軍叛亂，唐生智變節，及閻、馮聯合等三次大變亂，可以說處在非常艱難危困的情況，個中苦狀，實非局外人所能得知，在這種情勢之下，本軍對於每次的叛逆，都是抱定以「中央立場爲立場，總司令的意志爲意志」，排除萬難，孤軍奮鬥，屢次都給予叛逆者致命的打擊！可以說，本軍自民國十六年起參加北伐，奉命討逆以來，一直都是站在國家統一的立場，始終未脫離中央所頒授的編制與命令；迨至唐生智叛變，楊杰指揮官等逕自率軍東去，而陷本師無人過問的局面，在指揮系統上才一時與中央脫節。而後閻錫山以「陸海空軍副司令」名義電令本部渡河入晉，當時閻之立場未變，毫無疑義地，我應當受他節制指揮；以後他的態度雖然曖昧，但仍沒有背叛中央的行動，何況那時中央還派有我第十一路軍總指揮劉鎮華和趙戴文先生到太原規勸閻氏，爭取閻之效命中央，以達成國家安定的目的，足足有兩個多月之久。閻通電反抗中央後，蔣總司令特派少將參議劉茂修前來軍中聯絡慰問，我曾表示隨時可受命驅策，並將待機而動；隨後閻命本部開赴焦作，我即密派政訓處長韋品方赴京報告狀況並請示機宜，由上可知這段期間內，蔣總司令與我之間仍是信使往來不絕！待本軍進抵寧陵後，首先乘機扣押萬選才，接著又採取斷然行動，襲擊晉軍，以阻止閻馮會師，解除我中央軍所受壓力，這段事實經過，充分表現本軍官兵對國家領袖的忠貞，上可無愧於天，下可無怍於人。然而或許外方人對本師扣押萬選才歸來的經過及與蔣公之間的過從情形並不甚了解，除了劉峙寫的「我的回憶」一書中有「原屬中央阻隔在敵方之第十五軍劉茂恩部，亦由該軍長陣前起義，率其部歸來」（第八十九頁）的敘述，較爲客觀正確以外，而其他在戰史上卻發生謬誤的記載，以叛逆之「投誠」、「反正」視之，實在不敢苟同。如陳訓正編著「國民革命軍戰史初稿」有如下的記載：

1.「……十九日、師部（第十一師）進至觀音堂集，第三十二旅與六十一團包圍寧陵縣城，敵之守將劉茂恩派員前來接洽投誠。」（見第二輯二乙第一七七頁第十二～三行）、「第十一師於寧陵東北地區已與劉茂恩接洽反正，靜待發動。……」（頁一九〇第十二行）

2.「二十日午前八時、接第十一師通報，知劉茂恩投誠，萬選才被俘，敵之右翼將發生劇烈變化。」（同上、頁第二〇二第一行）

3.「是晚（二十日）、劉茂恩聞我軍已到達長崗集、湖莊，擊敵側背，遂以寧陵反正，我總司令任劉為第十五軍軍長代理第十一路總指揮，所部編為第六十五、六十六、六十七師，分任阮勛、徐鵬雲、武庭麟為師長。五月二十一日拂曉，劉茂恩向金香寺、黃岡、楊驛舖進攻，拘捕萬選才，降其殘部，閻軍楊效歐部損失尤鉅，敵遭此不意之打擊，全部崩潰。」（見第二輯二乙第一九二頁第十～十三行）

4.「……此時，劉茂恩以一萬五六千之眾即守寧陵，與我第十一師對峙。二十日劉茂恩拘萬選才，密率所部，投誠中央，受任第十五軍軍長，代理第十一路總指揮，陰為倒戈擊敵之準備。二十一日拂曉，劉軍長出敵不意，以主力襲擊金香寺、郭老家，以斷閻軍向邏崗退卻之路，另以一部襲擊據守楊驛鋪之敵（約兩團），均悉數解決，俘獲兩千餘，閻軍驚遭劇變，全線向蘭封潰退，萬選才部或降或逃，至是全部解決。」（同上，見第二五三頁第五～十行）

5.「二十一日午前三時，接總指揮部參謀處通報：據第十一師陳師長報稱：劉茂恩大部現集結寧陵城及其以南地區，一部騎兵位置於伊店集警戒其側背，本晨劉派其參謀長范滋澤到觀音堂集，與職會商投誠中央辦法如左：

㈠請總司令電委劉茂恩繼劉鎮華為第十一路總指揮。

㈡劉茂恩及其師長率全路官兵，簽發通電，共討閻馮，電由其參謀長代表簽名交職代發。

㈢劉部今晚由寧陵一帶出動襲擊柳河及鐵道以南之晉軍孫楚、楊效歐之側背，留一部駐寧陵與我軍聯絡。

㈣萬選才被劉部扣留，擬待解決其殘部後，押解中央。

職部現集結於寧陵東、南北之地區，俟劉部襲擊晉軍，即相機進展。徐（庭瑤）師據各方面情況判斷，如敵受劉軍倒戈影響，業已動搖，必由蘭封撤退，遂

擬定各部隊擊破當面之敵。」（同上，見一九七頁第五行）

由以上所列記載可以推知，所謂「投誠」、「反正」、「倒戈」等語，都是根據第十一師的通報而來。也就是當范滋澤和張宗汾兩人到達十一師後，陳師長與之接談，卻通報爲我軍「派人接洽投誠」；等范、張二人離開後的二十日早晨八時，陳師長即向總部呈報「劉茂恩投誠，萬選才被俘」，眞是天大的謊話！但十一師卻又在中午攻擊本軍，當時陳師長應當已知本軍的立場及決策，非但不支援，反藉機攻擊，幾使本軍功虧一簣，迨本軍正式向其通報，以免再發生誤會，並告以將「攻擊晉軍」，陳師長又向總部呈報，而將之列爲「投誠」辦法之一，又如「同意由參謀長簽名代發通電」，以及「請求任命爲第十一路總指揮」等項，更是子虛烏有之事！尤其當時報紙還刊登我於二十日在歸德發出效順中央，聲討閻、馮的通電，有「……從今日起，在中央命令之下，協同友軍，一致西進，殲厥渠魁，……」之語，事實上，那時我還在寧陵等待范、張二人的消息，二十日深夜十二時才攻擊晉軍楊效歐部，怎能到歸德發出通電呢？更可證明是陳師長代發的通電，眞令我莫明其妙。然而，殊不知由於陳師長的謬報，卻使本軍及死難的忠貞將士蒙受無涯的恥辱，身爲領導者的我，深感爲最大的遺憾！以是不得不多加說明，使世人明瞭眞相，治史者也能懍於「盡信書不如無書」，對任何史事皆須慎重考證，以免以訛傳訛，歪曲史實，期能明是非，別善惡，而勵來茲！

以上所述，曾於民國四十五年奉先總統蔣公之命，陳述此役經過詳情，當蒙溫語嘉慰，明鑑在心，知遇之深，無可言表。而後因陳誠副總統的年譜中竟有「勸降劉茂恩」一語，事關史實眞僞，我乃於民國五十四年四月十七日，以簽呈呈報蔣總統，請將錯誤記載予以更正；繼於次年六月二十日，函請國防部長蔣經國先生轉呈蔣總統，並批交「史政局」修正戰史，茲將兩文附之於後。

㈠呈先總統蔣公：

簽呈　中華民國五十四年四月十七日於台北縣永和鎮自由街二十二號

事由：呈爲「陳故副總統大事記」暨「國民革命軍戰史」記載有關職參與革命戰役，部份事實不符，恭請鑒核，轉飭更正由。

一、茂恩資質庸愚，更乏學問，憶自民國十八年幸沐德澤，迄於今三十有七年，知遇恩隆，每慚銜報，然耿耿此心，未嘗一日或怠。日前我副總統陳公之喪，國失元輔，萬衆同悲，報載大事記內有「陳公三十三歲、民國十九年五月勸降劉茂恩」一語與事實違謬，不勝駭異。

二、茂恩於民國十八年任國民革命軍第六十六師師長，在許昌奉鈞座面諭，參與豫西戰役，歸楊杰指揮，軍迫潼關，遭唐生智在鄭叛變，楊在陝縣、靈寶，率部紛紛東去，並未將情況通知茂恩，因之遂陷於前後受敵，孤軍深懸。旋閻錫山以陸海空軍副總司令名義電令死守靈寶，固守靈寶，阻止西北軍之東進，以切斷西北軍與唐生智軍之聯合。苦戰旬餘，唐逆生智孤立無援，被迫南下。斯時馮之主力東來，本師形成孤立，當奉閻命於陝、靈間渡河，集結晉之平陸縣境，擔任河防。爾時閻對中央向背不定，於本軍密為監視，衣糧兩缺，適劉參議茂修（七舍弟）銜鈞座命到晉慰問，並問軍中現況能否東調？當以爾時被閻監視，勢難調動，惟有忍痛保存實力，待機報效，如閻始終不悟，再請鈞座對本軍之使用即予來電指示，倘茂恩發現有可乘之機，亦隨時向鈞座請示。十九年四月上旬，閻馮逆跡昭著，將本軍加入閻部之序列，令飭集中焦作待命，茂恩感於國事危急，為澈底消滅叛逆計，密派政治處長韋品方間道赴京，面謁鈞座，請示機宜。韋匝月未返，茂恩所部進抵豫東杞縣、蘭封一帶構築陣地，旋又奉命進駐寧陵，歸楊效歐指揮。五月十八日晨、萬選才赴歸德督戰，行抵寧陵，即將其扣留，以促成該部全線之崩潰。復為解決閻之第一線部隊，又派范參議滋澤穿越陣地，前赴歸德向鈞座請示行動。是時復接閻令，謂馮軍主力已在杞、蘭之線集結，預計馬（二十一）日可參加第一線之作戰，仰鼓勵士氣在馮軍未到達前，務將敵軍擊潰而殲滅之云云。鑒於時機迫切，而范參議滋澤二十日午仍未返回，乃決於斯夜採取斷然行動，雖不能消滅閻之主力，但促其全線崩潰，而使馮部之不敢東進，毫無疑義。當于斯夜行動，以促成其全線之崩潰。二十一日茂恩親赴歸德晉謁鈞座，報告已往經過及擊潰閻部情形，備蒙嘉勉。茂恩忍痛潛隱閻方者，乃冀略申報答鈞座之愚忱，惟此事係鈞座與茂恩間極機密事件，他人自未能詳，陳故副總統辭公彼時任第十一師師長，與茂恩無一面緣，「勸降」一語，想為記室臆度妄書，且此事猶如子弟奉家長命撥歸他人從事征伐，其人中途變節，自己子弟受環境所迫，勢不能返，一旦立功歸來，視同叛逆，揆諸情理，實欠允適。

三、此項「勸降」記載對陳故副總統之豐功偉業並無增益。憶其生前接物待人素主敬誠，今以屬於子虛之事登諸報章，英靈有知當不謂然。

四、鈞座盛業震爍今古，仁德涵容萬類，事無鉅細，一秉至公，豫東一戰，攸關革命與軍閥之消長，賴鈞座神威坐鎮，一舉殲滅頑敵，定有詳細記載，一切自當奉爲準則，如有標異參差，雖屬浮雲輕霧，無傷日月之明，而一事兩歧，究有混淆之疵，謹撰附當時經過節略，恭乞鑒核，賜飭刪正，俾昭信史。

又茂恩見報後經查閱「國民革命軍戰史初稿」第二輯第二冊二乙第一七七頁十二行、一九七頁五至十四行、第二五三頁「總預備隊之行動」及二一四頁三行敘述，皆與事實不符。當時派員經過陳故副總統所率之第十一師防線，係向鈞座報告請示，幷非向其接洽投誠，其記載錯誤之處，並懇諭知再版時加以修正，並載明黨史，以明是非而辨忠奸，俾勵來茲，爲禱。

謹呈

總統蔣

職劉茂恩　呈

(二)函蔣部長經國先生

經公部長賜鑒：避地海隅，居常以復國爲念。每聞廟謨之藎籌，輒慶中興之在望；心儀道範，與時俱般。茂恩庸陋，仰沐　領袖德庇，垂四十年。雖竭愚忠，仍多內疚，辱蒙念及，並派甯（俊興）中將宣達德意，頒賜衣物，拜領　嘉惠，益用感戴。敬懇者：客歲陳副總統逝世，發佈年譜，內有「勸降劉茂恩」一語，與史實大相違謬，並據友人見告，戰史亦有類似記載。經向戰略顧問委員會查閱戰史，內有十九年五月十九日陳師長通報各友軍：「劉茂恩派范滋澤向其接洽投誠」。更屬駭人聽聞！茲謹將十九年戰役略陳如次：

本軍於民國十八年十一月八日奉命調許昌，由　總司令蔣公直接指揮，飭本師經臨汝縣以北向登封進攻，以夾擊登封以東之敵。十五日夜奏功後，敵即紛紛西潰。斯時，蔣公返京，前方軍事由唐生智負責。茂恩於十九日夜佔領洛陽西關後，敵即西竄。廿日奉唐命撥歸右縱隊楊杰指揮擔任先頭追擊部隊。十二月二日，軍迫潼關附近，唐生智鄭州叛變，楊杰未將情況告知，悄然東去，以致本軍陷于前後受敵。旋奉副總司令閻電令死守靈寶，阻止西北軍東進，切斷馮、唐之聯合，苦戰旬餘，唐生智因孤立無援而失敗。斯時，馮之主力東來，閻命本軍渡河，集結晉境之平陸縣境，擔任河防。斯時，方知唐生智、石友三於十二月二日在鄭州、浦口叛變，時閻之態度亦曖昧曖昧不明，我　總司令蔣公爲弭亂計，派討逆軍十一路總指揮劉鎮華陪同趙戴文於四日到達太原，規勸閻氏效忠中央。閻當時頗爲感動，是以有電令本軍死守靈寶，阻止西北軍東進之舉。終因受政客熒惑，閻對中央仍向背不定。家兄在晉經二月之久，鑒於無可挽回，乃返京報告　總司令，請早作應變準備；並向　蔣公請准出洋考察。斯時，總司令復派其少將參議劉茂修密赴晉南（即平陸）軍中慰問，並問軍隊能否東調，脫離晉閻？當以環境所迫，惟有忍痛待機報效，如閻始終不悟，再請　總司令來電指示，請其即日返京復命。

十九年四月上旬，閻、馮逆跡昭著，將本軍加入閻部序列，令飭集中焦作待命。茂恩感於國事危急，密派本軍政訓處長韋品方，間道晉謁　總司令請示機宜。韋匝月未返，迫不及待，乃於五月十八日晨在商邱以西之寧陵防地，將叛軍將領萬選才扣押，以促成該部全線（歸德馬牧集）之崩潰，使我中央軍得以順利推進，於十九日晨在柳河寧陵之線與晉軍相對峙。茂恩認此乃裏應外合解決晉軍之良機，又派范滋澤等經由第十一師（師長即陳故副總統）陣地，前往歸德，晉謁　蔣公報告扣押萬選才之經過，以及如何以裏應外合對晉軍作徹底解決。以上經過，皆係茂恩與　總司令蔣公間最機密事實，外人不得與聞。況當時茂恩與陳故副總統並不相識，且茂恩扣押萬選才係十八日晨在歸德以西，而十一師則在歸德以東，中隔敵人陣地，相距百餘里，何能相勸？顯爲編造虛構，欺人自欺，妄竊功勛。不僅損及茂恩個人名節，而十五軍官兵對中央之忠貞亦誣衊以盡，因此茂恩不得不將以往經過簽呈　總統，冀對神聖戰史之錯誤記載，飭予更正，繼思　領袖宵旰憂勤，日理萬機，不忍妄事瀆擾。我　部長詡贊中樞，公忠體國，爲　領袖分勞分憂，用敢函陳，敬懇代爲轉呈　總統睿察，批交史政局依據本軍當時行動事實（請參閱附件一、二）加以修正，俾明是非。不僅茂恩個人啣戴盛德，而十五軍忠貞死難官兵地下有知，亦當瞑目也！肅此，祇頌

崇綏

弟 劉茂恩　謹啓　五五年六、廿

第二節　蘭杞睢區之役

閻錫山和馮玉祥相互勾結聯合，以逞個人之私心，而破壞國家的統一，反抗中央，挑起中原大戰，分隴海、津浦二路進犯。隴海路正面在豫東商邱各處主力之敵爲閻錫山部精銳部隊。

我在隴海路方面作戰，五月二十一日奉蔣總司令命令，以陸軍第十五軍軍長、兼代討逆軍第十一路總指揮，畫歸討逆軍第二軍團戰鬥序列。

一　相持蘭杞以東

二十三日、第二軍團劉峙總指揮為消滅當面之敵，以第一軍（顧祝同）、第二軍（蔣鼎文）向蘭封、楊堌、柿園、杞縣進攻，命本軍於榆廂鋪（在睢縣城西三十里）、西陵集、杜公集集結，任總預備隊。當晚、奉到總司令電令：

「書霖軍長勳鑒：龐炳勳、吉鴻昌、孫良誠諸敵皆集結杞縣，望兄速率主力向杞縣以南地區進展，與銘三（蔣鼎文）、辭修（陳誠）、雪泉（趙觀濤）各部切實連絡，共同攻擊，期滅逆醜，而後朝食；惟須派一部留守寧陵、睢縣，對亳、鹿、太康方面之敵騎，嚴密警戒，以防其擾亂我側背也。中正、五月二十三日、申刻。」

我於奉命後，即命第六十五師師長阮勛以一部進駐寧陵、楊驛鋪，餘部在睢縣及其以南地區，擔任大軍側後方的警戒，我親率主力於二十三日午夜向杞縣挺進。二十四日拂曉抵榆廂鋪時，接到劉（峙）總指揮電話，飭本軍即於榆廂鋪、西陵集停止待命。這天從早晨到中午，杞、蘭之線砲聲不絕，足見戰況激烈，因敵據堅固工事，不易突破，而　縣附近之敵又得龐炳勛部增援之故。午後一時，又接獲劉總指揮電話，告以全線戰況極爲激烈，敵人有反守爲攻模樣，爲預防計，希望本軍即刻向楊堌以東的陳田砦、武廟移動，以作策應。這時、我忽然想起民國十六年北伐期間，馮玉祥曾于這個地區兩度用兵，將張宗昌的部隊誘到陣前，激戰五、六日後，待敵人兵疲力竭時，另以隱伏於杞縣西面的優勢兵力，出敵不意的來個左迂迴，結果張宗昌幾乎全軍覆沒，事隔三年，馮氏又再重演故技。況此時馮軍堅守楊堌、柿園，與我軍鏖戰，已有四日之久，我方兵力疲憊，固不待言，正是轉守爲攻，迂迴我軍左側背之良機，我如稍呈不穩，彼則將乘機而動，萬一立足不住，則必影響全局！於是，乃以電話將以上所見向劉總指揮陳述，並說明本部所守陣地的重要性，仍以不移動爲宜。劉總指揮以本軍當面並未發現情況，認爲我的報告和建議有推託的意思，所以希望我仍按照剛才指示的行動。我想、做爲一個軍人，對於上級指揮官所賦予的任務和命令，當然要執行服從，否則還談什麼紀綱？但是就我而言，對於革命戰爭的勝敗，也有直接的責任。因爲對豫東地區的地形地物，我雖不敢說瞭如指掌，但自信還很熟悉，所以才在二十二日晨召開的軍事會議中建議避免攻擊楊堌、柿園之線，同時也略知馮氏用兵梗概，因而不願盲目服從而貽誤軍機，遂甘冒大不韙，仍向劉總指揮電話報告：「現在本地區雖未發現敵蹤，但在一、二日內，此地的嚴重情況將接踵而至，本軍仍以不動爲宜！」他見我堅持己見，以極不愉快的語調說：「你隨便好了！」說完，不再聽我解釋，而將電話掛斷！

我碰了這個釘子以後，頗感難堪不安，心想、本軍初隸其指揮，對我還談不上瞭解，可能會認爲我有意不聽調度，因而發生誤解，這也是在所難免。但是經考慮再三，爲了遏止不必要的損失起見，決計向蔣總司令報告，當蒙採納，並諸多嘉勉，令本軍就在原地構築工事，準備迎接未來的大戰。

我深感未來責任的艱鉅，內心不無戒懼緊張之感，但爲了達成任務，仍當盡己所能，不計任何辛苦與犧牲。首先、我決定擴大工事的構築，以深壑壁壘彌補兵力的不足，繼而又覺得當前的防線，似乎尚不足以阻止敵人的迂迴，於是又以電話向蔣總司令建議延長防線——右起西陵集，左至河陽集之線。當時、蔣總司令囑我稍候，等查閱地圖後再作指示。奉電諭：所選陣地很好，希迅即動工趕築，務於敵部來犯之前全部完成，俾能掩護左側背，乘機出擊。我乃責成各師，分段施工，終於在五月二十五日將全線工事完成。當我看到這條長達六十里，右起西陵集經馬頭集、許田寺、李家疙瘩、龍王廟以迄於河陽集的堅強防線，在全體將士及萬餘民工流血流汗下，於短暫時間內完成，眞是感奮不已！這條工事具有深溝、壁壘兩大構築。溝寬一丈五尺，深一丈二尺，壘則是將挖溝所取出的土方，悉數塡於溝的內緣，遠處看去，酷似一條城牆，使成居高臨下之勢，以利於防守；又爲加強陣地的抵抗能力，遲滯敵人的行動，乃取民間棗樹枝及帶刺的木枝，在壕溝外緣敷設鹿柴。以後馮部屢次來犯，都鎩羽而去，我軍之所以能安如磐石，不爲所撼，完全依賴有此陣地。語云：「平時多流一滴汗，戰時少流一滴血！」誠非虛構也。

二十五日夜、有杞縣紳民郅金聲（字韻秋、保定軍校七期騎兵科第三連畢業），與我爲好友，來部投效，據他告稱：蘭封至楊堌方面之敵，係屬晉軍；楊堌以南至柿園間，爲西北軍趙登禹部；柿園以南至杞縣之敵，則爲吉鴻昌部（第十一師），其總指揮孫良誠現在駐於杞縣城內；另有所屬的梁冠英部（第一師）在杞縣東南的夏砦；龐炳勳部在傅集、劉集集結；張印相（第二師）、安樹德（第三師）、孫惠三各部及鄭大章所部之騎兵軍，分駐陳留、通許以東地區及杞縣以南的龍曲集一帶。由上可知，敵方兵力雄厚，而其所採部署，亦正與我所判斷的差不多。鑒於大戰在即，除嚴令本部各師密切注意防範之外，並將所獲情報分別報告蔣總司令暨劉總指揮。不久、就聽到大魏店以北地區槍砲之聲大作，和第二軍（蔣鼎文）連繫後，獲悉爲吉鴻昌、及梁冠英之一部向該軍猛烈進攻。至二十六日晨二時、西陵集西南發現敵人約一旅兵力，藉砲火掩護，向本部六十六師陣地猛攻，但爲我軍遏止；相持至拂曉，敵不支乃向西北岳莊倉皇逃逸，計斃傷敵官兵四十餘名。據俘敵傷兵稱：夜犯之敵係梁冠英部戴旅，昨夜大魏店之槍砲聲，爲梁冠英率該師主力進攻夏寨及大魏店；至於戴旅之進攻西陵集，目的在於包圍我第二軍之左側背。

二十六日中午、奉劉總指揮命令：敵軍孫楚、楊效歐、孫良誠等部，盤踞於考城、蘭封、楊堌、柿園、杞縣及其以南地區佔領陣地。爲求迅速殲滅此敵，以免成爲陣地對峙之局，乃重新區分攻擊部署如下：

1. 顧祝同（第一軍）指揮第一、二、三、五各師（缺一團），及軍校教導旅（四團）爲「右翼軍」。
2. 蔣鼎文指揮第六、九、十一、新二十一、五十二之各師及教導第一師爲「中央軍」。
3. 劉茂恩指揮第十五軍各師及張喬齡之騎兵第一旅爲「左翼軍」，在西陵集、馬頭集、河陽集之線，佔領陣地。

同日下午、又奉劉總指揮轉頒蔣總司令之命令，決定於五月二十八日拂曉全線向敵總攻擊，飭本軍從速預作一切準備，從此雙方步入主力決戰。二十七日、曾奉蔣總司令命令，要旨如下：

1. 頃偵悉敵軍於楊堌集以北地區爲楊效歐部，以南爲宋哲元部；柿園集以南至杞縣爲吉鴻昌部；杞縣以南爲龐炳勳部。嗣又據報馮軍主力向我左翼迂迴，杞縣東南敵軍，服裝則似晉軍。

2. 基此判斷，敵孫、龐二部似已抽調隊伍援鄭，希該軍團即速完成以下之部署：

甲、先令中央軍（蔣鼎文）與左翼軍（劉茂恩）於今晚七時前完成出擊準備。

乙、中央軍以第五十二師之三個團，第九師之四個團，抽調爲第一出擊隊。如嫌兵力薄弱，則與左翼軍出擊隊併爲一路，如是、則第九師抽出兩個團即可，其出擊路線另定。另以第五師之四個團及軍校之三個團，第十一師之三個團抽編爲第二出擊隊。

丙、中央軍第一出擊隊由桃林崗、郭樓、魏崗向杞縣西南豬皮崗出擊。第二出擊隊由七寨集向楊堌集及以北地區出擊。

丁、左翼軍出擊隊由馬頭集經長崗集（在睢縣西南三十五里）、圉鎮，向高陽集（在杞縣南約二十里）、晁村集方向迂迴敵之右側背。

3.中央軍左翼兩軍之出擊道路與目標須切實規定，以免交叉混雜，二十八日總攻擊時，各陣地區皆須同時出擊，惟應酌留十分之四五兵力，控制於原陣地，以資策應，左翼軍尤屬緊要，必須在其最左翼構築堅固堡壘，嚴密警戒。

我奉令後，即將本部三個師區分為兩個縱隊，以徐鵬雲率第六十六師為右縱隊，阮勛率第六十五師為左縱隊，武庭麟率第六十七師為軍預備隊。預備隊仍在前後苟莊亙楊樓之線，監視大魏店、岳莊、薛莊、李樓之敵，以掩護本軍團西進右側背的安全，等待第一出擊隊將大魏店之敵擊潰後，再依情況協同軍部行動。

二十七日午夜，接劉總指揮命令：「左翼軍由西陵集經傅集、沙窩向通許之敵攻擊前進，應於二十八日午前三時以前到達傅集之線。」隨即率左右兩縱隊並列西進。二十八日凌晨五時，左縱隊進至匡橋、薛楊、蔡莊一帶；右縱隊亦進至姜方、李莊附近。同時又據報：河陽集、馬頭集以南地區發現敵騎兵不時出沒，傅集有敵步兵約一師，瓦岡方面亦發現敵騎千餘，我當即令張喬齡的騎兵旅及軍直屬騎兵團由白廟集

（在睢縣城南十五里）、河陽集搜索前進。至晨八時，在河陽集西南與敵騎八百餘遭遇，經我騎兵旅勇猛衝擊，敵始不支向西南之劉集方向潰退。我騎兵部隊則續向長岡集（睢縣西南三十五里）、厚台岡集（睢縣西南四十里）、瓦崗方面搜索前進。是日午、本軍軍部及直屬部隊進駐西陵集。左縱隊（六十五師）於進抵長岡集後報稱：右翼軍並未向大魏店之敵攻擊，且岳莊、李樓之敵續有增加，並以小部隊不時向楊樓之我六十七師作擾亂性的攻擊，我爲顧慮左、右縱隊的側背安全，乃令各進擊部隊於原地停止待命。

二十九日晨一時，大魏店、岳莊、李樓之敵梁冠英部向我楊樓之六十七師陣地展開猛烈攻擊，經兩小時的激戰，被六十七師的楊天民（字衡岑）團和劉敏（字伯華）團協力擊退。爲殲滅敵之梁冠英部，我立即飛調右縱隊邢清忠團與胡廷慶團配屬該師。午前三時，藉優勢砲火掩護，向敵反擊，激戰至晨六時，相繼攻克岳莊、李樓、薛莊各村寨，斃敵甚多，並擄獲輕重火器數千件，因右翼友軍未見進展，乃令各部原地停止待命，並監視大魏店、夏砦之敵。如果當時能得右翼友軍協同進擊，戰果當不止於此。

此次全線總攻擊，經二十八、九兩日之猛攻，敵憑藉堅固工事抵抗，極爲激烈，我軍奮勇突進，傷亡極大，結果仍成對峙之狀，雖未達到預期之中央突破，然我軍旺盛之攻擊精神，已予敵人莫大的威脅。

二　迂迴開封計畫

二十九日晨八時許，奉蔣總司令下達劉總指揮（峙）、蔣軍長（鼎文）、及我三人共同手令，要旨如下：

1.頃截獲敵鹿鍾麟致孫良誠二十七日未時電稱：『奉馮公令，將該部調赴洧川（縣）、南席（鎮）、五女店一帶，希即查照。』如此我左翼敵軍祇有吉鴻昌、龐炳勳一部，其右翼必甚空虛。

2.著劉代總指揮率領十一路軍全部加入，新二十一師（許克祥）、第五十二師（韓德勤）遵照劉總指揮（峙）昨日電令部署及行進道路前進外（按：二十七日晨劉峙總指揮之電令，係著本軍由西陵集經傳集、沙窩向通許之敵攻擊前進，並於二十八日午前三時以前到達傳集之線）。如我出槐崗、郭莊之部隊遭遇敵軍時，即以相當之兵力與當面之敵抵抗，以牽制之，主力務向我左翼行進部隊移靠，俾我瓦崗、圍鎮之部隊，得以迅速挺進，共同達成任務。總之、各部主力務向其左側道路靠近，在敵之右側背大迂迴，以達到殲滅敵軍之目的。

3.由蔣軍長於明（三十日）拂曉，舉其全部向我左翼之敵猛攻，限當日佔領縣。

同日下午二時，蔣總司令以正面進攻不易，爲期儘早消滅敵軍起見，又親蒞蓼堤嶺（在睢縣城西北三十里）中央軍司令部召集師長級以上幹部，舉行軍事會議，決定如下：

1.正面攻擊不易奏效，決從敵之右翼（即我軍之左翼）舉行大迂迴攻擊。

2.張治中爲軍團總預備隊指揮官，指揮教導第二師、第五師及新二十一師，於六月一日在長岡、龍曲集集結後即向瓦崗、圉鎮、沙窩、秦奉砦迄查砦之線前進，佔領線上各要點，構築工事，與我正面各師協力夾擊蘭封、杞縣之敵而殲滅之。並以四個團兵力作預備隊，控制於陳留、韓崗一帶；另以工兵一部往興隆集附近，破壞鐵道，斷敵交通。

3.劉茂恩率十五軍三個師及騎兵第一旅，於六月一日集結龍曲集（太康西北四十五里）以南之穆周崗、梅岡、劉莊一帶；二日進出聚台岡、歐陽岡（通許縣東南約三十里）、長智集至硃砂岡（通許縣東北約十五里）、陡墻集、小城集（陳留縣西南約二十里）一帶宿營。如通許有敵，則以一部監視之；主力務于三日拂曉前，直逼開封而佔領之。騎兵旅先一日出發，在左側通許以西地區掩護本軍側背並搜索前進。

4.杞縣、蘭封正面各軍，當我迂迴部隊前進期間，應不斷施行佯攻，以牽制當面之敵，使我迂迴部隊易於奏效。

二十九日午後四時、總司令行營參謀處遵照總司令意旨，規定迂迴部隊與正面各軍之作戰行動，要點如下：

1.迂迴部隊行動之時刻與地點（飛機隊即依此規定與各部隊連絡通訊）：

甲、第十五軍於六月二日晨六時，以一小部在大營砦佔領陣地，牽制通許之敵，大部集結於硃砂崗、陡墻集、小城集等處，相機星夜進取開封，務限于三日五時前，進至開封附近。

乙、教導第二師之第一團於六月二日六時到達瓦崗、板木、程莊、圉鎮之線構築工事，以對傅集、槐崗之敵；第二、第三兩團於二日十二時在白城崗村、李莊、岳砦、沙窩之線，構築工事以對杞縣西南之敵。其餘主力於二日十四時到達韓崗、陸莊、十里鋪、彭崗、陳留附近地區集結，為總預備隊，並派一部至順城集、興隆集北方破壞交通。

丙、第五師于六月二日十二時，在蘇村砦、晁村集、楚砦之線佔領陣地，以對杞縣、柿園之敵。

丁、新二十一師於六月二日十四時，在府里莊、秦奉砦、查砦之線，佔領陣地，以對楊堌集及古砦之敵。

戊、騎兵第一旅于六月二日六時，以一小部搜索警戒王郭莊、包砦、芝麻窪等地，主力經崔橋鎮、張塢岡、邸閣鎮、通許、耳崗、京鋒、劉老爺，向開封南方及尉氏、洧川方面搜索前進。

己、總預備隊之推進：以教導第二師之三團由瓦崗、圍鎮、白城崗村、沙窩之線。其餘三個團及第五師、新三十一師由龍曲集、高賢集、高陵岡、李莊、閻莊、周砦、韓岡、府里莊之線。但第五師到達李莊時應向聚寶崗、大王堌集、火燒屯、楚砦斜進。

十五軍由王集經玉皇閣、聚台岡、陳集、胡莊、長智集向硃砂岡、陡墻集、小城集等處前進集結。

2.正面各軍之牽制行動：

甲、出擊目標：六月一日拂曉各師之出擊目標如下：

(1)第一、二師—蘭封

(2)第三師—古砦

(3)第十一師—楊堌集、柿園集之間

(4)第六師—馬頭集、魏店、十里鋪

(5)第九師—槐崗

(6)第五十二師—傅集

乙、選銳輪攻：

(1)六月一日以前，各師應各抽選奮勇隊十二個隊（每隊一百至一百五十人），分編爲四個大隊；其中三個大隊，每日早、午、晚三次輪流猛攻，另一大隊爲預備隊。

(2)自六月二日起至四日，每日分班反覆攻擊，務須佔領所定之目標爲止。奮勇隊之死者，照陣亡條例加三級撫卹，生者各晉薪一級，傷者加薪晉級。

五月三十日上午六時、奉總司令手諭，對本軍任務指示如下：

1. 昨所頒發之圖案中，規定於六月一日二十時（即午後八時），到達玉皇閣、穆周崗一帶宿營，現恐過早抵達被敵偵破我軍行動，而使其得有一日之準備時間，如此我則不易達到目的，故宿營以遲到爲宜。到達之後，即封鎖通路要口，嚴禁行人往來，以免消息洩露。

2. 圖案中規定二日宿營地本爲硃砂崗、小城集一帶，如此開封敵軍於二日晚即有一夜準備之暇，及我軍於三日到達，則敵軍已準備完成，必不易達成使命。是以貴部應改於六月二日晨二時，由玉皇閣附近出發，限同日十二時抵達硃砂崗、小城集附近（由玉皇閣至硃砂崗約八十里）休息一、二小時即出發，由硃砂崗到開封約五、六十里，限於二日十八時（即下午六時）到達開封，完成使命。

3. 到達開封後，當夜敵軍若不來反攻，翌晨必反攻，恐我軍野戰兵力不足，則先閉城固守，勿使有失，一俟援軍到達，再出城夾擊。至於守城準備及計畫，事前應籌備妥當，如手榴彈、機關槍陣地之布置、及夜間照明火炬等。

4. 開封城內速設飛機場以備飛機降落通信，如飛機場設妥可供降落時，請鋪成一「田」字符號。

5.無線電通訊設置，格外注意，以備通訊。

6.在大營或長智集，須架設有線電話，隨兄前進，備與張文白（治中）兄連絡，俾得互助策應，否則應設傳騎哨，使傳達迅速，支援容易，不致孤立。

7.兄既以襲取開封爲任務，在途中可不顧一切，既在陳留、通許之間道路前進，循萬龍崗、赤倉岡村（在開封東南四十五里，一名關頭岡，通通許孔道），以達開封，敵必不防有如此之速，故前後左右概可不顧，到達開封後，專備守城可也。

8.防敵軍由鄭州或洧川、尉氏來攻，須雙方面同時注意，不可專顧鄭州，而置洧川於不顧，請兄相機處理。

同日午時、又奉總司令手諭：

1.兄部挺進時，如能佔領陳留更好，故到大營時可酌派一、二團之兵力襲擊之，但主力仍向順城集、羅王寨（即羅王村，在陳留縣東北四十五里）挺進，惟對開封方面須嚴密警戒，爲要！

2.前進到達地點時，須令各團（含營）部多鋪飛機符號，至於總指揮部更須多鋪，以便通信。六月二日午前、中正必令飛機在硃砂崗、小城集投擲通訊袋，以告知各方消息。

3.出發與到達時間必須準確，並與各出擊部隊互相連繫，爲要。

三十一日上午十時、再奉總司令手諭：

1.兄部向開封挺進途中，在聚台崗、歐陽崗、長智集、少城集附近遭遇敵軍時，若爲敵之小部隊則驅逐之，仍按原定目標前進；萬一不能達到佔領開封之目的，則應於遭遇之區內選擇陣地，構築工事，當派一相當有力之部隊，以防堵由開封或通許來襲之敵，務須與教導第二師切實連繫，並竭力設法接近鐵道，切斷敵軍歸路爲要。

2.自本日起，每日午前三時、十二時、下午四時、九時，專設電台接兄電報，務希依時報告。凡通無線電，請不必署發電人姓名，只署第一縱隊長可也。

同日午夜十二時，復奉總司令手諭：

1.茲因部隊移動時間匆促，我出擊各部改爲六月一日午後八時前到達各指定地點集結，準二日拂曉前開始前進。

2.所有行進目標及佔領陣地各項，即遵照今日送達要圖辦理可也，並希各以電話或專人轉達，不可以無線電通告，以免敵人竊聽，爲要！

六月一日午後五時，奉總司令指示：

當面之敵自五月三十日即行全面向我發動反攻，激戰至今日，全線均極緊張；我教導第二師既不能抽調，新二十一師亦由長崗集調回杜公集增援；同時、我右路軍陳調元受敵軍石友三之壓迫，已向曹縣、定陶退卻。原擬抽調迂迴之教導第二師及新二十一師各部，均另有任務，不克抽調。按目前情勢，我左翼陣地，仍須該十五軍之鞏固，原定左翼迂迴開封之計畫，著即廢止。因此、本軍即令徐鵬雲之第六十六師仍以有力之一部監視敵軍梁冠英、龐炳勳等部之行動，其餘各師固守原陣地，在西陵（寺）集、馬頭集、長崗集一帶監視左翼之敵，以鞏固我大軍之側翼。

三　構築預備陣地

原定之左翼迂迴開封計畫既因敵方之有備與積極反攻而中止後，蔣總司令乃另謀策略，制定蘭、杞附近中央軍會戰之計畫，即以第二軍團鞏固蘭、杞正面之陣線，另編右路軍先擊破敵軍之在考城方面者，然後右旋回與正面各軍夾擊殲滅蘭、杞一帶陣地之敵。

六月三日午後，奉劉總指揮訓令如下：

1.當面之敵連日以來，不停向我猛攻，我軍爲預防萬一計，決在現陣地之後方約四、五百公尺處，另築第二線陣地：右起大李村經興隆砦、大砦集（即喬集）、徐台崗、裴興店、西陵集，左起馬頭集、河陽集、余寨之線。

2.著該軍擔任右起西陵集、左至余寨之線工事之構築。

按：西陵集至河陽集之線，自五月二十四日以來，即爲本軍守備之陣地，所有防禦工事，業經完成，故令本軍各師更加強陣地工事之抗力。

六月四日、第二軍團各部隊除以一部守備現陣地與敵對抗外，其餘各就新陣地之經始線構築。六日、由於右路軍戰況不利，預定之右翼包圍會戰計畫又變更，總司令乃決計在第二線陣地之後方更構築堅固之第三線防禦陣地，以便於必要時將第二軍團及右路軍（陳調元）再行後撤，期能縮短戰線，誘敵深入，達成運動戰之目的，即電令陳調元、劉峙、馬鴻逵及劉茂恩等：

1.舊考城經楚莊砦、民權、龍塘崗、孫樓、河陽集之線防禦陣地，限六月九日正午完成；同時中正親來巡閱後再定移動時期。

2.各部工作地段分配如下，望諸兄分段負責實施：

甲、第二十六軍—自舊考城至楚莊砦（含）。

乙、第六十四師—自楚莊砦以南至民權縣北舊黃河堤岸（不含）。

丙、教導第二師—自民權縣北至龍塘崗南之褚廟以北。

丁、新二十一師—自褚廟（含）至孫樓以北。

戊、第十五軍—自孫樓（含）至河陽集。

3.望諸兄分段負責實施，此線工事外壕務須特別加深加寬，機關槍與砲兵側射陣地尤須選擇精當爲要！

本軍奉令後，即於當日夜召集所屬各師參謀長前來軍部，策定本軍新陣地之區分與構築計畫。惟以本軍現所守備之固有陣地，右起西陵集經許田寺、李疙瘩、曹樓，左至河陽集（爲右起西北，左至東南走向），而今日所擔任新陣地之構築，則爲右起孫樓經段其（家）屯、尚屯，向左延伸，與舊有陣地恰成交叉。除六十五師所擔任之陣地（右起李疙瘩，左至河陽集）仍維持原狀，不予變更外，另規定六十六師抽調該師預備隊（一個團）附軍直屬部隊工兵營、輜重營擔任右起孫樓亙蓮花池、唐樓、段其屯、袁叉樓、袁和莊（不含）陣地之構築；六十七師抽調該師預備隊（一個團）附六十五師預備隊一個團擔任右起袁和莊（含）牛王套、王莊、尚屯、段莊、李疙瘩陣地之構築，統限於八日晚完成。

六月八日，杞縣、蘭封線以東與敵對峙之我第二軍團各師退守第二線陣地，我六十六師之右翼立呈緊張。由於我及與敵對峙於夏砦、魏營之第二軍（蔣鼎文）退於第二線陣地後，西陵集即成爲本軍與中央各軍陣地交叉之陣角，形成突出之孤點，以致西南兩方不時遭受敵軍梁冠英部之進攻。

六月九日晨據探報：敵龐炳勳部日前已集結長崗集；孫惠三師之一旅及馮部鄭大章之騎兵一團，亦於順河集集結。依照情況判斷，敵人顯然企圖迂迴攻擊我中央軍之左翼，即本軍陣地，我立刻將此項情況與判斷，報告總司令。當天又奉到總司令「告誡各將領書」，全文如下：

「數月以來，敵軍日夜猛攻，終不得逞，此乃諸將士奮勇所致。我軍雖犧牲疲乏，而敵必倍之，由此推察，更無可畏。但我軍始終聽人來攻，而未曾反攻一次，不惟逆燄高張，而且爲革命軍人之羞也。譬如一個人挨打，而不思還打，則世人必以爲無能，而打我者反以爲多力也。我軍不能反攻，固由於各地區之兵力薄弱，無充分之預備隊，雖將敵人擊退，亦難追擊，此乃實在情形，但如節約兵力，學敵軍方法，各師各團分班分期，輪流佯攻，雖不能致敵死命，然必能長我軍之氣，勿使日夜恐怖，只愁兵力減少，則兵力自多矣。觀今日各將士恐怖，惟念兵力不足，使中正為之悲憤，何以我革命軍之精神竟至不振如此耶？閻、馮之官兵日間睡覺，夜間偷營，而且每團內分定班次，規定時間，前後分班攻守，故兵力節省不感疲勞，乃能持久，我前日所發組織奮勇隊之命令，亦即此意，乃非為官兵眞有奮勇與不奮勇之別，實為戰場整頓部隊，振提精神，休養兵力之一法耳！倘再不照此令行之，則全軍官兵疲倦不息，雖不為敵軍攻破，亦必勞極致病矣！請兄等詳告前線各官長，只要值班警戒之官兵能認眞服務，不妨抽調兵力，多事休養，而值班時間愈短愈好。中正為此言，或兄等以為不懂前線狀況之談，不切實用；然兄等須知，在後方之想像，必較前方者精密，而且不致如在前方者之恐怖，則兄等不妨照我後方所言者，試行之何如？倘兄等不敢抽調半數之兵休息，則先抽三分之一為休息之兵，最好能使三分之二以上兵力休息何如？務期兄等大膽試行之。數日以來，敵人攻擊不成，其氣必餒，我軍雖不能眞攻，而必須分班佯攻，勿使敵軍笑我無能也！若敵軍反攻時，我各師旅長均須親自督戰，乘敵虛弱疲勞之際，而突破之，亦非必不可能之事也！近見官兵辛勞與死傷，用是焦灼，而兄等愛惜官兵之心決不減於中正，尤其兄等身自辛勞疲困，更爲著急，今乃以嚴詞相責，而不用好言慰藉者，實彼此生死相共，形神一體，毋容客氣，想兄等必能體諒此意，而實踐中正之意旨也！再者，此次陣地戰，斷非數日所能結局，故須準備半月一月之設想，此時如不能節約兵力，決難持久，請察之！」

蔣總司令公忠謀國之精誠，以致宵旰憂勤，廢寢忘食，於此可見！尤其對於陣地要務之指示，更是無微不至，身爲部屬者，能無動於衷乎？繼思「君憂臣辱，君辱臣死」古有明訓，不禁感慨萬千！若不及時振作，奮勇殺敵致果，誠無顏以對長官矣！且身爲革命軍人，原爲鞏固國本，始大張撻伐之師，今與叛軍酣戰兼旬，非惟未能攻破敵陣，反而傷亡累累，被迫退守第二線陣地，不僅有背中央討逆之旨，尤其影響民心士氣更甚！

是時、本軍當面之敵，除長崗集、順河集已到有龐炳勳、孫惠三各部外，復又發現張印相、安樹德各師抵達匡橋、薛楊、蔡莊各地，是則、敵人企圖迂迴攻擊我左翼之行動，甚爲明顯。當然敵人既發動攻擊，其勢必甚猛烈，蓋敵我對峙日久，均思儘早結束戰爭也。我爲提高士氣，培養官兵殲敵信心，擊破敵人迂迴攻擊行動，達成掩護大軍左側背之安全，首先應使全體官兵切實了解陣地工事之功效，以及對工事之運用。因此，乃於即日下午五時，召集各師、團、營、連長（陣地之守備由各單位副主管代理），以及每連之一、四、七班班長，於尚屯新築陣地前集合，當場先宣讀講解總司令之手諭，以激勵官兵精神之奮發，隨即將在場之連長與各班長組成一個攻擊隊，演習下列各種情況；

1.「尚屯之敵」已被我軍擊潰，命攻擊隊分成若干小組，以清除陣地上之障礙物（鹿柴）。

2.陣地上障礙物被清除後，即超越外壕，佔領陣地。

以上兩種演習，第一個由於鹿柴均係以鐵絲繫於固定之木樁上，而且鹿柴本身又皆爲帶刺樹枝，根本不容易以手攀折，即使勉強用手拖拉，因根部牢繫，亦無法拖開，經十數分鐘之久，僅有一個攻擊小組將鹿柴拆開一個寬約丈餘缺口。至於第二個超越外壕演習，演來確實不易。試問以一個血肉之軀，要想超越寬一丈五尺，深約兩丈之外壕（實際深度爲一丈二尺，惟內緣尚有高胸墻），並且壕底亦置有鹿柴，談何容易？所以又經過十多分鐘之攀登，參加演習之官兵，莫不遍體鱗傷，但無一人能越過陣地以內。在無敵人射擊的情況下，尚且如此，在交綏時密集的火力之下，豈非更加困難？這兩項演習主要目的是使官兵瞭解堅強的工事，對於阻止敵人所產生的效力，即使是劣勢兵力，也可藉以阻擋強大敵人來攻，由此可增強官兵防守的信心。

經過以上兩項演習後，又將官兵編成陣地之守禦者，以進行第三個演習。這個演習的目的，是使每個參加演習的人員徹底了解工事的應用、火網的編成、死角的排除、側防的射擊、手榴彈投擲的時機、以及對於左右友軍火力支援等等，俟演習熟練後，始行解散，各歸原防。

以上所演習的，事實上頗不足道，可以說是一個軍人應有的起碼常識，但是大家往往都忽略了這個現實問題，如果這個問題不能適時把握與應用，則會招致很大的困擾與失敗。即以此次會戰為例，革命軍經二十餘日的苦戰，未獲寸進，對軍心士氣而言，確已陷入低潮，尤其被叛軍逼迫退守第二線陣地後，若不使已渙散消沈的心理獲得激奮振揚，徒恃壕溝壁壘是不夠的！一旦敵軍挾其優勢兵力來犯，進入近距離作戰時，守軍若不能利用工事掩護，沈著應戰，反而心懷畏懼，勢必弄得棄甲曳兵而逃！本軍幸而經此演習，官兵信心陡增，因而奠定了爾後痛殲敵的基礎。所謂「一分耕耘，一分收穫」，此話是很有道理的。

四　睢縣附近會戰

六月九日、由於敵軍向我左翼迂迴之形勢漸緊，爲整軍迎戰起見，總司令又制定民權、睢縣附近討逆軍會戰計畫，訓令各軍移轉陣地，選擇新戰場。午後八時、本軍奉到劉總指揮轉達蔣總司令命令：

1.討逆軍爲達成與敵軍決戰目的，前方各軍十日夜八時由現陣地開始行動，務於十一日晨四時以前轉移，佔領第三預備陣地，誘敵深入，以火力制壓敵人後，即相機由睢縣西南向　縣轉移攻勢，將敵殲滅於開封以東地區。

2.十五軍擔任右起孫樓（不含）左至河陽集線陣地之守備。

本軍奉命後，乃將所擔任之陣地分別區分如下：

1.六十六師右起孫樓（不含），經蓮池、唐樓、段其（家）屯、袁叉樓左至袁和莊（含）。

2.六十七師右起袁和莊（不含），牛王套、王莊、尚屯、段屯，左至李疙瘩（含）。

3.六十五師右起李疙瘩（不含），經曹樓、時莊、任莊、陳樓，龍王廟、河陽集之線陣地。

4.軍屬騎兵團位于河陽集、白廟間，掩護本軍左側背，各師砲兵營統歸姚副師長北辰指揮。

十日午後八時、軍部由榆厢舖進駐睢縣縣城。是日夜間，當面之敵似已發覺我討逆軍之活動，乃令其厚台集、鳳崗、順河集之張印相、安樹德、孫惠三各部向本軍左翼行迂迴攻擊，但被我六十五師擊退，形成對峙。

十一日拂曉，我軍第六十六師、六十七師已轉移至新陣地，我於午後四時，曾召集左翼六十五師阮師長及右翼六十六師徐師長至中央陣地後方六十七師武師長師部，告以此次會戰之嚴重性，其勝負關係敵我軍事上之存亡，一旦大戰開始，其慘烈自在意料之中，希本軍各官兵抱定成功成仁之決心，完成上峰賦予之神聖任務，其有作戰不力而影響全局者，決予重懲！但有優良表現者亦必報請重賞。

同日午後，各部隊移轉第三預備陣地完竣，蔣總司令即下達各總指揮攻擊命令，以敵軍小部隊在右翼，大部隊在中央正面向睢縣及縣南地區以追擊之姿態來犯，決定於明（十二）日拂曉向當面之敵猛攻而擊破之，並將軍隊區分如下：

1.「右翼軍」總指揮陳調元，轄第二十六軍、第二師、教導第二師，在舊考城、楚莊砦、民權縣之線佔領陣地。

2.「左翼軍」總指揮劉峙，轄第一軍、第二軍、第五師、第二十三師、第十一路軍，在民權縣南端龍塘崗、澗崗集、河陽集之線佔領陣地。

3.「總預備隊」總指揮馬鴻逵，所轄各軍位置爲：第十五路軍（林七口）、第五十二師（石屯）、教導第一師（楊驛鋪）。

當晚八時、奉劉總指揮命令如下：

本「左翼軍」決定於十二日拂曉依下列部署，向來犯之敵施行攻擊：

1.「右翼隊」指揮官蔣鼎文，副指揮官陳誠，轄第二、三、五、二十三師。

2.「左翼隊」指揮官劉茂恩，轄第十五軍各師及第五十二師、教導第一師、騎兵第一旅（屬第八軍）。十五軍以主力固守原陣地外，以一部協力右翼隊向榆廂鋪攻擊前進。

3.「預備隊」指揮官胡宗南：轄第一師。

本軍奉令後，以當面之敵除張印相（在尚屯以南）、安樹德、孫惠三（在平崗附近）與我左翼之第六十五師相峙外，榆廂鋪以東亦已發現梁冠英、龐炳勳（在楚柏崗附近）等部之先頭部隊向我前進中。大戰瞬即來臨，乃立飭本軍各師嚴陣以待，復令五十二師進駐白廟，以掩護本軍之左側背；教導第一師控制於寧陵、楊驛鋪，以鞏固我軍之左後方；並令騎兵第一旅附軍騎兵團位于余寨，不時向敵右側背偵察、擾亂。

十二日凌晨二時以後，當面之敵吉鴻昌、梁冠英、龐炳勳各部，向本軍六十六、六十七師陣地前移動，待至拂曉，藉其猛烈炮火掩護，向我全線進攻，我守軍憑藉堅固工事掩護，沈著應戰，一時陣前敵屍遍野，血流如渠，然敵仍不稍退，前仆後繼，連番猛撲，凶悍之勢，至足懾人！足證敵係爲戰事成敗，做孤注一擲！卒賴我英勇將士用命，血戰不退，終將頑敵擊潰！此役、敵人遺屍千餘具，火器不可勝數。

敵敗退後，雙方仍以大砲互擊，當時我六十六師防廣兵薄，且地當要衝，爲預防萬一，另調五十二師之一個團進駐睢縣西三里莊附近，以作該師之預備隊。午後三時，敵吉鴻昌部復以山砲及野炮數十門，集中火力，轟擊我段其屯陣地，歷數十分鐘後，繼以步兵向我全線猛撲，段其（家）屯陣地工事，大部份遭敵砲火摧毀，守兵亦傷亡過半，形勢危殆！當時該師副師長劉惠心、團長（三九一團）邢清忠率步兵兩營，適時馳援，陣地始略形穩住。

但至薄暮，敵吉鴻昌、孫良誠親至前線督戰，另以數縱隊拚死猛攻，敵我死傷枕藉，我守軍營長當場陣亡四員：高天台、柴英亭、張紹騫、康東升等，劉副師長、邢團長二人亦負傷數處，士兵傷亡幾已殆盡，通訊電話亦被破壞。戰至九時，段其屯陣地遂告陷落，敵乃乘勢追擊，但爲我駐守三里莊之五十二師預備隊迎頭痛擊，攻勢始告停頓，該預備隊並協同六十七師實施逆襲，雖將敵擊退，但段其（家）屯之陣地，終未能奪回，恐怕是此次會戰中本軍的缺點吧！我軍乃扼守三里莊西端，與敵對峙。

至於六十七師當面之敵梁冠英、龐炳勳等部，於十二日晨二時開始向我陣前移動。武師長庭麟爲誘敵人於陣前，嚴令所屬各團，於敵未達陣地前二百公尺以內，絕對不准發射，最好能誘敵進至鹿柴外壕，然後密集射擊，予敵重創，有不遵令過早射擊者，嚴重處分！待至黎明，敵在其密集炮火掩護下，向我六十七師陣地進犯，來勢極兇，尤以尚屯、牛王套之線，受敵梁冠英部之攻擊爲最，但我守軍不爲所動，僅少數步槍間歇回擊，以驕敵氣，並燃放爆竹誘騙敵軍外，其餘皆潛隱工事內，待機而動。敵果以我陣地爲眞空，戒心鬆懈，遂以密集隊形向我陣地衝來，我軍待其進至鹿柴進行破壞時，一聲令下，各式火器齊放，一時濃煙蔽天，喊聲震耳，前後不過十餘分鐘，即擊斃敵團附一人，營長二人；至於死傷於我鹿柴壕溝外緣之士兵達千餘名。敵以死傷慘重，而未能越我雷池一步，乃退，其後續部隊亦狼狽後撤，陣地隨趨寂靜。待至午後四時，敵再度來犯，但僅進至距我陣地五、六百公尺處，揚聲吶喊，而不見前來，顯已嚐到利害，深知我陣地堅強，戰志激昂，其進攻僅爲虛張聲勢而已！五時以後，六十五師曹樓陣地被敵突破，當令劉團長就近協擊，以火力阻敵後續部隊前進，突入曹樓之敵七、八百餘，因後援被斷，爲我阮師悉數殲滅。是晚九時以後，六十六師當面段其（家）屯之敵，欲趁夜向我襲擊，我六十七師武師長飭楊團長天民親率岳占魁營側攻敵軍左側背，往返衝殺，敵不支乃退返段其（家）屯，我岳營長不幸陣亡。

六十五師戰況：我討逆軍爲誘敵深入，於十日晚向第三線陣地轉移時，被敵發覺，於是張印相、安樹德、孫惠三諸部，當晚即以壓倒優勢，向該師迂迴攻擊，幸官兵用命，沈著應戰，先後將來犯之敵擊退，形成對峙之局。延至十二日拂曉、情勢陡轉緊張，敵在其炮火掩護之下，全線猛攻，我英勇官兵奮起反擊，激戰至午，敵未得逞。據俘敵傷兵供稱：馮玉祥在杞縣、孫良誠在西陵集、梁冠英在樊莊、張印相在馬頭集督戰中。午後三時，張印相、安樹德以我曹樓、時莊陣地突出，乃採中央突破之法，協力進攻，先以山砲八門及迫擊砲三十餘門，集中火力向曹樓轟擊，彈如雨落，陣地多被摧毀，陣地外之鹿柴及陣地內之民房，多起火焚燬，敵張印相步兵數百名，乘機攻入陣內，與我守軍展開近距離搏殺，我營長宋金聲、李全盛二員均督戰陣亡，一時情勢危急萬分，右翼六十七師劉團長伯華親率兵一營在李疙瘩之南端以熾盛火力阻止敵之後續部隊鍥入，六十五師阮師長率三八五團前往增援，剛進抵曹樓，即與湧入之敵遭遇，先以手榴彈投擲，繼以白刃衝搏，經半小時之肉搏戰鬥，始將衝入之敵全部殲滅。

十三日、戰況沈寂。十四日拂曉、敵復向我進攻，但均被擊退。嗣敵迭次攻擊，均未得逞，除留張印相盤踞馬頭集外，餘安樹德、孫惠三兩部退守西陵集附近，雙方各自加強工事，堅壁深壕，又成陣地對峙之局。

此次戰鬥（自十二日至十四日），慘烈空前，敵人死傷約三、四千人，而我軍獲敵步槍一千二百餘支，官兵傷亡亦達一千三百餘人，劉師長惠心、邢團長清忠、武團長（三九三團）永祿等皆身負重傷，營長陣亡共六員，所幸我軍終能達成任務，使我陣地正面得以穩固，主力部隊得漸向左移動，尤其擊破敵人迂迴我左翼包圍大軍之計畫，實爲敵我兩軍勝負之關鍵。

五　陣地對峙戰況

民權、睢縣附近之會戰結束，我蔣總司令鑒於敵我均受重大犧牲，雙方陣地工事皆日益加強，深感正面攻擊不易奏功，乃決定抽調主力部隊，潛向敵人攻勢地帶轉進，以打開陣地戰膠著之態勢，而啓全局勝利之機，立即重新部署各轉進部隊之前進路線及在新陣地之部隊位置。本軍奉命於六月十五日將所擔任之陣地，交由第九師接替，於日沒後至十二時之間佈置完畢後，即集結於睢縣附近休息，而於十六日上午十時出發，加入第二兵團序列，接受劉總指揮（峙）的指揮，向通許以東地區練城集（在通許東南三十里，亦作煉城）、大營砦、硃砂崗鎮（在通許東北十八里）等處攻擊前進。

本軍奉令後，即令各師準備辦理陣地移交及出發事宜。

十五日上午八時，總部楊杰參謀長偕第二軍軍長兼第九師師長蔣鼎文前來睢縣，巡視本軍陣地，並研商陣地之移交。一行抵達尚屯陣地時，楊杰參謀長目視著高壘，手指著壕溝對當場巡視人員高聲說道：「『知己知彼，百戰百勝』這句話是一點不錯的！」一時第九師旅長蘇蔭森即問楊參謀長這句話用意何在？楊回憶著說：「記得上月中旬我軍進攻杞縣、蘭封敵人陣地時，由於敵人強烈反擊，我方局勢頗爲危急。當時劉總指揮爲安全著想，曾命十五軍向右移轉陣地，作爲中央隊之預備隊，藉防萬一。但劉軍長則認爲此地區重要，關係至大，建議仍由該軍擔任本區陣地之守備，雖懇請再三，仍不為劉（峙）總指揮所允許，而劉軍長確認本區防地不容放棄，否則將貽害無窮，於是乃以電話向總司令陳明其觀點，並敘述民國十六年北伐期間，馮玉祥於本地區先後兩次夾擊直魯軍張宗昌經過情形，認為此次局勢，頗類前次，馮氏很有可能「故技重施」，請總司令預為防範。總司令於聽取劉軍長報告後，甚以為然，即指示十五軍從速趕築西陵集至河陽集之陣地。劉軍長奉令後，不辭勞苦，親自督飭所部，在極短時間內完成這條堅固陣地，卒於本戰役中發揮極大效力，不但阻擋住馮部吉鴻昌、梁冠英、龐炳勳、張印相、孫惠三、鄭大章各部無法逾越我軍陣地，而且使敵軍死傷累累，無力再犯。這就是劉軍長書霖兄深知馮氏用兵，且對本地區地形熟悉才能致此，所以我說：『知己知彼，百戰百勝』，設若沒有書霖兄前番建議，則今日情況如何，就很難斷定了！」我聽了這段話，內心確感無限快慰！但是一想起敵人主力仍未完全就殲，隨時仍會爆發大戰，革命前途仍未樂觀，一顆心便又趨於平靜了。

楊參謀長、蔣軍長巡視陣地以後，接著便研商陣地接替事項。會商開始，蔣軍長即表示陣地過長，非第九師之兵力所能擔負。接著他又申說第九師之優點在於衝鋒陷陣，對于固守陣地去挨死打，則非所長，因此拒絕接替本軍防地，由於未取得協議，會議遂告中止。當晚、奉到總司令電令，仍由本軍擔任原有陣地之防守，至於本軍迂迴攻擊之任務，則改由第九師擔任。所以自六月十五日起，本軍仍擔任右起孫樓，左迄河陽集陣地的守備。我軍陣地正面約廣三十里，爲我軍轉進攻勢地帶之樞軸，較右翼舊考城之二十六軍陣地尤關重要！佔領陣地之部隊次序爲第六十六、五十二、六十七、六十五師，自此時起至七月五日，敵我雙方均以分班輪戰之法，日夕交綏，餘爲增築工事相互對峙中。

六月十八日、本軍奉到十九日拂曉出擊之命令，即部署如左：

甲、各師攻擊目標：第六十五師在河坡徐、祥符寨之一部，協助教導第一師進攻許田寺；第六十七師向袁叉樓；第五十二師向段其（家）屯；第六十六師向三空橋。

乙、攻擊時間與兵力：各師統限於十九日拂曉，各以三分之二部隊固守原陣地，餘向攻擊目標同時出擊。

十九日拂曉，各師依照部署出擊，與敵激戰約二小時。第六十五師協同教導第一師占領許田寺，其餘各師分別攻至袁叉樓、段其（家）屯、三空橋附近，阻於敵之深溝高壘，進退維谷，遭到不少的損害，許田寺遂被奪去。戰到薄暮，始將敵軍擊退，乘夜撤回本陣地，是役傷亡九百餘人，敵人亦相當。

二十二日中午、蔣總司令電調第五十二師移至左翼龍曲集方面，所遺防地由第十五軍酌派部隊接替。二十三日上午十一時，由教導第一師派隊接替第十五軍河坡徐、祥符寨各陣地，原先守備之第六十五師第三八七團，即調至三里莊、佘樓、和莊之線，接替第五十二師防地，至午後四時，交接完畢，唯鑒於該團擔任正面過寬，我即令第六十七師稍向右翼延伸，第六十六師稍向左翼延伸，與該團確實連繫，並增強工事，以補兵力之不足。

廿七日晚，大雨如注，我軍奉令冒雨佯攻：以第六十五師向許田寺，第六十六師向吳莊；第六十七師向段其（家）屯，都是以小部隊分班輪戰，至二十八日拂曉才停止，目的在於擾亂敵人，所以並未深入，傷亡亦很少。

二十八日這天，山東濟南失守，逆燄驟熾，敵石友三又乘機侵入討逆軍的右翼，導致津浦、隴海兩線的陣勢，頓生險象。

六月二十九日（陰曆六月初四日），是一個月黑頭天，晉軍孫楚部之第二、三師於拂曉三時乘著黑夜悄悄前來偷襲第一軍第一師第三旅第八團所防守的民權縣，第八團毫無警覺，驚慌潰散。民權失陷，使隴海線的情況更加危殆，至下午六時，本軍奉命調砲兵營攻打民權，以堵截石友三部之南竄。

按民權縣位於商邱縣與蘭封縣之間、睢縣以北，為國民政府於民國十七年所設置之縣，縣治設在李壩集，其地扼隴海鐵路正面之形勢，與北方之舊考城，南方之睢縣，同為「討逆軍」之重要據點，而民權尤居中間地位，關係更為重大，一旦失陷，敵人即可施行中央突破，長驅深入，並向左右擴張，影響全局甚劇。因此事先即將民權編入第三師陣地之左翼，深溝高壘，外繞鐵絲網，附設三道鹿柴，工事堅固而完善，未料卒被敵軍攻克，可見敵人強悍之一斑。

六月三十日、我正在巡視左翼防務，約在下午三、四時，到達所配屬的教導第一師陣地之楊驛鋪（在寧陵縣以西、睢縣東北約二十四里），適巧第二軍團總指揮劉峙乘汽車前來，告以蔣總司令下令我討逆軍全軍後撤退到商邱以西南北之線，占領陣地。我聽了十分驚訝，認為我討逆軍自五月二十三日以來，不僅未有絲毫進展，而且兩次退到預備陣地，軍心已受動搖，若再後撤，勢必更加嚴重影響士氣，而且敵人必定會跟蹤追擊，大局將陷於不堪收拾的地步，反不如以固守陣地為佳。因此立即向劉總指揮表示意見，請他向總司令報告，不要撤退。劉峙認為上級命令已決定撤退，誰能更改？所以遲疑不敢轉呈。經我再三催促，他才說：「那，你打（電話）好了！」於是替我要電話至設在柳河（又稱柳河集、在民權縣東約二十五里）車站的總司令部。

電話接通後，我直接和總司令講話。

蔣總司令問：「是誰？」

我報告說：「我是十五軍軍長劉茂恩！」

蔣總司令說：「噢！是書霖兄，有什麼事情？」

我答說：「沒什麼事！不過我不知道為什麼要撤退？」

蔣總司令說：「我看馮軍來勢太猛，恐怕你們抵擋不住。」

我說：「什麼？人家勢盛，害怕就要撤退，撤退了敵人還會追來。你退到歸德，人家就追到歸德；你退到徐州，人家就追到徐州；你退到南京，人家就追到南京，這樣下去要撤到什麼時候？我們討逆軍已再三撤退，士氣已不振，再撤退士氣就消失了，何況還使老百姓恥笑中央，失去民心，反而更糟！不如死守陣地較好。……」

蔣總司令說：「能守住陣地最好，但恐怕抵不住。」

我說：「抵不住？你平常講的連坐法，什麼時候使用？那個部隊守不住，就殺他的將領，不要殺部下，看他守不守得住？」

蔣總司令說：「你能確實守住陣地嗎？」

我以堅定的語氣說：「只要有我在一天，我絕不叫陣地失守，如果陣地失守，不等你的軍令，我會自殺的！」

蔣總司令說：「這個……這個……。」

經過考慮後，立刻很堅決地說：「好！我決定討逆軍不准走，兩翼友軍不許撤退，堅守陣地！」

這時在場的還有劉峙總指揮的參謀長劉耀揚（字師尚，河南孟縣人，保定軍校二期步科第三連畢業），聽到我和蔣總司令講話如此直言無忌，不禁在一旁直發笑，劉峙則不斷地搖頭……如今我回想起來，反覺少不更事。

由於我的一番詳陳利害，終於使蔣總司令收回成命，責成各軍仍堅守陣地，下令由劉峙督率右翼軍，我統領左翼軍，並將失守民權的第一師第三旅第八團（配屬第三師）團長趙強華（廣東儋縣人，黃埔軍校第二期畢業）槍斃，以爲失地者之儆戒，於是無人敢再撤退，這才穩住局面，挽回頹勢，繼續與敵人爭持，最後卒能轉敗爲勝。

兵家有言：「誰能堅持到最後五分鐘，誰就能得到勝利。」假使當時「討逆軍」再向後撤退，軍心必至消沈而無鬥志；鬥志既失，則必一退再退，甚或導致「兵敗山倒」的惡果，誠然不能與敵相持，更遑言最後勝利。今觀我之陣前建議，固「一言足以安定戰局」，要亦蔣總司令能採納善言，掌握戰機，實爲此次大戰致勝的重要因素！

七月一日午後三時，總司令電令各師仍固守陣地不動，我討逆軍得穩住局面，挽回頹勢，繼續與敵軍堅強抵抗，並於七月五日肅清右翼入侵之敵，粉碎敵軍牽制我軍正面兵力的目的。

七月六日午後三時、接總司令電令云：

「我隴海線各部，爲指揮便利，責任分明，守備確實起見，茲特重定軍隊區分，須行遵照；凡在各該守備地區內，應各努力將原陣線加以整理，編配工事，構成陣地，務使防線形成十分堅固，爲要！」

共分成六個守備區，第一、二、三守備地區歸「右翼軍」總指揮陳調元指揮；第四、五、六區歸「左翼軍」總指揮朱紹良指揮，本軍屬第四守備區，我爲守備區司令，防守範圍從唐樓以南經袁叉樓至河陽集爲止。九日、六個守備地區部隊配備完畢，自是我軍與逆軍互爲攻守，相持至八月下旬。

在這段期間內，雙方各以堅固的工事，避免正面攻擊，採用左右翼迂迴的運動戰，本軍雖未參加翼側的運動戰，但每日仍抽調部隊以捉摸不定的姿態向敵侵擾，俾以牽制當面之敵，不使他移，而有助於我翼側運動戰之成功。

六　工事構築方法

在此次會戰中，我忠勇官兵死傷二千餘名，我於悲傷之餘而能萬分欣慰的，乃是我右翼隊蔣銘三（鼎文）係擔任陣地之正面，向敵軍閻錫山部進攻，本軍之左翼隊陣地，係阻止敵軍進攻，以掩護我大軍左側背之安全。結果本軍當面之敵，計有吉鴻昌、梁冠英、龐炳勳、張印相、安樹德、孫惠三、趙登禹各部及鄭大章騎兵軍，可以說是馮部的精銳，素以善戰著稱，在兵力上又數倍于我，以此優勢之敵，輪番向我猛攻，其唯一之目的是企圖突破本左翼隊之陣地，向我中央隊之後方鍥進，以包圍我大軍，遂其聚殲之目的！因此雙方戰鬥之慘烈，實爲我統兵作戰以來所僅見，尤其敵軍犧牲極重，棄屍遍野，悽慘之狀，目不忍睹，本軍值此強敵輪攻之下，深幸本軍官兵始終保持高昂之士氣與成功成仁之決心，沈著應戰，復以所屬各師間均能和衷共濟，相互提供適時之火力支援，終得粉碎馮玉祥迂迴攻擊之迷夢，達成掩護大軍側背之安全，總司令對本軍官兵於此次會戰中之表現，曾一再嘉勉其忠勇堅貞。

此外、另有一事值得一提，順便在此敘述。

六月下旬、我曾往柳河晉謁蔣總司令，當時在座的除馬鴻逵外，還有一位李姓師長，我不認識，後來才知道是第二十三師師長，字俊三，湖南嘉禾人，保定陸軍軍官學校第二期工兵科畢業的。總司令以我中央軍每次進攻敵人，均礙于敵人陣地堅固而不能達成任務見詢，並希望我們研究對策。馬鴻逵立即起立答稱：「西北軍的工事構築方法，是向十五軍學來的。」我乍聽之下，頗感驚異！隨即向他反問說：「我十五軍有什麼好的工事，值得別人向我們學習？」馬鴻逵說：「民國十五年你們圍攻西安所築的工事，深受馮玉祥讚賞，解圍後馮部到西安，目擊你們所築的工事，認為在防守方面極具價值，於是馮玉祥命令各部隊參觀，並著令以後防禦時採用。」我聽到他的解說後，不禁感到好笑！蓋以當時所築工事，根本未顧慮到軍事方面的「築城學」原則，只不過是以老百姓挖掘土壕的方式出點汗而已！想不到卻被西北軍奉為圭臬，並且還具有相當之價值，誠始料所不及！總司令聽了馬氏報告後，命我將昔年圍攻西安時所築工事的詳情報告。

回溯民國十五年，本軍圍攻西安時，本有足夠的兵力與炮火（收繳國民二軍砲兵團之山野砲，閻錫山配屬之砲兵團，另外尚有吳佩孚贈送之大小「威美號」飛機兩架）一鼓而下名城，當屬易事，惟當時大哥（劉鎮華）以其曾主持陝政七年之久，與當地民眾相處極為融洽，如以武力攻克西安，將使無辜民眾蒙受損害，於是嚴令部隊不許攻擊，部衆雖數次請求，仍是不准，後乃與楊虎城去信（信由城下繫入）希其派人前來談和，但爲楊所拒絕，雖然如此，大哥仍是不許攻擊，飭所部環繞西安城牆，挖掘寬一丈五尺，深一丈二尺之壕溝，並將所挖土方，置於壕之內緣作爲我軍高胸牆，而另於外緣密植鹿柴，以防止守軍向我突擊或突圍，一如本軍在現陣地所築成的。

現既承總司令垂詢，於是將其構築方式與要點，提出報告。在座之李師長認爲此種工事不切實用，理由是太暴露，容易使敵人過早發現，而遭敵人炮火損害。我對李師長這種看法也有同感，所以我說不是根據學理原則所造，只是仿照老百姓的土方法而已，不值識者一顧。不過，每一種制度之獲得存在，除其本身具有的價值外，還有時代的意義在內，如以今日的眼光來看，實無絲毫價值，但在當時只有山砲與野砲是最兇猛的火器，數量既不多，命中率也不如今日，試問在那個時代裏如何能一舉毀壞那些工事呢？再說，我討逆軍屢次受阻於西北軍的是什麼？就是那一道高高的墻與深深的溝，而本軍所以擋住西北軍十數萬強敵，不使其跨越雷池一步，使大軍左側未受絲毫驚擾的，也是依仗著它！所以，當總司令問我構築此種工事是根據何種需要時，我即坦誠的說：「本軍槍械頗雜，而且均破舊不堪，口徑鬆大，固不在言，子彈補充尤屬困難，爲節省彈藥及有效命中，所以嚴禁士兵濫射，必須等敵人迫進三百公尺時，始准射擊。似此近距離，敵人瞬息即至，事實上無法於短暫時效內盡殲來敵，而本軍又缺乏刺刀，無法與敵白刃交手，因此盡量設法遲滯敵人行動，延長射擊時間，於是才有掘壕、佈植鹿柴的作法。至於壘高胸牆的目的，旨在掩護守軍安全及居高臨下。……且豫東土質不良，地形低窪，每遇淫雨，即成澤國，按時令而言，不久雨季即到，屆時平地積水數尺，人皆不能站立，野戰工事『立射散兵坑』，到時均成水坑，爲預防未然，故不得不採取這種措施。」

總司令聽後，深以爲然，頷首稱是，旋即對李師長訓誡說：「你只知死讀書，認死理，而不知因時、因地制宜，靈活運用！依你說這種工事目標太大，易爲敵方過早發現，遭敵砲損毀，但是你要知道，今天我們是內戰，是村落戰，你在這個村莊住的是誰人的房子，敵人都調查得清清楚楚，試問敵人有多少砲彈向我們射擊？」說完後，即問我能否派人協助其他部隊構築陣地？按當時敵軍雖暫時稍退，但仍會不時來攻，我若抽出部隊，勢將減弱守備兵力，於是據實以答。總司令說：「我並不是命你派部隊去替他們作，而是希望你能派人往各部隊指導就可以了！」我說：「事實上這種工事十分簡單，並沒有高深的學理，只要本著『多出汗，少流血』的原則，多出一些笨力就可以了！」總司令指示說：「既是如此，我命其他部隊到你們陣地參觀，希望你能給他們詳加指導！」」

由以上可以看出，我最高統帥雖是日理萬機，但他仍是不放棄任何「求知」、「求行」的機會，這是值得我們學習效法的！

第三節　迂迴鄭州之役

自六月十五日以來，本軍一直擔任右起孫樓，左至河陽集陣地的守備，敵我雙方相互對峙，皆僅作試探性的左右翼迂迴攻擊，並無任何進展。

迨至八月初，馮玉祥爲策應津浦鐵路線閻錫山之作戰，乃調集孫良誠（字少雲）、孫連仲（字仿魯）、宋哲元（字明軒）一部及孫殿英各部，希圖進攻隴海路線我左翼後方之寧陵，進而掠取歸德，我陸海空軍總司令燭悉馮氏企圖後，決計變更現有陣地，集結優勢兵力，以迎來犯之敵。

八月十一日午後三時，陸海空軍總司令部參謀處長兼參謀本部第二廳廳長林蔚菘防，轉達總司令之命令：著本軍除六十六師仍擔任睢縣城北孫樓、孟油房、蓮池之原陣地防守不動以阻止敵人外，六十七師武庭麟應於本日晚放棄現有之陣地，負責睢縣城之固守；六十五師阮勛則於今夜九時放棄現有陣地，迅速占領睢縣城以東右起睢縣東關、亙阮樓、馬旗營之既設陣地，左與五十二師切取連繫，十五軍軍部進駐睢縣東北二十里之帝邱店。本軍即遵依指示各點，於十二日拂曉進入新陣地，完成作戰之準備。

本軍當面之敵吉鴻昌、龐炳勳、梁冠英等部發現我撤防東移之後，即群起猛追，全線激戰終日而未能獲得絲毫進展。至於我左翼地帶友軍上官雲相（第四十七師）、王均（第七師）、顧祝同（第二師）各部，在寧陵西南翼家河、臨河店地區來犯之敵孫連仲、宋哲元、孫殿英各部激戰三、四日之久，敵死傷慘重，攻勢稍挫。至八月十五日，傳來克復濟南捷報，我軍士氣陡漲，敵我又陷入對峙局面。

一　建議大迂迴

八月十八日上午九時，陸海空軍總司令部參謀長楊杰到達睢縣本軍軍部，同行者有周佛海（湖南沅陵縣東涼水井人，東京帝國大學經濟學畢業，時任國民政府「訓練總監部」政治訓練處長兼陸海空軍總司令部訓練主任）。由於在事先未曾接到他們的通知，不免感到突然，便問道：「參謀長何以如此早前來？有什麼事？」楊杰說：

「有很緊要的事情與你研究，爲恐電話被人竊聽，所以只有親自前來和你面談。」我又問：「什麼事情這麼要緊？」楊說：「敵我均憑堅固工事，對峙已達三月之久，軍事並無絲毫進展，似此下去，終非了局，現在總司令爲求早日結束戰爭，擬令貴軍經太康、扶溝向平漢鐵路敵人之後方挺進，突襲鄭州，達成早日結束戰爭的目的，不知你的看法如何？」我聽到這項指示後，深感責任艱鉅，同時，鑒於以往其他各部隊實施迂迴所受之挫折，因而向他建議道：「現在當前的敵人，憑恃其堅固之工事阻止我軍前進，相持已達數月之久，總司令欲早日結束戰爭，實爲一項高瞻遠矚的戰略指導。如爲避免正面進攻，而令本軍在平漢鐵路漯河以北亘隴海鐵路民權、睢縣以西的中間地區，從敵人最薄弱的部份進擊許昌，自當遵命前往，但鑑於六月十六日第二軍團劉總指揮率其所屬之最精銳部隊：第一、第九、第十一、第四十七、第五十二師，以及教導第一、第二等師經杞縣以南太康以北之龍曲集向通許、陳留進攻，擬一舉而下開封，於推進至龍曲集時，爲敵發現我軍企圖，立即調遣部隊拒止，相持十餘日，嗣因民權、考城方面晉軍及石友三部向我猛擊，同時濟南方面戰事亦甚激烈，第二軍團乃無功而回。本軍若照指示路線西進，勢必重蹈覆轍。況且近兩月來，敵人在全線構築工事，其防禦力量將較前增強，若再不能完成使命，非但有負總司令期望，且亦被敵人訕笑！所以我認爲與其由太康、扶溝西向進攻許昌，似不如拿出冒險的決心來，大膽迂迴鄭州以西，切斷其與陝西之交通，以斷絕其兵源、糧食及武器彈藥的補給，如此則可造成敵人心理的渙散，從而削弱敵人的作戰力量，甚至奪取鄭州，直搗敵人指揮中心，戰事豈不是徹底結束了麼？」

楊參謀長聽了我的建議以後，縱聲大笑不止，以爲我在痴人說夢話，乃指著我說：「你說的太天眞了！難道你從天上飛過去嗎？」在當時我不能怪楊參謀長這種看法，試問：以少數兵力，企圖穿越敵人腹地，深入數百里去切斷敵人後方交通，在還沒有大型飛機的情況下，確是不可能的。何況敵人早在其佔領區域內，廣築工事，深壕高壘，以防範我軍之進攻呢！這時，周佛海默默地坐在一旁看楊氏和我談話，笑而不置一言，我乃轉向他說：「佛海兄！你是喜歡看小說的（我每次赴總司令部晉謁 蔣總司令時，都是他接待，見其臥室放有許多小說，以是知之），當記得小說中有『條條大路通北京』之語！」當時周佛海笑著說：「有的。」楊參謀長又問我：「你打算從那裏過？」我說：「如照當前敵人情況而言，東北起於魯西，經河南之舊考城、民權、杞縣、太康、西華、以迄於漯河，蜿蜒千餘里，這些地區均有閻、馮、石友三等重兵駐守，當然無法通過，惟有採取大迂迴一途，不過這樣必須兜很大的圈子，總部如爲體恤官兵，可多撥火車集中柳河，將本部東運至徐州，轉赴浦口，然後換乘江輪，溯流而上，至漢口後，再乘車北赴漯河，但如此輾轉，曠廢日久，和及早結束戰爭的目的大相違背。事實上，總部一時內能否抽調大量運輸工具以供轉駁之用，還是問題！兵貴神速，爲爭取時間計，最好能出其不意，從歸德（商丘）向南，經豫、皖邊界，沿沙河西上，直抵漯河，最爲快捷！據悉：鄭州、許昌以西地區，如：滎陽、汜水、鞏縣、登封、洛陽、密縣、禹縣、臨汝、襄城，郟縣、以及寶豐等地，雖有敵軍駐守，然爲數不多，且尚未構設工事，如專尋縣與縣之間鑽隙而進，並儘量避免與敵駐守部隊接綏，倘能順利攻下登（封）、密，即可乘勝北進，迫攻鄭州及隴海鐵路鄭州以西重要據點，敵人後方交通一斷，軍心必散，我再以全力攻擊馮玉祥總部所在地之鄭州，敵軍豈不迅速崩潰而趨於瓦解嗎？不過這全是自說自話，根本談不上什麼謀略，請參謀長不吝指教。」楊氏最初聽時，臉上還露出疑慮之色，及至後來，又欣然而喜，最後以極興奮的語氣表示：「很好！話就到此爲止，我也不再多停留，即刻回總部向總司令報告剛才你說的各點，你聽候消息好了！」

楊氏走後，此一問題一直在我腦際盤桓，這項任務，總司令很有可能交給本軍執行，果眞如此，則所面臨的一切困難與危險，自不待言！甚至本軍的前途命運，亦繫於此一念之間。繼而想到我豫省久經兵燹，戰患頻仍，人民窮困已不堪言，兇惡之徒鋌而走險到處皆是，若任戰爭長此僵持下去，此輩必更形坐大，日後形成大股力量，以危害地方，豈不更增加後患？且敵我對峙，四民不得各安其業，民生凋蔽，農村破產，國家最後一線生機亦將喪失殆盡，試問吾人還能生存嗎？佛曰：「我不入地獄，誰入地獄？」果能以我之力，及早結束內戰，拯救人民於水火之中，即使個人身殉，亦將心安瞑目了！興念及此，頗覺心神通泰，憂念盡失，反而希望儘早接受此項光榮之任務。

當天下午一時，總司令電召至柳河總部晉謁，詢問突擊鄭州以西的方案，我乃將上午向楊參謀長所述各點再向總司令報告，並逐項分析其優點。總司令除嘉慰外，並問我是否能擔負此項任務，我立即答說：「茂恩是受命者，總司令交付任何任務，我都能接受。不過，這次挺進不是游擊戰，更不是擾亂性的戰鬥，也不是牽制性的行動，所以原則上是只許成功，不許失敗，基於此點，本軍兵力尚嫌不夠，一定要另外再增加軍隊，組成一支強有力的突擊部隊，必要時能與敵人做硬性的決戰，方能收到預期的戰鬥效果，以達早日結束戰爭的目的。」總司令一再點頭，並表示可以另籌兵力。隨又問我：「那些將領可以與你配合？」我即答稱：「任何將領我都可以配合他們！」總司令又問：「上官雲相、郝夢齡二人如何？」我說：「四十七師與五十四師都是革命軍陣營中戰鬥力極強之部隊，能得這兩師加入戰鬥序列太好了！」最後，總司令問：「以三個單位的力量，集中使用去擔任這項任務，能否勝任？」我說：「把三個單位的力量集中使用，向鄭州以西推進，應不成問題。惟環視敵之部署，宋哲元據於洛陽，以保護其退往陝境之生命線，如其發現我方企圖時，勢必東來以拊我軍之背，而與鄭州之敵形成東西夾擊我之形勢，屆時，生死之鬥，戰況必甚慘烈，爲確保我軍必勝及預防萬一計，擬請總司令多籌集部隊，同時攻擊洛陽，以牽制宋部之不暇東下，如此，必獲成功。」總司令聽了我的報告後，欣然表示：「很好！你顧慮的很周到，我必另行籌派部隊，就由你率領這三個單位先行出發好了！」

先前我已預料到總司令可能命我擔負這項任務，只是有感於個人各方面條件欠佳，難以達成使命，內心不免惴惴不安，至是聞聽總司令親口命令我執行這項關係全局安危的任務，更不勝惶恐，即向總司令懇辭說：「茂恩年輕，臨事經驗不足，並且才能有限，亦不善於發號施令，請總司令另行選派指揮官，我絕對服從其指揮。」總司令深思許久之後，問說：「張伯英（鈁）如何？」我立即答說：「很好！」繼而一想，伯英先生與我之間關係固然極爲深厚，可是與上官紀青（雲相）、郝錫九（夢齡）

之間如何呢？是否同意歸他指揮呢？萬一不甚理想，其後果將不堪設想！遂將所想的，向總司令陳明，且說：「此次迂迴，關係至深，可以說是只許成功，不許失敗，而求勝之道，就是命令要能貫徹，下級對上級所交付之任務，不容有絲毫違背怠忽，倘若不予執行或執行不力，則軍事即無勝利可言。茂恩之對於伯英先生，私交方面他是我的大哥，公事方面誼屬長官，如由他來指揮此項行動，我是百分之百的服從，至於其他二位與他關係如何？是否願意接受他的指導，我並不知道，請總司令鈞裁！」總司令問我由誰指揮爲妥？我衝口立刻答說：「最好能請總司令親自指揮！因爲總司令一言一行，全體官兵無不具有崇高的信仰，凡有指示，莫不悉力以赴，雖赴湯蹈火在所不辭！當然，以總司令現在的情形不可能親自直接指揮，但可利用現有完善的通訊設備，隨時以無線電下達命令，或用飛機投擲通訊袋亦可，事實上並不需要總司令親自率師前進。」此項建議幸獲蒙總司令採納，於是迂迴部隊遂由總司令親自指揮。

隨後，總司令飭本軍於次日（十九日）將防地交由第八軍（葉開鑫）第五十二師（葉兼嗣爲韓德勤）及第十九師各一部接替，並命本軍營長以上軍官於二十日晨在軍部集合，屆時，總司令將親臨訓示，然後即可開拔。我靜候指示完畢，正欲告退之際，總司令又命我至林蔚文兄處領取空白委任狀，且囑咐多帶幾張，諭示說：「將來地方人士，如願意離開家鄉，參加革命陣營者，可斟酌情形予以加委。」總司令之意，是命我便宜行事，隨時可以收容地方武力以爲我用。實則，這些所謂「地方武力」，情形極爲複雜，眞正保鄉衛民者固不乏人，但魚肉地方，欺壓良善者，比比皆是，民衆處其淫威之下，均敢怒不敢言，一旦革命軍蒞臨，不啻大旱之望雲霓，而我不此之察，予以收編，豈不使人民失望！尤其甚者，這些人以前即是擁有武力的地方豪強，及至獲得任命，則正式成爲國家的軍隊，必將更爲氣燄高漲，爲非作歹，名爲官兵實爲官匪，試問又何助於革命大業呢？我因感於總司令對於結束戰爭殷望之切，未便明言，且因時間不多，部隊開拔前之諸務待理，急於趕回本部，所以向總司令飾詞答說：「茂恩自幼年離家，對地方情形生疏，究竟何人可以歸我所用，無法得知，請免帶委任狀。」總司令不以爲然，堅命我多帶些，並且說：「韋品方上次向我報告：『只要十五軍到達豫西，地方人士必會群起響應，起來幫助革命！』希望你把握機會，好自爲之！」總司令既然有此意思，我也不便再多加置辯，於是告退，急急返回本部，至於領取空白委任狀一事，內心以爲：「茲事體大，未便遽領。」

八月二十日上午八時，總司令親蒞本軍軍部對營長以上各級幹部訓示，首先對本部年來轉戰各地辛勞情形，黽勉嘉慰，繼而對閻、馮二氏聯合作亂之罪行及中央顧及全國統一，不得不向其討伐之苦衷，反復剴切提示。又訓示：「濟南雖告克復，然敵人主力仍集結於隴海路南北之線，平漢鐵路以西地區，附固堅守，以做最後之掙扎。中央爲及早結束內戰，謀取全國統一計，特派貴軍向敵後挺進，以加速敵人徹底崩潰，已另籌其他精銳部隊，配合貴軍行動，以貴軍已往歷次優異成績，必能達成使命。」我各級幹部於恭聆總司令訓誨及慰勉，並獲瞻領袖威儀後，個個喜形於色。此後，本軍冒險西進，一路摧強敵，克堅城，切斷敵人交通命脈，促其全線崩潰，卒能圓滿達成總司令交付之任務，蓋受領袖精神之感召！至於將士用命，軍民合作，亦爲此役獲勝的重要條件！

總司令對幹部訓示完畢後，又垂詢本部作戰準備情形，遇有欠周之處，即一一指正後，始返回總部。不久，總司令又來電話問我，何以未將空白委任狀領去？我只好說是「忘了」，總司令乃責我「粗心」。在我之意，確實不願領取，無如總司令對此甚爲重視，而我又無法作坦誠的解釋，是以推之又推之，眼看是無法推託掉，但仍抱著「得推就推」的心理，於是向總司令報稱：「昨日與林蔚、錢宗澤（字慕霖、浙江杭縣人，保定一期步一連畢業，時爲隴海鐵路局長兼運輸司令）二人商討移交防地及迂迴之種種準備，是以臨行匆忙，以致忘了將空白委任狀取走。」我想這樣搪塞一下，過去就算了！誰想總司令竟命我派騎兵速赴總部去取。我只得諉稱：本部出發在即，現值地方不寧，莠民太多，萬一傳騎中途被劫，則貽害太大。總司令這才同意暫不領取，囑令軍次漯河時，速向何總指揮（討逆軍第三軍團）領取。至此、領取委任狀之事，始暫告中止。

二　收復襄城

八月二十日午後一時，本軍由睢縣、八里廟、帝邱店一帶集結地出發，自商邱以南，經亳縣、太和，沿皖、豫邊界南下，過沈邱縣，然後循沙河而西，直赴漯河（爲平漢鐵路上之大鎮，位於郾城縣東南約十里）。一路上陰雨連綿，道路泥濘，行軍極爲困難，直到三十日始進抵漯河附近。爲使行動不爲敵人窺破，乃將本軍集結於漯河東南附近莊寨：六十五師阮勛部駐漯河以西郭莊附近，六十六師徐鵬雲部駐鄧香集，六十七師武庭麟部駐人和集，軍部則在高橋停止待命。

八月三十一日，總司令因察知敵方欲縮短戰線於蘭封、杞縣、太康一帶固守陣地，並移其主力於右翼，以備乘機出擊。爲了策定平漢、隴海兩路軍會戰計畫，以隴海路軍抑留當面之敵，另集雄厚兵力于左翼行大規模之包圍，並用強大兵團出平漢線以西直取洛陽、鞏縣、鄭州，遮斷敵人退路，而收一鼓殲滅之效，乃下達總作戰命令。

我於是日接獲總部電令：

「爲便利指揮及動作協同起見，著該部編爲第四縱隊，另將平漢路漯河沿線各部、以及現駐別處而將用於平漢線以西地區之部隊（徐源泉、夏斗寅、上官雲相、楊虎城、蔡廷楷等部），分別編爲第一、二、三、四、五、六縱隊。以第一（徐源泉）、第二（夏斗寅）、兩個縱隊爲『右翼軍』，歸第三軍團何成濬指揮；以第三（上官雲相）、第四（本部第十五軍）、第五（楊虎城）三個縱隊爲『左翼軍』，歸第二軍團劉峙指揮；第六縱隊（蔡廷楷）爲總預備隊。」

事實上當時向敵後出擊者僅第三、四、五，三個縱隊，其他如：第一、二縱隊仍在平漢路漯河地區擔任陣地守備，且正與敵激戰中，第六縱隊於攻克濟南後始奉調前來本地區，在下達命令之當時尚在途中。

嗣又接奉命令，要旨如下：

1. 隴海路逆敵自龍塘岡以北，現已西退，其餘仍據守龍王店、馬頭集、朱口鎮陣地，一部有移向平漢鐵路方面活動模樣，主力尚集結於太康、杞縣、通許、扶溝一帶。

2.柘城、扶溝、西華一帶，有匪軍孫魁元（殿英）、任應岐、劉桂堂各部盤踞。

3.平漢路臨潁及其附近地區，有田金凱、石振清、鄧寶珊殘部盤踞。

4.津浦線之晉逆殘軍尚在黃河北岸禹城、晏城鎮、惠民一帶構築工事，企圖最後之掙扎。

5.我津浦路軍準備渡河進攻禹城一帶晉軍殘部。

6.我平漢、隴海兩軍以殲滅隴海路敵軍主力軍爲目的，以隴海路軍縶留當面之敵，以平漢路軍由平漢路東西地區施行包圍，遮斷敵之退路，一舉而蕩平之。

7.第十一路軍爲第四縱隊，由寶豐、登封，向滎陽、汜水攻擊前進。

於是我成爲兼平漢路「左翼軍」第四縱隊指揮官，奉令由北舞渡、霍郾鎮向西北楊村經水牛田、李子樓、董村店、柏嘴村、打虎亭、茶庵向滎陽進展，右、左爲第三、五兩縱隊，其境界線：右爲霍郾鎮、茨溝鎮；左爲水牛田、李子樓、楊店、老鴉洞、方溝、岾山坡、河陰縣（民國二十年與滎澤合併改稱廣武縣）之線；左爲水牛田、李子樓、楊店、花石鎭、白沙鎭、蔣店、蘆店、三官廟、涉村、鞏縣之線，左右兩線上均屬第四縱隊。

九月一日奉總司令電：飭本軍由現地出發，經襄城以北，禹縣、郟縣之間向登封、汜水鑽隙挺進，並令茂恩於二日至駐馬店聽訓。

九月二日，總司令在駐馬店（在確山縣北四十里，平漢鐵路經之）召集高級將領訓話，其要旨爲：濟南克復，敵軍心已瓦解，但西北軍仍負隅頑抗，爲徹底消滅頑敵，早日結束戰爭計，將派軍向鄭州以西挺進，形成包圍，將敵一網打盡。此次行動之勝敗，不僅關乎敵我實力之消長，且對黨國安危亦關係至深，殷望擔任挺進各軍，明白斯義，抱定冒險犯難之決心，以達成此一神聖使命。至於擔任陣地守備之部隊，今後應向當面之敵發動猛攻，如能將敵人陣地攻破，迫使敵軍崩潰固佳，最低限度亦應牽制敵人，不使其抽調部隊，妨礙我迂迴部隊之行動。又嚴定賞罰：凡對命令陽奉陰違作戰不力者，以貽誤戎機論，決按軍法從事。反之，如奮勇殺敵建立奇功者，則予重賞。並明示：迂迴部隊能按規定期限到達，而進佔鄭、洛者，則各賞銀圓一百萬銀元，其次攻佔滎陽、汜水、鞏縣、偃師等縣城者，各賞予五十萬元。各將領聆訓畢，即紛赴車站搭車北返。我適走最後，又爲總司令召回並示意晚走一會，另有要事面囑。我當時因曾與何總指揮成濬暨河南省張代主席鈁約定同車，恐彼等一走，不易另覓車輛，因將此意報告總司令，於是總司令又將何、張兩氏暨楊虎城等人召回，並面諭何總指揮將空白委任狀發給我幾張。眞料不到，總司令能於百忙中還會記得此事，但我不得不向總司令表示到達漯河後，我尚未向何總指揮領取。總司令即向何總指揮指示：著其將空白委任狀發給我十張，另撥十萬元備作收編部隊時必要之需，我當時向總司令懇辭，俟有需用時再向何總指揮請領。雪竹先生則在一旁提示說：「沒有關係！你先行領去，以後如用不到再繳回好了！」事既如此，亦只好遵命行事了。當時又向總司令請示一些關於迂迴可能遭遇到的問題後，乃告辭出，與雪竹先生等共乘一車返回漯河。剛一上車，楊虎城即問空白委任狀是怎麼回事？我於是將此事之原委經過，向其陳述。楊聽了後，指著我連呼：「没出息！」並說：「像這樣的事偏遇到你，而你又不要！倒是我們想要，卻一張都領不到！你放過這樣良好的機會，實在太可惜了！」誠然，此事在別人看來，確是難得的機會，但在我來說，顧慮實在太多。時伯英先生在旁說：「五弟是個規規矩矩的青年軍人，不像你那樣大馬金刀，胡亂闖來！」伯英先生對我素有認識，所以才對楊氏說出這話。當時雪竹先生在旁問道：「總司令既命你領空白委任狀，你爲何不領？至於地方武力或其他部隊收編與否，那是你的事！如果不用，將來可以繳回，你三番兩次推託，豈不辜負總司令的意思？」我接著將在柳河不願領之著眼向雪竹先生陳述外，並續向其云：「本軍韋品方向總司令報告各點，絕非無稽，但也不會似他說：『只要十五軍一到豫西，地方人士必會群起響應』之語。軍事上的勝利是多方因素相積而成，若專寄望如韋氏所說而忽略了軍事上的配合，則必會影響迂迴行動之進展，萬一不能成功，何以對得起總司令？我的想法與作法是否正確，暫不去論他，但是，這是我個人對總司令的一片愚忠，請總指揮遇機代向陳明。」雪竹先生認爲我所顧慮的甚對，並對我說：「濟南已經克復，以後會將那方面的部隊調過這邊，以支援你的行動！」我說：「果眞如此，就請總指揮將空白委任狀發給幾張，遇有必要時，作爲分化敵軍部隊之用，至於其他方面，我絕不濫發一張！」雪竹先生則囑我斟酌辦理。

九月三日，奉到劉總指揮下達本軍命令，要旨如下：

1.本軍以殲滅逆敵之目的，由平漢路東西地區向中牟、鄭州、滎陽、鞏縣、洛陽之線，攻擊前進，橫斷敵之歸路，協同隴海路軍壓迫敵軍于黃河南岸，一舉而廓清之。

2.第四縱隊應於明（四）日由漯河附近北進，經襄城東側董村店、槐樹口向滎陽、氾水挺進，並進佔滎澤，保護黃河鐵橋，繼以主力過黃河北岸向新鄉追擊前進。

這天我即對各部隊下達命令，要旨如下：

1.各部於四日早出發，經北舞渡（在舞陽縣北五十里，當灰河入沙河之口，亦曰沙河渡）**、襄城縣，向滎陽、氾水攻擊前進。**

2.各部均須輕裝出發，所有輜重車輛，一律改用馱騾。

九月四日，本軍遵命由漯河出發，依照總部所定路線，向滎陽、氾水挺進。當時，平漢路以西地區眞可謂「遍地荊棘」，各縣縣城及重要集鎮，都有敵軍駐守，以是出發之初，廣派偵探，蒐集敵情，並指示各師旅長切實遵照「避實趨虛」之原則，鑽隙兼程前進。五日午後五時，到達北舞渡附近，獲悉襄城縣有敵應省三部工兵營及別動隊第一支隊，槍約五百餘枝，茨溝（在襄城縣東）則有樊鍾秀部約一個旅，禹縣城及其以西有田金凱部，且有新到敵軍大部。本軍爲掃除前進障礙，決定先將茨溝之敵殲滅，以一部監視襄城。夜十時，向各部隊下達命令，要旨如左：

1.本軍擬於明（六）**日向茨溝之敵攻擊前進。**

2.騎兵團於明（六日）**早四時三十分，向茨溝搜索前進，敵如據寨頑抗時，該**

團應避開正面，移向雷橋方面，警戒我軍右翼，敵如後退時，該團即向茨溝西北橋宿營。

3.第六十五師於明（六日）早四時三十分出發，經霍鄙向茨溝搜索前進，敵如據寨頑抗，應即一舉而殲滅之；敵如後退時，應派兵一部竭力追擊約十里左右即停止待命，其餘在王姚莊、喬坡一帶宿營。

4.第六十六師爲右縱隊，於明（六日）早四時三十分出發，經侯集、鄭莊、金堂後方後街、向溝、劉羅灣、沙和張一帶宿營，對紂城、袁莊之敵特別警戒。

5.總部及直屬部隊（缺騎兵團）於明（六日）早四時三十分出發，在第六十五師後，經霍鄙向茨溝前進，敵如據寨頑抗，即停止橫梁渡附近，敵如後退時，即進至茨溝宿營。

6.第六十七師於明（六日）早五時出發，在總部及直屬部隊之後跟進，敵如據寨頑抗，該師即停止裴城鎮附近待命，敵如後退時，該師應進至傳廟、方窯一帶宿營。

7.各部應遵照時間出發，進行時應按次序跟進，其行李及彈藥縱列均就指定位置，魚貫而進，不得前後錯亂或落伍。

六日拂曉，本軍由北舞渡附近向茨溝展開攻擊，敵軍聞風，即向許昌方面逃逸，騎兵團追至萬橋附近俘獲殘敵十餘名，當晚即佔領茨溝，全軍進占萬橋、槐樹王、盛莊、范窯一帶，敵之禹、襄交通遂被橫斷。

七日午前五時，續向襄城挺進。九時，據第六十五師阮勛師長報告：「職師行至靈樹莊附近，襄城之敵以一部向我擾亂，企圖阻止我軍前進，均經擊退」等語。本軍乃決計肅清我後方障礙，當即分別賦予各部隊任務如左：

1.本軍以肅清後方障礙之目的，擬將襄城之敵一舉而廓清之。

2.第六十五師（附六十七師一個團）由現地出發，向襄城東北關進攻，務於今夜攻下。

3.第六十六師（附軍屬騎兵團）即刻開赴靈樹一帶，對於穎橋（襄城東北約四十里）、禹州方面，嚴密警戒，如敵來援助襄城時，即相機阻止並殲滅之。

4.第六十七師派兵一團協助第六十五師向襄城南關進攻，其餘部隊在原陣地停止待命，對於東北方向特別警戒。

5.以上攻擊部隊務於今日午後四時以前，進至襄城附近，限五時開始攻擊。

注意之件：

甲：如我軍至襄城附近，敵人始行逃竄；即由第六十五師派隊追擊，並派隊進城維持秩序。

乙：城如攻下時，由第六十五師派隊查街，如有擅取民間一草一木者，即由該師長就近槍決。

七日晚，六十五師展開對襄城之攻擊，旋將東南西北四關攻克，斃敵兵多名，並俘營長一人，然敵則憑堅固守，槍彈如雨，經八、九兩日一夜之不停猛攻，仍未能攻克。

八日，據報：「大槐樹王及其以東五里之化行，有敵一師；竹園集、麥嶺、大袁謝莊一帶，有敵張維璽部約一師之眾，意圖阻我進展，並斷我後方連絡。」我以左右相距十數里或數十里各村寨幾無處無敵，倘一意深入，恐有後顧之虞，矧第三縱隊此時在裴城鎮（在郾城西北琉璃河南）、新店一帶，相距頗遠，決仍進攻襄城，掃除障礙，遂命各部向該方面之敵嚴密警戒，一面仍力攻襄城，無如敵憑城死守，至九日仍無進展。斯時，適奉總司令電示：飭本軍仍本「避實就虛」原則，鑽隙向目的地挺進。奉命之後，考慮久久而未決定。適九日薄暮，城內守將張瑞堂（馮部旅長）派商會會長某前來接洽投誠收編，襄城遂得收復，內心愉快非常，即飭阮師長予以編點，並爲羈縻張瑞堂以安其心計，遂委其爲討逆軍第十一路軍暫編第一師師長，另賞官兵銀元三萬元。嗣爲減少該部再叛變之顧慮，以及對中央表示坦白無私起見，乃派參議劉儒衡引導該師開往漯河整編，隨又將收編經過及處理情形，報請總部核辦。（後聞該部抵漯河後即露不穩象，爲劉總指揮經扶繳械，將其官兵資遣。）

十日午前十時，第三縱隊（上官雲相）先頭部隊已至茨溝附近，本軍遂於下午出發，向郟縣以東禹縣以西之中間地區鑽進，而以六十六師及騎兵團在本隊東側保持約十里之間隔，並列推進。至於六十五師因派其監視張瑞堂部赴漯河未回，一俟歸來即隨本隊之後跟進。

三　攻取密縣

十一日晨，接六十七師武庭麟師長報稱：安樂砦（在郟縣北二十里、北距禹縣西神垕鎮亦二十里）有萬選才殘部約二千餘人駐守，乃下令該師附以軍屬砲兵團迅速將安樂砦之敵解決。午時，本部至安樂砦南面約五里之村莊，獲報安樂砦之守軍爲邢玉壽旅，該敵發現進攻部隊爲武庭麟師後，即要求停火，並隻身出砦晤武師長投誠。不久，武師長果陪其前來軍部見我，因其與本部淵源甚深，其兄邢玉培當時爲武師之副官長，且與武師長爲近同鄉，遂發表其所部爲本軍第一獨立旅，仍任其爲旅長職，歸六十七師節制。

十二日午，本部進至亭子地時，聞神垕鎭（在禹縣西南六十里）有敵韓多峰之民團軍三百餘人駐守，當派六十七師將其驅逐，該敵即向禹城逃逸。當晚即駐神垕鎭，斯時深以六十五師未歸爲憂。以當時之情況，本軍殊不宜分割使用，萬一中途爲敵所阻，當須派隊救援，因而會遲滯本軍行動，無形授敵以隙。於是急電該師火速折返，兼程趕赴本隊。嗣又據各方探報，郟縣以及臨汝縣是時尚有萬選才殘部的一個師（師長趙冠英）駐守，禹縣有魏鳳樓、阮玄武兩個步兵師、一個騎兵師，另有韓多峰之民團軍等部，禹縣南及西南一帶均構築工事，並聞由禹縣通往登封沿途之花石鎭、白沙鎭亦均有敵軍駐守，惟兵力不詳。是夜，六十五、六十七師兩師先後到達神垕鎭附近。

十三日，接奉蔣總司令作戰命令：以敵内部已呈動搖之象，士氣沮喪，陷入進退維谷之勢，爲我軍總攻擊之良機，決於十五日起由隴海、平漢兩路施行總攻擊，期一鼓而盪平之。本縱隊（第四縱隊）規定之攻擊目標爲由董店至神垕鎭之線向鞏縣、汜水前進。嗣又接劉總指揮命令：著本軍速將文殊寺、杜氏之敵解決後，即向花石鎮（禹縣西北四十五里）、白沙鎮（在禹縣西北四十里）方向挺進。

是日，仍令六十七師擔任先頭部隊，向白沙鎮搜索前進，以六十六師及六十五師按序列隨軍部跟進。據武師長報告，杜村、文殊寺之敵，經我軍攻擊即行北潰，神垕鎮一帶之敵業經肅清，先頭部隊於日沒後可達白沙鎮、花石鎮。上午十時，獲悉白沙鎮之敵軍為萬選才部之趙清海旅，趙係前鎮嵩軍第四路軍第二團團長，與我私交甚篤，聞訊頗感愉快，當令第六十七師停止攻擊，並派軍部副官長劉家慶（民國十二年，劉曾為該團教練官）前往與之接洽，旋即與趙清海同來軍部，因見我方大多數幹部均係其舊日老友，相晤之下，無話不談，於是渠乃決定率部來歸。我乃將該部編為討逆軍第十一路第二獨立旅，仍以趙任旅長，復依其所提供之情報，確悉登封原駐有宋哲元部，現又有兵力不詳之部隊前來增防，密縣駐有馬鴻賓之騎兵一團，兵力僅四百餘名，登、密中間之大冶鎮係由當地民團駐守。根據以上情況分析，如我進攻登封，由於該城駐軍甚多，很難一舉攻克，勢必形成相峙之局，而洛陽、伊川、伊陽、臨汝、鞏縣、偃師之敵均可隨時增援，反將我軍包圍，後果堪虞，似不如向東襲取密縣，因此地駐軍稀少，攻取容易，得手後，進可攻擊滎陽、汜水以威脅鄭州，退可固守據點，亦可牽制大量敵軍，以利我平漢、隴海兩線大軍之攻擊，即使一時不能攻克密縣，前述各縣敵軍支援較難，對本軍不致產生大的危害，且敵沿平漢路之部隊，現均被我中央軍牽制于陣地，不易抽調，在時間上對我有利，況第三縱隊日內亦當抵達密縣以東地區，足可屏障我之右側。基於上述之構想，決於十四日命徐鵬雲所部之六十六師進攻大冶鎮，得手後即於十五日轉擊密縣。我爲便於隨時明瞭情況及指揮便利計，乃隨六十六師前進。時該師已離開平原，而進入山區，道路亦隨之狹窄，行動不易，直至十四日下午二時始到達大冶鎮，結果竟兵不血刃即取得要點。緣當地守軍係屬地方武力，率領此民團之領袖，係本軍參謀楊又錚（名錚）之尊長，爲當地巨紳，甚孚民望，因時局不寧，乃匯集地方槍枝及精壯，編組成軍，保鄉衛土，欣聞本軍抵達，即開城歡迎，使本軍不傷一人未發一彈而順利獲得該要點，誠非始料所及！

於大冶鎮稍事休息，即又向密縣出發，我邊行邊想襲取密縣城的方法。根據情報分析：城內僅有四百名騎兵，如除去伙伕、馬伕及佐雜等，則供作戰者不過三百名耳，以密縣城遼闊，何以能阻止我軍耶？即使平漢、隴海兩線予以增援，相距百里之遙，亦非指顧間可達，而我當時距密縣城僅三、四十里，如爭取時效，必可奏捷。復據地方人士透露：密縣有東西大道，可供車馬通行無阻，大道以南之山地，則較崎嶇，但亦有道路通行；至於東南方面純屬山路，非惟崎嶇，亦且狹陡，騾馬車輛絕難通過。以此地形，我如以一部兵力附以優勢砲兵，由大道攻擊城之西面，將敵誘至於此，另以輕裝主力，繞經不爲人注意之山道迂迴密縣城東南，出其不意，由東南方靠梯登城，豈不唾手可得？幾經熟思，認爲可行，乃集合營長以上幹部說明上述構想，並剖析我當前處境之危險，乃集合予以鼓勵，希隨時提高警覺；復告以：「我已深入敵人腹地，隨時可予敵人以致命打擊，而促成其迅速瓦解。但我們本身亦正陷入敵人重重包圍，敵爲作生死掙扎，勢必與我作殊死戰，我如稍一不慎，隨時會臨於被消滅之險境，望我各級幹部凜於自身責任之重大以及處境之危殆，振起精神，忘卻疲勞，務於今晚襲取密縣，俾在敵後建立一立足點，進可以攻、退可以守！密縣之能否迅速佔領，一方面可以考驗本軍作戰之能力，一方面關係本軍未來之命運甚大，希大家盡力而爲。」各幹部均以爲然，立即決定當日夜間發動攻擊。

十四日下午四時，下達攻擊密縣命令如下：

1.本軍爲掃除障礙，建立據點，決於今（十四）夜間向密縣進攻，務於十五日拂曉將該縣城擊破而佔領之。

2.第六十六師擔任攻擊該城之任務，挑選奮勇隊，準備雲梯，於明（十五）日拂曉前到密縣附近，至三點時，靠梯爬城，其餘部隊隨奮勇隊後跟進，以資援應，如將密縣佔領，賞洋二萬元，由該師長酌量分配，倘不能攻下，即嚴行懲罰。

3.第六十七師附騎兵團，新編第一旅（邢玉壽）於十五日晨三時由現地出發向密縣城西十里鋪前進，務於七時前到達，爲六十六師之預備隊。

4.第六十五師附新編第二旅（趙清海）於十五日晨五時自駐地出發，推進至天爺洞、河嘴一帶後，以主力在柏坪以西佔領陣地，對登封方向之敵施行防禦。

5.軍部於十五日晨隨六十七師跟進。

十五日上午八時，接六十六師徐師長報告：「本師昨晚九時取捷徑向密縣城攻擊前進，午夜前到達城西十里鋪，敵哨兵向我射擊，即派遣三九三團（團長武永祿）予以反擊，本日晨一時，即將西關攻佔，敵主力據城頑抗，幾經猛攻，相持不下，本師長即另率三九一團（團長邢清忠）、三九二團（團長胡廷慶）向南迂迴經唐樓之山地，出其不意，由該城之東南角強行登城，我官兵奮不顧身，前仆後繼，終在四時以前將城牆上之敵次第肅清，四時後進入巷戰，往返衝殺，卒於晨八時前將敵悉數殲滅，現全城已完全克復，請軍長蒞臨巡視。」我以徐師長一舉將重城攻克，內心十分欣慰，實非言語所能形容於萬一！乃立即將攻克該城之經過，電報總司令，不旋踵間，即接奉總司令復電，除對本軍官兵慰勉外，特賞銀元五萬元，另犒煙酒及罐頭食品多種。又停不多久，飛機即將總司令犒賞各物運來，全體官兵領受總司令惠澤之餘，歡聲震天，徹夜不絕。余爲加強密縣城防務，乃令六十五師駐城西十里鋪，構築陣地，以防登封方面之敵，並令六十七師進駐城東二十里趙砦一帶，向鄭州、新鄭方面嚴加警戒；另令六十六師一個團（三九一團）進駐城東南之招花集，對禹縣方面之敵嚴加戒備；復爲執行挺進任務，原擬立即揮師北進，但以友軍遲未到達，無法配合，若僅靠一己力量，則深感兵力薄弱，如率然輕進，非特召致覆滅，抑且影響大局，是以電請總部速飭第三縱隊前進，俾集中力量，襲擊鄭州，以使敵軍早臻敗亡！旋奉總司令電示：已飭第三縱隊兼程趕進！

另外接六十六師三九一團報告：本團於十五日上午十時抵招花集（密縣城東南）以北，與疾馳援敵騎兵遭遇，激戰時餘，敵不支，被迫退入招花集，其部隊長崔鳳岐得悉本軍已佔領密縣，乃派員接洽投誠。據其供稱係任應岐（字瑞周，河南魯山縣西北大口子人）之騎兵旅，因昨日薄暮張維璽、魏鳳樓聞我軍已佔領大冶鎮，因恐東攻密縣，特派該旅星夜馳援，行至中途，即聞砲聲不絕，想係雙方激戰，不意尚未到達而城已破。現渠決意歸順中央，希望我軍即予停止進攻。我獲悉後，爲迫其即刻來歸，命徐師長率其三九三團增援招花集，並相機督飭崔鳳岐來歸事宜。惟延至十七日、崔鳳岐始終藉故避不前來見我，是其欲稽延時日以待援兵之企圖甚明，遂下令徐師長攻擊，結果殘敵不支，向新鄭方面逃逸。

九月十八日下午，聞第三縱隊抵達招花集。是時、大局已現勝利曙光，隴海路東段，我大軍雲集；平漢路方面，我第一、二兩縱隊向北進攻，日有進展；第三縱隊主力，亦已到達禹縣以北，本縱隊並已佔領敵後據點；第五縱隊於敵趙冠英、王凌雲兩部歸向中央後，已開始向洛陽方面進攻，正與宋哲元在龍門以南激戰中。依此觀察，敵勢已成強弩之末，其潰敗只是早晚而已，如我不迅捷攻佔鄭州及其次西各要點，則敵日後必循此西遁，不但前功盡棄且使敵軍全軍而退，假以時日，不難捲土重來，若果如此，則國家永無寧日，屆時何以對總司令交待？抑將成爲國家之罪人！思念及此，遂立即馳赴招花集與上官紀青會晤，洽商今後之行動，並將所慮各點提出，渠深以爲是。我爲使雙方力量集中，發揮威力，乃請其統一指揮，並決定於十九日循須水鎮（在滎陽縣東四十里）及滎陽中間地區向隴海路挺進，當時協定須水鎮以西至滎陽由本軍擔任，須水鎭以東至鄭州間由四十七師負責。

四　進佔滎陽

十九日、我以六十六師之三九四團駐守密縣，加強周圍防禦工事，以鞏固我軍後方，並令該團加強偵探登封、禹縣敵情，其餘部隊均隨本軍出發，繼續向目的地挺進。午後五時、六十六師抵達觀音堂（在密縣東三十五里）之線，本部直屬部隊曁六十七師駐於岳村（在觀音堂西偏北），六十五師在官夫橋宿營。

是日晚，接奉總司令電示：東北軍張學良於十八日通電出兵平津，晉軍閻錫山亦於同日在石家莊通電下野；敵部吉鴻昌、劉春榮二人已派員向中央接洽投誠。另據六十六師徐師長報告：「觀音堂駐有敵軍一營，聞本軍到達，已於今晨向鄭州逃竄。」又悉：「第三縱隊之郭旅已進抵關口附近。」由上述各項情況研判，敵人已呈潰敗跡象，爲預防其潰軍向西逃逸，我應攻佔隴海線以切斷敵鄭（州）洛（陽）之間交通，實爲當務之急。乃下達各部隊命令如下：

1.本軍應以果敢機敏之行動向原定目標挺進，並擬於明（二十）日向滎陽方向攻擊前進。

2.第六十五師附新二旅為左縱隊，於二十日晨由駐地出發，向滎陽搜索攻擊前進，並隨時與右縱隊切取連絡，應於當日晚在宋溝附近宿營，對於滎陽方面特別警戒。

3.第六十七師附新一旅為右縱隊，於二十日拂曉出發，向滎陽以東二十里鋪搜索前進，行進中務須與友軍第三縱隊切取連繫，到達柿園後即行停止，立即向二十里鋪、曹李砦方向多派幹探，偵察敵情，務於八時以果敢之行動向二十里鋪挺進，希於午夜佔領隴海鐵路南北兩側之後蔣與茹砦，並將附近之鐵道及所有電線予以徹底破壞，以阻止敵軍向西潰逃。另為防止敵人打通其東西交通之生命線計，更應星夜構築堅固之據點工事，以防敵人東西夾擊。

4.第六十六師（缺三九三團）隨軍部行動，明（二十日）晚宿營興國寺東南之馬村，為軍之預備隊，對東、西兩面嚴加警戒，以掩護本軍右側背之安全，並與右翼四十七師切取聯絡。

5.行進時，余在本隊先頭，今晚宿營興國寺。

注意事項：

甲：左右兩縱隊行進路線由各該師預行詢問明白，並僱土民作嚮導。

乙：明晚到達宿營地後，務要嚴密警戒，準備夜間出發，向滎陽及曹李寨襲擊及破壞鐵道。

丙：各部隊無關重要之物品及軍佐，著回密縣留守存儲。

二十日晨六時，各部由現駐地出發北進，山路崎嶇，進度稍緩，至午後七時，均已到達目的地。當令第六十七師附新一旅及工兵營在槐西、及滎陽以東二十里鋪一帶佔領陣地，即晚破壞滎陽、鄭州間之交通；第六十五師附新二旅及騎兵團在山坡西北地區集結，即晚進攻滎陽；總部及預備隊駐山坡；當面之敵情爲：滎陽城內駐宋哲元部，其第二十五師之混成旅在曹李砦附近至城西南邱樓之線，構有堅固工事，汜水駐敵一營。

二十一日午前三時，我六十五師（阮勛）行抵滎陽以南之燕回河，遇敵千餘阻止前進，爲該師三八六團（團長馬其臻）將其擊潰，敵逃入滎陽城內，該師跟蹤追進，並攻擊滎陽縣城，敵則憑堅頑抗。午後二時，攻佔東南兩關，我步兵在我猛烈炮火掩護下，向該城數度攀登，仍未得手。至於六十七師（武庭麟）於二十一日晨即已進佔二十里鋪及其以北之後蔣、茹寨；午前三時、工兵營破壞滎陽、須水間之鐵道電線，並在鐵道附近各村構築陣地。五時，敵鐵甲車一列忽由鄭州駛來，停止後蔣附近，企圖掩護其工兵營修復鐵道電線，激戰約四小時，但爲我優勢炮火壓制，卒未得逞，乃狼狽東竄。

廿二日拂曉、我六十五師繼續圍攻滎陽城，並以新二旅攻佔火車站及曹李砦，又將車站東西之鐵道徹底破壞，同時復派軍屬騎兵團馳往滎陽以西三十里鋪附近破壞鐵道電線，切斷汜水、滎陽間之交通，滎陽城外殘敵紛向西北竄去。是日、第六十七師轉向滎澤方面攻擊前進。

同日午，我右側第三縱隊之一部，進佔鐵爐村（在滎陽東四十里）及其以北之祥符寨，至此本軍之右側背所感受之威脅完全解除。爲徹底消滅閻、馮主力早日結束戰爭，以達成層峰所賦予之神聖使命起見，遂與上官紀青兄再次會商決定：

1.第四十七師進襲鄭州，直搗馮軍總部。

2.本軍抽調有力部隊向鄭州以北之黃河鐵橋挺進，以截斷叛軍北潰退路。

本軍基於上項之協定，即令六十七師師長武庭麟所部於廿三日晨一時向滎澤挺進。該師於午時進抵大李村、太師姑，與由鄭州前來之敵約一旅之衆，在郭村、趙溝、大河之線展開激戰。至午後，復有敵騎數百名向太師姑襲擊，遭我三九九團截擊，敵死亡百餘，復倉皇向河陰逃竄。嗣由撿獲之敵方文件及傷俘供稱，知悉來犯之敵爲梁冠英部，確爲襲擊本軍左側背，以策應其鄭州主力打通隴海路的。是時，據派往第三縱隊之連絡參謀郝斐青馳回報告：「**第三縱隊之右翼受新鄭方向敵人攻擊，該部爲鞏固其右翼陣地，已將其守備鐵爐部隊南撤。**」我聞悉之餘，極感震驚，蓋第三縱隊撤除鐵爐之防，則對阻止鄭州敵軍西竄之屏障即告消失，如此敵可隨時直接威脅本軍。斯時，本軍各部正與敵激戰中，一時亦無法抽調部隊以補友軍所遺缺口，但又不能袖手不管，於是乃作孤軍奮鬥之打算，即使傷亡淨盡，亦須完成既定之任務。因此一方面加強隴海路沿線據點，一面將軍部進駐二十里鋪，並命六十七師武師長以一部兵力竭力遏阻梁冠英部來犯，其主力從速加強後蔣、茹砦之據點，以阻止鄭州方面敵人西犯。同時設法與第三縱隊上官紀青兄連繫，請其仍回駐鐵爐，共同協力，以達成阻止敵軍西竄之任務。另命總預備隊（六十六師）徐鵬雲師長保持備戰狀況，對於鄭州方面嚴加防範，如四十七師未返駐鐵爐以前，鄭州之敵西進，而向我六十七師陣地進犯時，希以果敢之行動，適時襲擊敵人左側背，協同六十七師夾擊來犯之敵。而六十五師圍攻滎陽已一日夜，迭次靠梯扒城，皆以敵火猛烈，傷亡百餘人，卒未得手。

廿三日午後，奉總司令電示：「**平漢、隴海地區之敵，經我軍壓迫，已向西潰退，希速截擊，勿使漏網。**」等語，當即令飭六十五師阮師長以一部繼續監圍滎陽之敵，另率該師主力集結於滎陽車站附近之村寨，對西警戒，以防宋哲元部之東犯。

二十四日、據武師長報稱：「宋、孫、龐諸敵有由東向西進攻之企圖。本日，敵軍兩團由鄭州開至滎澤、河陰附近，職師仍在西秀村、孫村、太師姑一帶，與大河、郭村、趙溝、柿園之敵激戰。」又奉總司令電示及接獲各友軍通報，得悉敵部調動頻頻，其目的不外是打通鄭州以西隴海線交通。語云：「困獸猶鬥！」況西北軍尚保有數十萬之衆，現爲其生死存亡關頭，必將捨命以戰，僅靠本部兵力希圖將其截留以遂其東西夾擊之效，實非易與，何況洛陽方面尚有宋哲元部待機出動，是則本部一變而成兩面受敵。如照當時情形，要想阻敵西竄，即需確保現有陣地，想確保陣地，只有第三、四縱隊攜手合作，精誠團結，分區拒守一途，於是乃將所見，立即與上官紀青兄洽定：

1.後蔣（不含）以東經鐵爐車站、范樓、水寨之線，爲第三縱隊之防守陣地，以對付自東、北兩面來犯之敵。

2.後蔣（含）以西經茹砦、二十里鋪、槐西至山坡以南之線爲第四縱隊之陣地，以防止西、北兩方面來犯之敵。

二十五日、復奉總司令電示暨接獲各方情報知悉：馮氏在鄭州確已集結精銳數萬，並令趙登禹等各部由汜水東進，企圖夾擊滎陽以東之本軍。嗣又奉總司令電令：「劉汝明部由登封東進，有進攻密縣企圖，切斷我軍後路之行動。」至此情勢已極明顯，而本軍處境亦已進於最艱難之途，可謂四面受敵，偶一不慎，即將遭致毀滅命運。惟念這將是我與敵最後一次決戰，也是敵我「生」與「死」的關頭，誰要贏取這場勝利，就需不顧一切，全力以赴，乃不計一切，作以下之部署，並嚴令各部於薄暮前進入新陣地，加強工事之構築：

1. 新一旅向太師姑、後王、廟灣推進。
2. 新二旅進至魏砦、韓寨接替六十七師防地，以阻止梁冠英部之來犯，爾後即接受武師長之指揮。
3. 六十七師擔任後蔣、茹砦、二十里鋪、苜蓿灣陣地之守備。
4. 六十五師（附六十六師一個團）放棄滎陽之監圍，即行集結於興國寺以西各村寨，為軍之預備隊，並指揮邢團佔領范寨、三和、姑山坡、崔廟集（在滎陽縣南三十五里、索水西岸）之線，向西警戒。
5. 六十六師徐師長率該師胡廷慶團，星夜趕回密縣，阻止劉汝明部東犯，以鞏固本軍後方。

6.軍部及直屬部隊進駐興國寺。

二十六日、梁冠英部數次向太師姑、廟灣寨我新一旅之陣地猛撲，均為我軍擊退。同時趙登禹、田生春等部萬餘名進占曹李砦、龍泉寨、烏雲砦之線，午後三時，以其熾烈炮火掩護，進攻我茹砦及二十里鋪之陣地，戰況極為激烈，敵雖曾數度進犯，均為我守軍擊退。

是日晚，我為加強六十七師陣地之鞏固，乃將六十五師推進至二十里鋪西南之福砦，以威脅趙登禹之側背。當此之時，我與逆軍處於「漢賊不兩立」之情況下，官兵莫不抱定「有敵無我，有我無敵」之決心，個個視死如歸，拚命戰鬥，是故敵雖日夜不停瘋狂攻擊，由九月二十六日起至十月四日止，前後歷九晝夜，我軍以血肉所築長城，終於阻擋住敵軍，未使越雷池一步，而粉碎了敵人打通隴海路之夢想。

二十七日上午七時，敵約步兵一團，砲六門，進犯二十里鋪，被武師擊退，旋敵復以一混成旅兵力，由黑章、大鴻寨一帶，始以砲火轟擊二十里鋪、茹砦各陣地，繼以步兵猛撲，經武師奮勇出擊，激戰四小時，將之擊退。據徐師邢團長報稱：「**滎陽東南周村、萬山坡一帶，發現敵軍一旅，汜水東南馬固、上固等處由洛陽開到敵軍一旅，聞均係敵之第三師田永生部。**」又得悉滎陽城內增加敵軍一旅，當令邢團嚴密警戒，並在陣地內抽兵兩營及特種兵兩連駐崔廟附近，協同防守。此時，敵利用鐵道增援，已至數倍之衆，連日攻犯，勢頗兇惡，我三、四兩縱隊以挺進關係，後方連絡已斷，補充困難，危險萬狀，乃與上官紀青兄會同第五十四師師長郝夢齡飛電請援：

「總司令蔣鈞鑒：敵由二十里鋪向王口增兵一團，已將騎兵團包圍，又敵之一師由郭店、林錦店，向曲良、觀音堂急進中。敵騎兵約一團今早已佔萬窪，第四十七師抽調兩團，今夜往三李、曲良之線抵禦。上官雲相部由鐵道以北祥符寨、水牛田起，經杜岡、水寨、曹凹、曲良至觀音堂；劉茂恩部由茹砦至密縣，縱深各九十餘里，鄭州、滎陽南方之原任重兵激攻於前，又以七團以上兵力繞出右側，前後抵禦，困難萬狀。鄭州附近之敵，數日前即挖有堅固陣地，連番夜襲，傷亡數百人，終難奏效。且挺進以來，後方交通斷絕，給養彈藥無法補充，負傷官兵無處療治，應援之友軍，又牽於頑敵，不能前進，此後苦況，諒在洞鑒之中，職等策勵將士，自當與敵搏戰，惟懇轉飭各縱隊星夜進至新鄭以北，與職軍聯絡，以救危局，至禱至盼！上官雲相、劉茂恩、郝夢齡。二十七亥刻。」

二十八日、蔣公覆電云：

「今日戰況如何？甚念！第三十九師昨派一旅到王口，今命蔣師全部增加於第三縱隊之右翼，未知有否到達？中正爲督促各部急進與吉鴻昌事，昨到石象鎮（在長葛縣東南二十里）解決一切，今吉已通電就職，據吉稱馮已決於二日內全線撤退，先到開封、陳留一線，再向鄭州撤退去。玆令第九縱隊明日率吉部佔開封，當必成功。今晨鄭大章之騎兵第二師、馬二十餘匹全部來歸；張自忠亦來通款曲矣！據吉稱張印相與彼早有成約，與其一致，前日已派員通訊，未知張部現在何處？如能派員在前方通信，使其不再來攻，則更好也。」

二十九日，當面之敵仍繼續進犯，均被我軍擊退。是日接蔣總司令電告：「截獲宋哲元致鹿鐘麟電稱：『奉令打通隴海線。』」等語。三十日，又接電稱：「劉汝明部有進攻密縣企圖。」綜合以上情況判斷，敵仍圖以一部打通隴海線，恢復鄭、洛交通，另以一部迂迴我後方，斷我歸路。當令各部迅即鞏固工事，嚴密警戒，並電請總司令亟令第六縱隊截擊劉汝明，俾無後顧之憂。是日上午二時，敵以全力由徐莊、大鴻寨、龍泉寨一帶，向後蔣、茹砦、王莊、二十里鋪陣地猛攻，衝鋒三次，戰況極烈，均被擊退。

十月一日，劉汝明由郟縣向禹縣，與魏鳳樓、阮玄武會合，擬以一部攻密縣，再進洛陽，一部從登封向孝義前進。是日，我總司令以戰事進展，隴海、平漢兩路軍已聯成一線，乃重定軍隊區分，以陳調元爲「右翼軍團」總指揮，轄第六路軍、第二十六路軍、第二十師、第五師、教導第三師及第七縱隊；劉峙爲「中央軍團」總指揮，轄原有之第二、第三、第四、第八、第九各縱隊及岳縱隊（維峻）與第一師、教導第一師；何成濬爲「左翼軍團」總指揮，轄原有之第一、第五、第六縱隊等。十月二日、敵即自禹縣來襲密縣。三日、敵進至白沙，其所派之便衣隊潛抵告成鎭（在登封東南）一帶，密縣僅駐我第六十六師第三九三團防守，兵力極爲單薄，請援甚急。

十月四日、接報敵分三路進犯滎陽、密縣、鞏縣，除令第六十六師馳赴密縣固守外，並令第六十五師嚴防滎陽之敵。敵之兩旅兵力進至密縣西牛莊、西北米村之線，另一部進至平陌，攻擊第六十六師甚急。這天，突接獲敵軍梁冠英通報，悉其決心歸順中央。當時獲得此訊，内心喜悅決不下於打一次勝仗！蓋梁爲河南郾城人，別字子超，其人篤誠，勇敢善戰，爲西北軍將領中之佼佼者。民國十六年北伐，余曾與其併肩作戰，友誼甚篤，乃結金蘭之好，嗣以立場相異，近兩年之歲月中，時常兵戎相向，内心苦悶異常，彼今棄暗投明，效忠中央，使革命陣營中新增一戰士，此不僅爲余個人之慶，殆亦爲中央之慶也。於是立派參謀馬建棠代表前往連繫慰問。是時根據判斷，梁既投效中央，足徵馮軍内部已臨瓦解之境，同時由於梁之歸順，而我已無北顧之憂，乃於五日拂曉，以全力向西反攻，期將當面之敵（趙登禹）擊潰而殲滅之。攻擊部署如下：

1. 六十七師以新一旅之一部於原地監視梁軍之行動，其餘全部於薄暮進佔丁樓、官莊，攻擊烏雲砦之側背。

2. 新二旅以一部固守韓砦，向東北注意防範，主力向王莊、晏曲、柿園之敵進攻，得手後即協助新一旅夾擊烏雲砦。另劉敏團向黑章、曹李砦進攻，趙敏團攻擊目標爲王莊、馬樓、十里舖，得手後即協同六十五師進攻龍泉砦，楊天民團即進入茹砦爲預備隊。

部署既定，即于五日晨一時，鐵道正面戰況尤爲激烈，經本軍往返衝擊四、五次，延至五時，敵不支退守曹李砦、龍泉砦之線，與我對峙，續戰至薄暮，敵乃全面向西潰退。是役，六十七師傷亡官兵高達五百員名之多，敵方傷亡二千餘名，遺下槍械三百餘枝。

六十五師方面以三八六團（馬其臻）進攻龍泉砦，三八五團（蒲文祥）進攻滎陽城南之楚樓，於午夜各向目標進攻，激戰竟日，敵乘薄暮全線西遺，我遂進佔滎陽城，敵遺棄傷兵二、三千名，步槍三千餘枝，步、機槍彈二百餘萬發，足見敵潰退之倥傯。

至於六十五師徐鵬雲師長，於九月二十五日率該師三九二團馳回密縣，十月二日下午六時，登封之敵千餘進攻密縣城西十里舖，九時開始向西關一帶施行攻擊，徐師長乃令三九三團（武永祿）利用堅城阻止來犯之敵，而以潛匿城西北之三九二團襲敵側背，激戰數小時，敵不支西退，遺棄傷亡百餘，步槍七十餘枝，據敵傷兵供悉爲宋哲元部。

五　會師鄭州

十月六日晨，本軍奉命西進，是夜宿營米河鎮（在鞏縣東南境）。嗣接上官紀青兄電話，欣悉已於上午十時攻克鄭州，馮氏及其殘餘已向豫北逃逸。惟本部仍照總部指示，繼續向西推進，於七日到達鞏縣火車站，聞孝義鎮方面槍聲不絕。是時僞省府派遣之縣長早已潛逃，地方士紳公推劉瀛仙（名煥東、孝義人）先生負責維持地方秩序，乃詢其有關孝義方面消息，據云：「孝義兵工廠原駐有宋哲元部約一個旅，九月二十三日趙登禹調派東去。嗣趙在滎陽敗退，其殘部於本月五日夜，在鞏縣火車站分乘火車三列狼狽西竄。車至孝義，約數百人下車，至昨（六）日又到有二、三千人（聞爲劉汝明部），但未久停即經洛河以北向孟津方面逸去。今日上午，有騎兵數百由黑石關前來，聽說爲徐源泉（字克澄，湖北黃岡人，時爲第一縱隊指揮官）部，現在槍聲，即爲該部進攻兵工廠。」當時，我爲協同徐師消滅敵人，一方面通報友軍，一方面派阮勛師長率該師馳往孝義東側，夾擊據守該面之敵，瀛仙先生恐孝義居民遭池魚之殃，建議由其偕同本軍「政訓處」符明信課長（孝義人），三九二團崔營長鴻武（孝義人）暨本部副官谷國泰（孝義東洛水北岸康店人）數人，前往兵工廠向守兵指揮官曉以大義，勸其棄械投誠，以保兵工廠之完整及地方人民生命財產之安全。余然其說，立即通報友軍暫停攻擊，使渠等前往。守廠官兵見其大勢已去，乃於八日拂曉，將其所有人槍及庫存二千餘枝步槍，悉數繳交六十五師，而友軍四十八師（屬第一縱隊）以兵工廠方面未向其繳械，乃向阮師長交涉，因言語衝突，相持不下，一時劍拔弩張，幾至兵革相向，我接獲報告後，爲恐發生事端，損及友軍情感（徐源泉軍長與余情感素篤），立即派遣參謀長于起光乘軋車趕赴現場處理，將槍枝雙方平均分配，一場事端乃告平息。

八日晨，得悉總司令已於七日率行營由開封進駐鄭州，至午，即奉到命令如下：

1. 閻、馮殘部現向黃河北岸之新鄉、博愛一帶潰退，我東北邊防司令長官張學良所部之于（學忠）、王（樹常）兩軍，刻已由定州向石家莊截擊前進中。
2. 我討逆軍以肅清殘敵之目的，於十月八日開始運動，向新鄉、沁陽、濟源、運城之線追擊前進。
3. 第一路追擊隊於十月八日開始行動，沿平漢線渡河，佔領新鄉、獲嘉之線。
4. 第二路追擊隊由現地運動，開始先到偃師、孟津集中，由鐵謝鎮（孟津西約十二公里）渡河，佔領垣曲、濟源之線。
5. 第三路追擊隊於十月八日運動開始，由汜水、鞏縣間渡河，佔領博愛、沁陽之線。
6. 第四路追擊隊待新鄉敵人解決後，即由現地運送開始，先到洛陽、　州中間集中，由茅津渡過河，佔領運城、解縣之線。
7. 各追擊隊之作戰境地，暫不畫分，著互相連絡，追擊前進。
8. 其餘各兵團在開封、鄭州地區集結待命。
9. 軍隊區分如下：

甲：第一路追擊隊指揮官上官雲相。

乙：第二路追擊隊指揮官王均。

丙：第三路追擊隊指揮官劉茂恩。

丁：第四路追擊隊指揮官顧祝同。

本軍奉命後，以所有船隻悉數被逆軍扣留黃河北岸，搜集不易，渡河追擊極感困難，正焦慮間，旋奉總司令指示：「馮玉祥之殘部渡過黃河北岸者，軍心渙散；逗留晉南豫北地區者，各懷二心，不願入晉，並紛紛請求效忠中央（孫連仲部據清化鎮、沁陽縣一帶請求收編，後爲第二十六路總指揮），馮氏鑒於大勢已去，即行離軍去晉，並有下野之表示（按馮於十月二十三日通電下野），似此情形，即著貴軍無庸渡河追擊，應即協同第七軍楊虎城西進以策應該軍之入陝。」奉令後，於十五日先在孝義村集中，十八日，向西推進。十九日，先頭部隊進抵偃師，二十三日至觀音堂（在陝縣東）。二十四日，先頭部隊抵陝縣。二十六日，到達陝縣、靈寶一帶。復奉總司令行營命令：「著該十五軍迅速前進，以鞏固潼關。」本軍於二十九日抵達，與楊虎城於靈寶晤談後，得悉宋哲元部經由渭河以北之同州，逃往山西。楊虎城於十一月一日率所部開往西安。是日，本軍亦奉到行營電令：略以西安既已克復，本軍即於陝縣、靈寶、閿鄉等處沿黃河佈防。

十一月四日閻錫山通電辭職。至是，歷時六個月，傷亡人數在三十萬人以上，堪稱中國現代史上浩劫之中原討逆大戰遂告勝利結束。

按這年十月十四日、蔣主席曾在國民政府舉行的總理紀念週上作政治報告，談到此次戰爭雙方死傷犧牲之大：

「……本年以來，討逆戰爭經過情形已有詳細報告，此次討逆軍死傷數目，約在九萬五千餘人左右，其餘無數目可查者，尚不在內；至叛軍方面死傷者，至少須增加三分之一，總數當在十五萬以上。我方死者約三分之一，傷者約三分之二，敵方死傷各半。據調查所得，逆軍傷兵在鄭州、彰德、洛陽者，已有八萬餘人，其他各地尚不在內。在戰爭之初，吾人以爲馮（玉祥）所說有軍隊二十七萬，閻有軍隊十五萬，皆係過甚其詞。但事後調查，馮軍確不止二十七萬，因馮在戰事開始時，即招兵在十萬以上，故馮軍總計約四十萬，閻軍總數約二十萬。惟馮閻軍數目雖衆，但槍械不敷，故其軍隊使槍者僅四分之一，其餘大都使用大刀及梭標，因此逆軍死傷，較我爲多，故此次死傷總數當在三十萬以上，此種大犧牲，無論我軍、敵軍，皆屬中國官兵，且敵軍官兵均明瞭此次死傷，極爲冤枉，故以後皆不願作戰；至於戰地人民，被餓死、迫死，以及房屋、糧食之損失，無形中不計其數。此次犧牲之大，簡言之，即係欲求中國統一，眞正達到永久和平。現在軍事既已結束，此後政府責任，惟有鞏固統一，與保障和平二事，以完成政府使命及責任。……」

誠哉斯言！痛哉斯言！

六　結語

此次中原討逆戰爭，終於在我軍大膽迂迴鄭州以西，夾擊馮軍，斷其歸路，得以促速其總崩潰而告結束。我第十一路軍自民國十九年五月以來，即加入討逆，憶自寧陵之役前後已與我陸海空軍蔣總司令直接連繫，及至蘭封、杞縣地區之役與迂迴鄭州以西之役，更是親承蔣公指導，面授機宜，可以說未嘗有一日脫離討逆行列，以致忌我者誣我，謠諑事實，明眼人不難悟其別具用心。

猶記民國十九年十一月初，先兄鎭華自海外考察歸來，至南京晉謁蔣先生，曾表示自己未能替黨國分憂，幫忙平亂，蔣先生則極稱：「此次中原叛亂得敉平，令弟做得很好！」先兄乃說：「他很年輕，能做什麼？」蔣先生說：「這次多虧他能在山西堅忍圖存，保全革命實力，得使寧陵之役制敵機先，扣留萬選才，打擊閻錫山部，扭轉戰局，開拓戰勝的契機；造成決定性的勝利，自有其決定的影響。又在蘭杞睢三縣地區，固守左翼陣地，粉碎馮玉祥之迂迴陰謀，使討逆軍事轉危爲安，轉敗爲勝；尤其建議向鄭州以西迂迴攻擊，並親率軍深入敵後，促成提早結束戰爭，因而獲得全面勝利，厥功至偉！」我於聞知蔣先生如此讚許後，覺得慚怍萬分。憶昔東漢宿將馮異每於諸將並坐論功，嘗獨屏立樹下，謙退不與，恐招人忌，良有以也。何況任何一次大戰役的獲勝，乃是由於在上者正確的領導，指揮得宜，以及將士的用命，亦即是集合多數人的智慧血汗始克完成，而我只是當時諸多受命將領之一罷了，豈敢獨自矜其功呢？

只是我親身參與國家此一不幸之內戰，目睹官兵的傷亡犧牲，百姓的飽受戰禍，房舍廢墟，田園荒蕪，流離失所，無家可歸，至今回想起來，孰令致之？仍然使我有無限的感歎！所幸我十五軍官兵都能奮勇克敵，服從統帥命令，而促使戰爭得以早日結束，減少國家元氣的損喪，自信尚無負愧於國家民族，差可自慰，並願以是篇作爲信史之見證，非敢以此自矜。

第十章　綏靖地方

民國十九年十月中旬，中原大戰終止，討逆軍事亦告結束，此時大哥尚在國外考察。自他出洋避戰至今，已有八個月之久，而大哥在海外聞悉大戰即將結束，便和李鳴鐘由德國柏林奉召起程返國，參與處理軍事善後事宜。十月十七日抵上海，十九日晨七時乘京滬鐵路專車到南京，下榻中央飯店，八時、赴陸海空軍總司令部，晉見蔣總司令。大哥表示身在海外，未能為政府分勞，戡定中原叛亂，內心深感不安。而後詳陳此次在歐美考察各國政治軍事的經過情形，認為歐美國家之政治實施與國防建設、及各方面之進步，遠超過我國三、四百年，我國的工業落後，必須急起直追，才能迎頭趕上，尤須施行計畫經濟政策，發展國計民生，建設三民主義富強康樂的新中國。蔣總司令聽後，認為很對，應做為改革事項依據，一一接納。辭出後，即往訪國民政府參軍長賀耀祖（字貴嚴，湖南寧鄉人，日本陸軍士官學校第十一期輜重兵科畢業）、蒙藏委員會委員長馬福祥（字雲亭，甘肅導河人）。十九日晚七時，蔣總司令在私邸設宴為大哥及李鳴鐘洗塵，馬福祥作陪，席間談及處理西北軍事善後諸問題。二十日、蔣主席命大哥收拾陝西舊部，加以整理。二十五日晨離南京過江至浦口，過徐州專車北上，次日晨經濟南，山東省主席韓復榘在車站迎迓，邀至城南四里千佛山，設宴款談。

千佛山一名歷山，相傳是上古虞舜耕稼之地，以山巔巖上鑿有大小佛像，不可勝數，故名千佛山。上有古剎，樹木蓊鬱，風景甚佳，可俯視省城，北望黃河如帶，爲遊覽勝地。

大哥遊罷千佛山，於下午一時三十分，換乘專車往天津，過德縣、滄縣，二十七日凌晨三時抵津門，回寓探視母親，與家人團聚數日，而後赴西安，收撫陝西舊部。

十一月三日、國民政府明令發表大哥爲「豫陝晉邊區綏靖督辦」。大哥即偕祕書長陳士凱、參謀長范滋澤等，於二十四日專赴南京國民政府就職。

按照「綏靖法規」規定：綏靖督辦承受陸海空軍總司令的命令，直接指揮綏靖區內的警備部隊及地方保安團隊，直到民國二十年十一月三十日撤銷陸海空軍總司令部後，則歸特派「駐豫綏靖主任」管轄。剿匪期間，暫定爲四個月，兩個月專司清剿匪共，兩個月專司肅清匪盜，採用圍剿方法，務期根絕株除，決不收編匪類，以安謐鄉村。而後又因匪患難以肅清，乃延期至二十年底。

至於「豫陝晉邊區綏靖督辦公署」之組織，則分爲參謀處、祕書處、軍務處、副官處、軍需處、軍法處等六大處。督辦公署暫設在洛陽。大哥就任綏靖督辦之後，對於綏靖區之諸般狀況，先詳加研究，而後因應制宜，擬定有效辦法，即於十月七日正式成立督辦公署，改移豫北新鄉，主要在於防堵河北的石友三南下，另一方面是晉南太行山區及冀南土匪較多的緣故。大哥並以張宗汾爲參謀處長，馬凌甫爲總參議，我仍以第十五軍軍長兼代第十一路總指揮，駐在新鄉，協助大哥擔任綏靖地方的工作，且於十月七日奉命兼任河南省政府委員（時劉峙爲省府委員兼主席）。總之，從十九年底到二十一年春這段綏靖期間，都以剿滅豫北土匪爲重點，以安定地方爲主要目標。在這裡有兩件事情值得一提的：一是肅清豫北鴉片煙毒，一是消滅「天門會」匪，茲分別敘說於後。

第一節　豫北緝毒

民國二十年春，中央以討逆軍事全部結束，重行整理軍隊，實行縮編各軍，每軍轄兩個師。於是我遵照命令，將我第十五軍所屬之第六十五師、六十六師、六十七師三個師，縮編成兩個師，爲第六十四師和第六十五師，每師編制是三個旅。

我第十五軍指揮系統如下：

第十五軍軍　長　劉茂恩
參謀長　于起光
第六十四師師　長　武庭麟（代）
副師長　徐鵬雲
第一九〇旅旅長　徐鵬雲（兼）
第一九一旅旅長　楊天民
第一九二旅旅長　邢清忠
第六十五師師　長　劉茂恩（兼）
副師長　阮　勛
第一九三旅旅長　劉惠心
第一九四旅旅長　馬其臻
第一九五旅旅長　姚北辰
黨代表　潘堯年

這是本軍又一次的整編部隊。但在每一次的整編工作上，常常在人事的安排滋生許多困擾，使得部隊長煞費周章，此一措施雖然大家都感到頭痛，但也是不可避免的，只是當時我們國家不斷變亂，軍隊不斷擴增，因而亦就不斷整編，假如太平的話，這項措施，如同傷患治療，只須一次動手術，便可完結了。

本軍分駐於豫北黃河北岸地區之新鄉縣，西迄道清鐵路之博愛縣（清化鎮）一帶地方。我對於這一防區情形，相當熟悉，因爲在去（十九）年，我曾駐防在豫晉交界太行山之盤上時，就發現這一帶地方的人民，都是吸食鴉片煙、嗎啡（此謂「紅丸」、「白麵」…等類）等毒品，而且都大量種植鴉片。鴉片就是「罌粟」，爲二年生的草本植物，屬於罌粟科，高四、五尺，花大而美艷，有紅、紫、粉、白等色，果實爲蒴果，熟則沿膈膜縱裂，故謂之蒴、或蒴果，狀似瓶，種子爲粟粒，未成熟時，有乳白色漿汁，可供藥用，也是製鴉片的原料，由此可知鴉片的原料，是取自罌粟未成熟果實的漿汁而製成的，含有嗎啡、尼可丁（ Narcotine, C_{12} H_{23} O_7 N）等十餘種生物鹼，性毒。本草綱目「穀部」阿芙蓉下謂：「阿芙蓉，一名阿片，俗名鴉片，是罌粟花之津液也。」有定痛安眠的作用，漸成爲癮，爲害斯深，戕身體、禍種族，而已莫知。清代初年，英國人將其印度殖民地所種植之鴉片，大量自廣州輸入，以是吸食者衆，受害最深，流毒最廣。政府爲廓清此項毒害，嚴定禁令，雷厲風行，以救國族，無論吸食、販運，均屬觸犯刑罪。國民政府於民國十四年七月成立後，即制定「禁煙條例」，並明令公布之。原令如下：

中華民國國民政府令
茲制定禁煙條例公布之　此令
中華民國十四年七月廿一日
委員會議主席　汪兆銘
常務委員　汪兆銘
常務委員　胡漢民
常務委員　譚延闓
常務委員　許崇智
常務委員　林　森

理由

我國古無鴉片，自明中葉始入中土；及清嘉慶，吸食漸多；道光十六年以後，每年銷數總額達數萬箱以上，國計民生受禍最烈。林則徐言之尤切，有謂「煙不禁絕，國日貧、民日弱，數十年後，匪特無可籌之餉，益且無可練之兵。」於是禁煙之議起，清廷即遣林督粵，委以禁煙重任。不意英帝國主義者，竟以此釀成鴉片之戰，不特不許我禁煙，並且逼我割地、賠款，強我開五口通商，自是而後，鴉片之來我國，有如水銀瀉地，無孔不入，病民弱種之害，日積日深。清末之季，滿廷曾與英國訂約；我禁吸食，英禁輸出。然以締約雙方皆無誠意，遷延數載，任其流毒。癸丑以還，國權旁落，各省官僚、軍閥，遍植罌粟，以爲籌餉之資，而北方政府陷於軍閥手中，亦復熟視無睹。英人遂乘機藉口大弛煙禁，而廣東一省，自滇桂軍入粵，煙害更烈，藏垢納污之談話所，無論窮鄉僻壤，軍隊所到，無不應有盡有。政府雖有禁煙總局之設，然格於形勢，不能循名核實。今者、政府蕩平逆軍，與民更始，鴉片毒物自在必禁之列。然禁煙無方，難免不蹈從前覆轍。查日本治臺灣，禁煙實行專賣，然行之三十年尚未禁絕，說者猶謂爲有效。茲政府所擬章程，比臺灣更爲進步，其辦法概要在鴉片由政府設局專賣，凡有鴉片癮者，務須於一定期限內，向禁煙機關報明每日吸食之定量，併請領牌照，憑牌買煙，而買煙定量登錄牌上，其牌每年一易，每一易牌即遞減食量四分之一。四年禁絕，法較爲善，而收效更速。吸食者，有四年之寬限，則戒之者亦不覺其苦。倘能依照規程，四年之間，廣東鴉片必然絕跡，則百餘年來，所以病國殃民之大患，自能摧陷廓清矣。

禁煙條例

第一條　國民政府決定自本條例公布施行之日起，限四年內，將鴉片煙完全禁絕。

第二條　國民政府特設禁煙督辦，管理一切禁煙事宜。

第三條　鴉片煙在未完全禁絕期內，由禁煙督辦署專賣之。

第四條　國民政府所屬人民，自本條例公布施行之日起，不得栽種、購運、製造、販賣、或藏收鴉片煙。

但鴉片煙爲療病製藥之用，經政府註册之醫生證明負責，幷禁煙督辦署給有特准證書者，不在此限。

鴉片煙：係包括鶯粟、煙土、煙膏、煙灰、煙丸、及其他與鴉片同類之嗎啡、高根、海洛等藥品而言。

第五條　國民政府所轄各屬土地，在本條例未公布施行以前，種有鶯粟者，由該屬地方長官於三個月內派員清查，督令一律刑除。

第六條　藏有煙土、煙膏者，不論何人，或何機關，及有無粘貼印花，限於該地專賣處成立之後十日內，將鴉片煙種類、量數，據實報明專賣處或分處，由禁煙督辦署以相當價值收買之。

第七條　談話處、或招人吸食鴉片煙館舍，自本條例施行之日起，一律禁絕。

第八條　人民須請領得吸煙牌照，方准吸食鴉片煙。

第九條　在本條例未施行以前，製售戒煙藥品者，應於施行日起十五日內，將藥品呈准禁煙督辦署驗明不含有鴉片煙質，而適宜於戒煙之用者，發給准售憑照，方得發賣；在本條例施行後，製售戒煙藥品者亦同。

第十條　違犯第四條、第六條之規定者，除將鴉片煙及其運船、或製具等沒收或剷除外，科以所值二倍以下之罰金，并得處以五年以下之監禁。

第十一條　違犯第七條之規定者，除將所有鴉片煙及一切物品沒收外，科以三千元以下之罰金、或五年以下之監禁。

第十二條本條例公布日施行。

中華民國國民政府令

茲制定禁煙督辦署組織章程公布之。此令。

中華民國國民政府

中華民國國府印

中華民國十四年七月廿一日

說來我國慘受鴉片之毒害，由來已久，溯自近百年以來之所以造成外交之失敗，內政之不修、國族之貧弱、民生之窮困……等等，根本原因，率皆肇於鴉片之爲禍害，使中國幾至亡國滅種的地步。如果我們要想強國，就必須先要強種，要想強種，就必須先拔除此項禍根，剷淨此種毒物。至於毒品之種類，除了鴉片（Opium）以外，又有各種麻醉藥品，亦都是從東、西洋各國輸入我國，諸如「嗎啡」（Movphine），即罌粟鹼，可由鴉片中提煉，性頗毒烈，四「公毫」（Centigram，略字爲 Cg）的重量，即可致人於死命，在醫療方面的用途，具有催眠劑和止痛劑的效用；「海洛英」（Hevoin），是嗎啡的醋酸基汀生物，爲白色結晶性粉末，亦具有麻醉性的作用，止痛安神，是最好的鎮靜劑，久而容易成爲習慣性的煙癮；還有「白丸」、「紅丸」……等，比鴉片的價值，還要高出十倍。尤其近十數年來，戰亂頻仍，煙禁紊亂，各地土豪劣紳復欺騙鄉農種植罌粟，尤以陝、甘、川、黔、滇、皖北、閩南……各省，莫不煙田接阡連陌，到處都是，以致五穀不植，那來米穀？於是災民遍野，呻吟待斃，而貪官污吏則從中包捐，幾乎有千萬人從事於製毒、運毒、售毒、吸毒……之不正當的行爲，破壞國家經濟，隳落社會道德，影響善良風俗。至於吸食毒品者，小則傷身害命，大之傾家蕩產，淪爲匪盜，貽害地方，可以說煙毒之害，乃是諸多禍亂的根源，若不劍及履及，予以消滅，則後患無窮。爲拯救中國，非嚴厲實行禁煙政策不可。當時我的肅毒態度，就是基於此一念頭。

而今在我的防區這個地方，由於土地肥沃，人民生活富裕，接連晉省邊境，不論是老弱婦孺丁壯，甚至晉軍的官兵，亦都嗜吸鴉片，感染毒害很深，如今政府一再三令五申嚴禁煙毒，我爲了配合當時的禁煙政策，爲了肅清地方的毒害，當然是義不容辭的，更應該徹底的去做好，於是著手調查毒品的來源，決心剷除煙毒。

當時豫北地方，大股匪徒到處橫行，縣與縣之間、或村與村之際，盜賊充斥，無法通行，搶劫、綁架、擄掠……，時有所聞，鄉里糜爛，農村破產，人心惶惶，莫能安居樂業，老弱死於溝壑，丁壯鋌而走險，而地方官吏又多無能貪污之輩，形成地方政府不敢嚴加緝辦，予以縱容的亂象。因此我非常氣憤，乃著手計劃，一方面集中力量，剿緝盜賊；一面剷除毒窟，滅絕毒品的來源，並派遣得力密探幹員，埋伏底線，因而充分的獲得了製毒、販毒的情報，對其瞭如指掌，得以布下天羅地網，使無以脫逃。

我根據採報，知道在博愛縣治清化鎮西之大寧莊，是製造毒品的巢穴，大規模的設立工廠，企業化的大量生產，紅丸、白麵、海洛英等，應有盡有，運銷範圍極廣，遍及豫、晉、陝、鄂、皖、蘇、魯、冀等省，引得財源滾滾而來，平、津、滬、漢各地均有置產，所以這位毒梟以多金而廣爲結交各方達官貴人，以爲援應，連絡地方官府、駐軍，藉作掩護。其手面之大，眞是揮金如土，令人爲之咋舌！

於是我秘密布置，將第六十五師之胡拱辰團移調博愛縣駐防，當地毒梟即請託有體面的士紳，向胡團長說項，每月以三千銀元慰勞軍隊，要求胡團給予庇護。胡團長特將計就計，佯予應允，連說：「好！好！沒問題。」遂暗中向我請示如何辦理？我告訴他應當向毒梟再多要索巨金，以表示誠心誠意和他們合作，使之堅信不疑，並派人滲入其組織內，以窺知其內部秘密，與毒品產銷情形，期能一網打盡，徹底肅清此一毒窟。胡團長受命後，便如此這般照著我的計畫去做，虛與毒梟敷衍，結成交情，果然彼等信以爲眞，不疑有他，因而又很大方的把勞軍費自動的增加爲每月兩萬元，以爲從此有了護身保鏢，便可以逍遙於法外，於是每日花天酒地無憂無慮地盡情享樂。胡團長因而得以深入毒窟，洞悉其產銷組織之梗概，明瞭其毒網遍布各地，且擁有槍械武裝護運，更有不肖官吏軍警予以掩護，故從無閃失，無怪其發展之暴猛與龐大，至其製造毒品數量之多，更是驚人！

此時，我已掌握了毒窟的動靜，即命胡團長迅急派兵包圍毒窟，於一夜之間，全部予以搜抄搗毀，並逮捕梟首三名，查獲毒品七十餘種，及製毒器材、原料等等無算，於是連同槍械、人犯，一併押解來新鄉軍部。當解到新鄉之日，即有地方巨紳前來代爲關說。甚至豫省主席劉峙亦爲之轉圜，因爲我們禁煙，他縱煙，當時雙方鬧得很不愉快。他們都爲之提出條件：願開價一百萬銀元，獲判無罪；或以五十萬銀元，判有期徒刑；三十萬元，判爲無期徒刑。諸此無非想以巨額金錢賄賂，以獲得釋放、或減輕刑責。我決心想要除此萬惡之毒害，解救沈淪於黑海深淵之黃帝子孫，永遠脫離苦籍，乃嚴詞拒絕，亟下令將毒梟依法就地執行槍決，並將所獲毒品當衆銷燬，人心大快。

同時，還破獲了輝縣、及林縣東南三里麒麟堂兩處毒窟，也以同樣手法將之燒燬除盡，一時豫北毒風爲之淨化，百姓莫不額手稱快，這是我在豫北綏靖地方，所做一件痛快的事。

第二節　滅「天門會」

談到剿滅天門會匪一事，順便將其源起在這裡敘述一下。

天門會，是由白蓮教支派演變而來的一種邪教。

白蓮教是由白蓮宗所衍生的一種祕密集合的教派，爲元代末年，欒城（在今河北省）人韓山童、韓林兒父子所創，詭云白蓮花開，彌勒降世，設立白蓮會，妖言煽惑愚俗，預謀倡亂，依託佛教，造作經卷符籙，傳布民間，廣招入會，勢衆反元，山童被執見殺，林兒繼稱「小明王」，故又稱白蓮教爲明教，朱元璋曾入明教，後置林兒於滁州（今安徽滁縣），元璋即位，建國號曰明，意即據此而來。至明代天啓年間，又有薊州（今河北省薊縣）人王森，復稱白蓮教，起事作亂，不久敗亡。洎乎清代乾隆末葉，有王發生、劉之協、劉松、宋之清等白蓮教徒，樹起「反清復明」的旗幟，屢仆屢起，遍布鄂、豫、皖、川、陝、甘；及嘉慶初年，釀成「川楚教匪之亂」，計有聶傑人、張正謨、齊麟、齊王氏、姚之富、徐天德、王三槐等教徒，擾攘於鄂、陝、川、豫等省，多年始被平定；光緒二十六年，義和團之亂後，有山東省武定府商河縣人董四海，傳習白蓮教，世衍七代，派分八支，其第八支爲直隸省（今河北省）河間府故城縣石姓派下，始名「添門教」，傳布於冀南，雖經清廷嚴行查禁，但仍秘密流行民間；迄至民國後，遂改「添」爲「天」，改「教」爲「會」，易名曰「天門會」。

一 「天門會」的興起

民國十四年，「天門會」首領冒名朱紅燈者，僞稱爲明末崇禎皇帝之後裔，傳云拾得玉璽，以爲天命攸歸，應登大寶，遂在豫北林縣自稱皇帝，爲官軍捕殺，後由其徒韓根兒，繼起爲亂一方。

「天門會」因襲白蓮教之傳統，妖言惑衆，動輒稱帝，故被官府視爲邪教，而加以嚴厲禁止，致其會衆不敢公開活動，只好僞裝鄉團等自衛組織，以謀取合法地位，而掩護其非法活動，此皆因民國成立以來，連年戰亂，萑苻遍地，盜匪叢起，政治黑暗，貪污盛行，以是強梁所至，官不敢問，民不敢告，因而人民爲求自保，紛組鄉團，以維持閭閻之治安，防禦盜匪，保衛身家，既而連莊結會，漸成一方武力，不料卻成爲各種邪門魔道野心分子所利用的工具，而成了叛亂集團，這亦是林縣天門會發展的時代背景。

民國十五年二月，林縣南二十五里油村（分東西二村）人韓根兒，係石匠，乃天門會徒，在家設壇，自稱「爐主」或曰「大壇主」、「總團師」，詭云正月初九日（陽曆二月二十一日）天公（玉皇大帝）生日這天，託夢西山尋寶，命其「代天行道，救世寧人」。果然在林縣城西四十里太行山東麓與山西省壺關縣接界之黃華山上，鑿得一塊大石頭，剖開一看，內有大印一方，上面刻有「靈寶大法師」五個字，令人聽了，覺得玄乎又玄，愚夫愚婦信以爲眞，當是「眞龍天子」現世，乃再創天門會，廣招會衆，數日之間得千人，擇於上元節（陰曆正月十五日），在其家鄉油村集衆召開「大香堂」，由其「團師」馮貴德（河南省涉縣東南七十里漳河北岸合漳村人）領導，擁韓僭稱「皇帝」，年號「天佑」，奉行陰曆，向之朝拜，三呼萬歲，隨即在油村大興土木工程，建築所奉之「文昌帝君」（簡稱文帝）的「上神廟」（俗謂「大香堂」），兼「金鑾殿」，以行祭典朝拜禮，規模宏大，堪稱罕覯。原有死黨四十人，自是皆以「欲」字命名，按「欲」即心有所愛，蓋人莫不有欲，一字足可道破人性之貪。韓根兒遂名韓欲明，稱「總團師」，下爲「團師」，儀若「親王」，謬云有神傳法術，吞符唸咒，能避槍砲，可以保家衛鄉，每次集衆演示「降神附體」，藉神符咒語，以試刀槍莫能破入，廣為號召，鄉民爭來瞻禮，信以爲眞，請習其法，山區文化落後，在數千年神教思想迷信下，愚民盲從者日衆，聲勢漸大。

天門會的編制組織，是政教合一式的獨裁制度，一切大權全都操在會首僞帝「總團師」韓欲明的手裡，凡遇有關大事，就焚燃黃表紙、上香、祭拜文帝（即文昌帝君），請予指示，俾使遵從，然後號令會衆，說是聽神的指示，實則是韓欲明的詭計，所謂神的指示，甚至什麼神的旨意，都是韓欲明的欺騙會衆的鬼把戲。

「總團師」又稱「老團師」；其下有「團師」若干人，爲各地會衆的頭目；「團師」之下有「傳師」。「傳師」分「文傳師」、「武傳師」：文傳師負責傳教、授法、設壇，向四外發展會務；「武傳師」負責訓練、帶隊、出征，向四外擴張地盤。計文武傳師共約二百人。其組織編制、指揮系統，均極條理分明、層序井然，使教權、會權、政權，完全統一化。除「傳師」有權設壇立會外，任何會員都不能私自傳授徒衆，故要求某地設壇立會，必須經「總團師」韓欲明准許，並指派「團師」前往設壇立會，其他人無此權力，否者、就被解散，還要受到嚴厲懲處。這些很像洪秀全、楊秀清起事之初的「拜上帝會」，什麼「總制」、「軍帥」一樣。加入這種教門須禁房事三月，每天黃昏聚集香堂，焚香、喝符、唸咒、用功（練工夫）。

關於天門會蠱惑愚人的符籙咒語，極爲鄙俚，舉例如下：

一、護身法咒：

「天進地之靈，速請土地神；天旗以黃旗，上神賜我一支旗。上神傳法衆弟子，頭戴金盔、身穿金甲、腳穿鐵靴鞋；文師（帝）老祖傳其法，金衣罩身上貼，刀劈斧砍都不怕，砲打鎗打身上法，旗是一神旗上法，避天法、避地法，弟子跺腳橫地法。」

二、避刀槍法咒：

「杏黃旗，天上來，文帝上神避槍來，四大金剛分左右，天兵天將兩邊排；周公、古佛來助陣，諸位神仙下界來，神仙祠中陳寶貝，陣前披法避槍來，天符、地符，上神賜我便符。天也靈、地也靈，天進地之靈，速請土地神，玉皇老爺閉槍門。」

三、避砲彈法咒：

「天門開、地門開，上神賜我神定來：玉皇老爺開天門，佛山老祖顯靈驗，弟子聞知忙唸咒，攔住大砲不能行，大砲小砲都閉子，快砲鋼砲閉個清。」

但無知愚民都信此符咒爲眞，至死不悟，其實爲韓欲明所擺布的一大騙局。

二 「天門會」的蔓延

天門會的勢力形成後，氣燄囂張，橫行不法，糾徒動衆，攻城掠地，大肆擴展地盤。

民國十五年四月，是韓欲明改元後的天佑元年三月。由於天門會衆欺壓合澗集的民團團丁，激起駐合澗村淅水上大橋之民團隊長李培英的憤怒，親率武裝團丁十多人，前往油村偵察，捕拏肇事會衆，不料會衆反抗，竟被韓欲明全都殺害，槍械彈藥亦都被取去，眞的無法無天要造反了。消息傳出，遠近聞之震駭，尤其是林縣的縣官和各團隊，都噤若寒蟬不敢過來一問分明，或付之法辦。

按合澗集在林縣城西南三十五里淅河北岸，建有石寨，非常堅固；油村就在合澗集東南十五里，是一處荒僻的小村莊，因爲是天門會的根據地，設有「總會」，亦是僭稱「天佑皇帝」的僞都，群魯亂舞，遂成了山中畸形鬧市，各村各莊紛紛請准設壇立會，凡是十六歲以上至四十五歲的男丁，都來參加，壇中角聲嗚嗚，整天作法，會衆如痴如呆、似瘋似狂，氣燄薰灼，不可一世，而傳其法者之「傳師」，亦能任意殺人，有用紅纓槍挑之者，有用快槍擊斃者，草菅人命，視若兒戲，然其死狀亦極爲恐怖。

六月（陰曆五月）間，天門會衆正式列陣擊敗土匪郝千金股數百人，奪回「肉票」（盜匪擄人爲質，用以爲勒贖者）數人，一時宣傳出韓欲明神通非常廣大，頗有斯人不出其奈蒼生何的救世主模樣，於是爭相入會的更多，附近各縣結隊前來「朝香」、「奉朔」……，什百成群，肩荷紅纓槍、或扛著大關刀，有的執著快鎗（即「步槍」），都貫以表紙（一種祀神用的黃色紙張），鑼鼓喧天，絡繹不絕，油村本是荒僻小村，至是有酒店、飯館，儼然成了山中的小王國，天門會的勢力更加壯大起來。

八月中旬（陰曆七月初七日）韓欲明十餘人入城購物，四門關閉，遂糾合會衆攻打林縣城，城内保衛團，登陣憑堞發鎗射擊，竭力抵禦，天門會死傷多人，數日不克，退去，而城内恐其復來，夜夜守城，如防大敵。

九月六日（陰曆七月三十日），林縣保衛團薛隊長率隊三百餘人，往剿天門會，事前約臨淇鎭（即古臨淇縣，在林縣東南七十里淇河上游北岸）、東姚集（一作「東窯集」，在林縣城南五十里，在合澗集東亦三十五里）兩區鄉團南北會剿，然懼不敢應，以致縣保衛團孤軍進戰，及至油村北數里，天門會早有準備，已列陣以待，甫一接火，只見聲勢洶湧，猛撲上來，寡不敵衆，被俘害二十人，傷數人，敗退而回。

韓欲明知林縣城堅難攻，乃施行心理作戰，派間諜多人，散播謠言，說是天門會大舉攻城報復，城中官紳大爲驚恐，爲討好韓欲明，由縣知事（縣長）某，解散保衛團，驅逐薛隊長（逃亡安陽縣城），並更換公款局紳董，所有武裝全都繳械，盡力向天門會妥協，等於無條件投降。韓欲明仍坐鎭油村，僅派會衆駐城把持縣政，未幾、縣知事被迫辭職，當由韓欲明委派縣官，「豫省公署」（即今「省政府」）鞭長不及，亦莫奈韓欲明何！

民國十六年（即天佑二年）春間，天門會勢力已發展得很大，爲擴張地盤，施行「遠交近攻」的策略，時和其他不合作的「紅槍會」黨派，衝突火拚，多殺無辜，種下了暴力必亡的因子。可是天門會的旗幟遍插於豫北的林縣、涉縣、武安、臨漳、安陽、湯陰、輝縣、淇縣、原武、陽武……及冀南之磁縣、邯鄲、成安、廣平……等縣轄境鄉村，都設壇立會，向鄰近縣城攻佔鄉鎭。

三月（陰曆二月）中旬，南北戰爭，國民革命軍北伐進入豫省，奉軍第三方面軍團軍團長張學良，率領大軍自冀南進援直軍吳佩孚，至豫北突遭天門會襲擊。迨至四月十九日（陰曆三月十八日）拂曉，張學良部隊已安置妥當，即大舉進剿天門會，至安陽縣城西偏南六十里之科泉鎮（接林縣界，西距林縣城四十里），以山砲轟之，重創會衆，聊示懲罰，旋回軍安陽，會衆不敢東犯，相安無事。

夏六月十日（陰曆五月十一日）拂曉，有武安天門會首曹秀率領會匪二百餘人，襲擊邯鄲車站，與直魯軍巷戰多時，戰敗潰走。七月五日（陰曆六月十三日）午後，成安、肥鄉、及邯鄲東南各鄉的天門、黃沙、紅槍等會衆兩萬餘人，圍攻邯鄲縣城，被軍隊用大砲擊退；七月十四日，會衆乘虛佔據邯鄲縣城，解散自衛社、警察所兵丁；另組公民團，總攬庶政，縣知事不能行使職權，被稱爲「邯鄲無政府時代」，可見氣燄囂張之一斑。

七月八日（陰曆六月初十日），韓欲明「御駕入幸」林縣城，「縣知事」（縣長）張士奇（浙江紹興人）率領全城官紳出城至南郊跪迎，韓欲明坐著八人抬的黃緞鑾輿，執事黃幟，扈從甚盛，頗具威儀。韓欲明從此常駐縣城，居「黃華書院」，分設「會務」、「教務」、「總務」、「財務」、「軍務」、「政務」、「外交」、「執法」八大處，以馮貴德任執法處長，權力很大，殺人不眨眼，賽似「閻羅王」，植電線桿，強伐唐姓林木，開辦電話，完成通訊網，以油村爲中樞，南通臨淇辦公處，西通合澗辦公處，北通縣城內總務處，東通馬店，城以北未及設置，及會匪遠颺，各處電桿全行拔毀（二十年，我軍勘定路線，飭各區轉令民間購木，按地樹置電桿，總樞機設在城內縣政府，十區銜接，電話通全縣）。又設製造槍砲廠於西山菩薩岩，強霸丁銀漕糧，擅行殺戮，縣知事張士奇大懼，縋城夜遁，劉啓彥繼任，亦縋城夜遁。韓欲明乃令被拘押之涉縣縣知事石恩綸（福建舉人），另外委派涉縣、輝縣兩縣知事，並擅改涉縣名「沙陽縣」、輝縣名「河平縣」，其勢力由原武、陽武，又伸展至封丘、及鄰縣冀南之長垣縣等處。

九月初，韓欲明動員天門會徒數萬衆，大舉東出九華山、九龍山，至安陽縣西境，經應陽村、前下堡村、而與後下堡村（煤礦區）白纓槍會遭遇劇鬥，殺傷甚衆，大勝，焚其村舍殆盡。十一日（陰曆八月十六日），進圍水冶鎮。

天門會圍攻水冶鎮，彌月不下，安陽駐軍——原國民軍第三軍孫岳部之軍長梁壽愷（旋被馮玉祥改編爲「國民革命軍第二集團軍第二方面軍」孫連仲之第一軍，馮派韓占元接任軍長），出兵援救，始解圍。

閻錫山參加北伐，韓欲明乘晉軍出師京綏路線，無暇顧及後方，乃西踰太行山，大掠平順縣之不爛巖，擄前國會議員石璜（按石璜字子珮，平順縣人，曾任潞安府中學堂學監兼教習，民國元年、任山西省臨時議會議員，二年一月、任國會衆議院議員）大加勒贖，索二百支快鎗，連略黎城、潞城、壺關、高平、陵川、晉城等處。

水治鎮乃安陽縣一巨鎮，爲縣西屏障，距城四十里，在珠溪南岸，西通林縣孔道，相距六十里，城寨小而堅，金代宣宗皇帝興定三年（西元一二一九年），嘗置輔巖縣，至元代始廢爲水治村。

十月，冀南大名縣中區牙裡集許某，勾結天門會，在該集設壇，勒派富戶出錢供養。有長興村人亦令本村馬、劉等姓，八家出錢，馬、劉（原在大仙會）不從，天門會即入該村捕人，大仙會遂與之發生戰鬥，槍聲陡起，鄰村各會惡天門會之無賴，群起而攻之，歷三、四小時，天門會鼠竄西奔，約死百人。

民國十七年一月十五日（陰曆十六年十二月二十二日）韓欲明見奉軍北退，趁火打劫，唆令會衆邀擊於京漢鐵路線，十六、二十一、二十二等日，在安陽縣北豫冀兩省交界之磁縣（屬今河北省），連續劇戰四天，截獲騾馬、軍械、彈藥很多，乘勢大掠附近煤礦，因而冀南之永年、肥鄉、大名各縣「紅槍會」多奉天門會旗號，魯西亦被波及。當時豫、晉、冀、魯四省邊區民謠有云：

「入了天門會，吃饃不嫌貴（價錢高）**；腳穿『禮服呢』**（高貴質料鞋子）**，頭**

戴『鬆三虧』（髮辮），張口就罵人，反臉槍杆捶；三天就出差（失蹤），五天就歸位（死亡）——孩叫人家爹，老婆跟人睡。」

由此可以想見天門會徒衆的驕氣，盡情享受，都是打劫而來，其暴行殘忍和姦淫情形，不知有多少人家被他們拆散，地方糜爛，人民心中都是怨氣沖天，敢怒而不敢言罷了。

天門會在其勢力控制區域內，專橫跋扈，凡年齡十六歲以上，至四十五歲的男丁，都要編入「團隊」，遇有戰鬥，令下即往，除孤子，疾病者外，若有違令的，輕者罰款、罰跪，重者槍挑、砲（步槍）斃。

奉軍和西北軍對峙於豫北、冀南之間，行將觸發劇戰之際，引起兩方對天門會的重視，相來爭取與勢。張學良欲利用天門會以牽制馮軍，特派其第三方面軍團所屬之第十軍（王樹常）中校參謀韓治國爲代表，韓治國是安陽西北四十里漳河南岸漁洋集人，奉命前往林縣致贈韓欲明一把「指揮刀」，深相納結，撥發給一批槍砲，充實裝備，韓欲明於是親奉，而和張學良合作，阻撓馮軍北進。馮玉祥雖想利用天門會，但遲了一步，亦曾派其參謀劉文彥來林縣招致，爲韓欲明所殺。以是馮玉祥大怒，決心進攻天門會，消除側背大患，於三月十日（陰曆二月十九日）令第九方面軍（總指揮鹿鍾麟）第二十軍軍長龐炳勳（綽號「龐瘸子」），率該軍之第五十八師（譚秉衡）、五十九師（馮德五）兩師，逕由安陽縣城西出，經水冶、科泉兩個集鎮，向林縣進攻，並以第一方面軍（孫良誠）第五軍（石友三）之第九師（許長桂），由輝縣北出，經湯陰縣西五十里鶴壁鎮，協同進攻天門會。龐軍進至科泉，發生大戰。天門會不甘示弱，連山列陣迎拒，其首領都穿「黃馬褂」，頭頂「鬆三虧」，沿用古老戰法，戰鬥前必喝酒吞符，唸咒發瘋，迷信能夠防禦槍砲不入，所以打起仗來，不顧生死，向前猛撲，一如波浪式的人海戰術，以衆敵寡，龐軍頗有死傷；再戰於馬店，戰況更加激烈，會衆突前肉搏，勢甚銳厲，大創龐軍，傷其團長數人，斃營長趙澤，及連、排長多人，士兵更多。看來會衆煞是兇勇，究其實乃烏合之衆，持續三天，以血肉之軀終難抵住龐軍集中各種砲火，尤其是機關槍的猛烈掃射，符咒失靈，個個不支，傷亡枕藉。韓欲明乃放棄林縣城，西退太行山巔「小西天」（在縣城西三十里——黃華谷菩薩巖），扼隘固守。十七日、龐軍入林縣城；十八日、克油村，焚其尚未完工之僞宮、廟殿；二十日、仰攻西山，不克，會涉縣天門會首領馮貴德率衆來援，擾擊龐軍後路，持續至四月十五日（陰曆閏二月二十五日），龐炳勳以水冶鎮被奉軍攻占，亟率軍往攻，留二千人駐守林縣城。韓欲明反攻，因缺乏重火器，未能奏效。從此之後，龐軍守城，韓部守山，相持數月，但天門會卻時常派小隊下山游擊，或捉人勒贖，仍是騷擾不堪。十一月（陰曆十月），閻錫山以奉軍已退山海關，欲肅清其晉省之天門會，乃與龐炳勳相約攻山，十二月二十二日（陰曆十一月十一日）、龐軍復來攻山，初戰不利，陣亡一營長。十八年一月十二日（陰曆十二月初二日）龐軍分從桃源之南山繞下，佔桃源，會衆憑高下擊，龐軍不能仰攻，經由樵徑，登菩薩巖之對山，可用炮火攻擊，晉軍亦從小西山以大砲轟之，韓欲明不能守，黎明由黃華谷衝出，龐軍猝不及防，韓遂從容逃往奉天瀋陽，投靠張學良去了。

三 「天門會」的再起

民國十八年春，在北伐成功後，全國軍隊發生編遣問題，又引起一個新的動亂局勢。

五月（陰曆四月），馮玉祥軍隊準備向西移動，龐炳部殿後，撤軍轉進豫西鞏縣及孝義村，至十月西北軍豫西之亂，兩月而敗。接著閻錫山決心反蔣（介石），乃與馮玉祥計議聯合擴大反中央陣容，至十一月初，謀定翌年春發動叛亂。此時、韓欲明流亡瀋陽，承張學良告知閻馮將聯合反抗中央之陰謀，說是機會到來，並資助金錢，命速潛返豫北，待時以動。韓欲明乃改名韓復生，先祕密至武安縣，召集天門會舊部二三百人，自稱「豫晉保衛團」總團長，而不稱「總團師」了，亦不再設壇敬神，一變其本來面，與往日愚人的迷信形制，大肆招兵買馬，聚草屯糧，悉如正式軍隊的裝備編組，拋棄了那些落伍的刀矛器械，頗具戰力，大有東山再起，捲土重來之勢，怎奈本性未改，屯駐既久，又爲武安民團所驅逐，遂退往西南山中，活動於豫晉邊境之涉縣、黎城、平順等交界處。

十九年三月三十日（陰曆三月初一日），韓復生果然捲土重來，突入林縣西境，嘍囉吶喊，伏莽盡起，所至之處，保安團隊無能抵禦，連陷任村集（在林縣北五十里，道通涉縣）、姚村集（在林縣北二十五里）、以及桃園集、合㵎集，亦「光復了他的家鄉油村」，並到處貼出布告，表示以前所犯之錯誤，甚感後悔，以後定當立功桑梓，以贖前愆，待人謙恭，煦煦然行握手禮，尤敬禮讀書人與地方仕紳，一時予人以新的印象，實則匪性未改。其後至之黨羽季靖珍、楊三堂等，在鄉間搶劫，且擄來武安「肉票」十七人，以示報復武安被逐之恥。以是所至之處，人皆逐之，部下更加報怨不已，乃復到處收繳槍械，攤派款項，殺人如麻，故態復萌，又露出其本來的猙獰面目，大失人心。以致臨淇鎮、東姚集兩區因擁有槍枝、彈藥很多，勢力極強，足可與之相抗，始終持反對態度，不與韓欲明合作，故欲明願效其黨馮貴德爲涉縣民團，終不可得。五月十九日（陰曆四月二十一日）、閻錫山以其擾及晉省邊境，乃派晉軍由平順縣東出玉峽關（在山西省壺關縣東一百二十里太行山上，處萬山之顚，勢極險峻）來攻，韓棄姚村集，距守西山之白梵寺、及蟻尖寨（在林縣西北四十里），互戰數日，韓部子彈用罄，行將遁走，閻以中原內戰擴大，乃將晉軍調去參戰。韓欲明仍占姚村集，聲名又著。七月、在中原大戰中，擔任反中央集團之第四方面軍總司令石友三，由豫侵魯，北向濟寧進犯，乃囑其「後方司令」李豐椿使人說韓，委編爲旅長。韓乃得於八月二十四日（陰曆七月初一日）再入踞林縣城，以人數不足，又大事擴充勢力；死黨馮貴德自涉縣以千人來助，駐於姚村集；臨漳縣「傳師」范翼（翼一作義）率衆四五百人，駐於橫水集（在林縣城東二十里，有九孔石橋）；湯陰著匪大杆頭王德榮亦領四五百人，駐於林縣城外南關一帶有十一個村莊，……分充團長，皆由官紳集議派之各區，或隨糧征收，自此勢益衆，約五六千人，分別駐紮附近各縣，把持縣政，每月供給以數萬銀元，而鄉閭仍公然搶劫「架票」（土匪擄人曰「架票」），大爲民害，若有「匿名揭帖」（同「揭貼」，謂不具名之啓事），不論曲直，一概勒令酌量貧富輸捐資財，否則草菅人命，無處伸冤，閭閻大擾，鄉里無寧日，婦孺群相奔避，弄成一片黑暗世界。

中原大戰，閻馮失敗，石友三逃河北，李豐椿逸去，韓欲明改歸討逆軍第二十路總指揮及代理河南省主席張鈁收編，仍爲旅長。二十年七月、石友三盤踞冀南，反覆無常，又再叛變，豫省主席、兼陸海空軍總司令開封行營主任劉峙，檄韓赴河北省邢台縣助戰石逆，以軍督之，王德榮、范翼雖出境，但沿途逗留，而且擄掠如故，獨韓率千人至，然已誤期，劉峙知其不足恃，乃繳其械、編其衆，韓率數十人遁，王、范二部無損失，聞訊亦拉走。九月初旬（陰曆七月下旬），韓以百餘人回林縣，而王、范勢力超乎韓之上，然亦莫可如何。獨馮貴德霸占涉縣，未被兵剿，各匪皆恃爲逋逃藪。

四　「天門會」的消滅

中原大戰結束，國家元氣大傷，豫省是四戰之地，其被兵燹災禍之慘烈，更難忍睹，農村破產，田園荒廢，哀鴻遍野，民命如蟻，加以潰軍武器流入民間很多，幾乎家家有槍，尤其是散兵游勇、地痞流氓、和強盜悍賊……相與糾合結聚，橫行霸道，無法無天，小股十百，打家劫舍；大夥數千，焚鄉掠村，幾成羅剎之國。至於天門會仍然盤踞林縣以西一帶山區，暴行如故，弄得地方瘡痍滿目，鄉村破爛不堪，已到了雷鳴瓦釜、天怒人怨的地步！

先是民國十九年十月間，我以第十五軍軍長兼代討逆軍第十一路總指揮率領所部第六十四師（武庭麟）、六十五師（我兼）、六十六師（徐鵬雲）……分布駐紮於河南省黃河以北各縣，專責肅清地方匪患，並鎮壓反動分子。大哥自歐洲考察歸國，奉命爲豫陝晉三省邊區綏靖督辦，綏靖公署駐豫北新鄉，豫西方面，則在洛陽設「指揮部」，妥爲部署各地駐軍，迅即展開清鄉剿匪的軍事行動。唯大哥以悲天憫人的心懷，不欲重加世難，針對現況，決定剿撫兼施，以減少殺生爲主要宗旨。

民國十九年十月七日，中央發表劉峙爲河南省政府主席，（我也是「委員」之一），二十日、在開封城裡省政府大禮堂宣誓就職後，曾委派了一批「縣長」，內多貪污劣跡，爲民衆告發，或驅逐者。如安陽縣長周鵬年，以賄得長，於二十年七月任事，首先恢復縣府舊時「班掌衙役」爲其爪牙，暗收贓款釋放盜匪，濫派河南善後公債（中原大戰後），及駐軍開拔費……等，爲數甚鉅，全縣民衆供不應求，群起向縣政府請願，並電請省政府嚴懲貪污，次年一月四日、周鵬年欲潛行往開封，經鼓樓前被民衆發現圍之，有縣立第一小學（設鼓樓西「貢院」）學生多人，憤執「夜壺」（爲當地俗稱男性所用之小便器皿）投之，慘遭毆辱，幸我駐軍第六十五師攔住，送往開封，始免激成民變。此日、「縣商會」會長曹德廣之仁義巷住宅，門窗玻璃被學生搗毀，可謂池魚之殃，此舉一例，他縣尚多。即林縣縣長周鼎，亦是貪墨無狀，係二十年二月（陰曆十九年十二月），奉劉峙命令，來代理林縣縣長，爲湖南長沙人，被韓欲明當衆嚴厲呵斥，周鼎異常惶恐，乘隙於六月十四日（陰曆四月二十九日）夜間棄職潛逃，韓遂把持縣政，仍橫行霸道，怙惡不悛，不知其厄運之行將來臨。

十月、晉省派新編步兵第十旅（高桂滋）自黎城縣越東陽關（即吾兒峪，古名壺口關，在黎城東二十五里，亦曰吾兒谷），而入涉縣，進剿馮貴德，焚 其家宅，馮逃林縣，與韓等依恃。

且說本軍（第十五軍）進駐豫北，我即下定決心爲民除害，確保地方治安，基於此一意念，亟欲將盤踞林縣，擾攘豫北，歷時六年，荼苦地方之天門會匪，一舉剿滅，乃著派我第六十五師之第一九三旅，開赴林縣，相機予以剿撫，俾得先行解決之。

第一九三旅旅長爲劉惠心，字仁齋，河南省汝南縣人，雖出身行伍，幼讀詩書，頗能通達事理，原屬北洋中央第七師吳新田部，於民國十四年在陝西以河南同鄉關係，來歸鎮嵩軍，任「團長」，智勇雙全，卓著戰績，後於剿共戰役中受傷成殘廢，解職回里，人皆惜之。

劉惠心對進剿天門會，決心採用謀略。他深曉兵法要理，戰爭不可輕率發動，好戰必亡，貪勝者辱，況在中原大戰之後，人心厭戰，正好乘此時機用智取勝，不在敵我兵力多寡，務求隱匿企圖，以引誘其就範，當然是他的謀略理論支持點，既可全師，亦不擾民，無形敉亂，眞是上策。於是遣派幹員與韓復生疏通，託詞該軍假道開往山西省，希勿誤會，並窺知敵情動向，另外在安陽西鄉集結主力，封鎖山口，斷絕其補給之道，以重困之，且虛張聲勢，遍貼宿營隊號，各村都有，以眩惑之，使天門會在形勢上、心理上處於劣勢，足以令其聞風膽寒，「兵不厭詐」此之謂乎？這年秋間，時機成熟，因天門會首腦之友任增祺，與我係保定軍校同學，但不相識，劉惠心竟能利用此種「關係」，數次派人策動，及我保定軍校六期工兵科畢業同學時任本軍營長孫喜堂（字怡庭，安陽大碾村人）前往說之，始得成立「諒解」，順利進兵林縣，已奠勝利之基。

任增祺字瑞芝，河北省人，保定軍校第六期畢業，長得瘦高個子，面皮白晳，薄嘴唇。民國十六年、任直魯軍前敵總指揮孫殿英（名魁元、河南省永城縣人）部軍長，十一月十四日攻占輝縣，與韓復生有聯絡；至十七年二月二日、馮玉祥部第二十三軍（秦德純）反攻，城破被俘，部衆多奔天門會，因而馮玉祥釋之往招會衆附己，遂一去不返。

此時、劉惠心對任增祺施行心理攻勢，曉以保國衛民之大義，說其棄逆歸順，彼等表示願意聽命就撫，且以任增祺與我為保定軍校同期同學，故請其來新鄉見我，說彼等皆願受編，可為地方人民減輕負擔。我即佯為應允，慷慨委任任增祺、崔振之、韓復生、馮貴德、王德榮、范翼等六人，為獨立第一至第六旅旅長，指定黃河北岸之原武、陽武兩縣為其防地，擔負河防任務。彼等以任為之先容，投誠可無恐。同時、我亦授權劉旅長便宜行事。十一月十日（陰曆十月初一日）、命劉旅長設計賺之，說是劉督辦命令，由任增祺帶領崔、王、范……等部衆約二三千人，向西南移調原武、陽武，迫之使行，任、崔、王、范四部皆拔隊往，馮部亦就道，惟馮德貴請假兩星期，未行。韓有衆百餘人駐城西二十里天平山麓桃源村，願為保衛團，守本境，不赴新鄉。劉旅長難之，一日、忽謂韓曰：督辦來電，准如所請，仍留林縣保衛地方，誘之率衆速來城點驗；馮貴德亦假滿，拖延不至，劉旅長復設法使之來，來電與大哥和我商定十二月十日（陰曆十一月初二日）執之。屆時、劉旅長設筵餞馮，邀韓陪。是時、韓部約千餘人，集中城內西北隅「公共體育場」，已點編完畢，進行非常和洽，午宴畢，即請韓、馮陪同部眾觀戲同樂，以示為一家人，並令會眾架槍於場外周邊空地，顯得心情輕鬆。然劉旅長已先為部勒伏兵圍韓部眾，約一小時後，將槍收去，韓、馮被綁，當場槍斃。韓死時，約四十多歲，穿軍裝，面赤而方，身體結實，高約一百七十公分。

在十二月十日同天上午，由大哥在新鄉督辦公署召見任增祺、崔振之、王德榮、范翼，託言會議軍事，接著由我宴請他們吃午飯，就在這個時候，已調至原武、陽武兩處河沿村莊的會眾，尚未紮營，已被繳械，午宴完畢，即由督辦公署李旅長護送崔、王、范三人，至黃河沿，當其部眾，予以槍斃，為民除害。只有任增祺獲免一死。

諸酋伏誅，天門會匪消滅。此役、劉惠心旅長特別表現出優異的智慧，與設計之周密，無論其在謀略上與權變上的種種運用，極為成功，而官兵亦都沈著將事，上下同心，亦是很重要的因素。

事後，大哥責成我妥作善後處理，撫輯流亡，助之重建家園，恢復農村秩序，建立社會道德，鞏固地方治安，對於被會匪之脅從者，概不殺戮，不咎既往，使之返鄉，從事生產，予以自新之路。同時、將地方行政納入正軌，徹底肅清此一禍亂根源，人民得能從此安居樂業，而過太平日子。於是林縣紳民無不稱道「劉督辦、劉旅長智深勇沈，始能及此」，尤對大哥感激非常，認爲天門會匪，前後六年，殺人無算，卒能聚而殲之，無一漏網，實有大功於國家，大德於地方，特別在林縣城東門內東大街路北爲大哥建立一座生祠，名曰「劉公祠」，西鄰黃華書院，東毗三義廟，對面是林縣縣立第一小學校（舊學宮後），以示永遠懷念大哥剿匪安民的不朽之大功德。

關於剿滅天門會匪這段往事，「李振清將軍行述」一書第四十三頁，曾云天門會首腦韓欲明等，都是被龐炳勳正法的，與事實不符，因爲龐炳勳曾在十七年冬天，將韓欲明打敗，韓逃往奉天，並未被拿獲槍斃。我是當事人，自然最清楚，何況「林縣縣志」亦有明確記載，不容訛篡。另有台灣省立彰化社會教育館館長魏效同（字善交，林縣人），當年曾任職於林縣縣政府，頗知其詳，都可以證明我說的經過，並非向壁虛構，特附數語，以免以訛傳訛，混淆歷史眞象！

第十一章　剿共戰爭

蘇俄帝國主義的侵略本質，是以其「第三國際」的組織體系而發展各國共產黨，對中國當然也不例外。

自清代末年以來，中國備受列強帝國主義的壓迫，在國際上的地位，已淪爲次殖民地；迨至民國成立以後，列強帝國主義的氣焰，雖稍爲收斂，不敢縱恣，但北鄰的帝俄、和東鄰的日本，這兩個帝國主義國家，卻因和中國接壤，故其侵略行爲，迄未停止。當第一次世界大戰後，赤俄乘機推倒沙皇政權，繼承帝俄衣　，謀侵中國，更是變本加厲，組織「第三國際」爲其工具，又稱「赤色國際」，即共產黨國際，規約以聯合全世界無產階級，促進社會革命，肅清妥協派爲目的。民國九年春間，「第三國際」在列寧（Vladinir Ilyich Lenin）策動之下，成立「民族與殖民地問題委員會」，負責各國共產黨的組織，乃派「東方部」長胡定斯基（Gregori Uoitinsky）來中國，從事秘密活動。五月、指使陳獨秀、邵力子等在上海組織「馬克斯主義研究會」，八月，成立「中國社會主義青年團」，同時、北京之李大釗、廣州之譚平山，均與之互通聲氣，是爲「中國共產黨」組織之初步，各地多派有負責人，毛澤東是代表湖南省的。同年冬、陳獨秀赴俄國申請加入「共產國際」，翌年春、「共產國際」派遣「民族與殖民地問題委員會」祕書荷蘭人馬林（Maring）來中國協助正式成立「中國共產黨」，主張無產階級獨裁，實現共產主義的政權，統屬於「第三國際」，以蘇聯爲重心。這是「中國共產黨」產生時的國際形勢背景。「赤俄」顛覆沙皇政權之後，以「解放世界被壓迫民族」爲口號，以掩飾其「赤化世界」的陰謀。當時、孫中山先生以其與中國革命的目標，似相接近，因而注意及之。況且赤俄發表放棄在中國一切特權的宣言，以博取中國的信賴，乘著當時中國革命情勢不利，內有軍閥割據，逞兵搆禍；外有列強環伺，就運用聯合陣線的策略，促成中山先生採行「聯俄容共」政策，俾使共黨分子滲透中國國民黨，發展赤色勢力，企圖達成顛覆革命政府，篡奪政權的陰謀。可是中山先生的目的，是要分化列強侵略中國的勢力，並欲使共黨分子接受三民主義思想的薰陶，共同致力於國民革命。這是「中國共產黨」發展時的國內狀況背景。

「中國共產黨」（以後簡稱「中共」）先是在中山先生「聯俄容共」政策之下，加入中國國民黨，掩護其暗中滋長，竭力發展工農群衆運動，收有相當效果；及至國民革命軍北伐，克復武漢，東下南京時，蘇俄「政治顧問」鮑羅廷（Micneal Markowich Borodin）導演武漢政權，製造寧漢分裂，陰謀控制中國國民黨的面目更加暴露無遺。繼之，駐守江西九江之共黨分子第二十軍軍長賀龍、第十一軍第二十四師師長葉挺等，糾結萬人奔南昌實行暴動失敗，而後殘衆與朱德、毛澤東合股竄踞贛南西境之井崗山。民國十九年，以瑞金爲中心，形成所謂「中央蘇區」，公然僭稱中華「蘇維埃」（Soviet、俄語「委員會」之意，爲當時俄國之政治組織）政府，發號施令，擴大游擊暴亂，實力增至十數萬衆，成立「工農紅軍」，至「九・一八」事變後，已擴張爲二十三萬人。而剿共戰爭歷時六年，因「七七」變起，共黨輸誠抗日，始行停止。實則共黨陰謀仍在暗中擴張勢力，雖然宣稱擁護國民政府，服從蔣委員長領導，加入抗日陣線，卻仍到處打擊國軍，以至在抗日勝利之後，更是在蘇俄赤色帝國主義者支持下，大事全面武裝叛亂，繼續擴大國家民族的浩劫。當然可以說是日本帝國主義者侵略中國，在無形中又給中國共產黨製造了另一個擴展的機會，終於使之赤化了整個的中國，難道是天意嗎？

第一節　肅清宛西土匪

民國十九年春，中國共產黨之紅軍竄踞江西東南部閩贛邊境之會昌、瑞金、寧都、及興國等縣，於是以瑞金爲中心，建立蘇維埃政府，設置造幣廠、兵工廠、紅軍軍事學校……等等，接濟鉅款，勾結各地土匪，煽動剿共軍隊及地方武裝團隊叛亂，與之合流，因而聲勢大形猖獗；嗣乘中原大戰，中央忙於平亂之際，分由閩、粤、贛三省邊區，衝入鄂、皖、豫、陝等省邊境，紛紛建置各個「蘇維埃區」，有「豫鄂皖蘇區」、「湘鄂西蘇區」、「湘鄂贛蘇區」、「贛東北蘇區」、「閩西北蘇區」、「廣西右江蘇區」、「陝北蘇區」等七個地區，有如雨後春筍，爭占山頭，樹植紅旗，膨脹勢力，擴大叛亂，利用農民以流竄戰術，到處游擊國軍，成爲其發展的途徑，迅速竄擾八省，形成割踞局面，武力已達十三個軍，約二十萬衆，是中國有史以來最大的流竄集團。中央政府見其羽翼壯大，乃積極進剿，自十九年冬至二十三年冬，先後有五次圍剿，共軍遂被迫突圍，西逃陝北，國軍繼續追剿，共匪自江西歷湖南、四川、雲南、貴州，而甘肅、陝西，沿途損失很大，殘衆不過三萬人，苟延殘喘，已至待斃之狀，以「七七事變」發生，全國一致對外，始行停止剿共戰爭。

在「剿共戰爭」期間，我曾參加過追剿「紅四軍」徐向前之役（民國二十一年十月至二十二年四月）、及進剿豫鄂皖三省邊區共軍之役（民國二十三年七月至二十六年秋），轉戰豫、鄂、皖、陝、川等五省，殲殺甚衆，削減其勢，於役之始，先行肅清與共軍互通聲氣，遙作呼應之土寇著手，因爲這些地區的土匪，率皆接受中共的接濟，甘心爲虎作倀。

且說我軍於民國二十年十二月誅殺天門會首領韓欲明等，豫北多年來的匪患，終告完全肅清，大哥亦完成他所負的綏靖豫陝晉邊區的任務，前後計有一年多的時間。嗣以共匪竄擾豫南及鄂北一帶，雖經我豫鄂皖三省國軍部隊圍堵清剿，仍然無法制止匪之活動，赤氛依舊高張，於是中央乃令大哥自豫北率部南下，移防南陽，於豫鄂陝邊區進剿匪共，期之成效，繼於民國二十二年五月，明令任大哥爲「豫鄂皖邊區剿匪總司令」，賦予清剿此一邊區匪共的專責。

民國二十一年一月初，大哥奉命移防南陽，負責清剿豫南、鄂北一帶之匪患，並協力剿共，於一月十八日陸續將部隊由豫北向南陽開動。此時、宛（即指南陽縣舊稱宛縣）屬地方匪患非常嚴重，立刻展開剿匪行動。不過至五月十九日，國民政府發布命令，將大哥的「豫陝晉邊區綏靖督辦」的名義取消，改任爲「豫鄂陝邊區剿匪督辦」的職務，授給軍政全權，專責清剿這三省邊區的匪患——土匪和共匪，特在豫省西南部之南陽重鎮，設立「豫鄂陝三省邊區剿匪督辦」公署。

這時有著名巨匪王泰（臨汝縣南馬道張莊人）、魏國柱、李長有、崔金聲（綽號「崔二旦」）等股，嘯聚數萬衆，盤踞山區，擾害地方，攻城燒莊，擄人掠貨，農村破產，民不聊生；兼之「赤匪」王有、馬錫有等股，亦正流竄於豫西及鄂北五里川、興隆集（在棗陽縣東南四十六里）一帶，水深火熱，亟待拯救，所以急調第十一路軍馬不停蹄，即時肅清王泰等匪患。同時，將宛屬十三縣畫分四個聯防區域，聘請地方賢能人士出面組訓民衆，切實聯防，使匪徒無法立足。

第一聯防區：爲南陽、南召、新野三縣，楊鶴亭、朱肇生爲正副主任；

第二聯防區：爲鎮平、內鄉、淅川、鄧縣四縣，別廷芳爲主任，彭錫田、陳舜德副之；

第三聯防區：爲方城、舞陽、葉縣三縣，黃子芳、李雲發爲正副主任；

第四聯防區：爲唐河、桐柏、泌陽三縣，王友梅爲主任。

並於南陽城西南約八里臥龍崗武侯祠（諸葛菴）設訓練所，調訓各縣聯保主任、聯隊副、分隊長……保甲自衛幹部人員……等，由彭錫田主持其事。因就其地方原有之自治基礎，利用其自衛組織，編查保甲，訓練民兵，確實做到全民皆兵，既不廢業，又可自養，雖負販入境出鄉，亦必請證，設卡置哨，晝夜巡查，村無游民，野無曠土，使內匪無由滋生，外匪失偎難入，甚得民間團隊協同之力，故能大著事功。又爲刷新吏治，懲辦貪污，當將鄧縣縣長耿子謙扣押。此人籍孟縣，以其舅劉耀揚與省主席劉峙爲保定軍校二期步兵科同學，時任劉峙之省政府委員兼保安處長，及駐豫綏靖公署參謀長，有此靠山，以賄得官，故無惡不作，以是民怨沸騰，敢怒而不敢言。縣中某家結婚，竟命人搶先將轎抬走，立成其婦，數月後，厭而送返，且要索賠償費。大哥獲悉，即行拿辦，劉峙雖不願意，仍將之槍斃，人心稱快。詎料引起劉峙的「誤會」，大被「專擅」之名，何況原本對「宛西自治」彭錫田、別廷芳、陳舜德諸人，認爲「造反」，幾欲加兵制壓。此番我統軍駐防宛屬地方，剿匪安民，團隊頗能合作，績效非常良好，毅然以兼「省府委員」身分，親往開封與之解釋，表示用兵還需用民，方能收到標本兼治的功用，劉峙才沒有派兵來攻打，可見要做好事，也不容易。從此宛西自治領導人彭錫田、別廷芳、陳舜德……等，都感激大哥這種愛地方、愛人民，一言弭兵的德意，無不忠義奮發，一心一德，擁護政府，奉行政令，爲全國各地之模範。

當我率軍由豫北移抵南陽，正是陰曆正月十五日（即民國二十一年二月二十日），接報巨匪王泰、崔金聲、魏國柱、李長有、張連三……等股，約四萬人，已於陽曆十八日晨，三路分攻鎮平縣石佛寺鎮（在縣西北十八里十二里河東岸，以寺爲名，一名洪教寺，即今新民市）、內鄉縣東盧醫廟莊、鄧縣北蘆子王莊，甚爲激烈；同天晚間、又撲晁坡鎮（在鎮平西四十里）、馬山口鎮（在內鄉東北五十里默河東岸馬山口）、灌張舖……等處，靠梯爬寨，晝夜不停，民團苦撐，傷亡很大。因即勒軍城外，亟遣所部第十五軍六十五師（我兼師長）之一九五旅（馬其臻），兼程馳援，下午二時到達鎮平，彭錫田前來迎導，向晁坡鎮進擊，斃匪甚衆，馬旅亦傷亡二百多人。

彭錫田、爲宛西地方自治創始人之一，字禹廷，鎮平南二十四里侯集人。北京匯文大學外語系畢業，曾任省立南陽中學英文教員、南陽絲綢稅局局長、察哈爾（張家口）督辦公署祕書長、百泉村治學院院長。

十六日、我親督第一九四旅（姚北辰）、及第六十四師（武庭麟代師長）之一九二旅（邢清忠）至鎮平城，匪聞訊南竄侯集，急追之鄧縣。按張連三已歸武漢行營主任何成濬收編爲「師長」，此次暗中參加，可謂兵匪不分。至是張股不支，即由厚坡鎮（在鄧縣西南八十里）、經李官橋（在淅川東南九十里），逃回鄂省均縣老巢（防地）；王泰、李長有兩股，逃往鄧縣西南一百二十里和鄂省光化縣（即老河口）交界之孟家樓鎮及連坡一帶，無法存在，遠走四川，爲第二十一軍軍長王陵基收編，王駐萬縣，李駐粱山縣，一部已為姚旅包圍消滅；崔金聲股經新野、唐河，向泌陽山中竄逃，與六十五師之一九三旅（劉仁齋）遭遇，折向西奔，被趙清海團堵擊，再回轉桐柏、泌陽境內，又為六十四師之一九一旅（楊天民）、和姚旅追至，圍於兩縣交界之古北沖，崔僅攜妻脫逃至張連三部。

是役，我第十五軍（第六十四、六十五兩師）傷亡三百餘人，斃匪二千多名。宛屬紳民在南陽建立「劉公生祠」，以感念大哥剿匪衛民的大功德。

據宛西民團首領陳舜德云：

「此次王泰、李長有、張連三……等股匪來犯宛西，其內幕有某軍暗濟彈藥，擬藉以消滅宛西民團力量，幸有十一路軍星夜馳救，終未得逞，此誠不幸中之大幸。」

陳字重華、淅川縣東北四十六里淅水東岸上集街人。河南省立第三師範學校畢業，曾任淅川縣立高級小學、簡易師範學校等校長。

宛西民團總指揮別廷芳集合各縣團隊講話：

「這回宛西陡然遭受浩劫，各股匪糾合數萬之眾，聞得某方濟助彈藥，處心積慮，要摧毀我民團力量……，誰知天兵（意謂十一路軍）降臨，滅此醜類，使我們地方轉危爲安，人民未受大害，我們要感激十一路的官兵，迅速援救，更要感激劉總指揮（茂恩）親自帶兵增援……，他是一位智勇兼備，耿介廉潔，謀國忠，治軍勤，事親孝，愛民親，對匪恨，實在是當代軍人中不可多得的，他眞是我們的救星，我們的護佛！希望大家要永遠記到心裡，不要忘記！古人說：『得人點水之恩，永不忘報』，就是這個道理。」

別廷芳，字香齋，內鄉縣城西別窪人，後遷居迴東鎮張堂莊，幼從清代「貢生」王劍甫讀書，負奇氣、有大志、肯實幹。

陳、別二人是地方上的領導人，講這些話是發自內心，確亦代表人民的眞正心意，證明唯有眞正保國衛民、除惡務盡、樹德務滋的官兵，才能獲得人民眞正的敬愛，永遠不會忘記。

第二節　追擊紅四軍

民國二十一年十月中旬，盤踞於豫鄂皖三省交界大別山區的中共紅軍第四方面軍總指揮兼第四軍軍長徐向前（山西省五台縣西南永安村人，原名徐象謙、字子敬，黃埔軍校第一期畢業），和第九軍軍長蔡中熙、第二十五軍軍長鄺繼勛、及中共中央執行委員會副主席張國濤（江西省吉水縣人，北京大學畢業）等率殘部約二萬餘人，被豫鄂皖三省剿匪軍中路軍第二縱隊（陳繼承）及第六縱隊（衛立煌）逐出大別山，企圖穿越平漢鐵路向西逃竄；而中共「鄂中區」紅軍第二軍團總指揮兼第三軍軍長賀龍（字雲卿，湖南桑植縣西北四十里洪家關人）及王炳南等，亦率衆二千多人，由京山向北竄來，企圖與徐向前等部會合，於是蔣委員長電令我第十五軍迅予截擊。

一　土橋舖之役

我接到蔣委員長的電令，立刻採取行動，除以我第十五軍第六十四師（欠第一九一旅）、及第六十五師之第一九五旅，仍留駐於南陽附近地區，繼續執行其原來的綏靖任務外，當即抽調第六十五師（欠第一九五旅）、及第六十四師之第一九一旅，和我軍部直轄之補充團，於這（二十一）年十月十八日開始南下：經南陽城南三十里屯、界中集（南陽南八十里）入新野縣境，而入鄂北襄陽北八十五里之黃渠鋪，再東折過白河至東岸三合店（棗陽西北一百七十里），分向樊城（在襄陽縣城北，漢水北岸，與縣城隔水相望，自古爲攻守必爭之地）、棗陽中間地區前進，期能迎頭截擊共匪。二十日、自三合店進至雙溝鎮（樊城東北六十里），接到友軍通報，謂「紅四軍」已從王家店車站（應山縣東南四十里，平漢鐵路經之）以東跨越鐵道，直向西北竄來。

中共紅軍第四方面軍的指揮系統與兵力情形如下：

第四方面軍總指揮　徐向前

政委　陳昌浩

第四軍軍長　徐向前（兼）

第十師師長　王宏崑——約四千餘人，槍三千餘枝。

第十一師師長　倪之亮——約四千餘人，槍三千餘枝。

第十二師師長　劉　英——約四千餘人，槍三千餘枝。

第十三師師長　徐向前（兼）——約四千餘人，槍三千餘枝。

第二十五軍軍長　鄺繼勛（兼）

第七十三師師長　鄺繼勛（兼）——約四千餘人，槍三千餘枝。

第七十五師師長　廖榮坤——約四千餘人，槍三千餘枝。

第九軍軍長　蔡中熙

第二十五師師長　蔡中熙——人槍不全。
第二十六師（均不詳）。
第二十七師（均不詳）。
獨立第一師師長　戴某——約四千餘人，槍三千餘枝。
獨立第二師師長（不詳）——約二千餘人，槍一千餘枝。
獨立第三師師長　汪海洋——（人槍不詳）
獨立第四師（均不詳）
赤衛隊（不詳）
合計約八萬人、四萬枝槍，實爲兩萬多人。

本軍爲堵截紅四軍，期與我剿共軍之追擊部隊將其聚殲於漢水東岸計，亟令第六十四師之第一九一旅、及第六十六師之第一九三旅、與軍部直轄之補充團，急自雙溝鎮（在襄陽東北六十里）南進，分由漢水北岸的樊城江岸起，向東沿張家灣集（在樊城東北十里）、楸樹井、而棗陽縣西的梁家嘴、蔡陽舖、璩家灣，再東沿滾水（即沙河）北岸迴龍寺、梅城舖、土橋舖，而東北經沿岸之蓮花池迄棗陽之線，搶先占領陣地。

十月二十一日，探報共匪有北向土橋鋪、張樓等地移動之跡象。至二十三日下午四時、徐向前之「紅四軍」先頭一股約二三千人，突向土橋鋪進攻。

土橋鋪在棗陽縣西二十里，乃我第六十四師之第一九一旅之陣地。

共匪一再猛撲土橋鋪，我第一九一旅楊天民旅長，嚴加拒禦，旋被擊退；至黃昏時分，匪之主力約一萬餘人，再次掀起攻勢，蠭湧而上，猛撲益烈，短兵衝殺，前仆後繼，雙方死傷，遍地皆是，而匪不稍後退，情勢極爲險惡。我亟令我所兼之第六十五師劉惠心旅長，急率其第一九三旅向右支援；並飛令第一九四旅（姚北辰）火速馳援，及至午夜到達土橋鋪，參加戰鬥，始撐住陣地。而匪方之張國燾、徐向前、鄺繼勛……等，率其所部二萬餘人，於二十四日淩晨二時趕至，揮衆猛撲，以其一貫之人海戰術一擁而來，採取一點突破之打法，作波浪式之攻勢，激戰至三時許，土橋鋪陣地卒被突破，雙方混成一團，形成交手戰，即步槍亦不能揮刺，我官兵多以大刀片、小十字鎬、圓鍬、刺刀……等等器械，作爲武器，奮力揮殺，向匪擊打，纏鬥至拂曉，匪不能支，向西北奪路敗逃。

此役，清理戰場，我第十五軍政訓處處長徐會之報告傷斃匪軍至少有六七千人。我恐怕其言誇大，特命呈報四千名。生俘五百餘人，獲步槍二千餘枝，自動步槍五十餘挺，我軍官兵傷亡五六百人。

按徐會之爲湖北省黃岡縣人，係黃埔軍校第一期第一隊畢業，與徐向前爲同隊同學，並稱在校交誼不惡，在追剿途中，曾云：「徐向前跑得太快，若能追獲，必能勸他歸降，……」等語，言下頗有自信。後於抗日戰爭勝利後，出任漢口市市長。

我率軍急追，途中截擊，殪匪尤多。徐向前等率領殘部，狼奔豕突，倉皇逃竄，闖入豫境構林關（鄧縣南三十里），再向西北遁走。二十七日下午四時，我軍追至鄧縣西北六十里之厚坡鎮，又與匪軍展開激烈鬥爭，至夜十時，斃匪數百名，匪向北逃往師岡鎮（內鄉縣西南四十里）而去。據俘虜供稱：酈繼勛、蔡中（成）熙，均被我擊斃於厚坡鎮之役。

二　窮追鄂豫秦蜀

匪軍至師岡鎮，西越分水嶺，經馬磴店（在淅川縣東三十里），南渡丹江，分向豫鄂陝三省交境地區逃逸。此時匪殘衆僅一萬餘人，槍砲、騾馬皆損失殆盡，爲避免與我軍作戰，乃遠離大道，專覓深山叢林中的羊腸小道，由湖北鄖縣東北九十里南化鎮而荆紫關（原名荆子口關，在淅川縣西北一百三十里）東南之鮑魚嶺入陜境，而趙家台、漫川關（山陽縣東南一百二十里）、竹林關（山陽縣東一百三十里），西北經秦嶺口，輾轉迂迴，曲折亂竄，希能狡脫我軍之追擊，俾可在秦嶺山中另行建立一個「蘇維埃」區，藉作喘息之地。但因我軍連日跟蹤窮追，每日均有接觸，使其無法立足，致終日奔跑，疲憊不堪，而日死於疾病飢餓，爲數甚夥，被俘尤多。已潰不成股，先後在南化鎮（在湖北鄖縣北九十里）、十里坪、洛峪街……等地，迭遭創挫，實力損失大半，經我軍二十餘日的追擊，殘餘已不過七、八千人，乃化整爲零，企圖脫逃。

當時陝軍楊虎城（時任第十七路總指揮、陝西省主席、兼西安綏靖主任）部若能密切配合，確實堵擊，則徐匪殘部不難全部殲滅於秦嶺山中。

共酋賀龍於十月十五日會合渡過襄河東岸之王炳南殘股。十九日、竄伏大洪山（在隨縣西南一百二十里）、吳家店（在棗陽南四十里）一帶，企圖與徐向前合股同竄，怎奈徐部被本軍追擊甚亟，急於西竄，不及會合一處，仍在京山、應山、隨縣、棗陽一帶潛伏待時。

十一月十八日，徐向前經由藍田以南之湯峪沿秦嶺以北之平原西竄。二十日，第六十五師之一九三旅追至西安以南三十里之子午鎮，殲斃三四百人。二十二日，殘匪繞山道至商縣附近；另股已經盩厔縣以南之金盆鎮、太白山南奔。二十四日，一股西竄葛牌鎮後，南折紅萬字、布家埠。二十五日、別股逃至藍田。以後由於本軍窮追不捨，無法立足，紛紛經由曹家坪、湯峪街、大峪口、小峪口……各處，輾轉向陝南流竄，而城固、西鄉……等縣，亡走巴山，而至川北之通江、萬源、南江諸縣。

本軍長途追擊，翻山越嶺，道路崎嶇，運輸補給，都很困難，官兵日食難能一飽，爲了輕裝疾追，猶著單衣，眞是飢寒交迫，苦楚萬狀，時值嚴冬，風雪慘厲，所幸士氣旺盛，不辭艱辛，跟蹤緊追千數百里，俱無怨言，激戰數十次，迭創匪衆，即以一九一旅占據險要堵截，偪之出大小峪口，驅入平原，形勢乃變，不利逃竄，而利追擊，因向鄠縣南折佛坪縣、華陽鎮（在洋縣北）急進，殲挫殘股，徐向前僅剩二十餘人。

賀龍率其一部於十月中旬自湖北鍾祥縣以南地區，斜趨東北，掠隨縣、柳村（在隨陽店東）、邑子河市（在柳村北）。十一月一日、西北入豫境，傍桐柏縣西鄉，再北走泌陽西北之漕河。十七日經方城縣西三十五里趙河西岸之趙河舖，大哥即命本軍留駐南陽之第六十四師師長武庭麟進擊，二十六日追至嵩縣西南龍王廟，匪逕向欒川鎮（在盧氏縣東南二百里）、范蠡鎮（在盧氏東三十里）、盧氏、官坡（在盧氏西）

、鐵鎖關、及盧氏西南之茵草、龍駒寨、徐家溝、蘭亭等處，被我駐軍及民團予以截擊，匪之第八師師長趙甦業、第九師師長段德昌，先後被殪，損失慘重，殘餘僅千人。經我武師長率部併力繼續追擊，於月底突入陝省雒南縣西南山區，十二月、竄向鄂東長江南岸之巴東縣一帶。

匪軍徐向前股由陝西南部覓渡漢水河向四川境逃竄，攻萬源，十二月二十九日，為本軍擊敗。

民國二十二年一月十五日，我率軍追抵紫陽縣西南一百二十里之毛壩集（南與四川萬源縣接界）、及萬源縣東北一百里之官壩場、望星關……等地，與匪相峙。這時川軍因正忙於內戰，對匪竄擾，無人過問，而且各軍的防區制太嚴，部隊行動頗受限制，追剿當然感到困難，遂予徐酋以喘息滋長的良機。尤足令人警惕的，是川北各地連年內戰，人民負擔很重，川軍各師、團、營，都可以自行向老百姓攤派款項，眞是苛擾萬狀，甚至他們軍隊移動，有一個「連」裡面，徵抓「滑桿」（川中舁具）達二三十抬之多，可見軍紀之壞，人民畏兵如虎，以致民不聊生，怨忿沸騰，一旦匪至，乘機煽動，數月之間，勢復大熾。我以孤軍久懸，危險實多，當即電陳蔣委員長指示機宜，旋蒙電示，於二月五日集結萬源，防匪回竄。

三　返旆南陽

本軍在川北屯軍至二十二年四月十九日，我接到駐鄂綏靖主任何成濬轉來蔣委員長電令，命我即日整軍開回南陽，集中待命，防地交由川軍劉存厚（字積之，四川省簡陽縣人，日本士官學校第六期步兵科畢業，時任陸軍第二十三軍長）部接替。經於二十八日拔軍，由萬源出發，向東北苦竹嘴、大竹河鎮，入陝省，經麻柳壩、茅壩關、高灘子、老房店、而紫陽縣，然後東走流水店、嵐河口，而安康縣、老縣鎮、平利縣，經鄂省竹谿縣、得勝舖、再北折陝省嶺界、雙河口、白河縣，復入鄂境，歷將軍河汎（在鄖縣西二百四十里）東南行、鮑魚店、花果園、黃龍灘鎮（在鄖縣西南一百里）、十堰、上白浪、草店、石花街、穀城縣，北走老河口（今光化縣）……等地，開回豫省，經孟樓鎮、鄧縣、白牛店、穰東鎮、臥龍岡……返旆南陽集中，時已五月二十五日。

此次我軍長途追擊「紅四軍」徐向前等股，歷時七個多月，經鄂、豫、川、陝四省，備嘗艱苦，一往無前，卒將二萬多赤匪，殺至二千餘名，已成殘延待斃之狀，只因受限於防區之制，不能予以肅清，令人慨歎！不過官兵效命，愛民如己，這是值得興奮讚佩的事，不論行軍、駐防，都做到「不擾民」和「公平交易」的行爲表現，所以軍行所至之處，老百姓爭相歡迎，拔軍離去時，無不依依惜別，頗有軍民一家之風，因此老百姓都願意幫助我十五軍的官兵，供給情報，自動嚮導，給予很多方便。其實要做到這點很簡單，就是只要軍隊紀律好，便能取得民心，享有最高的軍譽。

第三節　清剿豫鄂皖邊區

豫鄂皖三省邊區的大別山區，自經共酋張國燾、徐向前、鄺繼勛等赤化後，整個山區便被他們控制。徐向前等被本軍趕到四川省北部通江、萬源、南江一帶，但其遺留在山裡的殘餘零星散股，則由其幹部吳煥先、徐海東等，重行糾結，竟至數萬衆，仍然稱「紅軍第二十五軍」（軍長吳煥先，轄七十三、七十四、七十五三個師，徐海東爲七十四師師長），及若干「戰鬥團」、「戰鬥營」、和「鄉農會」所屬的赤衛隊等原有的組織，死灰復燃，勢漸猖獗。

中央方面爲徹底消滅豫鄂皖三省邊區的匪患，乃於民國二十二年五月十四日移調豫鄂陝三省邊區剿匪督劉鎮華，改任爲「豫鄂皖三省邊區剿匪總司令」，總部設在豫南潢川縣城，同日，中央並明令任大哥爲安徽省主席，兼全省保安司令，轄有皖省保安團隊，省治安慶，第十一路軍獨立旅、隨節扈從，負有專責清剿使命，全權指揮在此邊區所有部隊：計駐鄂東黃陂之第十三師（萬耀煌）、禮山之第四十四師（蕭之楚）、羅田之第四十七師（上官雲相）、麻城之第五十四師（郝夢齡）、黃安之第三十師（吉鴻昌），及第八十九師（湯恩伯），宋埠市（在麻城西南六十里）之第三十一師（張印相）；豫南宣化店（在羅山縣南一百三十里）之第五十八師（陳耀漢），羅山之第二十五路軍（梁冠英）轄之第三十二師獨立旅（潘善齋）、商城之第七十五師（宋天才）、固始之第四十五師（戴民權）；皖北立煌（舊名金家寨）之第三軍（王均）轄之第七師（王均兼）及第十二師（曾萬鍾）、葉家集（在霍丘縣西南一百十二里）之獨立第四十旅（宋世科）等，共有十多個師、兩個旅；另外還調來我第十一路第十五軍，進駐豫南潢川、光山、經扶（舊名新集，原屬光山縣）等地，以防匪之竄擾。並以孫運仲負責麻城、羅田間之清剿，萬耀煌同湯恩伯負責黃安境內之清剿。

一　王家河之役

民國二十年七月、大哥將其「豫鄂皖邊區剿匪總部」移駐於皖北之六安縣城。中旬、我奉到大哥的進剿命令，要旨如下：

一、以郝夢齡部爲第一追剿縱隊；

二、以劉茂恩部爲第二追剿縱隊；

三、以其餘各部，畫分區域，爲駐剿部隊；

四、所有追剿及駐剿部隊，統限於七月二十日開始行動。

我於接奉命令後，即作以下之部署：

一、以軍（第十五軍）屬之補充團，進駐潢川以南（一百一十里）之小界嶺（在商城西南六十里）、兩路口汎（在麻城北六十八里），以兩個師屬之補充營進駐白雀園店（在光山東南七十里）西南之熊家河（經扶以東），防匪北竄；以兩個師屬之工兵營，擔任經扶縣之守備。

二、以本軍（第十五軍）主力區分爲三個支隊：以第六十五師副師長阮勛，轄第一九三、一九五兩旅，附山砲兩連，爲第一支隊；以第六十四師代師長武庭麟，轄第一九〇、一九二兩旅，附砲兵兩連，爲第二支隊；第六十四師副師長徐鵬雲，轄第一九一、一九四兩旅、附砲兵兩連，爲第三支隊。

我因鑒於過去各部隊剿匪多有疏忽之處，往往招致不必要之意外損失，甚至整個師、整個旅，如岳維峻之全軍，張輝瓚、趙冠英之整師，陳調元之整師整旅，都被覆沒於隘路內，或在夜晚被匪利用周圍高地包圍於龐大村落中，以致士氣沮喪，而被消滅，武器損失，裝備匪軍，使其聲勢更為壯大，幾乎莫能扼制。此種事例，不勝枚舉，究其過失，實由於好逸惡勞、畏難苟安的心理，故每日行動，大都避開崎嶇山路，採走平坦大道，夜晚宿營，又常忽略周圍高地要點的控制，而大意的投宿村莊民房中，給予共匪可乘之機，加上匪有嚴密的組織，靈活的情報系統，並能利用熟悉的地形，故能獲致廣大的戰果，因而在開拔之初，先召集所部軍之團長、獨立營、及連長以上的幹部，詳加研究討論，並剴切誥誡指示，當即釐訂行軍、駐軍、宿營、作戰、及一般有關紀律必守的信條，於是下達命令展開進剿行動。

七月二十日，我第二追剿縱隊（第十五軍）擬於經扶、西張店（在黃安東北六十里）以西地區尋擊匪軍，乃以第一支隊（阮勛）由經扶縣以西向南之山岳地區搜索前進；以第二支隊（武庭麟）進駐四店，為軍之預備隊。上午九時，第一支隊之第一九五旅進抵王家河附近，突遭共匪二三千人猛撲，當即發生激烈戰鬥，第一九三旅急向西南夾擊，將匪壓迫於王家河之村莊內，已成合圍之局，激戰至十一時，正在促其繳械之際，其主力萬餘人忽由王家河西南蜂擁而至，以人海戰術反將第一支隊重重包圍，戰況非常慘烈，第一九五旅旅長馬其臻身負重傷，情況危險萬分。我除令第一支隊苦撐待援外，即時親督第二支隊迅向王家河東北急進，並令第三支隊長徐鵬雲，以第一九四旅暫留中途店，向東南方面嚴密警戒外，速率第一九一旅向王家河東南馳援，期將該匪整個包圍而予以殲滅。下午二時，第二支隊已將王家河東北兩方高地之匪擊潰，第三支隊之第一九一旅亦攻占東南方高地，混戰至四時許，匪大部動搖，已成就殲之勢，而楊眞山方面之匪三四千人，突由王家河之西南側擊而來，激戰兩小時，匪之殘餘突圍，向楊眞山（在麻城、黃安兩省交界）、鯉魚山潰竄。是役斃匪千餘人，俘二千多名，獲步槍二千多支，迫擊砲二門；官兵亦傷亡四百多人。

二　福田河之役

七月二十一日晨，我命各支隊繼續搜剿，以第二支隊向鯉魚山、楊眞山之西麓搜索進剿；以第三支隊之第一九一旅向楊眞山以南之山區，搜索進剿；以第一支隊進駐中途店以南，爲軍之預備隊；以第一九四旅駐四店、項家河，向東警戒。上午十時，第三支隊進至楊眞山，將零散之匪驅逐後，下午進抵匪之老巢楊泗寨（在經扶縣南與麻城縣交界）以北，即遭受其主力猛攻，第二支隊聞到激烈之槍聲，即迅急向東攻擊匪之側背，但匪憑險頑抗，相持不退，適黃安之第三十師彭振山亦向北進攻鯉魚山，我乘此良機督飭第一支隊向張店馳進。下午四時，先頭之第一九三旅至張店以北與匪接觸，經數度猛攻及砲兵之轟擊，仍拚命抵抗，形成膠著，激戰至夜晚八時，楊泗寨、鯉魚山之匪，乘夜分數股由張店以南向東竄去，當即通報第一追剿縱隊指揮官郝夢齡嚴密注意。是夜、第二追剿縱隊集結於四店、中途店、張店。

二十二日晨一時，忽聽麻城以北砲聲隆隆不絕，適有大哥電話，謂東竄之匪，被第五十四師（郝夢齡）截擊於福田河街（麻城縣北六十六里柏塔河右岸，亦名福臨堡）西南，正在激戰中，飭本軍排除萬難，星夜馳援。我當即以駐項家河之第一九四旅，迅經白石岸向福田河以北急進，予匪夾擊，以防其北竄；以第一九一旅迅向火石鎮、白石岸急進，以防其西竄；第一支隊迅由張店向麻城以北挺進，協同友軍夾擊該匪；第二支隊迅向經扶以東之晏家河店（在光山縣南六十里）挺進，爲軍之預備隊。上午四時，第五十四師之劉旅在福田河西南高地，與匪激戰數小時後，以衆寡懸殊，被迫撤守福田河，而遭其包圍，劉旅長督戰陣亡，情勢危殆，幸第一九四旅拂曉馳至黃土岡鎮（在麻城縣北四十六里，柏塔河岸，即安定堡），第一九一旅抵達白石岸，六時，趕到福田河街，即向其側背猛攻，恰巧五十四師之主力，亦同時到達，向北猛攻，於是內外夾擊。八時，匪死傷枕藉，遍地皆是，乃突圍東竄，遺屍千餘具，步槍千餘枝，五十四師亦死傷數百人。

我爲使匪軍早日就殲，不讓他有稍獲喘息機會，即令第三支隊跟蹤緊追，以第二支隊經兩路口汎向銀山畈前進，以第一支隊仍回四店、王家河，清剿零星散匪。下午四時，第三支隊追至虎皮嶺，一度發生激戰，匪不支，向南逃逸。這天，我第二追剿縱隊指揮部及第二支隊到達銀山畈。

二十六日，第七師（王均）在南溪堵截。匪折回西竄，被第二支隊迎頭痛擊，即狼狽倉皇向亂泥壺、野銀沖、斑竹園潰逃。匪經連日追剿截擊，死傷慘重，已潰不成股，遂化整爲零，僞裝爲民，東竄皖北山區，零零星星，晝散夜聚，出沒無常。我追剿部隊即以團、營爲單位，分途清剿，數月之內，在山洞、枯井、林中，掘出遺藏之各種武器有一萬多支，彈藥無算，斬獲頗豐。

民國二十二年秋，我以本軍所駐地之光山、經扶一帶，匪勢甚熾，立予大力進剿。先是有三十五師馬騰蛟部駐潑陂河（光山縣南），視匪如兒戲，不以殘匪爲意，零星餘匪遂無所忌憚，蜂屯蟻聚，時出騷擾，馬部之一團於正月叛變，與赤匪合，匪得此兵力勢更盛。我於接防後，決意嚴加痛剿，爲民除害，終於在數月間將匪剿滅，赤匪多向我軍投誠，我皆加以收容，任憑取保，凡無保者遷之，確實有爲匪工作者，將之坑埋，百姓額手稱慶。是年冬，本軍奉調皖北六安，進擊大別山吳煥先、徐海東等殘股，擔任立煌、岳西、霍山、桐城、舒城各地之清剿任務，原駐地改由第二十五路軍梁冠英師接防，由於他對匪尚寬主撫，過於姑息，匪更無忌憚，到處騷擾，及於信陽、羅山各縣，有燎原之勢，民更爲所苦。

民國二十三年六月十一日、我奉命兼任安徽省第三行政區督察專員、區保安司令及立煌縣長等職，並於七月辭去河南省府委員一職。

按「行政督察專員制」是在民國二十年五月，由「豫鄂皖三省剿匪總部」創立的。蔣總司令鑒於赤匪在四、五年間滋漫騷擾數省，其根本癥結在於政治不良，官吏腐敗，造成農業不興，農村經濟破產，社會不安，人民苦不堪言，赤匪遂得逞其煽搆引誘之技倆，以是匪亂日益猖獗。欲削平匪禍，自非從徹底改革政治積弊，刷新政治著手不可，因「軍事只能治標，政治方能治本」。改進之辦法爲：

(1)行政制度之改善。使權責集中，組織緊湊，運用靈便。

(2)政治業務之推進。分「管」、「教」、「養」、「衛」四項事業進行，使適合地方人民之需要。

(3)政治風氣之改造。明紀律，懲貪污，考核職責，信賞必罰，禁革惡習，鞭策萎靡，使頑廉懦立。

「行政督察專員制」即是改善行政制度之方法。由於以往的省、縣兩級制，弊病甚大，省之輻員遼闊，統轄數十縣或百餘縣，省縣遠隔，鞭長莫及，政令不能貫徹執行，下情不能上達，造成上下隔閡，尤以剿匪各省，任重事繁，更難顧及，況當時之民政組織，止於縣長，鄉鎮以下，有名無實，且軍民分治，素無關聯，無從協調，即使臨時督導，亦難發生作用，以致軍事進剿效用大減，常受匪軍牽制，不能達到預期目標，爲彌補此種缺點，乃有「行政督察專員制」之創立。即於每省劃成若干區，每區轄若干縣，每區設督察專員一人，由專員兼該區保安司令及駐在地之縣長，綜理轄區內民衆自衛剿匪清鄉事宜，督促各區內要政之推行及考核，可以說鎔合古今制度之長，如此能使省縣貫通到底，指揮靈便，而且使軍政一元化，政治密切配合軍事，達到剿匪安民的目的。此一制度先於豫、鄂、皖三省實施，河南省、湖北省皆設十一個區，安徽省設十個區，而後浙江、江西、福建、四川、甘肅、陝西、貴州亦分區設署。

我兼任的安徽第三行政督察專員區，公署所在地是六安，轄區包括六安、立煌、合肥、舒城、霍山等五個縣。到職後，即督導轄區内之行政人員，訓練民衆，嚴密保甲制，併村築寨，實施堅壁清野政策，以軍隊力量保護人民安全，迅速建立地方自衛武力，如此地方政權得以確立，再用政治力量以制約地方人民，根絕匪之兵源與糧源，隔絕匪之情報及交通，確實達到蔣委員長「三分軍事，七分政治」的成效，極力肅清殘餘零星匪患，維護地方治安，使匪無所施其技倆，漸無法立足，同時拔擢地方幹部，加速推展域内各級政府之建立，不到三月，立著成效。九月七日，我以另有軍事行動，奉調至皖浙贛邊區剿匪，乃解除所兼之行政官職，地方人民與我相處感情不錯，這是值得我欣慰的事。

第四節　圍剿方志敏

共匪自民國十六年八月一日南昌暴動失敗後，匪酋方志敏、邵式平等在贛東弋陽、横峰一帶，煽惑農民暴動，赤化贛省東北地區，數經進剿，未能肅清，至十八年時，竟嘯聚一萬餘人，號曰「中國工農紅軍第十軍」，簡稱「紅十軍」，以贛、閩、浙、皖四省交界之磨盤山、懷玉山爲根據地，成立「贛浙閩邊區蘇維埃政府」，分任主席、政委等偽職。二十年、雖曾加以圍剿，但以「九、一八」事變、「一、二八」淞滬之役，國難方殷，剿匪軍事行動暫時停止，遂使之得以乘機坐大，擴充為「紅軍第十軍團」。至二十三年、國軍再次實施進剿，「贛浙閩邊區政府」主席方志敏、軍區司令劉疇西（原名仇西，湖南長沙西北六十里靖港市人，黃埔軍校一期第一隊畢業）被迫率紅第七、第十兩個軍團（尋維洲、王如癡），號稱六個師二萬餘衆，由磨盤山、懷玉山區傾巢而出，以及第九軍團總指揮兼第三師師長羅炳輝等，竄擾贛浙皖閩邊區，勢甚猖獗。我剿匪總司令為期剿滅匪患，乃於十一月六日下達作戰命令；當方匪向皖南流竄時，歸安徽省主席兼保安司令劉鎭華堵擊，並阻匪西竄鄂南；匪向贛浙閩流竄時，由江西第八綏靖區司令官趙觀濤堵擊，並阻匪南竄閩西北；並責成浙江省保安處長俞濟時兼任「贛浙閩邊區追剿縱隊司令」，肅清匪患。

大哥於奉令後，為期達成任務，乃令我第六十四師（武庭麟）一個旅及我率領的第六十五師，移防皖南。大別山的剿匪任務，則由剿匪蔣總司令及副總司令張學良負責。此外並在屯溪設立省政府行署，坐鎭指揮。二十三年十二月八日，追剿縱隊司令俞濟時偕其參謀長馬君彥前來皖南行署謁見大哥請示機宜。大哥當即召我高級幕僚人員，以及我和武庭麟師長，舉行了一個小型軍事簡報會議。首先說明此一皖南地區共匪活動情形，與其兵力、裝備等狀況，尤其匪的作戰特性和技倆，極爲詳明，希望多與注意，以免有所失誤；至於在剿匪戰場上，亟應掃除地域觀念，革去本位主義，尤其革命軍人當以服從爲天職，以效忠爲首義，爲國家平亂，爲地方除害，不計犧牲，全力以赴，與友軍——不論是正規軍隊、保安團隊、以及地方武力，均須密切配合，協調合作，積極爭取民衆，善用情報謀略，主動制敵機先，一起在進剿、圍攻、堵擊……等行動上，相互運用，協同作戰，予匪以徹底打擊，則不難犁庭掃穴，殲彼元凶，須切記知己知彼，方能握有勝算；繼將與共匪實際作戰之經驗與教訓，一一以過去事例說明之，望勿忽視；最後勉以充分發揮蔣委員長正確指示之「三分軍事，七分政治」的剿匪方略與精神。最後由我與彼等交換意見，約定堵擊與進剿部隊之協調配合進止等諸種細節，對於行將展開之堵擊和進剿行動，裨益頗大。

大哥移節皖南，即令我率六十五師及六十四師之一旅隨同進駐青陽、廟前、橫船渡、楊村店、祁門一帶，積極部署堵擊陣線。十二月二十二日、方志敏部由黃山西竄青陽、祁門附近，當即被我堵擊部隊予以截擊，匪軍驚惶失措，倉卒應戰，竟日傷亡甚重，被我俘獲極多，匪乘夜狼狽向浙西回竄。由於我軍官兵機動截擊，出其不意，使之應戰不及，被逼回懷玉山老巢，又偕同友軍配合追剿行動，將之全部包圍殲滅，卒能生擒方志敏、劉疇西、第十軍團長王如癡、第二十師長王德海……等匪酋，造成此役大捷，戰果豐碩。

民國二十四年夏，剿匪總部以吳煥先、徐海東等匪死灰復燃，嘯聚萬餘匪衆，日形壯大，此剿彼竄，勞而無功，爲徹底解決豫鄂皖三省匪患，臨時將第四十七師、第五十七時兩個師，分編爲第一、二、三支隊；第十五軍之第一九一、一九二、一九四三個旅，編爲第四、五支隊，以邢清忠、姚北辰爲支隊長，由英山縣、漫水河鎭（在岳西縣西北七十里）、亙霍山縣之東北、西南斜線，協同第一、二、三支隊，齊頭並進，往返梳剿。經過一個多月的時間，徐海東、吳耀先率領殘部向西逃竄，被邢清忠、姚北辰兩支隊緊追至豫境商城縣以南之雲霧山，第一〇七師劉翰東部當即截住，予以夾擊，往返衝殺，殲斃千餘名，續向西竄，跟蹤尾追至豫西盧氏縣，奔入陝西省境，邢、姚兩支隊始奉命調回原防。此後、浙江、江西、湖北、安徽、河南邊區始獲安謐，不再爲匪患所苦。

這年（二十四年）四月六日，我奉國民政府令，正式晉升陸軍中將。

民國二十五年、軍事當局以豫鄂皖邊區，遭匪連年竄擾，民不聊生，以致盜賊橫行，伏莽遍地，亟須安緝，以恢復地方秩序，乃令我兼「豫鄂皖邊區第二綏靖區司令官」，直到二十六年抗戰始免兼。我鑒於自剿匪以來，雖不斷清剿，仍難平靖，兵來匪去，兵去匪來，此剿彼竄，官兵疲於奔命，政權無由建立，匪源不能根絕，爲求根本肅清匪患起見，在駐守區內，仍以訓練人民，建立人民之自治自衛力量爲本，所謂「用兵不如用民」，以逸待勞，以拙制巧，使匪不剿而自平，而使地方得以安堵，秩序得以建立。

二十五年元旦、我以服務成績優良及剿匪有功，獲頒「陸海空軍甲等獎章」。這年七月九日、國民政府爲紀念北伐誓師十周年紀念，特頒發紀念勛章，原令如下：

「……軍事委員會以過去革命過程中，賴將士忠勇奮發，始克完成統一之功，追念前勛，不能無錄。茲届誓師十周年紀念之期，擬特製國民革命軍誓師十周年紀念勛章，頒發參加各戰役師長以上將領及重要幕僚，以資紀念，而勵來茲。……」

我和武庭麟師長、及前師長徐鵬雲各獲頒紀念勛章一座。按名册登記我的職稱是「國民革命軍第二集團軍第八方面軍第二十六軍「軍長」，至此更可證實原來我所長的第四軍，被第二集團軍總司令馮玉祥報爲第二十六軍了，也難怪一般記載多有此誤。

十月十日是國慶紀念日，國民政府對於有功革命，擁護統一，剿滅匪共，安定地方，鞏固邊疆，辦理京畿城防，暨尊崇國家體制之各將領僚佐人員，皆分別予以敘勛，亦頒給我一座「三等雲麾勛章」，以示榮譽。

第五節　經驗與教訓

回溯我自民國二十二年冬起至民國二十六年止，率部轉戰於豫、鄂、皖、浙、贛、陝、川七省邊區參與剿匪戰爭，縱橫數千里，大小戰役不計其數，窮追猛打，行跡遍歷山林沼澤。深感共匪之作亂，不易剿滅，自有其存在因素，茲將歷年剿匪之經驗、及匪我雙方之優缺點分析如下，亦是數年剿匪所得，可作爲參考。

共黨自暴動以來，經過清黨及國軍數年來的圍剿、清剿、追剿，仍如野草一般，始終未能徹底剿滅，斷其根源，國軍疲於奔命，事倍功半，此因匪自有其一貫生存發展的技倆，及赤化本領，分述如下：

1. 對於地方上的知識份子正紳、地主稍具有統制能力，及受人民愛戴擁護者，

在其未至之先，必先製造彼此間之猜疑與仇恨，甚或以暗殺手段（即摸瓜隊）剷除異己，以造成地方的恐怖與混亂，使我政權無法推行政令，使人民惑疑我方軍政權力，彼則乘虛而入，然後使用各種威嚇利誘之手段，化為彼之流竄區或灰色地區。

2. 每至一地，其所謂「蘇維埃政府」立即成立，另以潛伏份子，暗匿民間，控制民衆，以執行其任務，因其報復手段殘酷，人民無敢檢舉者。

3. 於控制一地區後，首先以各種手段，使所有青年編入赤色組織，成為亡命之徒，唯有隨其作亂，始能生存之一途；繼而使貧農與社會造成不能並立之勢，不得不隨其一致行動，以達其擴大兵源之目的，即一般婦女，亦不能逃其厄運，是以在匪赤化區内，於組成「少年先鋒隊」、「赤衛隊」、「鄉農會」，後則所謂「婦女隊」、「兒童隊」等，亦相繼組成，均受其殘酷控制，各隊均有其特定的工作與任務。

4. 各種外圍組織形成後，乃以此作為基礎，進而組成「游擊隊」、「戰鬥團」、或「游擊兵團」，至是兵源既已充裕，復配合各會之組織，分負物資之徵集、情報之搜索、通訊網之構成，以及衣物之漿洗、行人之盤查、諜報之掩護等任務。由於其組織嚴密，手段殘酷，故收效極大，而執行任務之民衆，莫敢懈怠。

5.匪之游擊戰術因有蘇區之嚴密組織配合，運用至爲靈活，常視情況之變化隨時化整爲零、集零爲整；甚至被我擊潰後，即利用當地人民掩護，化裝爲當地土民，一俟我軍轉移，又復集結成軍，形成民匪不分，匪民一體，使我剿匪部隊疲於奔命，勞無所獲，甚多部隊且爲其所乘，遭受極重之創害。

6.派遣精幹人員，滲入我黨、政、軍各機關，社會各階層有組織之團體內，不僅竊取我眞實情報，並藉機挑撥離間，造成各種磨擦，而達成顚覆我方之目的。

7.匪既有靈活之情報，以及熟悉之地形，是以對國軍之進剿，往往居於有利地位。每在我控制區內任意破壞我方交通、通訊以及倉庫物資等，損害我國軍之戰力與士氣，故能獲致戰果，殘存而不滅。

再就我方而論，政府雖有決心，以衆多之國軍圍剿，然收不大，分析其原因如下

(1)政府上下墨守成規，間有瞭解危機嚴重而採應變措置者，則每易觸犯法令，

而致遭受刑章之制裁，致對勦匪有識有志之士，視勦匪工作為畏途，裹足不前；人民則養成畏匪不畏法之心理，恨匪但不得不媚匪以求生命之安全。

(2)各級幹部對匪認識不夠，即對於勦匪之理論與方法，亦無深切之探討與研究，以致不能協同一致、齊一步驟，集結全力擊匪，甚至歧見紛出，莫衷一是，養成推諉、敷衍、但求無過之心理。

(3)黨政軍之配合，僅係口頭上之名詞，實質上各行其是，不相為謀，有權則相互爭先，有責則相互推諉，最重要之基層工作形成無人過問，人民失去掌握，政權自然成為空中樓閣。

(4)軍隊始而輕匪，繼而畏匪，輕匪因足使匪坐大，畏匪則進勦不力。

(5)缺乏宣傳、情報及心理作戰之技能以及指揮、作戰、組織、訓練之修養。

以上各點，是我在長久的勦共戰爭中，對於共匪了解認識，以及在慘痛經驗中所獲得的教訓。兵法云：「知己知彼，百戰百勝。」又俗云：「前事不忘，後事之師」，爾後應當以此為鑑。可惜在八年抗戰以後，共匪反而更為壯大，而致中國淪於赤化，實非始料所及！

劉茂恩口述
程玉鳳撰著

劉茂恩回憶錄（下）

吳大猷敬題

臺灣學生書局印行

將軍（中）與李鳴鐘（左一）、溫其亮（左二）、劉藝舟（右一）、宋英仇（右二）合影於南陽朱陽關
（民國三十四年攝）

民國三十四年九月廿二日鄭州受降典禮，將軍（右一）與胡宗南（中）及盟軍軍官合影

將軍與河南省保安旅第一旅袁行廙（右二）、第二旅旅長李文定（左二）、第三旅旅長王琛（左一）、胡拱辰（右一）、王傑士（左三）合影於開封北大街自宅（民國三十七年五月攝）

河南省全省保安司令部保安部隊整補會議紀念照
（民國三十七年八月四日攝）

河南省全省保安司令部及直屬各保安旅團營隊主管合影
（民國三十七年八月卅一日攝）

將軍與河南省政府人員合影於南京王履階宅
（民國三十七年九月十日攝）

開封戰役照片之一
開封地方法院辦公室被匪炮火射擊焚燬後之外貌

開封戰役照片之二
省府東側被匪砲火摧毀後之慘狀

開封戰役照片之三
被焚毀後的省府秘書處交際室

開封戰役照片之四
被焚毀的省府會報室

開封戰役照片之五

六月十八日匪摧毀宋門關保八團陣地慘況之三

開封戰役照片之六

六月十七日晨保七團周勛營與匪逐屋戰慘況之九

開封戰役照片之七
六月十七日保十團張修道營與匪巷戰後所留殘骸之二

開封戰役照片之八
六月十八日晨匪攻保十團時小南門外民房焚毀後之慘況

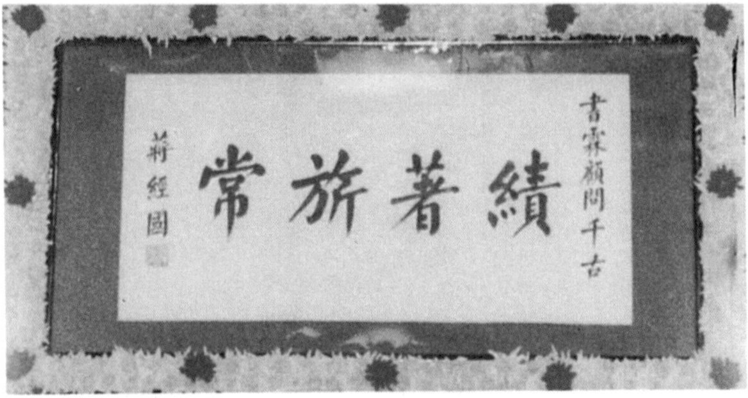

蔣總統經國先生輓額

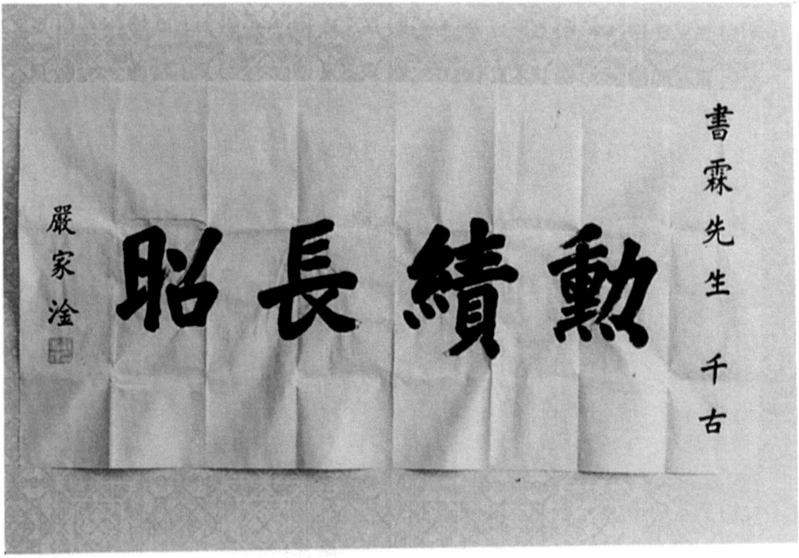

嚴家淦先生輓額

劉　將　軍　靈　堂

蓋國旗（黃　杰、馮啟聰、劉安祺、鄭為元）

蓋黨旗（李雅仙、閻振興、吳寶華、喬寶泰）

何應欽將軍致祭

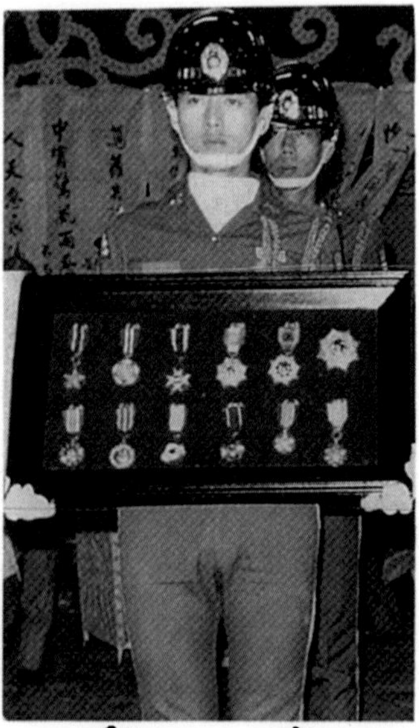

勳　章

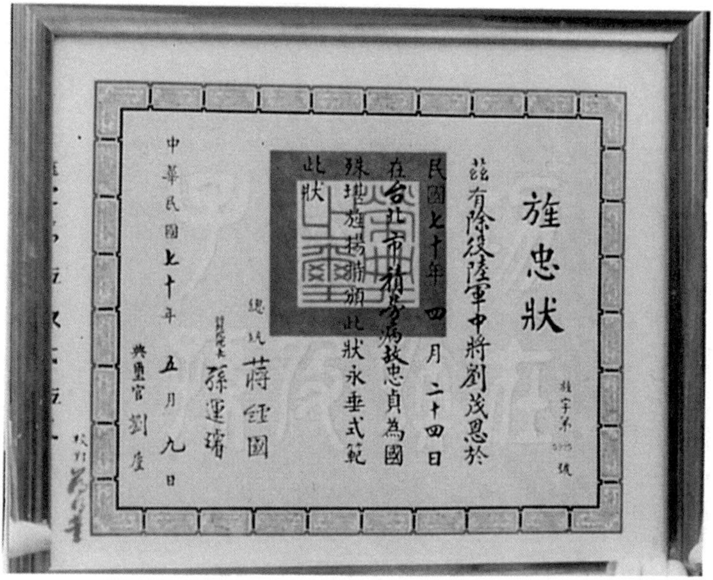
旌忠狀

旌字第　號

茲有除役陸軍中將劉茂恩於
民國七十年四月二十四日
在台北市積勞病故忠貞為國
殊堪旌揚特頒此狀永垂式範
此狀

總統 蔣經國
行政院長 孫運璿

中華民國七十年五月九日

典璽官 劉垕

旌 忠 狀

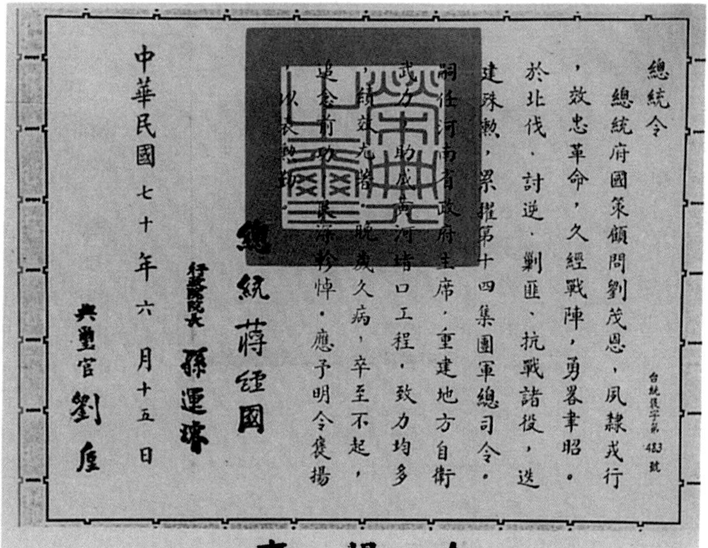
總統令

總統府國策顧問劉茂恩，夙隸戎行，效忠革命，久經戰陣，勇略聿昭。於北伐、討逆、剿匪、抗戰諸役，迭建殊勳，累擢第十四集團軍總司令。嗣任河南省政府主席，重建地方自衛武力，助成黃河堵口工程，致力均多，績效允著。晚歲久病，卒至不起，追念前功，良深軫悼。應予明令褒揚，以表勳勤。

台統(義)字第483號

總統 蔣經國
行政院長 孫運璿
典璽官 劉垕

中華民國七十年六月十五日

褒 揚 令

黄杰將軍致祭

靈車啓靈及三軍儀仗隊

劉茂恩回憶錄

劉茂恩　口述
程玉鳳　撰著

下册　目錄

第十三章　抗日戰爭(二)

第十四章　主持豫政

第十五章　戡亂戰爭㈠

附　錄

二、紀念文

三、開封城關損失調查報告

上冊 目錄

第十章　綏靖地方……………………………………四三三

第十一章　剿共戰爭

第十二章　抗日戰爭㈠

回溯中日戰爭的起因，可以說由來已久！它的遠因是由於日本帝國主義思想作祟。早在明治天皇時便已制定向外侵略的步驟：北進是「大陸政策」，南進是「海洋政策」，並訂第一期、征服台灣，第二期、征服朝鮮，第三期、征服滿蒙，第四期、征服中國，而後使南洋、亞洲，都來臣服；近因則是民國十六年、日本軍閥首相田中義一根據所謂明治大帝的一項錯誤遺策，擬定侵略藍圖——「欲征服中國，必先征服滿蒙；欲征服世界，必先征服中國」——此即爲國際熟知的「田中奏摺」。而後日本就按照這項計畫執行，發動侵略中國，征服世界的戰爭，而盧溝橋的非法演習就是中日戰爭的導火線。

第一節　廬山暑期訓練團

民國二十六年夏，對中國來說，確實是一個山雨欲來風滿樓的時代，日本人像瘋狂了一樣，到處挑釁，故意惹起爭端，國人已知中日大戰不可避免。國民政府軍事委員會特於江西廬山舉辦「暑期訓練團」，召集全國黨、政、軍、教……等幹部，萃聚一處訓練，凝鑄思想、堅定意志、集中力量、統一步驟，以爲抗日禦侮作心理上的必要部署，一旦開始抗日戰爭，才能做到堅持到底的決心，和發揚大無畏的愛國精神。

我是在「七七事變」發生前一個星期奉命參加「廬山暑期訓練團」，以爲抗日戰前的精神備戰，這對於我國即將發生的長期抗戰與最後勝利，關係十分重要。

按廬山暑期的訓練團，最早創始於民國二十二年六月，蔣委員長駐節江西南昌城東東湖以北的百花洲行營，爲了培養指揮剿匪的優秀幹部，提高戰鬥能力，增進剿匪軍事效能，特於廬山設「北路剿匪軍軍官訓練團」，召集江西、廣東、福建、湖南、湖北五省剿匪軍中中級幹部，入團接受訓練；次年七月、續辦「廬山軍官訓練團」，由蔣委員長親臨主持，以培植國家觀念，增強民族意識，確立中心思想、堅定共同信仰，統一軍令、政令，使軍隊國家化、現代化，合乎時代精神，方能安內攘外。我曾參加第一期訓練，擔任「團附」一職，在七月中，蔣委員長演講「抵禦外侮與復興民族」，以刷新政治、建設國防爲中心，轉變一般軍人心理，整肅軍隊風氣，都獲有顯著成效，給我的印象很深。

至二十六年五月，蔣委員長又指示軍政部常務次長陳誠、第一軍軍長胡宗南、財政部稅警總團長黃杰籌備廬山暑期訓練事宜，每期半月，在七、八兩月分三期召集，第一期自民國二十六年七月四日至七月十八日；第二期自七月二十六日至八月九日；第三期自八月十七日至八月三十一日止。參加受訓人員包括黨務、軍事、縣政、警政、軍訓、政訓各級工作人員、及童子軍幹部、新生活運動幹部等，分別編入第一、第二兩總隊，施以訓練。其目的「在使全國受訓之黨、政、軍、學等工作人員，恪遵總理遺教，服從革命紀律，鍛鍊健全體格，增進服務智能，以期領導全國國民，完成國民革命，復興中華民族」，這種訓練是爲動員抗敵作準備，是一種機會教育，在我國教育史上占有很重要的地位，自有其深遠的意義與價值。

其組織設有團長一人，由蔣委員長兼任；團附若干人，由孫連仲任團附兼第一總隊長；教育長一人，下設辦公廳、訓練委員會、及第一、二兩總隊，地點設在廬山五老峰山下的海會寺及風景優美的牯嶺，特將其組織系統編制表列之如下：

廬山暑期訓練團組織編制系統

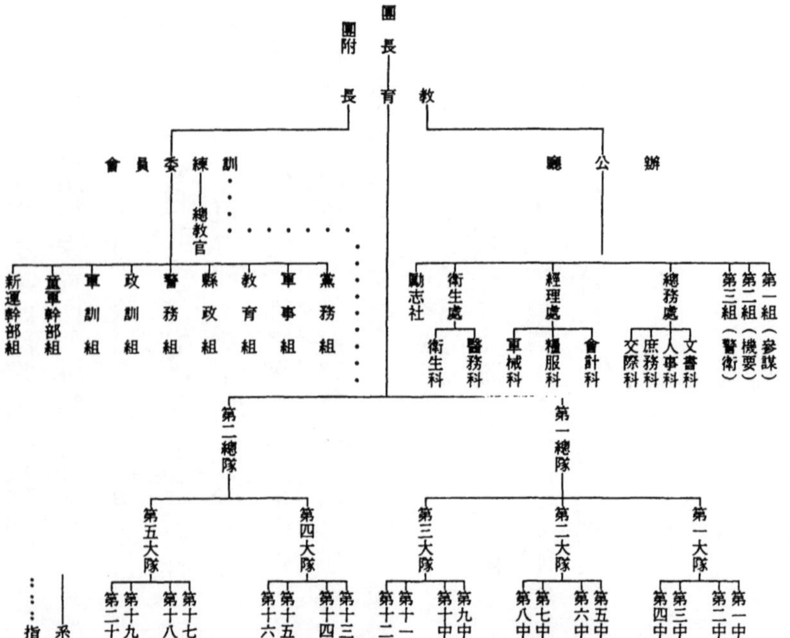

茲爲明瞭本期訓練的情形，也將訓練綱要列之於後：

二十六年廬山暑期訓練團訓練綱要

第一條　本綱要依據廬山暑期訓練團組織綱要訂定之。

第二條　本團訓練之目的，在使全般受訓人員，恪遵　總理遺教，服從革命領袖，鍛鍊健全體格，增進服務智能，本親愛精誠之精神，禮義廉恥之德性，以領導全國國民革命，復興中華民族。

第三條　本團訓練以一般訓練爲對於全團之共同訓練，以分組訓練爲對於各種受訓人員依其職務之分別訓練。

第四條　本團一般訓練之要旨，在對受訓人員堅定其實行三民主義之決心，指導其趨向，調整其生活習慣，啓發其關於管教養衛之智能，以增進其服務效率，其要目如左：

㈠實行新生活，以改善習慣，並授以指導新生活之要領，爲實現復興民族之始基。

㈡推行國民經濟建設運動，以培養國民生活之資源。

㈢指示國家生命力及總動員要義，以樹立關於服務上之共同趨向。
㈣確立中國哲學之中心理論，及用科學方法辦事之素養，以指示其復興民族之綱領條目。
㈤指示促進科學教育之方法，及推行國民經濟政策之要端，以增進生產之能力。
㈥普及軍事訓練，以養成軍事組織之習慣，習得軍事管理之方法，修得軍事上之基本知能。
㈦賦予體育指導及體育行政之常識，使能領導群眾體育。
㈧練習主要樂歌，使能領導群眾發揚民氣，端正民志之趨向。

第五條　本團分組訓練之要目如左：

黨務組　在使受訓之黨務工作人員明瞭以黨治國之眞精神，世界潮流之新趨勢，以確立中國革命之正軌，俾隨時隨地普及教化，使全國國民一致信仰三民主義，完成國民革命。

軍事組　在使受訓之各級將校明瞭世界大勢，研究國防要務，同時並增進其軍事與政治必要之學識，俾能督率所部，統一軍隊教育，發揚國軍精神，以完成整軍禦侮之使命。

教育組　在使受訓之教育工作人員，明瞭中國教育之特質，及國家當前之需要，確能注重本黨黨義，人格修養，現代科學與軍事常識各課目，嚴格訓練學生，使其具備健全之根底，切實之技能，以實現國家之教育政策。

縣政組　在使受訓之地方行政人員，討論鄉政實施制度，研究保甲持久辦法，以及壯丁之訓練、佐治人員之養成等等，以健全地方政治之基礎，而完成其所負縣政建設之使命。

警政組　在使受訓之警務工作人員，明瞭世界各國警政之現狀，提高警察行政知識與能力，養成廉潔之操守，與貞固之幹才，期能領導部屬，預防公共之危害，推行新生活運動，維持社會之安寧與秩序，俾增進國利民福，克盡警察之天職。

軍訓組　在使受訓之軍訓工作人員，以敦品勵學之原則，養成健全人格，增進現代知識，並發展精誠團結眾志成城之精神，確能負責任、守紀律、明禮義、知廉恥，以擔負國民軍訓幹部之責任。

政訓組　在使受訓之政訓工作人員，充分認明當前之艱巨與自身之責任，並注重明是非、別利害、知生死，長技能之遺教，增進其修養，訓練其技術，以充實政訓工作推進之力量。

童軍組　在使受訓之童子軍幹部人員，養成童子軍健全幹部人才，信仰三民主義，服從革命紀律，實踐新生活運動，增進童子軍智能，俾能領導兒童，復興民族，完成革命。

新運組　在使受訓之新運工作人員，充分瞭解新運眞諦，養成新運健全幹部人才，增進推行新運之知識與技能，俾得以身作則，推己及人，以肩負推行新運工作之責任，而完成復興民族之使命。

第六條　本團各期訓練實施時期概如左之規定：

第一期　自七月四日開課至十八日畢業。

第二期　自七月二十六日開課至八月九日畢業。

第三期　自八月十七日開課至三十一日畢業。

第七條　本團每日訓練時間約六小時，自習一小時，全期訓練時間分配，以一般訓練約三分之二，分組訓練約三分之一爲準，每日升降旗後，並得利用餘暇為訓練時間。

第　八　條　各組隊幹部對於受訓人員，應綿密考察其思想與品格之修養，並隨時糾正之，尤須以身作則，實踐躬行，以收潛移默化之效。

第　九　條　本團訓練實施細則另定之。

第　十　條　本綱要未盡事宜得隨時呈請修正之。

第十一條　本綱要自公布日施行。

在本期中，我以軍事將領身份，抽身自皖北前往廬山參加第一期的訓練，並擔任第一總隊的總隊附（總隊長是孫連仲）。自七月四日開始上課，蔣委員長並在十八日第一期學員受訓畢業典禮作「建國運動」演講。回想此次訓練，開學後不過三天，日寇即掀起盧溝橋事變，當此之時，我訓練團仍然沉著進行，賡續兩期，實是難能可貴的。

廬山、是我國抗日禦侮、精神動員的聖地，蔣委員長於民國二十六年七月十七日在這裏召集全國學術界名流談話會上演說「最後關頭」，正式宣布中國抗戰決心的「對於盧溝橋事件之嚴正表示」——「……我們既是一個弱國，如果臨到最後關頭，便只有拚全民族的生命，以求國家生存。那時節，再不容許我們中途妥協。須知中途妥協的條件，便是整個投降，整個滅亡的條件。全國國民最要認清所謂最後關頭的意義；最後關頭一到，我們只有犧牲到底，抗戰到底。惟有犧牲到底的決心，才能博得最後的勝利。若是徬徨不定，妄想苟安，便會陷民族於萬劫不復之地。……我們固然是一個弱國，但不能不保持我們民族的生命，不能不負起祖宗先民所遺留給我們歷史上的責任。……」這也是當時各報章雜誌所盛傳的「犧牲未至最後關頭，決不輕言犧牲；和平未到絕望時期，決不放棄和平」兩句名言，國人聆悉之下，咸感振奮，磨拳擦掌，爭欲與日偕亡。

第二節　平型關之役

日本帝國主義者的軍隊在華北各地不斷挑釁行動，侵華陰謀，日益露骨，更於民國二十六年六月二十五日起，在北平郊外的盧溝橋附近一帶地方開始長期性的軍事演習，一時氣氛緊張，國人洞見日人圖我日亟的野心，莫不憤慨，眞是「是可忍？孰不可忍？」

七月七日深夜十時後，日軍在盧溝橋附近舉行野戰演習，捏造失蹤一名士兵，作爲砲轟宛平縣城，武力侵犯中國的藉口，我守軍以守土有責，爲捍衛國家，奮起抵抗，激發了中華兒女、黃帝子孫的怒吼，迅即展開了中華民族歷史上最偉大、最壯烈、最艱苦的抗日聖戰，這就是所謂的「七七盧溝橋事變」。

日軍侵犯華北，天津、北平先後淪陷，又沿著平綏鐵路線分向南口、居庸關進擊，掀起中、日兩國的長期戰爭。而打倒日本帝國主義者，報仇雪恥正是我當年從軍的心願，此時參加抗日戰爭，更是實現夙願的最好時機，因此我迫不及待的要加入這場抵禦外侮的聖戰。

二十六年抗戰初起時，我十五軍正在大別山剿匪，沒有列入抗日軍事戰鬥的序列，迨我七月中旬由廬山受訓回來，因感於官兵愛國熱誠，乃上電蔣委員長請求加入抗日戰鬥序列，終於獲准，官兵萬分興奮，欣喜欲狂。八月初，奉命率領本軍由皖北六安出發，集中漢口，而後由平漢鐵路以兵車運輸北上。當時我在漢口軍次，曾經寫寄一封信給家人，說明自己此次出征，決心殺敵報國，不滅倭奴，誓不生還。

八月上旬，本軍已全部到達安陽。十一日、接奉蔣委員長電令本軍直開順德、邯鄲集中，主力駐於新鄉、彰德之間。次日、我將此情形報知閻錫山，電文如下：

「限即刻到太原副委員長閻鈞鑒：誠密。㈠眞日接錢司令（軍事委員會鐵道運輸司令錢宗澤）轉示委座眞侍參牯電：飭令職部所屬兩師，應直開順德、邯鄲間集中，不必在彰德以南地區停止等因，遵令六十四師向順德集中，軍部及六十五師各部向邯鄲集中。㈡頃又接錢司令侵酉電：頃奉委座電話，貴軍兩師暫駐彰德、順德一帶，其主力應駐於新鄉、彰德間等因。職率軍部及六十五師直屬部隊，今抵鑪圳，擬佈署情形，電陳於下：一、令六十四師補充團、直屬各營連，暫駐磁令一九二旅駐順德，並派兵一營分駐邯鄲、沙河；二、職率六十五師師部及六十師補充團、直屬各營進駐彰德，一九四、一九五旅駐湯陰；三、除將各部隊逐日動情形續電陳明外，謹陳。職劉茂恩叩。文亥參彰（德）印。」

十三日、閻復電云：

「急：彰德劉總指揮鑒：文亥參彰電悉。蘭密。貴軍北來，至慰企盼。敵攻南口甚急，我軍傷亡五百餘人，敵死傷倍之。劉主席子亮（汝明）部亦在計諾壖，包台口一帶予敵以重大之打擊，知注並及。閻錫山。元戌參印。」

同日、蔣委員長以戰事緊急，電飭本軍進駐石家莊。次日、我將此情電知閻：

「限即刻到太原副委員長閻鈞鑒：凌密。奉（豫皖綏靖）劉（峙）主任寒電轉示委座元戌侍參京電，飭命職部開石家莊，接替第十（李默庵）、第八十三

（劉戡）各師防務等因，遵令六十五師後運各部過彰不停，逕開石莊，六十四師各部在磁、順各站候車北運，職率軍部及六十五師師部直屬營連，明日有車即進駐石莊，除情形續報外，謹陳。職劉茂恩叩。寒亥參彰印。」

本軍北上，就在平漢鐵路兩側，由　城、石家莊到平山之間，沿滹沱河南岸構築工事。此時我任第十三軍團軍團長兼第十五軍軍長，歸大本營指揮。

八月十五日、南口失守；二十七日、張家口陷落，國軍退守雁門關、平型關、陽方口（晉北要隘、在寧武縣北二十五里）一帶，晉北告急。

晉北，是泛指山西太原以北地區。山西省位於太行山以西，黃河以東，有長城、句注山蔽其北，風陵渡、砥柱山扼其南，可謂表裏山河、四塞之區，有中原高屋建瓴之勢，素稱天險，不僅在古代戰爭中是用兵要地，在現代戰爭中也是同樣重要，是一座天然堡壘，所以在軍事上必須確保山西，以牽制華北敵軍的行動，遏阻戰區擴大，因此日軍以陸空聯合作戰，在機械化部隊前導之下，對晉北發動猛烈攻勢；國軍為確保山西戰略地點，乃有晉北平型關、忻口、太原等要地各戰役。

九月初，我奉命馳援山西，留置工兵營，歸石家莊行營主任徐永昌直接指揮，在平漢鐵路沿線構築工事。正太鐵路局局長朱霽青撥以一列兵車，供應我由石家莊沿正太鐵路西運所部軍隊，到太原轉同蒲鐵路北進，向大同方面集結，歸第二戰區（包括山西、綏遠、察哈爾）司令長官閻錫山指揮。

我隨乘兵車抵太原，即入城赴山西綏靖公署，沒見到閻錫山，說是去雁門關督師，在關裏靠山一個小村莊後面土窯洞設立「作戰指揮所」。於是便去看山西省政府主席趙戴文。趙字次隴，山西省五台縣人，時年七十一歲。趙氏告知：「八路軍來了，要幫打日本人。」我說：「八路軍能幫我們打日本人？那眞是日頭要從西邊出來了！恐怕待日本人打來，他們就會乘之而入，搗亂我們。」趙又說：「你怎知人家不幫我們？不要亂說喲。」隨同去的一位營長陳寶山在旁聽到，很不耐煩，就憤慨的對我說：「對他（趙）講：有我們，没他們（八路軍）；有他們，無我們。」這是十五軍非常清楚的是非觀念與決斷的精神。

因爲在過去五年的剿共戰爭中，我對於共匪狡猾的本性，認識十分透徹，只因現在抗戰既起，以是藉著「抵禦外侮」的口號，發表「共赴國難宣言」，取消「蘇維埃政府」和「紅軍」名義，始受國民政府改編爲「國民革命軍第八路軍」，後又改爲「十八集團軍」，加入抗戰序列，其實不過是藉機生存苟延殘喘罷了。當天晚上，趙堅留晚宴，以表歡迎之意，藉示地主之誼。這時正是陰曆八月中旬，也是北方秋高氣爽的時節，萬里無雲，月色分外皎潔，只見來人多是穿列寧裝。入座後，趙戴文首先介紹朱德和我兩人認識。我當面把朱德壓了一輩，說：「玉階！你應該稱我五叔喔！」朱德愣了一下，我繼續說：「你和我姪兒獻捷是拜把子兄弟，我兩孫女都在你跟前寄著，是不是？」朱德連稱：「是！是！」我又說：「這樣你應不應該稱我五叔？」朱連說：「應該！應該！」（按朱是四川省儀隴縣人，時年五十二歲，雲南講武堂第一期畢業，後至德國留學，時大哥長子劉獻捷正在德國留學，異國相逢，結爲盟友。）於是各軍傳出劉茂恩是朱德的五叔，不知情者難怪要莫明其妙了。隨後趙戴文讓大家各個自我介紹，由我起首，我說：「我是十五軍軍長劉茂恩。」他們都怔了一下。接著是第十八集團軍總司令朱德、政委周恩來、及副總司令彭德懷，第一一五師師長林彪、副師長聶榮臻、第一二〇師師長賀龍、副師長蕭克，第一二九師師長劉伯承、副師長徐向前等。由於雙方多年對打，乍然相逢，空氣竟一時沉寂下來；還是我舉著酒杯先開口問道：「那一位是徐向前先生？我們來乾一杯！」他瘦高個兒站起來答說：「我不能喝酒。」周恩來像個老狐狸精，憑恃他早年在黃埔軍校任過政治部代主任老師輩的身份，急忙湊上數語，叫徐向前喝下，說是到了你的家鄉，應該多喝幾杯才是，還說：「就是死，也要喝。」我們兩人就在這種情況下又乾了幾杯汾陽名酒。徐向前懷著鬼胎帶著酒意，忽然問道：「劉軍長！你的大砲還有沒有了？」我答說：「有！——那是山西造（太原兵工廠），閻先生給的。」徐故作輕鬆狀說：「當年土橋鋪之役打得我好兇啊！曾傷亡七千人，好厲害呀！要不是我跑得快，眞要成爲你的俘虜了！」大家聽了哈哈大笑起來。在餐飲中，我感慨萬分，想想彼此以前是相打了好多年的對頭，如今竟然成爲同一戰線上對外的「戰友」，把不可能的變成可能，再怎麼說也是一件不可思議的事情！宴畢、衆人各自離去，我即乘火車轉同蒲鐵路北上，直驅大同。

九月十三日、本軍先頭部隊第六十四師一九一旅到達懷仁縣時，大同已棄守，我軍爲確保晉北要地，乃撤至平型關、雁門關、神池等長城內線防守。本軍即奉命趕往佔領平型關以西泰戲山至句注山東西之線，構築工事。此時、我以第十三軍團長指揮第十五軍、第十七軍和第三十三軍等三個軍，戰鬥序列如下：

第十三軍團長劉茂恩

第十五軍　軍長劉茂恩（兼）

第六十四師　師長武庭麟

第一九〇旅　旅長武庭麟（兼）

三七九團　路尚有
三八〇團　屈（不詳）
第一九一旅　旅長邢清忠
三八一團　袁　斌
三八二團　武永祿
第一九二旅　旅長楊天民
三八三團　楊茀蘆
三八四團　朱　纘
補充團　武良相
第六十五師　師長劉茂恩（兼）
第一九三旅　旅長阮　勛（民國二十七年離職，自行組軍，任第一戰區自衛軍第二路司令）
三八五團
三八六團
第一九四旅　旅長姚北辰

三八七團　王漢傑
三八八團　王文材
第一九五旅　旅長馬其臻
三八九團　邢國忠
三九〇團　李澤洲
補充團　張　奇
第十七軍　軍長高桂滋
第二十一師　師長李仙洲
第八十四師　師長高　哲
第三十三軍　軍長孫　楚
第七十三師　師長劉奉濱
獨立第三旅　旅長章極宇
獨立第八旅　旅長孟憲吉

平型關，亦作平刑關，在山西省繁時縣東偏北一百三十里，即舊瓶形寨，音訛成爲平型，乃是通靈邱縣的要隘；西北連渾源縣，東南接河北省阜平縣界。

平型關之役，是我十五軍正式參加抗日的第一次大戰役，在指揮上更不敢掉以輕心。最初分配陣地時，本軍在中央，十七軍在右翼，三十三軍在左翼，佔領大石口、小石口陣地。中央陣地是左起北樓口堡（在繁時縣東北一百二十里），右迄亂嶺口關（在渾源縣東四十里），以六十四師爲左陣地，六十五師（欠一九五旅）爲右陣地。軍部及預備隊第一九五旅駐紮在繁時縣東北四十里小冶鎭。地勢險阻，嚴密守備。詎知第十七軍在南口作戰損失很大，高桂滋據實報告，目前下來的官兵僅有八十三人，不能負擔作戰任務，才將他們安置在十五軍後面收容整補，後來才慢慢湊合了二千來人，自然談不上作戰力量。十五軍陣地正面已夠過大，而今更將加重作戰任務。

再說日軍陷大同後，即會同陷冀西淶源方面之敵，以鉗形攻勢分向恒山、五臺山區進犯，其第五師團（板垣征四郎）主力，及臨時配屬之關東軍獨立混成第二十一旅團（酒井鎬次），共約一萬多人，於九月二十二日發動攻勢，次日上午二時許，約千餘人突入平型關，十五軍正在激戰中，忽然右側翼遭受攻擊，十時許、敵已進至恒山（標高二二一九公尺）東南五十四里地方，第六十五師一九四旅三八七團截擊於隘路內，同時三八八團由兩側高地，憑依險阻，俯衝夾擊，併用火力與逆襲，反復搏鬥，迭挫頑敵，正欲予以聚殲之際，忽有千餘之敵由東面向三八八團左側背猛撲，在短促時間內，發生四、五次劇烈的肉搏戰鬥，雙方傷亡慘重，殘敵被迫向團城口、蔡家峪方向潰竄。第三八八團之第一、二兩營，自營長陳寶山、張全興以下軍官死傷二十九員，士兵陣亡約四百名。

至於十八集團軍則是協同參加左翼雁門關一帶，所以在主戰場正面沒有見到他們的影子。在敵軍第五師團（板垣征四郎）主力進攻平型關及團城口（在平型關西三十二里），情況緊急，早已跑開了，林彪部潛藏在關右山區楊鎮。九月二十三、四日，敵軍攻來，十五軍給以嚴重打擊，第二營（張全興）官兵均受傷；幸第一營（陳寶山）及時增援，牽制敵軍，予以夾擊，才把日軍打跑。以後林彪獲知敵軍輜重隊四百來人，多數徒手，少數步槍，在蔡家峪落後，乃以「以大嚇小」的手法乘機出襲，虛晃一下就逃之夭夭。中共爲了掩飾他們隨便逃走，後來竟誇大宣傳什麼「平型關大捷」，以欺騙世人，從此便不聽中央，到處游來游去，襲擊國軍，破壞抗戰，證明我的顧慮是不錯的。

九月二十五日、由平型關突入之敵，被我晉軍圍困於六郎城（平型關西北十二里），雙方相持，甚爲激烈。

九月二十九日、敵用汽車轉運大部兵力，增派獨立混成第十一旅團（鈴木重康）

，亦係關東軍臨時配屬作戰，由懷仁縣南進，突破三十四軍（楊澄源）及三十三軍防地雁門關及大小石口堡，從茹越口堡（在繁時縣北六十里）竄入，直撲鐵角嶺，沿滹沱河北岸進犯。三十日，陷繁畤縣，威脅平型關一帶十五軍之後方，我軍分兵馳援不及，遂於三十日之夜奉命轉進。正是一點突破，全線崩潰的慘痛局面，不堪收拾。

此役，當時人不明眞相，只憑各方宣傳，或間接軍報，被渲染得很熱鬧，就誤以爲人人都有參加一份，實際上並不是那麼一回事。後世人若憑著那些資料，大做案頭文章，紙上談兵，那將會使平型關之役的面貌大大改觀！

附平型關戰役經過要圖

平型關戰役經過要圖

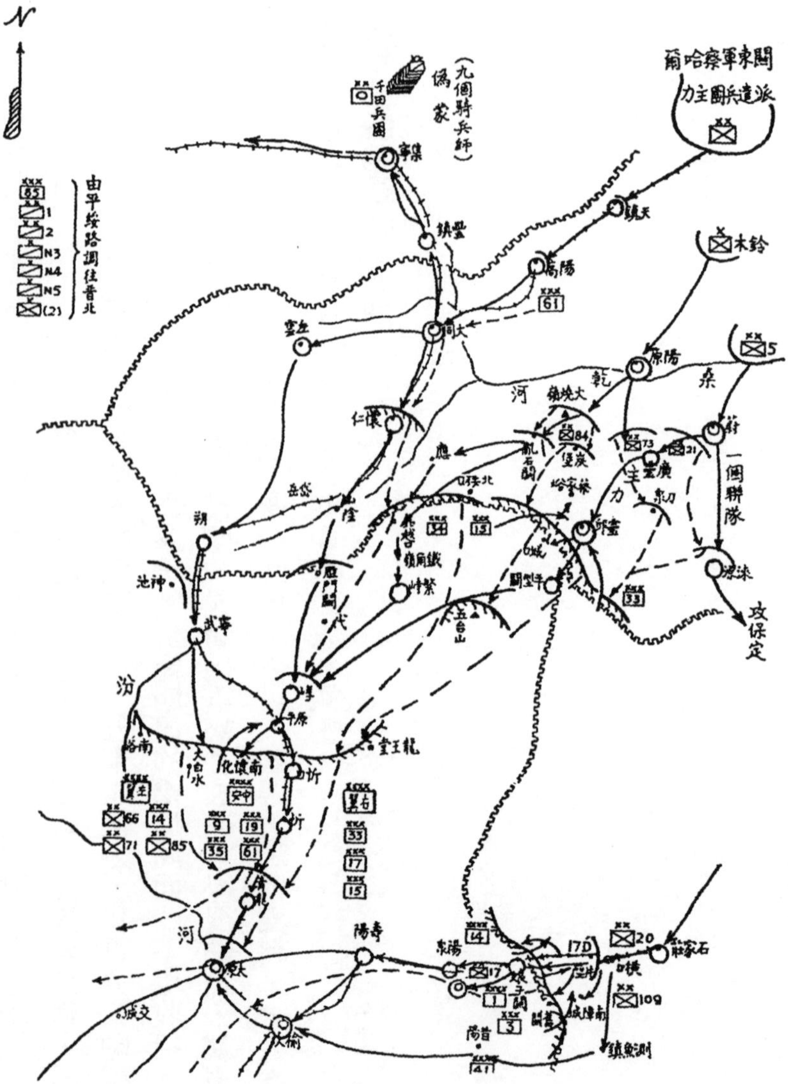

第三節　忻口之役

本軍於九月三十日繁峙陷落的夜間，向南經五臺山、臺懷鎮、五臺縣、東冶鎮……等地，輾轉南移。敵跟蹤追擊，分兵三路：一路由繁峙向崞縣，一路由雁門關向原平，一路由朔縣向寧武，於十月一日攻陷代縣，繼續向南急進。

一　龍王堂奮戰

十月七日、本軍奉命集結於崞縣東南六十五里的宏道鎮地方，開始布置陣地，佔領忻口鎮（在忻縣北五十六里、滹沱河經其東北）東北之龍王堂、靈山、南崞下東西之線，加緊構築防禦工事，左和我第九軍（郝夢齡）之右翼切取連繫，積極備戰。這時，本軍團稱「右翼兵團」，郝夢齡軍爲「中央兵團」。

十月十二日，敵以第五師團爲基幹、附關東軍察哈爾派遣兵團主力約五萬餘人，猛攻忻口鎮兩山相夾之軸心陣地，激戰三晝夜，敵我雙方死傷慘重，迄不罷休。

十三日下午五時許、我六十四師發現敵約九百餘人，由桃園渡滹沱河向東西榮華前進，逼近我軍陣地，經六十四師派兵一團迎擊，將敵擊退。我鑒於以往與敵作戰的經驗和教訓，深感「一點破」、「全線潰」，以及月餘以來，不斷轉移陣地之痛苦，經向衛總司令（立煌）建議，本軍應即攻擊敵之側背，以收夾擊殲敵之效，最低限度亦可分散敵軍兵力，減輕我左翼軍所受之壓迫，當即奉電話指示：「十五軍主力應固守主陣地，以求穩紮穩打，可以有力之一部，向敵側背進擊，以牽制南下之敵。」其命令要旨如下：

「中央集團軍決於十四日向敵攻擊，貴軍除留相當部隊固守營房裏、龍王堂、靈山之線陣地，並派一部對北警戒外，應以有力部隊集結適當地點，準備向桃園、北郭下進出，威脅敵之側背，待命前進。」

我基於以上之指示，於二十三時作如左之處置：

一、著第六十五師第一九五旅馬其臻旅長指揮所部及第一九四旅之第三八八團，即向談兒莊、大莫村一帶前進。第六十五師砲兵營歸第一九四旅旅長姚北辰指揮，於明（十四）日協力夾擊渡河之敵後，在談兒莊附近佔領陣地，以能射擊東營村、大小庫狄、桃園各附近為主。第六十四師師長武庭麟抽派一團以上兵力，至西南村附近，於明日拂曉將渡河之敵夾擊殲滅後，即於大莫村及東西榮華附近待命。

二、第六十四師砲兵營，於明（十四）日晨協助戰鬥後，在西榮華附近佔領陣地，以能射擊桃園、唐林崗各附近爲主。

三、各部隊應準備徒涉場。

十五日拂曉，命六十五師之一九五旅由東西榮華徒步涉過滹沱河上游渾河，急向忻口鎮正面敵之側背，出其不意，猛然予之突襲，創敵累累，挫其兇燄。嗣以敵第五師團之第十旅團以砲兵掩護向一九五旅全力反撲，往復搏鬥，迭施逆襲，雙方互無進展，激戰至上午十一時，敵逐次增援，復出動飛機、戰車群，以優勢火力猛烈衝擊。第一九五旅憑充沛之兵力與高昂之士氣，對抗敵人，經過急劇之拚鬥後，終以火力不足，被迫撤至南岸榮華，隔河對戰，及至薄暮，敵增援續達，再以飛機、戰車陸空協同掩護第十旅團搶險在東榮華以北架設浮橋，乘夜強行渡過滹沱河，急趁十六日黎明，逕向龍王堂主陣地攻擊。第六十五師補充營以果敢之行動，急行出襲敵之左側背，不惜犧牲，以寡擊衆，頓挫其鋒，達成抑制敵人分散其火力的目的，激戰二日，傷亡均極慘重，卒致敵軍彈藥消耗很大，因而不得不停止射擊，被迫改取守勢，以待飛機空投接濟，並盼後援。十七、十八兩日，敵兵力增加，遽然以重砲掩護攻擊，施行近戰，逐步進撲，屢起高潮，反復衝殺，聲震山谷，白刃肉搏，日必數番，瞰制敵人，莫能進展。一九五旅堅守陣地，苦戰數日，官兵傷一千三百餘人，晝夜支撐，已感極度疲憊，遂於十八日夜間奉命撤回休養整補。

當十月十七日龍王堂進行慘酷激烈的戰鬥時，火光刀影，血肉橫飛，張任遠連長身被數創，仍浴血奮戰不已，該連官兵全部犧牲，猶不後退，高喊「復仇」！要與陣地共存亡，營長睹狀，爲之吞聲，強行搶救至營部，親爲裹傷，命兩兵擔架送後方醫院療治，張連長說：「我的傷勢很重，生命已無希望；現在陣地情況危急，正需要戰鬥兵，不可因我而影響戰力，請營長將我槍斃，解脫我的痛苦。」營長不忍，送離營部五六公尺，以流血過多而死。張連長成仁，可以說是標準的執干戈衛社稷的忠勇軍人，已盡了最大的努力，作了最後的犧牲，捍衛民族，報效國家，祇可惜沒能夠在那兒豎立一塊石碑來紀念他和全連弟兄，以及那些爲國犧牲的人。

這一天，同在龍王堂這一線陣地上，出現郭發祥盤腸大戰日軍的壯烈事蹟，確是古今中外罕見的史例。郭發祥是河南省方城縣人，民國四年生，方面大耳，見義勇爲，高級小學畢業。民國二十一年，本軍駐防南陽一帶地方，因而投效軍部爲勤務兵，我見其忠勤職守，於二十三年送入「第十一路軍士兵訓練所」受訓，結業後，派任軍部參謀處准尉司書，旋調司務長（即後之「特務長」、猶今「行政官」）。抗戰發生，已升爲第六十五師師部補充營少尉排長。十七日，參與龍王堂慘烈戰鬥，連內官長先後陣亡，士兵死傷很多，郭發祥在一天之內，而中尉排長、而副連長、而連長，連升三級，銳出陣前，喋血搏鬥，忽腹中砲彈爆片，大腸墜出，乃自裹之，再與敵戰，數卻數進，殺敵很多，敵軍驚呼「盤腸大戰」，勇士之名馳揚全線戰場。陣地幾次失而復得，終以流血過多，傷勢不支，當即指派排長代理職務，囑全連官兵堅守陣地，復相偕護持重傷兵士數名同行，僅數百步，未達營部，以腹破疼痛難支仆地，營長聞訊馳至，目睹其英勇慘狀，堅囑忍耐，擬送至後方醫治，郭聲色俱厲義正詞嚴的說：「…在這戰況激烈，陣地力弱之時，派人護送，勢必削減戰鬥力，豈可以一人之生死，危害戰局，請速賜死！」營長不肯，正爭執間，郭即高呼「中華民國萬歲！蔣委員長萬歲！十五軍萬歲！」自行裂腹壯烈成仁，死年二十三歲，瘞於戰場。這種公忠體國，捨身取義，大無畏的精神，眞可驚天地而泣鬼神，以是戰地軍民尊之爲「忻口之神」，英風萬古，靈爽式憑，捍衛社稷，常佑中華民族。日酋板垣征四郎曾親爲之立碑敬禮，稱曰「支那勇士」，藉以激勵他們的官兵效法這一種勇士精神。

按板垣征四郎是侵略中國的死硬派，日本本州北部岩手縣人，明治十八年（西元一八八五年）生，陸軍大學畢業，和土肥原賢二、岡村寧次等爲陸軍士官學校第十六期同學；三十七年、以少尉軍官參加日俄戰爭，歷任駐中國派遣軍參謀、參謀本部部員，駐華公使館副武官、補佐官、步兵第三十三聯隊長；昭和四年（西元一九二九年）、調關東軍高級參謀，同石原莞爾策畫「九、一八」事變，嗣任僞滿州國最高顧問、關東軍參謀長；七七事變、調任第五師團中將師團長，擴大侵略戰爭；翌年，入近衛文麿内閣任陸軍省大臣；次年，調任中國派遣軍總參謀長；十六年，晉級「陸軍大將」，任朝鮮軍司令官；二十年春，任第十七方面軍司令官，旋調第七方面軍；敗戰後，被「遠東國際法庭」以屠殺中國人民的罪行戰犯，判決執行絞刑，這是惡魔的下場。

民國二十八年春夏之間，參謀總長何應欽將軍在洛陽舉行軍事會議，曾問我有關郭發祥盤腸大戰經過情形，爲之肅然起敬，云將編作軍中精神教育教材，啓發和激勵全國兵心士氣，發揚忠勇抗戰精神，以爭取最後勝利。說來在一個長期的民族自衛戰爭中，眞不知有多少無名英雄烈士，而那些人的崇高精神，實在要比有名的更爲偉大！他們既不爲名，又不爲利，純粹是爲國家民族的獨立生存而奮鬥犧牲，埋沒姓名，怎不令人敬佩！

二　轉進韓侯嶺

繼續再說（民國二十六年）十月十九日拂曉，敵復出動空軍機群及優勢砲火轟擊我十五軍靈山主陣地，以掩護其步兵向全線進攻，戰鬥非常激烈，上午十時一度突破靈山陣地，兩側守兵乘其立足未穩，急起逆襲，將突入的三十一名敵人全部殲滅，靈山陣地得以恢復。戰至下午三時，陣地又被突破，再經兩側守兵勇敢奪回，鹵獲步槍約一百支，敵遺屍一百多具。二十日下午，敵機八、九架迭次出動轟炸靈山陣地，幾成火海；地面之敵亦加以山砲、野砲數十門，集中火力，瘋狂發射，彈如雨落，勢甚兇猛，迄至日暮，仍未停止。

我判斷當面敵人的企圖，想在夜間攻奪靈山陣地。無奈靈山限於地形，僅設置一線陣地，不能縱深配備，以致成爲忻口方面全線陣地中最弱部分，若被攻破，以南地區全是平原，無險可守，其他方面，山脈綿亙，還具有相當縱深地帶，不易攻破，由於這種原故，即抽調第三八二團秘密轉移於靈山陣地附近埋伏，伺機打擊來犯之敵，果然不出所料。

二十日夜十時，日軍二三千人猛犯靈山陣地，守軍待其進至陣地直前，集中火力，起而予以奇襲，當頭重創，傷斃敵數百名，狼狽潰退，第三八二團更是趁勢追擊至東榮華以北橋樑附近，正在痛撻之際，敵戰車忽出掩護其敗軍回頭反撲，追軍以天色將亮，爲避免空襲起見，乃返原防，計殲敵二百多名，鹵獲步槍二百多支，重機關槍八挺。

十月二十一日，上級指揮部以十五軍陣地過於廣闊，且連日苦戰，傷亡衆多，恐疲勞過甚，即派高桂滋率其十七軍來受祿鎮（在忻口鎮東二十里），洽請換替任務－十五軍改充預備隊，俾資休息調養，以恢復戰鬥力量。我本於抗戰禦侮，袍澤一體之義，深知十七軍在南口（在河北省昌平縣西北四十里，當居庸關南偏東四十里之口）作戰之後，實力已耗損很大，全部武器亦不過二千多支步槍而已，怎麼負擔起四十多里全線陣地防守任務？恐將對整個戰局增加許多顧慮，故僅把龍王堂陣地調整付予十七軍，大部陣地仍由十五軍防守。此時仍著三十三軍在東北方五臺縣向東對臺懷鎮（在五臺縣東一百二十里五臺山中）施行警戒，注視敵人動態，以免影響戰局。

十月二十一日至十一月二日之間，戰況較爲沉寂。蓋因靈山當面之敵，屢攻十五軍陣地，頻遭挫折，以致鋒頓兵疲，無能爲戰，而形成一種膠著狀態。雖然陣地前面沒有戰事，可是陣地後方東南約二百里遠處，卻發生了極大變化，敵軍竟由晉東突入，北線情勢頓壞，後路吃緊，幾成不可收拾的局面。

先是日軍第二十師團（川岸文三郎）於十月二十六日由冀西井陘突陷娘子關要地。娘子關在山西省平定縣東北六十里，河北省井陘縣西三十里，亦名葦澤關，為控扼冀晉間之要隘。三十日，敵已西竄平定附近，正加緊進迫太原中。

第二戰區司令長官閻錫山亟命忻口鎮防線各部守軍南撤，向太原市以北七十里青龍橋鎮之既設陣地布防設守，以保衛太原重鎮。——它是山西省的省會，西濱汾河東岸，背山面河，四塞險固，更是居高屋建瓴之勢，為政治、軍事、經濟、交通、教育、文化、工業之中心，城垣磚石相，周圍二十八公里，七座城門：北曰「鎮遠門」，東左曰「迎輝門」、右曰「宜春門」，南左曰「首義門」、右曰「迎澤門」、西左曰「振武門」、右曰「阜成門」，氣象甚雄，太原兵工廠即在其間。

十一月二日夜間，忻口鎮防線各部軍奉令撤退。本軍即向忻口鎮東南高地楊興鎮開始轉移。三日晨、敵機械化部隊跟蹤猛追，其飛機亦群出更番狂炸，各部軍無法立足，乃再南移太原城北郊占領陣地，卒以東山失陷，受敵瞰制，遂西過汾河與敵對峙。而本軍於是晨復奉命向南急進，指定在太原以南沿著汾河西岸占領陣地，但局勢已很惡化，太原周圍情況，非常紊亂，人民亦爭相出城逃難。當時由於通訊器材缺乏，没有完善的通訊設施，長官部發布命令未能對各部隊規定行進路線，以致常常發生有十幾個大單位（軍、師），都在一個道路上齊頭併進，人喊馬嘶，阻塞不通，不但擁擠雜亂，遲滯行動，甚至大小車輛亦爭先恐後，各不相讓，每每引起各軍之間自相衝突，倘若再遇敵軍追擊、或是空襲，又將何以自處？這種現象，是多麼可怕而危險的事啊！太原城就在這樣情形下被守軍傅作義甩掉了。

四日下午，本軍行至太原城東，正要進入小店鎮，而敵之第十四師團（土肥原賢二）、及第二十師團（川岸文三郎），已先占踞小店鎮（舊名小店堡，在太原東偏南三十里），僅有橋樑可渡汾河，奉命扼守，掩護大軍轉進，即時令第六十四師一九一旅布防南岸，俟各軍渡過之後，便炸毀鐵橋，遏阻搶渡之敵，整日苦戰，傷亡慘重，待大軍安全遠去，始行撤走，不計犧牲，終於達成任務，保全數十萬軍實力，原因是第二戰區指揮系統完全被摧毁，左右兩翼守軍亦都早於先一日撤防退去，無通報、無消息，好像群龍無首，陷於一團糟狀態，實在危險！以致本軍猝不及備，驟然和敵軍遭遇，發生一場大混戰，以劣勢裝備在敵人砲兵、飛機聯合轟炸之下，奮起抗鬥，血肉横飛，死傷枕藉，其狀慘不忍睹，所賴戰鬥意志堅強，犧牲精神旺盛，故能不爲饑疲所困，怒髮瞋目，握拳振臂，前仆後繼，浴血以進，與敵拚死爭鬥，卒以主客形勢均極不利，激戰至五日黃昏，乘敵疲憊休息之際，迅即脫離戰場，經由文水、孝義……轉進至霍縣以北之韓侯嶺，阻敵西犯。

韓侯嶺亦稱韓信嶺、舊名高壁嶺，在靈石縣南二十里，爲晉省南北要隘，上有韓侯廟，爲金章宗明昌年間（西元一一九〇—一一九五年）建，漢高祖擊陳豨，呂后斬韓信，函首東來，高祖還師至此，葬之嶺上，今廟後即韓侯墓。

忻口會戰是本軍參加抗日戰爭以來第一個會戰，起於九月十三日，止於十一月二日，歷時一個月又二十天，檢討此役敵我之優劣，綜得如下結論：

一、敵軍方面優點有四：

第一、訓練精良，行動靈活。

第二、裝備優良，機動性大。

第三、命令貫澈，動作協同，能夠得到分進合擊之效。

第四、攻擊精神旺盛，射擊技能優越。

二、敵軍方面的錯誤：

敵人在戰略上卻犯了棋失一著的差誤，其初以瘋狂之心理與不顧一切犧牲之攻擊，攻佔我忻口、太原後，因其精銳部隊被我消滅達數萬之衆，以損失過于慘重，不敢放膽前進叩我黃河渡口，擴大戰果，乃致坐失良機，使我得能重新選擇有利地形，扼險固守，阻敵前進，而確保我大後方之安全。

三、我軍方面優點有二：

第一、戰鬥意志堅強，犧牲精神旺盛，以劣勢裝備，在敵人砲空聯合轟炸之下，死傷枕藉，仍能奮不顧身，前仆後繼，與敵作殊死戰鬥。

第二、我戰略上之成功，敵人戰略為速戰速決，以迫我之屈服。而我以劣勢之裝備，不得不放棄平原之作戰，而將敵人牽入我有利之山岳地帶，以達成我持久戰之目的，而粉碎敵人速戰速決之企圖。

四、我軍方面的缺點有五：

第一、我軍正面太大，軍力分散，不能構成縱深之配備，時常招致一點破而全線潰，使整個戰場陷入不可收拾之境地。

第二、訓練欠缺，對于工事之構築、火網之形成，不知利用側防，致被敵人利用死角，以接近我陣地，施行近戰，而遭受慘重損失。

第三、我軍之武器窳劣，在每一部隊中配備之各軍火器，口徑均不一致，補給至為困難。

第四、通訊器材缺乏，不能組成完美之通信網，對于指揮連絡均感困難，誤時誤事。

第五、陣地轉進時，發佈命令者，對各部隊之行進路線，未有明文規定，以致常有十數個之大單位（軍、師）在一條道路上，齊頭併進，不但擁擠混亂，遲滯行動，甚至爭先恐後，各不相讓，每每引起各右軍間之自身衝突。倘遇敵人之追擊或空襲，又將何以自處？至今思之，尚有餘悸。

第四節　晉南游擊戰

日軍自竄踞太原後，即繼續向南進犯，圖謀消滅我抗日野戰軍，佔有山西，南渡黃河。

我第二戰區司令長官閻錫山於太原失陷後，擬在子洪口（祁縣東南三十四里）、韓侯嶺、兌九峪（孝義縣西三十六里）及吳城鎮（離石縣東六十里）之線，與敵人再決死戰，相機恢復太原，乃將所轄各部隊重新加以整編，並規定駐地如下：以衛立煌爲前敵總司令駐臨汾，第三軍（曾萬鍾）駐沁源，第九軍（郭寄嶠）駐臨汾，第十四軍（李默庵）駐趙城，本軍（第十五軍）駐霍縣聖佛村，第十七軍（高桂滋）由離石向平遙開拔。

一　太岳、呂梁山區之役

民國二十七年二月間、敵第一軍司令官香月清司以第五師團（板垣征四郎）、第六師團（稻葉四郎）、第二十師團（川岸文三郎）主力由太原方面沿著同蒲路地區南進，本軍首當其衝，在太岳山區韓侯嶺阻擊敵軍，而發生會戰。

太岳山即霍山、一名霍太山，在霍縣東三十里，周二百餘里，主山標高二千六百公尺，北接平遙、介休、南接安澤、浮山，東接沁源，西接靈石、趙城……諸縣界。

本軍於韓侯嶺反擊敵軍，血戰旬餘，迭獲勝利。不料第十八集團軍（共軍）第一二九師劉伯誠部竟開放晉東南黎城縣東北二十五里之東陽關，縱敵第一軍之第一〇八師團（下元熊彌）由豫北涉縣深入晉南之臨汾。本軍以後方要地失陷，戰局惡化，致前功盡棄，乃放棄鐵路沿線之狹形地帶，轉移至汾河以西之呂梁山區，採取攻勢游擊，以極巧妙的運動戰術，憑藉有利地形，打擊敵人。

呂梁山在晉西離石縣東北八十里，標高二千二百二十一公尺，北接方山縣，東接汾陽、孝義、汾西三縣，西接中陽、石樓、隰縣諸縣，南接蒲縣、襄陵、鄉寧數縣。

三月下旬、敵第二軍（西尾壽造）第一〇九師團（山岡重厚）進犯呂梁山區。本軍奉命駐防並警戒蒲縣以東及以南地區，與第八十五師（陳鐵）交界，隨時以游擊戰法打擊敵人。游擊戰之方法，即是乘敵不備，斷行襲擊，或於重要路口設置伏兵，待敵人到來，即用輕重機關槍予敵重大打擊；如遇敵之小部隊，即以熾盛火力殲滅之，如遇敵之大部隊，即先用最敏捷之手段予敵打擊後，急速與敵脫離，並破壞敵之後方交通，奪取兵站及輜重，使敵直接間接均感受困難，受到牽制，如此積小勝爲大勝，以空間換取時間，達到長期消耗戰之目的，實爲當時制倭寇死命的關鍵。

三月十七日、本軍在蒲縣以南地區，與敵約三千人激戰終日，敵傷亡二百人，我傷亡百餘員名。三月三十日、敵由臨汾增兵。四月二日夜，我六十四師楊天民旅之一連於蒲縣城東南之南溝村及汽車道東土地廟疙瘩兩處，對李家溝、張家疙瘩一帶設伏，準備截擊敵人。四月三日、有敵汽車五十餘輛，載步砲兵三百餘人，駛入我化樂鎮（蒲縣東）伏兵陣地附近，炸彈隊即開始集中投彈，伏兵亦猛烈射擊，此時敵車停駛，其步、砲兵下車後，即向我陣地猛攻，同時又有敵機四架及步砲兵向我集中轟炸，敵汽車與部隊遂乘機逃去，此役獲敵槍彈及軍用品甚多，敵傷亡約二十餘人，我受傷兵二名。四月八日、蒲縣敵二百餘人，附砲一部，被本軍在蕭家溝（蒲縣東南）截擊，擊斃十餘名，敵遂東竄，本軍並將化樂鎮以北公路破壞七處。其後本軍奉衛副司令長官立煌令爲「南路軍」，負責殲滅蒲縣及黑龍關（蒲縣東南三十二里）方面之敵，先以主力肅清沁源、蒲縣一帶之敵後，再圍殲侯馬（曲沃西南十五里）南北沿線之敵。

四月二十二日晨、六十五師一九四旅姚旅長（北辰）率部向董家圪垛（蒲縣城西南）方向進攻，並以一部向翠屏山（蒲縣南）佯攻，於七時佔領董家圪垛，敵退至小窯，野堡頑抗，約有五百餘人，我軍即設法將其誘出殲滅，是役敵傷亡六、七十人，我傷亡官兵百餘名。四月二十四日、接閻司令長官命令：

「第十五軍劉軍長、第六十一軍陳軍長（長捷）、第六十六師杜師長（春沂）、密命令：一、茲爲迅速打通晉西南北交通，並準備收復臨汾、汾陽計，著第十五軍派兵一旅，六十六師派兵一團歸陳軍長長捷指揮，從速消滅蒲縣之敵。二、第十五軍主力確實佔領黑龍關，阻絕由臨汾增援及由蒲縣東竄之敵，除分電外，仰即遵照，妥爲部署，迅速實施，並將開始日期報查爲要。閻。酉行參戰印。」

我於奉命後、即將姚北辰旅（一九四旅）撥歸陳軍長（長捷）指揮。

五月三日、據姚旅長北辰電稱：

「一、由土門（臨汾西北五十里）增援之敵，於本日拂曉前陸續西竄，當令楊團跟蹤追擊，以本旅三八七團置范頭村、石堆村一帶堵截。晨六時，敵竄至范頭村以南高地，當經該團迎頭截擊，敵我激戰甚烈，自晨至午，該敵未獲通過，惟敵砲兵在東神山（蒲縣南）頂佔領陣地，以猛烈火力射擊，敵因藉砲火掩護，遂沿東南山向蒲城竄去。二、三八八團向腰里方面奮勇進攻，已將腰里佔領。三、六十四師邢旅長（清忠）帶兵一部，今日到前莊上、化樂鎮、蕭家溝一帶。」

我乃令姚旅長督飭各部，協同友軍竭力前進，以期消滅敵人，並令邢旅策應攻擊。四日、姚旅攻佔蒲縣東北之黃堡及東關北之三小堡，敵猛烈反攻，我傷亡連排長以下十餘人，退據大石壘。

五月五日晨，敵一部約四百餘人，砲四門，由臨汾西進，已達黑龍關，與我邢旅對戰。

六日、據邢旅長電稱：

「敵刻仍在騄倫疙瘩、前莊上、蕭家溝與我相峙，昨午至今早，敵向我猛攻，經我痛擊，敵傷亡枕藉，並斃馬騾二十餘頭，餘約四百人竄至蕭家溝附近，與我路團對峙，已令該團二、三兩連及第五連向敵牽制側擊。」

同日、姚旅長電稱：

「蒲縣城內之敵約二百餘，向我龍頭嶺陣地攻擊，激戰三小時，肉搏數次，斃傷敵三十餘，我傷亡官兵八十餘人，刻仍在紀家橋以南高地對戰中。」

七日、又據邢旅長電報：

「當面之敵本晨拂曉前分股西竄，經路團痛擊，該敵向洛陽村逃竄，計斃敵二十餘，獲子彈甚多，我激戰兩日，傷亡官兵百餘名。」

本軍姚旅及邢旅一部與友軍協攻蒲縣之敵，奮勇爭先，經數日激戰，終於在五月九日晨克復蒲縣，敵向臨汾方向退去，姚旅亦歸還本軍建制。

九日晚、本軍奉命東渡汾河，沿鐵路南下，並將霍縣以南鐵路破壞數段。嗣因敵挾強勁兵力，圍攻曲沃、侯馬、絳縣等三角地帶，本軍亦奉命迅速向南渡過澮水（流經曲沃縣南、發源於翼城縣東南澮高山，至新絳縣注入汾河），圍攻曲沃、侯馬之敵。此後，我軍即將戰場轉至晉南山岳地帶，一面在第一線上相機發動有限度的攻勢和反擊，一面於敵人後面發動廣泛的游擊戰，迫使敵人困守點線，以加重消耗疲憊其兵力，以達持久戰之目的。

二　晉南三角地帶會戰

五月二十六日，據姚旅長報告，我駐新絳之三八七團陳營於是日晚派兵一部攜帶煤油，將該處敵之汽車木橋燒燬。二十七日拂撓，敵百餘由新絳城東南徒涉，被我守兵用機槍掃射，敵傷亡甚重，乃竄入城內，我受傷士兵十人，獲敵旗、皮包、帳幕、慰問袋、地圖、信件等。午後三時、又有敵三十餘人，帶械彈兩擔，由西侯馬分別向汾上、白店我三八八團陣地襲擊，均被擊退。同日，我並將邢旅戰況向閻司令長官報告：

「長官閻：密。戰況：一、宥（二十六日）午馬莊敵約二百竄張坪，先用砲火向我觀莊、褚村邢旅武團陣地射擊，繼以步兵向觀莊後小堡進攻；同時牛村之敵百餘亦向褚村陣地進犯，我官兵沈勇應戰，敵未得逞，至夜深尚在對峙。二、宥十三時，敵百餘向我東台陣地進犯，激戰甚烈，敵受挫撤退，我受傷官兵十餘，亡二十餘，謹聞。職劉茂恩。沁巳印」

五月二十九日、奉衛副長官（立煌）電：

「由右翼軍抽大部北進，阻截臨汾增援之敵，令我部推進上、下馬程村防地，繼續圍困曲沃之敵。」

我奉令後乃將六十四師配置於東、西高村、槐樹店、虎祁村、西黑村、新絳南關中村北一帶：六十五師配置於白店、宋郭、上白店、程村驛、籙東、林雀、東趙村、西趙村一帶。據武師長報稱：

「三十日晨、敵以三、四百人附野砲六門、向我東高村及東南前進陣地轟襲，經我三八三團猛烈射擊，敵迭有傷亡，未能前進，至十二時，敵復增兵分向東高村東北高地及槐樹店進攻，其牛村（侯馬西北）之敵砲，同時向虎祁村射擊，戰況激烈，敵我傷亡甚重。」

三十一日、復據武師長電稱：

「刻敵增至一千四、五百人，分攻我東高村及槐樹店一帶，自早四時至現在仍激戰中。三八三團常營傷亡殆盡，僅餘八人，常營長受傷，該團姚營亦傷亡慘重，東堡已被敵人衝入。」

六月一日、武師長報稱：「晨七時，敵佔領西高村，萬分危急，當令王營欠兩連馳往增援，並令極力固守」。十一時又報稱：「敵自佔乾寨後，以砲火集中將西高村寨垣摧毀，同時繞攻西高村左右兩側，我官兵因傷亡太重，至九時，西高村卒被敵人佔領，我姚營長受傷。兩日以來，我三八三團第二、第六兩營官兵幾乎全部壯烈犧牲，敵人之傷亡亦倍于我。」我於獲電後，於四月三日夜令六十五師姚旅長由白店抽派三八八團部隊向槐樹店、東瓦窯場進攻；並令武師長速令張王村陣地與槐樹店連絡，拚死抵抗。六月四日，並將上情電知閻長官部。同日、我六十五師一部攻至西侯馬寨牆附近，與敵激戰。武師與唐淮源師各一部向張王村夜襲，與約六百之敵激戰徹夜，敵我傷亡皆奇重。

六月五日、我南路軍總攻曲沃、侯馬，本軍與曾萬鍾軍主力猛撲西侯馬、張王村亙南關之線。六日、由曲沃西犯之敵主力在原村附近繼續猛撲南關（新絳縣南），並準備架橋材料甚多，似有渡河突圍企圖，本軍除連繫唐師積極向該敵逆襲，防其竄渡，餘由陳村、上下馬宋、郭汾、上白店之線向侯馬、牛村猛攻。至七日，本軍已進展至張王村以南高地南關，連日以來，激戰甚烈，斬獲頗豐。

六月十三日、據馬旅長（其臻）稱：今早八時半，敵機四架在我陣地附近盤旋，三架向西南飛去，一架被我擊落於西侯馬西北，距姚旅陣地約六百公尺，三八八團王團長令第三營派隊前往襲擊，西侯馬之敵人亦向我阻撓，雙方發生激戰。

按此三角地帶之游擊戰，由於日軍志在必得，故出動各式武器，戰況極爲激烈，我軍浴血抵抗，雖不稍退，然以血肉之軀，難與新式武器火拚，故兩月以來傷亡慘重，因而又奉命棄守，繼續向絳縣西南地區以及橫嶺關（絳縣南五十里，爲中條山要隘，與垣曲縣交界）一帶部署，側擊南下及西進之敵，固守中條山脈，破壞同蒲路南段之交通。此後完全分散在山地瞰制敵人，經常主動地以游擊方式潛至敵人據點附近，予以伏擊襲擾，使其別無發展，無法完成圍攻之計畫。

三　橫嶺關地區之役

七月八日、由曲沃南犯之敵，其一部三百餘人於午後一時，向我東冷口（絳縣西南）以東陣地進攻，被我守軍擊退。

九日拂曉，敵約四、五百人繼向我東嶺溝、馬家山陣地進攻，仍未得逞。七時，敵軍以輕砲兩隊在北楊村附近佔領陣地，向我東冷口陣地猛攻，我守兵奮勇應戰，計計斃傷敵約二十餘人，我受傷官兵七人。

十日、據武師長報稱：

「一、自佳（九日）晚以來，由橫水鎮一帶分向我邢旅楊家山、東梁上及其以西各地進攻，砲擊千五百餘發，並施射催淚彈，戰況極烈，雙方死傷尚輕，現仍在激戰中。二、灰（十日）未敵步兵五、六百，騎百餘，砲四門，由橫水向三河口我陣地後迂迴，已令楊旅長嚴加戒備。」

是日、本軍奉命在張馬及橫嶺關間部署陣地，與友軍夾擊由沁水東西移竄之敵。

二十日、據武師長報告：

「本午、敵全數竄至官店以北（由皋落鎮北潰），我楊旅單營即將該處佔領，計黑峪以西山上尚有敵掩護隊，已派兵前往驅逐該敵。孔營未刻到馬窯、劉四治截擊，適遇敵騎及車輛正向北退，經該營分頭猛擊，將敵截為數段，斃傷敵四、五十人，後以敵掩護隊馳至夾擊該營，遂撤至官罏場以北高地與敵對峙，計獲洋馬一匹，慰問袋，雨衣、雜誌、地圖等物品。」

二十一日、武師楊旅（天民）馬團追擊北潰之敵掩護隊，次日（二十二日）午在轉山附近發生激戰，斃敵甚衆，敵向橫嶺關竄去，我奪獲砲彈百餘發，步槍二支、及防毒面具等甚多，殘敵仍據守横嶺關以南山頭，阻我進擊，楊旅仍予猛攻。二十四日、横嶺關東西之線有敵四、五百，砲三門，横嶺關、煙藥村間有敵三、四百，砲四、五門，續由東冷口增加三百餘，與我楊旅激戰至烈；同時，邢旅一部向敵右側背抄襲，斷敵歸路，午後四時，將煙藥村附近高地占領，至二十五日晨八時，横嶺關一部敵約二百餘人北竄，爲我軍截擊。

七月二十六日、我將兩日以來之戰況報告如下：

「長官閻：密。(甲)横嶺關以南及其東南各山頭之敵迭有增加，其砲兵敬、有兩日來曾屢向我轟襲，我邢旅正向該敵進擊中。(乙)我楊旅楊團養、漾、敬、有等日由樊家莊分向横嶺關以北及其東北地區之敵截擊，日來計斃傷敵人約五百餘名及馬騾甚夥，獲步、馬槍三枝，騾三頭。(丙)我邢旅敬（日）向窯村敵繞擊之一團，當晚與佔領該處西南高地之敵百餘接戰，當將敵擊退，並佔領該地。宥九時由横嶺關北退及由冷口南來各有敵三百餘，行抵煙藥村附近，被我預埋地雷炸死敵三十餘，復被該團及楊團六營兩連，並四十七師一連雙方夾擊，該敵倉皇佔領該處車站高地，至未時仍對戰中。職劉茂恩。宥中印。」

八月四日戰況，見魚戌（六日）電：

「長官閻：密。㈲孔師張團自東攻佔門樓溝後，繼向橫嶺關西南附近之敵進攻，戰鬥極烈，我傷亡官兵五十四名，敵傷亡尤重。㈡支（四）日敵步兵百餘、砲一門，向我六十五師姚旅王團七連原頭山陣地數度反攻。均被擊退，當晚敵復增兵二、三百，乘夜向我襲擊，激戰徹夜，該連連長力戰身殉，卒因彈藥用罄，乃於微（五）日曉撤疙瘩山原陣地，與敵對峙，計斃敵五十餘，我陣亡連長一，傷亡失蹤士兵十四，失步槍八、輕機槍、手槍各一。㈢江（三）日被我六十五師馬旅李團擊潰，散竄煙藥村附近之敵百餘，繼經該團搜索，殲滅殆盡，僅餘一、二十人東竄龐家嶺，復經該團王營圍攻，於十八時悉予殲滅，俘獲日兵一名，步槍七、馬騾三、軍刀三，朝鮮票百八十餘元，望遠鏡一付，中野等部隊公文多件及鋼盔日記、軍用品甚夥。據俘兵供稱，該股兵係下元兵團影谷輕重聯隊近嵐中隊，該中隊長及分隊長熊谷小野喜、小隊長與一，均於是役斃命。㈣經檢查所獲文件判斷，橫嶺關之敵係谷口師團、中野旅團、高樹聯隊，中野大隊。已令六十四師武師長督屬，並令六十五師王團協同孔（令恂）師，務將該殘敵負責殲滅等情。職劉茂恩。魚戌印。」

十四日、我繼續將九日以來的戰況電閻：

「長官閻：密．㈠橫嶺關一帶之敵高樹聯隊，近日來屢經我四十二師（柳彥彪）戾團（久哉）及六十五師王團（漢傑），分由石羊山、轉山協力進攻，互有傷亡。文（十二日）晚，戾團復以全力向石羊山當面之敵猛攻，激戰澈夜，以敵居高臨下，工事堅固，未能得手，我傷亡士兵卅餘，刻仍續攻中。㈡佳（九）日由橫水南援之敵約六、七百人，砲兩門，經我六十五師李團在煙藥村附近及其以南門樓溝一帶協力截擊，該敵一部南竄橫嶺關，大部佔據煙藥村以東高地，眞、文、元等日，該敵即集中砲火並有飛機兩架助戰，掩護其步兵，分向我張團煙藥村南地，並李團一三三、九一九高地一帶各陣地，數次猛攻，我官兵奮勇抵抗；同時，我六十五師楊團由北波（坡）橫嶺關東北數里，向煤爐店之敵進擊，戰數日、敵傷亡極眾，卒未得逞。元（十三）日午、我張團陣地前，殘留敵數百餘，仍與我對戰，其大部已分竄橫嶺關、煙藥（村）寨，計張團傷亡官兵五十餘，李團傷亡官兵三員名。㈢寒（十四）日早，敵百餘由橫嶺關沿大道西南山掩護空馱騾十四向煙藥村前進，經我楊團六連由北轅進出截擊，並以機槍迫砲猛擊，該敵遂狼狽北竄，其馱騾仍折竄橫嶺關。職劉茂恩。寒申印。」

十八日、續報如下：

「長官閻：密。㈠橫嶺關之敵仍在我圍攻中。㈡橫嶺關至煙藥（村）寨間，近共增敵約六、七百，砲三、四門，東西冷口有敵三、四百、砲二門。㈢冷口及其以南地區之敵約六百餘、砲二門，篠（十七日）十四時，分由馬家山、十八堰向我六十五師馬旅李團四嶺山（馬家山東南）、及半截塔、十八堰東附近陣地進犯甚急，我官兵沉著抵抗，激戰至巧（十八日）敵未逞，嗣又由橫水經冷口增派敵二百餘、砲二門，向我繞擊，同時，當面之敵復向我猛攻，並集中砲火向我轟擊，約二時許，我因彈藥用盡，陣地摧毀，敵乘勢衝入，我官兵復與肉搏，卒因我傷亡過重，於巧九時撤至一三三、九一九高地以西以北各高地，與敵對峙，已令積極整頓，並令六十五師。三八八團（王文材）迅向該處急進，正協向該敵反攻中。是役斃敵百餘，我傷亡官兵百五十餘，奪獲步槍二支，手槍一支。職劉茂恩。巧亥印。」

十九日、拂曉戰報：

「長官閻：密。㈠皓（十九日）拂曉、令李團長督率所部第一營協同三八八團一部，向半截塔、四嶺山之敵反攻；五時許，各該部以奇襲之動作逼近敵前，施行猛攻，敵倉皇失措，略事抵抗，即向馬家山回竄，復經追擊，該敵繼向冷口方向竄去，遂將四嶺山、半截塔陣地完全恢復，同時派兵一連向龐家嶺、半截塔西南附近後方高地襲擊，當予驅逐而佔領之，殘敵竄至郭家莊頑抵，九時仍對峙中，是役我傷亡軍士一。㈡已令該團長派兵一連固守半截塔、四嶺山陣地，其餘部隊隊協同三八八團相機攻佔煙藥村、郭家莊，逐次掃蕩該處之敵，並截斷敵橫、冷交通。㈢據東嶺溝土民云，昨向我攻擊之敵，全係日人，於今晨被我擊退，均向冷口撤去，視其抬運之傷兵約在二百以上等語，除令督屬連絡孔（令恂）師繼向煙藥（村）一帶之敵夾擊外，謹聞。職劉茂恩。皓申印。」

二十日十時之戰報：

「長官閻：密。甲我六十五師馬旅李團及（姚旅）三八八團（王文材），本早分向煙藥村、十八堰、馮家山一帶之敵進攻，七時，李團已將郭家莊、煙藥村、東榆以東高地佔領，距敵約八十公尺，仍猛攻中。六時，三八八團即將馮家山佔領，西王口至煙藥村大道確實封鎖，冷口敵援隊三、四百，亦被該團擊退。乙十八堰敵約三、四百，又向我馮家山陣地反攻，正在激戰。同時一三三九一九高地左翼山麓發現敵約百餘，向該處左側繞攻，激戰至薄暮，卒將該敵擊退。丙六十四師武團本早派兵一部，由圪塔山向圓頭山（均在橫嶺東南十餘里）之敵進攻時，已迫近敵前約九十公尺，與敵激戰，當以敵佔山頂，仰攻不易，我傷官兵五員名，迄午仍在對戰中，除令各部繼向當面竭力猛攻外，謹聞。職劉茂恩。號戌印。」

二十三日、續報如下：

「長官閻：密。㈠橫嶺關至冷口間之敵連日增加共約兩千餘人，砲六、七門，佔據大道兩側各據點。職於皓（十九日）進駐燕家峪，督飭六十五師馬旅及三八八團，協同孔（令恂）師分由煙藥村東西地區，各向當面之敵夾擊，三日來，迭與激戰，先後將上，下半坡及煙藥南高地之敵擊潰，並佔領之，仍繼續進攻中。㈡連日六十四師路、武兩團，由南山及之石藍山、圪塔山分派小部向橫嶺關東南高地之敵擾襲，互有傷亡，養（二十二日）早、橫嶺關之敵向我四十二師郝團石羊山陣地進犯，當被擊退。㈢計三日來共斃敵約三百人，我傷亡官兵二百二十餘。㈣奉衛副長官號（二十日）戌電飭積極攻襲，如據點不能即刻奪取，應一面堅困以主力繞攻敵後等因。遂已令孔師以有力一部進出冷口以西地區，以橫水為目標，並令三八八團進出冷口以北，於橫水、冷口間分別向西援之敵襲擊，其餘各部仍圍困，竭力擾襲，相機攻擊中。職劉茂恩。樣巳印。」

八月二十七日、再向閻電戰況：

「長官閻：密。㈠橫嶺關之敵三百餘，有（二十五日）辰，在其砲火掩護下，向我四十二師王旅石羊山及一一〇九高地進犯。煙藥村以東之線，漾（二十三日），敬（二十四日）兩日向我孔師張團門樓溝一帶陣地攻擊，均被我擊退。㈡有（二十五日）八時、敵四、五百騎兵，馱騾各一部，由冷口向橫水急進，經我三八八團在白家澗腰擊，頗予重創。㈢孔師宋營今晚向橫水西南附近之敵襲擊，當斃敵十餘，殘敵向橫水竄去。㈣我六十四師路尚有團及六十五師馬旅，連日分派小部，由轉山以東及煙藥村以東地區，各向當面之敵攻擊，均甚得手。㈤連日斃傷敵約數百名以上，我傷亡士兵五十餘。職劉茂恩。感午印。」

九月初，我軍奉命擔任同蒲路南段、臨汾以南之襲擊與破壞，以達牽制及分散敵力之目的。此時，橫水鎮及絳縣以西有敵千餘人，東西楊村（絳縣城南十里）有敵七、八百人，九日，以其一部與由曲沃南犯之敵約四、五百人，會攻絳縣，本軍乃以主力向冷口以北進擊。十一日午、絳縣之敵步騎三、四百，砲數門，經古龍南犯，被守東西南城之三八八團擊退。十二日晨，我便衣隊襲擊絳縣東關，斃敵十餘人。十三日晨，橫嶺關之敵百餘，在砲火掩護下，向我石橋山路團陣地進犯，我軍據高斃敵甚衆，敵始終未得逞。十四日，我三八八團進至義溝橋（絳縣東十里）、渠頭村（絳縣東）伏擊絳縣東竄之敵約三百餘，激戰至午，斃敵百餘，殘敵向許家坡（絳縣南）潰竄。另有曲沃之敵二百餘人，竄據南燕鎮（曲沃東南），亦於是日經我武師屈團派隊擊退。十七日晨，橫嶺關方面之敵（一〇八師團、一〇三及一〇五聯隊），一部南向石橋山、轉山西本軍路團進犯，被擊退，斃敵十餘人，奪獲步槍、戰刀各一。

九月二十、二十一兩日戰況，經向閻長官報告，電文如下：

「長官閻：密。㈠絳縣之敵，連日增加步砲兵六、七百，其一部五百餘，附山砲四門、迫砲六門，哿（二十日）向我六十五師。三八八團郭家莊陣地猛犯，並以一部向我迂迴，經該團官兵拚死抵抗，肉搏混戰，至馬（二十一日）十三時，我因奉令變更部署，當令該團撤回，仍命馬旅與該敵對峙，是役我傷亡營長以下官兵八十餘名，敵傷亡尤重。㈡我孔師翟營巧夜抵宋莊、柳莊伏擊，皓寅敵百餘、大車數十、由冷口向橫水運動抵該處，經我伏兵突擊，敵受重創，我獲戰馬三四，文件甚多，偵知該敵係北支派遣軍土肥原部池甲砲兵隊谷口隊。哿（二十七日）寅步、騎、砲連合之敵約七、八百，由飛機三架掩護，向該師常團大小牙壑、東山坡底一帶陣地進犯，經該團奮勇痛擊，戰鬥極烈，迄馬巳仍激戰中。兩日來，殺傷敵人甚衆，該團傷亡連排長四、士兵二十餘名。職劉茂恩。養卯印。」

二十二日至二十五日之戰報如下：

「長官閻：密。甲衛副長官漾酉電：聞喜以東及橫嶺關、絳縣之敵分向垣曲東犯，著職部爲『北路兵團』，並置重點于左翼，阻敵南下等因。適值五十四師王旅橫嶺關西南石羊山陣地被敵攻佔，情形緊急，當令六十四師欠兩團附六十五師三八八團，在橫嶺關以南之言家山，經轉山以東韭菜崖，佔領陣地；六十五師馬旅在陳村峪、毛家口、蜂崖一帶佔領陣地。乙自養迄有（二十五日）、敵陸續增加二千餘，分由樾家莊、穎家口、索家村、九崖、先後向該（馬）旅陣地進犯，晝夜激戰，官兵拚死抵抗，刻仍激戰中。丙横嶺關之敵，數日向我轉山及其以南陣地猛攻砲擊，漾日偷渡轉山，前進至劉莊治之敵，約步兵二千餘，砲八門，向我三八八團陸窯、劉莊治以東陣地、及六十四師三八一團陣地猛攻，該兩團死力抵抗，迄晚尚在激戰中。丁連日我傷亡奇重，正在調查，敵傷亡尤重。職劉茂恩。有戍印。」

按「北路兵團」之任務，是在横嶺關大道以東及以北地區，阻敵南犯；另有「南路兵團」由曾萬鍾指揮第三軍、第九軍欠高旅附柳師王旅，在横嶺大道以南以西部署，並由左翼出擊向右迂迴，將敵包圍殲滅；「東路兵團」由劉戡指揮，佔領蒲掌以東之既設陣地線，相機由茶房以北轉移攻勢。以上三個兵團之目的在於各個擊破敵人。

二十六日拂曉，敵復在砲火掩護下，傾全力向我蘇白梁、龍王峪、接拜梁互劉莊治之線陣地猛攻，主力指向横皐大道，尤以龍王峪、劉莊治東北一帶爭奪至烈，我官兵幾乎傷亡殆盡。我軍爲誘敵深入，又改變部署，避開大道正面，分別集合機動兵團，由敵側背予以逐段擊滅，本軍則奉命以東桑池（横嶺關以東）南北地區爲根據地，側擊横嶺關南下及其以北之敵。

由於我軍之奮勇，不顧犧牲阻擊敵人，至十月中、垣曲方面之敵已漸向北撤退，我奉令派隊襲擊敵人陣地，當令六十四師邢旅長率隊由絳縣南里册峪向臯落以北之線急進，襲敵退路。十月十四日十時、敵數十由黑峪竄上王村騷擾，邢旅長當令三八二團機槍連編便衣隊潛往圍擊，巷戰一時許，斃大澤中士一名、兵三人，獲戰刀、馬槍各一、僞鈔三十餘元等，敵潰竄而去。午夜，三八一團裴營向下坡底之敵約百餘人襲擊，適敵大部正在窯內，當以炸彈向窯門猛烈投射，斃敵數十、騾馬十餘匹。嗣官店之敵數百，向我夾擊激戰，至一時，在該村高地與敵對峙，該團邢營同時分途向澗底及上澗村之敵襲擊，敵約四百餘，激戰歷二時許，因未得手而撤回，仍令分途向敵襲擊。

十六日、敵佔領橫臯大道兩側要點頑抗，我邢旅一部將澗底村、上澗村一帶千餘之敵擊敗，斃敵百餘，另一部進展至上王村、下坡底之線。

十八日、邢旅攻佔言家山，敵遺屍百餘具，狼狽北潰，我繼續追擊。二十日，爲肅清臯落地區之敵，乃攻佔龍王峪、接拜梁、轉山西南高地，與橫嶺關之殘敵對戰。

二十五日、我楊、邢兩旅以橫嶺關之敵正趕築工事，乃從南北兩面夾擊。

二十八日，僞皇協軍司令中村、副司令劉占勝率部千餘人，由絳縣北南樊鎭東向董封鎭一帶竄擾，被我軍一部痛擊，潰竄曲沃。同日、絳縣敵七、八百人、砲三門，向里册村、窯寺頭、絳縣東竄擾，至二十九日，被我軍楊團擊退。

十一月二日，絳縣敵六百餘、砲六門，經韓莊東擾，被我楊團一部截擊，折向郇王村（絳縣東北十五里）竄去。

十日，橫嶺關之敵增加六百餘、砲三門，於十一日分向我接拜梁一帶本軍陣地攻擊，旋被擊退。十三日、敵復進犯，仍爲本軍擊潰，回竄橫嶺關、絳縣南，我繼續追擊。

二十七日、橫嶺關、轉山、絳縣南之敵，以步兵千餘，砲八、九門，分三路向本軍東峰山及西峰山、言家山、柳林里之線郭軍孔師陣地進犯；敵四、五百人，由接拜梁、絳縣南向我軍邢旅古堆鎮以北陣地攻擊，並施放窒息性瓦斯，初爲白色，後變綠色，我三八三團官兵中毒甚多，皆嘔吐流淚，然我軍仍沈著應戰，與之相持。

按此時本軍部署仍在曲沃、侯馬、新絳與橫嶺關之間。

十二月九日晨，橫嶺關、轉山、絳縣南之敵三、四百，在砲火掩護下，繼續進犯古堆嶺、東峰山，被我邢旅擊退。

十日、十一日戰況電閻長官：

「長官閻：密。卅午及庚申電令職部酌抽編有力部隊，並發動民眾襲擊曲、侯及橫、絳一帶流竄之敵，限灰（十日）夜二十四時開始動作等因。遵令六十五師馬旅於灰夜二十四時由絳縣東磨里村出動，向曲、侯、橫、絳之敵襲截，六十四師派一支隊向絳縣附近之敵佯攻；頃據武師長眞（十一日）亥報告，本日寅派楊旅武團郭營長率兵四連向絳縣陳家村附近之敵襲擊，七時，與抵龍頭口處之敵接觸，激戰三時許，嗣敵增加山迫擊砲四門，向我轟擊，不易接近，遂以一部與敵對峙，一部向陳家村敵繞襲，未刻，抵該村東山，適値范村敵百餘南犯，與我對抗，戰鬥極烈，至晚我始撤回原陣地，是役斃敵三十餘，我傷亡官兵十三。又據馬旅長報稱，我李團眞晚抵南樊北之平樂村，分向塔兒山一帶急進，偵敵襲擊等情。職劉茂恩。文申印。」

十二、十三兩日之戰報如下：

「長官閻：密。戰況甲我六十五師馬旅李團，眞夜由曲沃東吉許村一帶赴蒙城鎭（曲沃西北三十里）、高顯鎭（曲沃西北二十里）間，破壞敵交通，因敵戒備甚嚴，未成功，文（十二日）晚復往破壞，並召集民眾三百餘隨往，十一時抵趙村北封王附近，將鐵路破壞三里許，砍電杆數十根，拂曉始行撤回。元（十三日）巳、曲沃敵，步九百餘，向該團二營施行威力搜索，經我截擊，斃傷敵十餘，馬數匹，刻該團仍在該處發動民眾續向殘敵襲擊，後撤至增村設伏，十時、敵百餘、砲二門，由絳縣向該村前進，待敵至距我二百公尺處，經我伏兵突擊，予敵重創，該敵狼狽北竄，敵傷亡四十餘，我傷亡兵二名等情。職劉茂恩。刪酉印。」

二十二日午時，我六十五師馬旅李團馬營派兵一連赴曲沃、蒙城，於安定村（曲沃北），遇敵汽車二輛，被我伏兵突擊，當即斃傷敵數十餘名，毀其汽車一輛，俘獲步槍兩支，子彈九盒及利刀等，我則傷士兵六人，嗣因敵兵增加，始撤回原陣地。

二十四日晨，敵步騎連合約四百餘人，砲二門，由商北蒙城（鎮）向曲沃東北方城之李團王營進犯，經我襲擊，敵未得逞。

二十六日晚，我姚旅張團長率兵四連，協同當地紅槍會襲絳縣東北之南喬及縣西北之西喬村之敵，於二十七日凌晨一時，乘其不備，以手槍、炸彈、大刀與敵肉搏，混戰兩小時，並放火焚燒，計炸斃敵隊長一人、士兵七、八十人，燒死敵二、三十人，燒燬迫擊砲一門、彈藥十餘箱、步槍二、三十枝，虜獲步槍七枝、馬騾十一匹、防毒面具，背包文件甚多，我傷亡官兵二十員名。

民國二十八年一月三日夜，我武師一部夜襲絳縣東南之龍頭口，斃敵十餘名。另馬旅進至曲沃以北與武師一部，迭向臨汾以南及趙曲鎮（臨汾南四十里）、蒙城一帶襲擊，因敵堅守據點，且施放瓦斯彈甚多，我軍受阻，因而襲擊未成功。

十日及十一日戰況激烈，電閻戰報如下：

「長官閻：密。絳縣之敵谷內師團之一部約千人、砲六門，灰（十日）丑東竄里册，分向我六十五師一九四旅三八七團（張奇）任家嶺、斜曲、西坑、牛蛋、里册、東南坡陣地，及一九五旅三九〇團（李澤州）一營窯寺頭陣地猛攻，各部隊奮勇抵抗，激戰甚烈，午後，敵火熾盛，張團之陣地屢被敵突破，我守兵前仆後繼，浴血逆襲，精神至爲壯烈。窯寺頭方面受敵瞰制，李團暫撤至郭家莊左右山頭，與敵對峙，薄暮，復經嚴飭各該部分別增加，向敵反攻，敵分向里册、衛莊撤退，復於眞（十一日）子將該地民房焚燒，紛向絳縣城內竄去，是役斃傷敵官兵百卅餘，我傷亡官兵百廿六員名。職劉茂恩。眞酉印。」

三十日，接蔣委員長寢午令亨電：爲便利起見，應將軍團長名義撤消，以免指揮機關重複，乃將我和孫蔚如、曾萬鍾、李默庵之軍團長職稱撤去。二月六日，我奉命接任第五集團軍副總司令職，總司令爲曾萬鍾，轄第三軍（曾萬鍾兼）、十五軍、以及第十七軍（高桂滋）等三個軍。本軍之兩個師，仍爲武庭麟的六十四師和由我兼任的六十五師師長。嗣後六十五師師長則改由旅長邢清忠接任。

二月十二日晚，絳縣之敵一部，步騎約五、六百、砲數門，東竄下莊、里册一帶。自十三日晚以來，敵藉優勢砲火掩護，分向官莊、窯寺頭我六十五師馬旅李、張兩團陣地猛烈進犯，並放射多量催淚性瓦斯，我官兵奮勇迎擊，激戰至十五日午時，敵終未得逞，復轉移主力向莽牛蛋、斜曲里東北附近我張團陣地，猛烈突擊，激戰至夜晚仍未停止，張團乃抽隊由張土村擊敵側背，是日斃敵近百人，我軍傷亡官兵數十人，總計我方自九日至十五日，共傷斃敵官兵一百七十三人。

十九日，我以參加「在忻口以東之靈山、及秦王嶺、絳縣各役，迭奏奇功」，獲頒「華胄榮譽獎章」。武庭麟師長也以「在忻口、太原南店鎮、韓侯嶺各役均著戰功，並於會攻侯馬鎮及橫嶺關二役予敵重創」，獲頒「華胄榮譽獎章」一座。

三月十二日、橫嶺關敵百餘人，東向毛家口、城溝里一帶我六十四楊團師陣地進犯，被擊退。計自三月二十七日至四月二日，我軍在垣曲、絳縣附近傷亡官兵十一人。

四月五日之戰況，見十日我給閻的電文：

「長官閻：密。微（五日）晨敵集合絳縣附近一帶之步兵千餘，砲七、八門，攻擊我八十三師（陳武）窯寺頭、磨里村陣地，並以一部攻擊我六十五師一九三團上寺頭陣地，激戰至午後五時，敵陸續向官莊河一帶撤退，是役我一九三團陣亡連排長各一員，士兵三十餘名，敵陣亡聯隊長一員，士兵三百餘名。職劉茂恩。蒸印。」

十一日、本軍攻佔絳縣東之喬村，續向絳縣圍攻。

十二日、本軍向絳縣外圍之敵掃蕩，高（桂滋）軍之主力分向橫嶺關西北煙藥村、冷口繞攻。

十三日、本軍與高桂滋軍合力圍攻絳縣、橫嶺關之敵，以一部遮斷橫嶺關敵後方交通，已迫近絳縣城郊，與敵激戰中。

橫嶺關附近之敵，自五月以來，即不斷向我軍陣地砲擊瓦斯彈，我李（澤洲）團乃於十五日夜襲絳縣西橫水鎮之敵，惜未能奏功。

二十一日拂曉、曲沃之敵，步砲連合約二、三千人，在機砲掩護下，沿曲翼道東犯，於下午四時侵入翼城，南經上、下白馬及東、西賀水一帶，經我軍與陳武師合力將敵擊退。

二十七日、我六十四師（武庭麟）一部向橫嶺關附近之敵進襲，激戰時許，斃敵十餘名。二十八日晨，該敵一部數十人向東南我軍陣地進犯，亦被擊退。

六月一日、三日之戰況，見支巳電：

「長官閻：密。東（一日）早盤據曲沃間樊店鎮之敵約四、五百，砲四門，南竄大交鎮（翼城西南二十里）西南高地困守，阻我游擊隊北進，維持其交通，經我李（澤洲）團圍攻，敵受重創。當晚經秦岡回竄曲沃，計斃傷敵四十餘，我傷士兵四名。冬（二日）夜，該團復派兵一營向秦崗之敵襲擊，並破壞曲翼公路十餘段約二公里，現該團仍在該處一帶活動游擊中。職劉茂恩。支巳印。」

八日夜，我楊團一部襲擊橫嶺關東南之敵，於拂曉後撤回。

十七日、十九日、敵二十師團主力及三十七師團一部，集結夏縣、聞喜、絳縣一帶。二十日，分路會犯垣曲，一路約二、三千人，於二十一日、由絳縣分別東犯我邢師（清忠）陣地；另一路策應橫嶺南犯敵千餘，會陷我軍武師言家山陣地，又繼續沿橫垣大道南犯，至二十二日進抵王茅鎮（垣曲北二十里）一帶，與我及郭（寄嶠）軍主力激戰。

二十三日，我軍向橫嶺關、皋落鎮大道，截敵歸路。

二十七日、向橫嶺關潰退之敵，經我軍與郭軍在馬家山、言家山、柳林里一帶（皋落附近）猛烈夾擊，斃敵甚衆，遺屍滿途，敵藉橫嶺關砲火掩護，分向絳縣、聞喜潰退。

七月開始，我晉南部隊部署出擊作戰計畫，以衛立煌爲南路軍總司令，轄第四、第五、第十四各集團軍。南路軍之任務爲：以一部監視佯攻張店鎮（夏縣西南）、橫嶺關、橫水鎮、翼城、浮山、安澤、王和鎮、權店鎮各據點，主力集結於各據點附近，誘敵脫離據點，予以殲滅；敵若固守不出，則將主力編成多數支隊，協同西路軍向聞喜、趙曲（臨汾南）間及趙城、介休間戰略上重要及容易出擊的地區活動，以破壞交通爲手段，襲擊行動之敵爲目的，使敵疲於奔命，陷於被動，乘其彼此不相顧之際，將其一舉掃蕩於三角地帶。

七月六日、七日戰況，見陽戌電：

「長官閻：密。魚（六日）戌向我邢師李圍興隆庵以南陣地進犯之敵，經我乘夜增兵，分途反攻，受創頗重，於虞（七日）子向北潰退，遺屍五十餘具，經我猛追，狀極狼狽，殘敵十六名未暇逃竄，退居興隆庵廟內頑抗，繼經舉火焚燒，悉予燒斃。曹家山一七〇〇高地對面之敵，亦於虞丑經令李、楊兩團分派部隊猛烈反攻，敵勢不支，經窯寺頭向南劉家方面退竄，當令李團乘勝追擊，虞未將郭家峨、南劉家及一四九六高地先後佔領，與退居吊山溝之敵對峙，此時復令六十四師之楊團單營，將馮家河之敵驅逐後，向吊山溝前進，因敵佔據高山，猛攻數次，卒以敵火熾盛，致未得手，乃令兩營撤至馮家河以北高地，與敵對峙，總計微（五日）至虞（七日）各戰役殺傷殲滅敵約二百餘，俘獲輕機槍一挺、步槍十支、旗三面、鋼盔三頂、防毒面具九付、文件多種，我受傷排長四、士兵一五七、陣亡連長一、排長五、士兵二十四；生死不明者四十，遺失輕機槍二挺、步槍九十支、手槍三支、損壞輕機槍七挺（內有四挺被敵砲擊碎）、步槍二（十）三支、手槍數支。職劉茂恩。陽戌印。」

七月八日、致閻電如下：

「長官閻：密。昨奉衛副長官魚戌天電：絳、翼之敵之敵現已東竄，有破壞我游擊根據地企圖，令職部邢（清忠）師撥歸陳軍長鐵（原八十五師師長，升任十四軍軍長）指揮，協助該方面作戰等因。當以張、楊兩團擔任曹家山及斜曲以西陣地守備，乃令該師長率所部李團及六十四師楊、邢、李三團各欠一營，進至馮家河東西席村，聽陳軍長指揮，擊敵側背。齊（六日）早以來，步砲連合之敵兩千餘，經我楊團郭營官兵沈著應戰，俟敵接近，集中火力猛烈射擊，擊斃敵百餘名，並殺傷敵騾馬二百餘頭，激戰至十三時，敵攻勢頓挫。至十七時，敵復增援，由丁家凹沿北磨子山南下，經郭營之機槍及與隆庵以南高地邢團迫擊砲夾擊，李團派隊在馮家河北高地側擊，敵倉皇紊亂，立即潰退，旋敵復以飛機砲火大肆轟炸，我前進陣地悉被摧毀，守兵一部堅強抵抗後，以眾寡懸殊，前進陣地遂陷敵手，我守兵終隨陣地作壯烈犧牲。該敵似有佔領東、西席村掩護其主力東犯之勢，已令該師佔領炭源河以南高地，連繫友軍竭力向敵側擊。是役斃敵三百餘，騾馬二百餘頭；我傷官長一、士兵二十、陣亡士兵四十、失蹤士兵九十六名。職劉茂恩。齊酉印。」

七月十日、我六十四師一部向橫嶺關附近之敵襲擊，薄暮後撤回，斃敵十餘名。

十五日、邢師一部向增村（絳縣東十里）一帶游擊，遇敵六十餘人，經我分路圍擊，斃敵二十餘名。

八月二日、在隆化鎮（翼城東）、及翼城等處之敵，二十師團七九聯隊連日來經我邢師與友軍攻擊，向西竄抵曲沃、侯馬一帶。

九月一日、有敵百餘、砲二門，由史村（曲沃東南，絳縣東北三十五里）向東進擾，經我邢師一部，在長千村、安峪村（史村東南）一帶截擊，斃敵三十餘，殘敵向翼城方向潰去。

八日晨，翼城敵二百餘人，以山野砲數門分向蘇必三澗（翼城西南）襲擾，經我邢忠師一部設伏夾擊，敵倉皇向范必？以西潰竄，計斃敵官長一員，士兵三十餘名。

總計自民國二十七年七月以來，至民國二十八年九月止，有一年多的時間，我一直率領本軍轉戰於絳縣、橫嶺關一帶，與敵激戰，予以重大之打擊，使受阻於晉南中條山區，不得進展。

至民國二十八年十月二十四日、我奉命任第十四集團軍總司令（前總司令衛立煌升任第一戰區司令長官），轄第九十三軍（劉戡）、第十四軍（陳鐵）及第十五軍（本軍）等三個軍；十五軍軍長由武庭麟師長升任，所轄第六十四師師長由姚北辰接任，第六十五師師長爲邢清忠。嗣後本集團軍之作戰地境，是以主力擔任陽城、董封、中村、張馬、木耳河地區之守備，以有力之一部在洪屯公路以南之敵後襲擊。

這（二十八）年冬，新派符昭騫（一名思漢，字孟騰，廣東海南島文昌縣人）爲本集團軍參謀長。他是雲南陸軍講武堂第十二期，三年畢業，嘗云與粵人葉劍英、文朝籍、文鴻恩爲同期同學。七年冬入北平陸軍大學第九期，二年半畢業。二十五年任第十四軍（衛立煌）參謀處上校處長；二十七年，調第九軍（郭寄嶠兼）參謀長，秋，調第一戰區長官部（衛立煌）副參謀長，轉任河南省幹部練團教育長，嘗言曾考取黃埔軍校區隊長，祇以教育長王柏齡召見談話不合去職。其人言大而誇，自號「小諸葛」，傲慢難以與人相處，乃滯留洛陽離去。後聞任九十三軍副軍長，未幾，復去。

此時中條山有一股土匪，以韓慶林、蕭長安爲首，原係某部隊之下級軍官攜械逃亡，先是打家劫舍，後來裹脅散兵游勇，偷襲地方民團，漸至不論國軍，日軍、共軍，遇有機會便行襲擊，竟嘯聚數千人，擾害山區，剿撫無效，我於二十九年春派邢清忠師予以肅清，斃其匪頭，永絕後患。

四　共軍破壞抗戰

自民國二十七年春，韓侯嶺會戰後，第十八集團軍朱德部，亦轉移於太岳山區之長子、屯留縣以北地區。其補給線，經中央規定爲自豫西之澠池渡河經垣曲、陽城、晉城、高平、長子等地而至遼州。名爲補給線，實際則是共匪成長壯大的陰謀。先是由其所踞之地區爲補給站或爲補給點，可以出沒無常，乘機打劫友軍，消滅友軍，擴充其實力，嗣經請准中央畫給補給線，無異使其所盤踞之補給點，延伸成一條線來，猶如水銀瀉地無孔不入，必至全面糜爛而不止，其對國家民族之毒害，眞不知伊於胡底？思之痛心。況此地處山岳區，形勢險峻，環境複雜，又恰好位于本軍防地之後，隨時都有吞噬本軍之可能，正所謂：「強敵當前，虎狼在後！」我有鑒於河北地區之匪軍賀龍、呂正操等部，曾於民國二十七年冬，用圍攻偷襲辦法，解決張蔭梧、喬明禮等部一萬餘人；且於民國二十八年秋，攻擊山東保安部隊，以及襲擊江蘇省韓德勤部等事實，遂有剷除消滅此心腹大患之計畫。

民國二十九年春，我以共匪連續攻擊我冀、察戰區鹿鍾麟及朱懷冰等部，逆跡彰著，罪無可逭。且匪部在其所謂之補給線各點內，異謀時出，爲害至烈，乃於二月間，派遣得力部隊，採行軍方式，於一夜之間，將其在本集團軍防區以內所有之補給站，悉數予以消滅，澈底消除心腹大患。事後，匪酋朱德，即急電洛陽第一戰區長官部詢問眞象，並謂此舉決非誤會，而係屬有計劃之行動，否則，絕不至於一夜之間，全線同時發生衝突，用意何在？限二日之內，明白答覆等語。我即電告長官部：「㈠**鹿鍾麟、朱懷冰均爲國軍高級將領，部隊亦爲正式國軍，設有失職，中央儘可依法懲處**

，且與十八集團軍毫無隸屬關係，不次襲擊友軍，足以證明共匪之叛變，業已昭著，亂臣賊子，人人得而誅之。㈡匪部之所謂補給站，遍在本集團軍防地之內，為自衛計，亦不得不然。㈢並請轉達該集國軍，今後任何官兵，均不得在本集團軍防區之內，有所停留，否則將隨時予以打擊。」當時一般僚屬，均唯恐我將以襲擊友軍而受中央處分。我則處之泰然，絲毫不以爲意，以爲所襲擊者，僅爲擾亂軍紀，別具野心之亂臣賊子，若因此而受處分，亦所甘也。幸我賢明當局，洞鑒個中苦衷，曲予寬宥，未稍斥責。此後，在本集團軍防區之內，根本再無所謂共匪補給線之設置，即匪軍之任何工作人員，亦從此絕跡，使無法遂其打擊本軍之野心。

民國二十九年夏秋之交，我中央賦予十八集團軍（即共匪）之使命，爲著其派隊徹底破壞津浦、平漢北段，以及北寧、平綏、正太、同蒲各鐵路，以切斷敵後補給線。當時匪酋朱德，即通報各友軍，略謂彼爲執行任務，決心發動「百團大戰」，並廣肆宣傳。此時我曾深切感覺，日寇以僅有之兵力，在我廣大地區而能形成優勢，遂行其向我任何戰區進攻之企圖者，全由於鐵道運輸之靈活轉移，倘十八集團軍果將敵後鐵路網徹底破壞，使敵寇喪失機動能力，我則定可殲滅當前之敵，收復失地，雖心存懷疑該部是否能遵守命令，但爲支援其此項破壞行動，仍決心予以有力之協助，乃命一六六師正在與敵酣戰間，其沁水西匪復乘我之危，由背後向我夾擊，待將日寇擊潰後，我官兵對匪之行動，憤慨異常，當即派員向匪一再交涉，彼不獨置之不理，反強詞謂：「這是中國領土，現在我需要，我就有權來駐紮！今後人不犯我，我不犯人。」我深知對其不可理喻，乃抽調新八師及第十師各一部，協助我一六六師一舉擊破該匪，收復原根據地。是役斃匪數百名，俘匪官兵千餘人，獲步槍二千餘支，殘匪向東北方向逃竄。事後朱德在向第一戰區長官部呈出之報告，說是出於誤會，並請求放還被俘之人員與槍枝。長官部礙於政策，予以照准，但劃定以洪屯公路爲界，規定匪軍不得向南超越，此事遂寢。所謂「百團大戰」，破壞敵後交通之任務，終一無所成，可見共匪之存心襲擊國軍，破壞抗戰之一般。

第十三章　抗日戰爭(二)

第一節　中條山會戰

日軍自民國二十六年十一月上旬進踞山西省太原市後，雖曾十多次南犯，皆因受我中條山橋頭堡之阻止，均被擊退，始終無法越過黃河一步，以達到控制豫西，進入潼關，竄擾西北，掩襲川北，威脅我大後方抗戰基地的目的，遂使中條山成爲敵之盲腸，視爲心腹大患，最感困擾。迨至三十年二月十一日，豫南會戰結束，四月十三日，日本與蘇俄簽定中立條約後，復企圖略取我晉南地區，以貫澈其打破中條山，控制我整個黃河北岸，實現其南渡之迷夢，進窺豫西戰略要地，乃自四月下旬起，大肆蠢動，抽調其在蘇北徐州、贛南贛縣、豫中開封，以及晉省各地之日軍，計有第二十一（田中久一）、三十五（原田雄吉）兩師團，及獨立步兵第三、騎兵第四（佐久間爲人）、獨立第九、十六等四個旅團，配屬有陸軍第三飛行團（飛機三百多架），還有野戰重砲第二旅團、獨立重砲兵團、山砲兵團、化學兵團、傘兵隊……等，會同原踞晉南之敵第三十三（櫻井省三）、三十六（井關仞）、三十七（安達二十三）、四十一（清水規矩）等四師團，兵力約二十萬人，分向豫北之博愛、沁陽、溫縣、及晉南之晉城、陽城、沁水、絳縣、聞喜、夏縣、安邑……等地一帶集結優勢兵力，迄五月初，即已完成作戰準備，並分由東、北、西三面開始圍攻，特別以快速行動封鎖黃河北岸各渡口，欲以遮斷我軍之退路，忿然以最大的決心，於五月七日發動猛烈攻勢，引爆起激烈的中條山大會戰。

中條山，在黃河北岸，西南起自山西省南部之永濟縣南偏東十五里濱河之雷首山（亦名中條山，又名歷山、首陽山、蒲山、獨頭山）獨頭坡，迤邐而東，綿亙二百餘里，直接河南省北部之濟源縣西北之太行山，北和汾河東岸之呂梁山相犄角，南跨虞鄉、芮城、平陸，北跨臨晉、解縣、安邑、夏縣、聞喜、垣曲諸縣境，隨地易名，皆為中條山之別名，山勢狹而長，然腹區深廣，以西為太華山，東為太行山，此山居中間，故名中條山，可以瞰制晉南、豫北、並掩蔽南岸，屏藩豫西洛陽、澠池、靈寶，及陝東潼關，實占有黃河北岸之重要地位。

我方為確保晉南戰略要地之中條山山區：以主力依據險峻之山隘和憑持強固的工

事，阻遏敵之進犯；一部滲入敵之據點附近，對敵不斷予以攻襲、伏擊，以遲滯敵之行動，增大敵之消耗，而摧破其包圍之企圖。同時，我太行山之游擊部隊也相機策應，協力打擊敵之進犯。加以晉南地勢，東以太行山，南以中條山，西以呂梁山，形成箕形山地，而以汾河河谷爲其箕底，西控關中之肘腋，南臨河南之項背，東拊河北之建瓴，乃攻守咸宜之要地，所以我國全面抗戰四年以來，始終確保此一要地，使日軍無法越過黃河一步，成爲敵之心腹大患。

民國三十年四月二十日，參謀總長何應欽至洛陽召集各重要將領，宣告當前敵情蠢動企圖，將奪取我中條山，進犯洛陽、潼關，以威脅我第一戰區之側背，與西窺西安，進犯西北，動搖我大後方基地；並指示確保中條山之步驟：第一步、第九十三軍（劉戡）由北向南，第二十七軍（范漢傑）由東向西，與中條山右翼各部隊，合力攻擊高平、晉城、陽城、沁水間地區之敵；第二步、與晉西及第二、第八兩戰區，協力包圍晉南之敵而殲滅之，最低限度，應確保中條山，而以我控制於中條山以北及以東之兵團，協力猛攻敵之左側背，擊破其攻擊之企圖。

嗣接國民政府軍事委員會基於第一戰區方面之敵情，所擬定之中條山會戰指導方案如下：第一案、主力向黃河右（南）岸撤退，鞏固河防；第二案、乘敵集中未完，制敵機先，以擊破其攻擊；第三案、採取機動戰術，變内線爲外線作戰。至四月二十八日，軍事委員會判斷日軍有由豫北沁陽、濟源、晉南垣曲西北八十里橫嶺關（爲中條山要隘，在橫嶺山上，北距絳縣五十里，西距聞喜縣七十里，山脊橫亙，故名，關亦曰橫嶺背）、及皋落鎮（一名皋落城，在垣曲西北五十里，又名皋落堡）大道進攻垣曲之企圖，遂依第二案之會戰指導方案，於五月二日以冬戌令一元電令要旨云：第一戰區應積極加強陣地，破壞陣地前之道路，以一軍向高平、博愛，另以一軍向聞喜、侯馬鎮（在曲沃西南三十里）、夏縣，採取攻勢，以擊破敵之攻勢；第二戰區晉西部隊，向同蒲鐵路線；第五戰區，及豫東「氾東」部隊，向隴海鐵路線，各當面之敵牽制。

我第一戰區爲確保晉南，屏障豫陝，以我第十四集團軍、第五集團軍、及第九軍等部主力，擔任右由孟縣東偏南二十五里之賈營、和城東十五里之南莊鎮、而崇義鎮（孟縣東北三十里）、柏香鎮（在沁陽西三十五里，一作柏鄉鎮）、白馬關（在山西省陽城縣南六十五里，豫晉交界處）、東冶鎮（在陽城東南五十里，南通濟源縣）、董封鎮（在陽城西四十五里），西延小河灣、楊家梁、劉家村、銅礦谷（在絳縣東南、垣曲西北）、橫嶺關、上橫榆、李家坪、十八坪、王家坪、花凹村（在夏縣東南）

、張店鎮（在平陸縣東北六十里）、茅津渡大道以東，迄黃河左岸倉里村之弧形陣地的守備軍，並各以有力之一部，襲擊當面之日軍，以阻撓其攻擊之準備。

此次晉南會戰（中條山之役），即陽城、沁水、翼城、絳縣、垣曲……附近地區諸戰鬥，本集團軍之戰鬥序列，及指揮系統，述之如下：

第十四集團軍總司令　劉茂恩
　　副司令　劉　戡
　　參謀長　于起光
　　政訓處長　鄭介民
第十五軍軍長　武庭麟
　第六十四師師長　邢清忠
　　第一九〇團
　　第一九一團
　　第一九二團
　　補充團
　第六十五師師長　姚北辰

第一九三團
第一九四團
第一九五團
補充團
第九十三軍軍長　劉　戡（兼）
第十師師長　陳牧農
第二十八團
第二十九團
第三十團
補充團
第一六六師師長　劉希程
第四九六團
第四九七團
第四九八團
補充團

新編第八師師長　馬叔明
第二十二團
第二十三團
第二十四團
第九十八軍軍長　武士敏
第四十二師師長　王克敬
第二四七團
第二四八團
第二五一團
第二五二團
第一六九師師長　郭景唐
第一〇〇九團
第一〇一〇團
第一〇一三團
第一〇一四團

第四十三軍軍長　趙世鈐（屬第二戰區第八集團軍孫楚所轄，由副總司令楚溪春率領配屬本集團軍）

第七十師師長　石作衡

暫編第四十七師師長　孫瑞琨

游擊第六縱隊司令　畢梅軒

按至民國二十九年，我國抗日戰爭進入第二期階段，我最高統帥爲適應作戰上之需要，俾使各軍戰鬥力一致，乃統一部隊之編制，改定爲「軍下爲師，師下爲團」，裁去「旅」級，簡化軍隊「軍」以下之建制，云爲便於靈活指揮，而特種部隊則例外。

上述爲敵我戰前之狀況。

一　中條山會戰揭幕

我第十四集團軍作戰地區，跨太岳山區南部，及中條山脈之東部，爲山岳地帶，地形複雜，道路崎嶇，西控張馬、絳縣、翼縣之三角地帶。沁水、陽城位於中條山之東北，扼同蒲、白晉兩路之要衝，本地區除濟源至垣曲，陽城至垣曲，絳縣至垣曲等主要道路外，其他地區，敵我行動均感不便。我爲了加強戰備，乃以第九十三軍分佈於南北孔灘、團立、河陽等處，擔任高平、沁水間之游擊，第十師（歸集團軍直接指揮）右接第九軍，任西樊至二里間之守備，第九十八軍右接第十師，任蓮花山至楊家梁（不含）間之守備；第十五軍右接第九十八軍，任楊家梁至木耳河間之守備；第四十三軍右接第十五軍，任木耳河（不含）至瓦舍間之守備。

五月二日上午九時，我爲增強第四十三軍（趙世鈴）方面之守備，著令第十五軍軍長武庭麟以重機槍兩連、山砲、迫擊砲各一連，增加於趙軍之第一線，並加強工事，另各以一部分向各當面之敵予以襲擊，主力分在陣地後方集結，準備機動應戰。這時，接到第一戰區司令長官部電令如左：

一、豫北新鄉、沁陽、溫縣一帶，現增加敵萬餘人，豫東中牟迄溫縣以東各渡口，悉被敵封鎖，晉南侯馬、聞喜、安邑、運城、解縣、永濟一帶，現增敵約一萬五千人，有會攻垣曲、濟源，侵襲我晉南根據地之企圖，刻在實施攻擊準備中。

二、戰區爲摧破敵之進犯企圖，決制敵於機先，積極實施游擊，粉碎敵之攻擊準備及兵力之集中。

三、第十四集團軍應以有力一部，對高平及沁水、翼城方面，積極實施游擊，力求突破敵對陽城、沁水、翼城大道之封鎖。

我奉命後，即於五月三日夜九時予所屬各部隊下達命令，要旨如下：

一、第九十三軍（欠第十師），由劉副總令（戡）指揮，應以有力一部，向高平、沁水大道間游擊，特側重沁水以東仙翁山、夫妻嶺附近各地區，力求擊破敵之封鎖，確保南北之連絡線，另以一小部切斷沁水、浮山間之交通，並於洪（洞）屯（留）公路以南安澤、浮山、沁水、高平等地區，擔任敵後之襲擾。

二、第十師應以有力一部，分向陽城西北井池村、及陽城以東游擊，特側重晉城、陽城、沁水之公路，可能時則徹底破壞，以截斷敵之交通。

三、第九十八軍（配屬游擊第六縱隊）應派兩個團，進出杏峪、窯頭，及沁水至張馬（村）間公路，可能時徹底破壞之；並就董封鎮東西之線占領陣地。

四、第十五軍與第四十三軍，應各酌派一部，襲擊當面之敵，並就中村、張馬、木耳河之線，占領陣地。

五、其餘部隊，應切實增強其工事。

六、各游擊部隊，應即擴大宣傳，發動民眾，協力破壞敵之交通，但不得妨礙農事。

於是各部隊一面積極對日軍展開游擊戰，一面加強陣地工事。

此外，尚有第二十四集團軍（龐炳勳）之第四十軍（龐炳勳兼：轄第二十九師—劉世榮，第一〇六師——馬法五）、新編第五軍（孫殿英，轄暫編第三師——劉月亭，暫編第四師—康翔）各部，據守太行山區；第五集團（曾萬鐘，轄第三、十四、十七三個軍）各部，據守絳縣南五十里橫嶺關西南；第九軍（裴昌會、轄第四十七師—郭貽珩，第五十四師—王晉，新編第二十師—張東凱）據守豫北之濟源、孟縣地區。濟源、孟縣，南帶黃河、西擁王屋，形勢極為險要，扼出入晉省之衝道，可以說太行山為中條山之外圍。

這（三十）年四月下旬至五月初，日軍在陽城、沁水、張馬、絳縣一帶，集結約四萬五千餘人，企圖與豫北博愛、溫縣、及晉南聞喜、夏縣附近之日軍，會攻垣曲，強渡黃河。本（第十四）集團軍除以一部於高平、沁水間擔任游擊外，主力守備陽城東南五十里之東冶鎮（道通濟源鎮）亙賈家山以西陣地，並以一部攻擊日軍，以摧破敵之攻勢。

五月七日（陰曆四月十二日，星期三），中條山會戰揭幕。至於會戰經過中之戰鬥情形，與本集團軍無關者，概行從略。

這天拂曉，本集團軍當面之日軍第三十三師團，及其獨立第四旅團，由陽城南嶺，向我董封鎮第九十八軍陣地，及陽城以南第十師陣地，悍然進犯，並以飛機多架更番轟炸，我守軍依據平時既設之強固工事（掘壕，築壘等設施），猛烈反擊，以阻止其攻勢，並以第六十五師預備隊（第一九五團）由中村東南向董封西北敵後襲擾，以削弱敵之攻勢。

晚八時許，日軍第四十一師團主力二千餘名，附獨立第九旅團、及僞軍等，配有山砲、迫擊砲十餘門，沿由絳縣南之橫嶺關，東折東桑池和西桑池村，分二路向我第四十三軍之木耳河、天盤山、賈家山陣地進攻，迄夜十時，侵入棗泥圪塔村附近，敵我發生白刃戰，雙方死傷均重；同時，大晉堂、高腰上一帶之敵千餘名，附砲五、六門，分向我第十五軍之楊家粱山子上陣地猛攻，我守軍踞高俯擊，制敵進犯未逞；深夜十一時，第四十三軍趙軍長，及第七十師石師長，均以電話告急，我當即電令第十五軍武軍長「即派兵力兩團，各以一團分別歸第四十三軍軍長，及第七十師師長指揮」。武軍長當即令該軍第六十四師第一九二團馳往澗底村以北之歇馬店，歸第四十三軍指揮；第六十六師第一九三團，歸第七十師師長指揮，俾以增強戰力，加入戰鬥。這天、戰況非常激烈，守軍士氣頗爲高昂，衝殺銳猛，奮不顧身，陣前敵屍枕藉，殲滅不少。

八日拂曉，日軍第三十六師團憑恃其熾盛火力，並施放大量毒氣，突破我十八盤陣地，續竄疙瘩嶺。第七十師石師長指揮第一九三團正向十八盤實施逆襲間，我曾命令第十五軍抽調有力部隊，協力第四十三軍克復十八盤陣地；並令第四十三軍速派第一九二團馳往西官嶺，堵擊南竄之敵。第十五軍當即派第六十四師姚師長率第一九一團（欠一營）及師直屬部隊馳赴君子地附近，協同第七十師殲滅由十八盤南下之敵。七時，該敵之一部（步兵千餘，附騎兵百餘）越望仙庄南竄，經第一九一團在東官嶺東西兩側向敵夾擊，予敵重創，該團以一部佔領東官嶺，拒敵後續部隊南竄。同時，敵另以一部三百餘，經姚庄向前河進攻，被我第一九一團一部之截擊，遂退據望仙庄頑抗。至上午十一時，由望仙庄南竄之敵，在飛機掩護下，竄抵井道溝附近，經我十五軍補充團，及第六十四師直屬部隊迎擊，激戰兩小時，敵不支，竄據周家凹附近各高地，與我大石崖、郭家凹以西陣地，形成對峙。至下午三時，經第六十四師第一九二團主力由朱曹山攻佔周家凹，該殘敵遂向劉家村潰竄，第一九一團之一部，攻擊望仙庄之敵，於十一時克復該地，敵退據松樹河東南高地頑抗。

八日晨、我第一九三團對十八盤之敵逆襲，已於上午七時攻佔該山頂大路口，與增援之敵激戰，同時，敵以一部約四百人，經東不落泉向松樹河竄擾，經該團予以狙擊，斃敵百餘，敵不支回竄。

下午三時，木耳河之敵千餘，騾馬百餘匹於休息間，經該團予以奇襲，斃傷敵數百名、騾馬四十餘匹。

同日下午一時，我第四十三軍賈家山陣地，被敵突破，該軍官兵傷亡七十餘人，中毒官兵一百七十餘人，遂轉移至賈家山東西高地之線，與敵對峙，其由賈家山東側竄入之敵，到達歇馬店一帶，該軍電話遂告中斷。下午三時，向我第十五軍楊家梁山子上進犯之敵，雖一再向我猛攻，均經該軍猛烈反擊，敵未得逞。

此時，我以第十五軍和第四十三軍皆處於不利態勢，並鑒於左翼友軍情況不明，業經呈准調整該兩軍之部署，乃於這天（八日）下午二時，下達命令，其要旨如左：

一、第十五軍應以一部，與敵保持接觸，主力應移楊家梁、河口村、鋸齒山、南北支鍋、佛山之線，占領陣地，迅速對西方構築工事，防敵東犯。

二、第四十三軍應以一部，與敵保持接觸，主力占領佛山（不含）、白鵓村、五根村、車家莊之線，右與第十五軍切取連繫，對西方構築工事，防敵東犯，掩護後方補給。

三、其餘各部，仍固守現陣地，嚴密戒備，並乘機向當面之敵，積極攻擊，以牽制之。

第十五軍武軍長奉令後，即於當天下午五時下令該軍，要旨如左：

一、第六十四師第一九〇團（配屬工兵營），擔任右接游擊第六縱隊（司令畢梅軒），左接第六十五師，楊家梁、大西溝（含）之線原陣地之守備。

二、第六十五師，右接第六十四師第一九〇團，左接第六十四師，占領大西溝（不含），亙河口村、三里窯之線陣地。

三、第六十四師（欠第一九〇團及工兵營）配屬軍補充團，右接第六十五師，左接第四十三軍，佔領仰天山、佛山（含）之線陣地。

四、第六十四師、補充團，各以一部，及軍騎兵連，留置東埃上、城隍嶺、河山村、硤口之線陣地，拒止敵軍，掩護軍新陣地之占領。

五、第六十四師與第六十五師之作戰地境，為海棠坡、蘆葦溝、白家山、朱曹山、賈家山之線，線上屬第六十五師。

六、野戰醫院在馬家河開設。
七、軍部位置於楊家河，指揮所在三里河。
八、統限於八日黃昏前，開始行動。

第四十三軍軍部於五月八日十二時到達吉家坡，至九日十二時，該軍主力第七十師、第四十七師，在天盤山、朱曹山等處，與敵激戰。是時，該軍除令該兩師各留置一部對敵機動攻襲外，餘向白鵝村附近集結。

二　沁水陽城間之戰鬥

先是蔣委員長於五月五日下午二時，通令我晉南前線各軍指揮官云：「敵於最近似有侵襲我晉南根據地之行動，仰飭前線各部隊，積極攻擊各當面之敵，以打破其企圖。」我第九十三軍第十師遂令所部向陽城之北、安澤后則腰等據點之敵，施行攻襲，並破壞晉城至陽城，及沁水至陽城兩公路。六日十二時，該師第二十八團在后則腰附近，襲擊敵輜重車兩輛，斃敵十餘名；下午六時，第三十團向上、下李邱之敵攻襲，激戰約二小時，該團官兵傷亡約三十餘人，經奉准撤回原陣地。八日上午九時，敵第三十三師團濱田聯隊第一大隊，向該師野戰補充團第二營之后庄警戒陣地猛攻，激戰一時許，傷斃敵人百餘，敵不支，退至后庄以北凹地。該營傷亡官兵六十餘人。

八日下午六時，我以各方面之日軍蠢動，情況緊迫，即電令第九十三軍劉兼軍長云：

「……企貴軍派有力一部（約一師），向陽城以北之武安（鎮）、湘峪（鎮）間集結，準備南下，策應本集團軍主力作戰。」

旋獲悉我第九十八軍當面蒲泓之敵，繼續增加，於八日晨藉砲火之掩護，向該軍梁樹腰南嶺上一帶陣地猛攻，我軍退守北石窯附近，經增援部隊逆襲，於下午八時克復洞溝，乃於九日凌晨零時令第九十三軍云：

「……立即飭出擊部隊約二個團，向劉村鎮及其附近地區，尋敵側背襲擊，以資牽制。」

此時、第九十三軍已遵照我五月三日夜九時之電令，正以一部向高平、長子方面游擊，一部向安澤宇上方面游擊；同時，以一小部對同蒲路交通襲擊破壞，另以有力一部突破沁水、陽城間夫妻嶺、仙翁山附近之封鎖線，以截擊陽城、翼城間流竄之敵。

五月八日夜十時，我接到第一戰區司令長官衛立煌的電令，要旨如左：

一、豫北、晉南之敵，在其砲空掩護下，向我全面進犯，企圖先封我鐵謝（鎮名，在河南省孟津縣西北十里）、垣曲渡口、及中條山區，爾後南渡黃河，以切斷隴海路。

二、戰區決避免與敵決戰，誘敵深入，相機轉移攻勢。

三、第十四集團軍應確保現態勢，但對同善鎮（在垣曲北五十里）以東迄蒲掌村以南，邵源鎮（在濟源縣西一百二十里，一曰邵源關）以北高地之線，右接第九軍各部隊，酌派隊固守，保持根據地，相機與第五集團軍、及第九軍、夾擊深入之敵，而殲滅之。

我於九日凌晨零時，即將上項命令轉飭各部隊，並策定部署如左：

一、第九十三軍（欠第十師）應保持現態勢，加強對高平、沁水間之游擊，打破敵之封鎖，鞏固根據地，可能時，竭力摧毀仙翁山、夫妻嶺、沁水各據點，並乘虛直搗劉村鎮，南下威脅陽城、董封。

二、第十師應確保現陣地（陽城以南），右與第九軍連繫，以有力一部向陽城襲擊，並須協同第九軍、獨立第四旅，確實掩護孤山兵站東地。

三、第九十八軍（配屬游擊第六縱隊）應確保現陣地，並抽調部隊襲擊當面之敵，恢復已失地點，並派游擊第六縱隊，乘機奪取敵據點。

四、第十五、第四十三兩軍，應密取連繫，確保現陣地，拒敵進犯。

第九十三年軍長劉戡奉到上項命令，當即策定部署，並於九日十二時下達命令，要旨如左：

一、軍為略取沁水、翼城、陽城間敵據點，並牽制中村、董封方面之敵，策應集團軍主力作戰，即以主力攻擊沁水、劉村鎮，一部確保根據地。

二、第一六六師（配屬新編第八師一個團）以主力攻擊沁水，一部守備根據地。

三、新編第八師，以一個團（配屬鐵道破壞一分隊）攻擊東鄔嶺，並阻止翼城方面增援之敵，該團著暫歸第一六六師師長劉希程指揮，以主力集結端氏附近，即派有力一部，對仙翁山、紫砂腰、劉村鎮各據點之敵，予以攻擊牽制。

四、各部隊限於十日晨五時行動，十一日開始攻擊。

五月九日晨五時，敵第三十三師團濱田聯隊主力，向第十師吉德陣地猛犯，該師除飭柏垛村（柏段）第三十九團之一營，暫歸野戰補充團團長指揮外，並以其主力由

除飭柏垛村（柏段）第三十九團之一營，暫歸野戰補充團團長指揮外，並以其主力由李家山向周北之敵主力猛烈側擊，敵傷亡頗重，一度後撤，旋因高高頭之敵向西進迫，我側擊部隊感受威脅，遂撤至護駕北嶺附近爲預備隊。上午九時許，敵千餘西竄侯井、荔村，與該處約八百之敵會合。同時，封頭、西棗凹等地，發現敵約三百人，戶庄亦發現敵砲兵陣地。

第九十八軍方面：五月七日晚，敵軍千餘人到達賈櫟，於八日上午零時分向該軍北次營、桐凹警戒陣地進犯，經我第一六九師第一〇〇九團分別堵擊，斃敵官兵二百餘人，該團傷亡四十餘人，於八日下午六時許，奉命撤至主陣地。沁水、張馬之敵約二千餘人，附山砲五門，步兵砲四門，於七日晚八時，竄至蒲泓、砂腰一帶，於八日二時，敵二百餘人沿唐家村，向該軍第四十二師陣地進犯，並向游擊第六縱隊正面擾亂，均被我擊退。九日拂曉，約八百之敵，由周北向該軍第一六九師第一〇一四團銅礦嶺進犯，經該團奮勇反擊，敵未得逞，嗣爲與第十師左翼連繫該團右翼，於十日晨撤至大口嶺、駝腰嶺之線。我第十四集團軍獲悉上項情況判斷，敵似有大舉進犯企圖，當即調整第十師部署與該軍作戰地境，於下午八時分別電令第十師與第九十八軍：

「㈠第十師應以有力一部位置於西樊、龍掌、史家嶺之線，向陽城東西之敵，機動游擊，另以一部，佔領李家山、劉家庄間之側面掩護陣地，並以有力一部，佔領黑龍背、羊圈河南北高地，至北嶺東方高地之線主陣地，主力集結中掌、白生掌、牛心凹、麻地疙瘩，以西高地二里腰、周北之線，線上屬第十師。」

該師奉上項命令後，於十日下午七時，以第二十九團守備羊圈河、柏垛村、亙駕嶺之線陣地；第三十團守備駕嶺以西高地，亙吉德北嶺陣地．野戰補充團以一部守備雪屹塔陣地；第二十八團主力仍守備史家嶺、楊家嶺之線陣地。

五月九日晨，第四十三軍趙軍長與第七十、暫編第四十七兩師師長，到達常家坪（同善鎮以東，第八集團軍楚副總司令駐地）商討軍事，決定第七十師在白鵝村集結，暫編第四十七師在車家庄集結。至下午四時，我各部隊正集結間，遭敵騎襲擊，損失甚重。我於黃昏六時亟電令該軍趙軍長：

「濟源、邵源鎮，先後陷敵，著第四十三軍沿白鵝村以北山地布防，對南阻敵北犯，右翼仍接第十五軍，左翼至靈官廟，與第四十七師切取連繫。」

趙軍長當即遵照電令，積極布署，防敵北進。

這時，第十五軍武軍長除飭令所屬各部隊積極構築工事防敵東犯外，並策定對敵游擊實施辦法：以第六十四師第一九〇團擔任大晉堂、回馬嶺以南地區；第六十五師擔任東桑池、賈家山東南一帶地區；第六十四師（欠第一九〇團）擔任朱曹山、澗底、王茅鎮以東地區。各部游擊重點，應指向大晉堂、賈家山、澗底等處游擊，部隊中心工作：爲尋殲敵小部隊，襲擊敵補給路線，搜索敵情，掩護我主陣地，連絡地方，安定民心，並於夜間九時，分電各師，以突擊經濟游擊，快速便衣等部隊，實施游擊。

五月九日夜十時，我爲適應當前敵情之驟變，預爲準備計，特予第九十三軍劉兼軍長電令云：

「自七日晚以來，敵向我大舉進犯，左翼第五集團軍方面，消息隔絕，聞敵已迫近五福澗、白浪渡口，危在旦夕，右翼方面，孟縣、濟源相繼失陷，第九軍主力現守封門口一帶，拒敵西進，刻已與敵發生接觸，惟兵力不詳，查敵此次發動攻擊，似有向我分區掃蕩之企圖。本集團軍守備地區，層巒疊嶂，地形固可深恃，惟現時補給線僅賴狂口，該處如被敵佔領，則補給立陷絕境，將來各軍勢必向貴軍及鄰近地區分路擴展，以便游擊作戰間之就地補給，屆時各軍之行進路線，及到達地區，希詳爲籌劃電復，以備萬一。」

旋封門口失陷，我即以電話指示第十五軍武軍長：

「速派兵兩團，馳往靈官廟一帶，對邵源鎮方面，嚴加戒備，歸總司令部直接指揮。」

武軍長當即電令第六十四、六十五兩師，分別抽調第一九二、一九五兩團，前往靈官廟一帶布防。

此時，配屬第十五軍之砲兵連，在王村鎮附近被敵包圍，全部壯烈犧牲，其重機槍兩連，迫擊砲一連，通信兵一部，下落不明；右翼第九軍奉命以一部在封門口附近遲滯敵人，掩護本集團軍後方，並向敵後游擊，主力南渡黃河，擔任河防；左翼第五集團軍在田家嶺、五龍廟第二線陣地，與敵混戰，第八十軍（孔令恂）與敵激戰於台寨附近。

五月十日上午十時許，周北、銅鑛嶺一帶，約八百之敵，復向第九十八軍第一六九師大口嶺、蓮花山之線，進犯未逞。至下午二時許，上義約七百之敵，向該師第一〇一〇團柳泉、馱腰嶺陣地進犯，激戰至下午四時，敵一部三百餘，滲透至柳泉以南，經該團逆襲，敵被擊潰，是役斃敵一百四十餘，我傷亡官兵四十八人，失蹤三十五人。是時，進據梁樹腰、南嶺上一帶之敵，經我第四十二師第二五二團之逆襲，至下午三時，始克復該地，敵復增兵三千餘反撲，經我第一六九師之一部，增援逆襲，敵未得逞，嗣以敵一部竄至煤坪，乘我第一六九師第一〇〇九團，與第六十四師之一團圍殲之際，乃以一部向我後焦陣地猛攻，遂成對峙。

三　本集團軍正面之戰鬥

由濟源、垣曲會犯之敵，已於十日晨六時到達封門口。鵝村各附近，正向邵源鎮進犯；同時，我第十五軍方面，劉家村、蔴姑山一帶之敵，正向該軍補充團諸馮山陣地進犯中，左翼第五集團軍全線被敵突破，情況不明，第九軍奉命南渡，四面受敵，形勢極爲惡劣，東面情況更是緊張，我軍背後感受威脅，補給完全中斷。

此時，我在横渡嶺總部接到衛司令長官電話指示：

「該（第十四）集團軍南方部隊主力，向沁水、翼城公路以北轉移，就地補給，另調整態勢。」

我奉上項電示後，爲避免與敵決戰，以一部確保根據地，加強游擊，掩護本集團軍之側背安全，使全力北進容易，乃於十日下午四時電令各軍：

「一、第十五軍以一部扼要配置，固守現陣地，主力即向李圪塔、西洪洪、口河庄集結，準備策應各方之作戰，並準備北進。

二、第四十三軍占領同善鎮以東諸馮山、亙佛山、薛圪洞、靈官廟之線陣地，對西及南面戒備，竭力拒止侵入之敵，不得已時，則於同善鎮、邵源鎮間山地，建立根據地，加強游擊，特須注意敵對狂口（即匡口鎮，在河南省新安縣北六十里黃河南岸）及狂口至垣曲間各小渡口之封鎮，加以摧毀，以維護集團軍右岸之連絡。」

武、趙二軍長即積極部署，至夜十時，第四十三軍在白鵝村、趙砦以北山地田村、蒲掌村之線，與敵六百餘激戰，由是第八集團軍之副總司令楚溪春，乃移駐不落地（不羅齊）指揮趙軍。

當時我接獲第九十三軍劉軍長十日下午三時電稱：

「一、萬一時期行進路線，主力軍由沁水、翼城及沁水、陽城間通過，向浮山、安澤地區前進。

二、第十師由陽城東周村通過，向屯留地區前進。

三、本軍在沁水東西之線掩護。」

十一日凌晨零時，日軍冒雨向我第九十八軍西圪塔附近陣地強行奇襲，突入清風、圪塔、煤坪第二線陣地，與我展開爭奪戰。第九十八軍除令第四十二師第二四八團、第一六九師、第一〇一三團，協力夾擊外，並抽調部隊分別堵擊，卒因兵力單薄，抽調稍緩，敵遂乘機向西庄、口河、東川猛竄，正躊躇間，松樹村敵約八百，分向我游擊第六縱隊塞上、中河西一帶陣地，全面進犯，經該縱隊擊退。

五月十一日上午十時許，敵屢向第一九六師，大口嶺、駝腰嶺陣地進犯，均被我擊退。嗣以敵更集中兵力進犯大口嶺，該師第一〇一四團爲協同第十師，對敵施行阻擊，遂退守二里腰、馬山村、岩山村之線。至晚八時，吉德附近陣地，被敵突破；約八百之敵乘勢續向我二里腰陣地猛撲，該師遂令第二十八團，集結護駕庄爲預備隊，以第三十團、野戰補充團、第二十九團，由原陣地向敵逆襲，旋敵陸續增援，猛攻我第一六九師第一〇一四團，馬山村陣地，經該團一部繞敵側背攻擊，斃敵二百餘，我傷亡官兵五十八人，敵攻勢遂頓挫。

十一日上午十時許，第十五軍軍部已到達茨灘河，我即於十時三十分電令武軍長：

「董封、陽城一帶之敵第三十三師團一部，及三十六師團第二二四聯隊主力，分向我第十師及第九十八軍陣地進犯，敵一部千餘，突破第九十八軍陣地後，竄至煤坪，第十五軍著派必要之兵力，增援第九十八軍。」

武軍長即於上午十一時令第六十五師，派第一九三團、第一九五團、第一九四團第二營，各由現地向口河急進，協同第九十八軍攻擊煤坪之敵，第六十四師派第一九〇團至河口待命，中午十二時馬山村之敵一部向迴龍店進犯，該軍復令第六十四師第一九〇團前往占領雪泉嶺南北之線，截擊該敵。下午三時，該軍增援第九十八軍各部，先後到達孫坡庄、李疙瘩、東洪洪附近，先頭部隊與由煤坪南犯之敵約八百餘人，附砲二門，相與遭遇，發生激烈戰鬥，敵復增援，嗣經我續至部隊協力攻擊，卒將該敵堵於煤坪、松樹廟東西之線。

這天下午二時，第九十三軍劉軍長率必要人員到達「王壁指揮所」，準備夜襲敵軍。至黃昏，部隊開始行動，於十二日零時，第一六六師到達沁水以北，李家山、靳家庄之敵據點附近，該師當即以第四九六團一部攻擊沁水，一部攻擊南山寺；第四九八團攻擊靳家山、李家山，該團曾一度攻入沁水縣城，旋即撤出，在該城附近，與敵保持接觸，其餘部隊為雨所阻，致使夜襲未能奏效。是時，我第九十八軍當面南嶺之敵，向南陽村集結；煤坪、松樹廟之敵，經堵擊後，其勢仍強，董封以東之上義村，發現少數敵騎出沒，左翼第五集團軍情況仍不明。

我以本集團軍四面環敵，情況日趨惡劣，各部隊業已斷炊，艱苦至極，正籌謀間，連接第一戰區長官部五月十日下午六時，及十一日凌晨零時電令，要旨如左：

一、豫北、晉南入攻之敵，與我第九軍、第五集團軍、第八十軍，在封門口南北、曲沃、垣曲以西，白浪以北各地區激戰中，陽城、晉城南北地區甚少敵蹤。因我河防兵力薄弱，敵有伺隙由汜水、鐵謝、垣曲、白浪、陝州渡河可能，戰區為鞏固河防，已令第九軍抽調一部南渡，其餘大部在濟源、邵原公路南北游擊，遲滯敵之西進，掩護貴集團軍後方，如時機許可，尚須由北岸各軍抽調部隊南渡。

二、軍應暫避決戰，於晉南、豫北先行分區，疏散游擊，爾後相機由橫嶺關、垣曲及濟源、垣曲兩公路兩側地區，夾擊入犯之敵。

三、該集團軍（第九十三軍仍舊）應即就垣曲、濟源公路，以及垣曲、橫嶺關大道以東，晉城、博愛大道以西廣大地區，分置各部實施游擊。

四、第五集團軍主力，本（十）日仍在皋落鎮、夏縣一帶地區與敵激戰，橫嶺關、皋落鎮以東，甚少敵蹤。該集團軍應飭第十五、第四十三兩軍向西游擊，牽制敵軍。

此時，北面之日軍正向本集團軍之正面著著進偪，第十五軍正協力第九十八軍圍堵由煤坪南進之敵，第九十八軍與第十師接合部二里陣地被突破，邵源之敵亦北進中。我乃派第六十四師第一九二團開赴下寺坪監視，並將當前敵情、及我各軍斷炊二日之情形，電告長官部，請以第六十五師（欠一團）留置南山建立根據地，從事游擊，主力北進，俾便設法就地補給。經奉准後，當即擬定各部隊突圍計劃。惟是時敵正向我全線猛攻，第十師與第九十八軍，均與敵肉搏苦戰，第十五軍增援第九十八軍之部隊，現與敵膠著中。本集團軍爲使各軍突圍時，連絡容易，遂派第二課長宋治軍攜電台一部，留置析城山附近，專任第十五、第九十八兩軍之連絡，並派出便衣人員偵查突圍情形，隨時報告，以便指揮。乃於五月十二日零時，下達命令，要旨如左：

一、軍爲避免決戰，以一部保衞根據地，主力分散北進，以便爾後擴大游擊，伺機協同友軍，規復晋南爲目的。

二、第十師應酌以一部，竭力抑留當面之敵主力於潤城鎮（在陽城東北，沁河東岸）以東地區，掩護本部通過封鎖線，並取捷徑北進，集結於雪首村、壁底、將軍嶺各附近歸還建制，其留置之一部暫在陽城以南以西各附近，積極游擊。

三、第九十八軍應酌以有力之一部，竭力抑留當面之敵，主力於董封、沁水間以西地區，取捷徑北進，向沁水、翼城公路以北，神溝、大東溝、金古堆、中狼砦一帶集結待命；其留置之一部，暫在董封鎮、南陽集以南附近地區，積極游擊。

四、第十五軍著以第六十五師（欠一團）竭力抑留當面之敵，主力即由董封、沁水以東地區，取捷徑北進，向沁水東北郎壁、小東溝、地盤溝一帶集結待命，其留置部隊，應以橫河鎮爲核心，建立游擊根據地。

五、游擊第六縱隊應於張馬以南，同善鎮以西，橫嶺關、垣曲大道以東，建立根據地，向西北兩面擴大游擊。

六、第四十三軍應以同善鎮、邵源鎮中間地區，建立游擊根據地，特注意狂口至垣曲間各渡口敵之封鎖，並竭力摧毀之，以維護本集團軍與右岸之連絡。

七、第九十三軍保持現態勢，掩護主力北進。

八、各部隊於十二日晚準備完畢，即開始行動。

四　殲敵濱田聯隊

五月十二日拂曉，敵約一聯隊，由吉德、大口嶺分向我第十師二里腰陣地猛攻，戰況甚爲激烈。陳師長請求增援，我即派本集團軍總司令部特務營第二連前往迴龍店歸其指揮。陳師長當即由痲地疙瘩到達白廟北端高地，指揮第三十團、野戰補充團兩團主力及迫砲營與山砲連，在大雨及雲霧籠罩下，分由北嶺、白廟向吉德。二里腰陣地前之敵猛攻，卒將敵第三十三師團濱田聯隊主力殲滅於二里腰陣地前，殘餘之敵分向大口嶺方向潰竄，該師曾予猛烈追擊，嗣接我之電令，命其以主力向北轉進，遂停止追擊敵人，即清掃戰場，計斃敵約八百名，鹵獲敵之輕、重機關槍十二挺、步槍二百餘枝，擲彈筒六個、防毒面具一百二十餘付，及軍用地圖、作戰計劃、運輸計劃、命令等件，繳呈本集團軍總部。經我檢閱文件，始悉進攻該師之敵爲第三十三師團之先頭加強聯隊，希圖先占領曲頭、吉德、二里腰之線後，主力分三路，由水頭上、獸醫庄、雪泉嶺，包圍葦園坪——我第十四集團軍總司令部駐在地；該師團另一部之敵分兩路：一路由白華經上川東、下川東、向雪泉嶺；一路由清風、疙瘩、攻占河口後，經雅磨、直撲葦園坪。幸我第十師粉碎其希圖。惟煤坪方面之敵，增加至五千人，連日來在煤坪以南，與我軍激戰。

這天拂曉四時三十分，日軍一部一千餘人，向前、後焦庄第一六九師（郭景唐）陣地猛撲，經我令由第十五軍轉飭第六十四師第一九一團馳往陽坡增援，歸郭師長指揮，至下午一時，到達陽坡西北一八〇九高地，阻止松樹廟之敵東竄，適第一六九師第一〇〇九團前、後焦庄西方高地，被敵突破，經第一九一團第二營據守一八〇九高地，以火力支援，第三營猛烈逆襲，當即恢復原陣地。旋松樹廟之敵一千餘人增援，向我反撲，並大量施放毒氣，激戰三小時，陣地數次失而復得，官兵竭力抵抗，敵不得逞，計斃敵四百餘名，我官兵傷亡二百餘人。竄至煤坪西瓦溝之敵——第三十三師團大部，向我第六十五師第一九三、一九五兩團猛攻，官兵冒雨枵腹苦戰，兩晝夜以來，傷斃敵約一千餘名，我傷亡官兵五百餘人，迄至下午六時，仍在激戰中。

此時，我鑒於我軍在中條山上孤軍苦戰，傷亡很重，飢疲之狀，已達極點，枵腹抗敵，堅志不餒，惟各方連絡線完全斷絕，後路所受之壓迫，尤爲厲害，諸如給養無著，已到掘草根、摘樹葉以爲食物的地步，這是多麼嚴重的情形，於是電令所部各軍突圍北進，並分別策劃部署如左：

一、第十師以第二十八團配屬山砲連，抑留當面之敵，爾後即在陽城附近游擊，其餘分五個支隊東渡沁河，由東、西磨灘經周村間向太岳山區轉進。

二、第九十八軍以第一六九師第一〇一〇、第一〇三四兩團，抑留當面之敵，爾後即在董封以南游擊，其餘經董封以西、沁水西北地區轉進；第四十二師（王克敬）全部經蒲泓附近向沁水西北地區轉進。

三、第十五年以第六十五師（欠第一九五團及第一九四團之第二、第三兩營）配屬第六十四師第一九〇團第三營，抑留當面之敵，爾後以橫河鎮爲核心，建立游擊根據地；其第一九五團及第一九四團第二、第三兩營，隨軍北進，第六十四師（欠第一九〇團）第一九一、第一九二各團，即向李疙瘩附近集結，準備北進；軍部直屬部隊集結茨灘河、補充團在柴疙瘩，第一九四團之兩營在口河附近待命。

四、游擊第六縱隊、第九十三軍、第四十三軍等部隊，均分別積極移動中。

截至本（十二）日十二時止，主陣地之戰鬥已形終結，第九軍主力已南渡擔任河防，一部在濟源、垣曲公路南北實施游擊；本集團軍除一部已北進實施游擊外，大部在橫河鎮以南與敵周旋；第五集團軍正在第二線陣地附近分路突圍；第八十軍（孔令恂）正在南渡擔任河防。

是日，天仍大雨。我第九十三軍第一六六師攻擊部隊，於拂曉突破敵封鎖線兩道，戰鬥至烈，上午九時，抵沁水以北李家山、靳家山，距敵據點核心約二百公尺，因缺乏爆破器材，致與敵形成對峙，其攻擊沁水之一部，於上午八時三十分，衝入城內，毀敵軍用品甚多，斃敵二十餘名；另一部在沁水以東富貴鎮附近，協同第九十八軍一部，截擊由陽城西竄敵汽車二十餘輛，斃敵聯隊長一人及官兵三十餘名，殘敵向東逃竄。同日拂曉，新編第八師（馬叔明）攻擊陽城西北仙翁山、紫砂腰之敵据點，突破其外圍，迫近敵核心陣地，至上午十一時，因天雨不止，仰攻困難，乃與敵形成對峙。至十三日拂曉，該軍繼續攻擊，沁水、陽城一帶敵之據點，敵負嵎頑抗。嗣由翼城增敵千餘，向東鄔嶺我軍陣地攻擊，該軍爲策應中條山之作戰，並掩護集團軍主力向太岳山區北進，遂堅守各据點，與敵相峙五日之久，俾集團軍主力安全進入太岳山區。

十二日下午四時，日軍一部接近雅磨庄，距離本集團軍總司令部僅三里許，槍聲大作，戰況激烈，我遂率總部人員及第六十四師第一九二團，由葦園坪出發，經水頭上、念窯、楊樹溝、石窯上，向桑林村轉進。

第九十三軍第十師於十二日夜九時，乘著月色開始北進，至十三日拂曉，該師主力向東、西冶鎮集中，十二時，其第二十九、三十兩團，已抵西冶附近，其餘亦至出水附近，分別宿營。下午二時許，敵機六架，分批低空偵察，並向東、西冶地區南、北獨泉，投彈數十枚，企圖阻撓該師集中北上。

十三日拂曉，我軍總部到達陽城以南上、下桑村，搜集各方情況，於下午二時偵獲參謀處第二科（掌管情報業務）科長宋治均報告電稱：

「**第九十八軍、第十五軍，昨（十二日）夜實施突圍，被敵衝擊，突圍部隊僅第九十八軍之一部北上，該兩軍長率隊折回橫河鎮以南地區。**」

我為掌握主力，振奮士氣，重行突圍北進，乃令第十師陳師長率所部迅速北進，歸還第九十三軍建制，總司令部決向西庄凹轉移，就近指揮各部北上後，再行東渡。遂於五月十四日零時，開始出發，總部隨第十師行動。該師長即令其參謀長率師部及直屬部隊第二十九、第三十兩團，先渡沁河北進，第二十八團、野戰補充團、由陳師長指揮掩護總部東渡沁水，北進太岳山區，至九時、參謀長率部由沁水出發，經河口、西冶、李家山東渡沁河，先行向太岳山區前進，十二時、抵達西冶村東端，獲悉孤山方面有敵約八百人，東冶有敵四百餘人，遂令第二十九團停止於小王庄待命，並派兵兩連向孤山、東冶方面，施行威力搜索，其餘部隊停止西冶待命。至下午五時許，獲悉孤山之敵一小部出没龍巖底附近，東冶之敵一部向台頭方面竄去。該參謀長乃令各部隊，在西冶附近宿營，並派諜報參謀及必要人員，潛往沁河沿岸偵查徒涉場，及東岸敵情，於十五日拂曉四時，獲悉孤山與東冶敵情無變化，沁河附近之敵已竄回后則腰，乃於下午六時，東渡沁河，向高平前進。十六日上午八時，第十師補充團行抵東冶附近，與敵二千餘遭遇，因敵逐次增援，該團在陸空圍攻下突破重圍，退守桑林東南山地，敵傷亡頗重，未敢再犯。是役該團長楊人溪壯烈成仁，其職由第二營營長暫代，待機再渡沁河，至下午二時，第十師師長陳牧農返回西庄凹，該師參謀長率部通過敵之封鎖線，沿湘峪、壁底、古堆、杜村繼續向郭庄前進，於二十一日全部到達，嗣以一部移至良馬附近。

我第十五軍各部隊於十二日夜九時，集結東沙腰，該軍武軍長與第九十八軍武（士敏）軍長協商，決定經董封附近賈村、武家坡等處突破董封至張馬及陽城、沁水公路敵封鎖線，向沁水東北進出，由第九十八軍第一六九師一部擔任掩護，至深夜十一時，兩軍進抵石盆溝敵封鎖線附近，因第一六九師大部通過後，被敵發覺，敵以火力封鎖進出道路，致使兩軍在深夜道路泥濘、隊伍混雜於一途中，秩序極爲紊亂，兼之處於蓮花山、董封、鹿渠、松樹廟等處之敵，三面包圍下，情勢異常危險，該兩軍遂決心放棄北進，轉進有利地區游擊，俾設法就地補給，再伺機北進。

第十五軍軍長武庭麟於十二日夜十一時三十分，給予所部兩師緊急命令，要旨如左：

一、軍決暫時放棄北進，轉向有利地區游擊，設法就地補給，再行伺機北進。

二、第六十四師（欠第一九二團、第一九〇團）爲第一梯隊，軍部及直屬營、連、爲第二梯隊，軍補充團團長指揮該團及第一九四團（欠一營）爲第三梯隊，經橫河鎮向析城山以南，東西圈頭一帶轉進，限即時出發。

三、第六十四師第一九〇團（欠一營），仍暫歸第九十八軍武軍長指揮。

各部隊奉令後，即分途南向指定地區前進，五月十三日晨六時許、到達東西圈頭一帶。是時，敵機在葦園坪、橫河鎮、東、西圈頭一帶，更番轟炸，第十五軍騎兵連及第六十四師輜重營，通過橫河鎮時，被炸傷官兵七十餘人。惟第一九五團被阻，遂經上、下川、白華，突破敵封鎖線北進。

第九十八軍第一六九師（欠第一〇一〇、第一〇一四兩團）脫離敵人後北進，於十三日拂曉，到達賈村附近，十二時、經武家坡通過陽城、沁水公路封鎖線，敵汽車五輛載兵四十餘，由劉村鎮向該師截擊，經我擊燬汽車兩輛，斃敵中田大隊長一員、士兵十餘名，敵不支竄去。未幾、龍王山之敵，以砲火阻止該師前進，於下午二時許，仙翁山、劉村鎮之敵各百餘人，亦向該師阻擾，均被擊退，該軍遂於下午五時，安全到達沁水東北，馬壁以西地區，十四日，續向馬壁以西前進，十五日，到達界村附近，奉命在馬壁以西地區整頓及收容，並在段峪一帶警戒。其第四十二師，於十二日夜間十時，通過敵封鎖線時，被敵襲擊，經派部隊還擊及掩護，始安全通過，於十四日晨到達沁水西北衛村以北地區，旋奉命於青城、東曹村、大衛村一帶佈防，對浮山、翼城及四十里嶺方面警戒。

五　突圍北進歷辛苦

五日十四日上午十時，口河方面之敵第三十三師團一部千餘人，砲六門，在飛機掩護下，經橫河鎮，向老王庄第十五軍補充團及騎兵連進犯，並以大部向前石板之第六十五師第一九四團及第六十四師工兵營，與東西圈頭之第六十四師迂迴，經我各部還擊，敵曾數度進犯，均未得逞。是時，該軍長獲悉總司令部，於十三日進抵西冶附近，準備由陽城以東北進，遂決心準照總部行進路線北進，遂於十四日上午十時許，給予各部隊電令如左：

一、軍為設法就地補給，實施游擊，並伺機北進之目的，即經紫苑河、石窯上，向西冶進出。

二、第一九一團即由紫砂煙向石窯上前進，並先遣一部於前後楊板警戒軍之進出路。

三、第六十四師（欠第一九一、第一九二、第一九零團部，配屬軍補充團，騎兵連，第一九四團之兩營）在老王庄，東西圈頭一帶，阻擊由橫河鎮東犯之敵，日暮後，向石窯上續進。

該軍長下達命令後，即率第一九一團出發，經紫沙煙、紫苑河，於是晚到達石窯上；第六十四師師長，率部於五月十五日凌晨三時到達該地，並在石門、紫苑河一帶要點佈防，誘敵追擊部隊伏擊之。至上午八時，敵先頭一部，沿紫苑河向第一九一團石門南北高地陣地猛攻，該師長率第一九〇團第二營前往增援，敵增加千餘人，反身猛衝，我軍以態勢有利，斃敵約五百餘名，我傷亡官兵百餘人，遂形成對峙。第十五軍軍長獲悉上項戰報後，當即予各部隊命令要旨如左：

一、軍部及直屬部隊，第一九四團（欠一營），第六十四師輜重營，即經前後楊板、龍潭嶺向西冶村前進。

二、第六十四師（欠第一九二團、第一九〇團一部及輜重營）應於石門一帶堅強抵抗，痛擊跟追之敵，掩護軍之東進，日暮後，逐次掩護向東續進。

該軍旋即出發，經東西門圪台、龍潭嶺，乘夜向東冶村前進。

第九十八軍於五月十三日晚，突圍北進，除第四十二師全部，及第一六九師一部，通過敵軍封鎖線，到達指定地區外，其餘被阻折回，軍部於十四日轉進至日曜村、雙廟舖一帶地區，伺機再行北上，第一六九師之第一〇一〇、第一〇一四兩團，由參謀長率領，於是日到達石圈河附近，奉命歸還建制。

第四十三軍在佛山以東地區游擊，五月十三日，敵由垣曲、濟源方面增兵數千，向該軍進犯，該軍遂轉進至不落齊村，敵隨後進迫該村南山頂。該軍遂以一部，於不落齊村東西地區逐次抵抗，主力向落凹轉移。十四日，敵四百餘人、砲一門，向落凹進犯，經我第七十師伏擊，敵傷亡頗重，向後逃竄。十五日，該軍軍部轉移至三角嶺；暫編第四十七師轉移至丁陽溝；第七十師仍在落凹監視敵軍，游擊第六縱隊分佈於兜垛村附近地區襲擊敵人。

五月十四日晨間，我在西庄凹總司令部，先後接獲到各部有關十三日突圍北進，及被阻折回之報告後，於下午二時，電呈蔣委員長及第一戰區司令長官部，並於十五日夜間十時，電復第九十三軍：

「北進部隊，無論大小單位，均歸該軍指揮，除已飭各部遵照外，希派員就近連絡，並派多數游擊小組，由政工人員率領，分由沁水東西地區，收容北進各部隊散兵。」

同時，獲悉第十五軍在老王庄、西圈頭一帶，與敵激戰後，該軍武軍長及第六十四師姚師長率部於十四日晚至十五日凌晨三時，先後到達石窯上；第六十五師副師長率該師主力，仍在李疙瘩、茨灘河、後文堂附近，與敵激戰。

嗣接衛長官電令：

「敵第三十三、三十六、四十一、三十五、三十七等師團，惟一企圖，乃在消滅我第十四集團軍，仰速突破敵封鎖線，留置部隊，愈少愈好。」

遂於十六日零時，令第十五軍設法北進，並決定總司令部於是晚出發東渡沁水。十六日晨，第十五軍軍部進抵馬家庄附近，獲悉敵軍第三十六師團第二二四聯隊之一部，到達東治鎮，西治村情況不明，護駕村之敵第三十三師團一部約七百人，向我東石窯上、龍潭嶺第六十四師進犯進犯，該軍因三面受敵，北進困難，乃令先頭部隊（軍補充團）拒止西治村方面之敵；第一九四團，在馬家庄以北，對北正面防禦；第六十六師，在東石窯上、龍潭嶺一帶，對西北兩面防禦，軍部位置於馬家庄。是時，該軍補充團已奉到我的命令，在上輝泉及桑林以東之線，對南北獨泉，對東、西治防禦，並與第一九二團（原歸總部指揮）取得連絡。

十六日中午十二時，我電令第十五軍武軍長云：

「集團軍為避免決戰，打破敵之企圖，該軍應分途北進，留置若干部隊，在該地游擊。」

武軍長以腹背受敵，北進企圖，業已暴露，兼之連日激戰，糧彈俱缺，暫時無法北進，為便於行動，就地補給，遂於十六日十二時三十分，電令所部第六十四師，以團為單位，先分途向南山外游擊補充，伺機再行北上，軍部移至石圈河。

十六日下午二時，陽城之敵約七百名，砲四門，經楊嶺、洞底，直趨馬家庄，與我第六十五師第一九四團之一部，在雲磨溝一帶激戰。至下午四時，該敵一部二百餘人、砲二門，竄至馬家庄以北高地附近，與第十五軍直屬部隊一部接觸，戰至日暮，該軍直屬部隊施行逐次抵抗，漸至石圈河。第六十四師（欠輜重營、第一九〇團一部，及第一九二團）於十六日當晚移至酒家庄附近，因兵站機構南撤，不獲補給，乃收軍中馬、騾宰殺，採集野菜、樹葉，以之充飢。我官兵在糧絕彈缺，及敵人三面壓迫之下，在十七日那天，尚能一日數戰，艱苦禦敵。至晚七時，武軍長接到我總部通報：

「**總部擬明（十八）日分組東行，續行北進。**」

乃於是（十七）日夜晚九時轉電所部云：

「**軍以游擊，實施補給，及伺機北進之目的，軍部及直屬部隊，於十八日拂曉四時向上、下土圈前，第六十四師相機向黃家庄一帶進出，發展游擊，各部隊當即積極準備。**」

第九十八軍軍長武士敏率領所部軍，於十五日晨由日曜村，雙廟舖附近地區出發，十二時，經後文堂向兜垜村前進，下午四時，與游擊第六縱隊（司令畢梅軒）會合，由上、下川以北地區，向東北轉移。

我第十四集團軍總司令部於五月十六日拂曉，由西庄凹到達輝泉、桑林村（在陽城南四十里，桑林河濱，一名大河、古名上澗水，源出廠樓山東流澤河入沁水）間，獲悉第十師補充團與敵在西冶鎮附近發生激戰，遂令第十五軍補充團在桑林一帶採取防禦措施，我並親往桑林督戰。是時，敵機十一架飛臨上空助戰，更番轟炸，我軍尚無損傷。至十二時，在該敵兩補充團壓迫下，戰況甚烈，我軍傷亡頗重。我以突圍不易，於下午四時，復折回西庄凹，旋奉第一戰區司令長官衛立煌十六日電：

一、豫北敵主力，似已向陽珹以南轉移，封門口、邵源鎮一帶，尚無敵大部隊發現。

二、爲全部東移不便，可相機以一部西移。

三、第四十三軍（趙世鈴）在丁陽溝、落凹附近；新編第二十四師（張東凱）、十四日在王屋、老君堂一帶。

十七日晨，敵機三架飛臨本集團軍總部駐地西庄凹上空，施行掃射，並投彈轟炸，我第十五軍特務連傷亡官兵二十二人。是夜十時，西冶鎮之敵軍，向我第六十四師第一九二團進犯，至午夜十二時許，攻占我桑林村。我遂將當前狀況，及兩日來之作戰經過，電報蔣委員長，及戰區長官部。

十八日，桑林村之敵，向我第一九二團進犯，激戰竟日。

同時，日軍一千餘人，攻占陽城西南六十里之析城山（標高一二二六公尺，山甚高峻，上平坦，四面如城，迴出諸山，故名）後，分由楊嶺、黑龍背，向我第十師第二十八團龍潭嶺、風山嶺攻擊；由孤山竄踞西冶鎮之敵約八百人，以直迫我桑林村時，第十師師長陳牧農遂令第二十八團以機動方式，就近分散隱伏於風山嶺、龍潭嶺、東門疙瘩各附近山地，伺機向敵襲擊，補充團一部在上天井東南高地阻擊由上天井南犯之敵，十二時後，敵進佔風山嶺，繼續東進包圍西庄凹。我以西庄凹所在地區，地瘠民貧，給養斷絕，且遭敵之壓迫，不能久據，乃令第一九二團及第十師一部堅守陣地，掩護總司令部轉進，並將總司令部區分爲兩組，一律輕裝：第一組由我率領，第十師與所屬部隊、與總司令部特務營（欠機關槍連）東渡沁河北進；第二組由總司令部參謀長于起光率領，附第十五軍野戰補充團、第六十五師第一九四團第二營，及總部特務營機槍連，向黃背坪南移，并設法北進。同時，分令第十五軍武軍長率直屬部隊於十七日晚移至上下土圈、第六十四師邢師長率部移至黃家門。我爲爾後指揮便利，乃於十八日十二時電報蔣委員長及衛長官，謂「敵四面深入，情況日趨惡劣，已無法指揮作戰，職部現分兩組，暫在南面游擊，北面部隊懇飭副總司令（劉戡）統一指揮」。同時將各部隊情形，詳電衛長官：

「連日來，各部隊轉進，行動甚爲混亂，散兵混雜，絡繹於途，現在析城山以東地區，除職所屬第十五軍、第九十八軍、第十師等各一部外，尚有新編第二十四師，獨立第四旅、第四十七師等部隊各一部，其他各部隊之散兵，爲數甚多，秩序極爲紊亂，本部已宰馬而食，無力收容，因此無法建立根據地，及設施警戒，長此以往，影響作戰至大，懇飭各部竭力收容，並指定地區，以行整頓。」

六　最是艱難南渡時

截至五月十八日止，我集團軍總部被迫分向東西兩方面轉移；第四十三軍（趙世鈴）準備向浮山、翼城敵後轉進；第十五軍移上、下土圈一帶；第九軍之一部，仍在劉坪、張坪一帶游擊；第五集團軍（曾萬鍾）主力西渡汾河。一部正分途西進中，第九十三軍（劉戡）掩護第九十八軍（武士敏）、第十師（陳牧農）等主力，及游擊第六縱隊（畢梅軒），安全通過封鎖線，進入太岳山區，其集結位置爲左：

一、第九十八軍第一六六師集結於青壁（秦壁）附近、第四十二師集結於關條溝（關家溝）附近，該軍軍部駐馬壁。

二、游擊第六縱隊集結於譚村附近。

三、第十師主力集結於橫水附近。

五月十八日午十二時，劉家集之敵三百餘人，山砲及迫砲共四門，向我第六十五師根據地吉家庄第一九〇團一部進犯，遭我伏擊，斃傷敵五十餘名，我傷亡士兵二十七名。我軍爲避免與敵決戰，遂轉移至上、下川附近，同時，第六十五師奉到我的電令，必要時應向曲沃、翼城一帶活動，並可向南游擊。該副師長爲指揮便利，遂於十九日率師部及直屬部隊轉移至轉林溝，并令第一九〇團一部暫歸該師指揮，向雲夢山一帶活動，至二十三日，該副師長獲悉敵偵知我雲夢山根據地，勢難久留，遂決心留置砲兵營及師部一部人員在轉林溝一帶活動，主力向翼城、曲沃挺進，行抵東哄哄附近，與敵遭遇，發生激戰，第一九三團團長與團部及第二營失卻連絡。該團第二營及團部一部人員，隨劉副總司令往上、下川、浮山、翼城，於六月二十九日越同蒲路，三十日渡過汾河，七月五日、由韓城渡過黃河歸還建制。該營沿途與敵激戰，計斃傷敵六十三人，該營傷亡士兵四十八名。該師副師長以北進受阻，在轉林溝獲知我和武（庭麟）軍長均已南渡，遂決心停止續向曲沃、翼城挺進，擬定渡河計劃，令飭各部漏夜實施，曾於五月二十七日下午四時，呈第十五軍武軍長電如左：

一、本師雲夢山留守官兵二百六十餘人，於二十三日前被敵圍擊，除傷亡及被俘各一部外，餘均各失散。

二、第一九三團及第一九一團各一營，前在東、西哄哄與敵激戰，失卻連絡，正偵尋中。

三、本晚令砲兵營與衛生隊、通信連、運輸連、野戰醫院各一部，及師部一部，經華鍋墁、三里河附近越過大路南進，預備由竹峪、妯娌村附近渡河，其餘部隊如無阻礙，隔一、二日可續南渡。

五月二十七日十二時，西哄哄之敵「便衣隊」七十餘人，向後文堂西側第一九三團第一營進犯，同時，敵四百餘人由後文堂大道向我軍包圍，激戰至薄暮，斃敵五十餘人，我傷亡官兵二十六名，該團長率第一營轉移至兜垛西南山中，相機設法南渡，我第一九一團，軍運輸連及第一九四團一部，均在前文堂受敵包圍後，情況不明。

二十八日五時許，前河、望仙庄之敵四百餘，山砲及迫砲五、六門，向該師梁王腳第一九四團（欠第二營、第三營）進攻，六時許，馬堰上之敵約七百人，山砲四門，向第一九三團第二營進犯；十時許，個河口、轉林溝附近，亦發現敵情，各部當即分別予以迎擊，至十二時，第一九四團第一營傷亡八十五員名，該營營長負傷，陣地被敵突破，該營乃向安上轉移。同時，第一九三團第三營在馬堰上一帶與敵激戰，傷亡官兵七十八員名，仍浴血苦戰，至下午一時，陣地被敵突破。紅涯河、個河口之敵，進迫我轉林溝陣地，經派工兵營增援，戰局稍穩。砲兵營於十二時，經三里河附近，亦與敵發生激戰，斃敵七十餘名，該營營長陣亡，其餘官兵傷亡一百零四員名，被俘三十餘人，至薄暮敵再猛攻，激戰澈夜。該師副師長於是夜十一時，奉第十五軍武軍長電示：

「感申（二十七日下午四時）智電悉，據報西河清、小狼地一帶各渡口左岸，均被敵以據點之配備，封鎖我河防；友軍在左岸警戒之小部隊，亦已撤回右岸，大部隊由此南渡困難，惟妯娌以西之河口，仍有船隻等候迎接，盼詳細偵察連絡，相機南渡。再者滎陽、武陟間之滎澤口及以西之棗樹溝，確在我軍掌握中，且左岸廣大地區，有我第四集團軍兩營游擊，倘由塔地、西河清南渡無望，可冒險繞至滎澤口南渡。」

五月二十九日拂曉，紅涯河、個河口之敵，復向轉林溝附近我六十五師陣地進犯，發生肉搏戰，我軍手榴彈業經用盡，至八時許，敵復增加，其砲空炸射尤烈，該師第一九三團及第一九四團（欠第二營、第三營）傷亡官兵三百二十一人。是時，糧彈俱絕，上午九時、我轉林溝陣地失陷，該師參謀長以下官兵傷亡頗重，經令工兵營主力在轉林溝西側高地竭力抵抗，騎兵、特務兩連及師部官兵，撤入華果墁山，經楊河以南突圍，因敵封鎖嚴密，致未奏效。是時，轉林溝之敵迫近華果墁山，工兵營損傷綦重，該師陷入重圍，遂令騎兵連向山中潛行，分組尋隙突圍。該副師長率騎兵連及其餘撤退之殘部，轉經花果墁山南移，密匿山林中，待機收容殘部，並將上項經過情形，於七時三十分電呈第十五軍武軍長，旋於二十九日凌晨一時，接奉第十五軍武軍長電示該師部隊：

「既受敵嚴重壓迫，須多方分批南移，到達公路以南地區後，如妯娌渡口尚可偷渡，即分批實施，否則可向東避開公路，由溫縣以東地區渡河，如不能南移，北進亦可，應依當時情況行之。」

五月三十日拂曉，敵分批派遣小部隊，搜索該師潰散部隊。這時，該師部隊更行顯得混亂，除特務連尚有三十餘人及師部數人，隨該副師長行動外，其他部隊均失連絡。是夜，該副師長率部由紅涯河突圍未遂，乃於花果墁山中密匿，收容殘部，至六月三日，先後尋獲第一九三團第二連及該團團長，並獲悉騎兵、特務兩連各一部，其他各部均潰散或傷亡被俘，遂令第一九三團團長率第二連向陸家坡一帶秘密活動，收容散兵。該師騎兵連、特務連及通信連各一部，輜重營、補充營與第一九〇團第三營，均於六月十三日以前先後南渡。該師副師長率官兵三十餘人，於六月二十七日乘隙南渡。該師第一九五團於五月二十三日晚，由馬壁、河陽村北進，倉卒遇敵，被敵擊潰，大部被俘，一部由我第九十三軍收容。

第十五軍於五月十九日進抵水橫池，遭受敵砲火封鎖射擊及空軍轟炸，該軍遂疏散於山腹之叢林間掩蔽，下午五時繼續由大窩寺向柴溝前進，於翌日九時到達該處，第六十四師亦到達張坪，並派隊向濟源、垣曲公路以南地區游擊，獲悉訓掌、白潤各有敵百餘人，該地無食糧，且飲水亦極缺乏，茅草坡到達第八集團軍部隊兩團，該軍遂就地購牛十餘頭，宰殺充飢後，改向西行，擬向封門、王屋以北地區購糧，行約數里，接到我的函諭：「**刻總部所率部隊，在孤山附近與敵激戰，東進被阻，現已折回接官亭。**」該軍長遂反回砦溝待命。

我所率領的第一組於五月十九日上午七時許，進抵洋庄河，秘密隱避，準備東渡北上。是日晨，桑林村一帶之敵，復向第一九一團掩護部隊進犯，激戰至黃昏七時，該團奉諭縮小陣地，固守大、小天門之線掩護。我當即和第六十四師師長邢清忠議定，由洋庄河，經後庄、墜龍窩、八里背、龍洞河、核桃凹、東渡沁水，再行北進。下午五時出發，於二十日拂曉抵達龍岩底，遭敵截擊，經第十師前衛部隊（補充團第一營）衝擊，致未奏效，同時，敵機槍由南北兩側高地向我射擊，偵悉爲預伏千餘之敵，於七八里之縱深地帶，誘我深入，以圖殲滅。幸我先期發覺，經我緊急部署，與敵戰至天明，敵復分途向我四面包圍。我與第十師師長陳牧農親臨督戰，並令第十師補充團極力抵抗，總司令部特務營亦加入戰鬥，戰至十時許，乃突圍向莽河轉進，敵分數路追擊，以及砲空之炸射，我傷亡甚重。是日晨，第一九二團黃野嶺陣地，被敵突破，該團第三營營長率隊轉進至虎盤口被敵砲擊陣亡，該營遂向接官亭轉移，至下午二時，天忽大雨，敵人飛機無法活動，情勢稍緩，乃與第十師陳師長收容部隊，到達上橫水村整頓。此戰鬥中，總司令部陣亡官佐五員，士兵三十四名，負傷士兵五十二名，失蹤官佐四員，士兵九十一名，小行李損失殆盡；第十師傷亡官兵二百餘人，損失迫擊砲三門，輕重機槍四挺，步槍三十枝。下午五時，第十師陳師長奉我電令：「該師留置南山部隊，著即移至接官亭、黃背坪附近，相機南渡」。陳師長當即予各部隊之命令要旨如左：

一、第二十八團之一部南進黃背坪，主力仍在東門疙瘩、風山嶺等地區，保持機動；另派一小部於羊圈、底廟掩護山砲連，並多派幹探，向封門口偵察南渡路線。

二、野戰補充團以一營位置於張坪，向武山、訓掌之敵警戒，主力仍位於大凹停止待命。

三、師戰鬥指揮所人員及騎兵連、迫砲營、戰砲連，著即移至大凹、水橫池、百策嶺附近待命。

五月二十一日下午二時，我接到第一戰區長官部十九日下午六時電令如左：

一、黃河左岸封門口、王屋、邵原、南窯、蒲掌、西陽村、上、下觀陽、北長泉及濟源城、東冶、南龍台、西留養、大社、三樊等地，各有敵二至三百人。

二、可渡河之點：交背有筏三，每筏可容八人；妯娌灘有舟一，可容五六十人；荒坡有筏三，船二；石曲有筏五；太監、馬峪均在營造中，各渡口船筏往返時間，均在半小時以內，現各渡口均在徵集船筏中。

三、該部應即率隊迅速南移，乘敵空虛，分批南渡。

這天，我又接到第一戰區司令長官衛立煌電示：

「辰巧午（五月十八日十二時）電悉，應准照辦，大峪鎮、塔地各渡口，夜間可偷渡數百人至千餘人不等，馬匹可找民眾牽餵，不得已時，零星部隊，分期分途，通過濟源、垣曲公路，速行南渡，人數與番號，希先電告。」

我當即與第十師師長陳牧農商定渡河計劃，決定分批以游擊方式突圍。第十師補充團、第二十八團加以整頓後，再行南下。

當天（二十一日）下午五時，我率領本集團軍總部人員，特務營，及第十五軍軍部與直屬部隊，由上橫水村出發南進，於夜九時到達張坪村後，乘夜繼續向營盤河前進；總部參謀長于起光所率領之第二組，由西庄凹出發，經東、西小圈（在黃背坪北），於這天早晨到達西水溝。

二十二日下午六時，我於張坪接奉衛長官電示：

一、濟源、垣曲公路以南，除太監、馬峪到達少數敵人外，其餘情況無變化。

二、第四十七師全部即於此三日內由封門口、王屋鎮以南渡河，歸還建制。

三、該部迅速分組，秘密行動，可無顧慮。

四、本部已令孫蔚如總司令多派員兵，在垣曲、濟源公路一帶接應。

我決心經南北薰、李小庄、武山、西承留等處敵據點之間隙間，突過公路，進出黑窯庄、石峰泉一帶，並指揮第十五軍武軍長遵照。該軍長遂於下午五時，給予各部隊命令，要旨如左：

一、第六十四師邢師長率所部相機繼續南渡。

二、第一九二團應先派兵一部赴公路以南活動，眩惑敵軍；另以一部監視李小庄、西承留、武山、南北薰等處之敵，掩護軍之南進。

三、軍按通信營、第一九二團、軍直屬部隊、總司令部直屬部隊、第六十四師。輜重營、第一九〇團之一部之順序，即刻出發，經三教堂、王庄、槐樹庄附近，乘夜通過公路，向黑窯庄、石峰泉一帶進出。

五月二十三日子夜零時，該軍先頭第一九二團一部進抵李小庄附近，與敵第三十五師團第二二〇聯隊發生激戰，以裝甲車四輛增援，經該團第七連班長黨長太、李宏祥、士兵黃悶娃等沉著應戰，並以集束手榴彈，炸燬敵裝甲車一輛，壯哉！我十五軍之勇士也。敵乃驚慴而退李小庄據點工事頑抗，該軍遂安全通過。我於上午七時，將上項經過情形，南移部隊番號，以及令飭總部于參謀長與第十師陳師長南移等事項，電呈第一戰區司令長官，並請示渡河地點。是時總部于參謀長在西水溝，已接奉衛司令長官電飭率部南渡，該參謀長以各方情況不明，濟源、邵原公路復被敵封鎖，黃連樹、靈官廟、鐵山河等處之敵，向該組包圍，該組在敵軍飢疲交迫下，遂散伏於營盤河、黃背坪、上、下土圈一帶，採樹葉草根充飢。九時許，第十四集團軍總司令部及第十五軍到達黑窯庄一帶，敵第三十五師團約千餘人竄集李小庄，隨後追迫；同時、大峪鎮之敵第三十五師團第二二一聯隊，在敵飛機協同下，向牛元溝側擊，與我掩護部隊發生激戰，下午七時，該部進抵馬廠、張大賓庄一帶地區，並令飭擔任眩惑敵軍部隊第六十四師補充營、第一九二團第一營歸還建制。二十四日拂曉，第四集團軍

（孫蔚如）第一〇五七團派隊在西河清掩護我第十四集團軍部隊渡河。是時，西河清渡口，有大船一艘、小船二艘，一次可渡二十六人。我當飭第十五軍武軍長準備南渡。該軍長遂招集各部隊長，下達命令，要旨如左：

一、軍爲迅速南渡，即向西河清渡口急進。

二、第六十四師第一九二團及第一九〇團一部，與輜重營、補充營、軍騎兵連，均歸第一九二團團長指揮，即速佔領槐樹庄、馬廠至扁擔嶺之線，掩護渡河安全。

三、渡河部隊：按總部、總部特務營、軍部及特務連、通信營之順序實施。

四、最後掩護部隊以第一九二團擔任，其餘掩護部隊視情形陸續南渡，由第一九二團團長指揮。

當天（二十四日），濟源東南坡頭鎮（南臨黃河）發現敵軍千餘人，我亟率隊南進，於上午八時開始，按規定順序南渡，惟船隻缺乏，敵機轟炸，兼之敵第三十五師團自蓼塢、大峪鎮、坡頭鎮等處分向我部壓迫，渡河極感困難，賴我掩護部隊竭力抵抗。我總司令部及特務營、第十五軍軍部特務連、通信營、第六十四師輜重營一部，先後南渡，其餘部隊因三官廟、石峰泉一帶之敵先後進犯，一面與敵血戰，一面強渡黃河。至下午六時，西河清渡口附近，被敵攻占，第一九二團強渡困難，遂於二十四日夜間約九時許，向岳王廟轉進，伺機南渡。是日，我總部南渡後，進駐孟津之皂角樹、甯家門附近，收容部隊；並電飭黃河左岸部隊分批南渡，及派員嚮導其第十五軍第一九〇團一部及補充營，第六十四師輜重營、軍騎兵連各一部，擔任掩護，在馬廠、槐樹庄等地，與敵激戰後，突圍北進，輾轉於白果樹、十方陵、小木槽間，與敵週旋，於六月四日至七日，先後南渡。第六十四師姚師長率直屬部隊，第一九一團、第一九〇團之一部，自五月二十三日在痲姑廟被阻，折向上觀，經紙枋通過公路南進，三十日晨到達觀王河，於東西南三面，派出警戒，至上午十時許，由大溝河及武山竄來敵二千餘人，向該師猛攻。該師與敵激戰後，轉移至岳王廟附近，復經大峪鎮竄來約七百名之敵截擊，乃折向南進。是時，該師被敵包圍，師部及直屬一部向西南突圍，當日到達小狼地渡河；師部及直屬連大部，與第一九〇團第二營向南突圍，到達葦園一帶集結。六月一日下午一時，由封門竄來約五百名之敵，向該師猛犯，該師師部及直屬連，向東北轉移，第一九〇團第二營大部被敵包圍，一部突圍由小狼地南渡；師部及直屬連至河清渡口，於二日南渡。其餘一部及工兵營、第一九二團等部隊輾轉於留庄、來坪、天台山等地，乘隙於六月七日以前，先後南渡；其第一九一團於五月二十八日到達清龍溝（陌南鎮附近），正向　水口以東，偵察渡河地點中。

我第十四集團軍總部于參謀長，於五月二十七日在西水溝，接到我的電示：

「**近日敵軍封鎖甚嚴，通過不易，暫就原地游擊，伺機南渡。**」

當即率部北上，第十五軍野戰補充團進駐輝泉；向桑林村、泥河口一帶購糧，親率總部一部人員及第一九四團第二營，駐石圈河附近。旋獲悉第十師東門疙瘩屯糧被敵焚燬，其中大部可食，遂派隊前往搜獲麥百餘包，嗣以第六十五師輜重營、第一九四團之一營相繼來歸，經令在孔蔡、風山嶺、石窟溝一帶購糧待命，至六月三日，黃河北岸之敵大部東移，封鎖稍弛，乃率隊分途南移，進抵羊圈、崖底。第九十四師第二八二團副團長率五百餘人（內有第八十四師一部）及第九十八軍第一六九師兩團均行前來，當即收容，率同前進，於六月五日至九日，分組馳越敵封鎖線，由柿樹庄、東、西河清、小狼地等處，安全渡河，歸還建制。

第十師陳師長率野戰補充團、第二十八團，奉命在張坪、大凹、水橫池一帶整頓。此際濟源以西之敵，大部陸續東竄，另一部向垣曲西撤，濟源至垣曲大道兩側，仍有流竄之敵，監視我軍，黃河左岸各渡口，均有少數敵人據守，不時向西游擊。陳師長判斷敵之竄集似集中兵力，有向南山作第二次掃蕩之企圖，乃於五月二十九日下午五時，令野戰補充團於三十日黃昏，開始由張坪經三教堂、千步嶺、向尖窪渡口南進，分組渡河，第二十八團迫砲連著即移至大窪、水橫嶺附近待命，至六月二日，該補充團進抵岳王廟，與約五百名、砲二門之敵遭遇，該團以有力一部向敵猛襲，卒將敵擊退，斃敵五十餘人，主力即向尖窪南進，遂乘機南渡。

三日晚八時，陳師長接我電示：「補充團已南渡」，遂令第二十八團附迫砲營、戰砲連，分組乘虛南渡，計該團第一營附戰砲連，於六月六日晚間，由大窪出發，經東張、大溝河南下，七日，在馬庄渡口安全渡河；第二營附迫砲連於八日出發，經泗溝、沿大溝河，由馬庄渡口南渡；該師指揮所率騎兵連、搜索連，於九日晚間，經三教堂繞西承留、棗園、河地，於十日晨南渡，到達王庄；第二十八團團長率第三營及迫砲連，次日隨後跟進，因指揮失當，行動遲緩，於行進間，遇敵四路，向水橫池合圍，該團長僅率第七連南渡，迫砲連敏捷脫離敵軍，相機渡過黃河；其餘第八、第九兩連，被敵包圍於黃背坪附近，突圍者僅三十餘，跳崖犧牲者四五十人，餘均在黃背坪殉國，本戰鬥至此終止，計鹵獲敵軍步槍二七七支、輕機槍八挺、重機槍四挺、擲彈筒十一個、刺刀九十一把、鋼盔五十八頂、步槍彈三萬三千八百八十四粒、防毒面具一百三十四付，及其他戰利品。我軍參戰官兵八萬一千六百二十二員名，陣亡官兵六千零六十八員名，負傷官兵五百八十四員名，失蹤官兵六千九百七十八員名。

敵自攻占我第十四集團軍防區後，即分別實施封鎖及據守黃河左岸沿河據點，編組掃蕩部隊，縱橫竄擾，阻撓本集團軍之南渡與北進，並以大部分轉向太岳山區進犯我第九十三軍根據地，希圖達成晉南「掃蕩戰」之迷夢，自六月初起（判爲日軍第三十三、第三十六等師團），紛紛竄回陽城、沁水、長子、高平、晉城原防地；以一部（判爲日軍第四十一師團及獨立第四旅團），向太岳山區游擊；另一部向同蒲路臨汾轉移；其陽城、垣曲間之敵，大部分向東西兩面移動，似有進犯我晉東南陵川之企圖。

我第十四集團軍自防區失守後，除北進部隊外；其餘部隊於六月上旬先後南渡，計我第十四集團軍總部南渡後，暫駐馬屯附近，第十五軍第六十四師全部及第六十五師一部，第九十八軍第一六九師兩個團，第九十三軍第十師兩個團，奉命暫在孟津、及以西之馬屯、橫水鎮至新安一帶整補；第九十八軍武軍長率北進部隊，奉命在太岳區擔任游擊；第九十三軍奉命西進，於六月間通過同蒲路及汾河敵封鎖線，到達韓城，嗣經晉南至陝北蒲城；第六十五師一部在轉林溝附近，第一九五團在沁水以北地區，均被敵包圍，損失殆盡，殘餘部隊於六七月間陸續南渡歸還建制；游擊第六縱隊在沁水東北地區被敵包圍，損失殆盡；第八集團軍副總司令楚溪春率第四十三軍於五月十九日由雲夢山突圍後，沁水、安澤、浮山北進，在安澤、浮山、沁水一帶游擊，收容部隊，該副總司令即前往晉西歸還建制。

七　中條山的點滴回憶

抗日戰爭爆發，我國即採取持久戰略的革命戰法，以爭取最後勝利，是非常正確的。

平、津淪陷後，日軍即沿平綏、同蒲、正太各鐵路線，進犯山西省北部和中部、南部。

山西省的形勢，是一座天然堡壘。它表裡山河，北有恆山、句注山、五台山、蘆芽山，兼有內、外長城，及桑乾河、渾河、滹沱河、蘆芽河；中有雲中山及汾河；東有太行山及清、濁漳河；西有呂梁山，及嵐漪河、三川河，南有太岳山、中條山，及武鄉河、沁河；西南兩面更有黃河環繞，四表（邊緣）中裡（內部），山河錯綜，高原形勢，最爲完固，具有高屋建瓴之勢，在軍事上所扼有的地利，是易守難攻。

當抗戰初期，日軍恃其優勢之陸海空軍，妄想於最短時間內滅亡我國，以達其速戰速決的目的。所以我政府之戰略指導，著眼在求以空間換取時間，利用我國優勢之人力和廣大的國土，以與敵人施行持久作戰。由於山西省憑藉著表裡山河，步步設防，處處為陣，故不惜以一寸山河一寸血的重大犧牲精神，而對敵人從事堅強的抵抗，消耗其戰力，以造成日軍被迫轉移作戰軸線，誘之陷入泥淖之中，愈陷愈深，使無法發揮其優勢裝備之效能，然後我軍主動轉進於有利地區，繼續與之作戰，使之疲於奔命，無法速決，卒以粉碎其「三月亡華」的迷夢，而奠立了長期抗戰的基礎，實在是我國戰略上最大的成功。

及至晉省戰場轉移至晉南山岳地帶、一面在第一線上相機發動有限度的攻勢和反擊，一面於敵人後面發動廣泛的游擊戰，迫使敵人困守點線，以加重其消耗與疲憊其兵力，儘量使戰爭演成長期化。

我以中條山區戰略要地，地瘠民貧，食物毫無，且我第十五、九十三、九十八三個軍，在東北面之防禦戰鬥中，均能發揮戰力，殲敵甚衆，可惜東面之第九軍防地不守，致敵長驅深入，會師垣曲，以致我軍腹背受敵，補給中斷，而且軍中早已宰殺馬騾果腹充飢，今主力既未突出重圍，指揮系統亦已破壞，將來之混亂與不可思議之困難，均可逆料，為重新掌握部隊，指導突圍計，乃決心重回中條山，當即命令第十師師長陳牧農率該師經陽城以東，以游擊方式，北向沁水方面轉進，歸還第九十三軍之建制，我率總部於十三日夜間又推進至中條山之西庄凹，當與部隊電台取得連絡，經命第十五軍竭力拘束當面之敵於壽衣庄以南地區，使第九十八軍迅向西北張馬鎮方面以北突圍。——我由於接報第十五軍武庭麟與第九十八軍武士敏兩部突圍部隊正在集結之際，陣地被敵攻破，兩軍主力遂被迫於橫河以南地區與敵激戰中。

十四日、九十八軍軍長武士敏率領所部軍隊已安全衝破敵人的包圍網，到達翼城東南地區，亦和劉戡副總司令取得連繫。同日，陳牧農師長竟帶著第十師補充團前來總部，堅請衛護「總司令」向沁水方面移動，以免爲敵所乘。我因爲在此一地區，尚有十五軍正和敵軍苦戰，未能突走；同時，四十三軍亦陷圍中與敵掙鬥，說明在各部隊未能脫離危險之前，決心督率全體官兵奮戰到底，同此一命。陳師長頗受感動，立即表示：「在總司令未脫危險前，部下亦決不離開總司令部。」忠誠激厲，奮義以從。當經我允准後，乃令該師劉參謀長率領該部主力向沁水前進。長官部屬如此忠義，風標戰地，足令三軍同深感奮，官兵激厲自矢，一致效命報國。

十五日、晉城、垣曲兩方面的敵人，亦分由東西呼應來犯。依照當時情況來看，實無再行北進之可能；相反的亦減去了堅守陣地的羈絆，所以反而覺得海闊天空，了無罣礙，可以機動作戰，打擊敵人。於是我亟命副總司令劉戡指揮在陽城以北之九十三、九十八兩軍；自己指揮在陽城以南之十五軍、及第十師補充團。並分別報備，蔣委員長批覆「所擬甚善，准予備案。」然後連繫四十三軍趙世鈴，共同在中條山區對敵展開游擊戰。

二十一日，復接第一戰區長官部電令：「**以黃河南岸防務空虛，飭即日設法南渡，增強河防。**」我即遵照命令，仍以游擊作戰的方式，交互掩護撤退渡河，自二十五日開始行動，迄六月中旬止，在此期間，我第十五軍和第十師之一部，先後在北岸槐樹庄、小船窩集結，敵軍自各面蜂湧追擊而至，我第六十四師張副師長率第一九二團占領黃河北岸灘頭陣地，英勇抗敵，肉搏以拒，掩護大軍於孟津、新安對岸之間陸續搶渡，屯駐於新安地區，擔任守備河防任務，最後該團受敵壓迫，無法渡河，乃又衝向敵後，重回中條山區，繼續從事游擊戰，與敵周旋，一俟敵之所謂「掃蕩中止」之後，始行南渡，得以全師而歸，其忠誠報國、勇敢善戰之精神，令人有無限的嚮往和欽仰！

六月下旬，日軍將其進攻中條山的部隊轉移攻勢，目標指向留在太岳山區的抗日野戰軍。我顧慮第九十三、九十八兩軍孤軍久懸，爲避免被敵包圍，乃請准我第一戰區長官部，令走晉南設法渡河。

劉戡乃率九十三軍西渡汾河，疾趨河津縣及其西北二十五里之禹門口之中間地區渡河。禹門口一名禹門渡，通稱禹門，即古龍門關，瀕黃河東岸，為入陝要津。渡過黃河西岸，折向南走，繞至豫西靈寶縣，歸還十四集團軍建制，守備河防。

按劉戡字麟書，湖南省桃源縣朝陽鄉人，幼失怙恃，賴姑母教養成人。黃埔軍校第一期畢業，積功後升至第三十六集團總司令；勝利後，任整編第二十九軍軍長；三十七年，與第一軍攻克陝北中共基地延安，嗣以馳援宜川失利，自戕成仁，年四十二歲。

第九十八軍軍長武士敏部，在沁水以東地區被日軍第三十六師團集結優勢兵力包圍攻擊，至七月下旬，始突出重圍，正在西進途中，又被盤踞沁水以西地區之第十八集團軍（為中共軍隊之受編者）陳賡、徐海東……等股，乘機攔截襲擊，後有日軍追兵，陷於兩面苦戰之中，雖然蒙受重大損失，但鬥志仍是堅定。先是副軍長兼第一六九師師郭景唐被敵俘去，武軍長於太岳山區苦戰經旬，至九月下旬，自西峪（屬陽城）向東南衝出重圍，旋被阻折回，戰至二十八日，於激戰中受重傷，因以舉槍自戕，悲壯殉國，從此忠魂長護中條山。

武士敏，字勉之，察哈爾懷安縣北五十里柴溝堡人，畢業於宣化直隸省立第十六中學（四年制），肄業於天津北洋法政學堂，武昌起義，參加革命，民國後，與役討袁、護法……。歷任陸軍第十七師第九十七團團長、第四十二師第一二四旅旅長、兼潼關警備司令；於陝北剿匪之役，以一旅之衆，追逐三年，卓著績效；二十六年、升任第一六九師師長，抗日軍興，轉戰冀、晉之間，以功擢任第九十八軍軍長，在太岳山防區，奉命組織「黨政軍聯合委員會」任「主任」，以爲敵後抗戰據點。死年五十歲。

九十八軍官兵痛念武軍長成仁，化悲憤爲力量，矢志突圍，重返中條山區打游擊，而後於八月間陸續渡河，至新安集中，守備河防，是百戰不潰經得起考驗的部隊。

八　痛苦的教訓

中條山是我抗日軍事戰略要地，成爲敵軍之致命要害，關係戰爭至爲鉅大。因此本集團軍駐紮此間，以軍紀嚴明，頗得人民合作，協力作戰，諸稱便利。我爲因應環境，以軍事推動政治，以政治發展經濟，在山地防區及所設施，厚植潛在戰力，以鼓舞我民心士氣，而和當面之日軍，兼及側後之共軍——第十八集團軍，作兩面之攻防戰鬥，得以支柱其中，撐持危局。惟此次會戰之前，第一戰區長官部依據軍事委員會之會戰指導，所部署之第九軍，配屬冀察戰區游擊第一縱隊，擔任豫北孟縣、濟源以東之守備，右由黃河北岸之賈營、東冶鎮止，並抽派有力部隊位置於後楊壘、招賢集（在溫縣西二十里，道通孟縣）、楊村、及武陟西之大、小虹橋，分向踞守溫縣、沁陽、博愛，和晉城、陽城、與晉城、陽城兩公路，以及新鄉、獲嘉、修武、武陟之敵僞軍隊，予以攻襲。詎料該軍軍長係長官部參謀長郭寄嶠兼長遙領，而由所轄之第四十七師師長裴昌會以副軍長代行，副師長郭貽珩代升師長，及五月七日日軍進戰，八日，倉皇西退，風聲鶴唳，一日數驚。據該軍人員語稱，軍失指揮，毫無秩序，所轄三師併行一條道路，爭先恐後，只恐敵人追來，以致該軍所轄三師官兵失去建制，棄置眷屬者不言，而拖帶以行者，更是悽號啼哭，混亂擁擠，自相踐踏，眞是兵敗像山倒一樣，情形極爲悽慘，經濟源西十六里西承留鎮、西六十里封門口、八十里王屋鎮，一百二十里邵原鎮（一作邵源，又曰邵源關，即唐代之故邵源縣治），十一日，即南下抵黃河北岸之槐樹莊、小船窩一帶，官兵搶渡，發生幾艘木船超過載重量的翻溺慘劇，及達南岸狂口鎮，驚魂猶未能穩定，散駐於其南約二十里之橫山羊圈、東坡……一帶，收容歸來之官兵，然十二日晨敵軍追至，封鎖沿岸渡口，順利進踞太行山，唇亡齒寒，中條山危矣！該軍第五十四師師長王晉、及其參謀長高朝棟，戰後檢討，言下對其代軍長裴昌會所作之戰報與事實，咸表遺憾，概由裴之不能聞戰沈著指揮，倉皇退走，以致影響全局形勢很快逆轉惡化，實乃此一會戰之大敗筆。我和裴等均爲保定軍校先後期同學，私交不壞，雖不願多予置評，但本諸良知，就事論事，實話實說而已。

此次晉南會戰中條山之役，自民國三十年五月七日開始至六月十三日，日軍以晉南垣曲爲目標，由豫北溫縣、沁陽、晉南陽城、絳縣、聞喜、夏縣，分五路進犯，並封鎖黃河左岸沿岸渡口，阻擾我軍南渡，八日，陷濟源，且直搗垣曲，切斷我後方交通，陷我軍於包圍圈中。本集團軍與敵激戰後，奉命分別向敵後太岳山區轉移游擊，或南渡黃河，加強南岸河防，迄六月中旬，會戰結束，歷時月餘，日軍發動兵力約七個半師團之衆，傷亡達兩萬餘人，控制中條山少數山隘，與黃河北岸之主要渡口外，不但未達成殲滅我軍之目的，且無法阻止我軍之機動，我游擊部隊仍保持兩岸之連繫。

事後檢討此役，結論如下：

一、敵人方面：

(一)日軍利用靈活的情報，洞悉山區物資缺乏，補給困難，軍糧民食，向無積蓄，遂集結優勢兵力，迅行閃電戰術，瘋狂進犯，亟欲一舉而殲滅我中條山之野戰軍，以割除其盲腸，其步驟與行動，實有出人意表者。

(二)一方面迅以有力之部隊，由濟源、孟縣西進，佔領我黃河北岸各渡口，切斷我後方之補給與聯絡線。

(三)另一方面，抽集優勢兵力，突破我橫嶺關，直陷我垣曲縣，以切斷我與第五集團軍之聯繫，而達成其各個包圍，進而聚殲之企圖，是在戰略上已得到很大之成功。

(四)敵以受地形限制，運動困難，所以常常出動大批飛機助戰，施放毒氣，壓迫守軍放棄若干山隘。以致守軍或轉移敵後，或撤退黃河南岸，然而秩序卻都混亂不堪。

二、我軍方面：

(一)敵人雖已將我包圍于中條山，但因中條山地形特殊，交通複雜，絕難施行嚴密之封鎖，而阻我向敵後之轉移與黃河之南渡。

(二)敵人雖俱有旺盛之企圖，強大之兵力，以及優良之武器，但受我地形之限制，運動因而困難，反而受到我軍不斷之伏擊與側擊。

㈢我軍作戰地帶，配備薄弱，常予敵人以可乘之機，而突破我陣地，造成一點破而全線潰之現象。

㈣諜報人員素質低劣，不能提供具有價值之情報。

㈤通訊器材缺乏，不能構成綿密之通信網，稍有破壞，即與各方失去聯繫，影響作戰者實大。

㈥當時中條山區各部隊之補給普遍缺乏，不合作戰要求，僅是撥發現品之一半，須自行派遣官兵經歷二、三天的行程，到黃河渡口去搬運；其餘不足的一半數量，則歸由部隊派人潛入敵後地區採購，以致軍中經常派遣官兵出去搬運和採購食糧，無形中減弱不少戰鬥力量，就這樣還是常無隔宿之糧，甚而有終日不得一飽，一旦遭遇敵人攻擊，山口被敵封鎖，補給路線就會切斷，軍食立刻陷於絕境。所以戰爭甫行開始，守軍初則宰殺軍中騾馬，繼之採擷樹葉，挖掘草根，以資療飢止餓，在如此極端艱困狀況之下，猶能枵腹奮戰，以捍禦強敵，衛國家，護民族，爭取最後勝利，其壯烈情形，洵足可歌可泣，感動天地。

㈦我各級指揮官對于部隊之掌握確實，尤能以身作則，與士卒共甘苦，是以團結力加大，因而雖在極端艱苦狀況之下，猶能以迅敏之行動，不時予敵以極大懲罰。

㈧我各級官兵，對于敵後之游擊戰術，較抗戰初期—晉西蒲縣游擊時，大有進步，確能做到化整爲零、化零爲整、分進合擊之要求。

第二節　豫中會戰

民國三十年中條山戰役之後，我即率領十四集團軍各部渡河，擔任鞏縣以西至陝縣、靈寶一帶的河防守備。次年、正值河南鬧旱災，赤地千里，餓殍載道，軍糈民食，均感艱難。當時蔣委員長在陝西西安南王曲鎮的黃埔村召開軍事會議時，我奉命參加，並在會議中提出兩點意見：

一、確立兵役制度，嚴防逃兵，以免危害士氣。

二、整理軍糧，適時補給，以應軍民日常食糧。

以上兩點，均獲蔣委員長重視，尤以軍糧問題，更得到意外圓滿的解決，使我甚爲興奮，語云「足食而後能知兵」，也惟有如此方能安定民心士氣，從事抗日的持久戰爭。直到三十二年止，我仍擔任守備河防任務。三十三年四月下旬，敵人將主力移至開封、新鄉，開始調動軍隊，引發「豫中會戰」，本軍也加入洛陽保衛戰爭。

一　揭開會戰序幕

民國三十三年三月下旬，日軍以打擊豫省的野戰部隊爲目的，開始集結大批軍隊，調動非常頻繁，先抽調原駐黃河以北各地的敵寇，約有十萬餘衆，以其第十二軍之主力布置在開封亙新鄉間一帶地區，司令官是陸軍中將内山英太郎，參謀長是陸軍少將寺垣忠雄；並以第一軍（澄田藤四郎）之第六十九師團（三浦忠次郎）、及獨立混成第三旅團（山田三郎），配置於晉南黃河北岸；另由華中方面軍（總司令陸軍大將畑俊六）派遣獨立步兵第十一旅團（加藤勝藏）、及第六十五師團（森茂樹）之一部，置於皖西正陽關地區，統由華北方面軍總司令陸軍大將岡村寧次指揮，復撥以第五航空軍（含二百架戰機，司令官是空軍中將下山琢磨輕爆戰隊（即輕轟炸機隊）助陣，分路進犯豫中，採用掃蕩戰的梳篦戰法，往復穿梭戰鬥，迫使我抗日野戰軍無法整體作戰，戰況至爲惡劣。

第一戰區司令長官蔣鼎文策定作戰指導方案：以扶溝、汜水及以西之河防守備部隊，阻止敵之渡河；若敵渡河成功，駐紮黃河氾濫地區的野戰部隊，應即憑藉許昌、長葛、洧川、新鄭、鄭縣、滎陽一帶之據點工事，消耗疲憊敵人；同時，湯恩伯兵團之一部、及第四集團軍（孫蔚如：轄第三十八、九十六兩軍，共四個師），應於密縣、登封以北山地，構成自密縣迄汜水之間的守勢地帶，並於襄城、禹縣、密縣、登封、臨汝、寶豐、郟縣、葉縣等縱深地區，構成攻勢地帶；且以第七十八軍（賴汝雄、轄三個師）、八十九軍（顧錫九，轄二個師），固守遂平、許昌、郾城、舞陽四個據點；復以第十二軍（賀粹之，轄三個師）、十三軍（石覺，轄三個師）、二十九軍（馬勵武，轄三個師），秘密集結於攻勢地區，擬於嵩山附近地域與敵決戰，統歸「副長官」湯恩伯指揮。按湯恩伯官「陸軍中將」，其兵團含第十五、十九、二十八、三十一等四個集團軍，兵強馬壯，氣勢甚雄。

四月十八日，拂曉時分，開封附近之敵第三十七師團（長野祐一郎）、及獨立第七旅團（生田寅雄），強行渡犯中牟；次日，突破暫編第十五軍（劉昌義）陣地，分向尉氏、洧川、新鄭、鄭縣等地竄進。十九日黎明時候，豫北之敵第六十二師團（本鄉義夫）、及第一一〇師團（林芳太郎），聯合渡犯邙山頭之第八十五軍（吳紹周）

防禦陣地，至二十一日，突破河防後，於豪雨泥濘中併列跟追，分陷廣武、汜水；二十二日，進占滎陽。

敵第三十七師團長長野祐一郎，臨時編組第二二五聯隊爲「密縣挺進隊」，由聯隊長鎮目武治大佐率領，於二十四日迫陷密縣。湯恩伯見敵勢兇猛，忙於奔走後方，各部軍多呈混亂狀態，敵軍乘之節節進偪，連陷許昌、臨潁、襄城、郟縣、臨汝、禹縣、登封、寶豐、魯山等地，其先頭部隊於五月五日便竄抵洛陽以南地區，鐵騎橫行，張狂之勢，如入無人之境。

據日本人伊藤正德所著之「日本軍血戰史」第七章「大陸打通作戰」中，曾述及此役經過，謂「日軍對湯恩伯的無線電暗號（密碼），好像美國解讀了日本軍的一樣，亦經過了日本軍的解讀，所以對於湯兵團的作戰意圖和行動，在日本軍來說，眞是瞭若指掌。……」這段紀錄，是多麼的可怕啊！

此時，湯恩伯還設有「副長官部」，以盧氏縣爲其最重要的機密基地，亦是第一戰區的軍事基地，堆積有大量的軍需物質，還有兩所飛機場，盛氣凌空，煊赫之極！當敵軍進至洛陽以南臨汝地區，湯亟偕其參謀長沈克夤夜乘「吉普車」離洛陽經龍門向西馳去，只見沿途一片兵荒馬亂景象，及至宜陽縣境，遇哨兵持槍以手電筒迎面照射，攔阻盤問，莫知所措，幸賴沈克機警，立即下車答稱「內坐第一、五兩戰區參謀長」，總算唬住哨兵，才獲得放行。沈返坐車中，湯說：「你怎麼這樣講呢？」沈道：「你又不下去，我不這樣講，要怎麼說呢？這時各軍情況，我們都不明白，亦不知這裡的駐軍，是屬第一戰區的序列，還是第五戰區（司令長官是李宗仁）的增援部隊？如此一唬，便可避免留難，才能順利通過，脫離險地，不然，就要泡湯了！」湯莞爾笑曰：「老兄、隨機應變的很好！否者、你亦將沈沒下去了。」兩人說說笑笑，逕越宜陽、韓城、洛寧……直奔盧氏而去。傳聞沈某於大陸易色之際，又是隨機一變走了。

湯去盧氏，前方指揮無人，群龍無首，各自爲戰，因此敵軍得以遂其亂竄，尤其是敵之第三十七師團第三二六聯隊，改稱「盧氏挺進隊」，由聯隊長岡村文人大佐率領著，很巧妙地循著湯行路線，經由嵩縣以西之獅子、白土……等地，緊跟疾進盧氏縣境，於五月二十日沿大石河而抵盧氏城南二里高地，襲擊守軍，其縣長（是東北人，原任職民政廳）尚不知其爲敵，瀆職誤國，莫此爲甚！敵入盧氏，占領飛機場，並擄掠十幾棟倉庫的軍需物質，以孤軍深入，不敢久留，次日、便放棄盧氏，援攻洛陽去了。

盧氏陷落，損失最大，無論是在決戰兵力的集結和後方的補給上，都蒙受了巨大的打擊，無怪已故豫籍立法委員張鴻烈（字幼山、固始人，歷任河南中州大學、中山大學校長，教育廳長、魯省建設廳長）云：此役日軍好似春季旅行，湯某人卻做了一次義務嚮導，眞是慨乎之言！戰後檢討責任，蔣鼎文司令長官代人受過，以陣勢割裂，掌握困難，而調職他去，以胡宗南代之。而湯恩伯仍然當他的副司令長官，然其軍隊在河南紀律很壞，百姓以「水、旱、蝗、湯」四災並稱，可見一般。至三十三年八月、始被河南省臨時參議會議長張鴻烈、河南監察使李嗣聰、監察院戰區巡察團主任委員何基鴻等彈劾其「軍紀廢弛，作戰不力、武裝走私、強佔民產」等，交由「軍法執行總監部」議處，事後何總監（成濬）曾嘆息所擬辦法被參謀總長何應欽刪改十之六七，極峰之批示亦甚平淡，故湯氏並未受處分，難以平息民憤。

二　日軍進犯洛陽

日軍挾其優勢兵力，威偪洛陽古城。

五月六日，洛陽西、南兩方面同時傳來警報：竄陷登封、臨汝兩地之敵，相互呼應，其破登封之敵，逕經鵝鸞口前來進犯洛陽，我睹此情勢亟告蔣鼎文長官急謀洛陽守備。蔣云：「目前戰局不致影響洛陽，毋庸過慮。」翌日、再請示蔣氏，彼已不在長官部，倉皇西奔洛寧去了。其參謀長董英斌答以洛陽防務請自行處理。此話聽來，令我驚訝詫異！

本十四集團軍將原轄之第九軍（韓錫侯）、及第八十五師（第十四軍軍長陳鐵兼），交副總司令劉戡組成「臨時兵團」，布防在伊川、龍門一帶地方，占領陣地，堵截敵軍流竄。至此僅有第十五軍（欠第一九〇、一九三兩團，已調到後方整訓補充），擔負黃河南岸鞏縣至孟津間地區的河防守備任務。及至敵軍覬覦洛陽行動益亟，十五軍忽於五月六日奉到命令，酌定留守一個團的兵力，以監視北岸豫北方面敵人的活動外，所有之主力部隊迅急集結洛陽，準備殲滅來犯的頑敵。

戰事瞬息萬變，眞是間不容髮。

敵酋第十二軍司令官內山英太郎，以其渡犯豫中成功，及其追擊和包圍戰的勝利收穫，所認定具有的意義，乃決心實行攻城戰和野戰的兩種措施，遂命其第六十三師團師團長野副昌德爲攻城指揮官，並以獨立步兵第九旅團、及野戰補充隊配屬之，而組成「菊兵團」部隊，授以攻城任務，開始向洛陽城的進攻行動。

五月八日、敵以閃電戰法，迅雷不及掩耳的行動，雷霆萬鈞之勢，迅急踏破伊川縣城，轉鋒突犯洛陽城南二十里之龍門街，劉戡兵團一再予以迎頭堵擊。同日上午、我當經研究敵情判斷其動態，認爲敵軍勢在必爭洛陽，今後將有進犯的大舉動，亟命武軍長迅以十五軍之三個團，推進至洛陽城南十八里大道東側關林附近，以爲劉戡兵團的預備隊。

關林亦稱關帝塚，爲三個時代蜀漢「前將軍」關羽埋葬首級處。吳將呂蒙計襲荊州，城破，羽敗走，被俘遇害，孫權歸其首於曹操，操以隆禮葬之於此。

九日上午八時，天氣晴朗。劉戡兵團在龍門街以東高地和敵發生激烈戰鬥，情況危急，第十五軍第六十四師師長劉獻捷亟以第一九二團馳援該地，加入作戰。敵軍以汽球升空觀測，指揮排砲轟炸，掩護步兵猛攻。至下午四時，情勢更爲嚴重，龍門街被敵攻破。

長官部參謀長董英斌電話轉來中央命令，以第十五軍附第九十四師守備洛陽，武軍長爲防守指揮官，固守十至十五日，以俟大軍援來。我即往西工長官部晤董英斌，問洛陽陣地爲長官部所策畫構築，其設施布置究爲多少兵力？董答爲十二個團。我乃告之，第十五軍兵力，在出發抗日之時爲十二團之編制，但歷年來經多次重大戰役損失，從未補充，只作縮編，現在只剩下六個團，其中有兩團遠調湖北鄖陽，相距千里，目下一團守備河防，一團守衛關林，都正在作戰，只剩兩團可供調遣，如此情形，怎能布置十二個團的陣地？董說没有別的辦法，就將這四個團集中，再配上九十四師的三個團，都布置在城内好了。我一聽大不謂然，以地理形勢來看，必須守住城北邙山，才能固守洛陽，乃將此道理告董，董說規定守洛陽城，就不能談邙山怎麼了。事已至此，爭亦無益，乃告董：「我軍經多天戰爭，彈藥消耗殆盡，請長官部趕快給予補充。」董說：「龍門彈藥庫存有很多，即可取用。」告以龍門已失。復改曰：「白馬寺和七里河兩處亦都有。」此時白馬寺亦已失守，董看我面色凝重，輕語：「你們都是地方人，可以想法發動百姓搶運，不成問題罷。」於是由七里河搶運了一萬多箱手榴彈，其他別無所有。遂電告董英斌僅取得手榴彈萬餘箱，而軍糧不足，只可供三、四日，如何補給？董說：「趙村存糧很多，隨時可取。」其時趙村亦在戰火中，跡近開玩笑，我氣得把電話筒猛擲於地，喟然昏厥一時。

蔣鼎文司令長官以湯兵團轉進西去，倉皇無措，未能適時與守軍夾擊跟追之敵人，以致洛陽大受威脅，乃作緊急措施，從新調整作戰陣線，除仍以第十五軍附第九十四師固守洛陽之外，當令第四集團軍集結於宜陽縣西五十里之韓城鎮，及澠池縣南偏東三十里之藕池鎮（鎮東有藕池，汪洋千頃，故名）地區；劉戡兵團集結於宜陽以北亙石陵地區，以側擊由澠池分向洛陽、洛寧進犯之敵，惜乎爲時太晚，戎機已失，部隊正在移動中，敵軍猝然來臨，雖奮勇阻擊，終以腹背受敵，遂被迫向西南轉移，洛陽外圍地區盡失，唇亡齒寒，益成孤單之勢。

這時，洛陽的守備部隊是第十五軍附第九十四師，防守指揮官是第十五軍軍長武庭麟（副軍長姚北辰），轄有兩個師——第六十四師和第六十五師。

第六十四師師長劉獻捷，是大哥（劉鎭華）的長子，稱我「五叔」，因他出生時（生於民國前十年十月十五日），正好大哥中秀才的捷報到家，故取名「獻捷」；曾留學德國漢諾威工業大學，獲「機械學博士」，及柏林航空學校畢業，能駕駛飛機，後習砲兵於德國砲兵專門學校及陸軍大學參謀班，研討戰術戰略，精通數學，對作戰亦頗有獨到之處，故有「學者將軍」之稱譽。

第六十五師師長李紀雲，字自剛，是河南省唐河縣人，黃埔軍校三期步兵科畢業；參謀長王澤民（安陽人，陸軍大學畢業），原任第一戰區長官部少將高參。

第九十四師師長張宏光和前撥交劉戡兵團之第八十五師，同屬第十四軍（陳鐵）的建制，此時配屬第十五軍指揮，共同防守洛陽城。

三　洛陽城保衛戰

武軍長奉到命令，立即緊急部署洛陽的城郊防禦陣勢，以待敵人進犯，予以迎頭痛擊，其布置如下：

一、第六十四師（欠第一九〇團，已調至後方整補），擔任城西七里河（在澗水之西，而東注入澗）、西工（舊稱「西宮」，在城西六里）、西關周公廟、及其以北高地、莊王山、李屯……陣地之守備。

二、第六十五師（欠第一九三團，已調至後方整補），擔任城垣之守備。

三、第九十四師，擔任城之東關及南關兩方面陣地之守備。

第六十四師師長劉獻捷當即召集所屬連、營長以上幹部，宣布該師擔任洛陽城西郊外圍守備任務，並以「步步求生，時時可死」的決心，與全體官兵互勉達成上級所賦予的神聖使命，不論在任何艱危苦難的環境下，都要堅持革命軍人忠勇報國應有豪俠氣魄和戰鬥到底的意志，以期不負國家的負託，和地方殷切的期望，以激勵士氣。

完成部署之後，劉師長又到各「連」去巡視，因爲「連」是戰鬥單位，看他們的配備是否合乎戰術要求。他們亦都在注視陣地前方，沉思著怎樣迎擊敵人的戰鬥方式，不讓敵人踰越陣地。

五月九日，龍門街方面之敵，沿著大路竄來，進犯洛陽；薄暮時分，突至洛河南岸，隔河開始砲戰。

十日拂曉、由宜陽竄來之敵，經洛陽城西南約二十里洛河北岸之三山村，像狗熊式的東西成群地在昏黯的上弦月光下，徒步涉水。這天陰曆是四月初七日。上午八時，猛向七里河一帶第六十四師之一九二團陣地進攻；另以一部繞道磁澗鎮（亦作慈澗鎮，在新安縣東三十公里，洛陽西四十里，隴海鐵路經之）以東，於中午便向莊王山、李屯一帶第六十四師之一九一團陣地進攻。劉師兩團官兵見敵人到來尋釁，誓要與之作一次殊死戰鬥。

十一日，城垣東面來犯之敵，又乘拂曉之際，進攻東關第九十四師陣地、及附城之第六十五師一九四團的陣地，勢極兇猛；可是守軍官兵都能沉著應戰，憑藉陣勢，靈活運用戰鬥技術，一一將之擊退。

第六十四師在城西莊王山、李屯、七星河、西工……一帶陣地，血戰硬拚，英勇阻擊敵人，連續三天三夜的激劇戰鬥，敵人撲入陣內，立予逐出，陣地反覆爭奪達十數次之多，由於官兵殺敵奮勇，故創敵甚鉅，斃傷有二千多人，因得挫殺其攻勢，於是戰地顯得特別寧靜，相持至十三日晨，敵人援兵大至，乃由西工西北四里史家莊營市街，出動數十輛戰車，以強大而猛烈的砲火攻勢，掩護大隊步兵突入西工核心陣地，所有工事都被摧毀，形成一片火海，官兵死傷非常慘重，守軍初在上清宮燒溝一帶用炮還擊，繼在下清宮、岳村附近肉搏，由於此間地形平坦，既乏河流屏障，又無山丘依靠，只得放棄西工，轉移兵力加強莊王山李屯之陣地，並占領衛坡、史家屯、西火車站、至西關周公廟之線，收縮外圍陣線。敵軍經過這次寬闊縱深而強韌的西工陣地劇戰，死傷很多，頓時戰火又沈寂下來，形成了一種膠著狀態。城內指揮所（省立洛陽中學）被炮摧毀，指揮重心移至專員公署，縣長何集生殉職。

十六日中午，敵復由東西兩方面增來五六千援兵，戰車百餘輛、大砲數十門，協同當面之敵，向我全線猛攻，槍炮聲大作，戰車衝鋒，掩護步兵進攻，戰至夜間十時，陣壘盡被摧毀，敵突破莊王山陣地，官兵經兩度慘酷肉搏，前仆後繼，傷亡殆盡，雖將陣地奪回，但已彈罄糧乏，無力支持陣地，屍體橫躺戰場，碧血染遍原野，眞是草木爲之含悲，風雲因而變色，確已完成戰死沙場的榮譽，殘部遂於十七日拂曉，奉命放棄城外各據點，撤入城內共同守備孤城，獻捷從此雙耳震聾。

十七日、我因爲守衛洛陽的部隊，以劣勢而抗優勢之敵，孤軍血戰數晝夜，傷亡過大，極需補充，本擬建議最高統帥，使守軍撤出洛陽城外，易被動爲主動態勢，變內線爲外線作戰，俾能掌握作戰樞機，改觀戰爭面貌；但是就在這天晚上八時許，卻接到武軍長的電話，報告：「本日下午奉到飛機空投（蔣）委員長命令，飭命堅守，並將親率陸空大軍前來解圍。」守城官兵聆訓，士氣振奮，誓守孤城，不再作突圍的準備。

日軍進攻洛陽城的指揮官野副昌德，率其「菊兵團」在城周圍地區竄擾襲擊，屢次攻犯，頻遭嚴重打擊。因爲我十五軍素來能攻能守，不怕犧牲，日軍此番遇上了勁敵，直到十九日才開始圍攻這座古老的文化孤城，可是這座孤城又給他們不少難題。由於洛陽城壘在軍事築城學上亦是一座有名的傳統式的堅城，周圍是很高很厚的牆垣和雉堞的掩體，外以很深很寬的護城隍池（即河壕）環繞著，還大規模的改變地形，構築遮斷壕溝……等防禦工事，這是穩紮穩打的戰法，所以使進犯的敵之步兵和戰車，一時都無法跨越，没有不呆然肅立在壕溝邊沿而感到茫然無能措手，就這樣的試行進攻了一天一夜，都没有辦法，才認識了洛陽的古城，是百攻不破的洛陽的守軍，是百戰不敗，對方的戰力是輕估不得的，由此知道以他的一個師團的普通攻擊戰法，實在不能夠攻陷這座城池，故也不敢掉以輕心的魯莽行動，便知難而退，將這些情形據實向上級報告。

敵酋華北方面軍總司令岡村寧次接到報告，經過研判之後，認爲很有道理，乃決定動用其第十二軍全部兵力，另外分由新安、宜陽兩方面調來第一一〇師團（木村經廣）、及野添兵團……等部隊步兵一萬多名，和戰車第三師團（山路秀男）、騎兵第四旅團（藤田茂）、及砲兵四個聯隊．．都投入在這一個戰場裡面，行將掀起一場惡戰，並把野副昌德的「菊兵團」，也併入十二軍司令官內山英太郎指揮下，正式下達「總攻擊」命令。至此、敵方幾乎將其出犯豫中戰場所有的軍力，全都轉移集結攻擊洛陽孤城，這是「以衆擊寡，以強制弱」的打法。

洛陽城的攻防戰展開了，其慘酷劇烈的狀況，不僅是中日開戰中空前絕後，亦是世界史上罕見的戰例。

嚴格說來，我守洛陽城的十五軍，此時不過一個半師的兵力而已（原有兩個師、六個團的兵力，但已有兩團調至後方整補），所附第九十四師，亦是兵力不足，極待補充，比較那優勢的敵軍，何異以卵擊石？所幸大家都有一致精誠團結，同命報效國家的向心力，故能奮勇抗敵。血戰至五月二十日、敵復由新安、宜陽方面，增來步兵萬餘名，戰車百餘輛，大砲七、八十門，先後於二十一日、二十二日加入戰鬥；敵第五航空軍司令官（下山琢磨）親自升空指揮數十架輕轟炸機，飛臨洛陽孤城上空，更番轟炸、掃射；戰車第三師團（山路秀男）駕車指揮二百多輛坦克車，配合大砲百餘門，集中火力，以掩護其步兵，向我衝殺，直欲將孤城夷為平地，陷入火海。我守軍以血肉之軀，與敵誓死周旋，雖在敵人砲空聯合轟炸之下，死傷枕藉，仍能沈著應戰，居高臨下，和敵施行肉搏，甚而有二十多名士兵，憤然懷抱著集束在一起的手榴彈，利用地形地物，匍匐前進，置身於敵人戰車下，引爆破壞，與之同歸於盡，這種熾烈旺盛的犧牲精神，眞是可以驚天地而泣鬼神，終能使孤城屹立無恙。

五月二十三日、敵酋內山英太郎鑒於守軍雖處於極端劣勢情況之下，仍戰志堅強，以致戰況慘烈空前，官兵死傷，損失很大，猶不能攻拔這座孤城，驚為中外戰例少見，又不禁嚮往守軍，肅然起敬，乃企圖「和平」解決，因此就在二十三日那天，空投傳單，向守軍要求停戰，亦是「勸降」的另一種方式，其要點如下：

一、特別欽佩守軍作戰英勇無比，為彼軍此次進攻豫中各地，所未經見。

二、誇耀彼軍此次出軍以來，所向無敵，戰果豐碩，戰績卓越；並謂已將中國野戰軍壓迫在潼關附近。

三、表明洛陽為彼軍必得之地，如果長此相持死傷者將是雙方的官兵、和無辜的人民，盼即同意雙方停戰，並派代表，前往彼方，商議善後諸問題。

我武軍長接閱傳單後，以果敢堅定而又敏銳的意志行爲，立即表示作戰到底的決心，乃以僅有的砲彈向城北邙山龍泉溝日軍第十二軍司令部轟擊，對敵酋內山英太郎作爲嚴正的答覆：絕不妥協，絕不投降。仍然咬牙苦撐，堅守孤城，雖補給斷絕，糧彈兩缺，救援亦渺無音訊，處此絕地，仍不氣餒，這就是我十五軍的傳統精神。此時敵圍攻洛陽已半個多月了。

二十四日拂曉，敵復升起「繫留汽球」，指示目標。天色大明，晴空萬里，陽光普照大地，視野非常遼闊，於是環城施以熾烈砲火之兇猛攻勢，出動空軍助戰，守軍憑城抵抗，官兵愈戰愈奮，形成群膽，勇氣更增高百倍。敵人攻城屢不得手，乃用雲梯繩索攀登，冒死進撲，所以傷亡甚衆，城下屍體堆積如山，日酋羞惱之極，云爲「皇軍」之恥，即以陸空聯合，步砲協同、戰車掩護，發動全面攻城，戰況極爲慘烈。我守軍將領親臨城頭指揮，官兵浴血抵禦，確保孤城屹立，國旗飄揚。戰至下午四時後，我西北城角被敵砲火摧毀，城牆崩塌，以彈藥消耗淨盡，不能施行火力制壓，敵兵蜂擁撲登，陣地遂被突破，敵之戰車亦趁勢相繼從西北城角豁口衝入城內，怎奈此時守軍已無預備隊可資運用，在糧罄、彈盡、援絕的艱苦情況之下，混戰至二十五日深夜，亦即是二十六日的上午，始由東南城角分路突破重圍，進至龍門以東地區，拂曉至李村集集合，不滿千人，遂轉變爲外線作戰，不斷襲擊敵軍，爾後隨著形勢的演展，便採行游擊方式移向盧氏附近集結，遂得保有豫省西南地區。中樞凜於局勢危急，特於二十四日加派我兼任豫西警備總司令，要改觀下一次的決戰形勢。自五月八日起，開始洛陽保衛戰，迄至二十五日深夜突圍止，我軍苦戰了十八天，達成消耗敵軍目的後，洛陽方告陷落。

四 結語

此次洛陽保衛戰，我軍以極劣勢的裝備，既缺少優越的砲兵，更無高射砲、戰車、防禦砲……等武器，尤對於敵之飛機、戰車，毫無抵禦方法，反受制於敵，然仍能和強敵撐持半個多月之久，實非易事，茲檢討敵我雙方的優缺點如下：

甲、敵方優點：

一、戰略成功：敵人大舉西犯，避開我嵩岳及虎牢關之天險，而將其主力配屬大量戰車，沿登、密以南之廣大平原，採取中央突破，以迂迴我軍事要地之洛陽，在戰略上極其成功。

二、作戰計劃週詳：敵人企圖一舉而將我野戰軍消滅於潼關以東地區，曾派遣若干之挺進部隊，分途向我大後方西竄，以配合晉南由澠池、陝縣南犯之敵，在我洛河以北，黃河以南之中間地區，分段切斷我大軍之撤退，並破壞我後方之通信、交通與倉庫，會合敵之主力，企圖殲滅我野戰軍之主力，苟非素日研究有素，何能採取吾人素所不知之密林鳥道，且其所採道路之終點，均在我所設置國防工事之後方，誠爲其計劃週詳之一明證。

三、富有作戰精神：當其圍攻我洛陽據點時，日必以數次波浪式之猛烈攻擊，短兵衝殺，死傷累累，斃倒我外壕之屍體，幾爲之滿，而其強烈攻擊，始終未稍頓挫，可以想見其作戰精神之強烈。

四、敵人裝備優良，機動性大，陸空之協同，亦至爲適切。

乙、我方：

優點：

一、戰略指導上極其成功：我左翼依托黃河阻敵南犯，正面利用虎牢天塹，阻敵西進，而以有力之野戰軍，阻敵於襄城、禹縣等地區。而後依情況變化，將敵軍引於臨汝、嵩山之反八字陣地內，由我伏牛山與嵩嶽區之有力部隊，以雷霆萬鈞之勢，一舉將強敵夾殲於該地區，惟以在戰術運用上，及作戰準備上，未臻完美，乃未能收到預期之戰果。

二、堅守洛陽據點，亦爲戰略上絕大成功：洛陽位於邙嶺、洛河之間，鐵道公路必經之地，爲西上惟一咽喉，我軍以全力堅守，與強敵血戰十八晝夜之久，牽制敵之主力，與戰車部隊不能西進，適時與其向我後方迂迴挺進之部隊會合，使我大軍能夠安全轉移有利陣地，我軍事當局有緊急處理與佈署之餘暇，以安定我大後方。

三、守城官兵，犧牲精神旺盛：在敵砲空連合慘烈轟炸之下，血肉橫飛，死傷枕藉，但我守城官兵，仍能沉著應戰，與敵進攻之步兵施行肉搏。甚而有以血肉之軀，身抱集束之手榴彈，匍匐前進，置身於敵之戰車下，轟炸戰車，與之同歸於盡，計達二十餘名之多，壯烈成仁，誠可以感天地、而泣鬼神。似此感人事蹟，可惜當時無人著記，致使其忠勇事蹟湮沒無聞，令人惋嘆不已！我六十四師師長劉獻捷亦被大砲震聾雙耳，可見敵砲之猛烈。

缺點：

一、行政未能配合軍事行動：我行政系統，地方上，在縣以下，固有聯保、保甲及國民兵團之組織，惟其在平時，既毫無訓練之可言，連繫上亦極爲鬆懈，一旦強敵壓境，不特不能對軍事上稍有貢獻，反之，則專員、縣長聞風倉皇撤退，進入其所謂預定根據地，以保彼輩之安全，以致整個行政系統，形同解體。是以大軍行進，軍糧供應，工事構築，乃至運輸等等工作，均稱束手，甚至演成軍民交惡，致軍事上陷於絕對不利地位。

二、民防工作，形同虛設，對情報上毫無貢獻：例如敵人派遣若干挺進部隊，分由魯山、伊川、嵩縣、宜陽西竄，各該縣長從未有分毫之通報，尤其敵之一部，經嵩縣以西之獅子、白土等地，沿盧氏境內大石河，竄抵盧氏城南二里高地，襲擊我軍時，該縣縣長尚不知其爲敵人。瀆職誤國，莫此爲甚！

三、洛陽保衛戰，在準備上，實感欠缺：

1. 守洛陽必須兼守西工，如欲堅守此兩地，必先固守邙嶺高地，否則必受敵之瞰射，而無從作戰，我戰區長官部，素日設計之守備工事，原爲十二個加強團之陣地，而此次洛陽之保衛戰，僅有兵力，爲十五軍之四個團，及九四師之三個團，兵力之單薄，可以想見，而尚能達成任務者，端賴我官兵浴血報國之精神。

2. 裝備方面：缺少優越之砲兵，尤其未有高射砲與戰防火器之配備，對於敵人之飛機、戰車，毫無抵禦方法，而處挨死打之境地。

3. 糧彈方面：在守城部隊，倉卒奉到保衛洛陽之任務命令後，對於糧彈補充之請求，終未得到顆粒之補給，僅以隨身所攜糧彈進入陣地，蓋在戰事緊張狀況下，後勤機構，早已轉移後撤。爾後雖有空投接濟，究屬杯水車薪，於事無補，不過精神食糧而已。

按最初第一戰區副司令長官湯恩伯統率第十五（何柱國）、十九（陳大慶）、二十八（李仙洲）、三十一（王仲廉）四個集團軍，計二十五個師、又三個旅、和一個工兵團、一個通信兵營，其本人則駐後方葉縣、臨汝（設有副長官司令部）、洛陽三處，不料日軍攻至，一擊而潰，乃倉皇離西工出龍門落荒逃走，眞是狼狽不堪，司令長官蔣鼎文自五月八日亦離西工，喬裝至盧氏、洛寧，途中失去密電本，不能對外連絡，後來向我索取密電碼，乃回往新安。戰事結束，蔣鼎文免職，另有任用；湯恩伯撤職留任。

豫中會戰經過要圖

(民國三十三年四月中旬至六月中旬)

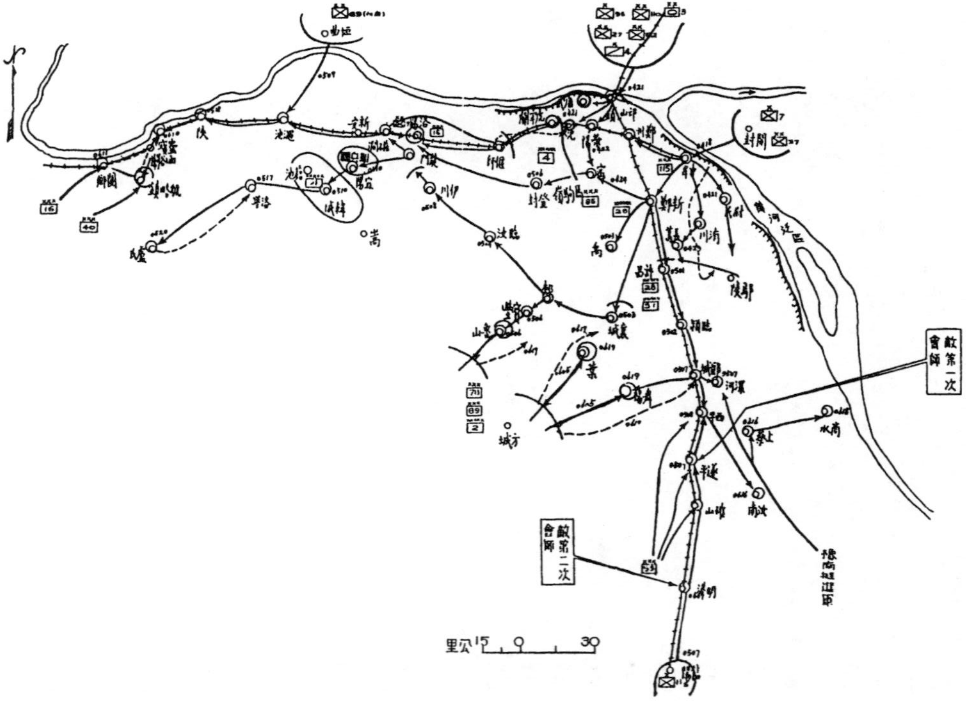

第三節　豫西會戰

一　改主豫政

民國三十三年春夏之間，豫中會戰之後，共匪皮定軍、王樹聲等約七、八千人，竄入嵩岳地區騷擾登封、密縣、汜水、鞏縣、偃師一帶；另有匪韓鈞約萬餘人，竄入洛陽以西、陝縣以東地區，在上列地區，破壞我地方政權，假借中央名義，對地方民衆極盡欺騙殘酷之能事，企圖坐大，赤化中原。我中央以河南綰轂陝、鄂，形勢險要，會戰結束以後，河南的局勢益爲危急，況且當時軍政措施，也頗多不愜人意，前此第一戰區司令長官蔣鼎文因代人受過去職，後由胡宗南接任，而省政府人事，亦亟須整頓，中央乃有意改組省政府，以號召中原人心，抗敵禦侮，保國衛鄉。

就在這年七月十八日，行政院召開第六百六十九次會議，通過改組河南省政府決議案，於七月二十二日，由國民政府正式發布人事任免令，任命我爲河南省政府委員兼主席，齊眞如爲秘書長，楊一峰爲民政廳廳長，王撫洲爲財政廳廳長，王公度爲教育廳廳長，湯子珍爲建設廳廳長，其他省政府委員還有張辛南、李鳴鐘、宋濤、宋垣忠、王幼僑、高應篤等人。在這對日艱苦作戰期間，我從軍人轉變成省主席的文人角色，雖然一下子有些不能適應，但是由於軍人服從的天性，以及爲國家整個大局著想，我還是奉令接受了，而且我還兼任「河南省警備司令」及全省「保安司令」等職，實質上並未完全與軍事脫離關係，所以仍然參與對日作戰各個戰役。

河南是我的老家，況早年又跟隨大哥領軍駐防於此，地方紳耆，率多故舊，以是遇事多來竭誠相助。當時河南雖大部淪陷，然對於敵僞及共黨動態，我都能瞭如指掌，這是我得到地利、人和的便宜，故於膺任新職後，即剴切告誡部屬，防敵與防共並重。在防敵方面，於敵僞佔領區，安排內線特別任務之工作人員，諸如寶豐縣之趙天清、字得一，大營鎮人，曾任建國豫軍第二軍軍長，遠赴廣東擊敗陳烱明，獻身革命，志行堅貞；因命「省府」參議李樂水代表數往勸之虛與日寇委蛇，收攬僞軍，暗通消息，以掩護抗日諸活動。趙氏拒不應命，說道：「我怎能做漢奸！」我復命李氏再勸：「這是曲線救國的策略，凡我革命同志，都應不惜犧牲一切而爲之。」趙氏頓悟釋家之言：「我不入地獄，誰入地獄？」以捨身救人的懷抱，出而維持地方，暗中代替政府聯絡陷區人心，護送美國盟機落難人員，傳遞情報，有利抗戰，確有奇妙績效，勝利後，我聘爲「省府」參議，嗣膺選爲第一屆國民大會代表，隨政府播遷臺灣，於民國五十一年病歿。李樂水、名存孝，居寶豐城西門內路北，清代秀才，幼時家貧苦學，事親至孝，其父以打燒餅爲生，晚年眇一目，曾任建國豫軍秘書長，其子名文定，小字奠石，黃埔軍校四期畢業，後任豫省保安第一旅旅長，陷大陸。

在防共方面，我認爲日寇已成強弩之末，不足爲大患，將來眞正禍害我國家者，非日寇而是共匪，乃訂定「防匪重於防敵」之政策，作爲治豫方針，並遵照「蔣委員長於江西剿匪時之昭示：「三分軍事，七分政治」、「用兵不如用民」、「以拙制巧」、「紮硬寨、打死仗」、「併村築寨，匪民劃分」等各要旨，採取下列各種措施：

一、調訓軍政幹部—由三十三年十二月至三十四年三月，調訓保安司令部必要之幕僚，省區縣保安團隊副團長以下幹部及優秀軍士，省政府各廳處必要之科長、主任、科員，以及各縣縣長、區長，訓練重心，主要在強調「防匪重於防敵」之概念。

二、編組地方武力—當時第一戰區司令長官部，曾將多處游擊部隊，撤銷番號，爲避免資敵資匪計，曾嚴令各區專員兼區保安司令，各縣縣長收容轄區人槍，成立各區縣之保安團隊。

三、建立根據地—當時匪軍裝備較劣，補給困難，其戰術多是採取化整爲零，針對其弊，決定在桐柏、大別、嵩岳及伏牛各山區建立根據地，並以伏牛山爲主根據地，其建立程序，以清查戶口，辦理聯保，組訓民衆，建碉築寨，屯糧積穀諸要點，伏牛山區根據地，於三十四年三月以前，即已確實完成。

二 豫西抗日之役

豫西在黃河以南，山脈蟠曲鬱結，莽莽蒼蒼，一望無盡，地勢崇高，加以河流環繞其間，可稱崖壑險勝。由北而南，最北是崤山山脈，爲黃河與洛河的分水嶺，主峰在洛寧縣西北六十里，標高一八五三公尺。次爲熊耳山脈，在宜陽縣西至盧氏縣南及商南縣（陝西省境），主峰在盧氏縣東一百里，名金寶山，標高二〇三〇公尺，有伊河源出於此，東北流至偃師縣南，入於洛河。再次爲外方山脈，亦稱嵩山山脈，延佈於伊、洛二水之間，主峰在登封縣東北四十里，即中嶽嵩山，標高一六八八公尺。洛河源出陝西雒南縣冢嶺山，東南流入豫境，至宜陽受澗河，經洛陽納瀍河，歷偃師縣合伊河，至鞏縣東北洛口，入於黃河。又次爲伏牛山脈，在嵩縣西南，西接秦嶺，東接霍山（在臨汝縣西南六十里），主峰名彪池漫山，標高二〇八四公尺。北向分支爲崤山、熊耳山、外方山；南向分支爲方城山，再折而向南則爲桐柏山脈、大別山脈等。其河流自南而北，有唐河、上游源出方城縣西北伏牛山，東南流經唐河縣，西南納泚水，又西南流經新野縣入鄂境。白河源於嵩縣西南攻離山，東南流至南召縣、南陽、新野三縣入鄂境至襄陽會唐河。汝河有兩支，一名北汝河，源出嵩縣西南天息山；一名南汝河，源出泌陽縣北黃山。洧河、源出登封縣東北陽城山，向東流經密縣、新鄭、長葛……等縣入賈魯河。穎河、源出登封縣西南四十里之穎谷，向東南流經禹縣、臨穎、西華等縣。丹河、即丹水，源於陝西省商縣西北冢嶺山，東南流入豫省，經內鄉、淅川縣，會淅水，西南入鄂省會漢水，稱丹江。淅水、源出盧氏縣西南，南流經內鄉縣西南及淅水縣東南，會丹河。湍河、出自內鄉縣北六十里伏牛山中，東南流經鄧縣北，至新野縣北合白河。地勢如此重山複水，有五大山脈，八大河川，崇巒長流，使日寇於另一次的大攻勢中，直如進入諸葛亮的「八陣圖」中，被困制於熊耳、伏牛山中，深陷於丹水、淅水諸河流，莫能自拔，而走上敗降的命運，可見地形的重要性。

民國三十四年春，敵華北方面軍總司令陸軍大將下村定（日本四國島高知縣人，陸軍士官學校第二十期畢業）企圖擊破豫西地區的抗日野戰軍，以解除其平漢鐵路南段交通，及武漢三鎮側背的威脅，希冀打開淅川縣西北一百八十里、花園頭關東南一百八十里之西坪鎮，入侵陝西省的通道，乃於三月上旬糾集豫、鄂……各地敵軍：以第十二軍（鷹森孝）主力之第一一〇師團（小倉大火）、一一五師團，和戰車第三師團（山路秀男），獨立步兵第十一旅團（加藤勝藏）之主力（宮下文夫聯隊），騎兵第九旅團（藤田茂，原為加藤源之助）……為基幹，約七萬餘人，戰車一百多輛，騎兵二千人，分別屯結於遂平、舞陽、葉縣、魯山附近地區。二十二日，開始向南陽分進合擊的行動。另以其快速部隊騎兵第四旅團長藤田茂少將，率領吉澤末俊、山下彥平、東英治三個大佐聯隊長，於二十六日突擊老河口新築的飛機場（是中美空軍對日本空襲用的），並頻頻轟炸鄭縣到漢口的鐵路基地；而以一部集中洛寧附近地區，向盧氏進攻，威脅陝西省東部；且以第三十四軍之第三十九師團（佐佐眞之助）主力（澄田睞四郎），先於二十一日進攻鄂北樊城、襄陽，策應豫西作戰。主要目的，企圖經由宛西出荊紫關、西坪鎮，向北擊拍潼關而拊其右側背，扼其咽喉，以進窺「大西北」，情勢陡然緊急起來。荊紫關、即荊子口關，在淅川縣西北一百三十里，當豫、鄂、陝三省之交界處，為縣境要隘，頗占形勢之勝。

我以「河南全省警備總司令」之職責所在，即指揮第十五軍（武庭麟一月返軍）、及河南省保安第一、二、三、四、五、六各團，集結於內鄉縣附近地區，占領陣地，迎擊來犯之敵；並命十五軍武庭麟軍長，以其第六十四師（劉獻捷），附保安第五、六兩團，進駐魯山縣西北之瓦屋街、土門、背孜……、及伊陽縣以西之付店……等地，防止日寇西進，同時嚴密防範共黨皮定軍、王樹聲的襲擊，以確保伏牛山區根據地。一方面並召開省府委員會議，一致決議必要時將省政府推進至伏牛山地區之朱陽關（在盧氏縣東南五十里）。

此時，我豫、陝邊區友軍，分佈如下：

第四集團軍（孫蔚如）在洛寧西南一百十里之故縣鎮，與敵對峙。第二集團軍（劉汝明）在南陽、泌陽等地集結。冀察戰區（高樹勳）之新編第八軍（胡伯翰）、新編第六師（范龍章、字卓雲，伊陽人，綠林出身）、暫編第二十九師（尹瀛洲）等部，集結於南召西四十里之李青店一帶地區。第三十一集團軍（王仲廉）集結於陝西省商南縣、淅川縣之西坪鎮一帶地區。以上是敵我兩軍的戰備狀況。

豫西會戰序幕開始，敵我兩方各基於所獲得的情報，而循戰術（戰法）層次，動員軍隊，或展開攻勢前進，或配置陣地防禦，卒至兩軍交鋒，決一勝負。

日酋第十二軍司令官鷹森孝，指揮其第一一〇、一一五兩師團主力，及第三師團（山本三男）、第六十九師團（三浦眞火郎）、戰車第三師團各一部，騎兵第四旅團主力、獨立步兵第十一旅團（宮下文天）主力、獨立步兵第十四旅團（吉川喜芳）一部、汽車部隊（汽車一千餘輛）等，已於三月下旬展開三路攻勢，向西進犯：二十一日，左路——第一一五師團一部由泌陽東北八十里之沙河店，西向小史店、春水鎮之間，中央突破第五十五軍（曹福林）陣地；中路——第一一五師團主力、及第三師團一部，由舞陽、葉縣之間，西向保安寨（今保安鎮，在葉縣南六十里）、獨樹鎮（在方城東北四十里）之間，中央突破第六十八軍（劉汝珍）陣地；右路——第一一〇師團主力、第一一五師團一部，騎兵第四旅團，由魯山經交口河街（在魯山西南四十里），第一一五師團主力向鐵牛廟（在南召東北二十里），第一一〇師團一部從交口河街，分竄李青店（在南召西北四十里，今為縣治），進攻新編第八軍陣地。

三月二十四日、右路之第一一五師團陷南召，第一一〇師團陷李青店；中路之敵西陷方城；左路之敵西北連陷象河關（在沙河店西北五十里）、賒旗店（在南陽東五十里）。三路逕越白河，竄至南陽城南、北、東三郊，情勢險惡。

此時、我中樞盱衡戰局情勢，乃指示以陝西省之龍駒寨（在商縣東南一百里、丹江東岸雞冠山上），為河南省政府疏遷辦公地點。我當即表示：「只要河南省保有尺寸自由土地，省政府決不遷離，如果戰事惡化，全境沈淪，我將率領所屬向敵後地區挺進奮鬥，決不退縮至後方鄰省。」蔣主席亦至表關切，復電告我：「可將省政府撤至陝境。」我當即覆電云：「寧作游擊省主席，不作流亡省主席！生在河南，死在河南，決不離開河南一步」以表示我堅決守土的決心。當此之時，我鑒於情況危急，乃下令將省政府先遷至內鄉西北八十里之西峽口鎮，而西坪鎮，而朱陽關。

朱陽關位在盧氏縣東南五十里，是山區一個小鎮，山嶺縱橫，四面環山，天然形勢險要，前拒日寇進攻，後防共黨襲擊，直到抗戰勝利後，始遷還開封，重建家邦。

三月二十四日，敵陷我象河關、賒旗鎮、方城、南召、李青店等地，敵一一〇師團主力，即越白河，竄抵南陽北郊。是日、我接奉第一戰區司令長官胡宗南電，其要旨：「**請發動地方自衛隊，配合第六十五師，在內鄉以東地區阻敵西進，以掩護第三十一集團軍（主力軍）等部進出。……**」因命宛西地方民衆自衛隊，協同第六十五師李紀雲部附保安第一、二兩團，在內鄉以東湍河西岸占領陣地，僅內鄉縣即發動武裝民兵萬餘，參加布防要隘。保安第三、四團進扼鎮平石佛寺。

二十五日、敵一部監圍南陽，主力分由南陽向西北、西南繼續進犯。同日、由李青店南犯之敵第一一〇師團二千餘名，與南召南犯之敵第一一五師團數千名會合西進，再度突破鎮平新編第八軍陣地。敵快速部隊「東京機械化竹師團」，連同僞軍，共四萬餘人，薄暮已抵湍河東岸，與第十五軍、豫省警備隊加強營、保安第一、二兩團、宛西民團，隔河對峙。先是敵軍陷南陽西北、南召西南之三岔河、及鎮平西菩提寺，進至內鄉城東三公里之五龍廟坡，前臨默河，後拱七里河，爲縣城前衛，頗受壓迫。

我親至前線指揮，命令民團協同國軍布防，以四個團配置於右翼江園、陳子崖、大橋、大行營、靈山頭、鄂沼、師崗、臥牛山、蒿溪、靈官殿、三官殿之線；三個團配置於左翼草場、來雨廟、顯神廟、王店、天寧寺、馬山口、小街之線，嚴陣以待來犯之敵。

二十六日、敵之步騎三千餘名、大砲二十多門，竄至灌張舖、楊集一帶，當即集中炮火掩護徒涉默河。次日晨、對五龍廟坡施展猛烈攻勢，均被擊退。敵復增調大股援軍，激戰至二十八日上午十時，出動戰車十數輛，衝破城北四十里之符溝陣地，進至垛孤山附近，守軍團隊以劣勢裝備和優勢之敵，英勇苦鬥，鏖戰三天兩夜，官兵犧牲壯烈，民兵傷亡更加慘重，然戰志極爲堅強，民心士氣異常旺盛，以爭持時間，俾使第三十一集團軍之第八十五軍等在西峽口、魁門關、丁河店一帶主陣地布署完成後，任務已告達成，當即於二十八日夜激戰創敵後，奉命放棄內鄉縣城。次日中午、轉移兩側山地，掩護大軍翼側。右翼守軍之兩團，撤至城西望城岡、黃水河、杜重、柏樹莊、方山一帶扼守；左翼守軍及民團各三團，仍在原陣地堅守，利用崎嶇地形，節節抵抗，以遲滯敵人之前進。先是宛西民團聯防主任兼警備司令劉顧三、內鄉支隊司令薛炳靈率隊拱衛省政府；淅川民團由宛西民團指揮官陳舜德率領，在杏花山扼要布防。至二十八日晨、敵第七旅團（豐島房太郎）一千餘人，由內鄉西大嶺、杏花山，向淅川進犯，爲杏花山伏兵攔截，激戰六小時，始轉移兩側山上繼續作戰。敵當晚竄至下集寨及周岡村一帶。

宛西地方團隊雖裝備陳舊，但很勇敢堅強，與敵作殊死戰鬥，民心都很團結一致。當內鄉有兩個團隊陣地被敵突破，縣城及丹水鎮均將難守，劉顧三請示：「擬將團隊及民衆撤往山裡，實施堅壁清野，與敵戰鬥到底。」我問道：「集中山區，將吃什麼？」劉顧三答云：「準備計口授糧。」我說：「計口授糧，不是隨便講的，你怎麼能辦到呢？」劉顧三答：「我和幾位團長，都是大地主、大糧戶，先從我們本身做起，將全部糧食拿出來，運到山區，供作軍糧民食，試問全縣還有那一個人不照辦呢？」我對他們能有這種大公無私、輸糧紓難的精神，所以才能辦成功地方自治，決非偶然，即命宛西團隊轉入山區，布防要隘，扼守山口，各縣糧食分別集中，隨時出擊敵軍，作長期搏鬥。

我以宛西地方團隊所組成之第六縱隊，和淅川民團配置在西峽口西南二十里之大泉寺、玉皇廟溝、五台嶺、杜家河一帶，緣以劣勢裝備，難敵日軍機械化部隊，所以放棄平原地帶，避免正面作戰，而將其主力誘致於我有利之山區，予以堅強之打擊，這在戰略的運用上是極爲正確的。

三月二十九日、內鄉之敵第一一〇師團續向西峽口進犯，我十五軍迎頭阻擊，戰況激烈，雙方死傷均重。三十日、撤守西峽口，當以第十五軍之第六十五師（李紀雲）進駐桑坪，豫省保安第一、二兩團向蛇尾溝、小水前進，以截擊由夏莊進犯之敵。宛西民團司令劉顧三、內鄉指揮官薛炳靈、鎮平指揮官王金聲等，率領團隊在西峽口、大塊地一帶要隘設防，形成國軍左翼，由我親自指揮；復以民團「第六縱隊」與淅川民團任泰升、王士範等部，都置於西峽口西南六十里之大泉寺、玉皇廟溝、五台嶺、杜家河一帶，形成國軍右翼，以支援第三十一集團軍。以是秦嶺以東、伏牛山以南，俱屬宛西戰場，此一部署，是以野戰軍爲經，地方團隊爲緯，可收輔成之效。

三十一日，保安第一團進抵桑坪東北之猴上天，與二三千名之敵相遭遇，立即短兵相接，搏鬥劇烈，旋經保安第二團由小水予以側擊，歷一晝夜之激戰，至次日（四月一日）午後，敵不支，向西峽口方面逃竄。

四月三日下午、西峽口方面之敵第一一〇師團，突破第三十一集團軍魁門關（即盤門關）陣地，進陷丁河店，壓迫守軍撤守西北之豆腐店、重陽店以東之線，敵跟蹤進攻，當與第三十一集團軍之第八十五軍（吳紹周）第一一〇師（廖雲舟）發生激戰，甚爲危急。

四日，我除電令內鄉民團：「國軍即將總攻當前之敵，飭於五日拂曉出擊西峽口、老廟岡、屈原岡一帶之敵，並切斷其後援，以策應國軍。」於是民團第二（別貫經）、四（吳定遠）、五（曾伯勳）、七（裴自新）等團，各抽調精銳一營，即時出動，向公路附近截擊，，餘隊分頭攻擊沙嶺、屈原岡、老廟岡、蓮花寺之敵。同時、亟以第十五軍之第六十五師、附保安第二團，星夜馳援，急由桑坪南下，行動迅速，適時在丁河店以北高地占領側面陣地，猛擊敵之側背，予以重創，並一度克復丁河店。五日中午，敵復增步騎兵一千多名，砲十多門，再度反攻，被老廟岡民團側擊其右翼，敵乃撤退，解除了第八十五軍的壓迫。敵以腹背受敵，遂於七日晚間向東潰退，雌伏月餘，不敢蠢動。

五月二十三日，西峽口方面之敵，突然集結三、四千名，經蛇尾溝向獨嶺進犯，當被保安第一團截擊，利用有利地形，血戰死拚，貫徹所賦予之任務，在西峽口以北之小水、軍馬、蛇尾溝、獨嶺等地，頻遭強敵猛烈進撲，而仍能阻敵於主陣地之外，經過三晝夜的鏖鬥，敵我傷亡均重，待保安第二團增援到達，由兩翼進出，痛撻頑敵，予以慘烈打擊。敵以不能突破，乃於二十八日繞道改攻鐵池漫，又被保安第二團迎頭痛擊，而第六十五師則由桑坪側擊敵之右側背，激戰至六月一日，敵以傷亡過重，山路補給糧彈，確實不易，曠日持久，師老兵疲，處境非常艱苦，始狼狽向西峽口潰逃，可以說這是抗日戰爭中豫西會戰的最後一役，爾後形成一種膠著狀態，一直延至日本投降、戰事結束，敵軍不敢再嘗試從此進犯「大西北」的夢想。

豫西會戰經過要圖

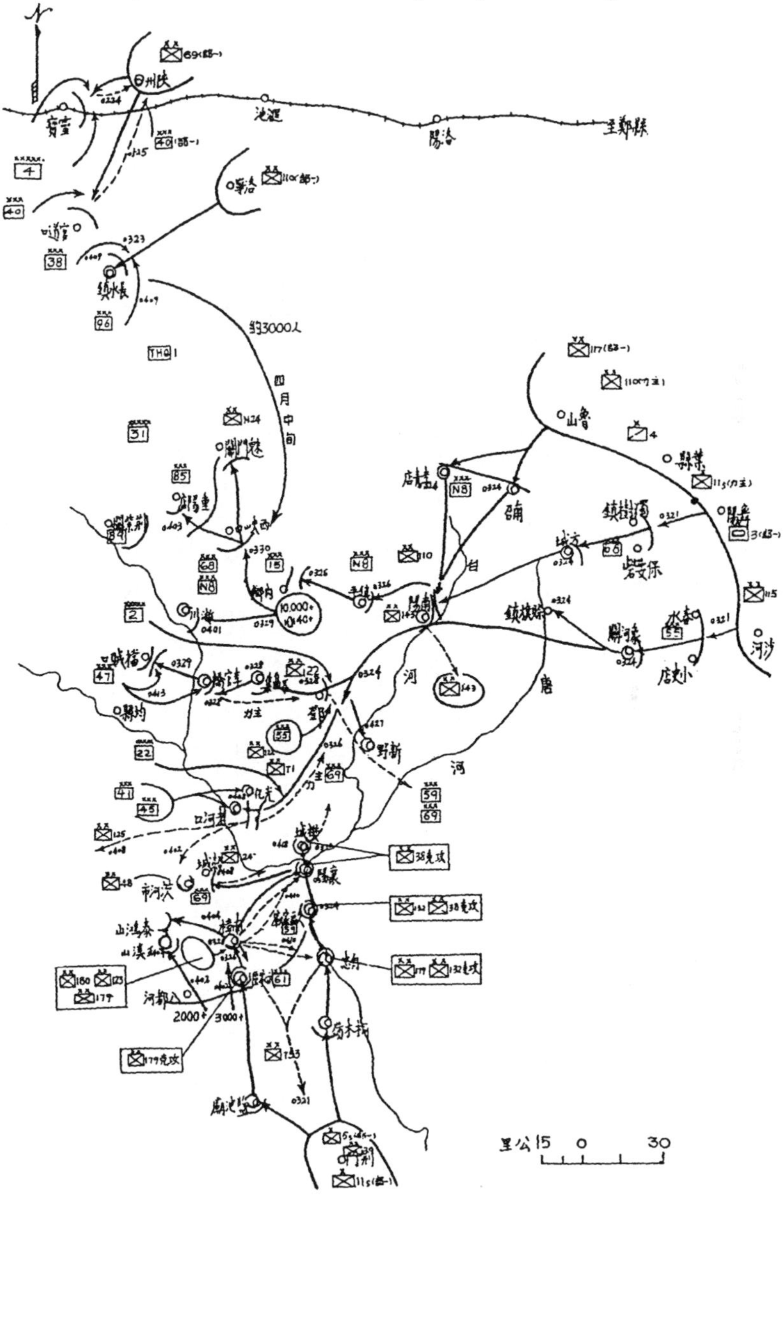

三　結語

此役、日寇雖善用迂迴鑽隙戰法，以便衣隊為前驅，不顧側背威脅，放膽突進，到處竄擾，使我忙於應付，然亦有其缺點：

一、未能集中優勢兵力，突破我之一點，以擴張其戰果；而且同時進攻我第一、第五兩戰區，致將兵力分散，被我將其牽引於山岳有利地形之下，予以堅強之抵抗與打擊，招致重大之傷亡與消耗。

二、來華作戰已有八年，師老兵疲，人心厭戰，其官兵之素質與作戰之技術，較之戰爭初期，普遍低落，攻擊精神更是衰退。

相反的，我方具有以下之優點：

一、放棄平原地帶，以劣勢裝備，避免與敵之機械化部隊正面作戰，而將其主力誘致於我有利之山岳地區，予以堅強之打擊，在戰略運用上極為正確。

二、士氣旺盛，行動迅速，能適時適切予友軍以支援，例如：敵佔領丁河店後，即繼續挺進，壓迫我八十五軍陣地，我六十五師與保安第二團星夜馳援，在丁河店以北，側擊敵之側背，予敵以重創，並一度克復丁河店，解除我八十五軍正面之壓力。

三、利用有利地形，血戰死拚，貫徹所賦予之任務。如省保安第一團，在西峽口以北之小水、軍馬、蛇尾溝、獨嶺等地，遭遇強敵之猛烈進攻，而仍能阻敵於主陣地之外，待我保二團之增援到達，由兩翼進出，痛擊頑敵，予以慘烈打擊，敵不支，狼狽向西峽口逃竄，爾後至戰事結束，未敢再作由此進攻之嘗試。

四、空軍發揮偉大之威力：(1)能作戰略性轟炸敵軍之集中，毀滅倉庫之堆積，及機場交通之破壞，癱瘓敵之作戰。(2)予敵之攻擊部隊，施以一殲滅性之轟炸，創我自抗戰以來，在陸空聯合作戰上之新紀元。

五、民衆組訓適合戰時之要求，凡情報之傳遞，糧食彈藥之運輸、傷兵之救護，均能切合機宜；尤其對於陣地後方交通之維護，皆確實能做到「雪後掃，雪雨後舖沙」的情況，通行無阻，增加軍隊的活動力。

六、軍民配合，極爲良好，如：

(1)洛寧方面之日軍第一一〇師團（小倉大火）一部約四千多人，自三月二十三日進犯洛寧縣西四十五里之長水鎮、及盧氏縣東北六十里之故縣鎮

（在長水鎮西南七十里）；陝縣方面：日軍第六十九師團（三浦眞火郎）、及第一一四師團（末松茂治）各一部約五千多人，於五月十六日至二十二日、分別向西南靈寶縣、及官道口鎮（在靈寶東南八十里、盧氏北七十里，爲兩縣接界），均經地方團隊協助國軍，自動奮勇迎擊敵人，殊多殺傷。這是軍民團結的力量摧毀了暴敵攻勢。

(2)南陽被圍後，我奉胡長官電令，發動地方自衛隊，配合本軍，阻敵西進。僅內鄉一縣，即發動武裝民兵萬餘，協同第六十五師，在內鄉以東之湍河佈防，與西犯之敵血戰幾乎三晝夜，民兵傷亡慘重，然戰志旺盛，俟我八十五軍主陣地在西峽口、魁門關、丁河店等地部署完成，始轉移於兩側山地，以掩護我大軍之翼側，並不時作敵後襲擊，戰果輝煌。

(3)洛陽以西，陝州以東地區之「民衆自衛隊」指揮官徐道生，指揮洛寧、宜陽、嵩縣、新安、澠池……等縣民兵二萬多人，利用伏牛山北區，及洛河以北之山嶺河谷有利地形、側襲盧氏一帶之敵軍側背，並和企圖進犯伏牛山的共黨頭子韓鈞……等部，作殊死戰鬥，以確保伏牛山之抗日根據地，戰績至爲輝煌，其最爲出人意表而關係全局安危的，就是聯合澠池縣長上官子平……等人，發動洛寧、澠池、陝縣、宜陽、新安……等縣民衆，在這年（民國三十四年）夏間，於一夜之間，以迅雷不及掩耳的手法，將潛伏此數縣地方的共黨幹部二千多人，一網打盡，共酋韓鈞及其主力，因而無法存在，被迫竄逸黃河以北地區。當時在重慶發行的共黨機關報「新華日報」，竟以頭號標題稱爲「澠池慘案」，可以想見其對共黨打擊的重要性，而地方賴以確保。

(4)在淪陷區內，敵人僅能佔據點、線，面的控制，仍爲我政府所掌握。我敵後地方政府一面偵察敵人之實力集結，倉庫所在，適時彙集情報，有助於我政府軍事上之採擇與行動；一面對於陷區之共匪竄擾，隨時予以致命打擊，決不容奸匪潛生滋長，所以在日寇投降後，河南一省除武安、林縣、涉縣因係中共盤踞八年的舊巢，一時未能收復外，其餘一百零八縣，均能迅將流竄之奸匪，予以消滅，達成復員的使命。

七、我敵後之專員、縣長，多配有一至二架無線電台，對於敵人之行動與集結，及其倉庫之堆積情形，能作適時適切之報告，使我空軍能施以有效之戰略轟炸，以癱瘓敵之作戰行動。

總之，我豫省在抗日戰爭中，不僅有錢出錢，有力出力，更爲收復鄉國失地而奉獻出生命，前仆後繼，爭先恐後，成仁取義，死而無悔，自反而縮，雖千萬人吾往矣！終能獲得抗戰之最後勝利。

此次豫西戰役，我軍克敵致果，軍事委員會乃呈請國民政府頒給參與戰役有功人員勛獎章，於三十五年三月頒發，我亦獲頒「二等雲麾勛章」一座。

第四節　抗日中的清剿戰役

一　伏牛山區之役

民國三十四年三月三十日，日寇陷西峽口後，即與我之第一戰區右翼兵團王仲廉部形成膠著狀態，由隴海線方面西犯之敵，被我第一戰區左翼兵團孫蔚如、馬法五等部阻止於函谷關亙洛寧以西固縣鎭之線。此際，在此一戰場上佔有廣大面積，並具有戰略價値之伏牛山區（東西長八百里，南北寬四百里），除嵩縣縣城爲日寇佔領，而由地方團隊監視外，其餘地區已成眞空。當時奸匪盤踞於嵩岳地區之王樹聲、皮定軍，及新安、澠池地區之韓鈞等股，乘我國軍與日寇酣戰之際，於四月上旬，以鉗形攻勢，分由東西兩面，向伏牛山區進犯，企圖竄據此一條件優越之戰略地帶，情勢異常危急。先是，我以伏牛山區倘被奸匪侵佔，則不僅我第一戰區左右兩兵團，在軍事上受到威脅，即我河南省政府最後根據地之朱陽關，亦將不能立足，甚而擾我陝、川之秦嶺、巴山、影響抗戰大後方之安全。基於以上觀點，當命六十四師（欠一團後調）附省屬保安第五、六兩團，推進至伊陽縣以西之付店，及魯山以西之土門、瓦屋、背孜等處，與第五區行政督察專員吳協唐（魯山縣西大詹營人），所率之地方抗敵自衛團，協力防守付店、土門、瓦屋、背孜南北之線，防匪西竄，另著宜陽、嵩縣、洛寧地區聯防指揮官徐兆祥，發動地方團隊萬餘人，沿伏牛山北麓之華山，亙宜陽西南之木柵關東西之線佈防，防匪南竄。

四月二十日，王樹聲、皮定軍兩股匪衆萬餘人，由登封經臨汝、魯山等地西犯，王樹聲股約七、八千人於到達臨汝附近後，即向伊陽方面奔竄，皮定軍股約四、五千人乃竄向魯山西北地區。四月二十五日，皮匪在背孜與我一九二團發生戰鬥，以衆寡懸殊，我軍被匪包圍，激戰至翌日拂曉，背孜街寨垣東門爲匪突破，遂即展開激烈巷戰，往復衝殺，斃匪數百名，匪不支向東北方向逃竄。二十九日夜，王樹聲、皮定軍兩股，合力將我駐伊陽以西付店之六十四師師部（附一九三團）包圍，激戰兩晝夜，仍未將匪擊退，情況十分險惡，當命駐背孜之一九二團及駐土門之省屬保安第五、六兩團，星夜馳援，於五月二日下午三時許，附匪之背，予以反包圍，經我內外夾擊，斃匪兩千餘名，獲步槍五、六百枝，匪不支向登封方面逃竄。

另有踞新安、澠池地區韓鈞匪部約萬餘人，自三十三年夏中原會戰後，即在此一地區竄擾，對地方人民運用懷柔手段，百般引誘，且派匪幹二千餘人，密佈於地方各角落各階層，以殘酷手段製造恐怖，希圖達成其控制之目的。尤復到處搜刮物資，徵斂民財，強迫人民「參軍」，人民至此，始深切了解我省政府所採「防共重於防敵」政策之正確，對奸匪暴行，憤恨入骨。四月二十日，韓匪部分途向我伏牛山北麓之華山及木柵關等處猛烈進犯，我聯防指揮官徐兆祥部，當即利用有利地形，予以迎頭痛擊。而我敵後澠池縣長兼新澠聯防指揮官上官子平，鑒於民衆反共情緒激昂，並以韓鈞匪部主力，爲我徐兆祥部羈留於伏牛山以北地區，乃經由其數月辛勞所建立之地方秘密組織，發動民衆抗敵自衛隊萬餘名，於五月十三日夜間，協同新澠各縣民衆，在一夜之內，將潛伏各地之匪幹二千餘名，悉數捕獲，並一律就地槍決，以示殺匪之決心，匪軍攻勢頓挫，形成膠著狀態。

五月十四日，澠池上官子平縣長，率部挺進至宜陽以西之韓城鎮，協助我伏牛山區北部指揮官徐兆幹部，對韓鈞匪部南北夾擊，激戰兩日夜，斃匪二、三千名，韓匪鑒於民心背離，且其地方組織及幹部被我毀滅無遺，乃率殘部數千名，向黃河以北逃竄，是時洛陽以西各縣之奸匪，始告肅清，伏牛山區得以確保。

五月十五日夜，陝縣、洛寧各縣東部地區民衆自衛隊長秦生富等，受新澠方面肅清奸匪事件之鼓舞，亦起而倣效，同時展開行動，當將各地零匪及其地下活動之匪幹數百名，悉予殲滅。洛陽以西各縣之匪患遂告肅清，伏牛山區亦得以確保。

二　嵩岳地區之役

先是在民國三十三年春豫中會戰後，豫西陷敵，匪王樹聲率皮定軍、張才千等萬餘人，乘機渡河，竄擾嵩山附近各縣，企圖建立「嵩岳軍區」，俾與盤據大別山之匪李先念、黃林、及黃氾區之匪彭雪峰等部聯絡，以控制整個中原，破壞我抗戰建國工作。我爲粉碎共匪此一陰謀，乃劃登封、密縣、禹縣、郟縣、臨汝、伊川、偃師、鞏縣、滎陽、汜水等十縣，爲「嵩岳聯防區」，商請第一戰區胡司令長官（宗南），調第四十七師一四一團團長楊錚爲指揮官、兼登封縣長，並調軍事委員會別　軍支隊長高萬青（密縣人）爲副指揮官，兼密縣縣長。其時，該區經敵匪侵擾，行政組織，及地方武力，早已瓦解，地方人士，亦均散伏潛匿，楊錚係登封人，性豪爽，善交友，在地方素孚衆望，及其返縣，地方人士，群起附從，經數月之搏鬥，乃克恢復地方組織，擴建武力，並組訓青年，建立基地，以登封縣屬大冶鎮爲指揮部之指揮中心，與匪展開鬥爭。

楊錚返登封後，幾無日不與匪戰鬥，地方組織，於戰鬥中建立，地方武力，亦於戰鬥中成匪長，其間與匪作正面之戰鬥，不下數十次。

民國三十四年五月上旬，王匪樹聲，率其主力西竄伏牛山區，楊部乘機將匪之地方組織摧毀，並消滅土共幹部甚多，打破匪建立「嵩岳軍區」之陰謀，故匪視楊部爲其惟一障礙，必予消滅而後已。遂於六月十日夜，回竄登封，以其主力，及附近各縣土共約五萬餘，圍攻大冶，匪以「圍點打援」慣技，重兵佈防週圍二十餘里內之各村落，精銳向大冶砦猛撲，十一日拂曉開始，至十五日，經五晝夜之激戰，匪以人海戰術猛衝，我團隊除以步機槍與匪格鬥外，並集中「拂郎機」（土砲）四十門，對匪掃射，使匪遺屍遍野，血水成渠，銳氣大挫，而又暗中挖掘地道十餘處，炸毀寨垣，並數次衝入寨內，均被我守軍及民衆所組成之大刀隊所消滅。至二十五日，我寨內糧彈告罄，更加軍民經十五晝夜不眠不休，精力亦不能堪，乃於是日午夜忍痛突圍，於突圍途中，復遭匪阻擊，指揮部秘書宗鶴年、縣府科長劉子良、王秀文、縣黨部秘書崔鼎甫、鎮長楊鴻鈞，均壯烈成仁，團隊官兵及地方士紳之殉難者，亦五百餘人，密縣保安團團附李慕英，大隊長周庚寅、高壽山，亦於馳援中壯烈犧牲，在戰鬥緊急時，雖曾電令附近各縣團隊全力救援，並商請一戰區長官部，於二十二日派飛機三架，裝載彈藥空投補給，然援兵爲外圍匪兵所阻，而彈藥亦因大冶目標過小，未能投入，致我守軍彈盡援絕，不得已而突圍西走，指揮官楊錚、保安團長劉光華，二十七日方轉進密縣南洧河南岸超化鎮。大冶失守後，匪大肆屠殺，造成恐怖，以洩其憤，致人心大受影響。五日內，附近三十餘據點，均陷匪手，登封團隊經十餘日之收容整編，復集合三千餘人，與原駐超化之密縣團隊會合，聲勢復振，仍與匪繼續搏鬥，往返追逐經月餘之久，雖未將匪消滅或驅逐，但終能阻匪不再繼續壯大與生根，而僅形成該地區之流寇。

日寇投降後，國軍收復洛陽、鄭州、開封，原佔領登封、密縣之日軍，撤往鄭州。楊指揮官（錚）即偕同密縣縣長高萬青及登、密兩縣團隊，由超化鎮前往收復，在挺進途中，匪亦正向該兩縣城竄奪中，當即與匪展開激戰，擊斃匪縣長霍雷一名、及匪幹官兵百餘人，匪不支向登封縣境潰退，楊指揮官等遂於八月二十九日收復密縣縣城，除以密縣團隊之一部守護城防外，其餘八千人續向登封推進，在中岳廟東門外與匪遭遇，地方民衆群起響應，即與匪展開激戰，匪傷亡慘重，並俘匪特務排一排，餘匪南竄，於九月九日收復登封縣城。其時我十五軍已到達，配合團隊將匪包圍，經兩旬圍剿，俘匪專員寧治國等千餘人，匪首王樹聲、皮定軍等，率殘部逃竄大別山與李匪先念合股，嵩岳地區，得以安定。

該區之團隊，每戰能予匪重創，使匪建立「嵩岳軍區」之陰謀未能得逞者：㈠在能實施省府所頒「綏靖方案」。㈡爲領導得人，指揮統一，爭取主動。㈢因民性樸誠，饒有古風，對匪反人性之慘酷鬥爭，深惡痛絕，且能軍民合作，故匪在該地區竄擾年餘，未能奠立群衆之基礎。

總之，共匪蓄意竊國，由來已久，其唯一掩護發展之方式，即在「如何製造間隙」與「如何利用間隙」，是以抗戰發生，即行僞裝輸誠，以謀鬆弛。至其實力擴張，則奪取政權。是以二十七年以後，即行襲擊國軍，以遂其叛亂之陰謀，迄抗戰勝利止，已控制河北、河南、熱河、山東、陝西、山西、江蘇、安徽各省之部份，而且強行接收。我於抗戰開始，即已認清其眞面目，始終不與之妥協，可以說是處於一面抗戰一面防匪之情況下。及至主持河南省政，更以「防匪重於防敵」，組訓民衆，訂定各項防匪措施，證之上述民團協力擊破王樹聲、韓鈞等匪，可見已著有成效。

第五節　結　語

民國三十四年八月十四日，日本天皇裕仁宣佈無條件投降，我對日艱苦抗戰八年終於獲得最後之勝利。九月九日上午九時，我陸軍總司令何應欽上將代表中國戰區最高統帥蔣中正在南京接受日軍之投降。當時爲迅速辦理受降事宜，恢復全國秩序，分全國爲十五個受降區，指派就近之最高軍事長官分別接受日軍之投降，河南分別屬於兩個受降區，郾城區受降主官爲第五戰區司令長官劉峙，鄭州受降主官爲第一戰區司令長官胡宗南，我奉命兼任副司令長官，參加鄭州區的受降典禮，親睹日軍投降代表鷹森孝（豫西方面指揮官、第十二軍司令官）伏首階前，恭獻降書的情景，心中之愉快，眞是莫可言喻！回憶我於十八歲時投筆從戎，就是以消滅日寇，滌雪國恥爲畢生唯一最高的志願。及至七七事變起，參加浴血抗戰，歷經五次大會戰，無數次小戰役，其間常處於糧彈將盡，枵腹作戰的地步，其艱困之情狀，非身歷其境者所能體會，如今眼見日本帝國主義者，窮兵黷武侵略成性的日本軍閥，得到應有的報應，達成我生平之夙願，眞是我一生中最興奮的樂事！

八月二十六日，我省政府由朱陽關還治開封，至九月二十日始抵達，猶如漂泊遠方之遊子歸來，令人亦感觸萬千！

這年十月十日，政府國慶敘勛，我以抗日有功，獲頒「勝利勛章」一座。我覺得抗日能夠獲得最後勝利，那是成城的衆志，勢不可侮的民氣，我不過是其中的一人，因此對於這長期抗戰中在地方上領導民衆打擊敵僞，卓著功績的官吏士紳，也應頒予勝利勛章，以嘉慰其堅苦卓絕之精神，乃於三十五年七月列舉了幾位具有代表性的人與事，報請中央頒授勳章。計有：

汝南縣參議會副議長劉惠心、字仁齋，初在陝西來歸我鎭嵩軍任團長，後隨我任第十五軍第六十五師第一九三旅旅長，轉戰有功，剿共戰中受傷殘廢，解甲返鄉；抗日戰爭，汝南縣城淪陷，本於國家興亡，匹夫有責之義，起而組織地方民衆武力，充任預備支隊支隊長，與敵僞在白龍王廟激戰數十次，保障東南一壁，致使敵僞未敢窺視，迭奏戰功，衛護地方，人民得以安居。

第四區行政督察專員兼區保安司令張敬忠，字恕之，武陟縣人，北平華北學院大學部政治系畢業，曾任黨務指導員、區長、武陟縣長。

第五區行政督察專員兼區保安司令吳協唐，魯山縣人，黃埔軍校第四期畢業，曾任陸軍第一六六師參謀主任，第一戰區游擊司令部參謀長（民國二十七年四月至二十八年九月），組織地方武力，建立據點，打擊敵僞，推行政令，不遺餘力。

第八區行政督察專員兼區保安司令謝肖良，光山縣人，保定軍校第八期畢業，廬山訓練團結業，民國三十三年十一月於豫南挺進軍副總指揮任內，參加中原抗日戰役有功，獲曾忠勤勛章一座；三十四年，於專員任內參加宛西抗日之役，協同國軍作戰，亦曾得干城甲種一等獎章。

第十區行政督察專員兼區保安司令王和璞，名熙珠，以字行，山東省文登縣人，日本士官學校中國學生隊第二十期工兵科畢業，歷任我十五軍師工兵營長、參謀、處長、高參、豫西警備司令部參謀長等職，在中條山及中原、宛西各會戰，均著勳勤。

第四行政區新鄉縣長黃如璋，字詠阿，洛陽人，北平私立中國大學畢業、河南省區政訓練所、及第一戰區幹部訓練團結業，曾任縣黨部執行委員、賑濟會幹事、省政府查禁委員等職，於抗日戰爭中，堅苦奮鬥，推行政令，頗著成效。事呈樞府，頒授勳章。

第十四章　主持豫政

我是軍人出身，打了半輩子的仗，從來沒有搞過政治，也沒有政治經驗，居然在抗戰後期，受命主持省政，接任河南省主席，眞是誠惶誠恐！但是「軍人以服從爲天職」，我也推辭不掉。從那時起，就卸下軍裝，穿上大掛，附庸風雅，問起政事來了，對鏡顧影，自覺眞是有些不文不武的樣子。

第一節　從軍人到省主席

民國三十三年六月下旬，軍事委員會政治部部長陳誠前來豫省告訴我：「河南省政府要改組了，蔣先生請你準備接任省主席，要你改穿大褂了，趕快安排人事，也好發表吧！」我聽了忙說：「我是軍人，不懂政治，怎麼可以……？請你給蔣先生說明，我不能幹！」陳誠說：「這是蔣先生的意思決定的，怎麼能更改呢？……」我一再表白自己對政治外行，更不敢誤國、害民、禍地方，成爲千古罪人。陳誠見我辭意頗堅，乃告訴我可以親至重慶一趟，直接向蔣先生陳述理由。七月一日下午四時，我和蔣鼎文經由西安搭乘飛機，於六時半抵達重慶，下榻在興業銀行，稍事休息後，當晚九時半往訪軍法總監何成濬，略談來此經過，以及豫西作戰情形後，即辭去。次日午時即前往晉謁蔣先生，當蒙稱讚我十五軍守衛洛陽堅苦卓絕之表現，完成使命，關係抗戰成敗。待後我才說出我來請辭主政的意思，表明說：「我多少年來，都是過的軍旅生活，缺乏行政經驗，又不讀書，不懂政治，怎能擔負如此重大責任？爲了免誤國家，貽害地方，辜負你的託付，和人民的企望，還是請你重新考慮，另求賢才，則國家幸甚！地方幸甚！」蔣先生說：「正因爲你有這種忠心爲國的胸襟，仁心愛民的宏願，絕對可以的。……」我仍然不肯答應。蔣先生一連重複數遍：「國家艱困到這樣地步，河南地方危急到此種情形，你愛國家、愛地方，就該挺身而出，以爲自己的責任，當仁不讓，相與謀國，也就是幫我的忙，你亦是應當的！」我說：「……負弩前驅，絕對服從，若是以一個軍人，去從事行政工作，那是萬萬不可以的！」蔣先生笑著說：「我說可以，就是可以！你不要再推辭了。」我一再說：「我的才能不夠……」蔣先生說：「那你學做不行嗎？願你與我共患難到底。——你只管去做，一切由我負責。……」我聽了很激動的說：「這個，是不可以的；我做不好，那是我的罪過，怎麼可以將一切責任加諸你負責？那我就對不起日理萬機的你了。」蔣先生勉爲其難的說：「你放手去做吧！國家需要你，地方需要你，你是最適宜的人選，不要再推辭了。」最後他說：「我不能收回成命，你先做一段時間再說，眞的不行，以後再調整。」我見此情況，不便再堅持下去，只好勉強接受命令，即行辭出。

下午六時半，何總監前來興業銀行下榻處看我，我當即向他表示，蔣先生命我接豫省主席，因堅辭未獲允准，深感惶恐，請他設法代爲挽回；何氏認爲此非其能力所及，可再從長計議。雖然如此，我仍覺得難以應命，就留在重慶，未即返豫省防地。五日晚七時，何總長（應欽）請我與蔣銘三（鼎文）至其寓所晚餐；八時半，又至電力公司參加何總監、徐源泉（克成）、浦心雅等人的洗塵宴，賓主盡歡而散。席間，何總監談及前日接銓敘廳通報，第一戰區司令長官蔣鼎文另有任用，改以第八戰區副司令長官胡宗南爲副司令長官兼代司令長官，原副司令長官湯恩伯仍舊，但副司令長官部均撤銷。以前除湯、胡兩人外，各戰區均無「副司令長官部」的組織，只是銘三似不應單獨對豫中會戰的失敗負責而去職，大家對何氏所說都有同感，也爲銘三可惜。

其後，陳誠又來勸我七次，最後，蔣先生說：「先去做看看，至少也待一兩個月再說吧！」至此，我已無法再推託，也只有從命了。

八日午後六時半，我往訪何總監，告以已奉命組織豫省政府。九日午、荊雪岑在華僑商業銀行設宴招待，並請何總監、徐克成、蕭景湘（之楚）、何競武等作陪，都是當年參加討逆之役共過患難的同袍，大家聚談甚歡。十一日午，蕭景湘亦請我至其寓所聚餐。一日、何總監告訴我，陳果夫託其轉達，說是我保薦齊眞如爲民政廳長，人事不相宜，因民政廳長必須明瞭異黨情形，能領導本黨黨員奮鬥，而此非齊眞如所長，恐難邀委座批准，希望我再加斟酌。十四日，與陳誠乘飛機同往漢中，順道回城固家中，略爲料理家事，即返回豫西軍次，並準備接任省主席。

七月十八日，行政院院會通過河南省政府之改組任免決議案，於二十一日以「義人字第一六〇七八號」公函呈請國民政府文官處，轉陳任免，內容如下：

「本院第六六九次會議，決議河南省政府應予改組，該省政府委員兼主席李培基，委員兼民政廳長方策，委員兼財政廳長彭若剛，委員兼教育廳長魯蕩平，委員兼建設廳長張廣輿，均應免本兼各職。委員宋垣忠、羅震、李竟容、李鐘、張純明、王幼僑、田鎭南、秘書長馬國琳均應免職。任命劉茂恩爲河南省政府委員兼主席，齊眞如爲委員兼秘書長，楊一峰爲委員兼民政廳長，王撫洲爲委員兼財政廳長，王公度爲委員兼教育廳長，湯子珍爲委員兼建設廳長，張辛南、李鳴鐘、宋濤、張軫、宋垣忠、王幼僑、高應篤爲委員。除兼秘書長齊眞如應俟呈送任用表件，再請任命外，相應函請轉陳任免。

此致

國民政府文官處

院長蔣中正」

七月二十二日、國民政府正式發佈命令，除了齊眞如的秘書長一職尚待核定外，其餘各委員及各廳廳長，均通過按上述公函任命，我並以河南省政府主席兼「河南全省警備總司令」、「河南省保安司令」及「河南省軍管區司令」等職。茲將各廳長及委員之履歷簡述如下：

秘書長齊眞如，字性一、河南睢縣人，省立優級師範畢業，曾任開封北倉小學校長、第十一路軍參議、省府委員、教育廳長。至三十五年四月始免兼職。

民政廳長楊一峰（原名世清）、河南新鄉縣人，國立北京大學哲學系畢業，曾任中學校長、縣教育局長、河南民國日報社長、中國國民黨河南省黨部書記長、中央政治學校訓導、河南省第一行政區督察專員、省政府委員。

財政廳長王撫洲、字公簡，河南正陽縣閻河店人，國立北京法政專門學校、美國西雅圖華盛頓大學、哥倫布城俄亥俄州立大學畢業，獲碩士學位。曾任東北大學教授、馮庸大學副校長、陝西省鳳翔、蒲城等縣縣長。三十四年三月十七日去職，由孟昭瓚（河南舞陽人）接替。

教育廳長王公度、字海涵，河南孟津縣人，國立北平師範大學畢業，曾任教授、參政員。

建設廳長楊覺天、陝西省南鄭縣人，日本明治大學、英國牛津大學畢業，倫敦大學經濟研究院研究員，曾任國立西北聯大農學院教授……等職。原發表之湯子珍，於十月三日呈准辭職。

省府委員李鳴鐘、字曉東，河南沈邱縣人，清軍第一混成旅「隨營學校」畢業，曾任綏遠都統、甘肅督辦、國民政府軍事委員會常務委員等職。

王幼僑、字愛仁，河南安陽縣西十八公里北固現村人，北平第一師範學堂、北京法政專門學校畢業，曾任河南省議員、教育廳長、河洛道尹、第六行政區（南陽）督察專員兼區保安司令、國民參政員、教授等職。

宋　濤、字湘濤、湖南邵陽人，保定軍校八期步兵科第一隊畢業，曾任旅長、副師長、集團軍參謀長等職。

張　軫、字翼三，河南羅山人、日本士官學校十四期步兵科畢業、曾任軍長、集團軍副總司令。後兼新蔡行署主任。

宋垣忠、字英仇、河南新蔡人，日本明治大學畢業，曾任教授、省黨部特派員、省府委員等職。

張辛南、河北平鄉人，北平大學畢業，曾任政治處長、教授、省黨部委員、省府委員等職。後於三十五年五月接任民政廳長。

高應篤、字紫星，河南鄧縣人，中央政治學校畢業，曾任陝西財政廳秘書、縣長。

以上諸人事之安排，率皆各有其所長，並非如「重慶大公」報所說全是豫人。由於此時豫西諸山外緣地區，大多棄守，只有西南一帶沒有淪陷，經熟慮策畫後，決定以宛西爲根據地，將省政府遷至內鄉縣西北五十里之丹水鎮（在丹水南岸），以爲軍政、團隊之聯繫配合、協調、督導、指揮作戰的中心。一切就緒後，遂於八月一日正式接印，就任豫省主席及警備總司令等本兼各職。十月十一日補行宣誓就職，並致函國民政府報備。原文如下：

「河南省政府公函　內　丹甲字第165號

中華民國三十三年十月十七日發

事由：主席於三十三年十月十一日在本府舉行宣誓就職，請查照由。

茂恩奉命主豫，業將接印視事日期函達在案。茲已於三十三年十月十一日在本府偕同各委員補行宣誓就職，除分別呈咨函令外，相應函請

查照。此致

國民政府文官處

主席劉茂恩

監印劉維振

校對王駿章」

從這時候開始，直到民國三十七年九月我才擺脫省府職務，爲時恰好四年。不過這段期間，由於仍兼任「河南省警備總司令」及全省「保安司令」等職，所以實質上仍未完全與軍事脫離關係。抗戰勝利後，第十五軍已經整編，我即脫離國軍建制。這時，我所能掌握運用的武力，僅有我省保安旅及地方團隊等，我仍以省主席兼保安司令指揮這些團隊，綏靖地方，戡亂剿共，與共軍作戰不下千百次，這種無休止的擾亂

不安，大大影響了政治的推行，民生的改善，和各方面的發展與進步，以致使我沒能對地方有所建樹，甚覺內疚，也沒能替政府有所作爲，很感慚愧。僅就記憶所及，將主政期間，有關中央和地方的重要事情，略述一二。

第二節　黃河堵口與復建

黃河自古多災，挾沙重濁，此淤彼決，下游屢有變遷，從東周定王五年（西元前六〇二年），決宿胥口改道以來，前後經過六次大改道，決口達一千九百多次，華北平野，中原沃地，都遭受它的災害，然而黃河流域對我國政治、軍事、經濟的關係，卻非常密切。觀諸數千來，各朝都很注意整治黃河，平水患，興水利，視爲庶政的首要工作，而黃河的遷徙成災，多是在國家多難的時期，可見黃河的治亂，關係到國運的盛衰。如今在中國現代史上，也有一次黃河決口，是爲了維護中華民族的存亡，而於抗戰期間以兵工掘破黃河花園口的堤防。

一　黃河決口陷敵泥淖

日本帝國主義者，自發動侵略中國的戰爭後，自知其地窄人寡，戰略資源缺乏，縱有精兵勁旅，若不能在短期內擊滅我國軍隊主力，占領中國，曠日持久，戰略資源必然難以爲繼，也就無法支撐其侵略戰爭，因此瘋狂進攻，南北夾擊，以求速戰速決，達成滅亡中國的目的。至民國二十七年五月，日寇兇焰更熾，造成竄入中原，河朔淪陷，徐州失守；衝進豫東，企圖會師鄭州，西進長驅關中，南下直擣武漢，以深入我國心臟地區，迫我投降，以逞其野心。

當時我最高統帥蔣委員長以戰局十分危急，於五月二十三日趕到鄭州，指示作戰機宜。此時我姪兒劉獻捷適任第一戰區司令長官部少將高級參謀，立即提出緊急建議，請速掘柳園口（開封城北二十里）的黃河大堤，以洪流阻遏日軍攻勢。此一戰略構想，和歷代守江、守淮的主張，有異曲同工之妙，欲使黃河氾區形成新的天塹。第一戰區司令長官程潛也認爲正合機宜，極表贊同。蔣委員長幾經考慮，乃本著「一切爲抗戰，一切爲勝利」的原則，忍痛作爲決定，於六月一日，以電話指示第二十集團軍總司令商震（字啓予、河北清苑人），負責監督執行決堤任務。

商震奉命炸堤，即與第五十三軍軍長萬福麟會商選定在中牟以北二十五里黃河南岸的趙口大堤決口。因此時日軍已進至開封近郊，柳園口地點已不能作業。六月四日，萬軍工兵營開始進行掘堤爆破作業，不料大堤極爲堅實，頗難破壞，直到五日晚仍未達成任務，而此時開封又告淪陷，情勢更加危急，恰好有擔任楊橋口（鄭縣以北，黃河鐵橋與中牟接界）的河防部隊、新編第八師師長蔣在珍建議，在趙口上游五十里，鄭州以北偏東三十里的花園口大堤決口，在這軍情急迫之時，商震立即准予執行。

六月九日上午九時，花園口的大堤被爆破一個大缺口，霎時滾滾黃河潰決，橫流鄭縣、廣武、開封，造成百數十里寬的氾濫水域。又向東南流經中牟、尉氏、西華諸縣，水勢浩瀚，一片汪洋，循賈魯河南瀉而入於淮河上游各支流，從此豫東一帶號稱「黃氾地區」。當此氾濫之時，敵第二軍先頭部隊第十六師團（師團長中島今朝吾）正好經過此一地區，被淹死者數以千計，戰車、武器、裝備、輜重……等，均陷泥淖，損失甚大，敵沿隴海鐵路的攻勢遂陷於停頓，我軍乃乘勢掃蕩氾區以西的殘敵，予以痛殲，得以遲滯其進攻武漢的行動，而無法速戰速決。此後敵我雙方就在此氾區相峙達六年之久。假使當時決堤之舉稍有躊躇，其後果必不堪設想。所以，黃河決口是抗日戰爭史上一項極爲重要的事蹟，可以說是「功莫大焉」！換句話說：「微黃河，吾其被髮左衽矣！」可見其重要性。

二　黃河堵口安定民生

由於黃河氾濫地區擴及豫、皖、蘇三省，範圍廣大，造成空前的災害，田園荒蕪，百姓流亡，十室九空，人民所受的痛苦，眞是莫可言喻，政府早有解民倒懸之意，只因日寇竄擾不止，直到抗戰勝利後，才能有計畫的作堵口工作，使黃河潰水復歸故道。

先是在民國二十八年，政府曾組編委員會規劃堵口工程復堤事宜，並飭由水利主管機關相機測量缺口，於三十一年指示「黃河水利委員會」預爲編擬堵塞工程計畫。民國三十四年八月，行政院「水利委員會」即設立「黃河花園口復堤工程局」，計畫於次年開始此一古今罕見的堵口大工程。

對於中央的計劃黃河堵口，以使難民還鄉，農村重建，此舉固是賢明的措施，然而我鑒於抗戰勝利後，共匪乘隙到處竄擾，已佔有黃河以北地區及黃氾區，而氾區僅有疲憊不堪的民衆自衛隊，無力與匪抗衡，幸而有黃氾此一天塹，使匪之主力不能西犯，而確保我豫省西南隅之相當安全，具有戰略上之價值，一旦黃河堵口完成，無異替共匪排除前進的障礙，如此匪的主力南犯，我將無力予以阻遏，不獨使整個河南遭受浩劫，共匪更可以長驅直入，叩我江左地區，甚至假潼關、武漢中間走廊，侵擾我西南之大後方，其後果將不堪想像。因此，曾向中央提出兩個方案：

㈠在黃河堵口工作尚未完成前，乘匪的主力遠揚之時，集中優勢團隊，將氾區之匪軍予以殲滅，並重建地方行政組織，鞏固政權。此案因黃氾有助於戰術行動之完成，而且國軍尚有相當雄厚之兵力集結於隴海路沿線附近，可為必要之支援。

㈡將黃河堵口工程，改為「建設水閘」，使黃氾故道永久保有必要之水量，如此一方面黃氾可以構成防匪之天塹，阻止氾東共匪之擴張，牽制共軍百萬兵力，既可確保氾西、氾南的安全，並可在戰術方面，節約我百萬兵力，補助我進剿兵力的不足，成為黃河百害之一利；另一方面可變黃氾為一完美之運河，既可濟運，調節黃河水位，使「黃河決堤」一詞，永久成為歷史名詞，又可以灌溉，促進黃河兩岸農業與商業經濟的迅速發展，實為因時因地制宜的措施。

關於第一方案的實施，經面報軍事當局，獲准在必要時，給予適當的戰鬥支援。至於第二方案，我曾親訪「行政院善後救濟總署河南分署」署長馬傑（河南羅山人）

，說明建設內容，並指出黃氾在過去對抗戰的貢獻與當前對戡亂的影響，認爲黃河堵口是百年大計，不可將此百年大計浪費一時而資敵，況且堵口完成後，將使氾濫區域逐年擴大，勢必貽害地方無窮。馬氏極表贊同，然據其告知，礙於預算，須先得總署之核准，再由省政府申報行政院，請予採擇施行。然此一方案始終未獲採用，或許中央以蘇民困爲重，故仍照原定方案，堵口復舊。我既爲河南省的地方首長，自然要鼎力相助，以完成此一偉大的工程。

民國三十五年三月一日上午九時，由「黃河水利委員會」委員長兼「黃河花園口堵口復堤工程局」局長趙守鈺，率領全體員工在花園口口門西壩頭舉行開工典禮，來賓到有開封、鄭縣各界代表一百多人。由趙兼局長致辭，略述對此項工程的意見，以及籌備經過，至十一時典禮完畢，遂開始此一舉世矚目的鉅大工程。

中央電令趙局長駐工督導，以常莊寓所爲家，至七月三十日，趙兼局長以勞累致疾，腿脹腳腫而辭職，遺缺由水利委員會派駐工地的簡任技正朱光彩（淅川縣人）繼任局長，主持全功，夙夜辛勞，指揮督導，任勞任怨，工作得無懈弛。

「黃河花園口復堤工程局」成立後，即募集組編成一支龐大而堅強的河工部隊，有監工所、工程隊、卯工隊、民工志願隊、長夫隊、橋工隊、帆船隊等，除工程總段的職員二百三十一人外，基本工人就有八百九十五人，而一般工人則多達四萬九千三百五十八人，若加算臨時工人，當有五萬多人，大家一心一意，群策群力，齊向黃河挑戰。我省政府亦由各廳會同組織「黃河堵口招工購料委員會」，派省政府委員兼該工程局副局長李鳴鐘常川駐會，在工地幫助「黃河堵口復堵工程局」辦理招購工料事宜，並嚴電口門附近的行政督察專員吳協唐（河南魯山人，黃埔軍校四期畢業），王和璞等，以及鄭縣縣長高晴崙（字霽崑、沁陽人），廣武縣夏治英（字友仁、新鄉縣人），禹縣侯慕彝（廣東梅縣人）、密縣楊錚（字又錚、登封人）、汜水縣蕭德普（字潤生、偃師人）、中牟縣楊士瀛（字文洲、方城人）、新鄭縣翟景卓（字一鵬、宜陽人）、滎陽縣高欽明（字敬民、新野人）、長葛縣李樂安（以字行、鞏縣人）、開封仇景祺（後爲陳沂）、新鄉縣黃如璋（字詠阿、洛陽人）、武陟縣李明睿（後爲薛培）、獲嘉縣史來桓（字伯武、新鄉人）、陽武縣方明（羅山人）、原武縣劉鍾英（字峻青、息縣人）、延津巫嵐峰（字峻嶺、滑縣人）、封丘劉宗鈺（獲嘉人）等遵照辦理，不得有誤。

同時，黃河自決口改道後，所造成的氾區堤防，多形單薄，不能抵禦洪流，經電中央撥款將氾區新堤加以整修，而由「黃河水利委員會」河南修防處（主任蘇冠軍）

主持辦理，惟以不易籌集民工材料，又由省政府會同組織「氾堤招工購料委員會」並派省政府委員宋垣忠駐會，專責督導各縣出工出料，限期辦理完竣，以是提早完成工程，故大汎期間，未成水災。

花園口堵口工程經依據原擬定的施工計畫及程序，積極趕工進行，中間屢生波折，曾經竭力搶修，詎料至三十六年一月十五日夜十一時許，便橋下碎石所築之攔水壩中部因水漲被沖，遂遭大溜將第六十五排至七十排橋樁折斷，缺口寬達三十二公尺，全河水量集中流入缺口，壩頂露出水面，新築堤壩，多見塌陷，種種險象，接踵而至。

當此之時，急需大量工料，採購不易，而時間緊迫，刻不容緩，工程局乃向我省政府請求緊急支援，我當即派建設廳長宋彤（字海涵、林縣人、留美預校德文班、同濟醫工專科學校土木工程科畢業）前往口門工地會商所需工料。於是嚴令鄰近各縣在短期內火急完成代辦柳枝計五千二百五十萬斤、秫稭二千九五十萬斤、黃麻二百萬斤、木樁十一萬根；二月間，又以開挖引河工人不敷工作，立即通令附近各縣代僱民工二萬七千多人；並令有關縣長親帶民伕到現場，以免耽誤時間，影響堵口完成。並按時於每天夜間以電話詢問工地，專員、縣長有無缺席、曠職情事。一次、新鄭縣長翟景卓没到，當即予以撤職處分，以表示對該工程的重視與支持。我則親臨工地巡視，慰問民工，以使合龍工程早日完成。

政府對於花園口堵口工程，因關係國計民生，決心使之只許成功，不許失敗，所以員工皆戮力同心，朝夕勤勞。民國三十六年三月十五日凌晨三時三十分，口門終於合龍，引河提前回歸故道，大堤上交通也同時恢復。合龍之後尚有很重要的閉氣工作，至四月二十日始完成閉氣工程。五月四日上午九時在口門合龍處，新堤上廣場中舉行合龍典禮，國民政府蔣主席特題頒「濟國安瀾」四字匾額一方，在萬人歡慶鞭炮聲中完成竣工儀式。

綜計此次堵口工程，歷時經年，用工三百餘萬人，耗資三百九十七億八千八百四十五萬五千一百八十八元，終使人民得以重返故鄉，再建家園；而主持全工的朱光彩局長，頗得天時、地利、人和之便，又能任勞任怨，實幹苦幹，更是功不可沒。此外，河南省人民於八年抗戰之後，洪水淹没之餘，黃河堵口對他們不啻是更進一步的挑戰和考驗，故能在施工期内，徵收採購大量材料工具，呼吸可致；集合無限人力，供應不誤，得以遂行開挖引河，同時動用三萬以上的民衆，迅速完成工程，遠駕於包工人員之上，使駐工地的外國人士，咋舌大驚，凡此可爲我國建設前途開一光明先例，亦足資證明我豫省人民具有充分的能力，和堅苦卓絕、犧牲小我，熱愛鄉梓，與政府密切合作完成此一艱鉅的工程和歷史所賦予的使命。

巧的是，建議決口的劉獻捷和主持堵口的朱光彩，兩人同是河南人，又是北倉小學，留美預備學校第二期德文班，留德同學，而且還是「德國皇家特殊工程師」，如此五同關係，實在是不能再巧合了；更有趣的是，我姪兒建議決口，而我這個做叔叔的參與堵口，亦被傳爲一段佳話。

嗣後於民國三十六年五月三十一日，國民政府對黃河堵口有功人員頒發勛獎章，以示獎勵，以我「對於堵口復堤工程招工購料協助，俾工程得以順利進行，厥功甚偉」，獲頒「二等景星勛章」一座。三十七年元旦，國民政府亦給我姪兒獻捷六等景星勳章一座，以褒揚其有功國家。

三　黃河氾區的復建

黃河花園口潰決，前後幾達十年之久，幸賴中央政府盡力督導，聯合國「善後救濟總署」熱忱供應工糧器材，河南省政府、及軍事、交通各有關機關竭誠協助，豫省人民的通力合作，和河工人員戮力同心，雖在施工期間幾經波折，卒於三十六年三月十五日合龍，四月二十日閉氣，完成堵口復堤之全功，安瀾濟國，澤及世局。可是黃氾區域仍然到處黃沙，赤地千里，更有好多地方，人煙斷絕，非但寸草不生，甚而積沙深厚，連蚯蚓亦無法生存，可見其遺害之大，實非一般人所能想像得到的。由於氾區歷年積沙，一旦水道涸竭，便隨風飛揚，使得整個黃氾區域變成了沙漠世界，這不只是復興經濟上的一大障礙，而且也是中原區文化上的一大威脅，故復興黃氾區域，需要重建的工作，眞是百廢待舉，其中應以水利建設爲首要工作。因此政府於堵口復堤之後，就派遣了五個測量隊，到那裡去工作，以期早日能依照測量的成果，擬具一個最妥當適宜的水利計劃，分期付諸實施，配合各項建設發展，使此具有沙漠形態的黃氾地區，可以逐漸變爲大量生產的沃壤肥田，進而普遍應用水利，使農業工業化，溝通黃淮各地，使舟楫能相往返，互通有無，改變其荒涼景氣，另外造成一個新天地、新樂園。

此外，我省政府早在堵口工程進行後數月，即開始籌謀從事黃氾區的復建，然以重建氾區需款過鉅，非本省財力所能舉辦，遂擬具實施方案，定名爲「河南省黃氾區復興建設方案」，呈報行政院核示，內容如下：

一、氾區範圍

以河南省境內曾被黃河潰水氾濫尚未墾殖之地區爲限，被災縣份計有鄭縣、廣武、中牟、尉氏、洧川、鄢陵、扶溝、西華、開封、陳留、通許、太康、淮陽、沈邱、商水、項城、睢縣、杞縣、柘城、鹿邑等二十縣，約佔面積六千平方公里，湮沒耕地約六百五十萬畝，損失房屋約一百四十六萬間，失業民衆約達一百五十萬口。

二、復建原則

根據河南省政府委員會一二一八次議決通過之「黃氾區復興建設計劃綱要」扶助歸耕難民建立新式農村，恢復被湮耕地，採用合作農場，籌辦農村工業，實行農產加工，辦理管教養衛，完成地方自治。

三、機構組織

爲加強氾區復建工作，擬設立「河南省黃氾區復興建設委員會」（以下簡稱黃建會）置委員十九人至二十五人，由行政院善後救濟總署、內政部、財政部、農林部、交通部、教育部、社會部、水利委員會、地政署、衛生署代表、河南省政府有關廳處首長及聘請之專家充任之，以河南省政府主席爲主任委員，救濟總署、農林部及河南省政府代表各一人爲常務委員，並設總務、民政、財政、技術、營建、農政、地政、水利、交通、教育、社會、合作、衛生等組，秘書、會計、調查、統計、稽核等室，其組織規程另定之。

四、復建進行程序

(1)從速成立「河南省黃氾區復興建設委員會」（簡稱「黃建會」），加強氾區復興建設工作。

(2)在「黃建會」未成立以前，仍由「河南省黃氾區復興建設指導委員會」、「行政院善後救濟總署河南分署」、及「聯合國善後救濟總署」駐豫代表，會同組織「黃氾區農耕工程處」，利用行總曳引機配合歸耕難民，先行辦理氾區代耕工作，並就代耕區域辦理土地測量地權清理，以增生產。

(3)氾區地形測量應於三十五年十月起開始實測，於三十六年一月底全部完成之（必要時可利用航空測量）。

(4)此項地形圖完成後，應於三十六年三月底，將區內水道、溝渠、道路、城鎮、鄉村、林場、牧場、公有園林、公共建築、公用事業等計劃完成，分別核定事業位置、及使用土地面積，舉辦土地重劃，組織農場。

(5)除現由氾區指導會已著手之難民登記編組外，黃建會成立後，應自三十六年三月起，大規模辦理歸耕農民之登記編組、及工作分配、暨臨時急賑事項。

(6)自三十六年三月起至十二月止，完成重要道路、水道、公共建築、公用事業之一部，併於三十七年內全部完成之。

(7)自三十六年三月起至十二月底止先就核定計劃之農村，按月完成歸耕難民臨時住宅之一部，以能容納難民居住爲度（必要時得搭蓋臨時棚舖），自三十七年起開始建築農民正式住宅，於三年內陸續完成之。

(8)除農民住宅應於三十九年底全部完成外，其餘氾區一切復興建設事項，統以在三十六、三十七兩年內完成爲原則。

五、復建工作分配

(1)土地測量——水利委員會　地政署　省政府

(2)急賑及救濟——行總　社會部　省政府

(3)財務——財政部　行總　省政府

(4)墾殖林牧——農林部　行總　省政府
(5)水道溝渠——水利委員會　行總　省政府
(6)道路——交通部　行總　省政府
(7)營建——內政部　行總　農林部　省政府
(8)土地登記及分配——地政署　省政府
(9)民衆編組——社會部　內政部　省政府
(10)社會事業——社會部　行總　省政府
(11)國民教育——教育部　省政府
(12)環境衛生——衛生署　行總　省政府

六、復建經費之籌措

黃建會會內所需經臨各費，由會擬具編制及預算，呈院及有關機關核發。

七、土地產權之確定

人民原有土地登記後，應予以保障，一律參加劃定農場。其經營方式，以合作農場爲原則，至氾區內死亡絕戶之土地應歸公有。

八、所有各項事業進行之具體辦法，俟本方案呈經行政院核准後，由省政府召集黃建會共同擬定之。

民國三十六年三月，我於參加中國國民黨第六屆三中全會中提出議案，請中央迅飭善後救濟總署撥發大量救濟物資，並飭財政部及「四聯總處」（即「中央、中國、交通、中國農民四銀行聯合總辦事處」之簡稱）配撥鉅款興建黃氾區，以安災黎而固國本，提案內容如下：

理由：

查黃河自民國廿七年六月在河南鄭縣花園口潰決後，氾區內中牟、尉氏、扶溝等二十縣，悉成澤國，田舍淹沒，死亡載道，其受災面積達六千平方公里，耕地被淹六百五十萬畝，房屋損毀一百四十六萬間，失業災民一百五十萬口，災情慘重，史無前例。而氾區災民背井離鄉，顛沛流亡，未曾怨尤者，蓋以存亡攸關，國而忘家，其志可嘉，其情可憫。乃自日寇投降後，時逾經年，逃亡歸來之難胞，仍屬飄泊無依，風餐露宿，厥狀至慘，際此黃河堵復工程即將竣工，亦宜及時興建氾區，俾百餘萬災黎，得以早日復耕各安生業，復興農村，鞏固國本，惟茲事體大，決非地方人力財力所能負荷。況黃河決口，害在地方，功在國家，善後興建，除另請中央早日組設專管機構，負責統籌，並將原呈「河南省黃氾區復興建設實施方案」另附外，擬懇把握時機，迅飭善後救濟總署，撥發大批物質，並飭財部及四聯總處配撥鉅款，俾利興建。

辦法：

(一)於氾區普遍建築合作新村：每村一保，每保二百二十五户，新村之地址及圖樣悉由政府劃一規定，所需建築器材（地方所能供給者除外）及工人食糧與副食費，統由善後救濟總署充分供給。

(二)設立合作農場，採用機械耕作：所需機器由善後救濟總署供給，所需農具耕牛及種子由中央配撥鉅款，或由四聯總處貸款，以利墾殖而增生產。

(三)設立農具製造廠：由善後救濟總署配撥機器，大量製造各種農具。

(四)推廣手工業：由四聯總處配撥貸款獎助農民，經營紡織、榨油、鐵工、木器編製、及肥皂等工業，以繁榮農村經濟。

(五)發展交通：由中央撥款修築氾區公路，幷撥發電訊交通器材安裝氾區通訊設備。

而後，按計畫在尉氏縣東樊家村配合河南救濟分署，墾出荒地九千多畝；在尉氏縣登記難民九百二十戶、西華縣五百四十一戶，扶溝縣三百十四戶。同時，在尉氏縣氾東區已登記土地計二萬七千二百六十九畝，其中經過詳細清查丈量的有六千畝；在西華縣東北十八里長平鎮（即古長平縣）設立「工藝生產社」，辦理紡織、榨油、磨粉、製造各種農具等小型工業。此外，又配合救濟分署在平漢鐵路的許昌、漯河兩地，辦理難民資遣事務，招待過境難民有二千二百戶，一萬七千六百人；勘查氾區各縣波及的耕地面積爲九百一十萬畝，其中被淹没的約六百五十萬畝，全部地基整理工作，計劃需十八個月完成，如此標本兼顧，同時並籌，積極推進重建復員工作，眞是煞費苦心。

綜說治理黃河、開發黃河，建設國家，建設地方，使它變成有百利無一害，這不過是一個肇端，本可以最新工具機械改良土壤、灌漑農田，可惜大陸不久即淪陷，一切措施遠景，近觀遠景都隨之泡湯了。

第三節　學潮的平息

「學潮」，就是學生藉故起鬨鬧風潮，這和「學生運動」大不相同。前者有人從中鼓動，以學生爲工具，從事遊行示威、請願，破壞社會秩序，以達到其非法陰謀的目的；後者則具有光明正大的宗旨，是一種有意識的活動。

自民國三十五年以來，共黨叛亂，到處竄擾，一面派大批職業學生潛伏京、滬、平、津、豫、鄂各中上學校，乘機尋隙，製造各種藉口，發動學潮，如速擾亂社會秩序，打擊政府，以與其武裝叛亂的行動互爲表裡，相與呼應，實現其所謂「開闢第二戰場」的陰謀。其鼓動學潮的手法，最初以增加學生公費，提高教授待遇，以及各校之復校、遷校、收回校舍等各別問題爲起因，繼而以反內戰爲口號，中途變質，宣傳反動思想，部份認識不清的學生受到煽惑，多盲從附和，遂造成喧嚷一時的學潮。

一　學潮的經過

先是在民國三十五年，中共及其外圍組織的「中國民主同盟」沈鈞儒、羅隆基，與「職業教育派」黃炎培，「鄉村建設派」梁漱溟、「第三黨」章伯鈞，以及「民主建國會」章乃器……等一批人，像耍把戲一樣搖旗吶喊，煽動上海各校學生，以「增加營養，反對飢餓」爲口號，發動請願罷課風潮，於是就像流行性傳染病一樣，很快的擴展開來，蔓延全國。

民國三十六年五月十日，共黨謀使清華大學教授吳晗（原名春晗、字辰伯，浙江義烏人）鼓動學生煽起學潮，響應京滬學生運動，擾亂平津治安。五月十二日，北平交通大學鐵道學院學生以響應上海交通大學復校及要求收回校舍，首先罷課。十四日、天津北洋工學院北平分部以反對遷校，十七日、清華大學以要求增加公費、提高教授待遇，分別相繼罷課，師範學院、國立藝術專科學校亦發起要求復校及收回校舍運動。五月十八日、北大、清華、北洋三校一部學生八十餘人，作「反內戰」、「反飢餓」宣傳，「青年軍」與之爭辯互毆而有受傷，各校反動份子乃藉口擴大事態，計有北京大學、燕京大學、師範學院、北洋大學、鐵道學院、中法大學、朝陽大學、藝專、第一助產學校等校，相繼罷課。五月二十日，南京、上海、北平、武漢各大學同時發動擴大風潮。次日，上海學生受職業學生的煽惑，組織「抗暴委員會」，向全國各地發出「告同學書」，以「五、二〇」為血的日子，南京區的大學生以遭受軍警殘暴的屠殺，不願再受獨裁者的統治和壓迫等等，反對政府，侮衊元首，極盡挑唆煽惑之能事，並揚言要在六月二日再發動一次總罷課、總罷工的「抗暴」大遊行，大有一觸即發之勢。

我河南省政府所在地的開封，由於接近匪區，居民極為複雜，自豫東、豫北被匪竄擾以來，市區潛伏不良份子，時虞竊發，爲確保社會安寧秩序起見，我省府曾制定加強省會治安方案，使有關治安機關實行縱橫連繫，對可能擾亂治安的份子及其潛伏所在，尤爲注意，隨時嚴密查考，以資防患未然。

河南大學位於開封城內東北隅，亦早聞有共黨職業學生潛伏在內，又受京、滬、平、津地區學潮之刺激，於五月初即因教授請求增加待遇而罷課罷教。五月二十二日上午，有河南大學代表十人，赴南京請願，另有學生約兩百餘人，藉赴車站送行爲名，於返校途中，沿街散發傳單，塗寫標語，有「反對內戰」、「反對征兵征糧」、「不爲軍閥當兵」、「不給貪官納稅」、「打倒官僚資本」、「打倒好戰份子」、「增加學生膳食費」等詞句，顯係受到奸黨之利用，圖謀影響社會治安，我當即飭令軍警極力防範，並將所寫標語適時刷洗乾淨，使不能肇生事端。然聞其仍繼續煽動各廠工人於六月二日罷工罷市，乃密飭各軍警單位預爲防範，設法消弭其亂，並於次日以辰養秘電行政院在案。

二　「五、二八」學潮

河南大學的學潮罷課後，該校第一院（校本部）、第二院（即農學院，在開封南闗）一部學生（青年軍），以學校停課日久，且學潮由援助教授增薪，一變而爲響應「六、二」暴動，顯係奸黨陰謀，不應爲人利用，遂發起復課運動，組織「護校團」，以對抗鼓動學潮份子。

五月二十八日晨十時據報，該「護校團」推派同學二十餘人赴城内東北隅的校本部張貼復課標語，被校本部文史學系二年級學生張四德等多人尾隨於後，糾衆毆阻，「護校團」學生受傷失蹤者多人，並有一部份被反動學生圍困，勢將被擊斃，其中「護校團」學生劉一晨越牆逃入隔鄰之中國國民黨河南省黨部避禍，復有被反動份子鼓動之學生百餘人，蜂擁將「省黨部」包圍，施行搜捕，結果省黨部的一部分桌椅公文被毁壞，並肆意侮辱該部書記長武文（字慈航、河南許昌人），旋即將劉一晨搜出，架返該校大禮堂，舉行所謂「人民審判」，選出張四德等九人主持公審，並加以吊打毆辱，眞是無法無天。本府據報，以情勢急迫，復迭據查報，這批暴動學生多有共黨嫌疑，立飭省府警務處會同「城防司令部」率領軍警前往彈壓，爲避免發生意外起見，軍警均以和平方式，由受傷學生當場指認兇手，分別予以逮捕，計捕獲暴動行兇學生王長順等四十六名，名單如下：

王長順　　教育系三年級　　河南新野人

程運宇　經濟系三年級　安徽桐城人
吳起雲　經濟系三年級　河南固始人
王光燕　經濟系四年級　河南信陽人
陳其襄　經濟系四年級　綏遠安北人
張四德　文史系二年級　安徽渦陽人
牛維鼎　文史系四年級　江蘇吳縣人
吳冀中　化學系四年級　河南內鄉人
胡如濤　文學系四年級　安徽合肥人
劉繼武　醫學系四年級
僧　密　農藝系二年級　河南盧氏人
徐乃祥　生物系二年級　河南杞縣人
杭世金　教育系二年級　安徽定遠人
張辨眞　女　醫學系五年級　河南靈寶人
朱伯福　女　文史系三年級　河南方城人
以上爲激烈分子

郭福清	女	教育系二年級	河南信陽人
趙蘭坤	女	教育系二年級	河南息縣人
武　源		文史系三年級	河南新蔡人
時雪梅	女	化學系一年級	河南淅川人
李化民		化學系三年級	河南睢縣人
于忠彰		經濟系二年級	山東平度人
楊懷讓		經濟系二年級	安徽宿縣人
林志朗			
羅景唐		文史系三年級	河南息縣人
楊俊英	女	經濟系三年級	河南唐河人
吳冰肅		農藝系二年級	河南固始人
宋　傑		嵩華學院	
朱星爛		經濟系二年級	河南禹縣人
李書智		數理系三年級	河南南召人
馬國秀		經濟系四年級	安徽桐柏人

李銘傳	經濟系二年級	河南光山人
董發祥	生物系四年級	河南唐河人
邢憲章	經濟系二年級	
呂應章	醫學系三年級	河南鄢陵人
張銘盤	醫學系五年級	河南洛寧人
王啓康	法律系二年級	河南鎮平人
王樹萬	法律系三年級	河南洛陽人
陳天華　女		
馬中光		
董　琰		
董傳寬		
閆中玉		
劉雲哲	法律系二年級	河南唐河人
丁一英	外文系一年級	河南鄢陵人
查祿鑫	河大先修班	河南開封人

姜維勤

其中查祿鑫據報有反動情形，經本府飭令緝捕有案；姜維勤爲本省保安第六團文書上士，亦有嫌疑，二人因在該校訪友，一併被捕，又在王長順書箱內搜出煙炮兩個，在朱伯福處搜出可疑信件及書籍。我以彼等既涉及反動，苟輕易釋放，必使其兇焰更盛，即先將其暫送河南省訓練團留置管訓，並將處理經過以辰（五月）艷㉘日汴警二電及已（六月）支(4)日汴警二電呈報行政院，經分別電奉蔣主席㊱已東侍學電及參謀總長陳誠已虞彰電核准各在案。

三　「六、二」暴動的制止

五月三十一日據報：(1)河南大學奸黨份子正在活動「六、二」暴動；(2)河南大學第二院於五月三十日晚發現手榴彈三枚及河南大學先修班響應「六、二」遊行之標語兩張；(3)本市各中學內之奸黨份子以河南省立開封高中、河南省立開封師範兩校學生爲首領，私立大河中學學生擔任聯絡，準備響應「六、二」暴動；(4)奸黨份子擬利用中學軍訓武器暴動。

本府獲報，以情勢緊急，立即會同中央派來指導處理本案之中國國民黨中央執行委員會組織部馮委員舉行緊急會議，就平素調查之名單審查三次，而後於六月一日上午四時宣佈戒嚴，飭本府警務處會同軍憲黨團等機關，開始行動，至下午一時解嚴，計捕獲學生及各部門潛伏嫌疑份子四十七名，一併送往省訓團候訓，並於當日下午五時，由警務處處長楊蔚（字廷芳、河南商城人，黃埔軍校四期畢業）會同城防司令張勳亭（原任參謀長）招待記者，說明原委，「六、二」暴動乃得平安渡過，而奸匪所謂「三罷一慘」（即罷工、罷課、罷市及製造一次慘案）運動，在本省終成泡影。此次「六、一」緊急措施方案逮捕名單如下：

馬友三	二十歲	浙江紹興人	大河中學
姚西陵	二十一歲	河南汝南人	大河中學
崔寶磬	二十歲	河南開封人	大河中學
張天衢	二十一歲	河南開封人	大河中學
李紹武	二十二歲	河南濬縣人	大河中學
朱長慈	二十五歲	河南鎮平人	河南大學經濟系
曹平衡	二十五歲	河北大名人	河南大學農學院
劉雲漢	二十歲	河南西華人	河南大學教育系

張開石	二十二歲	安徽定遠人	河南大學工學院
王居才	二十歲	河南許昌人	河南大學教育系
陳景平	二十二歲	河南許昌人	河南大學外文系
賀靖遠	三十一歲	河南南陽人	北倉女中職員
楊懷郎	二十二歲	河南內鄉人	河南大學工學系
李時讓	二十八歲	河南安陽人	財政廳辦事員
羅繩武	四十七歲	河南新野人	北倉女中教員
朱壯樞	二十五歲	河南內鄉人	河南大學農學院
高樹本	二十五歲	河南安陽人	河南大學理學院
史　傑	二十三歲	河南南陽人	河南大學法學院
王曼洛	二十六歲	河南新鄭人	力行日報社
趙悔深	三十六歲	河南汜水人	中國時報編輯
孫良田	三十三歲	河南汲縣人	中國時鋒報編輯
劉世民	二十九歲	河南新鄉人	民權新聞總編輯
李勤士	三十歲		中國時報記者

梁　風	二十八歲	河南內鄉人	中國前鋒報編輯
李軍泗	三十三歲	河南內鄉人	工商日報記者
白濳光	三十一歲	北平市人	郵局職員
容頤齡	三十三歲	北平市人	同右
王在嵩	二十八歲	河南太康人	同右
詹潤聲	三十三歲	河南開封人	同右
楊春雲　女	二十六歲	河南沁陽人	北倉女中教員
雷師蘊	二十七歲	北平市人	
裴瑞芬	十九歲	河南延津人	靜宜女中學生
苗美莉	十九歲	河南開封人	靜宜女中學生
李澤謀	二十五歲	河南滎陽人	農學院學生
李富彰	二十五歲	河南信陽人	工學院學生
韓耀武	十七歲	河南靈寶人	工學院學生
朱修亭	二十三歲	河南鎮平人	同右
李成義	二十三歲	河南內鄉人	同右

高蘭閣	二十三歲		同右
杜月亭	二十二歲	河北獲鹿人	同右
朱金朝	二十歲	河南鎮平人	同右
賈光亭	二十三歲	河南內鄉人	河南大學經濟系
黃德文	二十二歲	河南南陽人	河南大學文學系
張超凡	二十一歲	陝西人	河南大學理學系
劉珍卿	四十歲	河南濟源人	商人
李林修	二十三歲	河南林縣人	河南大學理學院
邢海然	二十五歲	河南大學法學院	

總計兩次逮捕之奸黨嫌犯共九十三人，其中學生七十七人，記者七人，其他身份九人。爲慎重研訊以免枉縱而昭大公起見，當飭警務處、調查室，會同「三民主義青年團」河南支團部、省保安司令部、城防司令部、聯合檢察處及兩調統室，各遴派素諳法律之高級人員會商研訊辦法，每三人編爲一組，共有十二人參加研訊，自六月三日起，分組開始研訊，而後根據研訊結果，由警務處晝夜整理，雖在星期例假，亦照常辦公，進行頗爲迅速，情節較輕微者，隨時准予交保釋放，其中學生楊春雲等三十

三名、記者七名，計四十名，於十三日前交保開釋，而後又開釋三十一名，其餘尚有王長順、張四德等二十一名仍詳加研訊，予以管訓。

此次軍警於「五、二八」及「六、一」兩次行動中，因本府事前剴切詰誡，以及執行人員之嚴密督導，故多能審慎將事，和平進行，始終未傷一人，未肇一事，終將此險惡之風潮順利平息，事後又詳細謹慎研訊，毋枉毋縱，使共黨陰謀奸計未能得逞，亦一幸也。七月二十一日，我以午馬（七月）汴警二代電，將詳細處理經過情形，做成報告書一份，分別呈報國民政府及行政院，頗獲嘉許。

十一月初，又聞共黨陰謀於「世界學生日」擴大全國學潮。本府已奉行政院令飭嚴密防範奸匪行動，爲防患未然計，先於各校分別吸收思想純正之學生充當義務通訊員，秘密監視偵防不法學生：復擬具工作要點，飭所屬及內線學生切取聯繫，加意偵察，嚴密防範，因此在「世界學生日」前後，各校均安靜如常。

按「世界學生日」是民國三十一年（西元一九四二年）「世界學生大會」決定於每年十一月十七日爲「世界學生日」，有三十國學生代表聯合向中、美、英、蘇四國青年致意，並宣言加強團結，爲一有意義的世界學生聯合組織，惜爲中共所利用，與成立之宗旨，大相違背。

第四節　省政措施

我於抗戰期間接掌省政，因此在抗戰勝利之前，主政的方針是宣傳政令、支援抗戰，對於民政各方面，還談不上有何建設；抗戰勝利後，一切在於復員重建，動員戡亂，完成憲政，諸如民政、教育、社會、建設……等等，無不積極著手辦理。茲根據三十五年度及三十六年度兩年之「政績比較表」，舉其要者敘述，以概略明瞭主政之情形。

一　民政方面

一、推行民主政治：

(1)儲訓縣級人材：自三十五年五月起，恢復成立「縣長檢定委員會」，舉行縣長考試，編册候委，以儲備選用。並調訓縣及鄉鎮幹部，以利推行地方自治，奠定憲政基礎。

(2)提高縣政效率：擬定「愼選任用」、「嚴格銓審」、「獎勵廉隅」、「保障久任」、「鼓勵進修」、「厲行考核」、「舉辦工作競賽」、「舉行政會議」等辦法，依照實行。爲整飭吏治，對縣長則厲行考核，派視察人員分赴各縣考查督導，予以獎懲。

(3)充實縣各級機構：自三十五年起，全省實施新縣制，除民政、財政、教育、建設四科外，增設軍事、社會科，社會科因業務需要，增設地政、戶政、田糧股。

(4)選舉監察委員：三十六年十一月，首次完成憲政監委選舉。

二、加強地方自治

(1)成立省、縣參議會：於三十五年四月十日，舉行省參議員選舉，四月廿五日，舉行省參議會成立會議暨第一屆第一次大會，選舉劉積學、張鴻烈爲正副議長。縣參議會成立於三十五年三月，選舉縣參議員，只有永城等十縣，因秩序未復，僅成立臨時參議會。

(2)省設鄉鎮民代表大會：至三十五年底，鄭縣、開封等八十一縣均成立，僅永城、夏邑等十縣，因爲共軍佔領，無法成立。

(3)實施鄉鎮長選舉：由各區署縣依照實施辦法辦理，並調訓各鄉鎮長至省訓團受訓。

(4)編查保甲戶口、舉行保民大會：自三十五年開始編查，除武安等十四縣被共匪盤踞外，其餘九十七縣均已按戶編竣，並召開保民大會。此外即舉辦戶籍登記，製發國民身份證。

(5)推行鄉鎮造產：包括舉辦公耕地、植林畜牧、辦理農田水利、舉辦小型工業、辦理公營事業等。

三、肅清煙毒：

(1)嚴厲查禁：本省受敵僞毒化甚深，故非雷厲風行不爲功，自三十四年底即通飭各縣辦理肅清煙毒工作，限三十五年六月底前辦理煙民施戒，嚴令各縣認眞查禁，實行總檢查及突檢煙戶，厲行各級人員連帶處分，查禁種煙，由各區專員親自查剷，使保甲相戒勿犯，分期派員檢查各縣煙苗及運售情形等等，並厲行具結辦法及縱橫聯保連座法，頗具成效。

(2)擴大宣傳：鼓勵各省縣成立「禁煙協會」，輔助辦理宣傳檢舉施戒救濟；將禁煙事項訂入保甲規約內，以廣宣傳；隆重召開「六三」禁煙紀念宣傳大會，由我親自主持，聘請有關人員演講；並擬定宣傳辦法，使人人皆知禁令森嚴，認識煙毒爲害之烈，以抗戰精神起而拒毒。

(3)充實驗戒設備：增設各縣戒煙所，由縣長兼衛生院董事長，負責籌購所需化驗藥物，由衛生處擬定化驗方法，認眞按月表報驗戒情形，並嚴格考核調驗化驗人員，以免舞弊，考核各級禁政人員成績，限令完成。惜因受共匪竄擾破壞禁政，少數軍人包庇干擾政令，奸民玩法圖利甘犯刑章，以及社會力量發揮不夠等等原因，以致不能澈底肅清，如限完成禁政工作。

四、改善禮俗：

(1)查禁不良習俗：頒發施行內政部「查禁不良風俗辦法」、「宣導民間善良習俗實施辦法」，通令各區專署、各縣政府，遵照切實辦理。查禁項目有「一貫道」、「敵僞功德碑坊」、「敵僞陋習頹風」、「早婚墮胎溺嬰」、「不許房客產婦生子」、「日人遺留神社」、「蓄養婢女」、「纏足陋習」、「信仰邪救」……等等。同時倡導善良禮俗，厲行節約，提倡守時……等，但不可顧此失彼，有所偏廢。

(2)表揚忠烈：於省縣建立忠烈祠，省忠烈祠利用龍亭改建，至三十六年五月修竣，七月七日舉行烈士入祠典禮，計有張自忠等六十六員。縣忠烈祠就各縣公共廟宇改建，計畫三十六年上半年一律建立，仍有二十縣因匪患未能建立。調查烈士事蹟，呈請入祠；另查報合於褒揚條例之德行優異、熱心公益人士，轉請中央或省府褒揚，以及協助抗敵有功人員，呈請內政部頒發匾額，以示褒揚。

(3)改良婚喪制度：先就城市舉辦集團結婚，鄉村婚喪則力求簡單，革除迷信，提倡利用禮金捐辦公益。

五、協助軍事：

(1)協助兵役：我豫省歷年征募壯丁甚多，兵源已枯，各縣均瘡痍滿目，元氣未復。三十五年度奉中央配賦兵額十萬零二千名，數目頗龐大，仍按各縣人口比例配征，由軍管區派員分赴各縣督征，依限辦竣。另五十九師、七十七師在豫東各縣招募五千名，均如數扣抵各該縣配額，於十二月底如數征齊。三十六年度征兵二萬二千名，係補足三十五年度配賦餘額，除以三十五年超征壯丁作抵外，另配九千五百二十三名，雖較上年爲少，但各部隊募兵額爲數最多，共三萬零五十八名，乃報請列抵三十七年度征額，以免困難。對於各部隊招募新兵，均飭各縣協助，惟西安綏靖公署教導第一、二總隊來沙河兩岸招募新兵、收容舊部，在各縣勒派給養，劫掠什物，抓捕民衆，雖經呈報中央轉飭查辦，仍未開回陝西，其軍紀廢弛，實屬病民。

(2)供應軍糧、征購副食馬秣：本省因時被共匪流竄，國軍日有增加，各縣須配撥軍糧，供應副食馬秣，均能加緊撥交，源源補給，免誤軍食，影響作戰。爲免部隊直接下鄉強征勒迫苛擾，令由縣補給分會及補給負責統籌，征集供應。然因部隊發價與市價相差二倍以上，民負日重，迭經本府電請聯勤總司令部迅予改善調整，以減輕民間賠累困難，雖經逐次調整，然因物價遽漲，征發日繁，負擔仍不稍減。此次尚有各部隊欠付副秣價款，亦經本府追請補發。

(3)籌征工事材料：民國三十五年，爲整編第四十師李振清第三十九旅（李運通）增築安陽飛機場附近碉堡工事，經安陽縣政府代征磚五萬四千個（拆卸舊垣）、及木柱、木板、石灰、鐵釘等物，民伕七萬名，未計工資。第六十八師在開封、中牟、陳留、杞縣構築工事。籌征材料數量繁多；另鄭州綏靖公署電飭構築隴海路鄭州至楊集鐵路兩側護路壕及碉堡工事，每碉工費五百萬元，共賠累三億九千五百萬元。三十六年度各縣代征構築工事材料，計有圓木、木板、磚、麻袋、爪釘、鐵釘……等等，數目繁多，然各縣均勉力照數征集供應，不誤軍用。

(4)籌屯戰備副秣：三十六年七月間，共匪劉伯誠部渡河南犯，本府奉第一兵站總監部電，爲適應軍需，囑在開封、蘭封準備馬秣實物一個月，計有谷草、麩料等，另開封、商邱籌屯燃柴、麩料、馬草，以備補濟，以利軍事。

(5)征集車輛健騾，以利軍輸：民國三十六年七月，豫東情勢日急，國軍東進圍剿，補充糧彈，端賴運輸，本府奉令征集膠輪大車一百輛、牛車七百輛，於三日內征齊後，由第三十一集團軍總司令王仲廉派員接收。同時整第四十師由安陽空運開封東進，本府爲便利軍運計，飭開封、陳留兩縣自民間征集健騾共六十頭，以應付緊急運輸，惜未全數放還。

(6)征僱民伕：三十六年十一月，國軍爲圍剿大別山共匪，需征集民伕六千人，協助軍事運輸，本府奉飭令第八（汝南等七縣）、九（潢川等八縣）區各征三千人，限期征齊集中信陽，交由第一分監部接收，各民伕均自帶斗笠、布鞋、草鞋、扁擔、繩索。然因共匪竄擾，交通多阻，征交甚感困難。

由上述情形可以看出我豫省人民，爲了國家，雖在天災兵燹之中，仍毫無保留，支應軍事的具體表現。

二 建設方面

有關建設方面的項目甚多，如農林、水利、公路、電訊……等，與人民生活，關係密切。本府對此，均不遺餘力。

一、農林：

(1)防治蝗蝻：即應用有效方法，撲滅蝗之幼蟲，使不致成災，並將遺留之蝗卵剷除淨盡，成立「治蝗委員會」，協助治蝗事宜，組織治蝗隊，嚴密監視，故三十五年僅十三縣發生蝗蝻，未曾成災；三十六年情況較嚴重，幸防治得宜，竭力捕殺，未釀巨災。

(2)督導植棉：以恢復戰前原有棉田面積，令飭各縣照縣種植。

(3)保護耕牛：嚴禁宰殺，獎勵繁殖，防治牛疫。

(4)提倡家庭畜牧事業：採合作方式貸款農民，繁殖有利之畜禽，舉辦家畜比賽。

(5)提倡廢地種植果樹：於黃河故堤種植果木，可利生產。

(6)督導造林：令飭各縣栽植公私有林，並加強保護管理，以收植林之效。

(7)充實農業改進所機構：恢復舊有場圃，調整各縣農業推廣所，以改進農村事業。

(8)組織黃氾區合作農場：扶助歸耕難民恢復被淹耕地，建立新式農村。

(9)防治病蟲害：由「農業改進所」會同河南大學農學院組成「植物病蟲害防治工作隊」用「谷仁樂生藥粉」、砒酸鋁、砒酸鈣防治病蟲害，頗具成效，灌輸民衆防治常識。

(10)推廣優良棉麥種子。

(11)督導栽桑植柞，改良柞蠶業桑蠶種。

(12)設立獸醫院及獸疫防治隊，及獸疫檢查站，有效防治牲畜死亡。

二、水利：

(1)查勘各縣水利：因限於經費，僅有洛陽、宜陽、鄭縣、許昌、鞏縣、孟津、鄭縣……等十二縣之水利工程查勘完畢。

(2)修復各渠灌漑工程：如魯山縣中和渠、伊川縣永新渠、公興渠、鄧縣湍惠渠（爲本省最大灌漑工程）。

(3)修建魯山民樂渠灌漑工程，南召、南陽白惠渠。

(4)整修開封護城大堤，由中央撥款，至三十六年九月，已完成大部分，使開封可免受黃河水患。

(5)修建沙河堤護坡工程及潁河姚灣堵口工程。

(6)督導民衆辦理小型農田水利渠道、鑿井、浚塘工程等。

三、公路：

(1)修復戰前原有公路工程，如整修洛潼公路、南坪公路各橋樑，惟以工款過少，未能全部完成。

(2)修建各路重要渡口渡船，以維持交通。

(3)整修縣、鄉村道路，此爲推行地方自治方案之重要工作，故令飭各縣按照築路標準辦理。

(4)加強公路養護：設立工務段六處，負責養護橋涵爬河路基等工程，以維行車安全通暢。

(5)整修接收車輛及補充增購車輛，以利交通。

以上爲三十五年度主要工作，三十六年度除繼續上述工作外，尚有爲適應需要臨時整修的工程。

(1)利用救濟物資工賑，整修開（封）許（昌）、開考（城）、信（陽）桐（柏）

、許（昌）南（陽）……等公路，較上年工作進度迅速。
(2)修復開孟（縣）公路工程。
(3)整修綏靖區各重要公路工程，以利綏靖工作。
(4)搶修洛潼公路工程。
(5)分區督修公路，以配合戡亂，便利軍運。

四、電訊：

(1)恢復原有長途電話線，計有汴鄭線、鄭洛線，並整修汴新、鄭許、許漯等線，以利通訊並發展通訊業務。
(2)整修開封市內電話及宛許、鄭洛、蘭考、郾周等線電話線路，對豫南剿匪軍事貢獻甚大。
(3)設置電話分支局共十二處，以便利軍政工商各界通訊。
(4)架設汴封（邱）線路，以聯絡豫北各地通訊。另外即是搶修軍事線路，如許洛宛線、鄭許、許漯線，配合軍事緊急需要。

三　教育方面

教育爲百年大計，從幼稚教育、國民教育、中等教育以至師範教育，每一階段對人格成長都非常重要，不可忽視，尤其在戰亂期間，人民逃難，流離失所，對於正規教育常易脫離，我在主持省政時期，對於教育事業，十分重視。

一、教育行政：

(1)訓練地方教育行政人員；調訓教育科長或督學，由省訓團負責辦理。

(2)調整省立小學暨省立師範附小班次、省立小學一律增爲十二班，汲縣師範附小增設七班。

(3)視察省垣省私立中等學校。

(4)舉辦中小學教員暨社教人員總登記及檢定，以儲備合格教師。

(5)改善縣級教職待遇，比照縣級公務員增加待遇標準支給。

(6)建修省立各校各教育機關房舍，充實圖書儀器設備。

(7)整理各縣教育款產，開源節流，以增加教育基金。

二、中等教育：

(1)增加各省立中學班次，恢復汲縣中學，擴充並改進縣立初級中學。

(2)整理私立中學，重新調整班次，並增加補助費。

(3)增設省立許昌師範、汝南師範學校，恢復並擴充簡易鄉村師範學校……等。
(4)恢復並增設省立職業學校，擴充改進縣立職業學校，獎勵並改進私立職業學校，增加各職業學校班次……等，項目甚多。

三、國民教育：
(1)推行幼稚教育：自三十六年度起，於各省立小學均設幼稚園，各縣亦於中心國民學校、縣師附小設幼稚園。
(2)普設國民學校：每兩鄉鎮設一中心國民學校，兩保設一國民學校，前者注重實質，後者普遍設置，俾廣收學齡兒童與失學民衆，以達普及之目的；並充實國民學校内容。
(3)督飭各縣辦理國民教育師資短期訓練，提高素質。
(4)督導小學教員研究及進修。
(5)增籌國教基金。
(6)補助各縣國教經費，發展國民教育。

四、社會教育：
(1)增設並改進民衆教育館：恢復省立開封民教館、縣立民教館九十六處，增加經費百分之五十，成績優良者予以獎勵，充實内容。
⑵訓練社教人員。
⑶進行補習教育：飭令各縣設立補習學校；恢復並充實省立婦女補習學校，獎助私人設立補習學校。
⑷推進體育衛生教育：恢復體育場，充實各校體育場地，舉行運動會及兒童健康比賽。
⑸倡導並改良戲劇音樂美術教育：禁演傷風敗俗之高台曲，舉行音樂演奏及歌詠比賽，藝術展覽。
⑹推廣電化教育：充實電化教育巡迴工作隊，廣播社教節目，添購電教器材。
⑺推進科學教育：舉行科學表演及講演。

四　社會方面

一、推行社會運動：
⑴舉行各種紀念節日集會，如開國紀念日、革命紀念日、抗戰建國紀念、孔子誕辰紀念、國慶日、禁煙節、勞動節、植樹節……等，且配合各紀念節日舉辦社

會運動，如衛生、新生活、冬令救濟、禁煙運動……等等。三十六年度因剿匪關係，則注重兵役、增產、自衛、慰勞等運動。

(2)推行國民義務勞動：組織義務勞動服務團，參加道路修築、植樹、水利工程、及修築軍用工事和其他公共福利事項。省垣方面爲加強城防安全，示範義務勞動，由我親率各機關公教人員舉行義務勞動，共計三次，修築環城馬路。

(3)推行二五減租：製定「實施二五減租補助辦法」，通飭各縣推行，組織各縣「佃租委員會」，以調處佃租糾紛。

二、辦理賑濟：

(1)請撥臨時救災準備金：預備於各地發生災害，即時施賑救災，如三十五年即運用此款救災，頗得時宜。

(2)請撥發匪、風、水、蟲、雹災賑款，各獲撥五億元。

(3)辦理平糶：以本省連年災歉，食糧缺乏，請撥平糶基金五億元，以便賤買糧食平價出售。

(4)籌發難民寒衣：配合「河南救濟分署」發給難民寒衣，使衆多受災亂之難民，得以蔽體。

(5)設置急賑工作隊：由於豫北情勢緊張，秩序紊亂，人民紛紛南渡，無衣無食，厥狀至慘，乃於鄭州設「急賑工作隊」，專辦緊急救濟事宜。如發放賑款賑品、搭蓋帳棚收容難民，設置茶水站，免費診治疾病等，頗著功效。此外在鄭州、開封設立粥廠，使難民得以就食。

(6)配撥難民賑款救濟費：三十六年春夏，奸匪渡河南犯，難民增多，先後獲中央撥給賑款三十二億，匪旱災歉賑款一百億元，以資救濟，難民受惠頗多。

(7)籌辦以工代賑：舉辦小型工賑麵粉，以之建設地方修路築渠；設立難民工廠，寓救濟於生產；移民就墾各荒地，以作根本救濟等等，賑濟項目繁多，總以達到賑濟災民使得以維生為目的。

三、整飭救濟機構：

(1)恢復省、縣救濟院，加以充實，收容貧民難童，並訓練生活技能，使教養兼施。

四、辦理福利事業：

(1)促進兒童福利：充實省級育幼院，增設育幼機構，設立兒童福利事業協會，舉辦各項兒童福利事業。

⑵推進農工福利：充實省級農工福利社，並籌設各縣農工福利社，舉辦診療所、成人識字班、新聞傳播站、平價食堂……等福利措施及事業。

第十五章　戡亂戰爭㈠

民國三十四年日寇宣佈投降，舉國歡騰，尤以我豫省人民歷經戰亂，對於苦難生活，體驗最深，感受也最切，故戰勝日寇，其狂喜情緒，較之別處尤有過之。然而多數有識之士，卻在認識上犯有極大之錯誤，他們認爲大難已靖，從此可以安享太平，並以爲共匪實力微不足道，絕無能力與我抗衡，若欲將其消滅，乃指顧間之事。

我爲糾正此類錯誤觀念，即在省府所在地之朱陽關，召集河南省軍、政、黨、團以及民意機關首長，舉行「決策」會議，會議中所作之「狀況判斷」及「一般概念」之宣示如下：

㈠狀況判斷：共匪叛亂，爲蘇俄赤化世界之一部，亦即其始終所堅持之「立場」，料將進行到底，永無改變之可能。吾人若能屈之以力，其能稍加修正者，僅爲「方針」與「政策」而已。蓋匪嘗謂：「方針是我的利益，得因時間空間之不同，而爲適切之修正。政策是我在某一階段中，針對所欲獲得的利益，而採取之手段，自可適時適地的依循方針以運用」，基於以上論斷，可知共匪之叛亂，將有加無已。回憶江西剿匪時期，匪僅據有贛東南一隅，及豫、鄂、皖三省邊區之狹小地帶，既無港口，又無陸上國際交通線，可以獲致物資支援，然其尚能吸引我國軍全部兵力之大半於上述地區，並極盡狡詐之能事，使我無法以此絕對優勢兵力，在數年圍剿中，將其消滅，況此際匪軍實力已大非昔比，自更不容吾人稍存輕敵之觀念，或與匪併存之僥倖心理。蓋匪於抗戰開始後，曾向我中央偽裝輸誠，處處利用抗戰之名，乘機「破壞我敵後政權」、「打擊我抗日游擊隊」、「消滅我敵後人民抗日自衛隊」，綜其於抗戰期間，依此陰謀手段，所擴張之暴亂武力，何止千百，且已囊括華北，伸入中原。現我國軍之優先任務，將爲進行全國性要點要線之接收工作，不可能以全力遂行全面之控制，而匪此刻既擁有廣大之人力、物力，復據有由蘇俄獲得無限後勤支援之重要地域，並有可乘之機，其次一行動，我河南必首當其衝，良以河南人口衆多，物質充沛，且爲四戰之地，得之可以增強戰力，而使主客易勢，茲後我省將爲共匪所欲竄據之首要目標，殆無疑議。因之日寇投降以後，將爲吾人更慘痛生活之開始，故必須迅速集中全力，動員全民，爲確保抗勝利成果，加強對匪作戰準備而努力，若欲達成上述任務，必須排除萬難，做到三事，即掌握「人」、掌握「槍」、與掌握「

物」。

㈡一般概念—吾人今後應以「發揮黨、政、軍統合戰力與共匪從事長期鬥爭」爲最高指導之原則，並以下列各項爲當前或稍後之中心工作：⑴當前工作，爲採取步驟接收政權，並改編僞軍，組織宣慰團，兼程前往陷區，撫慰人民，撥發救濟金，並宣傳勿使之受共匪之欺騙，即令各區行政督察專員暨各縣縣長，迅率所屬，進駐縣城行使政權，聯繫投降之日軍與僞軍，飭守戰略要地，等待國軍接收，以及組織民間武力，建碉築寨，固守點線，控制全面，並修復公路、橋樑、涵洞，與通信設備，以利國軍推進。⑵稍後工作，爲對控制區要加強自衛武力，澈底劃分匪民，並確實控制物資，適度統制米糧，對匪我接觸線地區，要實施碉堡政策，加強諜報派遣工作，並建立匪後政治機構，對收復區概如對控制區之作爲。

上述狀況判斷及概念提出後，與會多人，表示懷疑，有責以顧慮過多者；有謂軍人不懂政治，終日渴望戰爭者；亦有認爲可望共匪放棄武裝與之合作者，衆說紛紜，莫衷一是，但仍有少數有見地之人士，則極爲贊同，認爲係當前應注意者。余以職責所在，不容稍事瞻顧，於是決定在維護國家民族最高利益之原則下，依循概念之要旨，督導所屬，勠力以赴，知我罪我，初未計及。

九月二十日，我省政府已經由洛寧，還治開封。當時，匪部陳賡盤據於中條山，劉伯誠盤據於太行山，宋任窮竄據冀南，陳毅竄據魯西，李先念則潛伏於大別山，吳質樸、魏鳳樓等則出沒於河南省境之黃氾區，國軍均集中鐵路沿線監視日寇，從事接收，匪則攻城掠地，肆意滋擾，如豫北沁陽被匪圍攻九十六日，悉用地方團隊固守，因無國軍之援助，終於淪落匪手。

十月以後，匪軍到處蠢動，難民紛向各縣城逃亡，尤以豫北爲甚，當即組成豫西、豫北、豫東及豫南四個宣慰團，分由黨政軍首長、秘書長齊眞如率省府委員等多人擔任，我親任豫西宣慰團團長，同時由各地出發，其任務爲賑濟難民，安撫僞軍及宣揚政令，收有極大效果。十一月間，收編安陽僞皇協軍王自全、程道生、郭清、扈全祿等部爲保安團。在此時際，各縣均能按照釐訂之防匪政策要旨，切實執行。

按自抗戰勝利後，雖然奸匪公開全面倡亂，但我中央政府爲達和平建設的目的，仍欲藉政協和談，以期消弭戰禍，故一再委曲求全，不願正式以武力平亂；詎料共匪包藏禍心，一面僞爲和談，一面部署叛亂。迨至民國三十五年，更變本加厲，擴大叛亂區域，迫使政府不得不對匪進行綏靖，直到民國三十六年七月四日，由於共匪繼續擴大叛亂，毫無悔禍誠意，且於綏靖期間，利用美國赫爾利大使、馬歇爾特使之調停，獲得三次停戰，喘息整補的機會，更得以蔓延擴充，國民政府國務會議遂通過厲行全國總動員戡平共匪叛亂方案，此後直至大陸淪陷，即爲「戡亂時期」，實則早在此之前，我已開始剿共戡亂了。所可惜的是共匪業已滋長壯大，日益猖獗，我方又和戰不定，終致士氣消沈，民心渙散，而遭大陸淪陷之沈痛，令人扼腕歎息！

民國三十五年元月，我先後擬訂「河南省綏靖方案」、「河南省軍政幹部訓練計畫綱要」，及「河南省各縣民衆自衛隊組訓實施辦法」三種，令頒執行。茲將河南省綏靖方案要旨分述如次：

㈠方針：

爲確保抗戰成果，決以綏靖手段，並經由自衛、自治、自養之程序，以達成支援國軍，完成戡亂大業之目的。

㈡要領：

實施軍事管制，加強地方自衛武力之組訓與運用，以支援國軍之作戰，重新整理戶籍，以奠立地方自治之基礎，確實屯儲並統計重要物資，以爲自養之準備。

㈢對控制區：

1.依內線作戰之原則，將自衛武力之部署，隨時形成局部優勢，以保持獨立作戰或支援作戰之主動與機動。

2.依下列方式，澈底劃分匪、民，控制物資，以利清剿工作之進行。

(1)嚴密保甲組織，清查戶口，並舉行五戶聯保切結。

(2)在山岳地區，併村築寨，在平原地區，連村築寨，並依戰術方面之要求，建立中心寨，以爲守護及相互支援之據點。

(3)中心寨，爲堅壁清野，亦即成爲管、教、養、衛之中心，應對其中心範圍以內之居民，依照性別、年齡，分別予以戰時任務之組織，尤須編成有力之守護隊，並時爲必要之演練。

(4)在中心寨內組設合作社，爲地方經濟合作之中心，並將重要物資，如食糧、燃料等，一律屯儲於中心寨內，以防共匪之掠奪。

(5)在中心寨內設置中心國民學校，實施強迫教育，以集中就學適齡兒童，使不因匪亂，影響國民教育。

(6)恢復並擴充中等以上學校，以培育青年，使其不致誤入歧途，被匪利用。

(7)依敵情地形上之需要，得在可能被匪竄擾或山岳地區或邊區，設置「聯防指揮部」，統一其作戰指揮。

(8)所有地方建設，概以適應軍事需要者—如恢復交通、通信等爲主。

(四)對匪我接觸線附近地區：

1. 實施碉堡政策，強化守衛力量，以拘束匪軍之行動，並限制其滲透與擴張。

2. 普遍建立敵後政治機構，實施地下組訓工作。

3. 加強諜報派遣及宣傳工作。

(五)對收復區概如對控制區之措施。

(六)地方武力編組概要：

1. 各縣視其財富之能力與情況需要，於縣自衛總隊之下，編成一至五個大隊不等，以爲策應各鄉村與中心寨之守護，及保衛縣境安全之用。

2. 各專員區亦視其轄區財富之能力與情況之需要，分別編組自衛總隊一至二個，以爲策應及領導所屬各縣武力之需要。

3.各專員區、各縣、各區、鎮邊緣地區，視情況之需要，分別組成「聯防指揮部」，設置專人，負責轄區武力，務使空隙地區，不爲共匪藏匿。

4.所有各地民間武力，除區縣自衛總隊而外，餘則編組爲後備隊，以不脫離生產爲原則，擔任堡寨守護之責，設如情況緊急，則予動員，匪去即行復員，各安其業。

我河南省爲四戰之地，共匪之滋擾，較之別省更爲激烈，我團隊或獨立抵抗，或配合國軍，與共匪大小之戰鬥，何止千百，犧牲之子弟，何止百萬，回憶起來，十分不易，只能將抗戰以後戡亂之較大戰鬥，加以簡略敘述，也算留下一些史料。安陽最後之一戰，雖爲我交卸省主席職務後之事，然因其爲我團隊於大勢已去之後，明知其不可爲而作最後之犧牲，故亦一併記述。

第一節　安陽第一次保衛戰

民國三十四年八月，日寇投降時，國軍遠在黃河以南，我河南省第三行政區督察專員兼保安司令趙質宸（河南涉縣人，北京師範大學畢業），副司令劉樂仙率領所屬團隊，集結在黃河北岸附近地區。由於交通梗阻，無法即時到達安陽，支援接收，經電令第一戰區先遣支隊（即原僞華北皇協軍第一軍李英部）及安陽團隊，協助安陽縣政府辦理接收。

一　成立防衛指揮部

此時，匪太行軍區劉伯誠部乘機將冀南磁縣至石家莊間平漢路沿線地區，強行侵佔並接收，企圖南犯豫北地區。而匪太行軍區獨立旅董又新部附第七軍分區獨立團及其各縣民兵大隊等，已將安陽南北交通阻絕，飛機場亦被匪破壞，安陽城郊，時有戰鬥。

九月三日，我第三區主力排除障礙，自黃河北岸地區，到達安陽，經即決定：

1. 先行驅逐飛機場之匪，並佔領之。
2. 組成機動隊掃蕩城郊附近之匪，並構築堅強工事，鞏固城郊基地。
3. 修復平漢安陽至湯陰段交通。

先後經廿餘日之戰鬥，預定計劃均已逐漸完成，突又接獲匪軍主力由晉境東犯，及冀南之匪，亦一部南移之情報，當即急電第一戰區長官部迅予支援。至十月四日長官部派少將參議陳子堅飛抵安陽，遂作如下之處置：

1.組設防衛指揮部，以陳子堅爲指揮官，我第三區專員兼保安司令趙質宸爲副指揮官，我第三區保安副司令劉樂仙爲參謀長並兼前線指揮官，就現有兵力策定保衛計劃，並即調整部署。

2.安陽、內黃、安陽、臨漳邊區之團隊，儘量集結使用。

3.請長官部迅速空運一個加強團至安陽，機動使用。

4.儲備作戰所需之各種物質。

九月六、七兩日，第一戰區長官部派機空運彈藥三架次，八日開始空運部隊，但僅運到陸軍七十二師之兩個步兵連及火箭炮、重迫擊炮各一個連。八日下午，因匪方以主力竄集於飛機場附近，以致我機無法降落，攻防戰遂同時展開。

此次匪集中太行軍區三個縱隊和獨立團及獨立旅，另有七個縣大隊及民兵，號稱十萬人，實際總兵力約七萬餘人，由太行軍區副司令員張國華指揮。就兵力狀況而言，匪軍人員充足，每一步兵連約一百八十人，裝備較我優勢，其同等兵力之武器，約爲我之兩倍，且兵器較多，彈藥亦充足，兵力超過我之六倍。

我方兵力爲第一戰區挺進軍第七十一支隊劉壽山部四千人，七十三支隊程道生部約二千人，第一戰區先遣支隊李英部約三千人，先遣獨立支隊王自全、郭清部約二千五百人，安陽縣保安團魏振夏部約千人（以上均係地方武裝），陸軍第七十二師一部約五百人，總兵力爲一萬三千餘人。指揮官爲陳子堅、副指揮官趙質宸、參謀長兼前線指揮官劉樂仙。

先是匪太行軍區所屬部隊經我驅逐掃蕩後，均撤退至平漢路以西地區。我七十一支隊於十月七日在安陽城內破獲匪方潛伏情報組一組，獲悉匪軍第一、二、三縱隊於十月五日到達安陽西北之觀台鎮（又稱貫台集，六合溝在其東南）附近，八日竄據平漢路以西之洹河兩岸地區，指揮部設在安陽以西之南固縣村。我軍將防衛指揮部設於安陽城內，前線指揮部附國軍四個連及第七十一支隊之第一、二、三大隊駐安陽城北之飛機場，第七十一支隊之第四、五大隊守備城防，另有：

1. 先遣獨立支隊駐安陽橋及北關，任洹河以北至飛機場間之守備。
2. 先遣支隊駐城西火車站，任車站西側附近據點之守備。
3. 安陽縣保安團駐西關，任平漢路以東及城內地區之守備。
4. 第七十三支隊駐東關，爲總預備隊。

二 匪軍攻機場

十月九日下午一時許，匪第一縱隊以人海戰術向我機場陣地實行攻擊，我守軍第七十一支隊三個大隊憑藉既設陣地堅強抵抗，激戰至三時許，機場西北端陣地被匪突破，支隊長劉壽山親率預備隊與匪展開白刃戰，往復衝殺至六時許，將突入之匪逐出機場，恢復原陣地，雙方傷亡慘重，我支隊長劉壽山面部負重傷。

下午八時許，匪軍向我安陽附近以西、以北、以南各方陣地展開全面攻擊，激戰竟夜，我車站以西各據點被匪摧毀，其餘各陣地尚屹立無恙。

十日七時許，我先敵發動全面攻擊，戰鬥至下午一時許，匪在機場周圍之陣地為我攻佔，車站以西陷匪之各據點亦予恢復。下午六時許，匪復向我各陣地施行攻擊，經一夜激戰，匪陷我各主陣地以外之全部據點。

十一日六時許，我各陣地之預備隊全面出擊，戰鬥至十二時許，機場周圍及安陽橋方面之外圍據點全予收復，車站以西各外圍據點，迄下午一時，仍在國軍控制中，嗣由國軍之火箭及迫炮兩連集中火力予以支援，於二時許亦告恢復。

十一日下午八時許，匪以主力向我機場、安陽橋及車站等三地區猛烈攻擊，並佯攻其他方面各陣地，經戰鬥至十二日凌晨二時許，我外圍各據點，均被匪突破，主陣地亦呈動搖狀態，我乃急命縣保安團退守城防，第七十一支隊原守城部隊全部調至機場歸建，先遣獨立支隊駐北關之一部調安陽橋附近歸建，以總預備隊向車站方面加強，至四時許，已將全軍部署調整完畢，遂即向匪展開全面攻擊，戰鬥至八時許，卒將各原陣地恢復，戰局始告穩定。

十二日下午二時許，匪復以人海戰術向我機場攻擊，戰鬥至六時許，匪又投入新增部隊，併力猛攻，致我外圍據點相繼陷落，嗣即展開主陣地之攻防，我乃將已經多日戰鬥之第七十一支隊所屬不完整各單位調接城防，令縣保安團接替車站附近守備任務，命先遣支隊全部出擊，命總預備隊側擊機場當面之敵，經一夜慘苦之戰鬥，匪軍攻勢為我阻遏。

十三日上午八時起，我戰區長官部派轟炸機一架更番轟炸匪軍陣地及其後方補給線，我國軍之步兵兩個連在火箭炮及重迫炮連支援下，於十三日上午將侵入機場附近之匪予以驅逐，復將機場周圍無法利用之據點予以摧毀。下午又將車站以西各據點侵入之匪予以擊退，交由先遣支隊據守，同時將苦戰五晝夜傷亡慘重之第七十一支隊全部調入城內改為總預備隊，以原任總預備隊之第七十三支隊接替機場之守備任務。

十三日下午七時許，匪軍對我實施鉗攻，一部沿洹河東進，由機場與安陽橋之間直撲北關，一部沿車站南端凹道直撲城西關，企圖切斷我機場、車站、城關三要點間之連絡，爾後將我各個擊破，我守軍奮力抵抗，激戰徹夜，匪未得逞。

十四日晨，我空軍更番轟炸匪軍陣地及其後方設施，整日匪未敢蠢動。入夜七時許，匪復向我全面攻擊，炮火之猛烈，打破六日以來之紀錄，激戰至午夜，匪攻勢漸戢，炮火亦漸稀疏，判斷匪軍可能全面撤退，當令各部迅即爲出擊之準備。十五日凌晨二時許，偵知匪軍補給已於十四日晚八時起開始後撤，其主力於十一時許向西北方向逃遁，我軍於拂曉五時許，向殘餘之匪展開掃蕩，追擊卅餘里，斬獲甚夥，而六晝夜之攻防戰，於焉結束。

作戰後、我守軍部分調動，乃重新調整部署如下：

㈠第七十一支隊（即改編後之區屬保安一、三、四團）進駐城西車站至水治鎮附近之線。

㈡先遣獨立支隊（即改編後之省屬人民自衛第一、三總隊）進駐城北洪河屯至城西大正集之線及臨漳縣黃河口、柳園集間地區。

㈢第七十三支隊（即改編後之區屬保安第二團及省屬人民自衛第二總隊）進駐

城東太保鄉、回隆集及內黃縣楚旺鎮地區。

㈣安陽縣保安團一部擔任城防，一部推駐城南魏家營一帶。

㈤先遣支隊（即偽華北皇協第一軍）奉調開往熱河省。

㈥陸軍第七十二師之四個連，奉令調離安陽，歸還建制。

三　安陽團隊犧牲精神

此次安陽保衛戰，我俘匪官長二百七十員，士兵三千一百三十名，斃傷匪官兵約二萬餘人，獲步槍三千一百零二枝，輕機槍九十二挺，迫擊砲五門，擲彈筒八十具，彈藥甚夥。我陣亡官長五十二員，士兵四百八十三名，負傷官長一百八十一員，士兵三千六百一十九名，失蹤士兵七十五名。

安陽為豫北重鎮，為匪攫取之目標，而此次安陽之得以保持，使民心士氣獲得莫大之鼓勵，太行山地區之匪，因以喪膽，其原因分析檢討如下：

㈠我第三區保安副司令兼前線指揮官劉樂仙，能明察戰機，獨斷專行，如集中力量遂行日間攻擊，使匪既得之戰果無法保持，夜間固守，使匪遭受慘重損傷，此種以攻為守之手段，將匪逐點攻擊緊縮包圍之計劃，粉碎無遺，實為獲得勝利之重要關鍵，而臨時湊合之各部隊，在行動上亦能貫徹指揮官之決定，尤屬難能可貴。

㈡我團隊無重武器，致火力不能發揮至極，而失掉良好之殲敵機會。

㈢各部隊均係臨時編組，訓練及作戰經驗均差，不能完全發揮協同一致之效果，因使戰鬥期間險象時現，且傷亡較多。

㈣情報與反情報工作成功，爲我此次勝利的重要因素。蓋以我於作戰前，破獲匪情報組一組，即利用其通信工具，繼續與匪連絡，供匪以假情報，換取匪軍眞實動態之情報，故能在作戰全期間，對匪軍動態瞭如指掌，而對我軍自身部署與行動之保密，亦甚確實。

㈤我以全力固守機場，原爲獲得空運支援，匪未能在其到達觀台鎭後，迅速發動攻擊，而任我在其到觀台鎭休息三天期間，獲得彈藥及部份國軍之支援，亦爲我獲致勝利之要素。

第二節　水冶鎭之役

水冶鎭位於安陽縣西四十里，爲一大鎭，煤礦產量豐富，尤爲燃料之主要產地，以是共匪對之謀取不遺餘力，我曾與共匪在發生兩次激戰後，終將水冶鎭克復。

一　第一次水冶之役

民國三十四年十月二十三日，我陸軍第三十軍、第四十軍（馬法五）及新編第八軍（胡伯翰）經安陽北上至邯鄲附近遭受挫折後，第四十軍退回安陽整補（李振清接任軍長），並將城西飛機場、車站等防務接替。原任城防守備之安陽縣保安團，調任安陽東關、西關、南關及縣南魏家營之守備。我第三區保安第一、三兩團，任安陽縣西梅元莊至邵村間之守備，第二團任安陽縣東太保附近地區之守備，第四團任湯陰縣以東菜園附近地區之守備。

此時匪安陽縣團及水冶鎭民兵大隊踞安陽縣西之固縣、水冶、㾈水一帶，並積極煽動民衆等組織紅槍會，企圖保衛及擴張僞政權，我方曾利用地方忠貞人士打入匪僞組織，實施策反工作。

民國三十四年十一月下旬，匪僞安陽縣政府積極進行籌備安陽縣西各村紅槍會，並已次第組織完成，展開清算鬥爭，我以時機成熟，爲綏靖地方，統一事權，摧毀此一非法組織，決心進擊水治，令第三區保安副司令劉樂仙率所屬保安第一團劉壽山部、第三團王子均部、及直屬大隊王及人部、共約五千人，部署如下：

1. 第一團之第一營，向駐㾓水附近匪僞水治區民兵大隊攻擊，並殲滅之，其二、三兩營向踞固縣、水冶一帶之匪僞安陽縣府攻擊，相機予以驅逐或殲滅之。

2. 第三團第一營負責搜捕洹河以北，二、三兩營負責搜捕洹河以南各村落之匪幹。

3. 直屬大隊爲預備隊。

4. 第一、三兩團以安陽至林縣之大道爲作戰地境線。

匪方兵力爲僞太行軍區第五軍分區第五團，安陽縣團及水冶區民大隊，共約四千五百人，由馬力指揮，駐水冶鎭，彈藥裝備與我相當，我軍經整訓後，士氣高昂，戰力亦增強。

十二月一日下午五時，我軍各部均完成準備，六時出發，第一團第一營於下午七時半到達㾓水附近，八時許、對匪水冶區民兵大隊完成包圍，團部率二、三兩營在上述同一時間內，推進至固縣村、水冶鎭一帶，第三團亦於八時許，將梅元莊以北洹河兩岸附近各村予以包圍，乃於八時三十分，向匪展開攻擊及搜捕工作。

第一團第一營於二日凌晨一時半左右，將麻水附近匪僞水治區民兵大隊全部殲滅之後，即於二時許進抵水治附近協助第三營向匪側擊；第二營將西曲溝之匪驅逐後，即繼續西進攻擊南固縣之匪，激戰至二日三時許，將該匪擊潰，遂西渡洹河進擊孤莊之匪；團直屬各連及第三營，將北固縣之匪殲滅後，即西渡洹河進攻水治，相持不下，經命第一營加入我右翼，第三團第三營由羊圈附近西渡洹河，加入我左翼之作戰後，至二日五時許，該匪不支，向西南方向潰竄，孤莊之匪，亦於同時向西南方向逃遁。第三團在搜捕工作階段中，僅遭受匪僞輕微抵抗。二日十二時許，圓滿完成任務。我以任務達成，遂於二日午夜前，撤回原防，安陽以西地區遂全爲我控制。

此役我俘匪官長十五人，士兵一百八十一人，區政委一人，村指導員二百五十四人，斃傷匪官兵約千人，鹵獲輕機槍三挺，步槍二百五十支，手槍二百七十支，彈藥甚夥。我陣亡官長五員，士兵三十一名，負傷官長十一員，士兵八十七名。

檢討此次戰役如下：

(一)我能併用武裝力量及策反關係，乘匪僞政權之基層組織尚未穩固前裡應外合，一舉予以摧毀，實爲對匪鬥爭工作之一大勝利。

(二)此次行動，計劃週詳，保密良好，用能出敵意表，迅獲達成任務，惟對水治方面匪軍之戰力估計過低，致使匪之指揮部及主力脫逃，殊屬遺憾。

㈢匪以此次爲紅槍會之「暴動」，極表重視，事後匪共中央曾派遣一個龐大視導團，前來有關地區實施宣慰，並徹查眞相，結果認爲僞安陽縣府運用人民力量之政策發生錯誤，經將僞縣政委何非生撤職查辦，並開除其「黨籍」。

二　第二次水冶之役

自上次水冶戰後，安陽縣西部之廣大地區，已全爲我所控制，詎料匪於三十五年一月十三日，政府頒佈第一次停戰令之前夕，命其太行軍區第一、二、三縱隊，由晉境向東擴張，不獨對我形成包圍，更在我陣地直前地區，組調民衆，建立僞政權，陷我於極端不利之地位，尤復不時製造事端，向我挑戰。

和談形成僵局後，匪太行軍區之一、二、三縱隊回竄山西，由其獨立旅盤踞觀台鎭、固縣村一帶，僞安陽縣團踞縣西三十里曲溝集一帶，並積極加強其地方組織。

三十五年九月間，我省屬人民自衛第三總隊，與第三區人民自衛第二總隊，東渡衛河，收復內黃縣城，省屬人民自衛第二總隊，北渡漳河，收復臨漳縣城。我爲恢復和談前被匪侵佔之安陽以西地區，並佔領有關要點，以鞏固基地計，乃決定揮軍西進，收復水治。

我軍兵力爲國軍第一一六團及第一一七團，地方團隊之第三區人民自衛第一總隊、第三總隊、安陽人民自衛總隊第二、三兩大隊，總兵力共爲一萬二千人，由陸軍整編第四十師第三十九旅副旅長韓鳳儀兼前線指揮官，第三區保安副司令劉樂仙爲副指揮官。

匪方兵力爲太行軍區獨立旅約七千人，太行軍區第五軍分區獨立團、和五十二團及僞安陽縣團共約五千人，總兵力約爲一萬二千人，由獨立旅長黃又新指揮。

十月一日拂曉五時許，我軍區分爲兩路，向安陽西北之觀台鎮，及安陽以西之水治鎮兩方面搜索前進。

第一路以國軍一一六、一一七兩團，及安陽縣人民自衛總隊第二大隊，與觀台聯防主任張月波部組成，兵力約七千人。一一七團任正面攻擊部隊，一一六團爲右翼，安陽縣人民自衛總隊之一個大隊爲左翼，由韓兼指揮官（鳳儀）親自指揮。

第二路以第三區屬第一、二兩總隊，及安陽縣自衛總隊第三大隊，與水治聯防主任蔡維藩部組成，兵力約五千人，區屬第一總隊，任正面攻擊部隊，安陽縣人民自衛總隊之一個大隊爲右翼，區屬第三總隊爲左翼，由劉兼副指揮官（樂仙）負責指揮。

我第一路，由安陽縣城郊向觀台鎮方面進擊，沿途僅遭受輕微抵抗，於一日晚推進至觀台、倫掌以東白澗、郭村至槐樹屯關南北之線。

我第二路，由安陽以西梅元莊、邵村附近，向水冶鎮方面進擊，於一日晨六時許，與曲溝一帶之僞安陽縣團接觸，激戰至十一時三十分，匪軍不支，向西南方面潰竄。

下午一時許，我第二路續向踞守洹河東岸南北固縣、秦家小屯一帶之僞軍分區獨立團進攻，匪軍負隅頑抗，戰況慘烈。四時許，我劉兼副指揮官親至第一線督戰，卒於六時許，將該匪擊潰，我得持有洹河東岸。入夜九時許，匪軍向我猛烈反撲，激戰至二日拂曉，匪未得逞。

二日上午七時許，我軍向洹河西岸之匪，進行攻擊，九時三十分，匪軍不支，向水冶方面潰退，我乘勝直追水冶東北南等三關，再度展開激戰，至下午二時許，匪向水冶以西山區逃竄，我終克復水冶。

我第一路步隊在觀台附近與匪激戰後，於二日午間，收復觀台鎮。

三日、我一、二兩路分別掃蕩觀台、及水冶鎮附近殘匪。四日晨，我第一路由觀台鎮向南掃蕩，第二路由水冶鎮向北掃蕩，午間會師安陽西北之倫掌村。

水冶、觀台間之公路交通，在我一、二兩路部隊掩護下，於十月十五日完全恢復。

此役俘匪官長三人，士兵五十六人，斃傷匪官兵二千餘人，鹵獲輕機槍五挺，步槍一百三十六支，擲彈筒十具。我陣亡官長五員，士兵三十八名，負傷官長十二員，士兵一百五十一名。

檢討此役，我軍各部，在初期戰鬥中，均能按照預定計劃，不惜犧牲，達成任務，致令匪僞喪膽，故第二日續行攻擊時，所受匪軍之抵抗，已較第一日微弱。可惜我第二路部隊，無砲火支援，以致進展遲緩，傷亡較重，並使匪獲有充分時間準備撤退工作，喪失殲匪主力之機會。

第三節　氾東清剿之役

抗戰時期，日寇於佔有我徐州後，繼續西犯。二十七年六月六日，鄭州東北花園口之黃河堤決，洪水橫流——經中牟、尉氏、通許、洧川、鄢陵、扶溝、西華、淮陽、太康、鹿邑等縣流入皖北之淮河，形成一廣大氾濫區域。我國軍當黃氾以西地帶，阻止日寇西進；而黃氾以東各縣縣城及其重要點線，雖爲日寇竄據，但大部面積，均在我抗日游擊隊及民衆抗敵自衛團隊控制中。

民國二十八年以後，共匪爲擴張其叛亂地區，乃命冀南匪軍司令員楊勇、宋任窮等派匪衆南犯黃氾之西部；蘇皖軍區匪司令員張國華派彭雪楓、金少山、張太生等股竄據黃氾之東部，到處摧殘我敵後政權，襲擊我抗日游擊隊及民衆抗敵自衛團隊。民國三十年後，我游擊縱隊司令魏鳳樓變節投匪，隨即進入氾東，以致匪勢益熾。

三十四年八月，日寇投降；九月間，我國軍紛紛前進集結於平漢、隴海兩路附近各縣以及黃河流域各重鎮。是時，匪爲保存實力，乃命楊勇、宋任窮部主力，回竄冀南；張國華部主力，回竄蘇北蕭縣，其殘留於氾區者，僅爲土共金少山、魏鳳樓、張太生、王廣文、王其梅等股，共約二萬餘人，歸僞專員兼司令員毛春霖指揮，以杞縣、太康邊境之龍曲集爲基地，化整爲零，分佈於西華、太康、通許、杞縣、鹿邑、永城、柘城、淮陽等地區，企圖減少目標，一時暴行稍歛。我行政機構，多已恢復，政令大部可以推行。

三十四年冬，國軍北上受降，我游擊部隊西調陜、甘，撥歸國軍，致使此一廣大氾區，形成眞空地帶，匪見有機可乘，乃又集零爲整，積極竄擾。當時我在該區僅有疲憊不堪之民衆自衛隊，無力與匪抗衡，因此我地方基層機構，再度被匪摧毀，而我之所能控制者，只有縣城與較大聚點而已。

三十五年一月十三日，我政府頒佈第一次停戰令，以及同年二月二十二日，軍事調處執行部所頒佈之停戰令規定：「所有部隊，不得再有衝突，並退至一月十三日停戰令頒佈時之防區，或雙向協商調整之防線」。惟共匪目無法紀，置若罔聞；並爲造成既成事實，反以更瘋狂之行動，到處攻城略地，破壞交通，屠戮無辜，製造恐怖，以圖達其控制之目的。

我以爲奸匪暴動之目的，在於徹底顛覆我政府，絕不可能以一紙停戰令即遏止其作亂之陰謀！況大河以北，已被匪囊括，其次一行動，我河南將首當其衝。基於清剿黃氾以東地區之毛春霖、魏鳳樓、金少山、王廣文、張太生、王其梅等股匪，重建我氾東各縣政權之目的，當即作如下之部署：

1. 劃定杞縣、通許及太康以北之龍曲集（共匪基地）地區爲第一清剿區，以第十二區（開封）行政督察專員兼保安司令胡長怡（字翕如，河南陳留人，中央軍校四期畢業）爲指揮官，指揮所屬區縣自衛總（大）隊，並附省廳保安第一、六兩團暨六十八軍之一個步兵營，任該區之清剿。

2. 劃定淮陽、太康及扶溝、西華等縣之黃氾以東地區爲第二清剿區，以第七區

（淮陽）行政督察專員兼保安司令田鎭洲（字維五，河南項城人）爲指揮官，指揮所屬區縣自衛總（大）隊，並附第五行政區（許昌）區屬自衛總隊一及第一行政區（鄭州）自衛總隊、及禹縣自衛大隊任該區之清勦。

3. 劃定永城、夏邑、鹿邑、柘城地區爲第三清勦區，以第二區（商邱）行政督察專員兼保安司令朱紀章（字修亭，河南鹿邑人）爲指揮官，指揮所屬區縣自衛總（大）隊，並附張嵐峰部兩個團任該區之清勦。

上述各清勦區，於三十五年四月一日開始行動，往返追勦，歷二十餘日之戰鬥，斃匪千餘名，其被迫參加匪軍之人員，亦多星散。至此，匪以氾區不能立足，乃於四月二十三日夜間，全部向蘇北蕭縣方面逃竄，我得據有黃氾以東地區。

氾東之匪被我方擊潰東竄後，我即在收復地區從事政權之重建與部署，分別從軍事與行政兩方面著手：

(一)軍事方面：在共匪「老巢」地區形成四個重點：

1. 命省屬保安第二團進駐通許縣城及其以南之邸閣鎭。

2. 命省屬保安第六團進駐崔橋（通許邸閣鎭東南，太康龍曲集西北）。

3. 命十二區自衛第一總隊進駐太康以北之龍曲集。

4.命省屬保安第一團進駐杞縣南之圉鎭，使互爲支援。另命參加汜東剿匪之其他地方團隊，以大（中）隊爲單位化整爲零，分據有關縣城外圍地區建立據點，作面的控制，以掩護我政令之進行，並防止土共之再起。

(二)行政方面：我行政人員，基於團隊清剿之成果，即隨軍深入收復區，並藉部隊之掩護，積極展開政權重建工作，如重建各縣之基層（鄉鎭保甲）組織，推行政令，安撫人民，撫輯流亡，清查匪類，實行連保連坐，設立盤查哨，建立情報網，以及連村築寨等項之進行，均極順利。迄五月下旬，農村漸趨安定，奸匪已無從滋長，行見此一糜爛多年之匪區，頓成平靜安寧之處所，農民陸續還鄉，日夕收割耕耘於田畝間，一若平時，其尤足令人欣慰者，即地方人士對於匪類，始而競相檢舉，繼而協力緝捕，僅第一清剿區於數日之內，因人民之檢舉及協力所捕獲之潛伏匪幹達二百餘人，士兵五百餘名；二、三清剿區之情形，亦大致相若。

所遺憾的是，汜東毗連豫、皖、蘇、魯四省邊境，土匪出沒無常；又以地勢低窪，入秋輒豪雨成災，造成澤國；故此一地區內之居民，已往多建築圍寨，防匪防洪，抗戰期間，此種圍寨，一部因黃氾而沉淪；之後，大部被匪夷平。我認爲黃河堵口後，匪必侵佔此一地區，以爲西進或南進之跳板，便於任其喘息與獲有迴旋之餘地。我當依此種觀念之基礎，決定經由連村築寨之程序，將黃氾區變爲碉寨區，正在積極進行，且已粗具規模中。詎料於六月下旬，匪楊勇、宋任窮率二萬餘人由冀南向南，張國華率魏鳳樓、張太生等股萬餘人由蘇北向西，對氾區發動鉗形攻勢；我方以團隊裝備窳劣，弗勝強敵，在情況危急時，屢向國軍請求支援，在作戰前曾親攜作戰計劃至鄭州面報綏靖主任劉峙核准，於必要時，派遣國軍予以適當之支援，但國軍各部大都忙於整編，表示無暇他顧；以致氾區地方武力，大部被匪擊破，氾區再陷匪手。我政權重建工作，功虧一簣，至爲可惜。

此役所得之經驗與教訓如下：

㈠無力固守之地不可輕於攻略：匪區被我攻略後，所有久罹水深火熱中之人民，必將「簞食瓢漿，以迎王師」，並檢舉或協捕潛匪，助我重建政權；設我對此收復區不予確保，使其重行陷入匪手時，則必令此一地區內之人民被迫流離，或坐待匪僞更大規模之屠殺，爾後人民對國軍將避之惟恐不及，影響軍事進展，至大且鉅。試以本作戰爲例，即可獲致莫大教訓，我痛定思痛，認為今後反攻時，凡無力固守或無意確保之地區，概依秘密工作之手段，從地下滲入控制，絕不宜輕於攻略，以免喪失人民，影響戰力。

(二)國軍對地方團隊，應適時適地給予支援：地方團隊，有若國軍之手足耳目；國軍有若地方團隊之股肱心腹；兩者於遂行作戰任務間，原為一體，否則，國軍將無能形成重點與優勢，以消滅敵之力量；而地方團隊亦無能單獨倖存。在本次作戰中，我軍事當局竟罔顧戰鬥前之協議，並不以「殲敵」而以「整編」為第一優先任務，致令地方團隊功敗垂成，假使國軍當時恪守協議，縱不能擊破犯匪於戰場之外，亦必能消滅犯匪於戰場之中，可不戒懼！

(三)戰時應賦予地方團隊以必要之編制裝備：我國幅員廣袤，交通困難，如欲以有數之國軍運用於可能形成之多數戰場上，勢將無法保持機動與主動，職是之故，我認為唯一可以彌補此一缺陷者，只有運用「民力（地方團隊）」協力作戰。否則，必使敵之主力得以任意集中與從容轉用，亦可使其化整為零之部隊任意鑽隙竄擾，陷我被動。設我參加本作戰之地方團隊具有適當編制裝備，則楊勇、宋任窮、張國華等股匪，在當時狀況下，將絕不敢正視氾東，倘再假以時日，自可重建政權，並憑碉寨政策，以固吾圉。在未來反攻作戰中，如不注意及此，恐仍難確保勝利成果於不墮！

第四節　進剿李先念匪之役

李先念匪部，在抗戰期間，即竄踞大別山，積極擴充其叛亂武力，擁有匪衆約五六萬人，號爲匪之「中原軍區」。三十五年六月七日，我政府爲便於進行和談，乃頒佈第二次停戰命令，詎料李匪先念，竟於六月二十九日，率部由大別山西犯平漢路南段地區，我鄭州陸軍總司令部，爲維護地方秩序，遂調派大軍，分途堵剿，匪被迫經隨縣、棗陽、新野、南陽、鄧縣、鎭平、内鄉、淅川等縣西竄秦嶺，化整爲零，避免戰鬥。

三十五年八月，魯省之陳毅匪部，進犯我隴海路東段，劉匪伯誠，爲策應陳匪之作戰，亦率其匪衆十餘萬，進攻我徐州、開封中間地區。我軍事當局，爲集中兵力進剿該匪計，經將追擊李匪先念之國軍，悉數東調。李匪見有機可乘，復又集零爲整，約二萬人，東竄伏牛山之盧氏、洛寧邊境，到處破壞我行政組織。我以情勢嚴重，當即親往鄭州陸軍總部，請兵進剿，以期安定地方，並維護通向我大西北地區之交通動脈。但以當時各部隊，正在忙於進剿豫北、魯西之匪，無兵可派，旋經再四考慮：(1)伏牛山區為我既設之「併村築寨」、「堅壁清野」地區，若無援軍前往進剿，而僅以當地之民眾武力固守，勢難與匪持久。(2)倘我據點被匪各個擊破，則未來在此一形勢險惡之山區中，遂行清剿工作，將更困難，乃決定分令第十區（洛陽）專員兼保安司令王和璞、第十一區（陝縣）專員兼保安司令李群峨、第五區（許昌）專員兼保安司令吳協唐、第六區（南陽）專員兼保安司令褚懷理（字燮亞，南召人）、及內鄉聯防指揮官劉顧三等，發動各區及縣屬自衛團隊，合力圍剿，其任務之區分如左：

1. 第六行政區抽調南召、鎮平、內鄉、淅川等縣保安團，歸劉指揮官顧三指揮，沿朱陽關（盧氏境）、灤川（廟子至標樹街嵩縣境）之線佈防，堵匪南竄。

2. 第五行政區專員兼保安司令吳協唐，率其區屬保安團並抽調郟縣、寶豐、魯山及臨汝各縣保安團或大隊，擔任摩天嶺、土門、背孜、瓦屋、伊陽上店地區之守備，防匪東竄。

3. 第十行政區專員兼保安司令王和璞，抽調洛陽、伊川、伊陽縣屬保安團及地方民眾自衛隊，由伊陽聯防指揮官王卓峰統一指揮，擔任伊川伊陽以西地區，防匪東竄。

4.第十行政區專員兼保安司令王和璞，除率領該區屬保安團（團長郜尚德），整編三十八軍之一個步兵營，宜陽徐吉生（字兆祥，宜陽張午鄉龐溝村人、由開封省立第一中學考入陸軍混成模範團畢業，和我同學，任爲自衛總隊司令）部外，另由登、密、禹、鞏、偃各縣屬之保安團隊，約二個團（由登封縣保安團長劉光華統一指揮），爲伏牛山東部清剿部隊。

5.第十一行政區專員兼保安司令李群峨（許昌人，中央軍校四期畢業），指揮所屬團隊，爲伏牛山西部清剿部隊。

6.各封鎖及清剿部隊，均於九月下旬，分別佈署或集結完成，清剿部隊，並即開始行動。

李匪先念部，因受我伏牛山西部清剿部隊之壓迫，於九月下旬，由盧氏、洛寧邊境東竄，與我伏牛山東部清剿部隊，遭遇於嵩縣以西之潭頭附近。我軍先敵展開激戰，自拂曉至薄暮，匪復東竄，圍犯嵩縣縣城，我乃追蹤追擊，並分兵取間道佔領嵩縣以西約五十里之任嶺附近要地，與敵激戰竟日。入夜匪又東竄，我遂分路追擊。不料我三十八軍之一個營，在追擊行動中，以過份突出，被匪軍圍困於嵩縣東南約五十里之山林中。翌日午前十許，我徐、郜、劉各路追擊部隊，復將該匪包圍，經我內外夾擊，激戰三日後，匪軍傷亡數千人，我軍傷亡亦大，殘匪不支，突圍南竄背孜、瓦屋地區，爲我第五區封鎖部隊，予以迎擊，匪稍西向回竄，徘徊於魯山、伊陽、嵩縣邊境一帶地區，與我週旋十餘日。

十月中旬，我獲知陳賡匪部，由晉南派隊，佔領黃河南岸狂口附近之橋頭堡多處，並依李先念匪部，在伏牛山區，無法獲得食糧與補給，以及其東竄西竄或南竄，均不可能，諸狀況判斷，李匪勢將率其殘部奪路北竄，我伏牛山東部清剿部隊，當即抽調徐吉生部，前往宜陽嵩縣之東西趙堡附近設伏。

徘徊於魯山、伊陽、嵩縣邊境之匪，於十月下旬，經伊陽、嵩縣間，渡伊水北竄，我伏牛山東路清剿部隊，乃跟蹤尾追，至東西趙堡附近，與我埋伏部隊予以夾擊，激戰兩日夜，匪軍傷亡慘重，殘匪兩千餘，奪路經狂口渡河，向晉南逃竄。

茲將此役檢討如下：

甲、匪方：

㈠裝備簡單，行動迅速飄忽，奸匪每以最簡單之裝備，能於一晝夜間，奔走一百七、八十里之長途距離，幾爲我國軍之三日行程，行動迅速飄忽，使我追剿及防堵部隊，無從捉摸其行止，反而能尋找機會，予我以重大之打擊。

㈡冥頑不靈，至死不悟：伏牛山區，原爲我預設之併村築寨、堅壁清野之地區，人民與物質，早經悉數納入寨內，匪部以無重兵器裝備，未能攻克我任何一城寨，以致食糧斷絕，每以樹皮草根充饑，在此極端困苦情況之下，匪猶能控制其部屬，可以想見其殘忍。即按日爲我追擊，因而脫隊之傷患匪徒，雖爲我所俘虜，仍有寧死不降者。

㈢誤用化整爲零之戰術，因而招致失敗：匪因不能攻克我堅強之城寨，爲避免正面作戰，誤用其慣用之化整爲零戰法，唯以該地區民衆，非爲彼所組織，而不能有所控制，是以多數零匪無從掩護，爲我地方之人民，予以消滅，實爲李匪崩潰之一主要因素。

乙、我方：

㈠士氣旺盛，動作迅捷，不避艱苦。追剿者，跟蹤尾追，防堵者，晝夜堵擊，使匪無喘息重整之機會。

㈡各縣保安團隊，無論其爲防堵與追擊，均能爲其本區縣爭取光榮與名譽，惟恐有失職守，招致莫大之恥辱，因有以上之自尊心理，是以一遇共匪，莫不爭先恐後，努力殺賊，此種奇蹟，實出吾人意表，亦爲奸匪所始料不及。

㈢我地方團隊，對於地形至爲熟悉，無論在追擊或防堵，多能採取捷徑截擊，或預伏要隘襲擊，每能予奸匪重創。

㈣奸匪經月餘之竄擾，終未能攻克任何一據點，使我地方人民，對於城寨之守護，增加無限之自信心，是以爾後奸匪對我據點之攻擊，我人民能以必守之信心，予以堅強之守護，使匪蒙受巨大之傷亡。惜在三十六年夏以後，奸匪獲得重武器裝備，我守護據點，以乏有力國軍之援助，遂爲匪逐個擊破，屠殺居民，慘絕人寰，緣以艱苦固守，使匪徒存有強烈之報復心理，及示威心理，藉以造成社會上普遍之恐怖。

㈤民衆團隊之槍枝，率多窳敗，彈藥缺乏，且種類複雜，口徑不一，難獲適當之補充，多有形成廢槍。

㈥專員王和璞，具有軍事天才，戰地經驗豐富，於進剿前，有綿密詳盡之準備，如(1)權予徵集地方汽車，運用部隊及槍彈，使部隊機動靈活，能始終保持主動，制匪機先。(2)運用地方民衆力量，適時供應擔架、食糧、鞋襪、嚮導等，使進剿部隊，免除行動上之困難，不能有所藉口，遲遲不前。

(3)令各鄉鎮實行封鎖，使少數之士兵，不敢逃散，而作必死之戰鬥。

(七)此次人民團隊，將李先念匪部殲滅後，省府曾根據事實經過，將出力官兵，呈報中央，分別予以褒獎，但始終未獲到我政府之獎敘，以鼓舞民衆剿匪之精神，深以爲憾。

第五節　楚旺鎮之役

民國三十六年二月一日下午九時許，匪僞太行軍區南下縱隊之一個支隊附內黃縣團隊，共約五千人，由南下縱隊司令員王天祥率領，向我內黃縣政府所在地楚旺鎮進犯。

楚旺鎮位於內黃縣西北三十里，安陽縣以東七十里，有衛河流經其東南，爲一大鎮，亦安陽外圍東面戰略要地。

我守備該鎮之內黃縣人民自衛總隊，僅五百人，係由內黃縣還鄉團改編，武器陳舊，彈藥不足，但士氣極爲旺盛，由內黃縣長兼自衛總隊長張隆文率領，仍憑藉既設陣地，堅強抵抗，激戰至二月六日二時許，我外圍據點全部被毀，人員傷亡重大，匪遂迫近楚旺鎮之寨垣外壕，繼續進攻。

二月六日七時許，我派第三區人民自衛第二總隊程國瑄部，由安陽以東之太保馳援，詎料該部於午間進抵衛河西岸時，所有附近沿岸渡口，已先為匪軍封鎖，船隻亦被匪控制，程部無法通過，乃隔河以砲火支援，此時匪已攻入鎮內，正在激烈巷戰中。

巷戰進行至六日下午四時許，我守軍傷亡殆盡，楚旺鎮遂陷入匪手，增援部隊，除留置少數兵力，在運河沿岸監視匪軍行動外，主力撤回原防。

此次楚旺鎮之役，我地方團隊以懸殊之兵力，仍奮勇與匪決戰，斃傷匪軍官兵約千餘人，然經此三晝夜之激戰，我方亦傷亡殆盡，內黃縣長張隆文（伊川人）殉職，自衛總隊副隊長魏振夏以下官兵約五百人，受傷二百餘人，失蹤二百餘人。

檢討此役，由於：(1)我方平時未能注意情報蒐集工作，以致遭匪突擊，全軍覆沒；(2)連絡不確實，以致有關部隊，未能適時增援，陷於無法挽救之地步；(3)對後方交通線，未能確實控制，致援路被匪切斷，形成孤立，而罹覆亡之命運，可知我方對匪之疏忽。

第六節　安陽第二次保衛戰

先是在民國三十六年四月初旬，匪劉伯誠調集分佈冀南、豫北、晉東南地區之兵力，企圖以「圍點打援」的技倆，先對湯陰發動攻勢，再圍攻安陽，控制豫北，而守湯陰的孫殿英部，經二十多天的苦戰，終於在五月一日，城陷被俘，如此安陽即失去一個有力的外圍據點，處於危急的狀態。此時，我省參議會立即選派代表進京，呈請行政院速派兵增援，以解決河南省人民的痛苦，呈文如下：

「院長張（群）鈞鑒：豫省情勢緊急，參議員等奉第三次大會推派來京，籲請數事：

㈠湯陰被圍一月，刻告失守，安陽益形危急，請速派空運部隊增援。

㈡豫東奸匪魏鳳樓、金紹山竄擾氾區，威脅平漢，請速剷除，否則青紗帳起，滋蔓難圖。

㈢晉南平陸、芮城、風陵渡相繼失陷，河防萬急，請派重兵嚴守河防。

㈣豫北逃集安陽難民四十萬，鄭州、洛陽、開封等地逃集難民六十萬，衣食無著，請派谷（正綱）部長（社會部）勘查並發物資款糧救濟。

(五) 集汴鄭洛中小學生教員兩萬餘人，請飭教育部收容。

(六) 豫省團隊均乏彈藥，請飭國防部大量補充。

以上均係緊急，請求懇鈞座鑒核，分飭施行，不勝切禱！

河南省參議會副議長張鴻烈
李　安
牛際飛
曲完善
劉曾若
沈化南
曲重秀
丁漢三
王瘦梅」

不久，匪即以全力進攻安陽，自五月一日起，與我地方團隊在外圍（城東）之太保鄉、（城西）西曲溝、（城東北）崔家橋鎮激戰兩月有餘，終未得逞，而安陽始獲保全，然從此豫北形勢，日趨不利。

一　太保之役

太保鄉位於安陽城東約七十里，在安陽河（舊稱洹河）南岸，爲安陽東部之要點，以及進出冀南、魯西之咽喉。

當時在太保附近地區的地方團隊是程道生、程國瑄兄弟二人領導的省屬人民自衛第二總隊，武力堅強，民心歸向。自抗戰以來，共匪即曾竭盡手段，企圖染指，但始終無法滲入。此外，安陽附近的地方團隊，有安陽東北的王自全、東南的郭清、西北六合溝附近的劉樂仙部，他們都是能征慣戰的部隊，各佔一方，成爲安陽的屏障。

民國三十六年五月一日，共匪以「太行軍區」南下縱隊，及冀南、魯西軍分區獨立旅，與黑、白馬騎兵團，共約五萬餘人，由南下縱隊司令員王天祥率領，兵力超過我之九倍，我方之人民自衛第二總隊及第三區人民自衛總隊僅五千餘人。拂曉、匪以黑、白兩個騎兵團，向我太保外圍各村據點進攻，激戰竟日，我軍陣地無變化。至晚九時許，匪復以步兵圍攻，經一夜之戰鬥，仍未得逞。

二日拂曉開始，匪又以騎兵環攻，入夜，仍以步兵輪替圍攻，經上述三日夜激烈爭奪戰鬥後，我外圍據點，相繼失守，傷亡慘重。

四日拂曉，我軍展開全面反擊戰，至薄暮，遂將太保外圍各據點，全部恢復。惟以工事被匪破壞，無法防守，入夜又撤回主陣地，晚九時許，匪又激夜向我主陣地進犯未逞。

五日上午七時許，我軍再度出擊，激戰至十二時許，遭匪騎兵衝擊，我軍傷亡慘重，匪又陷我外圍各據點，並續向我主陣地轟擊，至午後六時許，我寨外陣地，大部被匪破壞，匪復利用煙幕彈，掩護其步兵進攻，激戰至七日凌晨二時許，我主陣地西北端，及東端、南端先後被匪突破，我部隊長程道生、程國瑄親自督飭，巷戰至四時許，二程均壯烈成仁，混戰至六時，我一部突圍，匪遂陷太保。

此役，我斃傷匪官兵六千餘人，陣亡總隊長程道生、程國瑄，副總隊長薛鳳文等以下官兵二千餘人，受傷千餘人，另有六百三十餘人突圍轉進至安陽附近，失蹤五百餘人。

檢討此次之所以遭受重失利，主要有下列幾點原因：

㈠部隊在平時訓練中，未能注意對騎兵作戰之戰法，以致戰鬥初期，即因匪騎兵之衝擊，而遭受損害，士氣亦因而沮喪。

㈡我無重武器支援，無法制壓匪軍之砲火，陣地工事欠堅強，而主陣地與外圍據點間，又未設置地下交通壕，以致連絡及增援，均感困難。

㈢我守軍事先未能採取主動，而駐守安陽國軍，亦未能予以支援，當爲此次失利之主因。

㈣匪指揮官王天祥，在抗日期間之僞皇協軍時期，曾任二程所部之「軍長」，對二程個性才能與部隊戰鬥能力，知之甚詳，此尤爲這次失利之最大因素。

二　西曲溝之役

太保陷落後，我判定匪軍有進犯安陽縣城，並先擊破我外圍據點之企圖。我爲確保安陽要地，決對安陽東北臨漳境內漳河南岸之柳園集，安陽西北岸漳河南岸之觀台鎮，及安陽以西之水冶鎮等外圍據點放棄，集中兵力於安陽城郊附近，待機殲敵，另以一部兵力，留置於安陽以西洹河東岸之西曲溝，及安陽東北之崔家橋，監視匪軍行動。

民國三十六年五月二十一日，匪太行軍區參謀長李達，指揮第一、二、三縱隊，及獨立旅等共約五萬餘人，竄抵水冶、觀台鎮附近；二十二日，第一縱隊竄至安陽西北洹河北岸之大正集（西曲溝東北）以北地區。是日晚，第三縱隊竄至安陽西曲溝東南五里之流寺一帶，切斷安陽與西曲溝間我軍之連絡線。晚九時許，第二縱隊宋任窮部竄抵西曲溝附近，激戰整夜，匪未得逞。

西曲溝在安陽以西曲溝鎮之北五里，守軍爲我第三區人民自衛第一總隊、第三總隊，騎兵分隊及安陽縣人民自衛總隊第三大隊、水冶聯防自衛隊，皆由抗日游擊部隊改編，共約四千人，裝備尚佳，對匪之作戰經驗亦豐富，士氣高昂，由第三區保安副司令劉樂仙指揮。

二十三日八時許，我第三區人民自衛第一總隊副總隊長孟昭彥，率部向西曲溝周圍之匪反擊，往復衝殺竟日，將匪逐出五里以外，於下午五時許，退回原陣地。匪於晚八時許，復向我西曲溝陣地進犯，並向我陣地挖掘坑道五道，激戰至二十四日六時許，我陣地仍安然無恙。

二十四日七時許，我軍以主力向西曲溝周圍之匪再度反擊，並將匪軍挖掘之坑道全部填平，至午夜二時許，退回原陣地。在此同時，我駐安陽城郊之陸軍整編第四十師第三十九旅副旅長韓鳳儀，率步兵兩營，戰防砲兩連，及安陽縣自衛總隊副總隊長劉壽山，率兩個大隊，於上午九時許，分向踞守梁村（流寺以北）、流寺匪之第三縱隊進襲，又解西曲溝之圍，激戰至午後五時許，未達成任務，撤回原防。

二十四日下午七時許，匪又向我西曲溝附近陣地進犯，並續掘坑道，激戰至二十五日凌晨一時許，我守備曲溝集（西曲溝東南）之第三總隊第三大隊長李金生陣亡。當命第一總隊第一大隊長陳培禮，率部前往增援，中途遭匪阻擊，陳亦負傷，但所部仍能排除萬難，於四時許進抵曲溝集附近。是時該村大部被匪竄據，遂令李、陳兩部退回西曲溝，中途復陷重圍，經第一總隊副總長孟昭彥，率隊解圍，並乘機向匪掃蕩，將匪所掘之坑道復予填平，二十五日十二時許，均撤回西曲溝陣地。

二十五日七時許，整四十師三十九旅韓副旅長，率步兵四個營，戰防砲四個連，安陽自衛總隊劉副總隊長，率四個大隊分兩路向梁村、流寺之匪進擊，激戰至十二時許，將匪驅逐。旋匪向我圍攻，我以衆寡懸殊，撤回原防。下午九時許，匪集中砲火，向我西曲溝進犯，激戰至二十六日凌晨一時許，我陣地西南隅被匪突破，經我第三總隊長王子均，率預備隊馳往堵擊，往復衝殺至三時許，卒將突入之匪，全部殲滅，恢復原陣地。

二十六日拂曉，奉命撤守，我劉副司令，即於七時許親率預備隊出擊，戰至午後三時許，將匪逐出我陣地以外約三里，並將匪之坑道悉予填平後返防。下午六時許，又命全部守軍，一律輕裝分三路出擊，激戰至七時許，發現當面之敵，陷於混亂狀態，乃放棄西曲溝，令我各部迅速脫離戰場，向安陽西北城郊海園莊轉進，各路於十一時前先後到達目的地。

此役計斃傷匪官兵五千餘人，俘匪官兵四百七十一人，鹵獲輕重機槍二十五挺，及步槍四百一十八枝。我陣亡官兵二百五十三人，負傷三百九十一人，失蹤一百八十五人，遺失步槍二百一十九枝，迫擊砲四門。

檢討此役我軍面對超我十一倍兵力之匪，以戰術運用靈活，行動正確，工事堅強，官兵用命，固為此次戰鬥之特色，而在陷入重重包圍（包圍圈縱深達十六里）之狀況下，能順利脫離戰場，突圍轉進，而無重大損失，主要因素為：

1. 劉樂仙指揮卓越；有出敵意表之決心與處置。
2. 部隊訓練有素，命令貫徹：此次參戰部隊，自抗戰開始後十餘年來，始終由劉樂仙統率。
3. 士氣旺盛：此次參戰部隊政治警覺性甚高，而在對日對匪之若干戰鬥中，從未遭受挫折。所惜者，我軍無重武器，否則當可予匪以更大之打擊。

三　安陽城郊及崔家橋之役

自三十六年五月七日太保失守，二十六日，放棄西曲溝，安陽縣城遂陷於孤立，而附近匪之野戰軍，竟達七個縱隊以上，並攜其在淇縣附近繳獲我整編第三師第四十九旅旅長李守正旅（當時李部由新鄉方面進解湯陰之圍，中途被匪解決）全部美械裝備，積極圖我，自六月十一日起，開始向安陽城郊及其東北五十里之崔家橋進犯。當此緊急之時，我河南各民間團體、民意機構多紛紛上電中樞請求救援。河南旅滬同鄉會上行政院之電文如下：

「……吾豫不幸，災禍頻繁，抗戰時期，損失綦巨；勝利以還，處境尤艱。自共匪發動攻勢以來，大舉竄擾，殘暴不仁，生靈塗炭，腹心之患，實繫安危。吾旅滬同鄉緬念及此，心爲之惻，敬陳數端，至祈明察：

一、豫北危急，豫東吃緊，豫西河防頻危，請速派軍援救。

二、逃亡汴鄭鞏洛一帶難民一百五十萬，衣食無著，立成餓殍，請速撥鉅款救濟。

三、汴鄭逃亡學生教員兩萬二千餘人，無以爲生，請儘量救濟，並飭青年輔導處，廣事收容。

以上三項均係當務之急，伏懇採納，立付實施，則國家幸甚，豫民幸甚。謹掬至誠，臨電惶悚，曷勝迫切待命之至。河南旅滬同鄉會。」

上海交通、滬江、大夏、震旦、東吳大學等校河南同學會，亦於五月二十九日以快郵代電，呈請行政院迅速援助安陽，電文如下：

「……我們迫切地爲正掙扎在死亡線上的一百五十萬豫北災民請命。自三月底共軍發動豫北攻勢以來，劉伯誠部四出竄擾，雖幾經國軍打擊，匪燄高張如故。五月一日，湯陰陷落，延津失而復得，共軍乘機北犯，安陽東北之崔家橋已陷於孤立無援狀態。安陽爲豫北門户，軍事重鎮，交通要點，聯繫南北，若安陽不守，則新鄉危殆，不但中原陷於不可挽救之頹勢，即華北全戰局亦將大受影響，爲國家計，爲河南計，援救安陽，刻不容緩，時機危急，不甘緘默，坐視安陽四十萬人陷於絕境，用敢籲請火速增援安陽，以解倒懸，安陽孤城，守軍極少，城內外難民麕集達七十萬，糧食恐慌已臻無法維持之境地，新鄉難民約三十萬人，泰半來自濬縣、滑縣及內鄉等地；開封二十萬人，泰半來自封邱、陽武及延津等地；鄭州有三十萬人，大多來自武陟、修武及獲嘉等地，少衣缺食，顛沛流離，厥狀至慘，故目前當務之急，無過於增援安陽與救濟難民更爲迫切也。安陽城內有中小學二十餘所，學生三萬餘人，其他各縣未及逃出的學生亦不在少數。學生爲國家的命脈，建國的中堅，應速搶救，庶免不幸。遙瞻豫北，緬念哀鴻，痛心疾首，曷勝慘然，用掬肺腑之誠，作將伯之呼，籲請下列三點：

㈠從速增援大軍，以解安陽危局。

㈡空運糧食彈藥，以濟被困軍民。

㈢搶救青年學生及兒童，以保國家元氣。

六月一日，安陽縣議長張天驥（字尚德，安陽西鄉人，與王幼僑係表兄弟），縣長秦霆宇（字紫宣，陝縣人）亦以急電轉請行政院速派兵救援：

「京行政院長張密：㈠連日航運未送顆粒，團隊難民以食糧中斷，形成瓦解至不可收拾。㈡安陽此次被圍六十餘日，驥等竭盡心力，堅苦撐持，不失敗於軍事而崩潰於糧食，千古痛心，孰逾於此？㈢請速派大批飛機空運食糧，接濟此危局。㈣孤城危急，已到最後關頭，已置生死於度外，請速增派援軍北上解圍，若再遲遲，湯陰前途可爲殷鑑。時勢急迫，五內如焚，南望雲天，血淚交頣，臨電不勝惶悚，急切待命之至。安陽縣議長張天騤、縣長秦霆宇叩。己冬午。河南全省保安司令部轉印。」

按此時保安司令部電台總台長蔣輝龍，是湖南慈利人，軍校十六期畢業，曾任我第十四集團軍參謀處第一科中尉參謀。

六月十一日午後九時許，匪太行軍區劉伯誠部第一、二、三、四、五、六、七等七個縱隊，獨立旅及軍分區獨立團五個團，共約二十四萬人，向我安陽城進犯。這時守安陽城的是陸軍整編第四十師（欠一個旅）及省區縣自衛總隊、鄉鎮自衛隊，共約五萬人，由整四十師師長李振清（字仙洲，山東清平人）指揮。

匪先以第一、二、三縱隊向安陽城郊以西以北之陣地進犯，第四、五、六縱隊向我安陽城郊以南以東之陣地進犯，第七縱隊及獨立旅向安陽東北之崔家橋外圍據點進犯，戰鬥至十二日晨六時許，匪軍攻勢始停止。

十二日上午七時許，我分四路出擊，三路向匪陣地進襲，一路向崔家橋方面進擊，激戰至午後二時許，將當面之匪擊退約三里，安陽至崔家橋間交通線，亦已恢復。晚七時許，匪又向我全面陣地進犯，激戰至十三日六時許，匪攻擊停止，我各陣地仍無變化。

十三日上午七時許，我仍分四路出擊，激戰至十時許，將安陽至崔家橋之線打通，餘無進展。晚八時許，匪復向我進犯，戰鬥至十四日晨五時許，我湯陰縣自衛總隊所守備之據點—安陽城西南郭村—有兩處被匪攻陷，其他各陣地無恙。

十四日上午七時許，我空軍派飛機三架，將匪陣地予以摧毀，守軍乘勢出擊，至午後二時，當面之匪，被我逐出陣地前約七里，並將郭村之陣地恢復，斬獲甚夥。晚九時許，匪又向我全面進犯，並在我各突出據點前，各挖掘三至五條坑道，企圖利用坑道掩護，突破我防禦陣地體系，戰鬥至十五日拂曉，匪軍停止攻擊，我郭村據點，復被匪攻陷，餘無變化。

十五日上午七時許，我在空軍支援下，向匪反擊，經將當面之匪，逐出約三里，並將郭村據點克復，匪之坑道填平，而後匪我雙方日夜戰鬥，相互爭奪，進行至六月三十日，我各陣地仍屹立無恙。

七月一日上午七時許，匪集中砲火向我崔家橋據點進犯，至午後六時許，我軍傷亡慘重，突圍轉進，至翌晨五時許抵達安陽北關之下北關，集結整理。

七月三日至十日期間，匪軍日間集中砲火，向我陣地之一點或數點，實施轟擊，阻我出擊。夜間則集中兵力，向我陣地中工事被摧毀部份猛衝，先後陷我安陽城北隅之司空村紡織廠及南關、北關各一部，與北城垣以外之各較小據點，情勢危急。

十一日舉行作戰檢討會報，決定利用火車站庫存器材，趕築環城鐵路兩條，以枕木圍置於列車之上，裝成活動堡壘，集中各式砲及重機槍於此種堡壘中，日間游動轟擊匪陣地，摧毀其工事，便利我軍反擊，夜間依標定之距離，繼續發揮高度火力，阻遏匪軍進犯。在上項準備未完成前之十一日至十四日，晝夜爭奪戰中，我軍犧牲極大。

七月十五日起，我軍利用環城鐵路與活動堡壘，向匪反擊，匪損失重大，攻勢頓挫，其各陣地並被迫後撤。

自十七日至十九日夜間，匪雖仍向我陣地進犯，但其攻擊能力較稍減，嗣經發覺匪軍由地下對準我各據點，挖掘隧道，向我陣地接近，當命各守備部隊，各組成勘察隊，專責勘察來犯方向及偵聽地下音響，並相對密掘隧道，殆挖通時，即以輕重機槍，由隧道向匪猛射，另將薰煙物體燃著，以風扇煽向匪方，匪傷亡慘重，迄未得逞。

如此詭幻之慘烈戰鬥，進行至二十五日，匪不支向東南方向大名、濮陽逃竄。此役前後歷時四十五晝夜之保衛戰，始告結束。

此役斃傷匪官兵在五萬以上，俘匪官兵一千二百零三人，獲輕重機槍一百二十八挺，步槍八百五十四枝。我陣亡官兵三千一百五十六人，負傷官兵六千八百九十一人，失蹤一百三十一人。

安陽保衛戰之所以能維持許久，達一個月半，檢討原因可有下列四點：

㈠匪先企圖襲取黃河鐵橋，切斷平漢路交通未逞，繼犯汲縣受挫，乃北向下淇縣、湯陰，併力圍攻安陽，謀我要地，賴我指揮官意志堅定，將士用命，國軍與團隊以及軍民之間合作無間，將其擊退。

㈡匪圖安陽之動機，除戰略意義而外，似原以爲我軍各部，均係就地補給，在春季收割前，予我久困，必可輕取。但我省政府以法幣七十二億元之經費，在空軍當局合作，實施空投食糧之行動下，將匪之陰謀全部粉碎，此乃致勝之主因。

㈢省區縣地方自衛團隊所守備之據點，始終未爲匪軍攻陷，乃此次保衛戰中之最大特色，懷疑團隊戰鬥力之觀念，因以獲得澄清。

㈣冀、魯、晉、豫四省邊區之難民，集安陽城郊者，達二十餘萬，彼等在忍受飢餓之情形下，仍能守法治，重秩序，與地方政府及軍隊通力合作，對守軍士氣之鼓舞極大。

第十六章　戡亂戰爭（二）

第一節　豫西南地區之役

自黃河堵口工程完成後，使黃氾天塹撤除，共匪主力如劉伯誠、陳毅、陳賡等部，即得以從容奔馳於中原地區！時而互相策應，到處竄擾；時而集中優勢兵力，圖我要點要域，並打擊我有生力量。至三十六年八月上旬，劉伯誠部復由魯西突圍南竄，經豫東、豫南於同月杪竄抵豫、鄂、皖邊區地帶；八月下旬，陳賡部由晉南渡河，流竄於豫、陝邊區各地，企圖策應劉伯誠部之作戰，九月中旬竄入伏牛山區，喘息整補；九月上旬，陳毅為加強陳賡部之竄擾與挽救劉伯誠部之頹勢，由蘇、魯邊區西南竄，下旬竄抵黃氾區加入中原戰團。

一　武庭麟被俘不屈

民國三十六年春，中央進行國軍整編，第十五軍縮為「整編第十五師」，將原有之第六十四、六十五兩師合併為「整編第六十四旅」，以原六十四師師長劉獻捷改任旅長，且已調至豫東黃氾區對匪作戰，而另撥編配屬之整編第一三五旅，係廣東部隊，整編後即自湖州調往陝西韓城、郃陽一帶，隸胡宗南節制，始終未納入建制，以致該十五師師長武庭麟，僅掌握原十五軍之直屬部隊特務營，駐紮在盧氏縣西南三十里龍駒寨。是年秋，共匪陳毅、劉伯承、陳賡紛自魯西、豫北、晉南，渡河南犯，適武庭麟自龍駒寨返鄉探親，正是晉南匪軍集結欲渡之時，見豫西地區幾無守軍，情勢危急，電告時任陸軍總司令兼鄭州指揮所主任顧祝同，建議速調軍隊防守，顧答無兵可調。武庭麟便來開封見我，而顧祝同已來電與我商量，命武出任豫西警備司令，負責防堵晉南渡河之匪。我知道武庭麟此時身邊無一兵一卒，怎能擔任此一緊急之重大任務？即以此代為婉辭，顧卻說：「此乃極峰之意，相信武師長自有辦法。」蓋以武係地方人，較好辦事，況有去年伏牛山發動地方團隊擊破八萬匪軍之事實證明，於是我請調派國軍，顧仍言無兵可調。最後請將該十五師調齊，而以抽調不出為詞未允，祇好請准調回六十四旅，但該旅未即行動，而形勢已急，武庭麟受命於危難之際，隻身赴洛陽，籌辦豫西警備事宜，眞是為了鄉邦，義不容辭。武氏至洛陽，急與地方官員、民意代表、及各縣士紳會商，共謀自救自保之策，經決定立即動員民衆，組訓民團，集中洛陽，統一指揮。八月底，先集合民兵二十中隊，尚未開始訓練，而共匪渡河，勢如潮湧。當時駐洛陽西工營區之青年軍二〇六師師長蕭勁（湖南臨澧人，黃埔軍校三期步兵科畢業），拒與協同作戰，以致此二十中隊之民兵開往狂口堵禦，激戰一晝夜，全部犧牲，正好我六十四旅第一九〇團（李文珪）趕到洛陽，急往西北橫水鎮（在孟津縣西，接新安縣界）迎戰，方抵鎮內，匪軍即至，遂遭重重包圍，我軍堅守拼戰十五晝夜，犧牲雖重，毫未動搖，匪久攻不下，棄而南走，轉以西向，洛陽之危遂解。

當橫水鎮鏖戰之時，洛陽空虛，我既向顧祝同求兵不得，乃以公私情誼致電西安（胡宗南）、武漢（程潛）、老河口各軍事當局請求救兵，均無回應，我為大局計，逕自直接電呈軍事委員會蔣委員長，申述情勢嚴重，請派國軍支援的意見，結果回電嚴斥，有「汝目前負豫省政治責任，軍事方面中央自有安排，勿庸越俎」之語。其後局勢日非，我日夜焦思，不得已再電中央分析利害，請速派國軍三師增援豫西，挽救危局，否則豫西一失，必致全局逆轉。旋接覆電，又被嚴厲申斥一頓，說「汝現身負政治責任，爲何一再過問軍事，是否別具用心？」眞令我痛心！後來我辭卸豫省主席後，晉京謁見時，面述此事，蔣先生爲之駭然，再三說道：「不知有此事」，而嗟歎不已，其痛心疾首溢於言表。

橫水戰後，我一九〇團損失過半，我請准顧祝同將我六十四旅之一九一團（楊拂蘆）由黃氾區兼程趕赴洛陽。駐紮未定，忽有新任第五兵團司令官李鐵軍（廣東梅縣人，黃埔軍校一期第六隊畢業）於十月一日由西安經鄭州飛來洛陽，謂十五師已畫歸其指揮，命武庭麟立即率部沿鐵路線西進，指因共匪主力於橫水鎮之戰，攻堅受挫，轉而西向，潼關吃緊緣故。時我一九〇團方經橫水之役尚未整補，兵力太薄，一九一團新到，洛陽守備亦須安排，武以此相告，李毫不考慮，只催出發，言及行軍路線，以敵兵力衆多，必有縱深配備，沿鐵路行進太過暴露，不如沿南山或北山行進爲好。詎料李聞言大怒，吼曰：「你怕打仗麼？這是蔣委員長的命令！」既爲統帥命令，只得遵從，行至中途，果遭敵襲，經激戰衝過敵陣，抵新安獲知其西確有匪軍六旅之衆，電告李鐵軍，李云：「我的情報是陝州以東無敵蹤，請放心西進前往陝州，這是蔣委員長的命令。」武師長告以：「孤軍深入爲兵家大忌，司令可接應否？」李答：「有的是後援部隊，你放心前進吧！」武庭麟繼續引兵於二日前進三十里至鐵門鎮，即遭共匪六旅之衆團團圍困，電李請援，回答「無兵可援，你自行突圍吧！」如是反覆衝擊奮戰十五次，方出重圍，一九一團官兵幾乎全部犧牲，一九〇團合師部人員所餘不過五百人，趁夜衝至七十里外之宜陽，始得喘息。三日、顧祝同曾以無線電話與武師長聯繫慰問，謂此次西進之辛勞與貢獻，已使潼關危急得以解除，並請對李鐵軍失當之處勿介於懷。同時爲示安撫，主動提出可將十五師殘部調開封整補，遂將一九〇團（李文珪）所餘數百人運來省城進行裝備補充。當時宜陽已四面皆敵，武師長乃率師部人員及宜陽團隊移駐郟縣，未數日，顧祝同電云「共匪南犯，命武庭麟守臨汝」。我即電告「武部新受重創，目前兵不成千，且多傷病，已無戰力，承允整補，尚待撥兵撥械，希能優先進行。顧稱「現在無兵可撥補，以武師長在地方聲望，只要他能坐鎮臨汝，必可達成阻匪南犯之任務。事急，莫違命令。」我知已無理可講，急調車輛，將一九〇團之數百人略予械彈補充，急運郟縣交武庭麟帶至臨汝坐鎮，部署未定，匪軍以一萬餘人於十月三十一日清晨湧至，賴汝、魯、寶三縣團隊集中臨汝應戰，但敵衆我寡，火力懸殊，且匪以人海戰術挾鄉民爲前驅，大爲影響民團士氣，守至翌日，各據點一一陷落，顧祝同始令仍退郟縣。十一月一日晚退至郟縣時，大批匪軍跟蹤包圍，團隊已無，僅數百殘軍艱苦支撐與匪決戰，夜十時，顧祝同仍電令固守待援。三日，顧命之援軍李鐵軍率第三師（李楚瀛）已來至郟縣西北十五里處頓兵不前。李楚瀛大惑不解，詢之：「既是馳援解圍，爲何至此不進？彼等已危，怎忍見死不救

?」李鐵軍答云：「上峰說他能戰，說我們飯桶，現在要看看他還有什麼能耐！」遂作壁上觀。嗣李楚瀛於兵敗後，至鄭州親訪武庭麟家屬面告李鐵軍之「如此可惡，缺乏軍人高尚武德品質。」三日午夜，匪軍見援軍不進，乃猛攻郟縣城，至四日晨八時許，城垣被匪砲轟開，繼之巷戰，李文珪團長等陣亡，武庭麟率餘兵固守於高等小學，卒被匪炮轟塌房屋，至下午四時，餘兵戰死，武師長亦彈盡重傷，於昏厥中被俘不屈。後於四十一年十二月十一日在洛陽西門外周公祠廣場遇害，享年六十歲。李鐵軍乘薄暮引兵遁返洛陽，一月後，洛陽亦不守，其所指揮之第三師亦覆没於遂平縣祝王寨，臨陣逃去，不知斷送了幾多國軍？

時六十四旅旅長劉獻捷適在開封接兵，繼任師長，即於汴鄭兩地設站收容歸來官兵，集結開封南關外演武廳營房，聽命國防部點編。嗣於三十七年四月一日奉部令改調編爲河南省保安第七（席彤超）、八（曲錚）、九（呂維中）、十（武良梓）等四團，分由保安第一（袁行廙）、二（李文定）兩旅指揮，協助境內安民勦匪。獻捷嗣以目疾赴美國就醫，而整編第十五師番號則畫歸南陽綏靖區司令官王凌雲之戰鬥序列，此一歷經北伐、討逆、剿匪、抗日、戡亂之百戰雄師於焉告終。

二 宛屬團隊力挫共軍

民國三十六年九月間，我綜合有關情況，判斷匪軍有進窺宛西，消滅我宛西團隊，摧毀我宛西地方組織，以打通潼關、武漢間中間走廊，竄擾我豫省西北、西南大後方之企圖，當經呈准特派宛西地方領袖陳舜德爲豫西南（包括河南第五區之魯山、第六區之葉縣、方城、泌陽、桐柏、唐河、舞陽、南陽、南召、鎮平、內鄉、淅川、鄧縣、新野，第十一區之盧氏，陝西之商南，湖北之均縣等十七縣）地區剿匪指揮官，指揮轄區地方團隊，迎擊來犯之匪。陳指揮官於奉命後，即進駐南陽設置指揮部，並作如下之部署：

1. 令鎮平團隊指揮官王金聲率兩個團進駐方城，並指揮泌陽、方城、葉縣、魯山各縣團隊，負責該地區要點之守備。

2. 抽調內鄉四個團，鎮平兩個團，淅川三個團，鄧縣一個團，共十個團兵力，另附有關地區團隊，歸內鄉團隊指揮官薛炳靈指揮，負責守備伏牛山南麓——南召亘盧氏以南朱陽關東西線，指揮所設西峽口。

3. 令鄧縣團隊指揮官丁叔恒，率一個團進駐新野，並指揮唐河、桐柏、舞陽各縣團隊，負責該地區要點之守備。

4.令淅川團隊副指揮官任泰昇，率兩個團進駐荊紫關，負責商南、均縣間要隘之守備，並督導該地區之民衆組訓工作。

5.鎭平、內鄉、淅川、鄧縣其餘團隊（註：以上四縣，每鄉鎭均有一個常備團），須固守各縣縣城及要點。

十月上旬，陳賡匪部屢向我薛炳靈部守備地區，作試探性之攻擊；中旬，突以五六千人圍攻我朱陽關，經數度猛撲，均爲我擊退，匪軍傷亡雖然慘重，但仍持續向我進攻；越日，我以兩個團對匪施行反包圍，激戰兩晝夜，卒將來犯之匪全部聚殲。

十一月一日，陳賡匪部主力，由伏牛山區經魯山、寶豐、葉縣、方城間鑽隙南竄，六日、逼近南陽外圍，與我團隊在南陽以東之賒旗鎭及以北之大石橋一帶展開激戰，進行至八日，匪被迫向西北遁去。

匪軍經五天之潛伏喘息後，復乘隙南犯鎭平，被我團隊阻止；十八日分兵西犯內鄉，亦遭我團隊迎頭痛擊，激戰至二十日晚間，匪軍不支潰退，遺屍五千餘具；二十一日晨，鎭平、內鄉間已無匪蹤，我團隊由內鄉北進掃蕩，並克赤眉城（在內鄉縣北三十里）。

匪軍受此重創後，一部遁入伏牛山區，一部則經南陽附近東竄唐河、泌陽間，我團隊當以主力東向追擊。

遁入伏牛山區之匪，以我團隊主力東移，宛西空虛，乃由孔從周率匪衆三萬餘於十二月六日，猛攻我西峽口。當時，匪軍憑其優勢火力之掩護，輪番攻寨，晝夜不停，並多次利用雲梯，施行奪寨；而我守備西峽口南北兩寨之團隊，僅有一個步兵團和一個迫砲營，在各路增援團隊被阻及敵我衆寡懸殊之狀況下，浴血苦戰達六晝夜，卒能憑藉寨內人民之協力，前後堵塞被匪突破之寨門五處，寨垣多處，使西峽口重鎭克以確保！嗣以增援團隊漸次排除障礙，迫近西峽口外圍，匪恐遭我內外夾擊，遂倉惶北遁，我團隊追擊至二郎坪附近時，匪復向我反撲，激戰兩晝夜，匪不支向嵩縣、盧氏間地區逃竄，此一戰鬥，匪軍棄屍如山，流血成河。

三十七年一月中旬，匪陳賡部主力及劉伯誠部一部共約十萬餘人，合力由唐河、泌陽間經新野圍攻鄧縣，我鄧縣團隊指揮官丁叔恒遵照十三綏靖區（甫在南陽成立）王凌雲司令官之指示，將所屬八個團全部控置於鄧縣城內，固守城垣。初期，匪以步砲聯合兵種，向城垣四週進攻，砲火猛烈異常！我官兵沉著應戰，匪軍傷亡重大。此際，我豫西南地區剿匪指揮官陳舜德急調七個團兵力分路馳援：一路由內鄉團隊指揮部參謀長劉宗閣率內鄉、淅川之五個團，於進抵鄧縣城北三十里之張村附近被阻；一路由鎮平團隊王天賜指揮官率兩個團，於進抵鄧縣城東三十五里之黑龍集附近被阻；各路均與匪發生激烈戰鬥。是時，匪軍攻城益急；王凌雲司令官遂派國軍一個旅，由南陽西向馳援，迨進抵鄧縣城東十五里之白牛鎮附近，被匪包圍，官兵傷亡大半，餘部潰散。旋匪改以「人海戰術」猛烈攻城，並以死傷人畜將鄧縣東西兩門之外壕塡平，爾後，匪軍編組敢死隊，相繼超越城壕，架設雲梯，強行奪城，但均為我團隊擊退。如此激烈之戰鬥，連續進行九晝夜，匪我傷亡，極為慘重。我守城團隊，終以彈盡援絕，致東西兩門被匪突破；守備東門之張恪三團長及守備西門之李化雲團長，在與匪肉搏中，先後壯烈成仁。城破，丁指揮官猶復督率所部與匪展開巷戰，往返衝殺竟日。我王子杰團長陣亡，盧兆瑞副指揮官負重傷，王海濤縣長及王乾一、王仞千、萬搏九等團長負傷被俘。至此，丁指揮官以大勢已去，乃於入夜復率特務隊突出重圍，向北轉進。未幾，匪軍主力他竄，我團隊遂將鄧縣縣城收復。

三十七年二月間，陳賡匪部之孔從周股由嵩縣方面南竄，直撲內鄉，將我縣城包圍後，乃以猛烈砲火向城內轟擊。當時，我守城團隊僅兩個團，李曰商縣長躬冒矢石，親自督戰。匪以「人海」、「火海」，日夜猛攻；我軍浴血堅守，並以手槍、手榴彈及刀矛等將利用雲梯奪城之匪全予消滅。是時，我陳舜德指揮官即命內鄉團隊指揮部參謀長劉宗閣及淅川團隊副指揮官任泰昇各率兩個團兼程馳援，劉宗閣一路，於進抵城北二十五里之西嶽廟附近被阻，激戰甚烈；任泰昇一路，於進抵城西之老牛舖、黃水河一帶被阻，任副指揮官遂令一部與匪保持接觸，主力繞向城南十五里，奔襲大橋及陳子崖附近之匪。此際，匪軍攻城益急，我軍亦愈戰愈奮。迨持續進行至四晝夜後，匪以傷亡慘重，並以感受我由唐河向西挺進國軍之壓迫，乃乘夜向北逃遁。越日，國軍停止前進，改向他調；我團隊為防範匪軍主力入侵，對孔匪殘部未行窮追。

三　宛西陷入火海

三十七年春，共匪主力逐次集結平漢鐵路南段之東西地區；匪酋劉伯誠、陳毅、陳賡等，並於四月初，在南召舉行秘密會議。其開闢潼關、武漢間中間走廊之企圖，益趨明顯！我當時判定匪軍次一行動，必為摧毀我宛西地方組織與自衛武力；否則，匪將無力維護其走廊地帶之安全。經即指示豫西南地區剿匪指揮部：在保持實力，以備與匪進行持久作戰之原則下，必要時得令各縣團隊相機放棄點線，轉移至有利地區，協力國軍機動打擊來犯之敵：

1. 鎮平團隊可向南陽地區轉移。
2. 内鄉團隊可向李官橋東南丹江右岸一帶轉移。
3. 鄧縣團隊可向襄樊地區轉移。
4. 淅川團隊可向陝南之龍駒寨地區轉移。徜匪犯南陽，我團隊可拊匪之背，解南陽之圍；如匪犯宛西，自可令其一無所獲，並可保全有生力量，進圖恢復。

惟十三綏靖區司令官王凌雲堅持其死守縣城之主張，嚴令陳舜德指揮官採行如下之部署，堅守待援：

1. 以内鄉縣常備第三、四、五、七等四個團固守内鄉縣城，歸縣長李曰商及該縣團隊指揮部參謀長劉宗閣指揮；第一、二、六、八、九等五個團固守西峽口及其以西地區，歸該縣團隊指揮官薛炳靈指揮。
2. 以鎮平縣常備第二、五、六、等四個團固守鎮平縣城，歸縣區李洪五及該縣團隊副指揮官王天賜指揮；一、三、四三個團固守集（鎮平城南約三十餘里），歸該縣團隊指揮官王金聲指揮。
3. 以鄧縣之四個常備團固守鄧縣縣城，另一個常備團任城東刁河亘白牛鎮間之警戒，統歸縣長孟朴齋及該縣團隊指揮部參謀長史鼎岑指揮。

4.以淅川縣常備第一、三、四等三個團固守縣城，歸縣長楊嘉會及該縣團隊副指揮官任泰昇指揮；並以戚萬三、馬鳳和等兩個預備團任淅川城南約三十里之梅家舖、紅嶺河一帶佈防，阻擊由鄂境均縣、鄖縣方面來犯之匪。

5.豫西南地區剿匪指揮部率淅川常備第二、五兩個團及一個預備團，陳舜哲部進駐上集（淅川東北三十餘里），並確保之。

我據報後，曾依主客觀因素，分析上述部署弊多利少，應予修正，惟幾經提醒王凌雲司令官，促其重加考慮，未被接納；王司令官所持之理由，爲匪之攻擊目標在「南陽」，而不在「宛西」。

四月下旬，匪劉伯誠、陳毅、陳賡等部共十三個縱隊約四十餘萬人，合力進犯宛西。

四月二十七日下午，我西峽口附近之黃氏店及淅川以南之梅家舖等處警戒部隊，先後與匪接觸，二十八日，我鎮平、內鄉、鄧縣、淅川等四縣縣城及西峽口、上集寨等要地，同時被匪包圍，展開激戰。是時，陳舜德指揮官，一面檄令各地方團隊固守城寨，沉著應戰；一面申請國軍支援；但始終未能獲致援助。二十九日起，匪對各縣縣城及要點之進攻，更趨猛烈！使我整個宛西，陷入「火海」。鄧縣縣城經血戰四晝夜後，於五月二日淪陷；鎮平、內鄉兩縣縣城及西峽口南北兩寨，血戰至五月三日棄守；淅川縣城及上集寨方面，激戰至七晝夜時，匪軍傷亡慘重，攻勢頓挫。詎料陷我內鄉等地之匪，於五月五日，紛紛竄抵淅川城及上集寨附近，併力向我猛攻，血戰至六日晚，我以城垣及寨垣，全爲匪之砲火夷平，守軍官兵，傷亡殆盡，乃於夜十時許，突圍轉進。從此，我宛西一帶要城，已全部被匪控制。

經此次作戰後，我宛西團隊之情況已大不相同：

(1)我鎮平、內鄉、鄧縣、淅川等四縣團隊，於宛西陷落後，四向突圍：*1.*淅川縣長楊嘉會及內鄉團長曹伯勛各率一部共約兩個團兵力轉進至豫、鄂邊境之李官橋附近山區；*2.*淅川團隊副指揮官任泰昇與鎮平團隊副指揮官王天賜及內鄉團長別貫經、劉茂亭、張光甲等共率三萬餘人轉進至陝南之龍駒寨一帶，爲西安綏靖公署收容編成兩個師；*3.*向東突圍到達南陽附近者，計有鎮平縣兩個完整團，另內鄉、鄧縣、淅川三縣團隊八千餘人。我陳舜德指揮官於上集寨突圍後，當即輾轉至南陽，督導各縣團隊之收容整編，來歸官兵日衆。

(2)七月二十四日，十三綏靖區王凌雲司令官命陳指揮官將所部收容整編之團隊交出三個團撥補國軍第二軍第三師；八月間，又命交出兩師之兵員，撥補十五軍；是時，陳部團隊尚有兩萬餘人，不時進出於宛西地區，實施游擊。

(3)十一月上旬，十三綏靖區以戰局逆轉，撤離南陽，王司令官復命陳部團隊擔任後衛；陳部於掩護國軍安全通過老河口後，即在老河口被匪包圍，激戰一晝夜，匪軍傷亡慘重，不支潰退；我團隊又奉命向襄陽、樊城轉進，旋由襄、樊至宜昌，被宋希濂部予以撥編。自是「宛西團隊」之名，已成歷史陳跡。

四　經驗與教訓

經此次宛西地區之役後，檢討如下：

(1)宛西綰轂豫、鄂、陝三省邊區，扼進出之咽喉，據戰略之要域。如能爲我所有，進可以規復大河南北，退可以屏障豫省西北、西南；如委之於匪，則匪可縱橫於我之大後方，而不能爲之制。故余始終認定宛西必須確保，倘主客觀因素限我不能確保宛西要城時，亦必須保全宛西團隊之有生力量，使其機動控制宛西，期將宛西地區變成敵之「盲腸」。猶記我在本次作戰以前，曾詳析利弊，建議大本營，確保宛西，奉示以：「軍事部署，爲軍方之責任，軍方自有準備，況我王凌雲駐守南陽，近在咫尺，隨時可以策應；行政方面，不得干涉」。迨奸匪企圖判明時，又復提醒綏區司令官促其重新考慮部署，亦未被接受；終致喪師失地，洞開進出我西北、西南之門，造成整個戡亂軍事上於無可挽救之頹勢！

(2)宛西在軍閥割據時期，萑苻遍野，民不聊生，嗣經地方志士彭錫田、別廷芳、陳舜德、寧洗古等聯合舉辦鄧、內、鎮、淅四縣地方自治，畢管、教、養、衛之功於一役；北伐完成後，復遵政府法令加以改進，規模益臻完善；三十三年，中原會戰後，我奉命主豫，曾以宛西爲基地，越年，豫西、鄂北會戰，我宛西當局一面動員地方武力，協力十五軍及省屬保安團掩護大軍——王仲廉部之進出並與國軍併肩阻遏來犯之敵，一面動員地方物力，供應軍需民食；戡亂期間，尤多斬獲。至於本次作戰之終致失敗者，其實在地區最高軍事指揮官之判斷與部署發生錯誤，非爲宛西團隊之疏失。論者，每誣宛西當局爲「土劣封建」之流；輒亦指責我之運用宛西民力，爲扶植「土豪劣紳」。殊不知：我最高統帥對剿匪方針，早有明示：即「三分軍事，七分攻治」以及「用兵不如用民」。在未來反攻作戰中，我設想若不矯正已往之錯誤觀念，善自運用民力，將不易獲致全面性之勝利！

(3)「大將以救大局爲主」，因之我高級將領必須著眼全局，而不斤斤計較於局部地區，或較小單位間之利害得失，始克挽回頹勢，達成使命。假使我宛西團隊，能在本次作戰中保全有生力量或於收容整理後，仍予保持其自衛體系，並予加強，不令撥編，則匪將不可能放膽南犯！試以宛西團隊於連續對匪進行激烈戰鬥達半年之久以後，仍能掩護我高級司令部及國軍安全轉進一點觀察，足徵其意志堅強，訓練有素，果以地方武裝保衛地方，並輔導其擴大聯防組織，必可協助國軍靖難安民，殆無疑義。

總之，當時我對宛西之失卻控制，與未能保持宛西之自衛體系，並輔導其發展，誠屬撤除黃氾天塹以後之再次失策，今日論之，或將無人認爲是我當時的判斷過於疑慮了。

第二節　開封城保衛戰

當抗戰勝利初期，共匪開始叛亂行動後，國軍在自衛的應戰狀態之下，確實能做到制裁匪軍的蠢動而居於有利的主動態勢，而後就受到「政治協商」和「國際調處」的影響，在在受到拘束，處處受到牽制，不但喪失了殲滅匪軍主力的良好機會，反而不斷的遭受匪軍的偷襲攻擊，如此一變而成爲被動的態勢，因之士氣低落，戰力銳減。至於匪方由於接受俄帝的大量濟助和支援，源源供給武器裝備，擴張叛亂，力量驟形壯大，遂演成燎原之勢；更運用「特工」分子，分別派遣到各大城市去搗亂金融市場，破壞經濟組織，囤積居奇，哄抬物價，藉以造成人心浮動、社會不安的動盪現象，影響政府的戡剿軍事行動，以遂行其經濟波動政治，政治拖垮軍事的詭計。由是戡亂戰局急遽逆轉，情勢益形惡化，尤其是民國三十六年八月以後，匪以陳毅、劉伯誠、陳賡等部，進擾中原，經年未已，我國軍始終未能形成優勢，窮追猛剿，致匪將我之廣大平原太半摧毀，而我全省所能控制者，僅開封、鄭州、新鄉、安陽、商邱、信陽、南陽等處，其餘各縣，均在被匪竊據竄擾中，是時地方之自衛部隊，亦僅能以游擊方式與匪勉力週旋，保衛鄉土。最初共匪只是避實就虛，以大吃小，但後來國軍之追剿行動，疲於奔命，造成處處守備，處處薄弱，而現出力絀的現象，以是共匪越來越猖獗，才敢動大城市的腦筋，也敢打硬碰硬的會戰了。

一 建立指揮系統

民國三十七年春，我第四綏靖區劉汝明部，由開封進駐魯西之菏澤，所遺開封城防任務，由陸軍整編第六十六師（李仲莘）暫編第十三旅（張潔）接替，該師第一八五旅駐守商邱。五月間，我甫經編成之保安第一、二兩旅（以陸軍第十五軍改編），由開封推進於陳留、通許、尉氏、中牟各地區，一面整訓，一面掩護人民收割。是時，我邱清泉兵團，在魯西地區阻止陳毅匪部主力之南竄；我胡璉兵團在信陽地區監視平漢路西側劉伯誠匪部主力之活動，我周喦兵團在商邱負責地方之綏靖，我四十七師守備鄭州。

六月十一日晚間，接獲舞陽縣長禹陞聯電告：「劉伯誠匪部約十數萬之衆，經本縣南北地區，分數路於本（十一）日午前，越平漢路向東北方向馳進」；又據郾城縣長劉自振（郟縣人）報告：「踞襄城東南地區之陳賡匪部約七、八萬人，於昨（十）

日晚分股越平漢路北進」；復據商水縣長單秉越報稱：「踞確山、正陽間陳毅匪部之第一（葉飛）、三（何以祥）、六（王必成）等縱隊，於（十一日）午前分別經由本縣東西地區向北挺進」各等情。我根據上述報告情況綜合研究，顯見匪軍主力已突然會合，並協力北馳，判斷其企圖，似有以下之可能性：⑴協助魯西陳毅匪部主力，夾擊我邱清泉野戰軍。⑵圍攻開封。⑶圍攻鄭州。但鄭州以西地區，尚未發現有力匪部，且匪之行進方向，均爲平漢路以東及東北，故認爲圍攻鄭州之公算很少，會犯開封的可能性較大。

我將以上情形，分電最高統帥部及各軍事負責當局，並將我保安第一、二兩旅，迅速集結於開封南關及城東宋門關附近一帶地方。同日、接到蔣總統電令，命開封城內所有作戰部隊，概由我統一指揮……。我於接到此項電令後，內心感到十分恐慌，認爲我脫離軍職已達四年之久，已往相與策畫作戰的幕僚，早已星散他去，現在若要重新組織指揮系統，必須再找以往的幕僚來幫忙，然時間緊迫，勢不可能，倘若冒然擔任此項作戰任務，實感孤掌難鳴，力難勝任，勢必陷於顧此失彼之境，貽誤戎機，到那時，個人生死事小，影響大局事大。尤其抗日勝利後，中央的政策是趨於軍民分治的途徑，凡軍事方面所需用的軍用品，如武器、彈藥、器材等，行政方面根本不能請領的，就是當時的省屬保安部隊，亦多等於有槍無彈，此時若擔任這個重要職務，一旦和匪交戰，各部隊前來請求領補彈藥的，勢必紛至沓來，那時該如何辦呢？這樣必定會影響戰鬥力量，影響軍心士氣，更會貽誤大局，於是立電最高統帥，懇辭統一指揮的責任，同時推舉駐防開封的「整編第六十六師」師長李仲莘擔任指揮的職務。旋奉最高統帥覆示：「准如所請」，並令我負責監督各部隊之作戰，如有作戰不力者，可就地處決，這樣責任仍是很重大。

我奉到最高當局的命令後，立即招集整編第六十六師李師長和該師暫編第十三旅張旅長，以及保安部隊各旅、團、營長等官長集合省政府，當衆宣佈最高統帥的電令，並將保安部隊的旅長、團長、營長，一一介紹給李仲莘師長，叫他們絕對服從李師長的命令，懇切勉以精誠團結，發揮死生與共的傳統革命精神，以挽回當前的危險局面。就這樣建立了作戰指揮系統，由李師長兼任「城防司令」。這時在開封地區駐有作戰的兵力狀況如下：

陸軍整編第六十六師（李仲莘）步兵暫編第十三旅（旅長張潔、副旅長羅有經）

中央砲兵第八團（何純良）欠第三營

中央野戰砲兵第十團（路青山）一個野砲營

河南省保安獨立第二團（劉成漢）
河南省保安第一旅（袁行廙）
保安第七團（席彤超）
保安第八團（曲　錚）
河南省保安第二旅（李文定）
保安第九團（呂維中）
保安第十團（武良梓）
河南省保安第三旅（王　琛）
保安第五團（陸承宣）
保安第六團（李聞卿）

總兵力不足萬人。

這裏有一點要補充說明的是，保安第二旅旅長李文定因在南京受訓未歸，由該旅參謀長孫喜堂（字怡庭，安陽城北大碾屯人，北京模範團第二期及保定軍校第六期工兵科畢業，曾任十一路軍營長、團長，是我的老同學），代理旅長職務；而第三旅旅長王琛尚未到職，其旅部亦尚未成立，況該旅所轄之第五、六兩團，因在豫東之寧陵縣和睢縣與匪軍楊勇的「黑馬團」，宋任窮的「白馬團」、「土共」魏鳳樓、張太生、吳芝圃等股，劇烈苦戰數月之久，以致這兩個團的官兵犧牲殆盡，而於六月上旬剛剛調回開封重新整訓補充，只以開封情形緊張，無暇整補，是以該兩團戰力缺乏，不能列入作戰序列。

開封是河南省省會，為我國五大古都之一，戰國時代稱大梁，為魏國國都，五代後梁建為東都，升為開封府，迄後晉、後漢、後周、及北宋都在這裏建都；金朝稱汴京，後改為南京；元代置南京路，嗣改汴梁路；明代為開封府；清代為河南行省省治，民國始廢府，改稱開封縣。開封城位於黃河南岸二十里，惠濟河引黃河之水由開封城西北注入城裏，環繞一周，由東南角出城，流經柘城入安徽渦河。城牆高三丈五尺，周圍四十多里，原有五座城門：東門名「仁和門」，通稱「曹門」，其南有小東門，名「麗景門」，通稱「宋門」；西門名「大梁門」；南門名「南薰門」；北門名「安遠門」。南門外交通四達，隴南鐵路經過那裏不遠，車馬行人絡繹不絕；曹、宋兩門關，道路修長整齊，西門、北門外沙阜綿亙，風起塵沙遮天，雨則泥濘載道，就是受了黃河的影響。自古以來，欲爭天下，必先取得中原，欲取中原，必先占有開封，可知開封地位的重要，所以共匪要進犯開封，也是意料中的事。

先是城防部隊，僅是第六十六師的暫編第十三旅，轄三個團，約五千多人，偌大的開封城廂防守，如此兵力，實在不敷支配，經將全部保安隊撥交李師長統一指揮後，守備兵力總算加強，但兼任城防司令的李師長卻誤認為一般保安團隊，無甚戰鬥能力，根本未予重視，竟不准進駐城裏。及至情況緊急，重新調整防務時，仍然沒有能夠作適當的部署，還是由暫編第十三旅擔任城垣和西關以至城東曹門關的守備，而以保安第二團（劉成漢）駐紮南關「郵政總局」，擔任南關的守備任務，僅以保安第七團控置在城裏，作為城防預備隊；並指定保安第二旅及保安第八團（曲錚）分別駐守城外南關及宋門關，其間地區指揮官為第二旅參謀長代旅長孫喜堂。另以保安第一旅（欠保八團）推進鐵路南邊飛機場以南土堤占領前進陣地，以掩護飛機場安全。該旅參謀長是張桓（字戢武，軍校十六期畢業，河北大城縣人）督視陣地，頗為盡職。

六月十二日晨三時，我以開封兵力單薄，地區廣大，現有兵力不敷部署情形，電向統帥部告急，請迅速派有力部隊前來增援，以備迎擊來犯之匪。

十三日、奉最高統帥電示要旨：「以現在對匪之行動，尚未能判定，飭以原有兵力固守城防，倘匪進攻開封時，祇要能堅守五日，則各方援軍定可與汝等在開封城內會面。」

是日、陳毅匪部之第一、三、六等三個縱隊約九萬人，先頭已到達西華縣及其以東之周家口地區，旋竄扶溝以東及龍曲集附近地區。劉伯誠匪部之主力，五個縱隊約十五萬人，其先頭已到達西華縣西北及鄢陵以南之紅花集附近地區，旋竄扶溝以北地區。陳賡匪部先頭已到達許昌及其以東地區，旋以一部竄長葛縣附近，主力竄洧川以南地區。土共魏鳳樓、張太生等匪部先頭到達太康以北之龍曲集附近地區，旋竄杞縣東北地區。

六月十四日，陳毅匪部已迅急進抵杞縣以南及通許東北地區；劉伯誠匪部亦到達通許縣城，並進至城之西北地區；陳賡匪部一部續進新鄭附近地區後，便東向竄走尉氏會合主力，其先頭一股逕叩朱仙鎮（在開封城西南四十五里）。這時，「土共」魏鳳樓、張太生……等旅亦都在搖旗吶喊，遙相呼應，競相竄擾蘭封方面；開封城東南二十五里之謝灣、高廟……等村落附近，亦有匪蹤出現。

十五日上午八時，劉伯誠部先頭匪股已進至開封外圍地區，開始攻打陳留縣城。陳留縣城西北距開封城僅三十里。陳賡匪部亦由朱仙鎮前進至開封城南二十五里之茶庵一帶，已和保安部隊的警戒部隊發生接觸，猛烈開火，展開了前哨戰。

十六日晨二時許，匪酋劉伯誠以其勢衆攻陷陳留縣城，守軍是保安部隊突擊大隊，大隊長王國然率部乘夜向開封南關飛機場轉進；上午八時許，匪軍亦跟蹤而至開封城南大堤，瘋狂進撲保安第二旅第十團的前進陣地。至是開封城外烽火蔓延十餘里，匪我普遍展開戰鬥，雙方亦互有死傷，尤以飛機場附近最爲劇烈，由是揭起開封戰役的序幕。我守軍英勇抵抗，浴血肉搏，前仆後繼，不惜犧牲，曾數次挫殺匪之狠毒攻勢。

就在這飛機場爭奪戰之時，我省政府辦公廳主任龔御衆，以第一屆國大代表（回教團體）在南京參加行憲後國民代表大會，會議結束後，聞知匪軍圍攻開封，危在旦夕，乃堅請中央調派一架運輸機，飛返開封，要與我省政府共渡危難。當飛機飛臨開封上空時，地面戰鬥正激烈進行，龔參議兼主任堅持要求降落機場，要與開封城共存亡，這種忠義堅貞，冒險犯難的精神，實在令人感動。這架運輸機迫於狀況不能降落，即返南京，同時、大哥（鎮華）原擬搭乘飛機至南京、上海就醫（已臥病十餘年），我認爲此時離汴南下，將會影響人心，不利時局，就親自去向大哥婉言勸止，幸大哥深明大義，遂打消此意。民衆獲悉情況，都甚爲感動，信心亦因而增強，無人作逃走的打算，皆同仇敵愾，於匪軍猛烈攻城之際，冒著砲火的危險，日夜輪流登城，或送茶點，或送飯菜，自動慰勞守軍，直至城破，亦無人投降附匪，誠然令人感動！

飛機場的戰鬥，十分激烈，高潮迭起，彼此往復爭奪，雙方幾進幾出，終以匪軍砲火猛烈，不斷增援，守軍工事都被摧毀，戰至最後，機場遂告陷落。

匪軍步步進偪，又猛烈攻犯禹王臺、繁塔寺等名勝地方，都在開封城東南三里，於是雙方短兵相接，殺聲震地，浴血火拚，三進三出，已至白熱化極點，匪以人海戰術波捲方式，疲勞衝擊，戰至午夜，守軍以衆寡懸殊，火力不濟，遂告失守，匪軍傷斃三千餘，保安第八團亦死傷二百餘。扼守南關火車站（隴海鐵路）一線之保安第十團，拚死應戰，以抵禦匪之瘋狂攻勢，雖犧牲高達六百餘人，仍堅守不退，匪以攻堅難下，乃迂迴兩側，繞襲演武廳，盡焚官房街一帶房屋，以天氣乾燥，火勢很快的擴及到四周，頓時煙焰騰空，而藉以發展其心理攻勢，以影響人心，動搖鬥志；同時、「土共」亦乘勢竄至城東二十里之興隆集，招討營附近，和保安團隊發生戰鬥，遙相策應，陳毅匪部之第三縱隊急向城東大堤推進，狙擊第六十六師第十三旅的前哨部隊，下午三時，即突破其前進陣地，一如潰堤決水，分向東、南、西三關主陣地進犯，很快的完成三面包圍的形勢。

二　拆除城防工事

在匪軍來犯，警報頻傳之時，曾發生一件守備部隊拆除城牆防禦工事的怪事。

六月十三日午夜，開封市民發現擔任城防第六十六師的部隊將城牆外面既設的防禦工事，悉予拆除，大家感到莫名其妙，眼看匪軍就要來到，按理應該把原築的工事再予加強才是，不作此圖，反而將它拆除，這是什麼道理？由是疑心叢生，以爲開封不守了，因此恐慌萬分！這時，地方士紳及商會理事長杜秀升，有鑒於此，乃分至四關察看，證實非虛，由南關回城，路過惠家胡同西頭（路北門牌四號），要約保安司令部參議王天從（河南安陽人）前來省府見我，問說：「主席！開封是否放棄？」我聽了很是驚訝，就以堅定的語氣反問說：「這話從何說起？省會重鎮怎麼可以不守，隨便放棄呢？」大家又問道：「開封既要確實保守，六十六師爲什麼要將已往曹福林（兼第四綏靖區副司令官第五十五軍軍長）、劉汝珍（劉汝明之弟，陸軍第六十八軍軍長）等部軍隊出力流汗，以及我們老百姓出金錢、出材料，所構築的城牆以外的堅固工事，都要毀去呢？現在很多市民看到這種情形，以爲開封不守了，因此都恐懼不安。」我聽了，就肯定的向大家表示：「開封是我們國家的重要地方，亦是我們河南省會所在地，怎能不戰，就隨便放棄呢？至於六十六師破壞工事，可能是大家誤會了；在我的想法，可能是這些工事，築成已有二年之久，現在李師長擔任城防守備任務，馬上就要應用了，是否因爲這些工事已有破壞而重新加以整修呢？你們趕快回去，轉告市民，千萬不要聽謠言，驚慌自擾。」杜秀升以很深沈的口吻說：「主席呀！那是這麼回事？他們是以鋼鎚已將工事敲碎成爲廢墟了！現在仍然繼續破壞中，倘若不信，主席可以去看看！」我聽後也覺得奇怪，就囑咐大家稍待，即刻到六十六師察問一下，很快就回來。

我偕同第四綏靖區副司令兼省府委員田鎭南（項城人、字柱峰、原兼任城防司令）及保安司令部參謀作戰科長吳基修，前往訪晤六十六師李師長。我見面就說：「仲莘兄！市民見到十三旅破壞城外工事，都認爲開封可能不守，而要放棄了。因此市民心中頗爲驚恐，惶惶不安……究竟我們有沒有破壞城外工事？」李師長亦答的很乾脆：「城外工事確已破壞。」我很驚訝的說：「城外的工事，不是非常堅固嗎？爲什麼要把它破壞呢？」李很堅定而自是的解釋道：「工事、是軍隊的盔甲。現以城防廣大，僅以十三旅的兵力，怎能披托這個重大的盔甲！」我說：「是的！要以十三旅的兵力，來擔任這個城防，確有防廣兵單的顧慮，現在統率部已有嚴格的命令，凡開封城內所駐的部隊，由你統一指揮，爲什麼不將省保安部隊抽調一部，以補十三旅兵力的不足？」李像開玩笑一樣的說：「保安部隊一聽槍聲，就要溜之大吉，我怎敢以城防重任付與他們分擔呢？」我至此已知李對保安部隊沒有認識，乃以肯定的言辭說道：「仲莘兄！省屬保安團隊，可能沒有很多的優點，但我可以負責的向你保證，省保安團隊唯一的優點，就是服從，上方只要命他擔任任何地點，在任何的慘烈狀況下，倘無上方命令，他絕對能與陣地共存亡，而不會逃走的。」這時，田鎮南將軍在旁接著補充說：「現在的省保安團隊，是剛由第十五軍改編而成的；已往的十五軍，曾經參加過歷次戰役——北伐、討逆、剿匪、抗日，爲革命，爲國家，可以說沒有一次他們的戰績不是萬分輝煌的。……」這位剛愎自用的李師長聽到這裏，不待田氏說完，就以很不高興的語氣說：「既是保安部隊這樣的好，由他們來負責好了，爲什麼要令我負責呢？」我看到這樣情形，趕緊勸說：「仲莘兄，千萬不要誤會！都是關心你呢！給你提供意見的；那麼，你對保安部隊怎樣使用呢？」李說：「一律令他們都到城外去！沒有我的命令，他們絕對不能進城！」我聽了，暗暗嘆了一口氣，爲了顧全大體，雖在這樣時迫事急的時候，仍盡最大努力向李作善意的忠告：「這是你的責任，怎麼使用都好，絕無問題。但是對於城防工事的應用，我再給你貢獻一點意見。以我已往守城、攻城的經驗——擔任城防的部隊，率多採用城牆上端的垛口，作爲射擊的依托，以行射擊城外的敵人，如果敵人沒有砲兵的轟射，起用城牆的上部，在視界開闊之下，俯射進犯之敵，確屬有利；但是攻城的敵人，倘若附有砲兵，而砲兵開始射擊時，他轟射的目標，首先就是城牆的上端，以致城上的守兵容易過早遭受敵方砲火的損害。第四綏靖區有鑒於此，所以就在城牆外面的底部構築伏地堡壘，以前有護城河的阻絕，使敵人攀登不易，並且射界開闊，最好的，就是每座堡壘的後方，都將城牆挖空，通於城內，隨時都可出入，彈藥的補充，飲食的供應，一概不成問題，更可避免過早遭受敵人砲火的損害。貴師此次擔任城防，對於工事的選用，是否應當再行加以考慮？」李說：「主席分析的很對！但是各軍隊有他自己作戰的習慣，若遽然將其習慣改變，使他不能得心應手，恐怕影響戰力很大，以我個人的想法，仍然本著他們已往的習慣好了！」這眞是外行人的說法，自毀金城湯池的做法。聽完李師長的意見後，我想各部隊對於作戰方面，對陣地的構築和應用，確是各有不同的想法和作法，李師長既然如此堅持己見，也只有任他本其習慣自行選擇了！遂辭出。在回省府途中，作戰參謀吳基修對於李師長批評保安隊不堪一戰，就是給他們極大的恥辱，所以很憤慨的說：「主席！李師長既然瞧不起我們保安部隊，這次戰爭由他們六十六師自己負責好了。」我聽到吳參謀的牢騷，立即正顏厲色予以申誡：「李師長對於保安隊的批評，因爲他對於你們沒有認識，又有什麼關係呢！你們要知道，現在大敵當前，慘烈的戰爭就要開始了，亦可以說就是大家生死關鍵來到了，在這樣險惡的情形下，對於友軍應該抱著一種互敬、互信、互愛、來和衷共濟，以擊破來犯的匪軍，俾得保全地方人民的生命財產，怎敢還有絲毫釁隙的裂痕呢？你回去以後，絕對不准將李師長對於你們保安隊的批評，講給部隊的官兵，以增加官兵心理的不平，而影響戰力的削弱。」吳參謀聽了立刻表示我說的很有道理，一定會遵照我的意思，回去不講。

回到省府，我即對商會杜理事長及士紳說：「六十六師之所以破壞城外工事，是因爲他們的部隊對於這種工事的使用不習慣；而李師長亦表示了中央没有放棄開封的命令，他的部隊一定要和開封共存亡，你們趕快回去，講給商民知道，千萬不要自相驚擾！」他們聽了我的話，也就相信不疑的辭出省府，總算把民心穩定下來。

另有第四綏靖區司令官劉汝明自魯西菏澤派遣整編陸軍第六十八軍第一一九師（師長張勳亭、劉汝明之妹夫，河南項城張莊人，日本陸軍士官學校中國學生隊二十二期野砲兵科畢業）的團長劉鐵軍（爲劉汝明之子），率兵千餘，從菏澤以南汪官屯馳援開封，於六月十五日晚到達開封曹門關，爲六十六師之守兵拒其進城。當時該綏區副司令官兼省府委員田鎭南，在城内聞訊，前往交涉，請求准予進城，仍未獲允。於是我勸說李師長：「第四綏靖區全軍眷屬，均留居開封城内，劉司令官的老太太亦在裏面，如今派其長子率隊前來，名爲增援，實乃保護眷屬，這亦是人的常情；該部若中途被匪擊滅，你我都無責任，今已兵抵城下，因不許其進城，而爲匪所乘，那我們對友軍於公於私都將無法交代。」如此反復喻以義理，李才勉強准許入城，然仍對此一部隊不能釋然於懷，始令該部分割建制，撥歸十三旅指揮，擔任城防守備，但爲劉鐵軍所拒絕，於是就又改任爲預備隊了，這也是另一段插曲。

三　曹門關痛殲共軍

共匪爲攻犯開封，調集匪衆約三十七、八萬人，可以說是黑壓壓一片蓋地而來，東起杞縣之黑木集、楊堌集、曲興集（在羅王村西，隴海鐵路經之），直抵開封城關，西迄中牟，南至朱仙鎮，北達黃河南岸，四周五十里之內，都被匪軍盤踞，強迫人民供給飲食，封鎖村莊，斷絕往來，以免走漏消息，晝伏民房，夜出活動，逐漸由外圍向城垣，縮小包圍圈。陳毅匪部裝備較優，曾在蘇北、魯南，劫奪國軍大砲多門，及一部分新式武器，而人數亦最多，戰鬥力亦很強，因爲它有砲兵，所以長於野戰，還配有騎兵，故運動迅速，喜用「人海戰術」及「鉗形攻勢」，以達成其「以大吃小」的陰謀；其次是劉伯誠匪部，在豫北襲擊國軍李守正旅，劫奪大砲及新式武器很多，亦喜用「人海戰術」，尤長於挖掘地道，鑿通牆壁，施用逐屋進戰的戰法；再次是陳賡匪部，喜戕害俘虜我方的軍、警、吏、民，殘酷惡毒，達於極點，欲以恐怖人心，使不敢反抗。然匪軍亦很怕國軍飛機的轟炸，和「新五軍」的火箭砲、火燄噴射器等新式武器的火力，使它難以吃消；尤其是最痛恨豫省的地方團隊，說是它的「死對頭」，輒曰「反動派的爪牙」，若被它們捉到，必遭「剝皮抽筋」、「斷肢斬腰」、「割舌挖心」、「鐵絲穿臂」、或「點天燈」、「望中央」等虐刑，以至慘死而後已。

匪軍陳毅部之何以祥第三縱隊（轄第七、八、九師）開始攻打開封城，最先攻擊曹門關（東門）。

先是匪軍在城外挖掘了好多道深深淺淺的交通壕，步兵以密集隊形分數路縱隊猛烈撲來，衝至守軍陣地前面，其爆破班就以大量的炸藥炸毀防禦據點工事，砲兵多採用坑道戰法，將砲兵掩體先行構築在距離守軍之碉堡城牆約三四百公尺處，日間預先將砲標定，再在黃昏時候試行射擊，然後於開始攻擊時，先以猛烈砲火摧毀守軍的陣地工事，及掩護其步兵前進衝鋒，這是共匪的一貫技倆。

自六月十六日午後三時，匪向我主陣地進犯，激戰至晚間十時許，我六十六師守備之曹門關被匪攻破。李師長立刻命預備隊（省保安第一旅第七團）之周勳營約三百人，率部前往恢復，與匪展開巷戰。周營長把握戰機，與匪肉搏爭鬥，殺聲震天，交戰三小時，創斃匪軍甚多，屍體枕藉，槍枝滿地，遂向東潰退，計奪獲輕機槍十多挺，火箭筒兩具，步槍一百三十多支，遺留之匪約兩百餘名，悉數就殲。這個可喜的消息傳到城裏，所有軍民在極沈悶的心情下，莫不喜形於色，咸認我以少數殘餘的保安隊而能擊斃衆多的共匪，豈非天意？

當時檢討曹門關此役，周營長能夠以少擊衆出此奇蹟的，可以說是以當時的時間、空間等各種因素所得來的：

1. 曹門關的範圍，並不太大，居民的房屋亦不太密集。
2. 匪軍是白天突進關內的，在匪我激烈對擊的情況之下，匪無時間偷挖民房牆壁，以滲入民宅，故不能憑籍民宅及建築物的掩蔽以形成他的逐屋戰，只有被迫在毫無遮蔽的天空下，成爲曝露目標的逐街戰、逐巷戰的一途，而挨死打了。
3. 守曹門關的周營長早已將關內民房及建築物之必要的制高點，派兵據守，可以俯射街巷的匪兵，同時、匪之砲兵以其步兵已在關內與守軍形成短兵搏戰，爲恐傷及匪兵，亦不敢濫於放射，而守兵以無匪砲轟炸，更可安心沈著射殺匪衆。同時，城上守軍發現城關之匪兵在無隱藏遮蔽的大街小巷，往來竄襲，即以步槍、機關槍之優勢火力，以策應關外守兵向匪射擊。

以上各種因素，就是促成周營以少勝多的奇蹟，當然，周營長的沈著、機警、勇敢、決心，能把握戰機，以制匪之死命，這是更重要的條件。

李師長鑒於周營長官兵作戰英勇，戰績優異，極爲嘉勉；並將曹門關要點守備任務授命該營負責擔任。周營長奉命後，一面令全營官兵將已被匪砲摧毀的工事，加以重整；一面迅急布署，以待匪兵來攻。

可惜好景不長，當關內匪兵潰退之後，時爲十七日上午九、十點鐘之間，周營長即率同部隊清理戰場，撿拾街巷中匪所遺棄的槍械時，陳毅匪部復行集中火力，對曹門關前後左右作縱深式的砲擊，猛烈而密集，連續不斷幾達兩小時之久，將城關所有民房盡行摧毀而爲一片廢墟。當匪砲停止轟射後，周營長始從瓦礫堆中爬出，已是遍體鱗傷；繼他之後，由廢墟火窨中跳出的僅有四十七人。全營官兵就在兩天苦戰中，爲國家、爲地方而壯烈成仁了。

李師長倍受感動，始令城上守兵准以繩索將周營長等四十八位官兵繫入城中。

四　四關戰起

當曹門關進行激戰的同時，宋門關和南門關方面，保安部隊與匪軍亦發生激戰，砲聲火光，徹夜不停，雙方傷亡，均極慘重。

十六日夜，保安第二旅第十團張修道營沈著應戰，設伏陣前，俟匪接近，槍砲齊發，紛投手榴彈，一舉殲斃犯匪千餘名；旋匪砲以報復性之轟射，將該營陣地徹底摧毀。十七日，張營長與匪在南關一營街發生巷戰，尤以裕豐糧棧搏鬥劇烈。十八日晨，匪軍攻擊保安第十團，小南門外民房悉被砲火焚燬，一片瓦礫廢墟的慘景。

十六日那天，陳賡匪部第四、九兩縱隊分竄至中牟地區以後，更遣一股推進至開封西南二十里之杏花營附近，即向西關馬市街撲襲，激戰三個小時，初未得逞兇燄。「土共」張太生等股，繞至城北九里之郭樓村，分沿沙堆進犯北關，因地勢是一片平沙，視界遼闊，反被我守軍誘入有效射程範圍以內，給以一陣機關槍扇面式的掃射，只打得他們像落花流水一樣潰退下去。

十七日早晨五時，陳賡匪部集中兵力再度攻犯西關馬市街，激戰至午夜時分，守軍六十六師漸感不支，終於被迫撤入城內，匪軍遂向右方席捲以側擊南關陣地的右側背。這時，保安第二團及第二旅的第十團，以及小南門外的第九團，腹背受敵，前後應戰，情況至爲艱苦，第九團團長蔣鳳魁受傷。加以匪軍在禹王臺安置大砲多門，瘋狂轟擊南關之河南省郵政管理局大樓、天豐麵粉公司、基督教會醫院……等處，達三小時之久，彈如雨落，房倒屋塌，所有據點，完全被摧毁，因此傷亡情形，至爲慘重，而又無援隊增來，況且李師長的命令，絕對不准進城，乃於十八日拂曉前，沿藉著護城壕的掩護漸漸轉移到宋門關，協力保安第八團對匪繼續作戰。

匪陳毅部對宋門關方面之攻擊，夜以繼日，砲火猛烈轟擊不止，並採取人海戰術，驅趕裹脅而來的群衆，前列是婦女喊話誘降，接著老弱民伕至城根架設雲梯，最後由匪兵扒城，推擁而上，前仆後繼，一若波浪，機關槍則在後面督陣，可憐他們進退都難免一死，爲匪充做炮灰。

匪軍的攻勢漸漸由遠而近，忽然進薄到陣地前面。但是保安第八團不僅始終沈著固守陣地，尤能愈戰愈奮，發揚最高的士氣，先是用機關槍向來犯之匪予以一陣一陣掃射，遠望匪兵的來勢一波倒下、一波起來，及至陣前，守軍即投擲手榴彈，只見匪屍狼藉，血花四濺，匪兵仍是源源擁來，乃奮身挺起躍出陣外和匪白刃肉搏。正值熱戰之際，適巧保安第二、九、十等三團，從南關轉移過來，好似天兵降下，頓時加入戰鬥，出匪不意，予以包圍夾擊而聚殲之，眞是大有收獲，延至（十八日）午後二時，匪受重創，兇燄方告戢斂。結果，此一地區的戰事，保安部隊又打了一次艱苦而極輝煌的大仗，匪軍遺棄屍體又是纍纍皆是，無法統計，估計最少亦有萬而八千之譜，而保安部隊亦傷亡了七、八百人之多。

從此以後，城防司令李仲莘師長才知道我保安部隊眞能作戰，反共鬥志堅強，英勇善戰，不怕犧牲，更能以少勝多，創造驚人的戰績，遂改變他所固持的顢頇態度，而另眼相看這支敢當大難的革命武力了。李師長爲慮及此後持續作戰，以待援軍前來反攻起見，不願以僅有的戰鬥兵力和匪對消於城外，乃下令放棄宋門關、曹門關、以及城外所有的據點，叫保安部隊完全撤入城內，作爲「預備隊」。

十八日凌晨二時，共匪圍攻開封城，其第三縱隊（何以祥）利用夜色掩護分向宋門、曹門發起人海衝鋒，戰況熾烈。晨間，我接到蔣總統電令：「**開封被圍，無任系念，刻除令空軍晝夜助戰外，並限邱（清泉）、胡（璉）等軍分路增援，務希嚴督全體軍民固守待援。**」當時我第五軍邱清泉部與陳毅部激戰於金鄉以北地區之時，共軍由微山湖西渡企圖截斷我軍後路。我第七十五師沈澄年部由定陶向城武推進，擬與第五軍協力堵擊來犯共軍，而陳毅部則乘隙由定陶南竄，與在豫南之劉伯誠第三（陳錫聯）、第八（孫定國）兩縱隊聯合進犯開封。

十八日薄暮，我城外守軍已撤入城內，堅守待援，匪即踞禹王臺、繁塔、及南關天豐麵粉公司大樓等處所設的砲兵陣地，以優勢炮火向我開封城周圍猛烈攻擊，並濫轟市區中心的鼓樓，落彈有三、四百發，鼓樓竟被摧毀，夷爲平地。

按鼓樓爲開封著名古蹟勝景，「銅壺滴漏」，以記時刻，列爲開封八景之一，建築宏偉壯觀，結構雄奇，臺高三丈，上置崇樓（三層），下設甕道，通東西行路，綰絡中樞，控扼四衢，建自何時，今已失考，唯自明代以後，屢有修整，樓懸兩匾，俱金字黑底，東面爲「無遠弗屆」，西面爲「聲震天中」等字，筆勢雄健，傳係明朝大學士楊寓（字士奇，江西吉安府泰和縣人）之手筆，惜毀於共軍之手。

匪砲深夜仍繼續在吼，一陣一陣的砲聲，一排一排的彈光，像連珠一樣轟向大、小南門、及宋門……最少有兩三千發。至夜十一時許，匪以人海戰術，驅死撲城，其波浪式之攻擊，繼增無已，萬千屍骸，纍纍皆是，城壕亦爲之塡塞，匪軍殘忍之性，暴露無遺。三門守軍英勇用命，竭力抵禦，惟以匪衆防薄，加以匪軍集中砲火轟破城牆多處，並掩護衝擊，卒被突入，守軍即向龍亭轉移，三門俱失，匪將城門打開，匪兵蜂湧入城，破壞通訊設施，鑿通民房，藉以接近攻擊守軍陣地，既可免除巷戰的犧牲，又可於失利時賴此通道逃遁。匪軍入城，秩序頓陷紛亂，情勢亦至危急，頗有一點突破，全局糜爛之虞，所幸保安第八團團長曲崢沈著機智，不稍驚懼，立命第三營營長謝金鰲率部乘匪立足未穩，斷然予以猛襲，將匪擊出城外，保安第十團張修道營復扼大南門內中山路據點，阻匪竄擾，迅速恢復大南門已失之陣地；小南門方面突入的百餘匪兵，亦被第二營營長趙登岳指揮所部迅急圍困於東南城隅聚而殲之，占領小南門陣地；宋門被匪突破，第九團第一營營長劉子傑發現守軍去向不明，即時率部勇敢向匪衝殺，經瞬間之肉搏，奪回宋門，並阻拒城外匪軍，但已竄入市區之一部匪衆約七八百人，乘機隱匿於江西會館附近民房，一時無法抽出兵力予以剿滅，頗堪憂慮。

五　大南門失守

保安第九團團長呂維中因見一部匪兵竄入市區，大有四處救火，力難能分，顧此失彼，極為焦急，乃將情況向我報告，請求速予處理，免成大患。我先後接到曲崢、呂維中等的報告，對當前匪我情況已完全明瞭，即以電話與李師長仲莘商洽請其派隊消滅江西會館之潛匪。此時，李尚在家中，對於城門失守情形及當前狀況，根本毫無所知，反而以話相詰責：「主席！你絕對不要聽小話，那一個人向你報告的，你就槍斃他！」經我將現狀詳細解說，請他迅爲處理，李方說：「倘若情況屬實，又有何法可想？實有諸多考慮之必要。」我當即向他提供意見，應先行抽調一部兵力將潛匪拘束，勿使滋蔓，然後逐步進攻消滅之，以達成領袖於五日之內與各方援兵會合於城內的指示，倘再遲疑，失去時機，到天明以後，此少數潛匪必四出竄擾，滋成大患，城內秩序立呈紊亂，將來後果不堪設想。如此言之再四，李皆云：「無兵可派。」商量至最後，始指派保安第一旅旅長袁行廙（字茂矩，一字葆菊，北平人、日本陸軍士官學校中國學生隊二十八期野砲兵科畢業）抽調保安第七、九（欠第一營）、十等三個團，前往江西會館附近圍攻潛匪，迅即完成圍剿部署。先將竄入之匪，嚴予拘束，不使蔓延，但以兵力仍感不敷，李師長復將大南門之守備任務，於黎明時交由六十八軍第一一九師之劉鐵軍團接替，將保安第八團抽調前來協助聚殲江西會館的潛匪，仍歸袁旅長指揮。

十九日晨六時，保安部隊開始攀登民房，逐步進攻江西會館的潛匪，激戰至下午三時三十分，大部匪軍已被我消滅，僅餘殘匪二、三百人被困於江西會館，原可於瞬間悉數肅清，不料，五時三十分，突接獲劉鐵軍團長報告：「大南門守兵與匪激戰竟日，傷亡殆盡，大南門已被匪攻破，匪之大部已竄入城內。」從此情勢大爲惡化，已陷入不可收拾的地步！

這天上午九時，正當開封城關進行激烈戰鬥之際，徐州剿匪總司令劉峙，偕同徐州警備司令譚輔烈中將，及幕僚人員：郭一久主任、吳一丹處長、周英科長等一行，乘專機飛臨開封城垣上空，和我及李師長通話說：「城外援兵，今日晚間即可到達開封附近……。」如此更加強大家堅決與匪作戰到底的決心。

大南門失守，開封城內情況已緊急萬分，李師長已無預備隊可用，一籌莫展，經與我聯絡商量，決定爲固守開封，以待邱清泉、劉汝明、周嵒、胡璉各兵團的來援，作緊急措置如下：

1.由西門以南經包府坑、大紙坊街、袁宅街、黃大王廟門、曹米胡同至曹門以南之線，由保一旅旅長袁行廣負責阻匪北竄。

2.西門及曹門以北之線，由六十六師之暫編十三旅張旅長負責固守。

保安部隊奉到上項命令，於黃昏六時以後，迅急轉移至大紙坊街及袁宅街一帶，竭力拒禦匪軍進竄，匪遭遇阻滯，即在市街進行攻戰，採用屋頂和地面配合並進的戰法，因而發生劇烈的街巷爭奪戰，戰至午夜，我全線陣地，屹立未動。

這天黃昏，李師長以保安部隊所擔任的防區太大，並有已在城外和優勢的匪軍血戰數晝夜，傷亡慘重，精神體力疲乏不堪，恐難阻匪向北進竄而達成確保省政府的任務，曾給我電話，爲安全顧慮，請我速至龍亭，稍避敵燄。而我早已下定決心，誓與省府共存亡，絕不他去。此時和我同在省府的：有秘書長馬凌甫、民政廳長張辛南、建設廳長宋彤、教育廳長王公度，委員齊眞如、田鎭南，參議韓桂山，社會處長王光臨、新聞處長周烈範，軍管區副司令龐國鈞、豫東師管區司令曹玉珩、豫北師管區司令張文清、保安處長華克格、警察局長齊惠吾……等重要幹部多人，我以萬分沈重的心情，環顧左右，都是國家不可多得的忠貞幹才，他們在此，並無戰鬥任務，如做無謂犧牲，實在可惜，因此勸說他們趕快離開省府，暫時躱避一下。但是他們都決心與匪周旋到底，誓不他去，要和我同生死，共患難，令我十分感動。

另外一提的是：十九日午前，新五軍留駐開封的幹部訓練大隊大隊長謝道安，親率百餘官兵前來請求協同防衛省府。我深知新五軍官兵作戰勇敢，尤其火器精良，如今自動協防省府，自是極表歡迎與感謝，就將省府最緊要的據點「辦公大樓」，交其協同省府警衛營負責防守。

六　開封城陷

二十日凌晨二時，陳賡匪部將防守西門之六十六師暫編第十三旅擊潰，其主力乘夜色突入西門，而後分向左右席捲，勢頗兇猛，以致省府後方頓成眞空，全城一片混亂，危急萬分。劉伯誠和陳毅兩部匪軍在城內會合以後，即以壓倒之勢，分別圍攻龍亭和省府兩個最後據點，戰況異常猛烈。

龍亭位在北城裏面，午朝門街以北，今中山路北端，正南直通大南門，原是北宋故宮大內；明太祖朱元璋改封其第五子吳王朱橚爲周王，在此建「周王府」；清初改爲「貢院」，後以地勢低窪，即於其上改建「萬壽宮」，移「貢院」於東北隅（即河南大學校址），故名「龍亭」。下築有方臺，高六、七丈、寬約十丈，上有九間大殿，重簷四覆，黃瓦輝映，朱柱迴廊，古雅莊嚴，東西爲潘湖、楊湖，湖水澄清如鏡，兩岸垂柳，景緻甚佳。李師長認爲龍亭一帶地區，廣大空曠，視界開闊，居高制下，便於佈署固守，倘若城防被匪攻破，還可保此一隅之地以待援軍反攻，況且西北城外，沙與城齊，設若情況惡化，尚可轉出外線作戰，所以早已將兵力全集中於此據守，實則覆巢之下，怎能有完卵呢？

省政府原爲清帝行宮，慈禧太后那拉氏於庚子拳亂西逃關中，次年回鑾過開封，曾於此勾留數月，在城垣中心偏西建築行宮，規模宏大壯麗。我省府和民政、財政、建設、教育四廳及保安、會計、秘書等處，都在一起集中辦公，四外街衢縱橫，一無可恃之處。

二十日凌晨三時許，李師長在龍亭以情勢很壞，向我電話告急（最後一次通話），我即刻調派保安第一旅第八團馳往進占「地方法院」，另將保安第一旅之第七團撤回省府周圍，以鞏固保衛省府這個據點。

晨五時以後，匪即蝟集省府周圍，與我展開近距離的戰鬥，往返衝殺，迄無停止，並以曲射砲沿街濫射，房屋多被摧毀。守衛部隊憑藉原有之防空壕洞及伏地堡壘，或踞屋頂，抗拒匪軍，保衛省府。匪以屢攻難進，即採用其殘酷的手段——人海戰術，波浪式的攻擊，圍撲省府。守軍處此兇惡敵前，仍沈著應戰，以機槍、手槍、卡賓槍、手榴彈等武器，竭力抵禦，予匪以極大的殺傷。最後，匪又加強火力攻勢，瘋狂發射大量火箭筒及燃燒彈，頓時使省府及四周完全成了一片火海。我大爲憤怒，立刻登上房頂指揮，與匪作決死鬥。

下午二時，匪軍曾數度衝入省府，均被我英勇官兵逐退，然官兵已傷亡慘重，周圍火勢仍在繼續燃燒擴張中。五時許，三哥茂松勸我趁此時機突走，說：「省府已成一片火海，可以易地與匪周旋。」我以堅定的語氣正色說道：「我已決心與開封共存亡，此地就是我葬身之地！」三哥想再勸我，爲了表示我的意志堅決，也顧不得他是三哥，很氣憤的踢他一腳，左右的人看了都爲之動容。

八時許，匪又集中火力，利用人海戰術，捲土重來，我守兵逐室抵抗，浴血爭奪，匪復使用曲射炮，徹底摧毀省府房屋，成爲一片瓦礫墟場，我官兵傷亡殆盡，屍骸枕藉，我眼見此種慘狀，眞是悲憤交集，默察以匪軍攻勢之猛烈，轉瞬間即可毀滅「辦公大樓」和「秘書辦公室」這兩個最後的小據點，此時若不成仁，豈不束手就擒，成爲千古之恥？因此乘副官張天河不注意，將其手槍奪出，欲舉槍自殺以謝國人，未料被三哥茂松及程振東副官（安徽臨泉東四里劉興集人，中央戰時工作幹部訓練團第六期畢業）迅速來爭奪手槍，並將我抱住說：「現在還不能承認失敗，只是暫時失利，還可轉移到其他地區再舉。」而守衛「辦公大樓」的新五軍大隊長謝道安和其所部張連長，聞聲亦率兵二十餘名前來說：「留得青山在，不怕沒柴燒。」不由分說，將我蜂擁挾持高舉，衝出省府西側門外的「福壽胡同」，輾轉至民宅安身，等待援軍及時到來，以補救於萬一。

再說當我被簇擁著離開省府後，當夜，省黨部主任委員燕化棠、省政府各廳處長、以及其他公務人員……等，亦很快的隨之突出省府以外；被俘的：有秘書長馬凌甫、教育廳長王公度，和省府公務人員一百餘人，被匪幹派兵二十多名押解他們，出大南門向扶溝縣前進，至午夜方到城南二十里茶庵地方，匪兵疲困已極，即令被俘人員就道路兩旁坐地休息，而匪兵亦倒臥地下假眠，匪兵以疲勞過度，躺下不久，都紛紛入於酣睡之鄉，被俘人員鑒於早秋高粱叢起，乃乘匪兵熟睡不覺，就都進入高粱地裏，四處奔去，有驚無險，終於擺脫共匪的魔掌。省府殘餘官兵都能發揮各自爲戰的戰鬥精神，仍在利用殘垣斷壁，與匪反擊，追逐爭打，竟持至二十一日午，竭力作最後的決鬥，終於都成仁取義了，這種浩然正氣，足以驚天動地而泣鬼神，在革命的歷史上，眞是壯烈千秋了。

匪軍攻打龍亭，是以陳毅部由東、南兩面進撲；陳賡部由西門向西、北兩面席捲；魏鳳樓、金少山等部占踞北面城垣，布成合圍的攻勢，接著大砲、火箭砲……四面八方齊向龍亭、午朝門、東華門、西華門一帶轟擊，徹夜激戰，二曾祠著火，設在那裏的河南省立圖書館的藏書——古籍善本，大半成爲灰炬。守軍憑藉龍亭工事，以機關槍、大砲四面掃射，希能煞住匪的攻勢，但是事與願違，匪軍吞噬這座龍亭，只在旦夕之間了。

二十一日晨七時許，匪軍開始以優勢的砲火，向龍亭西方惟一的掩護點地方法院之守兵保安第八團猛烈施以毀滅性的轟炸，遂使整個法院盡成廢墟，而守兵亦隨之同歸於盡。這時匪兵像一陣海潮似的蜂擁前進包圍了龍亭，城防司令李仲莘及城防部隊長十三旅張旅長，鑒於末路已臨，立即衝出地下室，向外逃跑，但周圍盡是匪兵，張旅長瞬即受傷被俘，李師長跑至龍亭後面時，亦被匪擊中而成仁了，其妻聞訊，出來撫屍痛哭。按國民政府於九月九日以該師長「率部奮戰，身負重傷，壯烈殉職」，明令褒揚，並追贈中將。李仲莘（一九一二～一九四八）湖南長沙人，湖南大學機械工程系肄業、黃埔軍校第六期通信兵科、陸軍大學十一期畢業，曾任陸軍第九十四軍一八五師參謀長、政治部主任、副師長、抗戰勝利後任整編第七十五師副師長，民國三十六年晉升任整編六十六師少將師長。死年三十六歲。

龍亭失守，開封全城整個淪入匪手。

事後知道大哥與七弟皆在此時被俘，久年患病的大哥曾對匪兵叱說：「潤階（朱德字）在那裏？叫他來見我！」匪兵不知是誰？大哥說：「就是你們的朱總司令！」他們都唬不透大哥和朱德是什麼關係，後來就把大哥放了。七弟大罵匪兵無人性，隨意亂抓人，提起去年（三十六年）十月，匪軍攻入鞏縣時，先母靈柩停在窯洞內，被匪挖開，公開暴露罰跪，以清算我歷年來剿匪，反共的舊帳，然而先人何辜？竟遭此侮辱！此仇此恨無時或忘，不知何時才能得報？思之痛心！七弟被擄到杞縣一帶，後來乘機才得逃了出來。

這場戰爭，計傷斃匪軍五萬餘人；國軍團隊官兵陣亡三千餘人，傷五千餘人；民衆傷亡五萬餘人，失蹤萬餘人；房屋毀壞三萬多間，以致無家可歸，無米爲炊的，約有十萬多人。如此種種悽慘現象，實爲曠古浩劫。

再說我於城中民房稽留兩日，仍不見援軍到來，知援軍無望。二十二日午後，我獲悉匪軍調動頻繁，且有大股匪隊正經由大南門出城，正是出城的好時機，於是和隨從數人選定出城時機和路線，經研判雖然援軍是由東向西增援，如由大南門出城，將不爲匪所疑，遂由副官程振東，副團長王東斗夫婦、營長李東方、盧倩（淑貞）夫婦、及營長張濟超、宋士德、參謀丁源炳等男女八人，忠心義膽衛護著，很機警的巧騙了匪軍耳目，大膽的跟隨匪軍部隊，竟然順利混出大南門。

先是程副官鑒於我爭持手槍時，弄得滿手鮮血，急中智生，爲我敷上藥膏，加以包紮，並及頭部，諉稱爲乃父受傷送醫，用手拉膠輪平車載我，當經過大南門時，可以說是生死關頭，那裏有匪軍的檢查站，像是「鬼門關」，雖經嚴厲盤查，幸能各持鎮定，不但没有露出絲毫破綻，反而能在匪軍大隊擁塞情況之下，平安脫險。這時已是二十四日清晨五時光景。

二十五日晨，我等一行人出城後向東出發，走走停停，雖歷經艱險，幸大家機智應付，多能化險爲夷。午後二時行至蘭封以東之紅花集，遇到邱清泉兵團所屬的新五軍第八十三師正向西推進，攻打匪軍，兩相對壘，無法通過，不得已，折向北行，沿著黃河南岸大堤繞過戰線，始抵八十三師防地，當即迎導該師進至蘭封。二十六日晨，新五軍軍長邱清泉接八十三師周至道師長報告，獲知我來，亟派汽車迎接到他的軍部，共商規復開封大計，積極進軍，兵鋒直指開封古城。匪軍見國軍反攻已近開封外圍地區，乃亟行退去。

二十六日下午四時許，收復開封。

我於進開封城後，立即採取各項措施，首先恢復行政機關，收拾地方人心，鑒於善後工作急待展開，首先成立「開封匪災救濟委員會」，辦理各項損失調查，據以施賑，並洽商邱清泉軍，在每座城門駐兵，擔任守護；另於城內畫分區域，由各級政治工作人員率同各單位特務連，分乘汽車往來巡察，以防游勇滋擾生事；至於該軍的主力則在城外指定地區休息，並戒備匪軍回襲；且抽調該軍衛生醫務人員亦畫分區域開設「裹傷所」，包紮醫療，施行義診；復發動公私醫院，一律免費收容治療負傷軍民；對無家可歸的概予分配至公共處所及學校寄宿，並撥款助之修建其破壞的房舍；對於無米無炊的，亟令省社會處、開封縣政府，及商會等機構，籌措食糧，辦理急賑，助之恢復生業，以安生理；收容失散官兵，得萬餘人，重建警察及保安團隊武力；整理戶籍，清查戶口，以免匪人潛伏；迅即清除戰場，掩埋遺屍；修復被匪破壞的城垣，及交通、通訊等，諸種善後問題，並發動民衆協助第四綏靖區司令官劉汝明部軍修築必要之城防工事等等，於是很快的恢復安定了秩序。

蔣總統由西安到鄭州，還嘉慰我協力收復開封，並批發開封善後救濟費三千億元。

七　經驗與教訓

語云：「失敗爲成功之母」，就是要我們能檢討失敗的原因，坦白承認失敗的錯誤，切記失敗的教訓和不忘痛苦的經驗，以後不再犯這些過錯，如此才能把過去的失敗轉變成將來的成功。這次的開封戰役，我地方團隊浴血苦戰，仍遭致淪陷的命運，令人痛心，茲將匪我雙方檢討如下：

匪方：

㈠兵力雄厚，行動迅速，裝備優良，配有各種不同之大量火炮，尤其曲射炮及火箭筒，在街市爭奪戰中，能發揮極大效果。

㈡匪常用圍點打援之戰略，此次圍攻開封即其一例。

㈢匪性殘酷，爲達目的不擇手段，常驅其部屬以人海戰術施行波浪式之進攻，犧牲在所不計。

㈣匪人刁詐，富有欺騙性，其野戰部隊，對於往來通行人民之檢查，態度溫和，言語甜蜜，使人民對其發生極大之好感。

㈤匪在街市戰鬥時，對於居民住宅前後左右之牆壁，均行挖通，可免去巷戰之犧牲，而接近我陣地，即在作戰失利時，亦可利用此通道逃逸，此種技倆因訓練有素，頗能迅速執行任務，達成有利之目的。

我方：

㈠我大本營之作戰指導是使我守軍固守開封，將匪之主力繫留於堅城之下，而以我外圍有力兵團由外線馳援，將匪反包圍而收聚殲之效，在戰略指導上極爲正確，惜以人謀不臧，使此良好之戰略，反爲我自身粉碎無遺，其主要之因素：

1.匪之主力已在開封展開戰鬥，而我信陽方面之兵團司令張軫虛報軍情，強調劉伯誠匪部之主力，仍在信陽附近地區，使我大本營決心動搖，將援我開封之胡璉兵團中途他調，使匪無後顧之憂，一面猛攻開封，一面分兵一部轉移於蘭封以東，協同由魯西西來之陳毅匪部主力，以遲滯我邱清泉、劉汝明各兵團之西進，以致未能按照預期計畫應援，開封遂致被匪攻陷。

2.開封城防指揮官對於佈署與指揮上發生絕大之錯誤：

(1)李仲莘師長將六十六師僅有之十三旅主力，佈署於開封城內之西北隅，而廣大之城防，則配以極少數之兵力，此種分割佈署，顯然指揮官早有成見，或感到以現有之兵力，未能確保開封，失去信心，按其如此佈署，倘城被匪攻破，彼則可保有一隅之地，以待援軍之到達，彼以該防區廣大空曠，射界開闊，當易固守，殊不知覆巢之下無完卵，城防被匪軍攻破後，該點亦繼之陷落。且十三旅，爲我國軍英勇堅強之部隊，在魯西剿匪，歷有輝煌之戰績，嗣移防河南郾城，被劉匪伯誠重層包圍，困守孤城，苦戰達三月之久，終能確保郾城，河南人民對其英勇之作戰，實寄予至高之敬仰，此次擔任開封之保衛戰，苟非指揮官在佈署與運用上發生絕大之錯覺，何至與匪稍事接觸即行潰敗？

(2)指揮官精明有餘，而對戰場之經驗與當機立斷之果敢，則似感不足。如當奸匪攻佔我大小南門及宋門，爲我保安部隊次第恢復，尚有一部潛藏於江西會館附近，我電話請其迅派部隊予以消滅，彼則猶豫不決，不肯派兵，最後雖指派袁旅前去圍攻，惜時機遲誤，終致無法挽救。

(二)我「新五軍」邱清泉軍長，老成練達，指揮有方，爲當時我國軍中很優秀之高級將領，當其進攻（收復）開封時，余適隨該軍軍部前進，其治軍治事，實有可資供吾人效法，謹就我目睹所及其犖犖大者，略述如下：

1.每晚宿營之後，即將其多數之幹部集合於軍部，檢討本日戰鬥之得失，檢討時，務使其幹部均有發言之機會，暢所欲言，氣象和穆，如一溫暖之家庭，爾後即綜合歸納各種看法，繼續發佈次日各部隊進攻目標（各村落亦含）之合同命令。關於友軍間之連繫，與支援步砲之協同，側衛後衛之派遣……均有詳明之指導與規定，好像把一個廣大可怖之戰場，視爲彼之活動教室，又像把其狹小之軍部，瞬間又變爲一殘酷之戰場，以達成教戰合一，故其部隊能完成其所付予之任何任務，使奸匪對之望而生畏，人民對之崇敬，而博得「鐵軍」之名。

2. 該軍在宿營時，薄暮以前，各單位必須完成其住地之防禦工事，而後方能進餐，隨時隨地把握步步爲營，穩紮穩打之要點，而不爲匪所乘，招致意外之損失。

3. 當其攻抵開封以東興隆集、八里灘之線時，曾又召集其高級幹部，確定收復開封後之一切處置，根據其判斷，開封外圍各地之匪，連日以來，均被我次第擊潰，分向西南逃逸，城內之匪，絕不敢再作困獸之鬥，可能棄城而逃，在軍事上不會遭遇困難，是以收復開封之先決條件，首先如何收攬人心。蓋以匪人每到一地，即廣事宣傳，以欺騙人民，並以小恩小惠，要好於人民，使人民誤受其奸計，而對彼發生好感。吾人須知勝敗之關鍵，固然關係戰力之強弱來決定，而人心之向背，尤爲首要問題，吾人進城後，爲粉碎共匪之奸計，必須以有效行動，始克有濟，其中以解救人民糧荒問題，極爲重要，開封城內食糧，素感缺乏，經此十餘日之戰鬥，糧食恐已枯竭，人民遭受飢餓，勢所難免，當即決定由其全軍官兵以節食精神，損糧十萬斤，作爲緊急之救濟，待哺之戰後哀黎，賴以得救，浮動之人心，因之即告安定。

4. 開封城內，七、八日之巷戰，民房多被轟毀，流彈所及，人民受傷者比比皆是，醫療包紮，均極需要，該軍於進城後，當即劃分區域，責令各單位之衛生隊及醫務所，迅速展開醫療工作，爲受傷人民施行義診。

5. 對於收復城內秩序之維持，在每一城門駐兵一個營，擔任守護，另在城內劃分區域，由各級政工人員率同各單位之特務連，分乘汽車往來巡察，以防游勇之滋擾，至其主力，則在城郊按指定之地區休息，並防備奸匪之反攻與襲擊。

㈢我守城之保安部隊，以其原爲我國軍第十五軍改組編成，是以所有官兵，大都身經百戰，作戰經驗異常豐富，其中多數參與北伐、剿匪、平亂、抗戰各役，是以自戰鬥開始，均能固守崗位，浴血奮戰，且有臨難不苟、殺身成仁之精神，如第三營營長謝金鰲、第九團第一營營長劉子傑，於大小南門初度失守時，不稍驚懼，對於突入城內之共匪，施以斷然之襲擊，迅速恢復既失之陣地與城門，事後始行報告，其機智勇敢，實有足多述者。

㈣我新五軍，在魯西與河南許昌間之中間地區，於三十六、三十七兩年間，對於陳毅及劉伯誠等匪部，曾施行往返不斷之追剿與截擊，其所負任務之艱苦與危難，若非訓練有素以及忠黨愛國之正氣所驅使，何能克此艱巨。然在此一時期，社會上間有大聲疾呼指責其軍紀敗壞，苛擾人民，甚有痛哭流涕請求中樞速將該軍他調者，窺其因素有二，茲謹就愚見分述，以供他日之借鏡：

1. 我邱軍長以孤軍在該地區施行往返追剿，爲針對奸匪作戰突擊之慣技，及採用穩紮穩打步步爲營之原則，以避免遭受奸匪之突襲，於是每日宿營以前，各部隊所住之村落，必須完成防禦工事，而構築工事所需之材料，勢必就地向民間徵發，初則樹木蘆材，繼則門窗桌椅，此種徵發，爲每日必須之課程，在軍隊本身而言，固已勞苦不堪，在人民利益而言，則實感困擾萬狀。就軍事之需要而言，固爲不可避免之事實，然軍隊以保國衛民爲主要任務，若至於苛民、擾民，增加人民的痛苦，則毫無意義而言。我想若能於事後，由國家主動予以賠償，當可減少民怨。

2.奸匪在一地區竄擾，最感畏懼及視爲絕大阻礙者，即爲新五軍，是以多方藉故，製造種種謠言，以毀壞其軍譽，進而利用其滲伏我社會各階層之匪徒及其同路人，擴大宣傳，造謠生事，以挑撥離間我軍民之情感，社會上不明大體以及自命進步份子，不察是非，人云亦云，甚而有上書控告者，有請願將新五軍他調者，不知其受奸匪之欺騙，反而自命爲民請命，其結果所及，實足以使奸匪之陰謀得逞，可憐亦復可恨。

㈤在進行街市（巷）戰時，無論攻擊或防禦，則其重點之形成，或陣地之構成，多爲立體（即地面、通道、樓房、門窗、以及房脊、屋頂等制高點）之部署或配備。於斯時已經形成近戰，諸如一般戰略或戰備性兵器，均將失卻效能，而任巷戰部隊此際最有效之利器自爲戰車、火箭筒、火焰噴射器、槍榴彈、手榴彈等，惟此外尤須充分準備大宗蔴袋、梯子及土石工各種工作器具，以期加強戰力，並隨時保持機動與主動。

1. 蔴袋（裝土）——(1)在地面上可以迅速堆集成掩體，並可封鎖必要之通路，阻敵流竄。(2)樓房、門窗及房脊、屋頂，可利用土袋於瞬間形成簡單之遮蔽，以減少戰鬥員之損傷，而發揚我熾盛之火力。

2. 梯子——街市戰既爲立體配置，對於房屋之攀登，與逐步之前進，梯子實爲不可或缺之器材。

3. 土石工各種工作器具——街市戰爲一逐巷逐屋爭奪之戰鬥，故對前進路之開闢，極關重要，是以接敵運動，若僅賴大街小巷，則不獨誤時誤事，且易招致重大之犧牲，如能利用土石工工作器具（即十字鎬、鋼鎚等），就民房之牆壁，迅爲挖通，逐步前進，自可避免不必要之損害，並可以利用此種前進方式，詳確搜索民宅，以免匿匪滲透滋擾，影響作戰。例如十八日夜，我宋門被匪突破後之瞬間，城門雖被我克復，而其竄入之一股約七、八百人，潛匿於江西會館附近各民宅，我保安部隊前往圍剿時，在並無戰車、火箭筒、火焰噴射器等裝備之狀況下，全憑 袋、梯子及槍榴彈、手榴彈之配合運用，終能逐屋前進，消滅匪之大部，且將其殘餘之一部，拘束於江西會館，倘時間稍有餘裕，定可將其悉數殲滅。現在軍事科學，雖已進入核子時代，但僅恃核子武器之能否完全解決戰鬥，尚無人敢加預測，因此我舊的戰鬥技能，戰場上血的教訓，仍不宜輕予忽視爲當。

(六)攻擊與防禦兩方，不獨在精神上易有主動與被動之偏差，而於心理上亦往往形成其極不協調之狀態，由於攻者無道義上之負擔，故不慮其所採手段之是否殘酷，而防者尤以兼負行政責任之指揮官，每對「守備地區之確保」與「地區內人民生命財產之保全」等兩種矛盾，無法統一，如本戰役中，當匪軍攻擊省府據點最激烈之時，曾命邱清泉部留守人員所攜有之火箭筒，將陣地周圍被敵控制之制高點，全部摧毀，但至發射數發引起附近民房大火後，反因「保全人民生命財產」之心理，變更最初之決心，彼時雖大勢已去，縱竭盡所有手段，已無法挽回戰局，然此亦不能不爲自身之缺點。

(七)如欲在預期確保之城市或大鄉村中，與敵進行巷戰，以爭取有利於我之時期時，由於市區街道之戰爲規整，可以利用磚石將各街、各巷、各家、各戶之門窗，予以完全堵塞，使形成多數縱橫之「城垣」，而各街、各巷，無形中即已形成多數縱橫之「外壕」，另利用房脊、屋頂，以土袋堆積簡單工事，形成制高點，亦即以形成空中火網，俾易遂行「立體」戰鬥，同時在各十字路口，構築必要之掩體，此種掩體，即等於「外壕」，壕底之多數側防機能，基於戰役中我保衛省府據點之經驗，已證明此種方式之可行與有效。

第三節　安陽第三次保衛戰

自民國三十六年七月二十五日，安陽第二次保衛戰後，我方之狀況如下：

一、第四十軍軍長李振清（原整編第四十師，三十六年底恢復軍的番號）率第一〇六師（趙天興），於十月中奉調由豫東地區向大別山追剿劉伯誠，僅餘三十九師（司元愷）之兩個團防守安陽城垣，遂將兵力集結於安陽城郊五里附近以內地區，形成重點；但在城關周圍四十里以內，仍爲我之控制區。

二、駐安陽境內之省、區、縣人民自衛總隊，於三十七年八月間，併編爲三個保安旅，隸屬於第三區專員兼保安司令公署，第一旅旅長王自全，第二旅旅長郭清，第三旅旅長由區保安副司令劉樂仙兼任。

三、駐安陽之四十軍三十九師，繼於三十七年九月間，奉調徐州附近，所遺防務，全由保安部隊接替。我徐州剿匪總司令劉峙爲便於指揮，曾發佈以第三區專員趙質宸兼「豫冀邊區清剿指揮官」，並以第三區保安副司令劉樂仙及第三區保安第二旅旅長郭清兼任副指揮官。

四、三十七年十一月起，遵奉國防部命令，將第三區三個保安旅改編爲陸軍第三三七師，編餘之部隊併編爲第三區保安旅；師長一職由郭清充任，副師長一職由劉樂仙兼任，並仍著劉樂仙爲第三區保安副司令兼第三區保安旅旅長。

匪軍以我安陽要地，孤懸已久，內無足夠持久消耗之兵力與糧彈，外無有力之支援，乃乘我徐蚌會戰（民國三十八年一月十一日）失利之際，以其中原野戰軍（司令員劉伯誠）的第四十軍會同太行軍區（劉伯誠兼司令員）的軍區部隊圖犯名城。

民國三十八年二月二十一日，匪林彪部第四十軍由冀南竄至安陽附近，乃會同太行軍區獨立旅、第五軍分區獨立第五十二團共約四萬人，於二十二日晚七時許，分四路向我安陽縣城猛烈攻擊；未幾，其由西而東之一路，利用地形掩護，突破我陣地中央，續犯城關；我指揮官一面命令各據點守軍沈著應戰，一面以預備隊將其包圍，激戰至二十三日晨二時許，將竄入之匪大部殲滅，殘匪突圍逃遁，我軍以一部清掃戰場，大部追入敵陣，我復逐漸擴張戰果，至五時許，匪不支後退，我於清掃戰場並行火力追擊後，七時許歸還原陣地。

二十三日下午七時許，匪軍向我各陣地施行全面攻擊，九時許，匪更以主力向我機場城關間之三角地帶主陣地猛烈進犯，我軍在步砲協同下與匪激戰，至二十四日凌晨三時許，將匪擊退，其他各陣地，均無變化。

二十四日上午七時許，我各據點之預備隊分向各該據點當面之匪施行反擊，激戰至中午十二時許，匪各被迫後退三、五里，我軍旋即撤回原陣地。晚九時許，匪仍向我各陣地猛攻，激戰至二十五日凌晨三時許，我守備南關之保安旅第三團司炳南部被迫轉移至第二線陣地，立足未穩，第二線陣地又被匪突破，我三三七師郭師長，遂親率預備隊前往堵擊，並令西關之孟團及南關之程營分向侵入之匪側擊及阻遏其援隊，經過反復衝殺，至二十五日午十二時許，始將侵入南關之匪，予以驅逐，恢復原陣地。

二十五日晚八時許，匪續向我各陣地環攻，激戰至二十六日拂曉，匪攻擊停止，我陣地無恙。

二十六日，我以連日戰鬥，未行出擊。午後匪軍調動頻繁，晚六時許，匪即以砲火向我各陣地猛烈射擊，午夜後轉趨沈寂。當時，雖判斷匪軍可能撤退，但恐中其詭計，未予出擊。二十七日拂曉時，偵知匪之主力部隊——僞四十軍已經南竄，東區部隊西竄太行山區。此一五晝夜之保衛戰，乃告結束。

此役斃傷匪官兵四千餘人，俘匪官兵三百零九人，獲輕重機槍十二挺，步槍二百二十六枝。我陣亡官兵二百七十一人，負傷官兵七百二十九人，失蹤一百四十八人。

檢討起來，安陽孤懸四年之久，其歷經戰鬥而仍能確保無恙者，主要原因有四：

1. 地方組織嚴密，匪民劃分清楚。
2. 地方自衛部隊戰力堅強，士氣旺盛。
3. 碉堡政策，實施徹底。
4. 團隊幹部素質優良，指揮官才能卓越。

然安陽地區團隊只能固守據點，卻不能發揮更輝煌的戰績，不外乎兩點：

1. 裝備不佳，不能發揮其含蓄無比之潛力。

2.政府未能給與充分之後勤支援。

至於匪軍之敗，則敗於「驕」。蓋林彪所部之四十軍，自以爲無可匹敵，尤其輕視我之地方團隊，終致遭受挫折。

第四節　安陽最後之戰

民國三十七年冬季以後，長江以北僅有安陽、新鄉兩個據點，新鄉方面由我國軍及團隊各一部負責守備，安陽則全由團隊及團隊改編之第三三七師防守。我安陽團隊在日寇投降之初，人數有五萬餘人，在以後四年中，歷經百戰損耗，均未補充，迄三十八年春，僅餘可戰之兵二萬人，控制地區約三十里，唯自蔣總統引退後，政府方面未給予任何精神上或物質上之支援。

民國三十八年三月初，駐新鄉附近之河南人民反共自衛軍第四路指揮官兼第九縱隊（河南滑縣地方團隊改編）司令王三祝（父王泰恭，於滑縣縣長任內與匪作戰殉職）率部萬餘人，擬南渡黃河向西安方面轉進被阻，乃北上至安陽，加入安陽方面之戰鬥序列。

四月十五日，匪以林彪部僞第四十一軍、四十二軍（欠一個師）及太行軍區獨立旅、第五軍分區獨立團、另四個砲兵團等部，附冀南民兵三萬餘，總兵力約十萬餘人，由僞第四十二軍軍長萬義指揮，進犯安陽、新鄉兩地區。我方兵力爲陸軍第三三七師，河南人民反共自衛軍第九縱隊、及第三區保安旅等部，共約三萬人，由冀豫邊區清剿副指揮官劉樂仙指揮。

四月十五日，匪第四十一、四十二兩軍，由冀境竄抵安陽附近後，其四十一軍繼續南竄，將新鄉包圍，四十二軍即會合僞太行軍區部隊將安陽包圍。

我軍於先一日將安陽城北之飛機場自動放棄，集兵力於城關及車站附近之主陣地帶，擬憑既設陣地殲滅來犯之敵。

十六日晚九時許，匪軍向我全面攻擊。並另以兩個團分兩股向我安陽火車站附近主陣地鉗攻，一股由我主陣地左側沿凹道直撲西關，一股由我主陣地右側沿洹河進襲我車站北端，企圖破壞我之防禦陣地體系。我指揮官劉樂仙及三三七師師長郭清，坐鎭車站督飭預備隊分別堵截圍殲，午夜十二時許，部署完成，一舉將匪之退路切斷，並將其兩個團全予包圍，激戰至十七日凌晨三時許，匪軍傷亡慘重，殘匪全部投誠；其餘各地區激戰至天明六時許，匪停止攻擊，我陣地無恙。

十七、八日晝間僅有零星戰鬥，入夜匪即向我猛攻，但無任何進展。

十九日至二十日，每至夜間，匪即向我全面進攻，但其攻擊重點移向北關一帶。我防守該地區之王團，曾一度將安陽橋、下北關陣地失守，旋經我三三七師郭師長親率預備隊予以恢復。

二十二日至二十四日夜間，匪之攻擊重點，又移向東關。我守備該地區之程營，因傷亡慘重，工事被毀，致陣地為匪攻陷；旋經我第九縱隊司令王三祝率兩個團於二十四日上午七時許，向該匪施行反擊，激戰至午後二時許，將陣地恢復，並於陣地恢復後，留置一個團負責守備。

二十五日至二十七日，匪之攻擊重點，再移向南關。我守備該地區之司團，與匪激戰三晝夜，至二十七日凌晨三時許，大部據點被匪攻陷；我王三祝司令經即率隊馳援，激戰至十二時許，將陣地恢復，再留一個團防守。

二十八日起，匪軍改取政治攻勢。在其陣地後裝置廣播器，陣地前裝置擴大器，晝夜以女匪幹向我軍民展開誘惑欺騙之宣傳：如「三大政策」、「八大保證」等；並挑撥軍民感情，離間官兵團結。另向我團長以上人員每日投置一封信；更派代表以陣前喊話方式表示「慰問」與「致敬」。而我孤城軍民，均未被其動搖。

五月一日夜間，接獲我駐石家莊地下情報機關電告：「匪攻太原之四個砲兵團，已經石家莊兼程南下」；另收聽匪僞廣播：「新鄉局部和談業已簽字」；並接獲我派駐新鄉諜報組電告：「匪四十一軍之兩個師，已由新鄉北竄」，判斷匪之主力軍在三日後即可竄至安陽附近。當於二日晨召開團長以上會議，會議中有兩個相反之案：一案爲指揮官劉樂仙主張突圍西向太行山區或東向運河以東轉進，改取游擊作戰，另策後圖；一案爲三三七師師長郭清主張以靜制動，繼續苦撐待變。爭論至午夜，仍未獲致協議。但因保密警覺不夠，使會議內容，被全城商民獲悉！於是各界紛派代表向指揮部請願，要求以人民生命財產爲重，繼續苦守。

三日、再度集會，多以受人民之託，主張苦戰到底！遂決議：全體官兵與城共存亡。當即調整部署，準備迎擊匪之再度攻勢。

五月四日、匪軍南北兩股增援部隊，均已先後竄抵安陽附近，但仍致書我方要求談判，經我指揮官劉樂仙嚴詞拒絕。

五月五日晨五時許，匪軍再度向我攻擊。在此次攻擊行動中，砲火猛烈空前；所施放之煙幕，瀰漫城關，我軍浴血戰鬥至十二時許，車站以西主陣地之工事全被摧毀，匪得迫近城關，在城關激戰至六日凌晨二時許，我四關相繼被匪攻陷，城垣被匪摧破，雙方肉搏相持達一小時以上，我以衆寡懸殊，乃轉入巷戰工事中，繼續抵抗，終因彈盡力竭，人城同亡。安陽城經歷四次圍城保衛戰，至此終告淪陷。我三三七師師長郭清在東門附近自殺成仁；我第三區專員兼豫冀邊區清剿指揮官趙質宸，第三區保安副司令兼豫冀邊區清剿副指揮官兼保衛安陽指揮官、保安旅長劉樂仙，河南人民反共自衛軍第九縱隊司令王三祝，安陽縣長兼自衛總隊長黃伯英等，均在城內指揮部抵抗至最後時，負傷被俘，爲匪殺害。爲安陽留下一頁悲愴壯烈可歌可泣的歷史！

此役匪軍戰後公佈，戰死師長一人，旅長三人，團長以下官兵一萬六千九百三十一人，負傷人數未見公佈；而我軍在初期戰鬥中；陣亡團長以下官兵一千八百七十三人，負傷官兵三千二百九十一人，俘獲匪官兵三千五百六十八人，迫擊砲八門，輕重機槍一百八十九挺，步槍二千八百六十三枝。據匪戰後公佈，則云俘虜我官兵一千三百五十一人，至於其餘官兵兩萬餘人，當已全部壯烈犧牲無疑。

戰後檢討：

㈠就戰術方面言：初期戰鬥十二日夜後，匪軍改取政治攻勢，足徵其傷亡慘重，無力再戰！我如把握此一有利時機，採取出敵意表之攻擊行動，或可挽回頹勢，而不此之圖，實爲一莫大錯誤。

㈡就戰略方面言：軍人固以保國衛民爲天職，然於大勢已去後，即應改以保全部隊之有生力量爲主。我此次安陽守軍於獲悉匪軍增援部隊，尤其精銳砲兵將到達前，在本身不可能獲得任何支援以及犧牲無補於大局之狀況下，竟惑於衆議，不自斷然突圍，脫離戰場，反而困守久已失去戰略價值之孤城，終至全軍覆沒，尤爲最大之錯誤。

第五節　殉職的地方官

開封戰役後，我看到地方破壞之慘，人民災難之深，心中異常痛苦，加以事後爲籌措善後事宜，殫精竭慮，深感心力交瘁，況且身爲河南省主席，未能保全地方，爲民解除困苦，深覺有愧於我豫省百姓，因而七上辭呈，請辭去河南省主席職務，中央雖一再慰留，然我辭意堅決，終於獲得允准，於八月二十六日奉命准予免除本兼各職，改命張軫（字翼三，羅山縣人）繼任河南省主席。

記得我到南京晉見蔣總統時，他詢問北方情形如何？我答說已整個糜爛。他一聽這話便急躁得踱起方步來，連說「怎麼辦？」那時侍從室第二處第五組組長陶希聖

（湖北黃岡人）在旁向我暗使眼色並以手示意我不要說。但蔣先生又問我怎麼辦？我本於良知道德不能隱瞞實情蒙蔽他，便直說了。他驚訝地說：「怎麼演變到這種地步？」又問怎麼辦？我說：「辦法是有，但也不太容易……要訓練兩百個師，……可惜沒有武器。」陶希聖在一旁著急，也無法制止我說話，大有古之近臣替人主分憂之風，用心良苦，但我也很感歎古語中所說的「朝中無鯁介之士，則國亡矣」那句話。

在南京時，我住在靈隱路印度大使館對面的房舍，後來蔣先生又召見我，要我擔任「豫鄂皖剿匪總司令」，我說：「我是來京待罪，請求處分的，怎麼可以？我不能接受。」蔣先生說：「難道你們認爲關於國事，都要我一個人負責麼？……你和墨三（顧祝同字，時任參謀總長）研究、研究。」顧說：「明天商量。」我說：「我實在沒法去，既無兵、又無將，怎麼可以呢？」顧很輕鬆的說：「可以撥給你兵將。」我說：「即使有兵將，不知他們肯不肯打？當年你在鄭州（顧任陸軍總司令，民國三十五年九月十四兼任鄭州綏靖主任），那個聽你的指揮？以你的資望尚且不行，何況是我？到那時既無槍又無糧，豈不誤國害民？我確知自己無能力，非不受命，實不敢貽誤蔣先生知人之明哦！」因爲自抗日戰爭勝利後，我具有革命歷史的「十五軍」已被裁銷，而今已無自己班底，故無能力報效國家，甚爲痛心！後來由張鈁接任這個職務，也難以補救惡化的時局，以致陷匪被俘。

民國三十七年九月二十日，我奉令調任總統府「戰略顧問委員會」委員（中將）

，並晉京就職，從此交卸一切軍政職務，心情感到十分輕鬆，只是憂心共匪叛亂無已

，大好河山遭此浩劫，又不禁爲之扼腕長歎！

回憶在我主政戡亂期間，我全省軍政幹部，自始至終，都能配合政策，適應情況

，於戡亂戰事逆轉之時，充分表現出忠貞、堅毅、勇敢的精神，奮身遏阻紅流，冀支

大廈於既傾，成仁取義，前仆後繼，基層幹部報國殉鄉者甚多，即以「行政專員」和

「縣長」而論，即多達五十二人，或力戰陣亡，或被俘殉職、或受傷不屈，均有其不

可泯滅之忠勇壯烈事蹟，惜大陸沈淪，不能一一爲之立傳，僅錄其姓名及事略於後：

第一行政區：

滎陽縣長張金印——與匪激戰，力竭被執剝皮，頭頂鑿孔灌澆水銀，罵賊而死

。

汜水縣長方子美——力竭被執，不屈死。三十七年九月廿九日，總統府明令褒

揚。

第二行政區：

寧陵縣長胡　藻——與匪力戰陣亡。

鹿邑縣長孫敬軒——字耿吾，商邱人，第二集團軍軍官學校畢業。與匪力戰陣亡，死年四十一歲。

柘城縣長路傳芝——字瑞庭，睢縣人，與匪力戰陣亡。

虞城縣長蔣家賓——力戰被俘。

第三行政區：

督察專員兼保安司令趙質宸——涉縣人，北京師範大學畢業，曾任中學校長、舞陽縣長，督隊剿匪，力戰陣亡，死年五十一歲。

滑縣縣長王泰恭——與匪力戰陣亡。

內黃縣長張隆文——伊川人，北京中國大學、軍令部參謀班畢業，與匪力戰陣亡，死年三十八歲。

安陽縣長黃伯英——與匪力戰陣亡。

湯陰縣長張守魁——字繼武，林縣人，河南公立法政學校、河南省區政訓練所畢業，曾任 林縣、涉縣縣長。力戰負傷，死年四十六歲第四行政區：

溫縣縣長原漢三、于錦江（繼任）——與匪力戰：原壯烈陣亡，民國三十七年二月十二日，總統府明令褒揚；于錦江力竭被執，不屈被剝皮而死。

新鄉縣長丁振卿——與匪力戰陣亡。

修武縣長徐文濤——字景山，修武縣人，河南焦作中學、河南省區政訓練所畢業，與匪力戰陣亡，死年四十八歲。

獲嘉縣長史來桓——字伯武，新鄉人，河南大學畢業，曾任軍政治部主任，與匪力戰陣亡，死年三十六歲。

博愛縣長張宏恩、劉秉鈞（繼任）——與匪力戰陣亡。

第五行政區：

督察專員兼區保安司令汪　憲——黃埔軍校四期畢業，大陸淪陷後，仍率隊二萬餘衆，游擊於大別山，終以彈盡無援，力竭被俘，壯烈犧牲。

禹縣縣長席鴻勳——率隊進援省垣，至中牟與匪苦戰被執，押回原縣，剝皮抽筋，罵賊而死。

郟縣縣長蔡愼言——字緘三，鄢城人，河南省立開封師範學校畢業。與匪力戰陣亡，死年四十二歲。

襄城縣長廉明倫——字維五，臨潁人，河南大學預科畢業，與匪力戰陣亡，死年四十一歲。

臨汝縣長王起元——與匪力戰陣亡。

第六行政區：

內鄉縣長李曰商——內鄉縣人，北平民國大學畢業，曾任新鄭縣長，與匪力戰陣亡，死年四十六歲。

淅川縣長楊嘉惠——與匪力戰陣亡。

鎮平縣長趙平甫——鎮平縣人，河南甲種工業學校畢業，曾任省參議員，與匪力戰陣亡。死年四十五歲。

葉縣縣長凌士英——字俊宸，修武縣人，河南省立第一師範學校畢業，力戰負傷，年五十二歲。

唐河縣長王世輔——力竭被俘。
鄧縣縣長王海濤——力竭被俘。
第七行政區：
督察專員兼區保安司令張振江——力戰被俘，不屈死。
淮陽縣長張延齡——字韶九，淮陽人，河南淮陽師範專修科畢業，曾任郟縣、沈邱縣長，力戰被俘，不屈死，時年四十一歲。
第八行政區：
督察專員兼區保安司令謝肖良——光山縣人，保定軍校八期畢業，歷任中少將副師長、參謀長、副總指揮，與匪力戰陣亡，死年五十二歲。
汝南縣長高欽銘——與匪力戰陣亡。
新蔡縣長董國彥——字華民，許昌縣人，河南大學教育系畢業，與匪力戰陣亡。
第九行政區：
經扶縣長李建綱——光山縣人，豫鄂皖三省保安團隊幹訓班二期畢業，曾任信陽縣長，與匪力戰中彈陣亡，死年四十二歲，三十七年二月十二日，總統府明令褒揚。

第十行政區：

督察專員兼區保安司令劉煥東——字瀛仙，鞏縣孝義村人，早年留學日本；爲政廉能，人民譽呼「劉青天」；守土剿匪，彈盡援絕，被執不屈死。

洛陽縣長郭仙舫——力竭被俘。

嵩縣縣長苗維藩——字屏山，濟源縣人，河南大學法律系畢業，曾任山西絳縣縣長，與匪力戰陣亡，死年四十歲。

偃師縣長席拂塵——與匪力戰陣亡。

宜陽縣長賈建勳——係回教徒；於韓城督率團隊，與匪力戰陣亡。三十七年五月，總統府明令褒揚。

孟津縣長張贊化、郭擔宇（繼任）——張力戰陣亡；郭力竭被執。

第十一行政區：

督察專員兼區保安司令李群峨——許昌縣人，黃埔四期畢業，曾任少將旅長，與匪力戰，壯烈陣亡，死年四十二歲。

澠池縣長王克基——信陽縣人，早年留學比國魯文大學，曾任河南省民政廳秘書、陝西涇陽縣長，死年四十四歲；董吉甫繼任，先後與匪力戰，均陣亡。

洛寧縣長詹　簡、黃海容（繼任）——先後與匪力戰，均陣亡。（三十七年九月二十九日，總統府明令褒揚黃海容）

靈寶縣長狄昌倫——力竭被執，不屈死。

盧氏縣長楊古峰——與匪力戰陣亡。

新安縣長郭　質——力戰負傷被執，不屈死。

第十二行政區：

睢縣縣長段承恩——字蔭桐，睢縣人，河南區政訓練所畢業，曾任省政府秘書，與匪力戰陣亡，死年四十二歲。

蘭封縣長董瑞麟——力竭被俘，不屈死。

由此可以推知與匪搏鬥而盡職死事的壯烈慘酷和衆多，爲歷代所無，其爲國殤，爲烈士，精神永遠不死。更可看出我河南地方團隊，對匪之戡亂作戰，可說發揮了最大的效用，雖因死守而犧牲慘重，但匪方之死傷亦數倍於我，以戰略價值而論，則非僅雙方實力相互對消而已，共匪受我地方團隊之牽制，在三十七年以前，終不能渡江而南，或作打通秦嶺隘道入侵陝西、川北之行動，是為我地方團隊之偉大貢獻。

第六節 經驗與教訓

自抗戰勝利後，我豫省即展開對匪戡亂軍事，直到三十八年五月的安陽最後保衛戰，其間大小戰役無數，為時達五年之久，茲將所得經驗與感想略述於後，可做為後人及治史者的參考：

一、河南省所訂防匪政策，發揮黨、政、軍、統合戰力，與匪從事長期鬥爭，完全符合當時實際情況。因為奸匪叛跡，已遠著於北伐前後，而抗戰期間，更復到處襲擊國軍，擴充實力，且利用日本投降後，國力維艱，民生凋敝之情況，勾結俄帝倡亂禍國，我河南地區，如不能預在此一政策基礎上早作必要之準備，實無法支援國軍於中原戰場方面，遂行三年以上之作戰。

二、我各種防匪措施合符機宜：

㈠我「民衆自衛隊組訓辦法」之實施，以「寓兵於農」為最高指導原則，而其目的，則在使全體人民一律納入戰鬥體系中，隨時保持動員之態勢，故能吸引匪軍主力於河南地區達五十萬人以上，並不斷發揮民力予以嚴重打擊。

㈡我「綏靖方案」之頒行，主在劃清敵我，並運用民力保持要地，與維護國家民族利益。其中「建碉築寨」、「連村築寨」及「併村築寨」等項實施後，不獨分別形成管教養衛之中心，逐漸擴大收復區，而於匪軍尚未獲致重武器之前，縱無國軍協防，亦從無一處要地陷落匪手，假使匪軍裝備狀況不加改善，則終將無力在河南地區圖謀擴張。

㈢我對軍政幹部之訓練，自始至終，均能配合政策，適應情況，故各級官兵之「忠貞」、「堅毅」與「勇敢」，以及軍政幹部間之充分協調合作，已於歷次戰鬥中表達無遺，犧牲之專員、縣長達四十五人之多，可資證明。

三、我河南地方團隊以僅有的兵力和裝備不足的武器彈藥，仍堅強抵抗匪軍之攻擊，因而牽制並遲滯匪之行動，此爲不爭之事實。如張世希（南京人，黃埔一期畢業，曾任徐州綏靖公署參謀長，陸軍總部副參謀長、鄭州綏靖公署參謀長等職）曾在徐州黨政軍會議席上稱讚我河南人民地方團隊對於剿匪之貢獻，即是一例。

四我之各項措施，以時間短促，不足予以充分之訓練，不能靈活運用，且各區縣之保安團隊，雖有百團之多，以格於法令及輿論阻撓，不能集中編訓使用，乃致演成挨死打之現象。匪可隨時集中力量攻我一點，而我始終以一點之力抵抗，乃為匪逐一攻破。

五團隊築寨防守，在三十五年以前，因匪無重武器，從無重要地區陷落匪手，頗有效果。自三十六年八月以後，因匪有重武器可以攻堅，築寨防守成效減低。假設國軍能以即時應援解救，尚可發生效力，而國軍對之適得其反，往往待寨破人亡始去收復，如郟縣、寧陵、登封、葉縣、南召、鄧縣之圍，即係例子。又如豫北第四十九旅之機械化旅、豫西的兩個青年師，均被匪繳械，殊為可惜。

六在軍事觀點上，綜觀戡亂之役，實敗於我初期「輕敵」，中期「縱敵」，末期「畏敵」，良以國軍在末期以前，從未對於共匪沒有形成優勢時，窮追猛剿，待其力量坐大，局勢已去，而我政府對於地方力量，又未能加以重視，反為共匪所裹脅利用，至為失算。

七、當匪勢已足燎原之時，而我仍需墨守一成不變之法令，處處受法令之束縛與箝制，不能有應變之適當措置，小之爲清查戶口，肅奸防諜，大之爲編練團隊，構築工事，均因遭受現行法令限制，不能貫徹執行任務，僨事誤時，莫之爲甚。

八、我國家原爲一農村社會，在地方上能發生領導作用，端爲所謂一般士大夫階級，而此等人士能深切瞭解共匪爲禍國家民族之烈，實百不一二，餘則大都認識不清，甚至意志不堅，以現行法令爲保障，從事阻撓戡亂之一切有關措施，因之所有應變之設置，均不能達成預期之目的，終之人心浮動，士氣消沈，力量不能集中，意志不能齊一，以與組織嚴密之共匪相週旋，自然無怪爲匪擊破，而致大陸陷落。

九、大兵團之運用，主要以鐵路公路爲動脈，我豫省極北部之安陽，西臨太行山麓，東北毗連冀、魯，居軍事上之重要形勢，扼平漢線交通之咽喉，由於此一地區內之人民，深切體認匪僞之殘暴，乃繼抗戰之後，迅速完成動員，以強化省府政策，進行對匪作戰，在此階段中，先後固守安陽地區要點達四年之久，歷經艱苦慘烈之戰鬥，其間雖間有少數國軍支援，然我之主力，仍爲地方團隊，而地方團隊，並能於國軍完全撤退後，獨力堅守安陽孤城，與匪第四野戰軍兩個軍，苦戰至南京陷落之後，其於妨害匪偽大兵團之運用方面，厥功甚偉，凡此輝煌成就，實爲該地區人民毀家紓難，焦土殺賊，自我犧牲之結果，茲試舉一、二事例如下：

㈠當日本投降之後，我安陽地區各縣議會，迅即做成決議，決心動員人力物力，與匪作戰到底，規定人民耕地，在三十畝至五十畝者，購置步槍一支，五十一畝至一百畝者，購置步槍兩支，一百零一畝至一百五十畝者，購置步槍三支，一百五十一畝至二百畝者，購置步槍四支，以下類推，二百畝以上者，另加購置輕機槍一挺，三百畝以上者，另加購置重機槍一挺。

㈡當安陽最後一次保衛戰，進行至三十八年五月二日，我團隊指揮官劉樂仙，鑒於大勢已去，原擬突圍轉進，另策後圖，乃以民意督責，遂決心奮戰到底，卒至五月六日，與城偕亡。在此一戰役中，團隊官兵固幾已全部壯烈成仁，而人民生命財產之損失，更難以數計，但人民甘之如飴。

以上足徵我安陽地區，人民毀家紓難，焦土殺賊之決心，是如何堅強！自我犧牲之精神，是如何壯烈！尤可證明我最高統帥對剿匪作戰所訓示「用兵不如用民」之原則，十分正確。

令人感到遺憾的，爲戡亂期間，非但未能遵循「用兵不如用民」的原則，制定政策，予以貫徹，甚至有中央之有力人士如參謀總長陳誠竟認爲我河南省施行之民衆組訓，將造成武力割據，破壞國家統一，而且提出：「如欲消滅共匪，必先消除團隊」之論調，以其身居國家要職，而昧於情勢如此，無怪共匪能囂張一時，須知「民如不爲我用，即爲匪所用矣！」時至今日，已證明當時地方上之組訓團隊，確爲消滅奸匪之至當措施，亦可留待後世史家做公正的評論。

「得民者昌，失民者亡」，古有明訓，民心之向背，即是存亡的關鍵，執政者不能不有所戒愼恐懼。懲前毖後，在未來反攻大陸時，更須切實做到「用兵不如用民」的訓示，期能獲致全面徹底的勝利！

第十七章 結論

回憶我奉命主持河南省政之初，豫北、豫東、豫南等地，俱已淪陷，日寇控據點線，共軍遍佈其中，敵匪前後夾擊，冀圖消滅我抗日部隊，摧毀政府在敵後的地方武力，襲擊行政組織，破壞政權。那時豫省僅保有豫西一部份，及西南一隅之地，正所謂強敵當前，危機四伏，處境眞是艱困。可是日寇不足懼，而共軍實在可慮，乃倡「防匪重於防敵」的口號，號召人民提高警覺，釐定防匪政策，以防範共匪、打擊共匪爲重心。

迨至日寇投降，抗戰勝利，河山光復，共軍更乘勝利復員，國力元氣大傷，民生凋敝之際，公然倡亂禍國，若非我豫省防匪政策方面，預有布署，實無法支援國軍與共匪在中原戰場轉戰三千餘里，屏障江南地區，獲得數載偏安之局。慨自三十七年夏，開封戰役後不久，河南全省竟淪於匪手，河防盡失，江防不保，至三十八年徐蚌會戰失利，不旋踵共軍渡江，江南震動，又何其快速！

溯自中國共產黨之得逞，赤化中國，源起於聯俄容共政策，共黨滲入國民黨中，施行分化，發展實力，至北伐之時，更製造寧漢分裂，南昌暴動，而後逃入贛邊井岡山，建立蘇維埃區。繼之，乘中原大戰，政府無暇顧及，大事出擾，分據鄂贛皖邊區，到處流竄滋蔓。中原戰爭結束，政府鑒於其勢日漸強大，乃調集各省軍隊赴贛圍剿五次，竟被突圍，西竄陝甘。七七變起，抗日軍興，共黨藉名參加抗日，到處擴大地盤，襲擊國軍，壯大自己，漸呈尾大不掉之勢。抗日勝利，蘇俄入據東北，阻撓國軍接收，裝備共軍，助其全面叛亂。適巧政府軍隊復員，整編國軍，拒收僞軍，使共軍撿了很大的便宜，增加擴大叛亂的本錢。及至政府動員戡亂，將領初則輕敵，頻遭挫敗；繼則縱敵，觀望不前；終則畏敵，見危不救，保全自己，以是任敵各個擊破，自己也難逃被消滅的惡運，自食其果而不自覺，至此民心已去，士氣亦消，局勢急轉直下，卒至兵敗山倒的悲慘境地，大好河山易手赤化，實非偶然，痛定思痛，能不感慨系之？

我於民國三十七年八月辭去河南省政府委員兼主席的職務後，先回開封辦理一切公務交接事宜，而後於八月三十一日離汴赴京，住在南京靈隱路。未幾，局勢越發不可收拾，各地物價一直上漲，社會秩序陷於紊亂狀態，人心惶惶，不可終日，一天之內，物價突然上漲至四、五倍以上，尤其以米價爲甚，由每石金元券二十四、五元，漲到千元以上，仍無米可買，糧食奇缺，幾乎無法生活，雖是南京、上海，亦發生搶米風潮，政府莫能制止，其他各地情形更是嚴重，經濟危機已達到極點。於是我搬家到上海，先是臨時住在金門飯店，兩個月後，再搬到山西南路，和大哥、大嫂、及六弟、弟媳等同住在一起，過著一家團聚的生活。十二月，我看情勢惡化已極，決定隨政府去臺灣，於是安排家眷坐招商局的「江靜輪」先來臺灣，航行兩天三夜，還在船上渡過三十八年元旦，到台北後，就住在泰順街。過沒多久，我又送大哥大嫂到龍華機場搭機飛臺灣，安排他們住在杭州南路一三一巷二十七號的房子。而後，因爲買不到飛機票，乃電託前河南省保安副司令劉藝舟，由洋行留購四張機票，我才和六弟夫婦、程副官（振東）於四月二十四日坐上中央航空公司的飛機飛來臺灣，至於我三哥（茂松）和七弟（茂修）幾乎出不來，直到五月才離開上海到臺灣。因爲共軍已於五月十三日加緊猛攻上海，至二十五日便陷落了。

六弟的房子是一座日本式的房舍建築，比較寬大，位在和平東路，距離青田街南口很近，對溫州街北口僅隔條馬路，離泰順街不遠，交通便利，由於我的僚屬故舊朋友來往人多，所以就住在他那棟房子。以後，內子在永和鄉下蓋了一棟克難房子，才又搬去，一住就是十多年。

民國四十七年，我奉令退役，受聘爲總統府國策顧問。民國六十二年，遷來新店北新路六十四巷住家，一住又是多年。

回顧我少年投軍的動機與起因，實由於幼年時就常聽家人說到中日甲午戰爭，清廷失敗，被迫簽訂馬關條約，強割臺灣和澎湖列島；及長、又遭遇日本強迫袁世凱承認二十一條要求，企圖滅亡我中國，如此舊仇新恨，自然深深地激起我的愛國熱血，要報仇雪恥，要打倒日本帝國主義，也就是這樣去當兵的，並不是希望當什麼官？不然也可以在大哥的軍隊裡混混，何必去應募當兵？想不到因緣際會而被送進北京模範團和保定軍校，學習軍事技能，以大用於將來，就這樣等了二十來年，才得以和日寇拼個死活，歷時八年，終於贏得最後勝利，收復失土，報此素願。原祈國家早日復員，還我布衣，回家奉娛慈親，詎料蘇俄乘機出兵侵入東北，支援中共擴大叛亂，大陸因之淪陷，以致政府被迫撤退臺灣，我劉氏一家亦隨之離開故鄉，遷居臺灣。

我生平領軍主政，任勞任怨，出生入死，備嘗艱辛，然憂國憂時之心，未曾稍有懈怠。此由於我親身經歷國家戰亂與捍禦外侮，凜於國破家亡的危機意識，而今於大挫大痛之後，尤其對於國家命運和民族脈息，具有一種血肉相連的深切感。雖然現在國家面臨困境，但我深信，中國歷史悠久，民族文化優秀，中國必然會再強盛起來，成爲民主和平統一的國家。除此之外，我別無所求，老來心情，平平淡淡，可以用八個字概括起來，那就是：「安分守己，樂天知命」罷了。

附錄

一、祭文

(一)家祭文

維
中華民國七十年五月二十日，未亡人王德貞率子運捷、冀捷、瀛捷、女娥捷暨家屬等，謹以香楮時饈之儀致祭於
夫君劉公書霖之靈前曰：

嗚呼！我君，
生而敦仁，幼承庭訓，卓犖不群，志切匡濟，
奮袂從軍，武庠佼佼，推故得新，抗戰剿匪，
無役不親，鋒鏑不避，臨危忘身，輾轉疆場，
歷盡艱辛。家務叢脞，百事雜陳，教導養育，
和里睦鄰，自我來歸，井臼安貧，患難與共，
四十餘春，方期百首，相偕歸眞，君竟先去，
涕泗沾巾，環顧兒女，俱已成人，克繼父志，
足慰君神，敬薦馨香，來格來歆，嗚呼哀哉！
尚饗！

㈡六弟茂寅祭文

惟

中華民國七十年五月二十日，六弟茂寅謹以鮮花素酒，囑侄軍捷代我致祭於

五哥之靈曰：

嗚呼　五哥，竟捨我而去耶？四月二十三日（加州時間）下午我臥病在床，於電話中陡聞此不幸消息，無疑晴天霹靂，驚慟如癡。斯晚思潮洶湧，終夜不能入眠，似幻似夢，幾疑又與五哥會晤，五哥素日待我之恩情，均一幕一幕出現於腦海之中。憶及民國四十九年秋，咱三哥四哥於一個月內相繼去世，當時五哥曾沈痛語我曰：「我們兄弟七人，現在只剩你我兩個，今後要相依爲命了！」語畢，相對泣不成聲。斯情斯景，如在眼前。事實上數十年來，五哥對我友愛有加，解衣衣我，推食食我，把最舒適臥房讓我居住，自己則於客廳內以布幔另隔一間作爲臥室，愛弟之誠，感我之深，比古人寧有逾乎此者？六十七年我臥病醫院月餘之久，時五哥腿疾正劇，舉步維艱，一切賴人扶持，勉強行動

但從未有一天間斷到醫院陪我，即狂風驟雨也不例外，關懷憂心見於辭色，此種友于至情，眞可以感天地而泣鬼神。可是我反躬自問究竟盡到幾許作幼弟責任，報兄恩於萬一？兄病我未能親侍湯藥，兄歿又不能及時奔喪，自思讀聖賢書，所學何事？豈誠名教之罪人也。但願天鑒我誠，使得來生仍爲兄弟，俾能克盡悌道，以補今生之譴。可是眞的會有來生嗎？桃園中正機場一別，遂成永訣，竟至病羈海外，不得臨窀穸一哭，彼蒼者天，何其有極？痛哉！尚饗！

㈢治喪委員會祭文

維

中華民國七十年五月二十日，治喪委員會主任委員顧祝同、副主任委員黃　杰、高魁元、馬紀壯、李敬齋、周樹聲暨全體委員，謹以清酒時饈之儀，致祭於

故國策顧問劉公書霖之靈前曰：

嵩嶽之陽，大河之濱，山川鍾秀，篤生哲人。翳

維

先生，邦國之英，勳華歷代，中州揚聲。少憂國步，投筆戎行，精研韜略，人稱知兵。北伐抗戰，爲國干城，屢摧強寇，頑敵震驚。兼主省政，體察民情，接物以禮，待人以誠，時僅數載，政簡刑輕。赤匪亂作，益見忠貞，臨陣忘身，艱危是嬰。東渡來台，襄贊中樞，紆謀藎籌，卓有令名，竟罹沉痾，天奪老成。愴懷逝波，涕淚交幷，敬薦馨香，鑒此哀榮，嗚呼哀哉！尚饗！

(四)河南省黨部公祭文

維

中華民國七十年五月二十日，中國國民黨河南省黨部前代理主任委員劉錫五，偕同留臺全體同志，代表河南省黨部謹以香花酒醴之儀，致祭於

國策顧問劉茂恩（書霖）將軍之靈前而言曰：

『嗚呼將軍！中原英雄，才姿豪邁，多智饒勇，幼而亭亭，長而恢宏。語其生平，「文治」「武功」。曰省主席，曰總司令。首言「武功」：率導有方，部屬心傾。積團成師，積師軍成。迭戡叛亂，嘉獎備蒙，抗戰軍興，參加作戰，累功晉升，夫豈偶然？復經參與著名平型關，忻口渡汾河，晉南及守備中條山等役，大小戰役百餘次，迭挫敵鋒，奇功屢建。率皆身先士卒，大義薄天，戰功喧赫，譽滿人間！

次言「文治」：三十三年，新任豫省主席。夙興夜寐，大敵當前。日寇已深入河南淨土，只有豫之西南小小一片，下車伊始，即堅決主張：「制敵」與「防

共」，不可不嚴！上峰指示，「省府亦可遷陝」；將軍答陳，十分斷然，「寧作游擊戰省主席，決不作流亡漢！生在河南，死在河南，決不離開河南一步！」忠貞悲壯，動人心弦。三十四年，日寇投降，舉國騰歡，將軍召集高幹，告以「勿以日寇投降，遽忘共匪這個心腹大患」。憂深思遠，聞者莫不肅然！勝利初期，河南土共，到處蠢動。將軍常到衝要地區巡行，督導所屬，迅即剿清。全省一百一十一縣，除豫北之武、涉、林三縣爲匪盤據外，其餘境內，均告平安。尤其發動各地有力人士，重建自衛武裝，人槍計達七十萬，專員縣長，勇於治匪，先後殉職者，計達四十九員。至團隊官兵及地方行政幹部，死亡總計，亦屬匪鮮。另有一事不可不言：河南自抗戰期間，黃河決口，氾濫爲患。豫東千萬畝農地，淪爲沙田。數百萬災黎，流亡失散。中央特設「黃河堵口復堤工程局」，派專家主其事。斯時趕工修繕，沿河各縣，通力支援。徵募民工達數十萬，供應材料，噸數逾百十萬。此一偉大艱難之工程，終能於預定期間，順利完成，將缺口堵上。黃河仍復故道，民慶安瀾。此時督飭配合之完善積極，皆將軍本其職責熱誠有以致焉！

身爲將軍，乃武乃文。「武功」赫赫，「文治」彬彬。於戰亂多事之地，立肅反規復之功。穆穆皇皇，綱紀四方，雄才大略，令聞令望！

嗚呼將軍，吾又何言？老成凋謝，往者不返。瞻念前途，光復大陸，咸思將軍，借重難圖！人之云亡，我其痛哭。匪同窗之相憐，實邦家之相須！

嗚呼哀哉！尚饗！

二、紀念文

(一)懷五兄

劉智華

五兄名茂恩、字書霖，縣立小學畢業，考入八中，校址在洛陽。那時長兄任武官統領、文官道尹，即現在專員。當時日本強鄰，虎視眈眈，逼迫袁世凱簽訂二十一條件，想併吞我國，五兄少有大志，時常想打日本，於是約志同道合之校友二十九人，秘密去從軍，誰也不可洩漏消息。果然天從人願，恰巧袁世凱派大員在豫西招募學兵，五兄即報名參加，不料有一學生，告知他父親，他父親即去學校找校長，又找招募大員，那時他們均知五兄是大哥之弟，都來說項，我長兄云，五弟還年輕，要他讀書，不讓前往，五兄還被訓一頓，但五兄志向已定，堅持要去，長兄無辦法，即稟明母親，豈知母親知五兄之志向和個性，即說叫他去吧！大哥只好應允。五兄由模範團而保定軍官學校第六期畢業，即與大哥學習，先作參謀，後降兩級，入機關槍連為連長，又升機關槍營做營長。三十歲當軍長時，確費長兄部屬唇舌不少，龔五修、于耀東自願為五兄幫忙，並說他的部下已當師長，他怎不能當軍長，長兄仍不允許，後馮玉祥兩部屬說話，他兩人明爲連絡，實爲監視本軍，他們說你非叫馬二先生說話始行，長兄始應允。五兄性情敦厚，而極愛黨、愛國，常說國家何時才能統一，使百姓安居樂業，他東戰西戰，臨終也未見到國泰民安，吾兄終身之遺憾也。

我居美國女兒家，五兄四月二十生日，我必返台爲五兄慶祝壽辰。五兄後居新店，居室寬廣，內有兩房，他知六兄愛清靜，而不願見客，將臥室給六兄居住，而他居客廳，另一室使我居住，五兄對弟妹之友愛如此，可見對眾人、僚屬之一般。五兄生日我回台均早，無事即聊天。兄帶兵如子弟，作戰時不怕犧牲自己，皆身先士卒，兵士感恩聽命令，作戰英勇，前仆後繼，攻無不取，戰無不勝。五兄之戰功均是口述，我記憶力衰退，不能寫千分之一，兄鍾愛弱妹，定會諒解。

我最後去給兄祝壽，他即有病，不數日，即住私人醫院，我早去晚歸，陪兄整天，每見五兄難過之狀，余即垂淚，又恐兄看見，即避而他往，希望他快點病好，兄妹再聊天，誰知命運注定，回天乏術，兄即逝於該醫院，我痛哭悲傷，不能自已。兄逝之日，我鼓起勇氣，爲兄做壽衣，軍侄、毅甥爲之挑選，極盡心意。兄性儉樸，來台後，生活陷於苦境，冬日無棉衣，擁被而眠，每日三餐，蔬菜而食，終無怨言，兄妹雖多，而皆自顧不暇，目睹狀況，只有難過而矣。

兄有四子一女，現均在美，他的傳記能夠出版，是五兄最小侄子台捷（七兄之子）和諸子所爲，兄在天之靈，當更喜悅。我學識淺陋，爲兄做紀念悼文，均是平鋪直敘，望鄉長親友勿笑而指導。

妹智華哀悼

四月二十日

(二)懷念雙親

劉冀捷

歲月易逝，父親去世迄今，已十四週年，母親去世也有九年。在這些歲月中，我時常在夢中和父母相見，承歡膝下。夢醒後，兒時的情景都浮顯在眼前，心中倍增對父母的懷念。

父親一生，忠黨愛國，服從領袖，以富國強兵，造福人群爲己任。當他爲國服務時，不論是治軍或從政，都能以身作則，公正廉明，和袍澤同甘共苦，肝膽相照，以及他有所爲，有所不爲的個性，深得長官、同儕和部屬的愛戴與讚賞。父親爲人耿介，不苟言笑，相貌威嚴，使人見到有不怒而威的感覺。但是，父親的內心慈愛仁厚，他待人接物，謙恭有禮，豁達大度。這是誠於內，形於外的高度修養，實非常人所能及，現就父親生活的片段中，從平常處看父親的偉大。

抗戰期間，我們全家都住在陝西省城固縣，父親則駐軍在中條山，他大約每年回家探親一次，在家中住的一兩個星期中，他每天都要到奶奶處好幾次，照顧奶奶吃飯和談家常。他雖已爲人父，但在奶奶面前仍和小孩一樣，處處都要討奶奶歡心。他回防地時，從來沒有想到下次還會有機會回家探親。抗戰勝利後，我們先搬回老家－河南省鞏縣。記得有次父親帶我到開封住了兩三個月，我睡在他臥房旁邊的一個房間，中間有門相通，我常常在半夜被電話鈴聲鬧醒，聽到父親和別人在談公事。他早起晚睡，天天都是兢兢業業，小心翼翼的處理公務。父親的日常生活，非常簡樸，每日三餐都很簡單，記得有次吃的是大鍋菜，內中有肉、白菜、豆腐，他突然問我，想不想吃「牛尾湯」。我說：「今天沒有牛尾湯」，他說：「看我來給你做」。接著，他就把蕃茄醬加到大鍋菜中，吃起來確像「牛尾湯」。我現在還經常這樣做「牛尾湯」，還告訴我的孩子們這是「爺爺發明的專利品」。記得還有一次我問父親，爲什麼他打過那麼多次勝仗，怎麼沒有勛章，他說「我怎麼會沒有勛章呢？我只是不戴它。因爲每當看到勛章我就想到爲國犧牲的官兵，心中很難過。」。我那時年齡很小，不會了解父親的心情，他看我有點失望，就把勛章戴上，和我一塊照了張相片，可惜這張相片遺失了。

我們和父親長期相處，是搬到台灣之後的事。記得父親從戰略顧問轉任國策顧問時，父親曾爲了國策顧問的聘書上稱父親爲先生而難過很久。他告訴我說：「以前總統給我的公文上，都是直接寫我的名字，現在稱呼我先生，同時，總統年齡這樣大了，還爲國事操勞，我心中眞難過。」。在台灣生活期間，父親每天看書、報，整理庭院，和朋友談天，過著淡泊的生活，同時，常常教導我們爲人處事之道，他說：「做任何事情都要盡力而爲，也要聽天命，不可斤斤計較結果如何，更不可在生氣時驟下決定。和同事有爭執時，不可惡言相向，要能好聚好散，留下後步，因爲以後還有見面的時候。」父親的教導對我在待人做事方面獲益不淺。父親個性剛強，一生從不輕易流淚，記得在我出國求學前，我們父子倆在談到美國後求學和生活所要注意的事項，他爲了我必須半工半讀以維持生活而流淚，這是我有生以來看到父親除至親好友去世以外的唯一的一次流淚。我離台時，父親親自送到高雄，我上船後，父親就坐在碼頭上看著我，我一再要他離去，他都不肯，一直到天黑時，才在哥哥們的攙扶下依依不捨的離去。同樣的事情也發生在我第一次回台探親，離台時，父親親送到機場，我們都坐在登機門的外邊，機務人員來催了好幾次要我們進入機內，父親說「再坐一會，等到飛機要開時再進去。」一直到機務人員來說飛機馬上就要起飛了，他看著我們上機後才離去。我第二次回國探親是在民國六十九年八月，這時候父親的糖尿病已很嚴重，醫生已不主張再禁食甜食。父親平常飯量不好，只喜吃甜的食物，在我回台灣的一個半月裡，雖然父親行動不便，但他有好幾次要到餐館去吃飯，母親和我們都非常高興，可是父親吃一點後就不吃了，大家問他原因，他說：「我主要是想帶你們出來換換口味，假如我不說要到外面吃飯，你們是不會出來的。」我們聽後，眞是心酸感動。記得還有一次，父親的部下請我們吃飯，父親稱讚那個菜好吃，大家就不再吃那個菜，母親在旁邊告訴我父親，不要稱讚菜好吃，當我看到和聽到這些事情，心中非常不解，也不好問，後來母親告訴我說：「大家一聽你爸爸稱讚那個菜好吃，就不再吃那個菜的原因，是要把那個菜留下來給你爸爸帶回家，所以我得輕輕的提醒他不要稱讚菜的好吃。」，由此可見大家對父親是多麼的關懷和愛護，大家都把父親當做大家長看待。我離台時，父親又親送到機場，誰知這竟是最後一次見面，想到這裡就泫然落淚。

俗語說：「一位成功的偉人，家中一定有位賢慧的主婦。」，這句話引用到父親和母親身上，是再恰當不過的了。

母親一生，事親至孝，照顧奶奶和外婆眞是無微不至，大家都說母親在王家是孝女，在劉家是孝媳。母親律己甚嚴，生活方面勤儉樸素，終她一生，她從未擦過脂粉，戴過手飾，和人相處時不但顯得雍雍穆穆，落落大方，而且進退有節，處處得體，深得大家的敬重。母親天性純厚，待人和藹可親，不論地位的高低，她都一視同仁，她捨己為人，和處處為別人著想的個性，在日常行為的微細末節之中，都充份的流露出來。

母親對我們非常疼愛，更重視我們的教養，記得在民國卅七年，共軍已接近開封，有個星期天的下午，放學後我沒有回家就和同學到鐵塔去玩了幾個小時，回家時，看到母親站在大門口，她看到我後，問我到什麼地方去了，說著說著她眼淚就流出來了，我當時還不知發生什麼事情。事後，家人告訴我，因為放學後我沒回家，母親派人到處找我，怕我被別人拐走，她站在大門口一個下午，直到看到我回來，當時母親心中焦慮的情形，在我為人父後，才深深的領會到。來台後，家務事無論巨細，都由母親一人操勞，母親外柔內剛，恬靜堅定的個性，在處理家務和面對困難時都表露出來。她早起晚睡，親操井臼，從容不迫的把家事處理的井井有秩，無論甘苦順逆，她都能處之泰然，遇到任何艱難的事情，她都一人默默的承擔，所以當親友得知母親有困難時，都鼎力相助，這種大恩大德，我們當會牢記終生，感恩圖報。

母親是在民國七十四年十月，檢查身體時才發現是癌症，因為種種原因，我們只告訴她是胃病復發，她因為沒有一點疼痛，所以就沒有懷疑是得了癌症。在她住院檢查期間，有位護士態度惡劣，我們要告訴護理長，母親說：「那位護士態度不好，總有她的原因，要原諒她，假如你們去告她的話，我馬上離院，不檢查身體了。」，母親在生病時還這樣處處替別人著想。在母親去世前四天，我打電話給她，她告訴我一切如常，只是身體還是很弱，打過電話後，她問妹妹給我準備什麼菜沒有，妹妹說準備的有雞，她說：「妳哥哥在美國常常吃雞，給他準備點別的菜。」母親在病重時，還關心到我們的飲食，現在每次想到報恩無望就心痛如絞。

母親去世前八小時，我回到台灣家裡，見到母親時，她正在睡覺，當時母親體溫高，還有氣喘，我們決定，如天亮後體溫沒有降低，就立刻送到醫院，當晚，我就握著母親的手坐在她身邊，那時，母親的手並不很熱，我還以爲母親的體溫已下降，在清晨三點左右，我發現她眼角有淚珠，我還以爲是汗水，就輕輕的把它擦去，誰知每隔卅分鐘，母親眼角就有淚珠，我才知道，母親已經醒了，她是在流淚，我就告訴她，我回來了，這時，她已經不能講話，眼睛也睜不開，我只聽到她喉嚨裡發出〃噢噢〃的聲音。清晨五點五十分，妹妹給母親量體溫，發現體溫很高，我說不可能，因爲母親的手一點也不熱，就在這時母親的眼睛突然睜開，看了我們一眼後，就閉上眼睛。母親也沒有再發出氣喘的聲音，當時，房間裡靜的一點聲音也沒有，我們爲這突發的情況驚呆了，等到我們清醒過來時，才知道一生疼我們、愛我們的母親已離我們而去，現在每次想到雙親，因反哺無望，報恩無門，而抱恨終生，悲悼無已。

父親傳記發行在即，除寫文章懷念父母之外，對王天從老先生和程玉鳳及程玉凰兩位小姐從我父親生前口述，搜集資料、撰寫傳記，到出版發行，所費的心血，以及對他們實事求是的精神，在此表示由衷的感激和敬佩。

一九九五年四月 寫於美國

(三)感念五叔

劉軍捷

自念　先五叔一生以忠報國，以孝事親；敬兄友弟，誠信待人；公正無私、關愛幼輩。總其生平，不僅功在國家，也是我們最敬愛的大家長。

自大伯父（鎮華）以誠敬立身，以孝悌治家，身體力行，以身作則，潛移默化，諸弟得承所教，均有所成。

五叔善體親心，承旨順意，誠敬不違，維護慈親身心健康，無微不至，全家效其所行，尊侍親長，習久成風。五叔從軍從政，深以不能晨昏定省，侍親左右爲憾，雖月有家信，藉報平安，但仍不足以解母子思念之情，故每有機歸家，或接母至任所，則必極盡人子之道，上慰親心，母慈子孝，天倫之樂，人間眞情，於此畢現，人多欽其純孝，出自天性，爲常人所不能，惟五叔則以親恩高重，不敢稱孝，嘗謂有親在堂是人子之福，當倍加珍惜，猶恐不及，乃行分內之事盡心而已。

我於三十八年來台，任教台中商業專科學校，家在台中。四十九年二月，父親肺病突發，五叔聞知三哥（茂松）病情，急接我父至台北，悉心診治，醫藥住院，用費極多，又勞五嬸母每日另做可口飯菜，增加營養，並勸慰我母勿憂勞傷身。是年七月，我父病逝於醫院，五叔知我月入微薄，又全力爲我父治喪，當時叔家亦非富有，乃因於兄弟及叔侄之情，盡其所能，渡我難關，此恩此德，永世不忘。

五叔關愛子侄，公正無私，毫無軒輕，常教以爲人之道，首要明辨是非善惡，擇善去惡，才能行不失義，誠信待人，才能得人多助，守法守分，才能繼求發展，能做到本乎大義，爲所應爲，盡力之所及，行心之所安，自能立身於社會。處家之道，應以孝悌爲本，以和爲貴，互敬互助，家庭和樂，才是人生最大幸福。

侄軍捷謹以數項家中事，爲文紀念，以申對五叔感念之誠。

一九九五年四月　寫于洛杉磯

㈣親恩浩瀚·永誌難忘

劉臺捷

五伯已走入歷史十四年了，但在我心中卻時時刻刻都在想念著他老人家，我自幼喪父，在成長的過程中，五伯對我的教誨與照顧，遠超過了我的父親，感覺中五伯就像父親一樣慈祥。

高中時五伯堅持要我住在他的家中，那是民國五十七年，這也是我與五伯朝夕相處一段珍貴的日子。當時五伯家中生活水平可能還不如一般人，無抽水馬桶，比較現代化一點的物品是一台手搖式的軍用電話。家中成員不多，但過往親友卻不少；五姆最辛苦了，要用煤球爐做飯，生活雖平淡，但也不時充滿了大家庭特有的天倫之樂。

當時我唸的是夜間部，下午五點多才去學校，然而自頭一天起，就發現五姆在三點多時就親自下廚為我現作一個便當，用紗網罩涼透，而上學前五伯更坐在飯桌前替我綁便當繩，然後用一個袋子裝好，一直到了我去台中唸大學為止，從無間斷，當然我的飯盒內的菜色之豐，變化之多，實屬僅見，特別要提的是我的娥姐，五伯的親生女，去上班卻帶的是前晚的剩菜，菜色當然也就不能與我相比。

考上大學五伯很高興，更常誇獎我，有天我看到五伯在寫東西，過去一看，五伯正在記我要帶去的東西，一項一項列出，從牙刷、茶葉到衣架滿滿一張，更有意思的是去台中住校的前一天下午，五伯親自將我要帶的舖蓋攤在地上，疊整齊後，連枕頭一起，打了一個又結實又漂亮的行李捲，我很訝異五伯繩結細得那麼好。五伯說因爲在軍校學過輜重科，這是基本的訓練，學會了就不容易忘，至今五伯趴在地上幫我細行李的一幕，猶讓我感動不已。

五伯出門都是由我陪同，多半是搭公車，最常去的地方是台大醫院，是去探病而非自己看病，五伯的腿走路不方便，上公車很吃力，他又不肯坐輪椅，台大長廊出現他的身影都令人側目，一方面是他的長像實在不凡，身高一九三公分，腰桿筆直，直到五伯過世，我未見過五伯彎腰駝背過。每當昔日部下有病痛時五伯聞訊後都很著急和關心，他常說這些人跟隨我出生入死，現在病了我行動再不方便，也要去慰問一下。

五伯最大的心願，是將他的回憶錄在他百年之後能公諸於世，我曾好奇的問過他爲何不在生前問世，他的回答是現在與當時有關的人很多，人還健在，讓別人感覺難堪就不好了，出回憶錄的目的並非爲我個人，主要是我指揮打的戰役這麼多，對爲國家犧牲的人要有個交待，歷史的眞相交還給歷史，否則我對不起他們。五伯一生忠厚眞誠，孝悌忠信全做到了，現在回憶錄能印行，我相信五伯在天之靈一定會感到欣慰。

三、開封城關損失調查報告

河南省政府統計處　編印

民國三十七年七月

開封戰役經過憶略

劉茂恩

甲、情況判斷

一、自去秋劉伯誠、陳賡股匪渡河南竄，陳毅匪部由魯入豫後，河南全省大部糜爛；鄭州、商邱各孤立據點所以尚能支持者，全恃有我新五軍邱（清泉）兵團屏障豫東，及第十一師胡璉兵團控制許（昌）郾（城）一帶之地。本年五月因陳毅一、四、六、十一、兩廣快速各縱隊渡河南竄，我新五軍開魯西攻擊該匪，豫東空虛，南陽被圍；時我十一師爲策應南陽，又進駐確山駐馬店一帶；豫中空防，致汴、鄭二地，形成孤立。正當此時，陳毅精銳之三、八縱隊，六月十日由南陽到郾城，十一日向東北竄擾，同時劉伯誠第一縱隊及陳毅第十縱隊，並匪豫魯蘇軍區張國華部一萬五千餘由太康地區北來，統計匪兵約六七萬人，判斷有會犯開封之可能；此際我新五軍因任務艱巨，事實上既難能西來，唯一希望即在我十一師能早日北調，馳援汴鄭；本人曾一再與鄭州指揮部電商此事，一面準備，堅守待援。

乙、兵力配備

一、開封兵力，時僅有第六十六師師部及其第十三旅，保安第一、二旅及第三、五、六三個團（人數不足，訓練亦未完成）、砲兵第八團及第十團之各一部，高射砲兵兩個營及其他小部隊，合計作戰兵力不足二萬五千人。

二、防禦配備：指揮官爲第六十六師師長李仲莘（自第四綏靖區劉司令官汝明部調防、六十六師接防後，爲指揮便利計，曾會電商明陸軍總司令部（參謀總長顧祝同兼總司令）鄭州指揮部（主任孫震）將所有開封駐軍及團警統歸李師長指揮），因地區廣闊，兵力單薄，經議決劃分兩個守備區：

㈠城防區歸六十六師及保一旅（第七團爲預備、第八團守備宋門關）擔任。

㈡南關區由保二旅及省保安第二、五、六團擔任守備。

丙、戰鬥經過概要

六月十五日至十六日——陳毅之第三、八兩縱隊於十五日到達通許、　縣中間地區，正東進中，當夜忽又折回，以一部攻略我陳留警戒陣地，一部向開封東南四十五里之赤倉岡村挺進：我爲掩護我南關外飛機場（飛機及大部器材）之安全撤退，經派保一旅袁旅長率部佔領大堤以南臨時陣地，經一日夜之激戰，我飛機始得安全轉移鄭州，任務達成後，撤回爲預備隊。

六月十七日——西關方面：是夜匪以一部進攻我西關據點，我堡壘被攻破兩個，匪死傷二千人以上。南關方面：十七日夜匪第八縱隊開始攻擊我南關陣地，以集中砲火將我外線陣地所有堡壘摧毀後，突入南關巷戰，我南關部隊分守郵政局、中國中學、及麵粉公司各據點，徹夜混戰，死傷慘重。東關方面：匪第三縱隊十七日夜數度猛撲，我宋門關（即東關）陣地，始終未動。惟曹門關則一度被匪突破，但旣設據點，仍在我固守中。北關方面：匪僅佯攻擾亂。十七日下午我六十八師一一九旅之劉鐵軍團，經一百七十餘里行程及飛機掩護下到達開封，進城後，控置城東南爲預備隊。

六月十八日——南關方面：保六團殘部守郵政局，保十團殘部守中國中學，保五團殘部守天豐麵粉公司，經一日激戰，屹然未動，下午匪用燃燒彈將我各據點摧毀，官兵與陣地同歸于盡，惟保九團殘部則退宋門關協防。東關方面：爲增強城防守備力，持久抵抗，以待援軍，於是日下午將團隊撤回城內，保八團歸李（仲莘）師長指揮爲預備隊，保九團殘部由保安司令部整理，任省府警戒，至突入曹門關之匪，則由保七團第二營於十八日晨將其完全肅清，匪遺屍六百餘具，頗有鹵獲。

六月十九日——是日晨一時、匪全線進攻城垣，異常猛烈，傷亡慘重，以致南門、小南門被匪突破，此時我南區預備隊劉鐵軍團，增援反攻，經四、五次之往返衝殺，始將以上三城間之城垣奪回，但三城門樓仍爲匪據守頑抗。激戰至拂曉，由南門、小南門之間突入匪二百餘，被我包圍繳械；同時在宋門內發現匪兵六七百，由保一旅袁旅長率隊在宋門內袁坑沿一帶將該匪包圍，防止擴大，經激烈巷戰、至正午十二時，卒將該突入股匪壓迫至宋門附近，又被我城垣守兵夾擊，不能出城，乃沿城內向南逃竄，復折西竄據木廠街、新華街一帶，此際小南門附近之敵，復猛攻蜂踴（擁）入城，威脅反攻宋門部隊之右側背，我乃又派保六團殘部及保十團殘部在紙坊街至馬道街南口一帶，以巷戰拒止該匪北進。早八時、大南門又被匪突破，城內槍聲四起，事實上無力再作巷戰，乃集中兵力於以下各據點：

㈠省府據點由特務營、保一旅旅部、及第七團第三營、並新五軍訓練班守備。

㈡保九團及保八團之一部擔任及鼓樓、鼓樓街各高大房屋之守備，保十團殘部擔任馬道街及相國寺後街各高大房屋之守備。

㈢保六團擔任大紙坊街之守備。

㈣劉鐵軍團擔任新街口至兩河中學之守備，六十六師則守河南大學及龍亭兩據點。

是日夜十時、省府據點開始被匪圍攻，匪數度猛衝，均被擊退，徹夜血戰，匪我傷亡均極慘重。

六月二十日至二十一日——省府據點被繼續圍攻至二十日下午，匪死傷殆盡，又復繼續增加多數部隊，使用大量燃燒彈；外圍各據點，均被轟燬；至午後五時以後，開始向建設廳、教育廳、財政廳、省保安司令部及省府大門、用燃燒彈轟擊，於是省府全地區，盡成火海，守備官兵，同付一炬。至夜半本人所在之最後一樓，亦被延燒；此時痛念河南全部既均被匪蹂躪，現又被匪打至省會及省府最後地點，惟有一死以報國家及人民；方自裁間，突由新五軍謝大隊長及張連長率殘部搶護突圍，自此與我龍亭李師長連絡斷絕，六月二十一日拂曉後，聞我龍亭據點至二十二日晨終告失守。

丁、感想

此次開封保衛戰役戰鬥，不可謂不激烈，官兵不可謂不忠勇，而所以未能克達任務者，其原因有四：㈠應守備之地區太大，可使用之守兵太少；㈡糧彈準備不足，戰至二十日即無彈藥；㈢保安部隊新兵太多，訓練未及完成，戰鬥技術不熟；㈣保安部隊槍枝太壞，作戰不久，即多不堪使用；爲雪恥復仇，今後自應針對以上缺點共謀改進，以固我圉，而殲滅共匪也。

調查報告

省垣收復後，各機關相繼恢復辦公，鑒於善後工作，刻不容緩，乃成立「開封匪災救濟委員會」，由省府統計處擔任調查組，先行辦理各項損失調查，俾使據以施賑。

㈠擬訂計劃

在迅速取得結果與配合賑濟兩大原則之下，於六月二十九日晚擬定計劃，內容約略如次：

1. 有關調查之策劃進行，由統計處負責統籌，並由各廳、處、省會警察局、及縣政府協助辦理。
2. 調查經費，由統計處覈實估計、簽請核發。
3. 調查範圍，規定爲城關五鎭（利汴鎭、仁和鎭、崇廉鎭、文化鎭、中山鎭）

。

4.調查對象，以此次蒙受匪災之機關、學校、團體、及住戶商號之直接損失爲限。

5.調查表式分下列四種：　甲、機關學校或團體損失調查表，　乙、人民財產損失調查表，　丙、人口傷亡清册，　丁、非救不活人口清册。

6.調查方法：各機關學校團體以府文分別函令檢附調查表，限期查塡，居民由統計處會同各廳處派員分組赴各鎭保甲散發調查表，親自調查。

7.整理工作由統計處負責調用人員分組審核，整理計算，以最簡速方式先獲得重要數字，然後逐項分析統計結果。

8.整理所得數字，按其性質根據需要，次第發表，最後結果彙編報告，印成單册，公諸社會。

(二)實施調查

1.分發調查表　六月三十日由省政府一面佈告調查意義，俾衆週知；一面以府文分別函令各機關學校團體，檢發調查表；同時由統計處召集現有統計人員及各廳處派員會商調查注意要點後，即分爲五組，每組由組長領取適量調查表率領出發至各鎮公所，然後分赴保甲散發調查表，並解釋調查意義及填表注意事項，下午仍由原派調查員催促並收取調查表，七月二日各填調查表已大部彙齊，各機關學校團體調查表亦陸續送到。

2. 派員復查：第一次復查——居民所填人口傷亡及房屋損燬各調查表，多有項目不詳者，且恐有所遺漏或填報不實情事，乃於七月四日分組派員赴各保甲住戶復查核對，並收取續報表册。

第二次復查——第一次復查後，因市民陸續歸來，人口傷亡尚有未報者，遂登報展期以便補報；七月十日限期已屆，乃又派員赴保甲復查核對，剔除重復，補查遺漏。

第三次復查——關於居民房屋損壞之救濟，以房屋被焚或炸燬不能居住者爲標準，以房屋所有人爲救濟對象，居住者因財物蒙受重大損失，則列入非救不活名册，施以急賑；再各鎮所報非救不活名册是否爲蒙受損失急待救濟者，亦需查明，遂於七月十二、十三兩日再行派員復查，以決定房屋損壞救濟之對象及非救活人民確實數目，此後以限期延至二十二日，隨時復查者數次，茲不贅述。

3.特殊調查：除前述一般調查外，鑒於公共損失如火車、汽車、電台電機、電燈、電話設備、麵粉公司及公共建築等，極關重要，及派員分別作特殊調查，藉明梗概。

㈢整理核算

1.分組工作：由統計處及調用各廳處統計人員三十餘人分為九組，第一組負彙集報告之責，第二組辦理機關團體損失，第三組辦理學校損失，第四組辦理特殊損失，其餘五組辦理五鎮居民損失。

2.審　　核：調查表收到後即先加以審核，視其項目填寫，價值估計，總數計算、是否有誤。當時予以校正，或交復查人員核對，其有重復者，即予剔除。

3.逐步整理：甲種表按機關團體學校性質，乙丙兩種調查表冊按鎮保甲及門牌號碼數次編排後，即按照預定各種整理表及步驟逐次辦理。

4.核算分析：各項次級資料均經逐步計算，並作分析比較，以觀其相互關係及其可靠性。

5.塡造清册：人口傷亡，按機關團體學校及居民分別造具清册，塡明住址、戶主、及傷亡人姓名、年齡、職業、家庭狀況等次，居民房屋損壞，則按鎭保甲次序造册，註明住址、房主姓名，損壞房屋間數及房屋等次，並於各項清册前頁附粘統計表，以便送由發放組施賑。

四彙編報告

調查表經初步整理後，因應各方需要，先摘人口傷亡及房屋損壞兩種重要數字編爲初步報告，分送參考，嗣經三次複查，結果數字，均隨時插補更正，七月十五日，各項調查整理工作大部完成，遂將所得各項資料，分類列表，彙編報告。

五損失概述

1.人口傷亡　此次戰役，因係混戰狀態，國軍與匪兵傷亡均重，難作詳確統計，故僅就市民傷亡爲調查對象，初次調查，發表死亡數字爲1587人，嗣以居民陸續歸來，經復查後略有增加，再加入警察人員，第二次發表死亡數字爲1681人，第三次複查時、絕戶死亡及死亡無名者，均行加入，最後統計結果爲1804人，至受傷人口，因逃外人民相繼返來陸續填報，其輕傷者多已治癒，亦求加入，統計結果受傷則爲3295人，共計死傷5099人，占全市人口百分之一點七。

2.房屋損壞

房屋爲具體不動者，損壞程度不難判別，故調查較易，惟地區極爲普遍，必須逐戶尋查，經複查結果，焚燬10914間，炸塌7720間，破損12259間，共30893間，其中居民房屋佔十分之八，以南關難民新村，曹門關、宋門關、西門大街一帶爲最重；機關房屋佔十分之一，以省政府及郵政管理局爲最甚，學校房屋佔十分之一，以兩河中學、省立第一小學較重，此外、天豐麵粉公司，商務印書館及鼓樓鄰近房屋，焚燒亦極慘重，總計全市被燬房屋約佔有百分之八。

3.財產損失

原定調查對象爲直接損失，關於公私間接損失如因匪災機關增加之支出，事業減少之收入，以及私人營業因歇閉而蒙受之損失等均未及調查估計，故公私財產損失統計結果，雖已超二十萬億，但尚有若干財產難以估定其價値者，實際損失，當數倍於此。

4.特殊損失　此爲財產損失之一部分，因交通工具及電燈、電話設計等，爲都會大衆所迫切需要，損失均甚慘重，短期難冀恢復，個別情形則列表附後，至其損失價値，除計入財產損失者外，尚有難予估價者，僅列其損失數目，以供參考。

5.非救不活人口　此項調查以市民爲對象，以當時在城關蒙受損失者爲限，依此標準由市民分別造册，經復查相符後造册施賑，總計非救不活市民42217口，佔人口總數百分之十三。

開封城關匪災損失統計

(一)人員傷亡

1.傷亡人身份別

項別	共計	死亡	受傷
總計	5,099	1,804	3,295
公務員	105	28	77
教職員	45	6	39
警察人員	150	45	105
學生	179	31	148
公役	72	15	57
居民	4,431	1,647	2,784
未詳	117	32	85

說明：1.公務員包括各機關團體職員。
2.警察人員包括警務處及所屬在汴警察機關及警察學校。
3.參戰部隊官兵傷亡人數本表未列入。

2.傷亡人籍貫別

籍別	共計	死亡	受傷
總計	5,099	1,804	3,295
開封	2,933	993	1,940
本省各縣	1,564	583	981
外省	602	228	374

3.傷亡人性別

性別	共計	死亡	受傷
總計	5,099	1,804	3,295
男	3,164	1,077	2,087
女	1,935	727	1,208

4.傷亡人年齡別

年齡分組	共計	死亡	受傷
總計	5,099	1,804	3,295
－5	326	201	125
6－12	381	153	228
13－18	600	178	422
19－29	1,339	441	898
30－44	1,147	342	805
45－60	784	294	490
61－	522	195	327

5.傷亡人口與原有人口之比較

原有人口	死亡人口					
	共計		死亡		受傷	
	人數	佔原有百分比	人數	佔原有百分比	人數	佔原有百分比
307,354	5099	1.7	1804	0.6	3295	1.1

說明：原有人口根據省會警察局三十七年五月份數字。

6.機關及社團員工傷亡人數

項別	共計		職員		公役	
	死亡	受傷	死亡	受傷	死亡	受傷
總計	36	112	28	77	8	35
中央機關	7	26	6	18	1	8
省級機關	19	79	15	55	4	24
縣級機關	3	1	—	—	3	1
社團	7	6	7	4	—	2

說明：1.機關包括行政機關及公營事業機關。
2.社團包括人民團體及新聞社、報社等。

7.學校及社教機關員役學生傷亡人數　　（甲）設立主體別

項別	共計		教職員		公役		學生	
	死亡	受傷	死亡	受傷	死亡	受傷	死亡	受傷
總計	44	209	6	39	7	22	31	148
國立	6	25	—	4	1	4	5	17
省立	22	106	3	21	4	4	15	81
縣立	1	2	1	2	—	—	—	—
私立	15	76	2	12	2	14	11	50

7.學校及社教機關員役學生傷亡人數　　（乙）性質別

項別	共計		教職員		公役		學生	
	死亡	受傷	死亡	受傷	死亡	受傷	死亡	受傷
總計	44	209	6	39	7	22	31	148
專科以上	6	26	—	8	1	4	5	14
中等學校	36	172	5	24	5	14	26	134
小學	2	10	1	7	1	3	……	……
社教機關	—	1	—	—	—	1	—	—

說明：小學生大都外宿，其有死傷者，均列入居民之中，故以虛線表示不詳。

8.居民傷亡人數

鎮別	共計	死亡	受傷
總計	4,421	1,647	2,784
利汴鎮	1,004	366	638
仁和鎮	474	152	322
崇廉鎮	1,279	454	825
文化鎮	857	322	535
中山鎮	817	353	464

9.警官及長警傷亡人數

項　別	共　計	死　亡	受　傷		
			小　計	重　傷	輕　傷
總　計	150	45	105	39	66
警　官	25	4	21	5	16
長　警	125	41	84	34	50

10.傷亡撫卹費預計數

項　別	共　計	死　亡	重　傷	輕　傷
人　數	5,099	1,804	1,098	2,197
撫卹費（萬元）	4,000,500	1,804,000	1,098,000	1,098,500

說明：1.死亡及重傷每人均按一千萬元計算，輕傷按每人五百萬計算。

11.保安部隊參戰人數

參戰單位	原有人數	陣　亡	負　傷	被　俘	失　蹤	現有人數
口	18,227	3,824	3,389	2,004	4,164	4,846

說明：1.參戰單位：本部特務營，通訊營，保安一、二、五、六團，保一、二旅及直屬突擊一、二、三大隊。
2.傷亡人數未列入人口傷亡總表。

(二)房屋損壞

1.房屋損壞總數

單位：間

項別	共計	焚燬	炸塌	破損
總計	30,893	10,914	7,720	12,259
機關社團	2,853	1,239	649	965
學校	3,410	758	1,114	1,538
居民	24,630	8,917	5,957	9,756

說明：居民包括住户及商號。

2.機關及社團房屋損壞間數

項別	共計	焚燬	炸塌	破損
總計	2,853	1,239	649	965
中央機關	809	425	136	248
省級機關	1,910	814	462	634
縣級機關	111	—	43	68
社團	23	—	8	15

3.學校及社教機關房屋損壞間數

設立主體別	共計			專科以上			中等學校			小學			社教機關		
	計	焚燬	炸塌	計	焚燬	炸塌	計	焚燬	炸塌	計	焚燬	炸塌	計	焚燬	炸塌
總計	1,872	758	1,114	182	43	139	1,351	571	780	265	128	137	74	16	58
國立	167	40	127	167	40	127	—	—	—	—	—	—	—	—	—
省立	730	348	382	—	—	—	450	214	236	206	118	88	74	16	58
縣立	39	10	29	—	—	—	9	—	9	30	10	20	—	—	—
私立	936	360	576	15	3	12	892	357	535	29	—	29	—	—	—

說明：1.小學包括公私立小學、中心國民學校、及國民學校等。
2.社教機關包括教育館、博物館、圖書館、補習學校等。

4.居民房屋損壞間數

鎮別	受災戶數	損壞房屋間數			
		共計	焚燬	共計	焚燬
總計	6,867	24,630	8,917	5,957	9,756
利汴鎮	1,358	6,514	736	1,562	4,216
仁和鎮	598	2,450	1,706	291	453
崇廉鎮	1,478	5,275	1,462	1,452	2,361
文化鎮	1,177	3,693	975	1,140	1,578
中山鎮	2,256	6,698	4,038	1,512	1,148

5.居民房屋原有與損壞之比較

鎮別	原有戶數	被災戶數	被災戶佔原有戶百分比	原有房屋間數	焚燬炸塌房屋間數	損壞房屋佔原有房屋百分比
總計	63,817	6,867	10.8	191,500	14,874	8.2
利汴鎮	15,871	1,358	8.6	47,600	2,298	4.8
仁和鎮	12,042	598	5.0	36,100	1,997	5.5
崇廉鎮	13,491	1,478	11.0	40,500	2,914	7.2
文化鎮	11,952	1,177	9.8	35,900	2,115	5.8
中山鎮	10,461	2,256	21.5	31,400	5,550	17.7

說明：原有房屋間數，按過去抽查每戶平均三間，作估計標準。

6.居民房屋損壞受賑災戶及賑款預計數

鎮別	共計	甲等	乙等	丙等
		11間以上	4－10間	1－3間
受災戶數	3,948	190	859	2,899
按第一種標準應需賑款數	4,567,500	380,000	1,288,500	2,899,000
按第二種標準應需賑款數	4,214,800	285,000	1,030,800	2,899,000

說明：1.災戶係經復查後，以房屋被燬不堪居住為標準，以房屋所有人為施賑對象所得數字，較前表受災戶數為少。
2.第一種標準：以甲等每戶二千萬元，乙等一千五百萬元，丙等一千萬元計算；第二種標準：以甲等每戶一千五萬元，乙等一千二百萬元，丙等一千萬元計算。

㈢ 財產損失

1.財產損失總數　單位：萬元

項別		共計	房屋價值	財物價值
總計		2,036,997,702	295,594,550	1,741,403,152
公有財產	共計	1,290,430,645	92,161,550	1,198,269,095
	機關	1,137,372,022	48,540,000	1,088,832,022
	學校	102,935,723	43,386,550	59,549,173
	社團	50,122,900	235,000	49,887,900
私有財產	共計	746,567,057	203,433,000	543,134,057
	居民	703,322,057	203,433,000	499,889,057
	機關學校團體內私人損失	43,245,000	—	43,245,000

說明：1.財產損失，不包括軍用物資。
2.公有財產多有不能估計其價值者，實際損失，當不止表列數字。
3.財物包括現金、傢俱、器皿、圖書、儀器、機械、材料、交通工具食物、衣著、燃料、及其他物資。

2.機關事業及社團公有財產損失　單位：萬元

項別	共計	房屋價值	財物價值
總計	1,187,494,922	48,775,000	1,138,719,922
中央機關	367,639,649	14,585,000	353,054,649
省級機關	738,135,848	32,755,000	705,380,848
縣級	31,596,525	1,200,000	30,396,525
社團	50,122,900	235,000	49,887,900

說明：房屋價值每間按焚燬二億伍仟萬元，炸塌二億萬元，破損伍仟萬元計算。

3.學校及社教機關財產損失

單位：萬元

項	別	共計	國立	省立	縣立	私立
總計	共計	142,935,723	10,706,653	49,711,253	1,891,120	40,626,697
	房屋	43,386,500	2,605,000	21,705,300	202,000	18,874,250
	財物	59,549,173	8,101,653	28,005,953	1,689,120	21,752,447
專科以上	共計	11,452,453	10,138,253	165,900		1,148,300
	房屋	2,924,500	2,605,000			319,500
	財物	8,527,953	7,533,253	165,900		828,800
中等學校	共計	72,560,345	475,000	34,738,773	326,640	37,019,932
	房屋	33,052,650		14,942,800	67,000	18,042,850
	財物	39,507,695	475,000	19,795,973	259,640	18,977,082
小學	共計	10,757,846	93,400	7,542,546	1,564,480	1,557,420
	房屋	5,243,200		4,596,300	135,000	511,900
	財物	5,514,616	93,400	2,946,246	1,429,480	1,045,520
社教機關	共計	8,165,079		7,264,034		901,045
	房屋	2,166,200		2,166,200		
	財物	5,998,879		5,097,834		901,045

4.居民房屋損壞價值

價值單位：萬元

項別	共計		甲等		乙等		丙等	
	間數	價值	間數	價值	間數	價值	間數	價值
總計	24,630	203,433,000	3,404	41,408,000	14,447	123,855,000	6,779	38,170,000
焚燬	8,917	130,365,000	1,491	29,820,000	5,257	78,855,000	2,169	21,690,000
炸塌	5,957	4,533,8000	656	6,560,000	3,486	27,888,000	1,815	10,890,000
破損	9,756	27,730,000	1,257	5,028,000	5,704	17,112,000	2,795	5,590,000

說明：房屋價值焚燬者按甲等二億元、乙等一億伍仟萬元、丙等一億元計算；炸燬者按甲等一億元、乙等八千萬元、丙等陸千萬元計算；破損者按甲等四仟萬元、乙等三仟萬元、丙等二仟萬元計算。

5.居民財產損失　　價值單位：萬元

鎮別	共計	房屋價值	牲畜		現金	物資估價
			頭數	價值		
總計	703,322,057	203,433,000	698	1,396,000	22,022,253	476,470,804
利汴鎮	64,806,180	34,373,000	7	14,000	1,634,580	28,784,600
仁和鎮	76,130,738	29,613,000	90	180,000	2,252,557	44,085,181
崇廉鎮	161,256,410	39,652,000	182	364,000	9,602,831	111,637,579
文化鎮	57,422,107	29,479,000	210	420,000	4,603,310	22,919,797
中山鎮	343,706,622	70,316,000	209	418,000	3,928,975	269,043,647

說明：1.居民財產包括住户及商號。
2.現金包括黃金白銀及法幣。
3.牲畜包括騾馬牛羊豬等價值不一平均每頭按二千萬元計算。

6.各業商號損失

業別	被災家數	損失（萬元）估計
總計	810	259,780,787
服用品業	139	21,026,101
食品業	254	150,542,908
文化用品業	52	21,701,811
藥業	49	6,166,350
菸業	24	2,324,588
百貨業	79	5,029,755
五金瓷器業	29	8,897,840
牲畜屠宰業	61	2,003,810
錢業	6	6,471,531
木業	24	329,980
運送業	16	17,714,750
生活供應業	50	8,891,750
其他	27	8,680,171

說明：本表所列損失估計係房屋及貨物、傢具等項損失之總數，已按商號所在地分別訂入前表各鎮之內。

㈣ 公共損失特殊部份

1.火車

機關名稱	機車	機煤	材料
隴海路局	損壞12輛	損失1,400噸	廠存材料被搶一空

2.汽車　　單位：輛

機關別	共計	卡車	臥車	吉普車
總計	319	272	21	26
中央機關	153	126	6	21
省政府各廳處局	38	21	13	4
公路局	82	82	—	—
保安司令部及所屬	45	42	2	1
開封縣政府	1	1	—	—

3.電話設備　　單位：部

機關別	共計	交換機	話機
總計	1,278	67	1,211
中央機關	127	4	123
專用電話局	521	21	500
省政府及所屬	321	4	317
保安司令部及所屬	283	33	250
縣政府及其他機關	26	5	21

說明：電話設備除電話機械外，電桿電線器材等損失亦重須大事修補，始可恢復。

4.電台電機

單位：部

機關別	共計	無線電報					有線電報機	電動機	發電機
		小計	收報機	發報機	收發報機	報話兩用機			
總計	228	203	40	35	122	6	3	2	20
黃河水利工程總局	24	22	11	11	—	—	—	—	2
省黨部及所屬	20	20	6	4	8	2	—	—	—
空軍電台	32	32	15	14	3	—	—	—	—
交通部開封電信局	11	4	2	2	—	—	3	—	4
河南郵政管理局	2	—	—	—	—	—	—	2	—
黃氾區復興局	3	1	1	—	—	—	—	—	2
省政府各廳處室	25	15	3	1	9	2	—	—	10
保安司令部及所屬	51	51	—	—	51	—	—	—	—
專用電話局	33	33	—	—	33	—	—	—	—
無線電總台	24	22	—	2	18	2	—	—	2
中央銀行	2	2	1	1	—	—	—	—	—
星報社	1	1	1	—	—	—	—	—	—

5.麵粉公司

公司別	類別	損失情形			損失估值（萬元）
		焚燬	破損	搶劫	
總計		—	—	—	98,488,220
益豐公司	小計	—	—	—	665,745
	機器工具	—	18件	65件	119,640
	房屋	—	20處	—	2,710
	成品及原料	—	—	1151包	384,625
	麻袋布袋	—	—	2585條	54,420
	五金材料	—	—	80尺	45,640
	傢具	—	—	264件	15,630
	其他	—	—	被搶	25,080
天豐公司	小計	—	—	—	88,822,475
	機器	全部	—	—	62,000,000
	機房倉庫及平房	175間	—	—	19,750,000
	成品及原料	3575包	—	—	3,522,375
	麻袋	6342條	—	—	2,536,800
	傢具器皿	636件	—	—	114,800
	其他	被焚	—	—	898,500

6. 普臨電氣公司

類別	品名	損失情形	估值（萬元）
總計			12,471,508
器材	馬達 電線 燈泡 磁頭 油類 器材	損壞 90 餘種	11,755,630
電訊及交通工具	收音機 電話機 自行車 膠輪平車	損失 3 架 損失 15 輛	271,800
建築物	房屋門窗	廠內及營業部房屋門窗大部損壞	80,000
傢具用品	桌椅台架及其他用品	損壞 50 餘種	364,078

7. 公共建築

名稱	原有數	損失情形			估值（萬元）
		焚燬	炸塌	破損	
共計	—	—	—	—	12,000,000
龍亭	大殿一座 平房 96 間	—	96 間	大殿多處損壞	4,000,000
鼓樓	一座	上面樓房全焚僅餘平台	—	—	8,000,000

㈤ 非救不活市民

鎮別	非救不活市民口數	預計需賑款數（萬元）
總計	42,217	12,665,100
利汴鎮	10,883	3,264,900
仁和鎮	6,186	1,855,800
崇廉鎮	5,354	1,606,200
文化鎮	9,353	2,805,900
中山鎮	10,441	3,132,300

說明：每口賑款以三百萬元計算。

開封市匪災損失圖

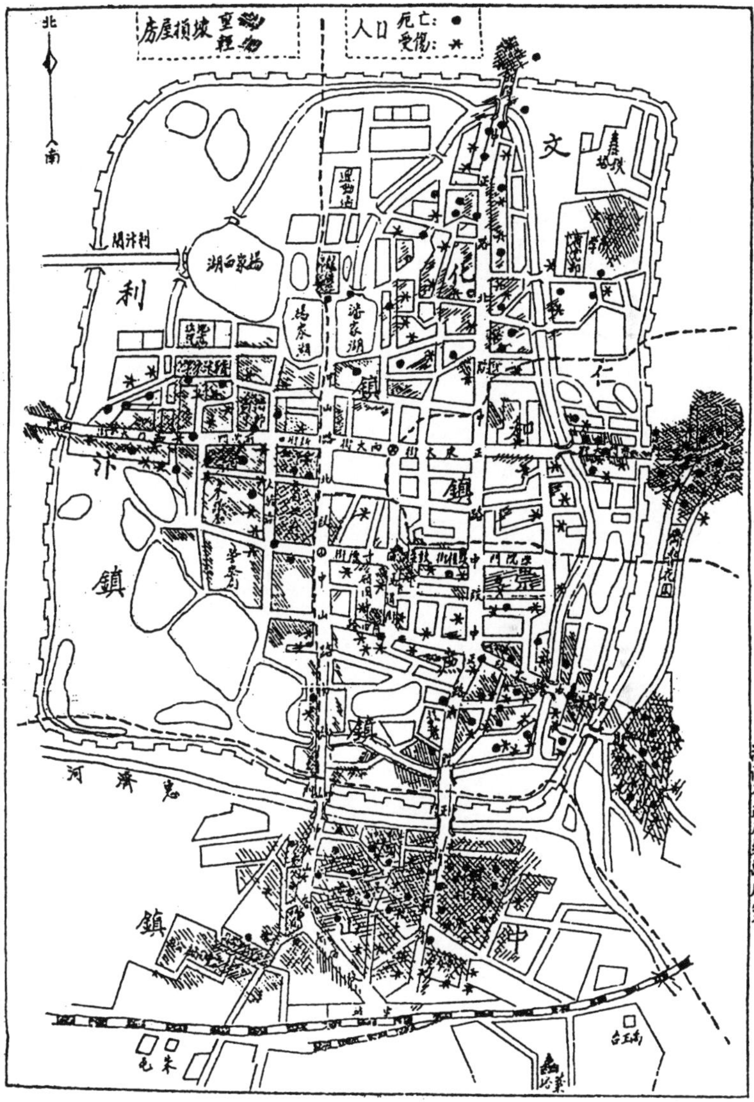

河南省政府統計處製

編後感言

開封爲豫省政治文化之中心，經多年經營建設，頗具規模，此次淪於共匪，慘遭破壞，各方咸表痛惜；本處擔任善後調查，懍於工作之艱巨，歷經二十餘日，時刻審愼，雖其間爲免疏虞遺漏，先後派員復查五次，所得結果，咸謂正確；但掛漏之處，恐仍難免，編印方面因倉促付梓，亦不免草率錯誤，尚請各界先進隨時指正。

汴垣遭受此次巨劫，各類數字已詳前列圖表，吾人經此磨煉，除對共匪深惡痛恨外，當益自振奮，淬礪奮發，不應頹唐萎靡，懊喪無爲，然後民族前途，始可有望。

共匪此次在汴所施小惠，以假仁假義愚弄人民，譬如糖衣毒藥，嚐後便知其苦，但吾人亟應警惕自覺，針對此種政策，一面廣爲宣傳，發人深省；一面自我檢討，力求進步，以粉碎共匪毒計。

政府善後救濟，撫輯災黎，所發賑款，雖杯水車薪，難濟於事，但著點不在物質之補償，而在精神之慰藉，災難同胞宜深體斯旨，艱苦支撐，以待光明之來臨。

最後對各機關派員協助調查，本處及各廳處參加統計工作人員，不辭辛苦，溽暑奔忙，此種爲公勤勞之服務精神，殊堪嘉許，弁申數言，聊表謝忱。

四、大事年表

劉茂恩將軍大事年表

紀年	年齡	大事
清光緒廿四年（西元一九八九年、民前十四年）	一歲	四月二十日（陽曆六月八日）生於河南省鞏縣城北神堤村劉家胡同。高祖凌漢公，道光壬辰科進士；父維永公，字壽山，經商爲業，母孫氏。
光緒三十一年（西元一九〇五年、民前七年）	七歲	入私塾啓蒙，開始識字讀書。
光緒三十三年（西元一九〇八年、民前五年）	九歲	就讀神堤私立更新小學（四年制）。
宣統二年（西元一九一〇年、民前二年）	十三歲	更新小學畢業。八月、升讀鞏縣縣立高等小學堂（二年制）。
民國二年（西元一九一三年）	十六歲	六月、鞏縣高等小學畢業。七月、考取洛陽的河南省立第八中學，八月入學。十二月、報考「河南留學歐美預備學校」。

民國四年（西元一九一五年）	十八歲	九月、應募學兵。十月十一日，考入「陸軍混成模範團」第二期輜重兵科受訓，投筆從軍。
民國六年（西元一九一七年）	二十歲	六月一日、模範團畢業。七月八日、考入「保定陸軍軍官學校」第六期輜重兵科第一連，繼續接受軍事教育。十二月、三哥茂松、四哥鎮海進保定軍校第七期。
民國八年（西元一九一九年）	廿二歲	三月九日、「保定軍校」畢業。分發至湖北宜昌陸軍第二十一混成旅見習，因腦後生瘡，及丁父憂（五月四日去世），請假未去報到。旋在「鎮嵩軍」總司令部當上尉參謀。
民國九年（西元一九二〇年）	廿三歲	升上校參謀。
民國十年（西元一九二一年）	廿四歲	任鎮嵩軍「軍事幹部教育團」中校教官，團附、團長。

民國十一年（西元一九二二）	廿五歲	任「陝西督軍署」機關槍連連長；未幾、機關槍連擴充為營，升任營長。
民國十二年（西元一九二三）	廿六歲	調任「砲兵營」營長。
民國十四年（西元一九二五）	廿八歲	三月、參與憨（玉琨）胡（景翼）之戰。
民國十五年（西元一九二六）	廿九歲	與岳維峻國民二軍交戰於豫陝之間。四月至十一月打西安。
民國十六年（西元一九二七）	三十歲	劉鎮華任國民革命軍第二集團軍第八方面軍總指揮。六月十六日，受命為第四軍中將軍長，參加北伐豫東考城之役。

民國十七年（西元一九二八年）	三十一歲	魯西冀南之役、京津會師之役。北伐完成，駐在天津、楊村一帶。十一月、整編為第二集團軍陸軍暫編第二十師師長。
民國十八年（西元一九二九年）	三十二歲	五月、第八方面軍奉蔣總司令電令，改為「討逆軍第十一路」。六月十九日、暫編二十師改編為暫編第四師；十月二十四日、改編為陸軍第六十六師，受任為師長。十月、參加豫西討逆之役，軍偪潼關，因唐生智叛變，被迫渡河入晉，在平陸縣擔任河防。
民國十九年（西元一九三〇年）	三十三歲	閻錫山令將所部編成「十五軍」，任為軍長，轄六十五、六十六、六十七師。五月十八日晨、扣押馮部河南省主席兼第六路總指揮萬選才。五月十九日晨，派總參議范滋澤、參議張宗汾通過十一師陣地前往歸德，向蔣總司令報告請示。 五月二十日夜十二時、攻擊駐豫東寧陵之晉軍楊效歐司令部，造成其第一線兵力崩潰。蔣總司令員委為討逆軍第十一路軍代總指揮兼第十五軍軍長，歸第二軍團序列。

		六月二十三日至七月，參加蘭封、杞縣、睢縣地區之役。八月中旬至十月八日，參加迂迴鄭州之役，會師鄭州。馮玉祥於十月二十三日通電下野，十一月四日、閻錫山通電下野，中原大戰結束。十月、劉鎮華自歐美考察歸國，受命爲「豫陝晉邊區綏靖督辦」，駐節豫北新鄉縣，將軍協助擔任綏靖工作，並兼任河南省政府委員。
民國二十年（西元一九三一年）	三十四歲	第十五軍縮編爲第六十四、六十五師，將軍以第十五軍軍長兼六十五師師長肅清豫北博愛縣、輝縣、林縣毒窟。十二月、剿滅「天門會」匪韓欲明。
民國二十一年（西元一九三二年）	三十五歲	一月、移防南陽，清剿豫南、鄂北土匪。五月、劉鎮華改任「豫鄂陝邊區剿匪督辦」，負責清剿土匪和共。二月、剿清巨匪王泰、崔金聲、李長有等。十月至十二月、追剿「紅四軍」徐向前之役。

民國二十二年（西元一九三三年）	三十六歲	五月二十五日，返旆南陽。劉鎮華改任「豫鄂皖三省邊區剿匪總司令」，駐防潢川縣，旋受命爲安徽省主席，負責清剿邊區。七月二十日、王家河之役，擊潰匪軍千餘人。七月二十二日、福田河之役，肅清匪患。奉調安徽省六安，擔任立煌、霍山、桐城各地清剿工作。
民國二十三年（西元一九三四年）	三十七歲	六月十一日、兼任安徽省第三行政區督察專員、區保安司令及立煌縣長。七月、辭去河南省政府委員職。十二月、圍剿生擒共酋方志敏。
民國二十四年（西元一九三五年）	三十八歲	追剿吳煥先、徐東海等匪部。四月六日、晉升陸軍中將。
民國二十五年（西元一九三六年）	三十九歲	兼任「豫鄂皖邊區第二綏靖區」司令官。是年元旦、以服務成績優良及剿匪有功，獲頒「陸海空軍甲等獎章」。七月九日、獲頒北伐誓師十週年紀念勳章。七月九日、獲頒北伐誓師十週年紀念勳章。十月十日國慶紀念日、獲頒「三等雲麾勳章」。

民國二十六年（西元一九三七年）	四十歲	七月、參加廬山暑期訓練團，擔任第一總隊總隊附。八月、率軍由六安出發至河北石家莊，參加抗戰序列。九月十二日、任十三軍團軍團長。九月廿二日、平型關之役。十月十二日至十一月二日、忻口之役。
民國二十七年（西元一九三八年）	四十一歲	三月中、參加晉南會戰之太岳、呂梁山之役橫嶺關之役。六月、晉南三角地帶會戰。
民國二十八年（西元一九三九年）	四十二歲	二月、升兼第五集團軍副司令。以忻口之役，得「華胄榮譽獎章」。十月、升兼第十四集團軍總司令，轄第九十三、十四、十五軍，擔任陽城、董村、木耳河地區守備，及洪屯公路襲擊任務。
民國二十九年（西元一九四〇年）	四十三歲	二月、摧毀第十八集團軍朱德部之補給站。
民國三十年（西元一九四一年）	四十四歲	五月初至八月，參加中條山會戰。

民國三十一年（西元一九九二年）	四十五歲	擔任鞏縣以西至陝縣、靈寶一帶河防。
民國三十二年（西元一九九三年）	四十六歲	守河防。
民國三十三年（西元一九九四年）	四十七歲	三月、中原會戰。五月中、參加豫中洛陽保衛戰。七月、受命爲河南省主席兼警備總司令、保安司令。
民國三十四年（西元一九九五年）	四十八歲	三月二十一日至六月一日，豫西會戰。四月、伏牛山區清匪之役。五月、嵩岳地區清匪之役。八月、「黃河花園口復堤工程局」成立。九月、安陽第一次保衛戰。十一月、第一次水治鎮之役。
民國三十五年（西元一九九六年）	四十九歲	三月、主持黃河堵口開工典禮。四月、汜東清剿之役。十月、第二次水治鎮之役。

民國三十六年（西元一九四七年）	五十歲	二月、楚旺鎮之役。國軍整編，十五軍縮編爲十五師，原六十五、六十六師合併爲第六十四旅。三月十五日、黃河堵口「合龍」，四月二十日閉氣，五月四日、舉行合龍典禮。五月一日、第二次安陽保衛戰。二十日、各地發生學潮。五月二十一日、西曲溝之役。二十二日、河南大學學罷課請願、貼標語。二十八日、處理河南大學學潮。五月三十一日、以黃河堵口有功，獲頒「二等景興勳章」。六月一日、預先制止「六、二」暴動。六月十一日、安陽城郊及崔家橋之役。八月底、豫西南地區之役。十一月、郟縣城陷，武庭麟陣亡，劉獻捷接任師長。
民國三十七年（西元一九四八年）	五十一歲	四月一日、十五師改編爲河南省保安第七、八、九、十四團，十五師番號歸南陽綏靖區司令王凌雲序列。六月十四日、開封戰役。十八日、匪攻開封城，二十一日、開封城陷，出城脫險，由內線轉移外線作戰。二十六日、收復開封城。八月二十六日、懇辭河南省政府主席獲准。由開封至南京，住靈隱路。九月二十日、調任總統府「戰略顧問委員會」委員。

民國三十八年（西元一九四九年）	五十二歲	二月二十二日至二十七日，第三次安陽保衛戰。四月十五日、安陽最後保衛戰。四月二十四日、乘「中央航空公司」至臺灣。
民國四十七年（西元一九五八年）	六十一歲	奉令退役，受聘爲總統府國策顧問。
民國六十二年（西元一九七三年）	七十六歲	由永和鎮遷居新店。
民國七十年（西元一九八一年）	八十四歲	四月二十四日、病逝於台北市「中華開放醫院」，享年八十四歲。

出版後記

劉茂恩將軍去世至今倏忽已經十四週年，而本書自撰稿完成到今年出版，也有十二年的歷史，其間的人事滄桑，不禁令人感慨萬千。

記得在民國七十年夏，劉將軍夫人囑其次公子運捷及程振東先生至綠野山莊舍間，商請出版將軍回憶錄，以爲紀念。我緣於情感道義，莫能爲辭，爲完成將軍生前意願及其家人追懷的心情，遂毅然答應下來，當即檢出昔年與將軍談話錄音等資料，並開始著手撰寫。次年初，我因病住院，劉夫人偕四公子瀛捷到榮民總醫院探視，出院後，其女公子娥捷也來舍慰問，令我感念難忘。待身體康復後，即利用公餘時間，全心投入撰寫的工作，翻查相關的檔案資料，加以增補修訂，夜以繼日，往往忙到深夜才罷手休息。其間幸有凰妹協助蒐集、抄寫、複印資料，十分辛勞，又有痴老隨時備我諮詢考證，終於在民國七十三年二月中完稿。原訂於將軍三週年出書，但因內容多達五十萬字，付印工作需經排字、校稿、印刷、裝訂等繁複的程序，不可能在一個月內完成，爲避免忙中出錯起見，乃決定延後出版。

詎料，未及一年，劉夫人遽歸道山，劉家遭此變故，出書之事遂告中輟。其後，史學家沈雲龍先生有意將本書列入「文海出版社」之近代史料叢刊，囑我將原稿加以删修，迨整稿即將完成之際，沈先生卻因心臟病謝世，該書未能出版，不免引爲憾事。民國七十七年五月，爲我作序的毛師子水先生不幸去世；同年十月，生前曾熱心接洽出版事宜的豫籍鄉賢、前立法委員張金鑑先生又因病去世，此稿遂束之高閣。

去年（八十三）一月間，將軍三公子冀捷自美來台，與振東先生前來舍下商談出版回憶錄之事，並對其父傳記久久未能出書，深致歉意。我因一方面任教世新學院，一方面在師大攻讀博士，恐分身乏術，不敢貿然答應，然有感於其欲完成十餘年來未了的心願極爲懇切，乃決定將舊稿重新審閱，先交由電腦打字，再視情況決定出版日期。由於時間精力有限，且字數頗多，校稿繁複，往返送稿頗費時日，至今年初始三校完畢，乃準備付梓。唯本文已多達八百餘頁，所附照片爲數頗多，若再加上年表、附錄、索引，恐成巨著，幾經考慮，乃決定略作割愛，索引則待日後增補。

本書由於幾經整稿，工程繁劇，況字數頗多，錯誤在所難免，尚祈海內外方家，不吝指正。

中華民國八十四年三月

程玉鳳　識於師大博士班

國家圖書館出版品預行編目資料

劉茂恩回憶錄（全二冊）
劉茂恩口述，程玉鳳撰著. – 初版. – 臺北市：臺灣學生，民 85
冊；公分
ISBN 978-957-15-0718-7(一套：平裝)
1. 劉茂恩 – 傳記
782.886　　　　84014047

劉茂恩回憶錄（全二冊）

口 述 者　劉茂恩
著 作 者　程玉鳳
出 版 者　臺灣學生書局有限公司
發 行 人　楊雲龍
發 行 所　臺灣學生書局有限公司
地　　址　臺北市和平東路一段 75 巷 11 號
劃撥帳號　00024668
電　　話　(02)23928185
傳　　真　(02)23928105
E-mail　student.book@msa.hinet.net
網　　址　www.studentbook.com.tw
登記證字號　行政院新聞局局版北市業字第玖捌壹號
定　　價　新臺幣一三〇〇元

一九九六年一月初版
二〇二一年十月初版二刷

78288

ISBN 978-957-15-0718-7 (平裝)